諸　子　集　成

（第六册）

孫子十家注
吳　　　子
尹　文　子
呂氏春秋

中　華　書　局

孫　子　十　家　注

曹　操等注

孫子兵法序

黄帝李法周公司馬法已佚。太公六韜原本今不傳。兵家言惟孫子十三篇最古。古人學有所受。孫子之學或即出于黄　其書通三才五行。本之仁義。佐以權謀。其說甚正。古之名將用之則勝。違之則敗。稱爲兵經。比于六藝。良不媿也。孫子爲吳將兵。以三萬破楚二十萬。入郢威齊晉之功歸之子胥。故春秋傳不載其名。蓋功成不受官。越絕書稱巫門外大冢吳王客孫武冢。是其證也。其著兵書八十二篇。圖九卷。見藝文志。其圖八陳有苹車之陳。見周官鄭注。有算經。今存。有雜占六甲兵法。見隋志。其與吳王問答。見于吳越春秋諸書者甚多。或即八十二篇之文。今惟傳此十三篇者。史記稱闔閭有十三篇吾盡觀之之語。七錄孫子兵法三卷。史記正義云十三篇爲上卷。又有中下二卷。則上卷是孫子手定。見於吳王。故歷代傳之勿失也。秦漢已來用兵皆用其法。而或祕其書。不肯注以傳世。魏武始爲之注。云撰爲略解。謙言解其觕略。漢官解詁稱魏氏瑣連孫武之法。則謂其捷要。杜牧疑爲魏武刪削者謬也。此本十五卷爲宋吉天保所集。見宋藝文志。稱十家會注。十家者。一魏武。二梁孟氏。三唐李筌。四杜牧。五陳皞。六賈林。七宋梅聖俞。八王晳。九何延錫。十張預也。書中或改曹公爲曹操。或以孟氏置唐人之後。或不知何延錫之名稱爲何氏。或多出杜佑。而置在其孫杜牧之後。吉天保之不深究此書可知。今皆校勘更正。杜佑實未注孫子。其文即通典也。多與曹注同。而文較備。疑佑用曹公王淩孟氏諸人古注。故有王子曰。即淩也。今或非全注本。孫子有王淩張子尙賈詡沈友鄭本。所採不足。今佚矣。曩予游關中。讀華陰嶽廟道藏。見有此書。後有鄭友賢遺說一卷。友賢亦見鄭樵通志。蓋宋人。又從大興朱氏處見明人刻本。餘則世無傳者。國家令甲以孫子校士。所傳本或多錯謬。當用古本是正其文。適吳念湖太守畢恬谿孝廉皆爲此學。所得或過于予。遂刊一編以課武士。孔子曰。軍旅之事未之學。又曰。我戰則克。孔子定禮正樂。兵則五禮之一。不必以爲專門之學。故云未學。所爲聖人有所不知。或行軍好謀則學之。或善將將如伍子胥之用孫子。又何必自學之。故又曰我戰則克也。今世泥孔子之言。以爲兵書不足觀。又泥趙括徒能讀父書之言。以爲成法不足用。又見兵書有權謀有反間。以爲非聖人之法。皆不知吾儒之學者。吏之治事可習而能。然古人猶有學製之懼。兵凶戰危。將不素習。未可以人命爲嘗試。則十三篇之不可不觀也。項梁教籍兵法。籍略知其意。不肯竟學。卒以傾覆。不知兵法之弊可勝言哉。宋襄徐偃仁而敗。兵者危機。當用權謀。孔子猶有要盟勿信微服過宋之時。安得妄責孫子以言之不純哉。孫子蓋陳書之後。陳書見春秋傳。稱孫書。姓氏書以爲景公賜姓。言非無本。又泰山新出孫夫人碑。亦云與齊同姓。史遷未及深考。吾家出樂安。真孫子之後。媿余徒讀祖書。考證文字。不通方略。亦享承平之福者久也。陽湖孫星衍撰。

孫子序（據太平御覽作孫子兵法序）

魏武帝策

操聞上古有弧矢之利。論語曰足兵。（御覽足兵上有足食二字）尚書八政曰師。易曰師貞丈人吉。詩曰王赫斯怒。爰征其旅。黄帝湯武咸用干戚。以濟世也。司馬法曰。人故殺人。殺之可也。恃武者滅。恃文者亡。（二恃字御覽皆作用）夫差偃王是也。聖人之用兵（御覽作聖賢之於兵也）戢而時動。不得已而用之。吾觀兵書戰策多矣。孫武所著深矣。孫子者齊人也。名武。爲吳王闔閭作兵法一十三篇。試之婦人。卒以爲將。西破強楚入郢。北威齊晉。後百歲餘有孫臏。是武之後也。（自孫子者以下五十字據御覽補。按史記正義引魏武帝注云孫子者齊人事於吳王闔閭爲吳將作兵法十三篇。正義所引卽謂此文也）審計重舉。明畫深圖。不可相誣。而但世人未之深亮。訓說況文煩富。行於世者失其旨要。故撰爲略解焉。

孫子本傳

孫子武者。齊人也。以兵法見於吳王闔閭。闔閭曰。子之十三篇吾盡觀之矣。可以小試勒兵乎。對曰可。闔閭曰。可試以婦人乎。曰可。於是許之。出宮中美人得百八十人。孫子分爲二隊。以王之寵姬二人各爲隊長。皆令持戟。令之曰。汝知而心與左右手背乎。婦人曰知之。孫子曰。前則視心。左視左手。右視右手。後卽視背。婦人曰諾。約束既布。乃設鈇鉞。卽三令五申之。於是鼓之右。婦人大笑。孫子曰。約束不明。申令不熟。將之罪也。復三令五申。而鼓之左。婦人復大笑。孫子曰。約束不明。申令不熟。將之罪也。既已明。而不如法者。吏士之罪也。乃欲斬左右隊長。吳王在臺上觀。見且斬愛姬。大駭。趣使使下令曰。寡人已知將軍能用兵矣。寡人非此二姬。食不甘味。願勿斬也。孫子曰。臣既已受命爲將。將在軍。君命有所不受。遂斬隊長二人以徇。用其次爲隊長。於是復鼓之。婦人左右前後跪起皆中規矩繩墨。無敢出聲。於是孫子使使報王曰。兵既整齊。王可試下觀之。唯王所欲用之。雖赴水火猶可也。吳王曰。將軍罷休就舍。寡人不願下觀。孫子曰。王徒好其言。不能用其實。於是闔閭知孫子能用兵。卒以爲將。西破彊楚入郢。北威齊晉。顯名諸侯。孫子與有力焉。孫武既死。(越絕書曰吳縣巫門外大冢孫武冢也去縣十里)後百餘歲而有孫臏。臏生阿鄄之閒。臏亦孫武之後世孫也。臏嘗與龐涓俱學兵法。龐涓既事魏。得爲惠王將軍。而自以爲能不及孫臏。乃陰使召孫臏。臏至。龐涓恐其賢於己。疾之。則以法刑斷其兩足而黥之。欲隱勿見。齊使者如梁。孫臏以刑徒陰見說齊使。齊使以爲奇。竊載與之齊。齊將田忌善而客待之。忌數與齊公子馳逐重射。孫子見其馬足不甚相遠。馬有上中下輩。於是孫子謂田忌曰。君弟重射。臣能令君勝。田忌信然之。與王及諸公子逐射千金。及臨質。孫子曰。今以君之下駟與彼上駟。取君上駟與彼中駟。取君中駟與彼下駟。既馳三輩畢。而田忌一不勝而再勝。卒得王千金。於是忌進孫子於威王。威王問兵法。遂以爲師。其後魏伐趙。趙急、請救於齊。齊威王欲將孫臏。臏辭謝曰。刑餘之人不可。於是乃以田忌爲將而孫子爲師居輜車中坐爲計謀田忌欲引兵之趙。孫子曰。夫解雜亂紛糾者不控捲。救鬭者不搏撠。批亢擣虛。形格勢禁、則自爲解耳。今梁趙相攻、輕兵銳卒必竭於外、老弱罷於內。君不若引兵疾走大梁。據其街路。衝其方虛。彼必釋趙而自救。是我一舉解趙之圍而收弊於魏也。田忌從之。魏果去邯鄲。與齊戰於桂陵。大破梁軍。後十五年。魏與趙攻韓。韓告急於齊。齊使田忌將而往。直走大梁。魏將龐涓聞之。去韓而歸齊軍既已過而西矣。孫子謂田忌曰。彼三晉之兵素悍勇輕齊。齊號爲怯。善戰者因其勢而利導之。兵法百里而趨利者蹶上將、（魏武帝曰蹶猶挫也）五十里而趨利者軍半至。使齊軍入魏地爲十萬竈。明日爲五萬竈。又明日爲二萬竈。龐涓行三日。大喜曰。我固知齊軍怯、入吾地三日。士卒亡者過半矣。乃棄其步軍。與其輕銳倍日并行逐之。孫子度其行。暮當至馬陵。馬陵道狹。而旁多阻隘。可伏兵。乃斫大樹而書之曰。龐涓死於此樹之下。於是令齊軍善射者萬弩夾道而伏。期日暮見火舉而俱發。龐涓果夜至斫木下。見白書。乃鑽火燭之。讀其書未畢。齊軍萬弩俱發。魏軍大亂相失。龐涓自知智窮兵敗。乃自剄曰。遂成豎子之名。齊因乘勝盡破其軍。虜魏太子申以歸。孫臏以此名顯天下世傳兵法。

孫子敘錄一卷

文登　畢以珣　撰

史記曰。孫子武者。齊人也。以兵法見於吳王闔閭。卒以爲將。　吳越春秋曰。吳王登臺向南風而嘯。有頃而歎。羣臣莫有曉王意者。子胥知王之不定。乃薦孫子於王。孫子者吳人也。善爲兵法。辟隱幽居。世人莫知其能。

按孫子本齊人。後奔吳。故吳越春秋謂之吳人也。鄧名世姓氏辨證書曰。齊敬仲五世孫書。爲齊大夫。伐莒有功。景公賜姓孫氏。食采於樂安。生憑。爲齊卿。憑生武。字長卿。以田鮑四族謀作亂。奔吳爲將軍。是也。

史記又曰。後百餘歲有孫臏。亦武之後世孫也。

按姓氏辨證書曰。武生三子。馳明敵。明食采於富春。生臏。即破魏軍擒太子申者也。按此所說。則臏乃武之孫也。史記之言猶爲未審。　又按紹與四年鄧名世上其書。胡松年稱其學有淵源。多所按據。序又云。自五經子史。以及風俗通姓苑百家譜姓纂諸書。凡有所長。蓋用其說。是其書內所云皆可依據也。

越絕書曰。巫門外大冢。吳王客孫武冢也。去縣十里。

按武惟爲客卿。故春秋左氏傳言伍員而不詳孫武也。其史稱伐楚及齊晉者。蓋武以客卿將兵故也。

史記闔閭曰。可以小試勒兵乎。對曰可。闔閭曰。可試以婦人乎。曰可。於是許之。出宮中美人得百八十人。孫子分爲二隊。以王之寵姬二人各爲隊長。皆令持戟。令之曰。汝知而心與左右手背乎。婦人曰知之。孫子曰。前則視心。左視左手。右視右手。後即視背。婦人曰諾。約束既布。乃設鈇鉞。即三令五申之。於是鼓之右。婦人大笑。孫子曰。約束不明。申令不熟。將之罪也。復三令五申而鼓之左。婦人復大笑。孫子曰。約束不明。申令不熟。將之罪也。既已明。而不如法者。吏士之罪也。乃欲斬左右隊長。吳王在臺上觀。見且斬愛姬。大駭。趣使使下令曰。寡人已知將軍能用兵矣。寡人非此二姬。食不甘味。願勿斬也。孫子曰。臣既已受命爲將。將在軍。君命有所不受。遂斬隊長二人以徇。用其次爲隊長。於是復鼓之。婦人左右前後跪起皆中規矩繩墨。無敢出聲。於是孫子使使報王曰。兵既整齊。王可試下觀之。唯王所欲用之。雖赴水火猶可也。吳王曰。將軍罷休就舍。寡人不願下觀。孫子曰。王徒好其言。不能用其實。於是闔閭知孫子能用兵。卒以爲將。西破彊楚入郢。北威齊晉。顯名諸侯。孫子與有力焉。

吳越春秋曰。吳王問曰。兵法寧可以小試耶。孫子曰。可。可以小試於後宮之女。王曰諾。孫子曰。得大王寵姬二人以爲軍隊長。各將一隊。令三百人皆被甲兜鍪。操劍盾而立。告以軍法。隨鼓進退。左右迴旋。使知其禁。乃令曰。一鼓皆振。二鼓操進。三鼓爲戰形。於是宮女皆掩口而笑。孫子乃親自操枹擊鼓。三令五申。其笑如故。孫子顧視。諸女連笑不止。孫子大怒。兩目忽張。聲如駭虎。髮上衝冠。項旁絕纓。顧謂執法曰。取鈇鑕。孫子曰。約束不明。申令不信。將之罪也。既以約束。三令五申。卒不却行。士之過也。軍法如何。執法曰斬。武乃令斬隊長二人。卽吳王之寵姬也。吳王登臺觀望。正見斬二愛姬。馳使下之令曰。寡人已知將軍用兵矣。寡人非此二姬。食不甘味。宜勿斬之。孫子曰。臣既已受命爲將。將法在軍。君雖有令。臣不受之。孫子復撝鼓之。當左右進退。迴旋規矩。不敢瞬目。二隊寂然無敢顧者。於是乃報吳王曰。兵已整齊。願王觀之。惟所欲用。使赴水火。猶無難矣。而可以定天下。吳王忽然不悅曰。寡人知子善用兵。雖可以霸。然而無所施也。將軍罷兵就舍。寡人不願。孫子曰。王徒好其言。而不用其實。子胥諫曰。臣聞兵者凶事。不可空試。故爲兵者。誅伐不行。兵道不明。今大王虔心思士。欲興兵戈以誅暴楚。以霸天下而威諸侯。非孫武之將。而誰能涉淮踰泗。越千里而戰者乎。於是吳王大悅。因鳴鼓會軍。集而攻楚。孫子爲將。拔舒。殺吳亡將二公子蓋餘燭傭。

史記曰。光謀欲入郢。將軍孫武曰。民勞未可。且待之。

又曰。闔廬謂伍子胥孫武曰。始子之言郢未可入。今果何如。二子對曰。楚將子常貪。而唐蔡皆怨之。王必欲大伐。必得唐蔡乃可。闔廬從之。悉興師。五戰楚五敗。遂入郢。

吳越春秋曰。吳王謀欲入郢。孫武曰。民勞未可恃也。楚聞吳使孫子伍子胥白喜爲將。楚國苦之。羣臣皆怨。

又曰。闔閭聞楚得湛盧之劍。遂使孫武伍胥白喜伐楚。拔六與灊二邑。

又曰。楚使公子囊瓦伐吳。吳使伍胥孫武擊之圍於豫章。大破之。

又曰。吳王謂子胥孫武曰。始子言郢不可入。今果何如。二將曰。夫戰借勝以成其威。非常勝之道。吳王曰。何謂也。二將曰。楚之爲兵。天下彊敵也。今臣與之爭鋒。十亡一存。而王入郢者。天也。臣不敢必。吳王曰。吾欲復擊楚。奈何而有功。伍胥孫武曰。囊瓦者貪而多過於諸侯。而唐蔡怨之。王必伐。得唐蔡。

又曰。樂師扈子非荆王信讒佞。作窮劫之曲曰。吳王哀痛助忉怛。垂涕舉兵將西伐。伍胥白喜孫武決。三戰破郢王奔發。

淮南子曰。君臣乖心。則孫子不能以應敵。

劉向新序曰。孫武以三萬破楚二十萬者。楚無法故也。

漢官解詁曰。魏氏瑣連孫武之法。

史記又曰。孫武以兵法見於吳王闔閭。闔閭曰。子之十三篇。吾盡觀之矣。

按史記惟言以兵法見闔閭。不言十三篇作於何時。考魏武序云。爲吳王闔閭作兵法一十三篇。試之婦人。卒以爲將。則是十三篇特作之以干闔閭者也。今考其首篇云。將聽吾計。用之必勝。留之。將不聽吾計。用之必敗。去之。言聽從吾計則必勝。吾將留之。不聽吾計則必敗。吾將去之。是其干之之事也。　又按虛實篇云。越人之兵雖多。亦奚益於勝敗哉。是爲闔閭言之也。九地篇云。吳人與越人相惡也。當其同舟而濟遇風。其相救也如左右手。亦對闔閭言也。故魏武云爲吳王闔閭作之。其言信已。

吳越春秋曰。吳王召孫子。問以兵法。每陳一篇。王不知口之稱善。

按十三篇之外。又有問答之辭見於諸書徵引者。蓋武未見闔閭。作十三篇以干之。旣見闔閭。相與問答。武又定著爲若干篇。皆在漢志八十二篇之內也。

吳王問孫武曰。散地士卒顧家。不可與戰。則必固守不出。若敵攻我小城。掠吾田野。禁吾樵採。塞吾要道。待吾空虛而急來攻。則如之何。武曰。敵人深入吾都。多背城邑。士卒以軍爲家。專志輕鬥。吾兵在國。安土懷生。以陳則不堅。以鬥則不勝。當集人合衆。聚穀蓄帛。保城備險。遣輕兵絕其糧道。彼挑戰不得。轉輸不至。野無所掠。三軍困餒。因而誘之。可以有功。若與野戰。則必因勢依險設伏。無險則隱。於天氣陰晦昏霧。出其不意。襲其懈怠。可以有功。

吳王問孫武曰。吾至輕地。始入敵境。士卒思還。難進易退。未背險阻。三軍恐懼。大將欲進。士卒欲退。上下異心。敵守其城壘。整其車騎。或當吾前。或擊吾後。則如之何。武曰。軍至輕地。士卒未專。以入爲務。無以戰爲故。無近其名城。無由其通路。設疑佯惑。示若將去。乃選騎銜枚先入。掠其牛馬六畜。三軍見得。進乃不懼。分吾良卒。密有所伏。敵人若來。擊之勿疑。若其不至。捨之而去。

吳王問孫武曰。爭地敵先至。據要保利。簡兵練卒。或出或守。以備我奇。則如之何。武曰。爭地之法。讓之者得。爭之者失。敵得其處，愼勿攻之，引而佯走。建旗鳴鼓。趨其所愛。曳柴揚塵。惑其耳目。分吾良卒。密有所伏。敵必出救。人欲我與，人棄吾取。此爭先之道。若我先至而敵用此術。則選吾銳卒。固守其所。輕兵追之。分伏險阻。敵人還鬥。伏兵旁起。此全勝之道也。

吳王問孫武曰，交地吾將絕敵。令不得來。必全吾邊城。修其所備。深絕通道。固其阨塞。若不先圖。敵人已備。彼可得來，而吾不可往。衆寡又均。則如之何。武曰。旣我不可以往。彼可以來。吾分卒匿之。守而易怠。示其不能。敵人且至。設伏隱廬。出其不意。可以有功也。

吳王問孫武曰。衢地必先。吾道遠發後。雖馳車驟馬。至不能先。則如之何。武曰。諸侯參屬，其道四通。我與敵相當。而傍有國。所謂先者。必重幣輕使。約和傍國。交親結恩。兵雖後至，衆以屬矣。簡兵練卒。阻利而處。親吾軍事。實吾資糧。令吾車騎。出入瞻候。我有衆助。彼失其黨。諸國犄角。震鼓齊攻。敵人驚恐。莫知所當。

吳王問孫武曰。吾引兵深入重地，多所踰越。糧道絕塞。設欲歸還。勢不可過。欲食於敵。持兵不失。則如之何。武曰。凡居重地。士卒輕勇。轉輸不通。則掠以繼食。下得粟帛。皆貢於上。多者有賞。士無歸意。若欲還出。切爲戒備。深溝高壘。示敵且久。敵疑通途。私除要害之道。乃令輕車銜枚而行。塵埃氣揚。以牛馬爲餌。敵人若出。鳴鼓隨之。陰伏吾士。與之中期。內外相應。其敗可知。

吳王問孫武曰。吾入圮地。山川險阻。難從之道。行久卒勞。敵在吾前。而伏吾後。營居吾左。而守吾右。良車驍騎。要吾隘道。則如之何。武曰。先進輕車。去軍十里。與敵相候。接期險阻。或分而左。或分而右。大將四觀。擇空而取。皆會中道。倦而乃止。

吳王問孫武曰。吾入圍地。前有強敵。後有險難。敵絕糧道。利我走勢。敵鼓譟不進。以觀吾能。則如之何。武曰。圍地之宜。必塞其闕。示無所往。則以軍爲家。萬人同心。三軍齊力。并炊數日。無見火煙。故爲毀亂寡弱之形。敵人見我。備之必輕。告勵士卒。令其奮怒。陳伏良卒。左右險阻。擊鼓而出。敵人若當。疾擊務突。前鬥後拓。左右犄角。又問曰。敵在吾圍。伏而深謀。示我以利。縈我以旗。紛紛若亂。不知所之。柰何。武曰。千人操旍。分塞要道。輕兵進挑。陳而勿搏。交而勿去。此敗謀之法。

已上皆孫子遺文。見通典。

又曰。軍入敵境。敵人固壘不戰。士卒思歸。欲退且難。謂之輕地。當選驍騎伏要路。我退敵追。來則擊之也。吳王問孫武曰。吾師出境。軍於敵人之地。敵人大至。圍我數重。欲突以出。四塞不通。欲勵士激衆。使之投命潰圍。則如之何。武曰。深溝高壘。示爲守備。安靜勿動。以隱吾能。告令三軍。示不得已。殺牛燔車。以饗吾士。燒盡糧食。填夷井竈。割髮捐冠。絕去生慮。將無餘謀。士有死志。於是砥甲礪刃。并氣一力。或攻兩旁。震鼓疾譟。敵人亦懼。莫知所當。銳卒分兵。疾攻其後。此是失道而求生。故曰。困而不謀者窮。窮而不戰者亡。吳王曰。若我圍敵。則如之何。武曰。山峻谷險。難以踰越。謂之窮寇。擊之之法。伏卒隱處。開其去道。示其走路。求生逃出。必無鬥志。因而擊之。雖衆必破。兵法又曰。若敵人在死地。士卒勇氣。欲擊之法。順而勿抗。陰守其利。絕其糧道。恐有奇兵隱而不覩。使吾弓弩俱守其所。按何氏引此文亦云兵法曰則知問荅之詞亦在八十二篇之內也

已上見何氏注。

按此皆釋九地篇義。辭意甚詳。故其篇帙不能不多也。

吳王問孫武曰。敵勇不懼。驕而無慮。兵衆而強。圖之柰何。武曰。詘而待之。以順其意。無令省覺。以益其懈怠。因敵遷移。潛伏候待。前行不瞻。後往不顧。中而擊之。雖衆可取。攻驕之道。不可爭鋒。

見通典。

吳王問孫武曰。敵人保據山險。擅利而處之。糧食又足。挑之則不出。乘間則侵掠。爲之柰何。武曰。分兵守要。謹備勿懈。潛探其情。密候其怠。以利誘之。禁其樵牧。按牧字誤當作採久無所得。自然變改。待離其固。奪其所愛。敵據險隘。我能破之也。

見通典及太平御覽。

按以上問答。皆非十三篇文。吳越春秋所云問以兵法不知口之稱善者是也。

孫子曰。將者智也。仁也。敬也。信也。勇也。嚴也。是故智以折敵。仁以附衆。敬以招賢。信以必賞。勇以益氣。嚴以一令。故折敵則能合變。衆附則思力戰。賢智集則陰謀利。賞罰必則士盡力。氣勇益則兵威令自倍。威令一則惟將所使。

按此所釋計篇五事。亦答闔閭之問也。見潛夫論。

孫子曰。凡地多陷曲曰天井。

按此釋行軍篇義。見太平御覽。

孫子曰。故曰。深草蓊穢者所以逃遁也。深谷險阻者所以止禦車騎也。隘塞山林者所以少擊衆也。沛澤杳冥者所以匿其形也。

見通典。

孫子曰。強弱長短雜用。

又曰。遠則用弩。近則用兵。兵弩相解也。

又曰。以步兵十人擊騎一匹。

亦見通典。

孫子曰。人效死而士能用之。雖優游暇譽。令猶行也。

又曰。長陳爲甄。

又曰。其鎭如岳。其停如淵。

見文選注。

按已上七條。今十三篇內亦無之。

孫子八陣有苹車之乘。

見鄭君周禮注。

按隋經籍志有孫子八陣圖一卷。此其遺文也。

孫子占曰。三軍將行。其旌旗從容以向前。是爲天送。必亟擊之。得其大將。三軍將行。其旌旗墊（音店）然若雨。是爲天霧。其帥失。三軍將行。旍旗亂於上。東西南北。無所主方。其軍不還。三軍將陣。雨師。是爲浴師。勿用陣戰。三軍將戰。有雲其上而赤。勿用陣。先陣戰者。莫復其迹。三軍方行。大風飄起於軍前。右周絕軍其將亡。右周中。其師得糧。

見太平御覽。

按隋志又有孫子雜占四卷。此其遺文也。　又按北堂書鈔引孫子兵法云。貴之而無驕。委之而不專。扶之而無隱。危之而不懼。故良將之動也猶璧玉之不可汚也。太平御覽以爲出諸葛亮兵要。又引孫子兵法祕要云。良將思計如飢。所以戰必勝攻必克也。按兵法祕要孫子無其書。魏武有兵法接要一卷。或亦名爲孫子兵法接要。猶魏武所作兵法亦名爲續孫子兵法也。北堂書鈔又引孫子兵法論云。非文無以平治。非武無以治亂。善用兵者有三略焉。上略伐智。中略伐義。下略伐勢。按此亦不似孫武語。蓋後世言兵多祖孫武。故作兵法論即名爲孫子兵法論也。附識於此以備考。

陳振孫書錄解題曰。孫武事吴闔閭。而事不見於春秋傳。未知其果何代人也。

又曰。孫吴或是古書。

按孫子生於敬王之代。故周秦兩漢諸書皆多襲用其文。陳氏于此猶有不盡信之言。疏謬甚矣。

戰國策。孫臏曰。兵法百里而趨利者蹶上將。五十里走者軍半至。語本孫子軍政篇

又曰。馬陵道狹。而旁多阻險。可伏兵。語意本行軍篇

又曰。攻其懈怠。出其不意。語出計篇

吴起曰。投之無所往。天下莫當。語本九地篇

又曰。凡過山川邱陵。亟行勿留。語本行軍篇

又曰。治寡如治衆。語出勢篇

又曰。以半擊倍。百戰不殆。語意本謀攻篇

又曰。必死則生。幸生則死。語意本九變篇

又曰。以近待遠。以佚待勞。以飽待飢。語出軍爭篇

又曰。夫鼙鼓金鐸所以威目。旌旗麾幟所以威耳。語意本軍爭篇

又曰。晝以旌旗幡幟爲節。夜以金鼓笳笛爲節。語意本軍爭篇

又曰。遇諸邱陵林谷深山大澤。疾行亟去。勿得從容。語意本行軍篇

又曰。敵若絕水。半渡而擊之。語出行軍篇

又趙奢救閼與。軍士許歷曰。先據北山者勝。後至者敗。語意本地形篇

尉繚子曰。守法一而當十。語意本謀攻篇

又曰。治兵者若祕於地。若邃於天。語意本形篇

鶡冠子曰。發如鏃矢。擊如雷霆。語意本軍爭篇

又曰。執急節短。語出勢篇

又曰。百戰而勝。非善之善者也。不戰而勝。善之善者也。語本謀攻篇

史記。陳餘曰。吾聞兵法十則圍之。倍則戰之。語出謀攻篇

又黥布擊楚。或說楚將曰。兵法自戰其地爲散地。語出九地篇

又高帝遣劉敬視匈奴。劉敬曰。此必能而示之不能。語出計篇

又韓信曰。兵法不曰陷之死地而後生。置之亡地而後存乎。語出九地篇

呂氏春秋曰。若鷙鳥之擊也。搏攫則殪。語出埶篇

又曰。夫兵貴不可勝。不可勝在己。可勝在彼。聖人必在己者。不必在彼者。語出形篇

淮南子曰。高者爲生。下者爲死。語本計篇及行軍篇

又曰。同舟而濟於江。卒遇風波。捷捽抬杼船若左右手。語本九地篇

又曰。主孰賢。將孰能。語本計篇

又曰。卒如雷霆。疾如風雨。若從地出。若從天下。語本軍爭及形篇

又曰。不襲堂堂之寇。不擊填填之旗。語出軍爭篇

又曰。勇者不得獨進。怯者不得獨退。語出軍爭篇

又曰。如決積水於千仞之隄。若轉員石於萬丈之谿。語本埶篇

又曰。是故令之以文。齊之以武。是謂必取。語出行軍篇

又曰。疾如彍弩。勢如發矢。語本埶篇

又曰。晝則多旌。夜則多火。語本軍爭篇

又曰。避實就虛。若驅羣羊。語出埶篇及九地篇

又曰。故曰。無恃其不吾奪也。恃吾不可奪。語本九變篇

又曰。飢者能食之。勞者能息之。有功者能得之。語意本虛實篇

太元經曰。卵破石碬。語本埶篇

潛夫論曰。將者。民之司命。而國安危之主也。語出作戰篇

又曰。其敗者。非天之所災。將之過也。語出地形篇

按孫子惟爲古書。故先秦兩漢多述其文。東漢以後諸傳記所徵引者。更不可以悉舉。乃陳氏忽疑其書並疑其人。何也。

孫子曰。不知三軍之事而同三軍之政。則軍士惑矣。不知三軍之權而同三軍之任。則軍士疑矣。

按孫子古書多存古義。今略舉數事以祛陳氏之惑。按同有冒義。故字從同也。釋言云。弇蓋也。弇同也。是同有覆冒之義也。同三軍之政同三軍之任者。猶言奄有其政奄有其任也。此古訓。不作同異解。向來注者殊瞢瞢。

又按尚書太保奉同瑁。馬氏以同瑁爲一物。天子所執玉瑞名也。

孫子曰。𦽁秆一石當吾二十石。

按𦽁說文作萁。豆稭也。其忌聲同。故又作𦽁也。詩云夜如何其。其語助。以聲同。又借忌爲之。詩又云。抑釋掤忌。抑鬯弓忌。是也。此其作𦽁者。春秋已後或體字也。諸字書皆缺載。

孫子曰。朝氣銳。晝氣惰。暮氣歸。

按廣雅歸息也。列子云。鬼歸也。又云。古者謂死人爲歸人。是歸乃滅息之義也。左氏一鼓作氣。再而衰。三而竭。竭盡正與滅息義相發明。今杜佑等以欲歸釋之。言若士卒暮而欲歸。不明古義。疏矣。

孫子曰。爲兵之事。在於順詳敵之意。

按曹注曰佯愚也。是以詳爲佯。古通用字也。

孫子曰。不得已則鬥。

按書內鬥字皆如此。說文云。鬥兩士相對。兵杖在後。象鬥形也。今諸書皆假鬬爲之。鬥字弗著于篇矣。

孫子曰。勵於廟堂之上以誅其事。

按說文誅討也。討治也。故誅亦得爲治也。又誅治聲近。故可假借爲之。猶且得爲此。期得爲近。析得爲斯之類是也。他字書皆不載。

孫子曰。絕水必遠水。

按絕者越也。言過水而處軍。則必遠於水也。故上文云絕山依谷。言過山而處軍。必依於谷也。又云絕斥澤唯亟去勿留。言過斥澤則不可處軍。必亟去之勿留也。爾雅曰。正絕流曰亂。正絕流猶言直渡水也。其名爲亂者。亦厲之意。即爾雅以衣涉水爲厲是也。詩云涉渭爲亂。鄭君云。絕流而南。是鄭固以絕爲越也。至孔穎達則云。水以流爲順。橫渡則絕其流。是爲隔絕之義。唐人不達古訓。無足怪也。又呂氏春秋曰。章子令人視水可絕者。有芻水旁者曰。水淺深易知。荆人所盛守者。皆其淺者也。所簡守。皆其深者也。是絕訓爲越之證也。 又按此古訓。諸字書皆缺載。

孫子曰。將者君之輔也。輔周則國必強。輔隙則國必弱。

按周者無缺也。隙者有缺也。周隙相對言之。古語之常。故云圍師必闕。圍者周也。闕者隙也。此言將之智勇。能周則強。不能周則弱也。今賈氏以才周其國釋周字。以內懷其貳釋隙字。不明對文之義。疏矣。

孫子曰。犯三軍之衆。若使一人。

按曹注謂犯爲用。非。當云犯動也。故下文云。犯之以事。勿告以言。犯之以利。勿告以害。若以用釋之。下文不可通矣。又犯字本無用意。蓋凡文字皆有本訓有轉訓。犯爲侵。故又得爲動。魏武不明于聲音訓詁之源流。以用釋犯。既不經見。妄爲之說。謬已。

孫子曰。是故方馬埋輪。不足恃也。

按方者繫縛之也。曹注方縛也。是已。說文方象兩舟總其頭。謂聚束兩船之頭也。爾雅。諸侯維舟。大夫方舟。維繫四舟曰維舟。繫併兩舟曰方舟。故方又有併義。呂氏春秋曰。竄木方版。以爲舟楫。言併其版。亦拘縛之意也。又爲法爲所。論語遊必有方。是方爲所。亦繫定之意也。論語又曰子貢方人。鄭注謂言人過惡。言以禮法拘縛人也。陸德明釋文云。鄭本方作謗。按此似唐以後人不明注意。以爲言人過惡。無當於方人之義。率臆改之。非鄭原本也。　又按此古訓。諸字書皆缺載。　又按書內古義多不經見。則精當不可移易。真古書也。後之爲字書者。以其兵家言不悉置意。故多漏略。陳氏不察而妄譏之。謬之謬矣。　又按今所傳孫子算經三卷。無名字。宋史藝文志云不知名。考孫子兵法形篇云。兵法一曰度。二曰量。三曰數。四曰稱。五曰勝。地生度。度生量。量生數。數生稱。稱生勝。而算經則云。度之所起。起於忽。稱之所起。起於黍。量之所起。起於粟。凡大數之法。萬萬曰億。篇首即以度量數稱四事分爲四節。與他算書不同。則斷知其爲孫武之書無疑也。　又中興書目云。或云五曹算經出于孫武。按此所說是也。五曹者。一爲田曹。地利爲先也。既有田疇。必資人力。故次兵曹。人衆必用食飲。次集曹。衆既會集。必務儲蓄。次倉曹。倉廩貨幣相交貿。次金曹。而其意則以兵爲要。田疇食幣。皆爲兵用也。

又按夏侯陽算經曰。田曹云。度之所起起於忽。倉曹云。量之所起起於粟。以孫子算經之文而謂之五曹。則固知其爲一人之書也。書目之言。信足徵已。

孫子篇卷異同。

漢藝文志。兵權謀家。吳孫子兵法八十二篇。圖九卷。

按八十二篇者。其一爲十三篇。未見闔閭時所作。今所傳孫子兵法是也。其一爲問答若干篇。既見闔閭所作。即諸傳記所引遺文是也。一爲八陣圖。鄭注周禮引之是也。一爲兵法雜占。太平御覽所引是也。外又有牝八變陣圖戰鬭六甲兵法。俱見隋經籍志。又有三十二壘經。見唐藝文志。按漢志惟云八十二篇。而隋唐志於十三篇之外又有數種。可知其具在八十二篇之內也。

七錄。孫子兵法三卷。史記正義曰。案十三篇爲上卷。又有中下二卷。

案此孫子本書。無注文。其云又有中下二卷。則唐時故書猶存。不僅今所傳之十三篇也。　又按所云三卷者。蓋十三篇爲上卷。問答之辭爲中下卷也。其八陣圖雜占諸書。則別本行之。故隋唐志諸書亦皆別出。又按宋藝文志有孫武孫子三卷。朱服校定孫子三卷。即此也。

隋書經籍志。兵部。孫子兵法二卷。吳將孫武撰。魏武注。梁三卷。諸書皆云三卷惟晁氏讀書志以爲一卷文獻通考因之　孫子兵法一卷。魏武王凌集解。諸書無著錄惟通志略有之　孫武兵經二卷。張子尙注。通志略云三卷諸書無錄　鈔孫子兵法一卷。魏太尉賈詡鈔。諸書無錄通志略有之　梁有孫子兵法二卷。孟氏解詁。亦見唐志及通志略　孫子兵法一卷。吳處士沈友撰。見唐志及通志略唐志云三卷通志略云二卷　又孫子八陣圖一卷。亡。亦見通志略　吳孫子牝八變陣圖一卷。見通志略　孫子兵法雜占四卷。見通志略　梁有孫子戰鬭六甲兵法一卷。諸書皆不著錄

新唐書藝文志。兵書類。魏武注孫子三卷。　孟氏解孫子二卷。　沈友注孫子三卷。　孫子三十二壘經一卷。通志略作三十三壘經蓋字誤　李筌注孫子二卷。晁氏讀書志作三卷文獻通考因之通志略及宋史皆云一卷　杜牧注孫子三卷。通志略云一卷案杜牧注最爲詳贍故諸書皆錄爲三卷作一卷者誤　陳皞注孫子一卷。晁氏志云三卷通考因之　賈林注孫子一卷。晁氏志無文獻通考同

按唐志又有兵書捷要七卷。孫武撰。此字誤。當云魏武也。見隋志及通志略。

郡齋讀書志。兵家類。魏武注孫子一卷。　李筌注三卷。　杜牧注三卷。　陳皞注三卷。　紀燮注三卷。　梅聖俞注三卷。宋志無錄通志略云一卷　王晳注三卷。宋志無錄　何氏注三卷。宋志無錄通志略云一卷又晁氏云未詳其名近代人也按何氏名延錫見通志略

直齋書錄解題。兵書類。孫子三卷。漢志八十一篇。魏武削其繁冗。定爲十三篇。　杜牧之注孫子三卷。

按書錄解題惟載曹杜二家注。他書皆未及見也。

通志。兵略。孫子兵法三卷。吳將孫武撰。魏武注。　又一卷。魏武王凌集解。　又二卷。蕭吉注。隋唐志無錄　又二卷。孟氏解詁。　又二卷。吳沈友撰。　又一卷。唐李筌撰。　又一卷。唐杜牧撰。　又一卷。唐陳皞注。　又一卷。唐賈林注。　又一卷。何延錫注。　又一卷。張預注。宋志無錄　又三卷。王晳注。　又一卷。梅堯臣撰。　孫武兵經三卷。張子尙注。　鈔孫子兵法一卷。魏太尉賈詡鈔。　續孫子兵法二卷。魏武撰。　孫子遺說一卷。鄭友賢撰。右兵書。　孫子八陣圖一卷。　吳孫子牝八變陣圖二卷。右營陣。　吳孫子三十二壘經一卷。　孫子兵法雜占四卷。右兵陰陽。

文獻通考。魏武注孫子一卷。　李筌注三卷。　杜牧注三卷。　陳皞注三卷。　紀燮注三卷。　梅聖俞注三卷。王晳注三卷。　何氏注三卷。

按通考所錄悉本晁公武讀書志。

宋史藝文志兵書類。孫武孫子三卷。　朱服校定孫子三卷。　魏武注孫子三卷。　蕭吉注孫子一卷。或題曹蕭注。　賈林注孫子一卷。　陳皥注孫子一卷。　宋奇孫子解幷武經簡要二卷。諸書皆不著錄　李筌注孫子一卷。　五家注孫子三卷。魏武。杜牧。陳皥。賈林。孟氏。　杜牧孫子注三卷。　曹杜注孫子三卷。　吉天保十家孫子會注十五卷。按今本十三篇爲十三卷又按梅堯臣王晳何延錫張預四家注志內皆不著錄

杜牧曰。孫武書數十萬言。魏武削其繁剩。筆其精粹。成此書。按孫子十三篇者。出於手定。史記兩稱之。而杜牧以爲魏武筆削所成。誤已。

晁公武曰。唐李筌以魏武所解多誤。約歷代史依遁甲注成三卷。　又曰。唐杜牧以武書大略用仁義使機權曹公所注解十不釋一。蓋惜其所得自爲新書爾。因備注之世謂牧慨然最喜論兵。欲試而不得者。其學能道春秋戰國時事。甚博而詳。知兵者有取焉。　又曰。唐陳皥以曹公注隱微。杜牧注闊踈。重爲之注。又曰。唐紀燮集唐孟氏賈林杜佑三家所解。

歐陽修曰。世所傳孫子十三篇。多用曹公杜牧陳皥注。號三家。　又曰。三家之注。皥最後。其說時時攻牧之短。

晁公武曰。王晳以古本校正闕誤。又爲之注。仁廟天下承平。人不習兵。元昊旣叛。邊將數敗。朝廷頗訪知兵者。士大夫人人言兵矣。故本朝注解孫武書者。大抵皆當時人也。

按今孫子集注本由華陰道藏錄出。卽宋吉天保所合十家注也。十家者。一魏武。二李筌。三杜牧。四陳皥。五賈林。六孟氏。七梅堯臣。八王晳。九何延錫。十張預也。

十家本內又有杜佑君卿注。案杜佑乃作通典引孫子語而訓釋之。非注也。通典引孫子曰。利而誘之。親而離

之。注云。以利誘之。使五間幷入。辯士馳說。親彼君臣。分離其形勢。若秦遣反間誑趙使廢廉頗而任趙奢之子是也。考利而誘之親而離之二語。孫子本文不相屬。通典摘引之。又爲之注。求其意義。幾成一事。與孫子句各爲義者異已。　又按杜佑注例。每先引曹注。下附已意。故前之所說。後或不同也。　又杜佑注。自引用曹注之外。亦或間引孟氏。　又按十家注。自魏武之後。孟氏爲先。見隋書經籍志。原本次于陳皞賈林之後。誤也。今改正。晁公武以爲唐人。亦誤也。又按杜佑雖非爲孫子作注。然旣引用其文。不當次于賈林之後梅氏之前。今改正次孟氏。又按杜牧者佑之孫也。原本列牧于佑前。大謬。　又孫子道藏原本題曰集注。大與朱氏本題曰注解。今改爲孫子十家注。從宋志也。　又道藏本有鄭友賢孫子遺說一卷。見通志藝文略。今仍原本附刻於後。

孫子篇目

孫子十家註

賜進士及第署山東提刑按察使分巡兗沂曹濟黃河兵備道孫星衍　賜進士出身署萊州府知府候補同知吳人驥同校

卷一　計篇

曹公曰計者選將量敵度地料卒遠近險易計於廟堂也　李筌曰計者兵之上也太乙遁甲先以計神加德宮以斷主客成敗故孫子論兵亦以計爲篇首　杜牧曰計算也曰計算何事曰下之五事所謂道天地將法也於廟堂之上先以彼我之五事計算優劣然後定勝負勝負既定然後興師動衆用兵之道莫先此五事故著爲篇首耳　王晳曰計者謂計主將天地法令兵衆士卒賞罰也　張預曰管子曰計先定於內而後兵出境故用兵之道以計爲首也或曰兵貴臨敵制宜曹公謂之於廟堂者何也曰將之賢愚敵之強弱地之遠近兵之衆寡安得不先計之及乎兩軍相臨變動相應則在於將之所裁非可以踰度也

孫子曰。兵者國之大事。

杜牧曰。傳曰。國之大事。在祀與戎。　張預曰。國之安危在兵。故講武練兵。實先務也。

死生之地。存亡之道。不可不察也。

李筌曰。兵者凶器。死生存亡繫於此矣。是以重之。恐人輕行者也。　杜牧曰。國之存亡。人之死生。皆出於兵。故須審察也。　賈林曰。地猶所也。亦謂陳師振旅戰陳之地。得其利則生。失其便則死。故曰死生之地。道者。權機立勝之道。得之則存。失之則亡。故曰不可不察也。書曰。有存道者。輔而固之。有亡道者。推而亡之。　梅聖俞曰。地有死生之勢。戰有存亡之道。　王晳曰。兵舉則死生存亡繫之。　張預曰。民之死生兆於此。則國之存亡見於彼。然死生曰地。存亡曰道者。以死生在勝負之地。而存亡繫得失之道也。得不重慎審察乎。

故經之以五校之計。而索其情。

通典古本如此今本作經之以五事校之以計蓋後人因注內有五事之言又下文有校之以計句故臆改之也按本書言兵

之所重在計故云經之以五校之計也且五事與計自一事原非截然兩端今因注內五事之言而改其文然則下文又有七事之語又可臆改爲七計乎從通典

曹公曰。謂下五事。彼我之情。原本作謂下五事七計求彼我之情也按此亦後人臆增從通典御覽改正　李筌曰。謂下五事也。校量也。量計遠近而求物情以應敵。　杜牧曰。經者經度也。五者卽下所謂五事也。校者校量也。計者卽篇首計算也。索者搜索也。情者彼我之情也。此言先須經度五事之優劣。次復校量計算之得失。然後始可搜索彼我勝負之情狀。賈林曰。校量彼我之計謀。搜索兩軍之情實。則長短可知。勝負易見。　梅堯臣曰。經紀五事。校定計利。　王晳曰。經常也。又經緯也。計者謂下七計。索盡也。兵之大經。不出道天地將法耳。就而校之以七計。然後能盡彼己勝負之情狀也。　張預曰。經經緯也。上先經緯五事之次序。下乃用五事以校計彼我之優劣。探索勝負之情狀。

一曰道。

杜佑曰。德化。據通典補下四句同　張預曰。恩信使民。

二曰天。

杜佑曰。惠覆。　張預曰。上順天時。

三曰地。

杜佑曰。慈愛。　張預曰。下知地利。

四曰將。

杜佑曰。經略。　張預曰。委任賢能。

五曰法。
杜佑曰。制作。　杜牧曰。此之謂五事也。　王晳曰。此經之五事也。夫用兵之道。人和爲本。天時與地利則其助
也。三者具。然後議擧兵。兵擧必須將能。將能然後法修。孫子所次。此之謂矣。　張預曰。節制嚴明。夫將與法在
五事之末者。凡擧兵伐罪。廟堂之上。先察恩信之厚薄。後度天時之逆順。次審地形之險易。三者已熟。然後命
將征之。兵既出境。則法令一從於將。此其次序也。

道者。令民與上同意也。令民二字原本脫今據通典北堂書鈔太平御覽補又按下文主孰有道張預注云所謂令民與上同意之道也
張預曰。以恩信道義撫衆。則三軍一心。樂爲上用。易曰。悅以犯難。民忘其死。

故可與之死。可與之生。而民不畏危。原本作可以與之死可以與之生而不畏危今據通典北堂書鈔太平御覽改正又通典引民作人避唐諱危作佹字之誤也
曹公曰。謂道之以教令。危者危疑也。　孟氏曰。一作人不疑。謂始終無二志也。一作人不危道。謂道之以政令。
齊之以禮教。故能化服民志。與上下同一也。故用兵之妙。以權術爲道。大道廢而有法。法廢而有權。權廢而有
勢。勢廢而有術。術廢而有數。大道淪替。人情訛僞。非以權數而取之。則不得其欲也。故其權術之道。使民上下
同進趨。同愛憎。一利害。故人心歸於德。得人之力。無私之至也。故百萬之衆。其心如一。可與俱同死力。動而不
至危亡也。臣之於君。下之於上。若子之事父。弟之事兄。若手臂之捍頭目而覆胸臆也。如此。始可與上同意。死
生同致。不畏懼於危疑。　杜佑曰。謂導之以政令。齊之以禮教也。危者疑也。上有仁施。下能致命也。故與處存
亡之難。不畏傾危之敗。若晉陽之圍。沈竈產蛙。人無叛疑心矣。　李筌曰。危亡也。以道理衆。人自化之。得其同

用。何亡之有。　杜牧曰。道者仁義也。李斯問兵於荀卿。對曰。彼仁義者所以修政者也。政修則民親其上。樂其君。輕爲之死。復對趙孝成王論兵曰。百將一心。三軍同力。臣之於君也。下之於上也。若子之事父弟之事兄。若手臂之捍頭目而覆胸臆也。如此。始可令與上同意。死生同致。不畏懼於危疑也。　陳皞註同杜牧。　賈林曰。將能以道爲心。與人同利共患。則士卒服。自然心與上者同也。使士卒懷我如父母。視敵如仇讎者。非道不能也。黃石公云。得道者昌。失道者亡。　梅堯臣曰。危戾也。主有道則政教行。人心同則危戾去。故主安與安。主危與危。　王晳曰。道謂主有道能得民心也。夫得民之心者。所以得死力也。得死力者。所以濟患難也。易曰。悅以犯難。民忘其死。如是。則安畏危難之事乎。　張預曰。危疑也。士卒感恩。死生存亡與上同之。決然無所疑懼。

天者。陰陽寒暑時制也。（通典制上有節字誤御覽一引作節制一引作時制）

曹公曰。順天行誅。因陰陽（通典及御覽陰陽下有剛柔二字）四時之制。故司馬法曰。冬夏不興師。所以兼愛民也。　孟氏曰。兵者法天運也。陰陽者剛柔盈縮也。用陰則沈虛固靜。用陽則輕捷猛厲。後則用陰。先則用陽。陰無蔽也。陽無察也。陰陽之象無定形。故兵法天。天有寒暑。兵有生殺。天則應殺而制物。兵則應機而制形。故曰天也。　杜佑曰。謂順天行誅。因陰陽四時剛柔之制。故司馬法曰。冬夏不興師。所以兼愛吾人。若細雨沐軍。臨機必有捷。回風相觸。道遠而無功。雲類羣羊。必走之道。氣如驚鹿。必敗之勢。氣雲出壘。赤黑臨軍。皆敗之兆。若煙非煙。此慶雲也。必勝。若霧非霧。是泣軍也。必敗。是知風雲之占。其來久矣。（故司馬法曰以下原本無今據通典及太平御覽補）　李筌曰。應天順人。因時制敵。　杜牧曰。陰陽者。五行刑德向背之類是也。今五緯行止最可據驗。巫咸甘氏石氏唐蒙史墨梓愼裨竈之徒。皆有著述。咸稱祕奧。察其指歸。皆本人事。準星經曰。歲星所在之分不可攻。攻之反受其殃也。左傳昭三十二年夏吳伐越。始用師於越。史墨曰。不及四十年。越其有吳乎。越得歲而吳伐之。必受其凶。註曰。存亡之數不過三紀。歲星三周。三十六歲。故曰不及四十年也。此年歲在星紀。星紀吳分也。歲星所在。其國有福。吳先用兵。故反受其殃。哀二十二年。越滅吳。至此三十八歲也。李淳風曰。天下誅秦。歲星聚於東井。秦政暴虐。失歲星仁和之理。違歲星恭肅之道。拒諫信讒。是故胡亥終於滅亡。復曰。歲星清明潤澤。所在之國分大吉。君令合於時。則歲星光嘉。年豐人安。君尙暴虐。令人不便。則歲星色芒角而怒。則兵起。由此言之。歲星所在。或有福德或有災祥。豈不皆本於人事乎。夫吳越之君。德均勢敵。闔閭興師。志於吞滅。非爲拯民。故歲星福越而禍吳。秦之殘酷。天下誅之。上合天意。故歲星禍秦而祚漢。熒惑罰星也。宋景公出一善言。熒惑移三舍。而延二十七年。以此推之。歲爲善星。不福無道。火爲罰星。不罰有德。舉此二者。其他可知。況所臨之分。隨其政化之善惡。各變其本色。芒角大小。隨爲禍福。各隨時而占之。淳風曰。夫形器著於下。精象係於上。近取之身。耳目爲肝腎之用。鼻口實心腹所資。彼此影響。豈不然歟。易曰。在天成象。在地成形。變化見矣。蓋本於人事而已矣。刑德向背之說。尤不足信。夫刑德天官之陳。背水陳者爲絕紀。向山坂陳者爲廢軍。武王伐紂。背清水向山坂而陳。以二萬二千五百人。擊紂之億萬之衆。今可目覩者。國家自元和已後。至今三十年閒。凡四伐趙寇。昭義軍加以數道之衆。常號十萬。圍之臨城縣。攻其南不拔。攻其北不拔。攻其東不拔。攻其西不拔。其四度圍之。通有十歲。十歲之內。東西南北。豈有刑德向背王相吉辰哉。其不拔者。豈不曰城堅池深糧多人一哉。復以往事驗之。秦累世戰勝。竟滅六國。豈天道二百年閒常在乾方。福德常居鶉首。豈不曰穆公已還。卑身趨士。務耕戰。明法令。而致之乎。故梁惠王問尉繚子曰。黃帝有刑德可以百戰百勝。其有之乎。尉繚子曰。不然。黃帝所謂刑德者。刑以伐之。

德以守之。非世之所謂刑德也。夫舉賢用能者。不時日而利。明法審令者。不卜筮而吉。貴功養勞者。不禱祠而福。周武王伐紂。師次於汜水共頭山。風雨疾雷。鼓旗毀折。王之驂乘惶懼欲死。太公曰。夫用兵者。順天道未必吉。逆之未必凶。若失人事。則三軍敗亡。鬼神視之不見。聽之不聞。故智者不法。愚者拘之。若乃好賢而任能。舉事而得時。此不看時日而事利。不假卜筮而事吉。不待禱祀而福從。遂命驅之前進。周公曰。今時太歲逆。龜灼言凶。卜筮不吉。星凶爲災。請還師。太公怒曰。今紂剖比干。囚箕子。以飛廉爲政。伐之有何不可。枯草朽骨。安可知乎。乃焚龜折蓍。率衆先涉。武王從之。遂滅紂。宋高祖圍慕容超於廣固。將攻城。諸將諫曰。今往亡之日。兵家所忌。高祖曰。我往彼亡。吉孰大焉。乃命悉登。遂克廣固。後魏太祖武帝討後燕慕容麟。甲子晦日進軍。太史令鼂崇奏曰。昔紂以甲子日亡。帝曰。周武豈不以甲子日興乎。崇無以對。遂戰破之。後魏太武帝征夏赫連昌於統萬城。師次城下。昌鼓噪而前。會有風雨從賊後來。太史進曰。天不助人。將士飢渴。願趾避之。崔浩曰。千里制勝。一日。豈得變易。風道在人。豈有常也。帝從之。昌軍大敗。或曰。如此者。陰陽向背定不足信。孫子敍之何也。答曰。夫暴君昏主。或爲一搖一馬。則必殘人逞志。非以天道鬼神。誰能制止。故孫子敍之。蓋有深旨。寒暑時氣節制其行止也。周瑜爲孫權數曹公四敗。一曰。今盛寒。馬無藁草。驅中國士衆遠涉江湖。不習水土。必生疾病。此用兵之忌也。寒暑同歸於天時。故聯以敍之也。　賈林曰。讀時制爲時氣。謂從其善時。占其氣候之利也。　梅堯臣曰。兵必參天道。順氣候。以時制之。所謂制也。司馬法曰。冬夏不興師。所以兼愛民也。　王晳曰。謂陰陽總天道五行四時風雲氣象也。善消息之。以助軍勝。然非異人特授其訣。則未由也。若黃石授書張良。乃太公兵法。是也。意者豈天機神密。非常人所得知耶。其諸十數家紛紜。抑未足以取審矣。寒暑若吳起云疾風大寒盛夏炎熱之類。時制因時利害而制宜也。范蠡云。天時不作。弗爲人客。是也。　張預曰。夫陰陽者非孤虛向背之謂也。蓋兵自有陰陽耳。范蠡曰。後則用陰。先則用陽。盡敵陽節。盈吾陰節而奪之。又云。設右爲牝。益左爲牡。早晏以順天道。李衞公解曰。左右者人之陰陽。早晏者天之陰陽。奇正者天人相變之陰陽。此皆言兵自有陰陽剛柔之用。非天官日時之陰陽也。今觀尉繚子天官之篇。則義最明矣。太白陰經亦有天無陰陽之篇。皆著爲卷首。欲以決世人之惑也。太公曰。聖人欲止後世之亂。故作爲譎書。以寄勝於天道。無益於兵也。是亦然矣。唐太宗亦曰。凶器無甚於兵。行兵苟便於人事。豈以避忌爲疑也。寒暑謂冬夏興師也。漢征匈奴。士多墮指。馬援征蠻。卒多疫死。皆冬夏興師故也。時制者。謂順天時而制征討也。太白陰經言天時者。乃水旱蝗雹荒亂之天時。非孤虛向背之天時也。

地者。遠近險易廣狹死生也。

曹公曰。言以九地形勢不同。因時制利也。通典及御覽作制度非論在九地篇中。　李筌曰。得形勢之地。有死生之勢。梅堯臣曰。知形勢之利害。凡用兵貴先知地形。知遠近則能爲迂直之計。知險易則能審步騎之利。知廣狹則能度衆寡之用。知死生則能識戰散之勢也。

將者。智信仁勇嚴也。按潛夫論引作智仁敬信勇嚴是漢時故書如此

曹公曰。將宜五德備也。　李筌曰。此五者爲將之德。故師有丈人之稱也。　杜牧曰。先王之道。以仁爲首。兵家者流。用智爲先。蓋智者。能機權識變通也。信者。使人不惑於刑賞也。仁者。愛人憫物。知勤勞也。勇者。決勝乘勢。不逡巡也。嚴者。以威刑肅三軍也。楚申包胥使於越。越王句踐將伐吳。問戰焉。夫戰智爲始。仁次之。勇次之。不

智則不能知民之極。無以詮度天下之衆寡。不仁則不能與三軍共飢勞之殃。不勇則不能斷疑以發大計也。　賈林曰。專任智則賊。偏施仁則固。守信則愚。恃勇力則暴。令過嚴則殘。五者兼備。各適其用。則可爲將帥。　梅堯臣曰。智能發謀。信能賞罰。仁能附衆。勇能果斷。嚴能立威。　王晳曰。智者。先見而不惑。能謀慮。通權變也。信者。號令一也。仁者。惠撫惻隱。得人心也。勇者。徇義不懼。能果毅也。嚴者。以威嚴肅衆心也。五者相須。闕一不可。故曹公曰將宜五德備也。　何延錫曰。非智不可以料敵應機。非信不可以訓人率下。非仁不可以附衆撫士。非勇不可以決謀合戰。非嚴不可以服強齊衆。全此五才。將之體也。　張預曰。智不可亂。信不可欺。仁不可暴。勇不可懼。嚴不可犯。五德皆備。然後可以爲大將。

法者。曲制官道主用也。

曹公曰。曲制者。部曲旛幟金鼓之制也。官者。百官之分也。道者。糧路也。主用者。主軍費用也。原本作主君誤今從通典御覽改正　李筌曰。曲部曲也。制節度也。官爵賞也。道路也。主掌也。用者軍資用也。皆師之常法。而將所治也。　杜牧曰。曲者。部曲隊伍有分畫也。制者。金鼓進退有節制也。官者。偏裨校列各有官司也。道者。營陳開闔各有道徑也。主者。管庫廝養。職守主張其事也。用者。車馬器械。三軍須用之物也。荀卿曰。械用有數。兵者以食爲本。須先計利糧道。然後興師。　梅堯臣曰。曲制。部曲隊伍分畫必有制也。官道。裨校首長統率必有道也。主用。主軍之資糧百物必有用度也。　王晳曰。曲者卒伍之屬。制者節制其行列進退也。官者羣吏偏裨也。道者軍行及所舍也。主者主守其事。用者凡軍之用。謂輜重糧積之屬。　張預曰。曲部曲也。制節制也。官謂分偏裨之任。道謂利糧餉之路。主者職掌軍資之人。用者計度費用之物。六者用兵之要。宜處置有其法。

凡此五者。將莫不聞。知之者勝。（御覽無知字非）不知者不勝。

曹公曰。同聞五者。將知其變極卽勝也。（原本誤於而索其情下今改正）　張預曰。以上五事。人人同聞。但深曉變極之理則勝。不然則敗。

故校之以計（通典上有用兵之道四字此意增也又御覽計字上有五字）而索其情。

曹公曰。索其情者。勝負之情。　杜佑曰。索其勝負之情。索音山格反。搜索之義也。（據通典御覽補）　杜牧曰。謂上五事。將欲聞知校量計算彼我之優劣。然後搜索其情狀。乃能必勝。不爾則敗。　賈林曰。書云。非知之艱。行之惟難。　王晳曰。當盡知也。言雖周知五事。待七計以盡其情也。　張預曰。上已陳五事。自此而下。方考校彼我之得失。探索勝負之情狀也。

曰。主孰有道。

杜牧曰。孰誰也。言我與敵人之主。誰能遠佞親賢任人不疑也。　梅堯臣曰。誰能得人心也。　王晳曰。若韓信言。項王匹夫之勇。婦人之仁。名雖爲霸。實失天下心。謂漢王入武關秋毫無所害。除秦苛法。秦民亡不欲大王王秦者。是也。　何氏曰。書曰。撫我則后。虐我則讎。撫虐之政。孰有之也。　張預曰。先校二國之道誰有恩信之道。卽上所謂令民與上同意者之道也。若淮陰料項王仁勇過高祖。而不賞有功。爲婦人之仁。亦是也。

將孰有能。

曹公曰。道德智能。（按御覽引校之以計作校之以五計五計者主孰有道將孰有能一也天地孰得二也法令孰行三也兵衆孰強士卒孰練四也賞罰孰明五也故其注文各附正文而主孰有道將孰有能爲一節兵衆孰強士卒孰練爲一節今杜佑注于兵衆士卒二句亦合解之然則魏武解辨本詳其注意亦與杜佑同也道德智能四字旣統釋二句不當在主孰有道句下今改正）　杜佑曰。道德智能主君也。原本作主君也道道德也此合注者改之今從通典御覽訂正必先考校兩國之君主。知能否也。原本作兩國之君誰知誰否也據通典御覽改正　若荀息料虞公貪而好寶。宮之奇懦而不能強諫。是也。　李筌曰。孰實也。有道之主必有智能之將。范增辭楚。陳平歸漢。即其義也。據李筌及杜佑注原本誤附于主孰有道句下今改正　杜牧曰。將孰有能者。上所謂智信仁勇嚴。若漢高祖料魏將柏直不能當韓信之類也。

天地孰得。

曹公李筌並曰。天時地利。　杜佑曰。視兩軍所據。知誰得天時地利。　杜牧曰。天者上所謂陰陽寒暑時制也。地者上所謂遠近險易廣狹死生也。　梅堯臣曰。稽合天時。審察地利。　王晳同杜牧註。　張預曰。觀兩軍所舉。誰得天時地利。若魏武帝盛冬伐吳。慕容超不據大峴。則失天時地利者也。

法令孰行。

曹公曰。設而不犯。犯而必誅。　杜佑曰。設而不犯。犯而必誅。原本刪去此八字今據通典御覽補發號出令。知誰能施行也。原本作校孰下不敢犯今從通典御覽改正　杜牧曰。縣法設令。貴賤如一。魏絳戮僕。曹公斷髮。是也。　梅堯臣曰。齊衆以法。一衆以令。　王晳曰。孰能法明令便。人聽而從。　張預曰。魏絳戮揚干。穰苴斬莊賈。呂蒙誅鄉人。臥龍刑馬謖。茲所謂設而不犯。犯而必誅。誰為如此。

兵衆孰強。

杜牧曰。上下和同。勇於戰為強。卒衆車多為強。　梅堯臣曰。內和外附。　王晳曰。強弱足以相形而知。　張預曰。車堅馬良。士勇兵利。聞鼓而喜。聞金而怒。誰者為然。

士卒孰練。

杜佑曰。知誰兵器強利士卒簡練者。故王子曰。士不素習。當陳惶惑將不素習。臨陳闇變。　梅堯臣曰。車騎閑習。孰國精粗。　王晳曰。孰訓之精。　何氏曰。勇怯強弱。豈能一概。　張預曰。離合聚散之法。坐作進退之令。誰素閑習。

賞罰孰明。

杜佑曰。賞善罰惡知誰分明者。故王子曰。賞無度則費而無恩。罰無度則戮而無威。　杜牧曰。賞不僭。刑不濫。　梅堯臣曰。賞有功。罰有罪。　王晳曰。孰能賞必當功。罰必稱情。　張預曰。當賞者雖仇怨必錄。當罰者雖父子不舍。又司馬法曰。賞不逾時。罰不遷列。於誰爲明。

吾以此知勝負矣。

曹公曰。以七事計之。知勝負矣。　杜佑曰。以上七事料敵情。知勝負所在。據通典御覽補　賈林曰。以上七事校彼我之政。則勝敗可見。　梅堯臣曰。能索其情則知勝負。　張預曰。七事俱優。則未戰而先勝。七事俱劣。則未戰而先敗。故勝負可預知也。

將聽吾計。用之必勝。留之。將不聽吾計。用之必敗。去之。

曹公曰。不能定計。則退而去也。　孟氏曰。將裨將也。聽吾計畫而勝。則留之。違吾計畫而敗。則除去之。　杜牧曰。若彼自備護。不從我計。形勢均等。無以相加。用戰必敗。引而去。故春秋傳曰。允當則歸也。　陳皥曰。孫武以書干闔閭曰。聽用吾計策。必能勝敵。我當留之不去。不聽吾計策。必當負敗。我去之不留。以此感動。庶必見用。

故闔閭曰。子之十三篇寡人盡觀之矣。其時闔閭行軍用師。多用爲將。故不言主而言將也。　梅堯臣曰。武以十三篇干吳王闔閭。故首篇以此辭動之。謂王將聽吾計而用戰必勝。我當留此也。王將不聽我計而用戰必敗。我當去此也。　王晳曰。將行也。用謂用兵耳。言行聽吾此計用兵。則必勝。我當留。行不聽吾此計用兵。則必敗。我當去也。　張預曰。將辭也。孫子謂今將聽吾所陳之計而用兵。則必勝。我乃留此矣。將不聽吾所陳之計而用兵。則必敗。我乃去之他國矣。以此辭激吳王而求用。

計利以聽。乃爲之勢。以佐其外。

曹公曰。常法之外也。　李筌曰。計利既定。乃乘形勢之便也。佐其外者。常法之外也。　杜牧曰。計算利害。是軍事根本。利害既見聽用。然後於常法外更求兵勢以助佐其事也。　賈林曰。計其利。聽其謀。得敵之情。我乃設奇譎之勢以動之。外者。或傍攻。或後躡。以佐正陳。　梅堯臣曰。定計於內。爲勢於外。以助成勝。　王晳曰。吾計之利已聽。復當知應變以佐其外。　張預曰。孫子又謂吾所計之利若已聽從。則我當復爲兵勢以佐助其事於外。蓋兵之常法。即可明言於人。兵之勢利須因敵而爲。

勢者。因利而制權也。

曹公曰。制由權也。權因事制也。　李筌曰。謀因事勢。　杜牧曰。自此便言常法之外勢。夫勢者不可先見。或因敵之害見我之利。或因敵之利見我之害。然後始可制機權而取勝也。　梅堯臣曰。因利行權以制之。　王晳曰。勢者乘其變者也。　張預曰。所謂勢者。須因事之利。制爲權謀以勝敵耳。故不能先言也。自此而後。略言權變。

兵者詭道也。

曹公曰。兵無常形。以詭詐爲道。　杜佑曰。兵無常形。以詭詐爲道。若息侯誘蔡。楚子謀宋也。據御覽補　李筌曰。兵不厭詐。　梅堯臣曰。非譎不可以行權。非權不可以制敵。　王晳曰。詭者所以求勝敵。御衆必以信也。　張預曰。用兵雖本於仁義。然其取勝必在詭詐。故曳柴揚塵。欒枝之譎也。萬弩齊發。孫臏之奇也。千牛俱奔。田單之權也。囊沙壅水。淮陰之詐也。此皆用詭道而制勝也。

故能而示之不能。

張預曰。實強而示之弱。實勇而示之怯。李牧敗匈奴。孫臏斬龐涓之類也。

用而示之不用。

杜佑曰。言己實能用。師外示之怯也。原本作言己實能用外示之以不能用使敵不我備也按此後人所改今從御覽訂正　若孫臏減竈而制龐涓。　李筌曰。言己實用師外示之怯也。漢將陳豨反。連兵匈奴。高祖遣使十輩視之。皆言可擊。復遣劉敬。報曰匈奴不可擊。上問其故。對曰。夫兩國相制。宜矜誇其長。今臣往。徒見羸老。此必能而示之不能。臣以爲不可擊也。高祖怒曰。齊虜以口舌得官。今妄沮吾衆。械繫敬廣武。以三十萬衆至白登。高祖爲匈奴所圍。七日乏食。此師外示之以怯之義也。　杜牧曰。此乃詭詐藏形。夫形也者不可使見於敵。敵人見形必有應。傳曰。鷙鳥將擊。必藏其形。如匈奴示羸老於漢使之義也。　王晳曰。強示弱。勇示怯。治示亂。實示虛。智示愚。衆示寡。進示退。速示遲。取示捨。彼示此。　何氏曰。能而示之不能者。如單于羸師誘高祖圍於平城是也。用而示之不用者。李牧按兵於雲中大敗匈奴是也。　張預曰。欲戰而示之退。欲速而視之緩。班超擊莎車。趙奢破秦軍之類也。

近而形之遠。遠而示之近。

杜佑曰。欲進而之去道也言多宜設其近。原本作欲近而設其遠也欲遠而設其近也按此後人改之以牽合二句辭義淺俚又與下文不接今從御覽訂正詐耀敵軍。示之以遠。本從其近。若韓信之襲安邑。陳舟臨晉而渡夏陽。陳舟句原本刪去今從御覽補　李筌曰。令敵失備也。漢將韓信虜魏王豹。初陳舟欲渡臨晉。乃潛師浮木罌從夏陽襲安邑。而魏失備也。耿弇之征張步。亦先攻臨淄。皆示遠勢也。　杜牧曰。欲近襲敵。必示以遠去之形。欲遠襲敵。必示以近進之形。韓信盛兵臨晉。而渡於夏陽。此乃示以近形而遠襲敵也。後漢末曹公袁紹相持官渡。紹遣將郭圖淳于瓊顏良等攻東郡太守劉延於白馬。紹引兵至黎陽。將渡河。曹公北救延津。荀攸曰。今兵少不敵。分兵勢乃可。公致兵延津。將欲渡。兵向其後。紹必西應之。然後輕兵襲白馬。掩其不備。顏良可擒也。公從之。紹聞兵渡即留。分兵西應之。公乃引趨白馬。未至十餘里。良大驚來戰。使張遼關羽前進擊破。斬顏良。解白馬圍。此乃示以遠形而近襲敵也。　賈林曰。去就在我。敵何由知。　梅堯臣曰。使其不能測。　王晳同上註。　何氏曰。遠而示之近者。韓信陳舟臨晉而渡夏陽是也。近而示之遠者。晉侯伐虢假道于虞是也。　張預曰。欲近襲之。反示以遠。吳與越夾水相拒。越爲左右句卒。相去各五里。夜爭鳴鼓而進。吳人分以禦之。越乃潛涉當吳中軍而襲之。吳大敗。是也。欲遠攻之。反示以近。韓信陳兵臨晉而渡於夏陽。是也。

利而誘之。

杜牧曰。趙將李牧大縱畜牧人衆滿野。匈奴小入佯北不勝。以數千人委之。單于聞之大喜。率衆大至。牧多爲奇陳。左右夾擊。大破殺匈奴十餘萬騎也。　賈林曰。以利動之。動而有形。我所以因形制勝也。　梅堯臣曰。彼貪利。則以貨誘之。　何氏曰。利而誘之者。如赤眉委輜重而餌鄧禹是也。　張預曰。示以小利。誘而克之。若楚人伐絞。莫敖曰。絞小而輕。請無扞采樵者以應之。於是絞人獲楚三十人。明日。絞人爭出驅楚役徒於山中。楚人設伏兵於山下而大敗之。是也。

亂而取之。

李筌曰。敵貪利必亂也。秦王姚興征禿髮傉檀。悉驅部內牛羊散放於野。縱秦人虜掠。秦人得利。既無行列。傉檀陰分十將掩而擊之。大敗秦人。斬首七千餘級。亂而取之之義也。　杜牧曰。敵有昏亂。可以乘而取之。傳曰。兼弱攻昧。取亂侮亡。武之善經也。　賈林曰。我令姦智亂之。候亂而取之也。　梅堯臣曰。彼亂則乘而取之。王晳曰。亂謂無節制。取言易也。　張預曰。詐爲紛亂。誘而取之。若吳越相攻。吳以罪人三千示不整而誘越。罪人或奔或止。越人爭之。爲吳所敗。是也。言敵亂而後取者是也。春秋之法。凡書取者。言易也。魯師取邿是也。

實而備之。

曹公曰。敵治實。須備之也。　李筌曰。備敵之實。蜀將關羽欲圍魏之樊城。懼吳將呂蒙襲其後。乃多留備兵守荆州。蒙知其旨。遂詐之以疾。羽乃撤去其備兵。遂爲蒙所取。而荆州没吳。則其義也。　杜牧曰。對壘相持。不論虛實。常須爲備。此言居常無事。鄰封接境。敵若修政治實。上下相愛。賞罰明信。士卒精練。卽須備之。不待交兵然後爲備也。　陳皞曰。敵若不動。完實謹備。則我亦自實以備敵也。　梅堯臣曰。彼實則不可不備。　王晳曰。彼將有以擊吾之不備也。　何氏曰。彼敵但見其實而未見其虛之形。則當蓄力而備之也。　張預曰。經曰。角之而知有餘不足之處。有餘則實也。不足則虛也。言敵人兵勢既實。則我當爲不可勝之計以待之。勿輕舉也。

李靖軍鏡曰。觀其虛則進。見其實則止。

強而避之。

曹公曰。避其所長也。　杜佑曰。彼府庫充實。士卒銳盛。則當退避以伺其虛懈。變而應之。　李筌曰。量力也。楚子伐隨。隨之臣季梁曰。楚人上左。君必左。無與王遇。且攻其右。右無良焉。必敗。偏敗。衆乃攜矣。少師曰。不當王。非敵也。不從。隨師敗績。隨侯逸。攻強之敗也。　杜牧曰。逃避所長。言敵人乘兵強氣銳。則當須且回避之。待其衰懈。候其閒隙而擊之。晉末嶺南賊盧循徐道覆乘虛襲建鄴。劉裕禦之曰。賊若新亭直上。且當避之。回泊蔡洲。乃成擒耳。徐道覆欲焚舟直上。循以爲不可。乃泊於蔡洲。竟以敗滅。　賈林曰。以弱制強。理須待變。　梅堯臣曰。彼強則我當避其銳。　王晳曰。敵兵精銳。我勢寡弱。則須退避。　張預曰。經曰。無邀正正之旗。無擊堂堂之陳。言敵人行陳修整。節制嚴明。則我當避之。不可輕肆也。若秦晉相攻。交綏而退。蓋各防其失敗也。

怒而撓之。

曹公曰。待其衰懈也。　孟氏曰。敵人盛怒。當屈撓之。　李筌曰。將之多怒者。權必易亂。性不堅也。漢相陳平謀撓楚權。以太牢具進楚使。驚是亞夫使邪。乃項王使邪。此怒而撓之者也。　杜牧曰。大將剛戾者。可激之令怒。則逞志快意。志氣撓亂。不顧本謀也。　梅堯臣曰。彼褊急易怒。則撓之使憤急輕戰。　王晳曰。敵持重。則激怒以撓之。　何氏曰。怒而撓之者。漢兵擊曹咎於氾水是也。　張預曰。彼性剛忿。則辱之令怒。志氣撓惑。則不謀而輕進。若晉人執宛春以怒楚是也。尉繚子曰。寬不可激而怒。言性寬者則不可激怒而致之也。

卑而驕之。

杜佑曰。彼其舉國興師。怒而欲進。則當外示屈撓。以高其志。俟惰歸。要而擊之。故王子曰。善用法者如狸之與鼠。力之與智。示之猶卑。靜而下之。　李筌曰。幣重而言甘。其志不小。後趙石勒稱臣於王浚。左右欲擊之。浚曰。石公來欲奉我耳。敢言擊者斬。設饗禮以待之。勒乃驅牛羊數萬頭。聲言上禮。實以塡諸街巷。使浚兵不得發。乃入薊城。擒浚於廳。斬之。而幷燕。卑而驕之。則其義也。　杜牧曰。秦末匈奴冒頓初立。東胡強。使使謂冒頓曰。欲得頭曼時千里馬。冒頓以問羣臣。羣臣皆曰。千里馬國之寶。勿與。冒頓曰。奈何與人鄰國。愛一馬乎。遂與之。居頃之。東胡使使來曰。願得單于一閼氏。冒頓問羣臣。皆怒曰。東胡無道。乃求閼氏。請擊之。冒頓曰。與人鄰國。愛一女子乎。與之。居頃之。東胡復曰。匈奴有棄地千里。吾欲有之。冒頓問羣臣。羣臣皆曰。與之亦可。不與亦可。冒頓大怒曰。地者國之本也。本何可與。諸言與者皆斬之。冒頓上馬。令國中有後者斬。東襲東胡。東胡輕冒頓。不爲之備。冒頓擊滅之。冒頓遂西擊月氏。南幷樓煩白羊河南。北侵燕代。悉復收秦所使蒙恬所奪匈奴地也。　陳皥曰。所欲必無所顧惜。子女以惑其心。玉帛以驕其志。范蠡鄭武之謀也。　梅堯臣曰。示以卑弱。以驕其心。　王晳曰。示卑弱以驕之。彼不虞我。而擊其間。　張預曰。或卑辭厚賂。或羸師佯北。皆所以令其驕怠。吳子伐齊。越子率衆而朝王。及列士皆有賂。吳人皆喜。惟子胥懼曰。是豢吳也。後果爲越所滅。楚伐庸。七遇皆北。庸人曰。楚不足與戰矣。遂不設備。楚子乃爲二隊以伐之。遂滅庸。皆其義也。

佚而勞之。御覽作引而勞之親而離之下又有佚而勞之四字按本文誘與取爲韻備與避爲韻撓驕與勞爲韻不應于親而離之下復重出也

一本作引而勞之。　曹公曰。以利勞之。　李筌曰。敵佚而我勞之者。善功也。吳伐楚。公子光問計於伍子胥。子胥曰。可爲三師以肄焉。我一師至。彼必盡衆而出。彼出我歸。亟肄以疲之。多方以誤之。然後三師以繼之。必大

克。從之。楚於是始病吳矣。　杜牧曰。吳公子光問伐楚於伍員。員曰。可爲三軍以肄焉。我一師至。彼必盡出。彼出則歸。亟肄以疲之。多方以誤之。然後三師以繼之。必大克。從之。於是子重一歲七奔命。於是乎始病。吳終入郢。後漢末。曹公既破劉備。備奔袁紹。引兵欲與曹公戰。別駕田豐曰。操善用兵。未可輕舉。不如以久持之。將軍據山河之固。有四州之地。外結英豪。內修農戰。然後揀其精銳。分爲奇兵。乘虛迭出。以擾河南。救右則擊其左。救左則擊其右。使敵疲於奔命。人不安業。我未勞而彼已困矣。不及三年。可坐克也。今釋廟勝之策。而決成敗於一戰。悔無及也。紹不從。故敗。　梅堯臣曰。以我之佚。待彼之勞。　王晳曰。多奇兵也。彼出則歸。彼歸則出。救左則右。救右則左。所以罷勞之也。　何氏曰。孫子有治力之法。以佚而待勞。故論敵佚我宜多方以勞弊之。然後可以制勝。　張預曰。我則力全。彼則道敝。若晉楚爭鄭。久而不決。晉知武子乃分四軍爲三部。晉各一動。而楚三來。于是三駕而楚不能與之爭。又申公巫臣教吳伐楚。於是子重一歲七奔命。是也。

親而離之。

曹公曰。以閒離之。　杜佑曰。以利誘之。使五閒并入。辯士馳說。親彼君臣。分離其形勢。若秦遣反閒欺誑趙君。使廢廉頗而任趙奢之子。卒有長平之敗。按通典摘引利而誘之親而離之二語故其釋之如此　李筌曰。破其行約。閒其君臣。而後攻也。昔秦伐趙。秦相應侯閒於趙王曰。我惟懼趙用括耳。廉頗易與也。趙王然之。乃用括代頗。爲秦所敗。坑卒四十萬於長平。則其義也。　杜牧曰。言敵若上下相親。則當以厚利啗而離閒之。陳平言於漢王曰。今項王骨鯁之臣不過亞父鍾離昧龍且周殷之屬。不過數人。大王誠能用數萬斤金。閒其君臣。彼必內相誅。漢因舉兵而攻之。滅楚必矣。漢王然之。出黃金四萬斤與平。使之反閒。項王果疑亞父。不急攻下滎陽。漢王遁去。　陳皥曰。

彼惂爵祿。此必捐之。彼嗇財貨。此必輕之。彼好殺罰。此必緩之。因其上下相猜。得行離間之說。由余所以歸秦。英布所以佐漢也。　梅堯臣同杜牧註。　王晳曰。敵相親。則以計謀離間之。　張預曰。或間其君臣。或間其交援。使相離貳。然後圖之。應侯間趙而退廉頗。陳平間楚而逐范增。是君臣相離也。秦晉相合以伐鄭。燭之武夜出說秦伯曰。今得鄭則歸於晉。無益於秦也。不如捨鄭以爲東道主。秦伯悟而退師。是交援相離也。

攻其無備。出其不意。

曹公曰。擊其懈怠。出其空虛。　孟氏曰。擊其空虛。襲其懈怠。使敵不知所以敵也。故曰。兵者無形爲妙。太公曰。動莫神於不意。謀莫善於不識。　杜佑曰。擊其懈怠不備之處。攻其空虛之塗也。太公曰。動莫神于不意。謀莫大於不識。據通典補　李筌曰。擊懈怠。襲空虛。　杜牧曰。擊其空虛。襲其懈怠。　梅堯臣王晳註同上。　何氏曰。攻其無備者。魏太祖征烏桓。郭嘉曰。胡恃其遠。必不設備。因其無備。卒然擊之。可破滅也。太祖行至易水。嘉曰。兵貴神速。今千里襲人。輜重多。難以趨利。不如輕兵兼道以出。掩其不意。乃密出盧龍塞。直指單于庭。合戰大破之。唐李靖陳十策以圖蕭銑。總管三軍之任一以委靖。八月集兵夔州。銑以時屬秋潦。江水泛漲。三峽路危。必謂靖不能進。遂不設備。九月靖率兵而進。曰。兵貴神速。機不可失。今兵始集。銑尚未知。乘水漲之勢。倏忽至城下。所謂疾雷不及掩耳。縱使知我。倉卒無以應敵。此必成擒也。進兵至夷陵。銑始懼。召江南兵。果不能至。勒兵圍城。銑遂降。出其不意者。魏末遣將鍾會鄧艾伐蜀。蜀將姜維守劍閣。會攻維未克。艾上言。請從陰平由邪徑出劍閣。西入成都。奇兵衝其腹心。劍閣之軍必還赴涪。則會方軌而進。劍閣之軍不還。則應涪之兵寡矣。軍志云。攻其無備。出其不意。今掩其空虛。破之必矣。冬十月。艾自陰平。行無人之境七百餘里。鑿山通道。造作橋閣。

山高谷深。至爲艱險。又糧運將匱。瀕於危殆。艾以氈自裹。自轉乃下。將士皆攀木緣崖。魚貫而進。先登至江油。蜀守將馬邈降。諸葛瞻自涪還緜竹。列陳相拒。大敗之。斬瞻及尚書張遵等。進軍至成都。蜀主劉禪降。又齊神武爲東魏將。率兵伐西魏。屯軍蒲坂。造三道浮橋渡河。又遣其將竇泰趣潼關。高敖曹圍洛州。西魏將周文帝出軍廣陽。召諸將謂曰。賊今掎吾三面。又造橋於河示欲必渡。欲綴吾軍。使竇泰得西入耳。久與相持。其計得行。非良策也。且高歡用兵常以泰爲先驅。其下多銳卒。屢勝而驕。今出其不意襲之。必克。克泰。則歡不戰而自走矣。諸將咸曰。賊在近。捨而遠襲。事若蹉跌。悔無及矣。周文曰。歡前再襲潼關。吾軍不過霸上。今者大來。兵未出郊。賊固謂吾但自守耳。無遠鬭志。又狃於得志。有輕我心。乘此擊之。何往不克。賊雖造橋。未能徑渡。比五日中。吾取竇泰必矣。公等勿疑。周文遂率騎六千還長安。聲言欲往隴右。辛亥潛出軍。癸丑晨至潼關。竇泰卒聞軍至。惶懼依山爲陳。未及陳列。周文擊破之。斬泰。傳首長安。高敖曹適陷洛州。聞泰沒。燒輜重棄城而走。　張預曰。攻無備者。謂懈怠之處。敵之所不虞者。則擊之。若燕人畏鄭三軍而不虞制人。爲制人所敗是也。出不意者。謂虛空之地。敵不以爲慮者。則襲之。若鄧艾伐蜀。行無人之地七百里是也。

此兵家之勝。不可先傳也。御覽先作豫注同

曹公曰。傳猶洩也。兵無常勢。水無常形。御覽作兵無成勢無常形按此用下篇語也御覽誤臨敵變化。不可先傳。故曰。料敵在心。察機在目也。原本傳下有也字故下無曰字今從御覽改正　李筌曰。無備不意。攻之必勝。此兵之要。祕而不傳也。　杜牧曰。傳言也。此言上之所陳。悉用兵取勝之策。固非一定之制。見敵之形。始可施爲。不可先事而言也。　梅堯臣曰。臨敵應變制宜。豈可預前言之。　王晳曰。夫校計行兵。是爲常法。若乘機決勝。則不可預傳述也。　張預曰。言上所陳之事。乃兵家之勝策。須臨敵制宜。不可以預先傳言也。

夫未戰而廟算勝者。得算多也。未戰而廟算不勝者。得算少也。多算勝。少算不勝。通典作少算敗此聽改之也而況於無算乎。吾以此觀之。勝負見矣。通典見上有易字

曹公曰。以吾道觀之矣。　李筌曰。夫戰者決勝廟堂。然後與人爭利。凡伐叛懷遠。推亡固存。兼弱攻昧。皆物之所出。中外離心。如商周之師者。是爲未戰而廟算勝。太一遁甲置算之法。因六十算已上爲多算。六十算已下爲少算。客多算臨少算。主人敗。客少算臨多算。主人勝。此皆勝敗易見矣。　杜牧曰。廟算者。計算於廟堂之上也。　梅堯臣曰。多算故未戰而廟謀先勝。少算故未戰而廟謀不勝。是不可無算矣。　王晳曰。此懼學者惑不可先傳之說。故復言計篇義也。　何氏曰。計有巧拙。成敗繫焉。　張預曰。古者興師命將。必致齋於廟。授以成算。然後遣之。故謂之廟算。籌策深遠。則其計所得者多。故未戰而先勝。謀慮淺近。則其計所得者少。故未戰而先負。多計勝。少計不勝。其無計者安得無敗。故曰。勝兵先勝而後求戰。敗兵先戰而後求勝。有計無計。勝負易見。

卷二　作戰篇

曹公曰欲戰必先算其費務因糧於敵也　李筌曰先定計然後修戰具是以戰次計之篇也　王晳曰計以知勝然後興戰而具軍費猶不可以久也　張預曰計算已定然後完車馬利器械運糧草約費用以作戰備故次計

孫子曰。凡用兵之法。馳車千駟。御覽作千乘　革車千乘。帶甲十萬。

曹公曰。馳車輕車也。駕駟馬。凡千乘。據御覽補按王晳引曹注亦有凡千乘三字　革車重車也。言萬騎之重也。一車駕四馬。原本作萬騎之重車駕四馬今據御覽補卒十騎一重。原本作卒三萬軍今據御覽改養二人主炊家子。一人主保固守衣裝。廄二人御覽廄作斯主養馬。凡五人。步兵十人。重以大車駕牛。養二人主炊家子。一人主守衣裝。凡三人也。帶甲十萬。士卒數也。　李筌曰。馳車戰車也。革車輕車也。帶甲步卒。車一兩駕以駟馬。步卒七十人。計千駟之軍。帶甲七萬。馬四千匹。孫子約以軍資之數。以十萬爲率。則百萬可知也。　杜牧曰。輕車乃戰車也。古者車戰。革車輕車重車也。載器械財貨衣裝也。司馬法曰。一車甲士三人。步卒七十二人。炊家子十人。固守衣裝五人。廄養五人。樵汲五人。輕車七十五人。重車二十五人。故二乘兼一百人爲一隊。擧十萬之衆。革車千乘。校其費用度計。則百萬之衆皆可知也。　梅堯臣曰。馳車輕車也。革車重車也。凡輕車一乘。甲士步卒二十五人。重車一乘。甲士步卒七十五人。擧二車各千乘。是帶甲者十萬人。　王晳曰。曹公曰。輕車也。駕駟馬。凡千乘。晳謂馳車謂駕革車也。一乘四馬爲駟。千駟則革車千乘。曹公曰。重車也。晳謂革車兵車也。有五戎。千乘之賦諸侯之大者。曹公曰。帶甲十萬。步卒數也。晳謂井田之法。甸出兵車一乘。甲士三人。步卒七十二人。千乘總七萬五千人。此言帶甲十萬。豈當時權制歟。何氏曰。十萬擧成數也。　張預曰。馳車卽攻車也。革車卽守車也。按曹公新書云。攻車一乘。前拒一隊。左右角二隊。共七十五人守車一乘。炊子十人。守裝五人。廐養五人。樵汲五人。共二十五人。攻守二乘凡一百人。興師十萬。則用車二千。輕重各半。與此同矣。

千里饋糧。

曹公曰。越境千里。 李筌曰。道理縣遠。

則內外之費。賓客之用。膠漆之材。車甲之奉。日費千金。（御覽無費字脫） 然後十萬之師舉矣。（通典御覽師作衆）

曹公曰。謂賜賞猶在外。（原本賜譌作購今改正杜牧亦云賜賞猶在外） 李筌曰。夫軍出於外。則帑藏竭於內。舉千金者。言多費也。千里之外贏糧。則二十人奉一人也。 杜牧曰。軍有諸侯交聘之禮。故曰賓客也。車甲器械。完緝修繕。言膠漆者。舉其細微。千金者。言費用多也。猶賜賞在外也。 賈林曰。計費不足。未可以興師動衆。故李太尉曰。三軍之門必有賓居論議。 梅堯臣曰。舉師十萬。饋糧千里。日費如此。師久之戒也。 王晳曰。內謂國中。外謂軍所也。賓客若諸侯之使及軍中宴饗吏士也。膠漆車甲。舉細與大也。 何氏曰。老師費財。智者慮之。 張預曰。去國千里。即當因糧。若須供餉。則內外騷動。疲困於路。蠹耗無極也。賓客者。使命與遊士也。膠漆者。修飾器械之物也。車甲者。膏轄金革之類也。約其所費。日用千金。然後能興十萬之師。千金言重費也。賜賞猶在外。

其用戰也。勝久（御覽無勝字） 則鈍兵（通典御覽俱作頓兵下同） 挫銳。攻城則力屈。

曹公曰。鈍弊也。屈盡也。 杜牧曰。勝久。淹久而後能勝也。言與敵相持。久而後勝。則甲兵鈍弊。銳氣挫衂。攻城。則人力殫盡屈折也。 賈林曰。戰雖勝人。久則無利。兵貴全勝。鈍兵挫銳。士傷馬疲則屈。 梅堯臣曰。雖勝且久。則必兵仗鈍弊而軍氣挫銳。攻城而久。則力必殫屈。　王晳曰。屈窮也。求勝以久。則鈍弊折挫。攻城則益甚也。　張預曰。及交兵合戰也。久而後能勝。則兵疲氣沮矣。千里攻城。力必困屈。

久暴師則國用不足。

孟氏曰。久暴師露衆千里之外。則軍國費用不足相供。　梅堯臣曰。師久暴於外。則輸用不給。　張預曰。日費千金。師久暴。則國用豈能給。若漢武帝窮征深討。久而不解。及其國用空虛。乃下哀痛之詔。是也。

夫鈍兵挫銳。屈力殫貨。（音單　通典御覽並作力屈貨殫）則諸侯乘其弊而起。雖有智者。不能善其後矣。

杜佑曰。雖當時有用兵之術。不能防其後患。　李筌曰。十萬衆舉。日費千金。非唯頓挫於外。亦財殫於內。是以聖人無暴師也。隋大業初。煬帝重兵好征。力屈鴈門之下。兵挫遼水之上。疏河引淮。轉輸彌廣。出師萬里。國用不足。於是楊元感李密乘其弊而起。縱蘇威高熲。豈能爲之謀也。　杜牧曰。蓋以師久不勝。財力俱困。諸侯乘之而起。雖有智能之士。亦不能於此之後善爲謀畫也。　賈林曰。人離財竭。雖伊呂復生。亦不能救此亡敗也。　梅堯臣曰。取勝攻城。暴師且久。則諸侯乘此弊而起襲我。我雖有智將。不能制也。　王晳曰。以其弊甚。必有危亡之憂。　何氏曰。其後謂兵不勝而敵乘其危殆。雖智者不能盡其善計而保全。　張預曰。兵已疲矣。力已困矣。財已匱矣。鄰國因其罷弊。起兵以襲之。則縱有智能之人。亦不能防其後患。若吳伐楚入郢。久而不歸。越兵遂入。當是時。雖有伍員孫武之徒。何嘗能爲善謀於後乎。

故兵聞拙速。未睹巧之久也。

曹公李筌曰。雖拙有以速勝。未睹者言其無也。　孟氏曰。雖拙有以速勝。　杜佑註同孟氏。　杜牧曰。攻取之間，雖拙於機智。然以神速爲上。蓋無老師費財鈍兵之患。則爲巧矣。　陳皞曰。所謂疾雷不及掩耳。卒電不及瞬目。　梅堯臣曰。拙尙以速勝。未見工而久可也。　王晳曰。晳謂久則師老財費。國虛人困。巧者保無所患也。　何氏曰。速雖拙。不費財力也。久雖巧。恐生後患也。後秦姚萇與苻登相持。萇將苟曜據逆萬堡。密引苻登。萇與登戰。敗於馬頭原。收衆復戰。姚碩德謂諸將曰。上愼於輕戰。每欲以計取之。今戰既失利。而更逼賊。必有由也。萇聞而謂碩德曰。登用兵遲緩。不識虛實。今輕兵直進。徑據吾東。必苟曜與之連結耳。事久變成。其禍難測。所以速戰者。欲使苟曜豎子謀之未就。好之未深耳。果大敗之。武后初。徐敬業舉兵於江都。稱匡復皇家。以盩屋尉魏思恭爲謀主。問計於思恭。對曰。明公既以太后幽縶少主。志在匡復。兵貴拙速。宜早渡淮北。親率大衆。直入東都。山東將士知公有勤王之舉。必以死從。此則指日刻期。天下必定。敬業欲從其策。薛璋又說曰。金陵之地。王氣已見。宜早應之。兼有大江設險足可以自固。請且攻取常潤等州。以爲王霸之業。然後率兵北上。鼓行而前。此則退有所歸。進無不利。實良策也。敬業以爲然。乃自率兵四千人南渡以擊潤州。思恭密謂杜求仁曰。兵勢宜合不可分。今敬業不知并力渡淮。率山東之衆以合洛陽。必無能成事。果敗。　張預曰。但能取勝。則寧拙速而無巧久。若司馬宣王伐上庸。以一月圖一年。不計死傷與糧競者。斯可謂欲拙速也。

夫兵久而國利者。（御覽作圖利非）未之有也。

杜佑曰。兵者凶器。久則生變。若智伯圍趙。逾年不歸。卒爲襄子所擒。身死國分。故新序傳曰。好戰窮武。未有不亡者也。　李筌曰。春秋曰。兵猶火也。弗戢。將自焚。　賈林曰。兵久無功諸侯生心。　梅堯臣曰。力屈貨殫。何利之有。張預曰。師老財竭於國何利。

故不盡知用兵之害者。則不能盡知用兵之利也。

杜佑曰。言謀國動軍行師。不先慮危亡之禍。則不足取利也。若秦伯見襲鄭之利。不顧崤函之敗。吳王矜伐齊之功。而忘姑蘇之禍也。李筌曰。利害相依之所生。先知其害。然後知其利也。杜牧曰。害之者勞人費財。利之者吞敵拓境。苟不顧己之患。則舟中之人盡爲敵國。安能取利於敵人哉。賈林曰。將驕卒惰。貪利忘變。此害最甚也。梅堯臣曰。不再籍。不三載。利也。百姓虛。公家費。害也。苟不知害。又安知利。王晳曰。久而能勝。未免於害。速則利斯盡也。張預曰。先知老師殫貨之害。然後能知擒敵制勝之利。

善用兵者。役不再籍。通典及御覽籍作藉按此與曹注合後作籍者字之譌 糧不三載。御覽作再載

曹公曰。籍猶賦也。言初賦民便取勝。不復歸國發兵也。始載糧。後遂因食於敵。還兵入國。不復以糧迎之也。杜佑曰。籍猶賦也。言初賦人便取勝。不復歸國發兵也。始載糧遂因食於敵。還方入國。因釁而動。兼惜人力舟車之運。不至於三也。據通典補 李筌曰。籍書也。不再籍書。恐人勞怨生也。秦發關中之卒。是以有陳吳之難也。軍出度遠近饋之。軍入載糧迎之。謂之三載。越境則館穀於敵。無三載之義也。杜牧曰。審敵可攻。審我可戰。然後起兵。便能勝敵而還。鄭司農周禮註曰。役謂發兵役。籍乃伍籍也。比參爲伍。因內政寄軍令。以伍籍發軍起役也。陳皞曰。籍借也。不再借民而役也。糧者往則載焉。歸則迎之。是不三載也。不困乎兵。不竭乎國。言速而利也。梅堯臣同陳皞註。王晳同曹公註。張預曰。役謂興兵動衆之役。故師卦註曰。任大役重。無功則凶。籍謂調兵之符籍。故漢制有尺籍伍符。言一舉則勝。不可再籍兵役於國也。糧始出則載之。越境則掠之。歸國

則迂之是不三載也。此言兵不可久暴也。

取用於國。因糧於敵。故軍食可足也。

曹公曰。兵甲戰具。取用國中。糧食因敵也。　杜佑曰。兵甲戰具。取用國中。糧食因敵也。取資用於我國。因糧食於敵家也。晉師館穀於楚是也。　李筌曰。具我戎器。因敵之食。雖出師千里。無匱乏也。　梅堯臣曰。軍之須用取於國。軍之糧餉因於敵。　何氏曰。因謂兵出境。鈔聚掠野。至於克敵拔城。得其儲積也。　張預曰。器用取於國者。以物輕而易致也。糧食因於敵者。以粟重而難運也。夫千里饋糧。則士有飢色。故因糧則食可足。

國之貧於師者遠輸。遠輸則百姓貧。

李筌曰。兵役數起。而賦斂重。　杜牧曰。管子曰。粟行三百里。則國無一年之積。粟行四百里。則國無二年之積。粟行五百里。則衆有饑色。此言粟重物輕也。不可推移。推移之則農夫耕牛俱失南畝。故百姓不得不貧也。　賈林曰。遠輸則財耗於道路。弊於轉運。百姓日貧。　孟氏曰。兵軍轉運千里之外。財則費於道路。人有困窮者。　張預曰。以七十萬家之力。供餉十萬之師於千里之外。則百姓不得不貧。

近於師者貴賣。貴賣則百姓財竭。

曹操曰。軍行已出界。近師者貪財皆貴賣。則百姓虛竭也。　李筌曰。夫近軍必有貨易。百姓徇財殫產。而從之竭也。　賈林曰。師徒所聚。物皆暴貴。人貪非常之利。竭財物以賣之。初雖獲利殊多。終當力疲貨竭。又云。既有非常之斂。故賣者求價無厭。百姓竭力買之。自然家國虛盡也。　杜佑曰。言近軍師市多非常之賣。當時貪貴以趨末利。然後財貨殫盡。家國虛也。　梅堯臣曰。遠者供役以轉饋。近者貪利而貴賣。皆貧國匱民之道也。

王晳曰。夫遠輸則人勞費。近市則物騰貴。是故久師則爲國患也。曹公曰。軍行已出界。近於師者貪財皆貴賣。晳謂將出界也。　張預曰。近師之民。必貪利而貴貨其物。於遠來輸餉之人。則財不得不竭。

財竭則急於丘役。

張預曰。財力殫竭。則丘井之役急迫而不易供也。或曰。丘役謂如魯成公作丘甲也。國用急迫。乃使丘出甸賦。違常制也。丘十六井。甸六十四井。

力屈財殫。御覽無財殫二字 中原內虛於家。百姓之費。十去其七。

曹公曰。丘十六井也。百姓財殫盡而兵不解。則運糧盡力於原野也。十去其七者。所破費也。　李筌曰。兵久不止。男女怨曠。困於輸輓。丘役。力屈財殫。而百姓之費。十去其七。　杜牧曰。司馬法曰。六尺爲步。步百爲畝。畝百爲夫。夫三爲屋。屋三爲井。四井爲邑。四邑爲丘。四丘爲甸。丘蓋十六井也。丘有戎馬一匹。牛四頭。甸有戎馬四匹。牛十六頭。丘車一乘。甲士三人。步卒七十二人。今言兵不解。則丘役益急。百姓糧盡財竭。力盡於原野。家業十耗其七也。　陳皞曰。丘。聚也。聚斂賦役以應軍須。如此。則財竭於人。人無不困也。　王晳曰。急者。暴於常賦也。若魯成公作丘甲是也。如此則民費大半矣。要見公費差減。故云十七。曹公曰。丘十六井。兵不解則運糧盡力於原野。　何氏曰。國以民爲本。民以食爲天。居人上者。宜乎重惜。　張預曰。運糧則力屈。輸餉則財殫。原野之民。家產內虛。度其所費。十無其七也。

公家之費。破車罷馬。甲冑矢弩。戟楯蔽櫓。丘牛大車。十去其六。御覽費作用非罷作疲俗字也又矢弩作弓矢蔽櫓作干櫓丘作兵誤其六作五六一本作十去其七。　曹公曰。丘牛謂丘邑之牛。大車乃長轂車也。　李筌曰。丘大也。此數器者。皆軍之所須。言遠近之費。公家之物。十損於七也。　梅堯臣曰。百姓以財糧力役奉軍之費。其貲十損乎七。公家以牛馬器仗奉軍之費。其貲十損乎六。是以竭賦窮兵百姓弊矣。役急民貧。國家虛矣。　王晳曰。楯干也。蔽可以屏蔽。櫓大楯也。丘牛古所謂匹馬丘牛也。大車牛車也。易曰。大車以載。　張預曰。兵以車馬爲本。故先言車馬疲敝也。蔽櫓楯也。今謂之彭排。丘牛大牛也。大車必革車。始言破車疲馬者。謂攻戰之馳車也。次言丘牛大車者。卽輜重之革車也。公家車馬器械亦十損其六。

故智將務食於敵。食敵一鍾。當吾二十鍾。𦮼秆一石。當吾二十石。

曹公曰。六斛四㪷爲鍾。計千里轉運。二十鍾而致一鍾於軍中也。原本脫今據太平御覽補𦮼豆稭也。秆禾藁也。石者一百二十斤也。轉輸之法。費二十石得一石。一云。𦮼音忌。豆也。七十斤爲一石。當吾二十。言遠費也。　孟氏曰。十斛爲鍾。計千里轉運。道路耗費。二十鍾可致一鍾於軍中矣。　李筌曰。遠師轉一鍾之粟。費二十鍾。方可達軍。將之智也。務食於敵。以省己之費也。　杜牧曰。六石四㪷爲一鍾。一石一百二十斤。𦮼豆稭也。秆禾藁也。或言𦮼秆藁也。秦攻匈奴。使天下運糧。起於黃腄琅琊負海之郡。轉輸北河。率三十鍾而致一石。漢武建元中通西南夷。作者數萬人。千里負擔饋糧。率十餘鍾致一石。今校孫子之言。食敵一鍾當吾二十鍾。蓋約平地千里轉輸之法。費二十石得一石。不約道里。蓋漏闕也。黃腄音直瑞反。又音誰。在東萊。北河卽今之朔方郡。　梅堯臣注同曹公。　王晳曰。曹公曰。𦮼豆稭也。秆藁也。石者百二十斤也。轉輸之法。費二十乃得一。晳謂上文千里饋糧。則轉輸之法謂千里耳。𦮼今作萁。秆故書爲芉。當作秆。　張預曰。六石四㪷爲鍾。一百二十斤爲石。𦮼豆稭也。

秆禾稾也。千里饋糧。則費二十鍾石而得一鍾石到軍所。若越險阻。則猶不啻。故秦征匈奴。率三十鍾而致一石。此言能將必因糧於敵也。

故殺敵者怒也。

曹公曰。威怒以致敵。　李筌曰。怒者軍威也。　杜牧曰。萬人非能同心皆怒。在我激之以勢使然也。田單守即墨。使燕人劓降者。掘城中人墳墓之類是也。　賈林曰。人之無怒則不肯殺。　王晳曰。兵主威怒。　何氏曰。燕圍齊之即墨。齊之降者盡劓。齊人皆怒。愈堅守。田單又縱反間曰。吾懼燕人掘吾城外冢墓。戮辱先人。可為寒心。燕軍盡掘壠墓。燒死人。即墨人從城上望見。皆泣涕。共欲出戰。怒自十倍。單知士卒可用。遂破燕師。後漢班超使西域。到鄯善。會其吏士三十六人與共飲。酒酣。因激怒之曰。今俱在絕域。欲立大功以求富貴。虜使到裁數日。而王禮貌即廢。如收吾屬送匈奴。骸骨長為豺狼食矣。官屬皆曰。今在危亡之地。死生從司馬。超曰。不入虎穴。不得虎子。當今之計。獨有因夜以火攻虜。使彼不知我多少。必大震怖。可殄盡也。滅此虜。則功成事立矣。眾曰。善。初夜將吏士奔虜營。會天大風。超令十人持鼓藏虜舍後。約曰。見火然。皆當鳴鼓大呼。餘人悉持弓弩夾門而伏。超順風縱火。虜眾驚亂。眾悉燒死。蜀龐統勸劉備襲益州牧劉璋。備曰。此大事。不可倉卒。及璋使備擊張魯。乃從璋求萬兵及資寶。欲以東行。璋但許兵四千。其餘皆給半。備因激怒其眾曰。吾為益州征強敵。師徒勤瘁。不遑寧居。今積帑藏之財。而悋於賞功。望士大夫為出死力戰。其可得乎。由是相與破璋。　張預曰。激吾士卒。使上下同怒。則敵可殺。尉繚子曰。民之所以戰者氣也。謂氣怒則人人自戰。

取敵之利者貨也。

曹公曰。軍無財。士不來。軍無賞。士不往。　杜佑曰。人知勝敵有厚賞之利。則冒白刃。當矢石。而樂以進戰者。皆貨財酬勳賞勞之誘也。　李筌曰。利者益軍寶也。　杜牧曰。使士見取敵之利者。貨財也。謂得敵之貨財。必以賞之。使人皆有欲。各自為戰。後漢荆州刺史度尚討桂州賊帥卜陽潘鴻等。入南海。破其三屯。多獲珍寶。而鴻等黨聚猶衆。士卒驕富。莫有鬬志。尚曰。卜陽潘鴻作賊十年。皆習於攻守。當須諸郡併力。可攻之。令軍恣聽射獵。兵士喜悅。大小相與從禽。尚乃密使人潛焚其營。珍積皆盡。獵者來還。莫不泣涕。尚曰。卜陽等財貨足富數世。諸卿但不併力耳。所亡少少。何足介意。衆聞咸憤踴願戰。尚令秣馬蓐食。明晨徑赴賊屯。陽鴻不設備。吏士乘銳。遂破之。此乃是也。　孟氏同杜牧註。　梅堯臣曰。殺敵則激吾人以怒。取敵則利吾人以貨。　王皙曰。謂設厚賞耳。若使衆貪利自取。則或違節制耳。　張預曰。以貨啗士。使人自為戰。則敵利可取。故曰。重賞之下。必有勇夫。皇朝太祖命將伐蜀。諭之曰。所得州邑。當與我傾竭帑庫。以饗士卒。國家所欲。惟土疆耳。於是將吏死戰。所至皆下。遂平蜀。

故車戰得車十乘已上。賞其先得者。

曹公曰。以車戰能得敵車十乘已上。賞賜之。不言車戰得車十乘已上者賞之。而言賞得者何。言欲開示賞其所得車之卒也。陳車之法。五車為隊。僕射一人。十車為官。卒長一人。車十乘。乘將吏二人。因而用之。故別言賜之。欲使將恩下及也。或云。言使自有車十乘已上與敵戰。但取其有功者賞之。其十乘已下。雖一乘獨得。餘九乘皆賞之。所以率進上士也。　李筌曰。重賞而勸進也。　杜牧曰。夫得車十乘已上者。蓋衆人用命之所致也。若偏賞之。則力不足。與其所獲之車。公家仍自以財貨賞其唱謀先登者。此所以勸勵士卒。故上文云取敵之利者貨也。言十乘者。舉其綱目也。　賈林曰。勸未得者使自勉也。　梅堯臣曰。徧賞則難周。故獎一而勵百也。　王皙曰。以財賞其所先得之卒。　張預曰。車一乘凡七十五人。以車與敵戰。吾士卒能獲敵車十乘已上者。吾士卒必不下千餘人也。以其人衆。故不能徧賞。但以厚利賞其陷陳先獲者。以勸餘衆。古人用兵。必使車奪車。騎奪騎。步奪步。故吳起與秦人戰。令三軍曰。若車不得車。騎不得騎。徒不得徒。雖破軍皆無功。

而更其旌旗。

曹公曰。與吾同也。　李筌曰。令色與吾同。　賈林曰。令不識也。　張預曰。變敵之色。令與己同。

車雜而乘之。

曹公曰。不獨任也。　李筌曰。夫降虜之旌旗。必更其色而雜其事。車乃可用也。　杜牧曰。士卒自獲敵車。任雜然自乘之。官不錄也。　梅堯臣曰。車許雜乘。旗無因故。　王皙曰。謂得敵車可與我車雜用之也。　張預曰。己車與敵車參雜而用之。不可獨任也。

卒善而養之。

張預曰。所獲之卒。必以恩信撫養之。俾爲我用。

是謂勝敵而益強。

曹公曰。益己之強。　李筌曰。後漢光武破銅馬賊於南陽。虜衆數萬。各配部曲。然人心未安。光武令各歸本營。乃輕行其閒以勞之。相謂曰。蕭王推赤心置人腹中。安得不投死乎。於是漢益振。則其義也。　杜牧曰。得敵卒也。因敵之資。益己之強。　梅堯臣曰。獲卒則任其所長。養之以恩。必爲我用也。　王皙曰。得敵卒則養之。與吾卒同善者。謂勿侵辱之也。若厚撫初附。或失人心。　何氏曰。因敵以勝敵。何往不強。　張預曰。勝其敵而獲其車與卒。既爲我用。則是增己之強。光武推赤心。人人投死之類也。

故兵貴勝不貴久。

曹公曰。久則不利。兵猶火也。不戢。將自焚也。　孟氏曰。貴速勝疾還也。　梅堯臣曰。上所言皆貴速也。速則省財用。息民力也。　何氏曰。孫子首尾言兵久之理。蓋知兵不可玩武不可黷之深也。　張預曰。久則師老財竭。易以生變。故但貴其速勝疾歸。

故知兵之將。民之司命。原本作生民之司命按潛夫論通典御覽皆無生字今改正　國家安危之主也。潛夫論作而國安危之主也

曹公曰。將賢則國安也。　李筌曰。將有殺伐之權。威欲卻敵。人命所繫。國家安危在於此矣。　杜牧曰。民之性命。國之安危。皆由於將也。　梅堯臣曰。此言任將之重。　王晳曰。將賢則民保其生。而國家安矣。否則民被毒殺。而國家危矣。明君任屬。可不精乎。　何氏曰。民之性命。國之治亂。皆主於將。將之任難。古今所患也。　張預曰。民之死生。國之安危。繫乎將之賢否。

卷三　謀攻篇

曹公曰欲攻敵必先謀　李筌曰合陳爲戰圍城曰攻以此篇次戰之下　杜牧曰廟堂之上計算已定戰爭之具糧食之費悉已用備可以謀攻故曰謀攻也　王晳曰謀攻敵之利害當全策以取之不銳於伐兵攻城也　張預曰計議已定然後可以智謀攻故次作戰

孫子曰。凡用兵之法。全國爲上。破國次之。

曹公曰。興師深入長驅。距其城郭。絕其內外。敵舉國來服爲上。以兵擊破。敗而得之。其次也。　杜佑曰。敵國來服爲上。以兵擊破爲次。　李筌曰。不貴殺也。韓信虜魏王豹。擒夏說。斬成安君。此爲破國者。及用廣武君計。北首燕路。遣一介之使。奉咫尺之書。燕從風而靡。則全國也。　賈林曰。全得其國。我國亦全。乃爲上。　王晳曰。若韓信舉燕是也。　何氏曰。以方略氣勢令敵人以國降上策也。　張預曰。尉繚子曰。講武料敵。使敵氣失而師散。雖形全而不爲之用。此道勝也。破軍殺將。乘堙發機。會衆奪地。此力勝也。然則所謂道勝力勝者。即全國破國之謂也。夫弔民伐罪。全勝爲上。爲不得已而至於破。則其次也。

全軍爲上。破軍次之。

曹公杜牧曰。司馬法曰。一萬二千五百人爲軍。　何氏曰。降其城邑。不破我軍也。

全旅爲上。破旅次之。

曹公曰。五百人爲旅。

全卒爲上。破卒次之。

曹公曰。一旅已下。原本作一校已上字之譌也今改正　至一百人也。　杜佑曰。一校下至百人也。　李筌曰。百人已上爲卒。

全伍爲上。破伍次之。

曹公曰。百人已下至五人。　李筌曰。百人已下爲伍。　杜牧曰。五人爲伍。　梅堯臣曰。謀之大者全得之。　王晳曰。國軍卒伍。不問小大。全之則威德爲優。破之則威德爲劣。按此注北堂書鈔引之蓋非王晳注也　何氏曰。自軍之伍。皆次序上下言之。此意以策略取之爲妙。不惟一軍。至於一伍。不可不全。　張預曰。周制萬二千五百人爲軍。五百人爲旅。百人爲卒。五人爲伍。自軍至伍。皆以不戰而勝之爲上。

是故百戰百勝。非善之善者也。

陳皥曰。戰必殺人故也。　賈林曰。兵威遠振。全來降伏。斯爲上也。詭詐爲謀。摧破敵衆。殘人傷物。然後得之。又其次之。　梅堯臣曰。惡乎殺傷殘害也。　張預曰。戰而能勝。必多殺傷。故曰非善。

不戰而屈人之兵。善之善者也。

曹公曰。未戰而敵自屈服。　孟氏曰。重廟勝也。　杜牧曰。以計勝敵。　陳皥曰。韓信用李左車之計。馳咫尺之書。不戰而下燕城也。　王晳曰。兵貴伐。不務戰也。　何氏曰。後漢王霸討周建蘇茂。既戰歸營。賊復聚挑戰。霸堅臥不出。方饗士作倡樂。茂雨射營中。中霸前酒樽。霸安坐不動。軍吏曰。茂已破。今易擊。霸曰。不然。茂客兵遠來。糧食不足。故挑戰以徼一時之勝。今閉營休士。所謂不戰而屈人兵。善之善也。茂乃引退。　張預曰。明賞罰。信號令。完器械。練士卒。暴其所長。使敵從風而靡。則爲大善。若吳王黄池之會。晉人畏其有法而服之者。是也。

故上兵伐謀。

曹公曰。敵始有謀。伐之易也。

孟氏曰。九攻九拒。是其謀也。

杜佑曰。敵方設謀。欲舉衆師。伐而抑之。是其上。故太公云。善除患者理於未生。善勝敵者勝於無形也。（通典理於作處其勝敵作保勝勝於作出於）

李筌曰。伐其始謀也。後漢寇恂圍高峻。峻遣謀臣皇甫文謁恂。詞禮不屈。恂斬之。報峻曰。軍師無禮。已斬之。欲降急降。不欲固守。峻即日開壁而降。諸將曰。敢問殺其使而降其城何也。恂曰。皇甫文峻之心腹。其取謀者。留之則文得其計。殺之則峻亡其膽。所謂上兵伐謀。諸將曰。非所知也。

杜牧曰。晉平公欲攻齊。使范昭往觀之。景公觴之。酒酣。范昭請君之樽酌。公曰。寡人之樽進客。范昭已飲。晏子徹樽。更爲酌。范昭佯醉不悅而起舞。謂太師曰。能爲我奏成周之樂乎。吾爲舞之。太師曰。瞑臣不習。范起出。景公曰。晉大國也。來觀吾政。今子怒大國之使者。將柰何。晏子曰。觀范昭非陋於禮者。且欲慙於國。臣故不從也。太師曰。夫成周之樂天子之樂也。惟人主舞之。今范昭人臣。而欲舞天子之樂。臣故不爲也。范昭歸報晉平公曰。齊未可伐。臣欲辱其君。晏子知之。臣欲犯其禮。太師識之。仲尼曰。不越樽俎之閒。而折衝千里之外。晏子之謂也。春秋時。秦伐晉。晉將趙盾禦之。上軍佐臾駢曰。秦不能久。請深壘固軍以待之。秦人欲戰。秦伯謂士會曰。若何而戰。對曰。趙氏新出。其屬曰臾駢。必實爲此謀。將以老我師也。趙有側室曰穿。晉君之壻也。有寵而弱。不任軍事。好勇而狂。且惡臾駢之佐上軍。若使輕者肆焉。其可。秦軍掩晉上軍。趙穿追之。不及。返。怒曰。裹糧坐甲。固敵是求。敵至不擊。將何俟焉。軍吏曰。將有待也。穿曰。我不知謀。將獨出。乃以其屬出。趙盾曰。秦獲穿也。獲一卿矣。秦以勝歸。我何以報。乃皆出戰。交綏而退。夫晏子之對敵也。將謀伐我。我先伐其謀。故敵人不得而伐我。士會之對。是我將謀伐敵。敵人有謀拒我。乃伐其謀。敵人不得與我戰。斯二者皆伐謀也。故敵欲謀我。伐其未形之謀。我若伐敵。敗其已成之計。固非止於一人。

梅堯臣曰。以智

勝。　王晳曰。以智謀屈人最爲上。　何氏曰。敵始謀攻我。我先攻之。易也。揣知敵人謀之趣向。因而加兵。攻其彼心之發也。　張預曰。敵始發謀。我從而攻之。彼必喪計而屈服。若晏子之沮范昭是也。或曰。伐謀者。用謀以伐人也。言以奇策祕算取勝於不戰。兵之上也。

其次伐交。

曹公曰。交將合也。　孟氏曰。交合强國。敵不敢謀。　杜佑曰。不令合。原本無據通典御覽補　李筌曰。伐其始交也。蘇秦約六國不事秦。而秦閉關十五年。不敢窺山東也。　杜牧曰。非止將合而已。合之者皆可伐也。張儀願獻秦地六百里於楚懷王。請絕齊交。隨何於黥布坐上殺楚使者。以絕項羽。曹公與韓遂交馬語。以疑馬超。高洋以蕭深明請和於梁。以疑侯景。終陷臺城。此皆伐交。權道變化。非一途也。　陳皥曰。或云。敵已與師交合。伐而勝之。是其次也。若晉文公敵宋。攜離曹衞也。　梅堯臣曰。以威勝。　王晳曰。謂未能全屈敵謀。當且間其交。使之解散。彼交則事鉅敵堅。彼不交則事小敵脆也。若何氏曰。杜稱已上四事。乃親而離之之義也。伐交者。兵欲交合。設疑兵以懼之。使進退不得。因來屈服。旁鄰既爲我援。敵不得不孤弱也。　張預曰。兵將交。戰將合。則伐之。傳曰。先人有奪人之心。謂兩軍將合。則先薄之。孫叔敖之敗晉師。廚人濮之破華氏。是也。或曰。伐交者。用交以伐人也。言欲舉兵伐敵。先結鄰國爲掎角之勢。則我强而敵弱。

其次伐兵。

曹公曰。兵形已成也。　李筌曰。臨敵對陳。兵之下也。　賈林曰。善於攻取。舉無遺策。又其次也。故太公曰。爭勝於白刃之先者。非良將也。　梅堯臣曰。以戰勝。　王晳曰。戰者危事。　張預曰。不能敗其始謀。破其將合。則犀利兵器以勝之。兵者器械之總名也。太公曰。必勝之道。器械爲寶。

下政攻城。今本下政作其下詳注意則故書作下政也據通典御覽改正

曹公曰。敵國以收其外糧城以攻之。爲下政也。　杜牧曰。言攻城屠邑。政之下者。原本政作攻字之誤據通典改正所害者多。　李筌曰。夫王師出境。敵則開壁送款。舉櫬轅門。百姓怡悅。政之上也。若頓兵堅城之下。師老卒惰。攻守勢殊。客主力倍。政之爲下也。　梅堯臣曰。費財役。爲最下。　王晳曰。士卒殺傷。城或未克。　張預曰。夫攻城屠邑。不惟老師費財。兼亦所害者多。是爲政之下也。

攻城之法。爲不得已。

張預曰。攻城則力屈。所以必攻者。蓋不獲已耳。

修櫓轒轀。藝文類聚引作枌榅具器械。三月而後成。距闉。又三月而後已。

曹公曰。修治也。櫓大楯也。轒轀者轒牀也。轒牀其下四輪。從中推之至城下也。具備也。器械者。機關攻守之總名。蜚古飛字原本作飛今據御覽改正從其初所用字也樓雲梯之屬。距闉者。踊土積原本作稽字之譌今據御覽及杜佑注改正高而前。以附其城也。　杜佑曰。轒轀上汾下温。修櫓長櫓也。轒轀四輪車。皆可推而往來。冒以攻城。器械謂雲梯浮格衝飛石連弩之屬。攻城總名。言修此攻具。經一時乃成也。自修櫓以下原本無據通典補距闉者。踊土積高而前。以附於城也。積土爲山曰堙。以距敵城。覘其虛實。春秋傳曰。楚司馬子反乘堙而窺宋城也。　李筌曰。櫓楯也。以蒙首而趨城下。轒轀者四輪車也。其下藏兵數十人。塡隍推之。直就其城。木石所不能壞也。器械。飛樓雲梯板屋木幔之類也。距闉者。土木山乘城也。東魏高歡之圍晉州。侯景之攻臺城。則其器也。役約三月。恐兵久而人疲也。　杜牧曰。櫓卽今之所

謂彭排。轒轀四輪車。排大木爲之。上蒙以生牛皮。下可容十人。往來運土塡塹。木石所不能傷。今所謂木驢是也。距闉者。積土爲之。卽今之所謂壘道也。三月者一時也。言修治器械。更其距闉。皆須經時精好成就。恐傷人之甚也。管子曰。不能致器者困。言無以應敵也。太公曰。必勝之道。器械爲寶。漢書志曰。兵之技巧一十有三家。習手足。便器械機關。以立攻守之勝者。夫攻城者有橦車。刻鉤車。飛梯。蝦蟇木。解合車。狐鹿車。影車。高障車。馬頭車。獨行車。運土豚魚車。　陳皡曰。杜稱櫓爲彭排。非也。若是彭排。卽當用此樐字。按櫓樐音訓同盾也又城上有櫓樓所以立亦扞禦之義也釋名云櫓露也露上無屋覆也今陳氏不達字義妄生區別謬已曹云大楯。庶或近之。蓋言候器械全具須三月。距闉又三月。已計六月。將若不待此而生忿速。必須殺士卒。故下云將不勝其忿而蟻附之災也。　梅堯臣曰。威智不足以屈人。不獲已而攻城。則治攻具須經時也。曹公曰。櫓大楯也。轒轀者轒牀也。其下四輪。從中推至城下也。器械機關攻守之總名。蜚梯之屬也。謂櫓爲大楯非也。兵之具甚衆。何獨言修大楯耶。今城上守禦樓曰櫓。櫓是轒牀上革屋以蔽矢石者歟。　張預曰。修櫓大楯也。傳曰。晉侯登巢車以望楚軍。註云。巢車車上爲櫓。又晉師圍偪陽。魯人建大車之輪。蒙之以甲。以爲櫓。左執之。右拔戟以成一隊。註云。櫓大楯也。以此觀之。修櫓爲大楯明矣。轒轀四輪車。其下可覆數十人。運土以實隍者。器械攻城總名也。三月者。約經時成也。或曰。孫子戒心忿而亟攻之。故權言以三月成器械。三月起距堙。其實不必三月也。城尙不能下。則又積土與城齊。使士卒上之。或覘其虛實。或毀其樓櫓。欲必取也。土山曰堙。楚子反乘堙而窺宋城是也。器械言成者。取其久而成就也。距堙言已者。以其經時而畢工也。皆不得已之謂。

將不勝其忿而蟻附之。殺士三分之一。而城不拔者。此攻之災。通典其忿作心之忿殺士作則

殺士卒又攻字下有城字御覽其忿作心怒

曹公曰。將忿不待攻城器。而使士卒緣城而上。如蟻之緣牆。殺傷士卒也。　杜佑曰。守過二時。敵人不服。將不勝心之忿。多使士卒蟻附其城。殺傷我士民三分之一也。言攻取不拔。還爲己害。故韓非曰。一戰不勝。則禍搆矣。原本禍訛作遍據通典改　李筌曰。將怒而不待攻城。而使士卒肉薄登城。如蟻之所附牆。爲木石所殺之者。三有一焉。而城不拔者。此攻城災也。　杜牧曰。此言爲敵所辱。不勝忿怒也。後魏太武帝率十萬衆寇宋臧質于盱眙。太武帝始就質求酒。質封溲便與之。太武大怒。遂攻城。乃命肉薄登城。分番相待。墜而復昇。莫有退者。尸與城平。復殺其高梁王。如此三旬。死者過半。太祖聞彭城斷其歸路。見疾病甚衆。乃解退。傳曰。一女乘城。可敵十夫。以此校之。尚恐不啻。　賈林曰。但使人心外附。士卒內離。城乃自拔。　何氏曰。將心忿急。使士卒如蟻緣而登。死者過半。城且不下。斯害也已。　張預曰。攻逾二時。敵猶不服。將心忿躁。不能持久。使戰士蟻緣而登城。則其士卒爲敵人所殺三分之一。而堅城終不可拔。茲攻城之害也已。或曰。將心忿速。不俟六月之久而亟攻之。則其害如此。

故善用兵者。屈人之兵。而非戰也。

杜佑曰。言伐謀伐交。不至於戰。故司馬法曰。上謀不鬭。按此條杜佑語見通典原本作何氏非今改正　李筌曰。以計屈敵。非戰之屈者。晉將郭淮圍麴城。蜀將姜維來救。淮趨牛頭山。斷維糧道及歸路。維大震。不戰而遁。麴城遂降。則不戰而屈之義也。　杜佑曰。周亞夫敵七國。引兵東北壁昌邑。以梁委吳。使輕兵絕吳餉道。吳梁相弊而食竭。吳遁去。因追擊。大破之。蜀將姜維使將勾安李韶守麴城。魏將陳泰圍之。姜維來救。出自牛頭山。與泰相對。泰曰。兵法貴在不戰而屈人。今絕牛頭。維無返道。則我之擒也。諸軍各守勿戰。絕其還路。維懼遁走。安等遂降。 梅堯臣曰，戰則傷人。 王皙曰。若李左車說成安君。請以奇兵三萬人扼韓信於井陘之策。是也。 張預曰。前所陳者庸將之爲耳。善用兵者則不然。或破其計。或敗其交。或絕其糧。或斷其路。則可不戰而服之。若田穰苴明法令。拊士卒。燕晉聞之。不戰而遁。亦是也。

拔人之城。而非攻也。

孟氏曰。言以威刑服敵。不攻而取。若鄭伯肉袒以迎楚莊王之類。 李筌曰。以計取之。後漢臧宮圍妖賊於原武。連月不拔。士卒疾癘。東海王謂宮曰。今擁兵圍必死之虜。非計也。宜撤圍開其生路而示之。彼必逃散。一亭長足擒也。從之。而拔原武。魏攻壺關。亦其義也。 杜牧曰。司馬文王圍諸葛誕於壽春。議者多欲急攻之。文王以誕城固衆多。攻之力屈。若有外救。表裏受敵。此至危之道也。吾當以全策縻之。可坐制也。誕二年五月反。三年二月破滅。六軍按甲深溝高壘。而誕自困。十六國前燕將慕容恪率兵討段龕於廣固。恪圍之。諸將勸恪急攻之。恪曰。軍勢有緩而克敵。有急而取之。若彼我勢既均。外有強援。力足制之。當羈縻守之。以待其斃。乃築室反耕。嚴固圍壘。終克廣固。曾不血刃也。 梅堯臣曰。攻則傷財。 王皙曰。若唐太宗降薛仁杲是也。 張預曰。或攻其所必救。使敵棄城而來援。則設伏取之。若耿弇攻臨淄而撓西安。脇巨里而斬費邑。是也。或外絕其強援。以久持之。坐俟其斃。若楚師築室反耕以服宋。是也。茲皆不攻而拔城之義也。

毀人之國。而非久也。

曹公曰。毀滅人國。不久露師也。 杜佑曰。若誅理暴逆。毀滅敵國。不暴師衆也。 李筌曰。以術毀人國不久而斃。隋文問僕射高熲伐陳之策。熲曰。江外田收與中國不同。伺彼農時。我正暇豫。徵兵掩襲。彼釋農守禦。候其聚兵。我便解退。再三若此。彼農事疲矣。南方地卑。舍悉茅竹。倉庫儲積。悉依其閒。密使行人因風縱火。候其營立。更爲之。行其謀。陳始病也。　杜牧曰。因敵有可乘之勢。不失其機。如摧枯朽。沛公入關。晉降孫皓。隋取陳氏。皆不久之。　賈林曰。兵不可久。久則生變。但毀滅其國。不傷殘於人。若武王伐殷。殷人稱爲父母。　梅堯臣曰。久則生變。　王晳同梅堯臣註。　何氏曰。善攻者不以兵攻。以計困之。令其自拔。令其自毀。非勞久守而取之也。　張預曰。以順討逆。以智伐愚。師不久暴。而滅敵國。何假六月之稽乎。

必以全爭於天下。故兵不頓而利可全。此謀攻之法也。

曹公曰。不與敵戰。而必完全得之。立勝於天下。不頓兵血刃也。　李筌曰。以全勝之計爭天下。是以不頓收利也。　梅堯臣曰。全爭者。兵不戰。城不攻。毀不久。皆以謀而屈敵。是曰謀攻。故不鈍兵利自完。　張預曰。不戰則士不傷。不攻則力不屈。不久則財不費。以完全立勝於天下。故無頓兵血刃之害。而有國富兵強之利。斯良將計攻之術也。

故用兵之法。十則圍之。（通典十作什非）

曹公曰。以十敵一則圍之。是將智勇等而兵利鈍均也。若主弱客強。不用十也。（按杜佑作通典每全引曹注義有未了即以己意增釋之不用十也四字據通典補）操所以倍兵圍下邳生擒呂布也。　杜佑曰。以十敵一則圍之。是爲將智勇等而兵利鈍均也。若主弱客勁。不用十也。曹公操所以倍兵圍下邳生擒呂布。若敵堅壘固守。依附險阻。彼一我十。乃可圍也。敵雖盛。所據不便。未必十倍然後圍之。　李筌曰。愚智勇怯等。十倍於敵。則圍之。攻守殊勢也。　杜牧曰。圍者謂四面壘合。使敵不得逃逸。凡圍四合。必須去敵城稍遠。占地既廣。守備須嚴。若非兵多。則有闕漏。故用兵有十倍也。呂布敗是上下相疑。侯成執陳宮委布降。所以能擒。非曹公力而能取之。若上下相疑。政令不一。設使不圍。自當潰叛。何況圍之。固須破滅。孫子所言十則圍之。是將勇智等而兵利鈍均。不言敵人自有離叛。曹公稱倍兵降布。蓋非圍之力窮也。此不可以訓也。　梅堯臣曰。彼一我十。可以圍。　何氏曰。圍者四面合兵以圍城。而校量彼我兵勢將才愚智勇怯等。而我十倍勝於敵人。是以十對一。可以圍之無令越逸也。　張預曰。吾之衆十倍於敵。則四面圍合以取之。是爲將智勇等而兵利鈍均也。若主弱客強。不必十倍然後圍之。尉繚子曰。守法一而當十。十而當百。百而當千。千而當萬。言守者十人而當圍者百人。與此法同。

五則攻之。通典五作伍非

曹公曰。以五敵一。則三術爲正。二術爲奇。原本二術作一術者誤據杜牧張預注改正　杜佑曰。若敵并兵自守。不與我戰。彼一我五。乃可攻戰也。或無敵人內外之應。未必五倍然後攻。　李筌曰。五則攻之。攻守勢殊也。　杜牧曰。術猶道也。言以五敵一。則當取己三分爲三道。以攻敵之一面。留己之二。候其無備之處。出奇而乘之。西魏末梁州刺史宇文仲和據州不受代。魏將獨孤信率兵討之。仲和嬰城固守。信夜令諸將以衝梯攻其城東北。信親帥將士襲其西南。遂克之也。　陳皥曰。兵既五倍於敵。自是我有餘力。彼之勢分也。豈止分爲三道以攻敵。此獨說攻城。故下文云。小敵之堅。大敵之擒也。　梅堯臣同杜佑註。　王晳曰。謂十圍而取五。則攻者皆勢力有餘。不待其虛懈也。此以下亦謂智勇利鈍均耳。　何氏曰。愚智勇怯等量。我五倍多於敵人。可以三分攻城。二分出奇以取勝。　張預曰。吾之衆五倍於敵。則當驚前掩後。聲東擊西。無五倍之衆。則不能爲此計。曹公謂三術爲正。

二術爲奇。不其然乎。若敵無外援。我有內應。則不須五倍然後攻之。

倍則分之。

曹公曰。以二敵一。則一術爲正。一術爲奇。　杜佑曰。已二敵一。則一術爲正。一術爲奇。彼一我二。不足爲變。故疑兵分離其軍也。故太公曰。不能分移。不可以語奇。　李筌曰。夫兵者倍於敵則分半爲奇。我衆彼寡。動而難制。苻堅至淝水不分而敗。王僧辯至張公洲分而勝也。　杜牧曰。此言非也。此言以二敵一。則當取己之一。或趣敵之要害。或攻敵之必救。使敵一分之中。復須分減相救。因以一分而擊之。夫戰法非論衆寡。每陳皆有奇正。非待人衆然後能設奇。項羽於烏江二十八騎。尚不聚之。猶設奇正循環相救。況其於他哉。　陳皞曰。直言我倍於敵。分兵趣其所必救。即我倍中更倍。以擊敵之中分也。杜雖得之。未盡其說也。　梅堯臣曰。彼一我二。可分其勢。　王晳曰。謂分者。分爲二軍。使其腹背受敵。則我得一倍之利也。　何氏曰。兵倍於敵。則分半爲奇。我衆彼寡。足可分兵。主客力均。善戰者勝也。　張預曰。吾之衆一倍於敵。則當分爲二部。一以當其前。一以衝其後。彼應前則後擊之。應後則前擊之。玆所謂一術爲正。一術爲奇也。杜氏不曉兵分則爲奇。聚則爲正。而遽非曹公。何誤也。

敵則能戰之。

曹公曰。已與敵人衆等。善者猶當設伏奇以勝之。　李筌曰。主客力敵。惟善者戰。　杜牧曰。此說非也。凡己與敵人兵衆多少智勇利鈍。一旦相敵。則可以戰。夫伏兵之設。或在敵前。或在敵後。或因深林叢薄。或因暮夜昏晦。或因隘阨山阪。擊敵不備。自名伏兵。非奇兵也。　陳皞曰。料己與敵人衆寡相等。先爲奇兵可勝之計。則戰之。故下文云。不若則能避之。杜說奇伏。得之也。　梅堯臣曰。勢力均則戰。　王晳曰。謂能感士卒心。得其死戰耳。若設奇伏以取勝。是謂智優。不在兵敵也。　何氏曰。敵言等敵也。唯能者可以戰勝耳。　張預曰。彼我相敵。則以正爲奇。以奇爲正。變化紛紜。使敵莫測。以與之戰。茲所謂設奇伏以勝之也。杜氏不曉凡置陳皆有揚奇備伏。而云伏兵當在山林。非也。

少則能逃之。

曹公曰。高壁堅壘。勿與戰也。　杜佑曰。高壁堅壘。勿與戰也。彼之衆。我之寡。不可敵。則當自逃守匿其形。　李筌曰。量力不如。則堅壁不出。挫其鋒。待其氣懈而出擊之。齊將田單守即墨。燒牛尾。即殺騎劫。則其義也。　杜牧曰。兵不敵。且避其鋒。當俟隙便奮決求勝。言能者。謂能忍忿受恥。敵人求挑不出也。不似曹咎汜水之戰也。　陳皞曰。此說非也。但敵人兵倍於我。則宜避之以驕其志。用爲後圖。非謂忍忿受恥。太宗辱宋老生以虜其衆。豈是兵力不等也。　賈林曰。彼衆我寡。逃匿兵形。不令敵知。當設奇伏以待之。設詐以疑之。亦取勝之道。又一云。逃匿兵形。敵不知所備。懼其變詐。全軍亦逃。　梅堯臣曰。彼衆我寡。去而勿戰。　王晳曰。逃伏也。謂能倚固逃伏以自守也。傳曰。師逃于夫人之宮。或兵少而有以勝者。蓋將優卒強耳。　何氏曰。兵少固壁。觀變潛形。見可則進。　張預曰。彼衆我寡。宜逃去之。勿與戰。是亦爲將智勇等而兵利鈍均也。若我治彼亂。我奮彼怠。則敵雖衆。亦可以合戰。若吳起以五百乘破秦五十萬衆。謝元以八千卒敗苻堅一百萬。豈須逃之乎。

不若則能避之。

曹公曰。引兵避之也。　杜佑曰。引兵避之。強弱不敵。勢不相若。則引軍避之。待利而動。　杜牧曰。言不若者。勢力交援俱不如也。則須速去之。不可遷延也。如敵人守我要害。發我津梁。合圍於我。則欲去不復得也。　梅堯臣曰。勢力不如。則引而避。　王晳曰。將與兵俱不若。遇敵攻必敗也。　張預曰。兵力謀勇皆劣於敵。則當引而避之。以伺其隙。

故小敵之堅。大敵之擒也。

曹公曰。小不能當大也。　孟氏曰。小不能當大也。言小國不量其力。敢與大邦爲讎。雖權時堅城固守。然後必見擒獲。春秋傳曰。旣不能強。又不能弱。所以敗也。　李筌曰。小敵不量力而堅戰者。必爲大敵所擒也。漢都尉李陵以步卒五千人衆。對十萬之軍。而見殁匈奴也。　杜牧曰。言堅者。將性堅忍。不能逃。不能避。故爲大者之所擒也。　梅堯臣曰。不逃不避。雖堅亦擒。　王晳註同梅堯臣。　何氏曰。如右將軍蘇建前將軍趙信。將兵三千餘人。與大將軍衞青分行。獨逢單于兵數萬。力戰一日。漢兵且盡。前將軍信胡人。降爲翕侯。匈奴誘之。遂將其餘騎可八百餘奔降單于。右將軍蘇建遂盡亡其軍。獨以身得亡自歸。大將軍問其正閎長史安議郎周霸等。建爲云何。霸曰。自大將軍出。未嘗斬一裨將。今建棄軍。可斬以明威重。閎安曰。不然。兵法小敵之堅。大敵之擒也。今建獨以數千當單于數萬。力戰一日餘。士盡不敢有二心。自歸而斬之。是示後人無歸意也。　張預曰。小敵不度強弱而堅戰。必爲大敵之所擒。息侯屈於鄭伯。李陵降於匈奴是也。孟子曰。小固不可以敵大。弱固不可以敵強。寡固不可以敵衆。

夫將者國之輔也。輔周則國必強。

曹公曰。將周密。謀不泄也。　李筌曰。輔猶助也。將才足則兵強。　杜牧曰。才周也。　賈林曰。國之強弱必在於將。將輔於君而才周其國則強。不輔於君內懷其貳則弱。擇人授任。不可不愼。　何氏曰。周謂才智具也。得才智周備之將。國乃安強也。

輔隙則國必弱。

曹公曰。形見於外也。　李筌曰。隙缺也。將才不備。兵必弱。　杜牧曰。才不周也。　梅堯臣曰。得賢則周備。失士則隙缺。　王晳曰。周謂將賢則忠才兼備。隙謂有所缺也。　何氏曰。言其才不可不周用。事不可不周知也。故將在軍必先知五事六行五權之用。與夫九變四機之說。然後可以內御士衆。外料戰形。苟昧於茲。雖一日不可居三軍之上矣。　張預曰。將謀周密則敵不能窺。故其國強。微缺則乘釁而入。故其國弱。太公曰。得士者昌。失士者亡。

故君之所以患於軍者三。

孟氏曰。已下語是。　梅堯臣曰。患君之所不知。　張預曰。下三事也。

不知軍之不可以進而謂之進。不知軍之不可以退而謂之退。是謂縻軍。

曹公曰。縻御也。　杜佑曰。縻御也。縻爲反。按通典縻爲反作又繫也君不知軍之形勢而欲從中御也。故太公曰。國不可以從外治。軍不可以從中御。故太公曰已下據通典補　李筌曰。縻絆也。不知進退者軍必敗。如絆驥足無馳驟也。楚將龍且逐韓信而敗。是不知其進。秦將苻融揮軍少卻而敗。是不知其退。　杜牧曰。猶駕御縻絆使不自由也。君國君也。患於軍者。爲軍之患害也。夫受鉞凶門推轂閫外之事。將軍裁之。如趙充國欲爲屯田。漢宣必令決戰。孫皓臨滅。賈充尙請班師。此不知進退之謂也。　賈林曰。軍之進退。將可臨時制變。君命內御。患莫大焉。故太公曰。

國不可以從外治。軍不可以從中御。　梅堯臣曰。君不知進退之宜。而專進退。是縻繫其軍。六韜所謂軍不可以從中御。　王晳曰。縻繫也。去此患則當託以不御之權。故必忠才兼備之臣爲之將也。　張預曰。軍未可以進。而必使之進。軍未可以退。而必使之退。是謂縻絆其軍也。故曰。進退由內御則功難成。

不知三軍（通典作軍中）**之事而同**（通典作而欲同下同）**三軍之政者。則軍士惑矣。**

曹公曰。軍容不入國。國容不入軍。禮不可以治兵也。　杜佑曰。軍容不入國。國容不入軍。禮不可以治兵也。（據通典補）夫治國尚禮義。（通典作禮讓）兵貴於權詐。形勢各異。教化不同。而君不知其變。軍國一政。以用治民。則軍士疑惑。不知所措。故兵經曰。在國以信。在軍以詐也。　李筌曰。任將不以其人也。燕將慕容評出軍。所在因山泉賣樵水。貪鄙積貨爲三軍帥。不知其政也。　杜牧曰。蓋謂禮度法令。自有軍法從事。若使同於尋常治國之道。則軍士生惑矣。至如周亞夫見天子不拜。漢文知其勇不可犯。魏尚守雲中上首級。爲有司所劾。馮唐所以發憤也。　陳皞曰。言不知三軍之事。違衆沮議。左傳稱晉彘季不從軍師之謀。而以偏師先進。終爲楚之所敗也。　梅堯臣曰。不知治軍之務。而參其政。則衆惑亂也。曹公引司馬法曰。軍容不入國。國容不入軍。是也。　何氏曰。軍國異容。所治各殊。欲以治國之法以治軍旅。則軍旅惑亂。　張預曰。仁義可以治國。而不可以治軍。權變可以治軍。而不可以治國。理然也。虢公不修慈愛。而爲晉所滅。晉侯不守四德。而爲秦所克。是不以仁義治國也。齊侯不射君子。而敗於晉。宋公不擒二毛。而衂於楚。是不以權變治軍也。故當仁義而用權譎。則國必危。晉虢是也。當變詐而尚禮義。則兵必敗。齊宋是也。然則治國之道。固不可以治軍也。

不知三軍之權而同三軍之任。則軍士疑矣。（通典作軍覆疑矣按杜佑注直以覆敗釋之）

曹公曰。不得其人意也。　杜佑曰。不得其人也。君之任將。當精擇焉。將若不知權變。不可付以勢位。苟授非其人。則舉措失所。軍覆敗也。若趙不用廣武君而用成安君。　杜牧曰。謂將無權智。不能銓度軍士。各任所長。而雷同使之。不盡其材。則三軍生疑矣。黃石公曰。善任人者使智使勇使貪使愚。智者樂立其功。勇者好行其志。貪者邀趨其利。愚者不顧其死。　陳皥曰。將在軍。權不專制。任不自由。三軍之士自然疑也。　梅堯臣曰。不知權謀之道。而參其任用。其衆疑貳也。　王晳曰。政也權也。使不知者同之。則動有違異。必相牽制也。是則軍衆疑惑矣。裴度所以奏去監軍。平蔡州也。此皆由君上不能專任賢將。則使同之。故通謂之三患。　何氏曰。不知用兵權謀之人。用之爲將。則軍不治而士疑。　張預曰。軍吏中有不知兵家權謀之人。而使同居將帥之任。則政令不一。而軍疑矣。若邲之戰。中軍帥荀林父欲還。裨將先縠不從。爲楚所敗。是也。近世以中官監軍。其患正如此。高崇文伐蜀。因罷之。遂能成功。

三軍既惑且疑。則諸侯之難至矣。是謂亂軍引勝。

曹公曰。引奪也。　孟氏曰。三軍之衆疑其所任。惑其所爲。則鄰國諸侯因其乖錯。作難而至也。太公曰。疑志不可以應敵。　李筌曰。引奪也。兵權道也。不可謬而使處。趙上卿藺相如言趙括徒能讀其父書。然未知合變。王今以名使括。如膠柱鼓瑟。此則不知三軍之權而同三軍之任者。趙王不從。果有長平之敗。諸侯之難至也。　杜牧曰。言我軍疑惑。自致擾亂。如引敵人使勝我也。　梅堯臣曰。君徒知制其將。不能用其人。而乃同其政任。俾衆疑惑。故諸侯之難作。是自亂其軍。自去其勝。　王晳曰。引諸侯勝己也。　何氏曰。士疑惑而無長則亂。故敵國得以乘我隙釁而至矣。　張預曰。軍士疑惑。未肯用命。則諸侯之兵乘隙而至。是自潰其軍。自奪其勝也。

故知勝有五。

李筌曰。謂下五事也。　張預曰。下五事也。

知可以戰與不可以戰者勝。

孟氏曰。能料知敵情審其虛實者勝也。　李筌曰。料人事逆順。然後以太一遁甲算三門遇奇五將。無關格迫憎主客之計者。必勝也。　杜牧曰。下文所謂知彼知己是也。　梅堯臣曰。知可不可之宜。　王晳曰。可則進。否則止。保勝之道也。　何氏曰。審己與敵。　張預曰。可戰則進攻。不可戰則退守。能審攻守之宜。則無不勝。

識衆寡之用者勝。通典御覽識作知

杜佑曰。言兵之形。有衆而不可擊寡。或可以弱制強。而能變之者勝也。故春秋傳曰。師克在和不在衆。是也。　李筌曰。量力也。　杜牧曰。先知敵之衆寡。然後起兵以應之。如王翦伐荆。曰非六十萬不可。是也。　梅堯臣曰。量力而動。　王晳曰。謂我對敵兵之衆寡圍攻分戰是也。　張預曰。用兵之法。有以少而勝衆者。有以多而勝寡者。在乎度其所而不失其宜則善。如吳子所謂用衆者務易。用少者務隘。是也。

上下同欲者勝。

曹公曰。君臣同欲。　杜佑曰。言君臣和同勇而欲戰者勝。故孟子曰。天時不如地利。地利不如人和。　李筌曰。觀士卒心上下同欲如報私仇者勝。　陳皞曰。言上下共同其利欲。則三軍無怨。敵可勝也。傳曰。以欲從人則可。以人從欲鮮濟也。　梅堯臣曰。心齊一也。　王晳曰。上下一心。若先穀剛愎以取敗。呂布違異以致亡。皆上下不同欲之所致。　何氏曰。書云。受有億兆夷人。離心離德。予有亂臣十人。同心同德。商滅而周興。　張預曰。

百將一心。三軍同力。人人欲戰。則所向無前矣。

以虞待不虞者勝。

孟氏曰。虞度也。左傳曰。不備不虞。不可以師。待敵之可勝也。　杜佑曰。虞度也。以我有法度之師。擊彼無法度之兵。故春秋傳曰。不備不虞。不可以師。是也。（故春秋傳曰以下據通典御覽補）　李筌杜牧曰。有備預也。　陳皞曰。謂先爲不可勝之師。待敵之可勝也。　梅堯臣曰。愼備非常。　王晳曰。以我之虞。待敵之不虞也。　何氏曰。春秋時城濮之役。晉無楚備。以敗於邲。邲之役。楚無晉備。以敗於鄢。自鄢已來。晉不失備。而加之以禮。重之以睦。是以楚弗能加晉。又周末荆人伐陳。吳救之。軍行三十里。雨十日。夜不見星。左史倚相謂大將子期曰。雨十日。夜甲輯兵聚。吳人必至。不如備之。乃爲陳。而吳人至。見荆有備而反。左史曰。其反覆六十里。其君子外。小人爲食。我行三十里擊之。必克。從之。遂破吳軍。魏大將軍南征吳。到積湖。魏將滿寵帥諸軍在前。與敵隔水相對。寵令諸將曰。今夕風甚猛。賊必來燒營。宜預爲之備。諸軍皆警。夜半賊果遣十部來燒營。寵掩擊破之。又春秋衞人以燕師伐鄭。鄭祭足原繁洩駕以三軍軍其前。使曼伯與子元潛軍軍其後。燕人畏鄭三軍。而不虞制人。六月鄭二公子以制人敗燕師於北制。君子曰。不備不虞。不可以師。又楚子重自陳伐莒。圍渠丘。渠丘城惡。衆潰奔莒。楚入渠丘。莒人囚楚公子平。楚人曰。勿殺。吾歸而俘。莒人殺之。楚人圍莒。莒城亦惡。庚申莒潰。楚遂入鄆。莒無備故也。君子曰。恃陋而不備。罪之大者也。備豫不虞。善之大者也。莒恃其陋而不修城郭。浹辰之間而楚克其三都。無備也夫。　張預曰。常爲不可勝以待敵。故吳起曰。出門如見敵。士季曰。有備不敗。

將能而君不御者勝。

曹公曰。司馬法曰。進退惟時。無曰寡人也。　杜佑曰。司馬法曰。進退惟時。無曰寡人。據通典御覽補將既精能。曉練兵勢。君能專任。事不從中御。故王子曰。指授在君。決戰在將也。　李筌曰。將在外君命有所不受者勝。眞將軍也。吳伐楚。吳公子光弟夫槩王至。請擊楚子常。不許。夫槩曰。所謂見義而行。不待命也。今日我死。楚可入也。以其屬五千先擊子常敗之。審此。則將能而君不能御也。晉宣帝拒諸葛於五丈原。天子使辛毗仗節軍門曰。敢問戰者斬。亮聞笑曰。苟能制吾。豈千里請戰。假言天子不許。示武於衆。此是不能之將。　杜牧曰。尉繚子曰。夫將者上不制乎天。下不制乎地。中不制乎人。故兵者凶器也。將者死官也。　梅堯臣曰。自閫以外。將軍制之。　王晳曰。君御能將者。不能絕疑忌耳。若賢明之主。必能知人。固當委任以責成效。推轂授鉞。是其義也。攻戰之事。一以專之。不從中御。所以一威。且盡其才也。況臨敵乘機。間不容髮。安可遙制之乎。　何氏曰。古者遣將於太廟。親操鉞。持其首。授其柄。曰。從是以上至天者將軍制之。操斧。持其柄。授與刃。曰。從是以下至淵者將軍制之。故李牧之爲趙將居邊。軍市之租皆自用饗士。賞賜決於外。不從中御也。周亞夫之軍細柳。軍中唯聞將軍之命。不聞天子之詔也。蓋用兵之法。一步百變。見可則進。知難而退。而曰有王命焉。是白大人以救火也。未及反命。而煨燼久矣。曰有監軍焉。是作舍道邊也。謀無適從。而終不可成矣。故御能將而責平猾虜者。如絆韓盧而求獲狡兔者。又何異焉。　張預曰。將有智勇之能。則當任以責成功。不可從中御也。故曰。閫外之事。將軍裁之。

此五者。知勝之道也。

曹公曰。此上五事也。

故曰。知彼知己。百戰不殆。原本有者字今據通典北堂書鈔太平御覽改正又通典引作知己知彼者誤孟氏曰。審知彼已強弱之勢。雖百戰實無危殆。　李筌曰。量力而拒敵。有何危殆乎。　杜牧曰。以我之政料敵之政。以我之將料敵之將。以我之衆料敵之衆。以我之食料敵之食。以我之地料敵之地。校量已定。優劣短長皆先見之。然後兵起。故有百戰百勝也。　梅堯臣曰。彼已五者盡知之。故無敗。　王晳曰。殆危也。謂校盡彼我之情。知勝而後戰。則百戰不危。　張預曰。知彼知己者。攻守之謂也。知彼則可以攻。知己則可以守。攻是守之機。守是攻之策。苟能知之。雖百戰不危也。或曰。士會察楚師之不可敵。陳平料劉項之長短。是知彼知己也。

不知彼而知己。一勝一負。

杜佑曰。雖不知敵之形勢。恃己能克之者。勝負各半。　李筌曰。自以己強而不料敵。則勝負未定。秦主苻堅以百萬之衆南伐。或謂曰。彼有人焉。謝安桓沖江表偉才。不可輕之。堅曰。我有八州之衆。士馬百萬。投鞭可斷江水。何難之有。後果敗績。則其義也。　杜牧曰。恃我之強。不知敵不可伐者。一勝一負。王猛將終。諫苻堅曰。晉氏雖在江表。而正朔所稟。謝安桓沖江表偉人。不可伐也。及堅南伐。曰。吾士馬百萬。投鞭可濟。遂有淝水之敗也。　陳皞曰。杜說恃強之兵。無名而有罪。所以敗也。非一勝一負之義。　梅堯臣曰。自知己者。勝負半也。　王晳曰。但能計己。不知敵之強弱。則或勝或負。　張預曰。唐太宗曰。今之將臣。雖未能知彼。苟能知己。則安有不利乎。所謂知己者。守吾氣而有待焉者也。故知守而不知攻。則勝負之半。

不知彼不知己。每戰必殆。北堂書鈔作必敗非通典御覽俱作必殆

杜佑曰。外不料敵。內不知己。用戰必殆。御覽作必危也　李筌曰。是謂狂寇。不敗何待也。　梅堯臣曰。一不知。何以勝。　王晳曰。全昧於計也。　張預曰。攻守之術皆不知。以戰則敗。

卷四　形篇

曹公曰軍之形也我動彼應兩敵相察情也　李筌曰形謂主客攻守八陳五營陰陽向背之形　杜牧曰因形見情無形者情密有形者情疏密則勝疏則敗也　王晳曰形者定形也謂兩敵強弱有定形也善用兵者能變化其形因敵以制勝　張預曰兩軍攻守之形也隱於中則人不可得而知見於外則敵乘隙而至形因攻守而顯故次謀攻

孫子曰。昔之善戰者。先爲不可勝。

張預曰。所謂知己者也。

以待敵之可勝。

梅堯臣曰。藏形內治。伺其虛懈。　張預曰。所謂知彼者也。

不可勝在己。可勝在敵。

曹公曰。自修理以待敵之虛懈也。　杜佑曰。先咨之廟堂。慮其危難。然後高壘深溝。使兵練習。以此守備之固。待敵之闕。則可勝之。言制敵在我。自修理以候敵之虛懈。已見敵有闕漏之形。然後可勝。　李筌曰。夫善用兵者。守則深壁。多具車食。善其教練。攻其城則侖橦棚雲梯土山地道。陳則左川澤右丘陵。（原本作在山川丘陵誤據下文注改正）背孤向虛。從疑擊閒。善戰者掎角勢連。首尾相應者。爲不可勝也。夫善戰者能爲不可勝。不能使敵之必可勝。故曰。勝可知而不可爲。不可勝者守也。可勝者攻也。無此數者。以爲可勝也。　杜牧曰。自整軍事。長有待敵之備。閉跡藏形。使敵人不能測度。因伺敵人有可乘之便。然後出而攻之。　王晳曰。不可勝者修道保法也。可勝者有所隙耳。　張預曰。守之故在己。攻之故在彼。

故善戰者。能爲不可勝。

杜牧曰。不可勝者。上文註解所謂修整軍事閉形藏跡是也。此事在己。故曰能爲。　張預曰。藏形晦跡。居常嚴備。則己能爲。

不能使敵必可勝。原本作之可勝按注則故書正作必也從通典御覽改正又按呂氏春秋云不可勝在己可勝在彼聖人必在己者不必在彼者是其證

杜佑曰。若敵曉練兵事。原本作在己故練兵士按杜佑注本釋必可勝句後人臆改之以牽合上句今從通典御覽改正 策與道合。深爲備者。亦不可強勝之。

杜牧曰。敵若無形可窺。無虛懈可乘。則我雖操可勝之具。亦安能取勝敵乎。　賈林曰。敵有智謀。深爲己備。不能強令不己備。　梅堯臣曰。在己故能爲。在敵故無必。　王晳曰。在敵不在我也。　張預曰。若敵強弱之形不顯於外。則我豈能必勝於彼。

故曰。勝可知。

曹公曰。見成形也。　杜牧曰。知者。但能知己之力可以勝敵也。　陳皞曰。取勝於形。勝可知也。

而不可爲。

曹公曰。敵有備故也。　杜佑曰。敵有備也。己料敵見敵形者。則勝負可知。若敵密而無形。亦不可強使爲敗。故范蠡曰。時不至。不可強生。事不究。不可強成。　杜牧曰。言我不能使敵人虛懈爲我可勝之資。　賈林曰。若敵隱而無形。不可強爲勝敗。　梅堯臣曰。敵有闕。則可知。敵無闕。則不可爲。　何氏曰。可知之勝在我。我有備也。不可爲之勝在敵。敵無形也。　張預曰。己有備則勝可知。敵有備則不可爲。

不可勝者。守也。

曹公曰。藏形也。　杜佑曰。藏形也。若未見其形。彼衆我寡。則自守也。　杜牧曰。言未見敵人有可勝之形。己則

藏形爲不勝之備。以自守也。　梅堯臣曰。且有待也。　何氏曰。未見敵人形勢虛實有可勝之理。則宜固守。　張預曰。知己未可以勝。則守其氣而待之。

可勝者攻也。御覽一引作不可勝則守可勝則攻非

曹公曰。敵攻己。乃可勝。　杜佑曰。敵攻己。乃可勝也。己見其形。彼寡我衆。原本作彼衆我寡互誤按杜佑作通典引用曹注下附己意此云敵攻己乃可勝者引曹注也已下云云杜佑語也後人以其義不相比又下文有攻則有餘之言故臆改爲彼衆我寡誤也據御覽改正　則可攻。　李筌曰。夫善用兵者。守則高壘堅壁也。攻其城則尙橦棚雲梯土山地道。原本無城則尙三字據上文注補　陳左川澤右邱陵。背孤向虛。從疑擊閑。識辨五令以飾衆。掎角原本無掎角二字　勢連首尾相應者。爲不可勝也。無此數者。以爲可勝也。　杜牧曰。敵人有可勝之形。則當出而攻之。　梅堯臣曰。見其闕也。　王晳曰。守者似於勝不足。攻者似於勝有餘。　張預曰。知彼有可勝之理。則攻其心而取之。

守則不足。攻則有餘。

曹公曰。吾所以守者力不足也。所以攻者力有餘也。　李筌曰。力不足者可以守。力有餘者可以攻也。　梅堯臣曰。守則知力不足。攻則知力有餘。　張預曰。吾所以守者。謂取勝之道有所不足。故且待之。吾所以攻者。謂勝敵之事已有其餘。故出擊之。言非百勝不戰。非萬全不鬬也。後人謂不足爲弱有餘爲強者。非也。

善守者藏於九地之下。善攻者動於九天之上。故能自保而全勝也。

曹公曰。因山川邱陵之固者。藏於九地之下。因天時之便者。動於九天之上。　杜佑曰。善守備者。務因其山川之阻邱陵之固。使不知所攻。言其深密藏於九地之下。善攻者。務因天時地利水火之變。使敵不知所備。言其

雷震發動若於九天之上也。　李筌曰。天一遁甲經云。九天之上可以陳兵。九地之下可以伏藏。常以直符加時干。後一所臨宮爲九天。後二所臨宮爲九地。地者靜而利藏。天者運而利動。故魏武不明於遁。以九地爲山川九天爲天時也。夫以天一太一之遁幽微。知而用之。故全也。經云。知三避五。魁然獨處。能知三五。橫行天下。以此法出。不拘諸咎。則其義也。　杜牧曰。守者韜聲滅跡。幽比鬼神。在於地下。不可得而見之。攻者勢迅聲烈。疾若雷霆。如來天上。不可得而備也。九者高深數之極。　陳皞曰。春三月寅功曹爲九天之上。申傳送爲九地之下。夏三月午勝先爲九天之上。子神后爲九地之下。秋三月申傳送爲九天之上。寅功曹爲九地之下。冬三月子神后爲九天之上。午勝先爲九地之下也。　梅堯臣曰。九地言深不可知。九天言高不可測。蓋守備密而攻取迅也。　王晳曰。守者爲未見可攻之利。當潛藏其形。沈靜幽默。不使敵人窺測之也。攻者爲見可攻之利。當高遠神速。乘其不意。懼敵人覺我而爲之備也。九者極言之耳。　何氏曰。九地九天言其深微。尉繚子曰。治兵者若秘於地。若邃於天。言其秘密邃遠之甚也。後漢涼州賊王國圍陳倉。左將軍皇甫嵩督前軍董卓救之。卓欲速進赴陳倉。嵩不聽。卓曰。智者不後時。勇者不留決。速救則城全。不救則城滅。全滅之勢在於此也。嵩曰。不然。百戰百勝。不如不戰而屈人之兵。是以先爲不可勝。以待敵之可勝。不可勝在我。可勝在彼。彼守不足。我攻有餘。有餘者動於九天之上。不足者陷於九地之下。今陳倉雖小。城守固備。非九地之陷也。王國雖強。而攻我之所不救。非九天之勢也。夫勢非九天。攻者受害。陷非九地。守者不拔。國今已陷受害之地。而陳倉保不拔之小城。我可不煩兵動衆而取全勝之功。將何救焉。遂不聽。王國圍陳倉自冬迄春八十餘日。城堅守固。竟不能拔。賊衆疲弊。果自解去。　張預曰。藏於九地之下。喻幽而不可知也。動於九天之上。喻來而不可備也。尉繚子曰。若秘於地。若邃於天。是也。守則固。是自保也。攻則取。是全勝也。

見勝不過衆人之所知。非善之善者也。

曹公曰。當見未萌。　孟氏曰。當見未萌。言兩軍已交。雖料見勝負。策不能過絕於人。但見近形非遠。太公曰。智與衆同。非國師也。　李筌曰。知不出衆。知非善也。韓信破趙。未餐而出井陘。曰破趙會食。時諸將嘸然。佯應曰諾。乃背水陳。趙乘壁望見。皆大笑。言漢將不便兵也。乃破趙食。斬成安君。此則衆所不知也。　杜牧曰。衆人之所見。破軍殺將。然後知勝。我之所見。廟堂之上。罇俎之閒。已知勝負者矣。　賈林曰。守必固。攻必克。能自保全而常不失。勝見未然之勝。善知將然之敗。謂實微妙通元。非衆人之所見也。　梅堯臣曰。人所見而見。故非善。　王晳曰。衆常之人見所以勝。而不知制勝之形。　張預曰。衆人所知。已成已著也。我之所見。未形未萌也。

戰勝而天下曰善。（御覽作曰軍善）**非善之善者也。**

曹公曰。交爭勝也。（原本作爭鋒也據御覽改正）　太公曰。爭勝於白刃之口。非良將也。（據御覽補）　李筌曰。爭鋒力戰。天下易見。故非善也。　杜牧曰。天下猶上文言衆也。言天下人皆稱戰勝者。故破軍殺將者也。我之善者。陰謀潛運。攻心伐謀。勝敵之日。曾不血刃。　陳皡曰。潛運其智。專伐其謀。未戰而屈人之兵。乃是善之善者也。　梅堯臣曰。見不過衆。戰雖勝。天下稱之。猶不曰善。　王晳曰。以謀屈人。則善矣。　張預曰。戰而後能勝。衆人稱之曰善。是有智名勇功也。故云非善。若見微察隱。取勝於無形。則眞善者也。

故舉秋毫不爲多力。見日月不爲明目。聞雷霆不爲聰耳。

曹公曰。易見聞也。　李筌曰。易見聞也。以爲攻戰勝而天下不曰善也。夫智能之將。人所莫測。爲之深謀。故孫武曰。難知如陰也。　王晳曰。衆人之所知不爲智。力戰而勝人不爲善。　何氏曰。此言衆人之所見所聞不足爲異也。昔烏獲舉千鈞之鼎。爲力。離朱百步覩纖芥之物。爲明。師曠聽蚊行螘步。爲聰也。兵之成形而見之。誰不能也。故勝於未形。乃爲知兵矣。　張預曰。人皆能也。引此以喻衆人之見勝也。秋毫謂兔毛至秋而勁。經言至輕也。

古之所謂善戰者。勝。勝易勝者也。（原本作古之所謂善戰者勝於易勝者也此後人所改今據御覽訂正）

曹公曰。原微易勝。攻其可勝。不攻其不可勝也。　杜牧曰。敵人之謀。初有萌兆。我則潛運以能攻之。用力既少。制勝既微。故曰易勝也。　梅堯臣曰。力舉秋毫。明見日月。聰聞雷霆。不出衆人之所能也。故見於著則勝於難。見於微則勝於易。　何氏曰。言敵人之謀初有萌兆。我則潛運已能攻之。用力既少。制敵甚微。故曰易勝也。張預曰。交鋒接刃而後能制敵者。是其勝難也。見微察隱而破于未形者。是其勝易也。故善戰者常攻其易勝。而不攻其難勝也。

故善戰者之勝也。無智名。無勇功。

曹公曰。敵兵形未成。（原本作未形從御覽改）勝之無赫赫之功也。　李筌曰。勝敵而天下不知。何智名之有。　杜牧曰。勝於未萌。天下不知。故無智名。曾不血刃。敵國已服。故無勇功也。　梅堯臣曰。大智不彰。大功不揚。見微勝易。何勇何智。　何氏曰。患銷未形。人誰稱智。不戰而服。人誰言勇。漢之子房。唐之裴度能之。　張預曰。陰謀潛運。取勝於無形。天下不聞料敵制勝之智。不見搴旗斬將之功。若留侯未嘗有戰鬥功是也。

故其戰勝不忒。

李筌曰。百戰百勝。有何疑貳也。此筌以忒字爲貳也。　陳皞曰。籌不虛運。策不徒發。　張預曰。力戰而求勝。勝雖善者亦有敗時。旣見於未形。察於未成。百戰百勝。而無一差忒矣。

不忒者。其所措必勝。勝已敗者也。

曹公曰。察敵有可敗。不差忒也。　李筌曰。置勝於已敗之師。何忒爲。師老卒惰。法令不一。謂已敗也。　杜牧曰。措。措置也。忒。差忒也。我能置勝不忒者何也。蓋先見敵人已敗之形。然後攻之。故能制必勝之功。不差忒也。賈林曰。讀措爲錯。錯。雜也。取敵之勝。理非一途。故雜而料之也。常於勝未形。已見敵之敗。　梅堯臣曰。睹其可敗。勝則不差。　何氏曰。善料也。　張預曰。所以能勝而不差者。蓋察知敵人有必可敗之形。然後措兵以勝之云耳。

故善戰者。立於不敗之地。而不失敵之敗也。

李筌曰。兵得地者昌。失地者亡。地者要害之地。秦軍敗趙。先據北山者勝。宋師伐燕。過大峴而勝。皆得其地也。杜牧曰。不敗之地者。爲不可爲之計。使敵人必不能敗我也。不失敵人之敗者。言窺伺敵人可敗之形。不失毫髮也。　陳皞註同李筌。　杜佑註同杜牧。　梅堯臣曰。善候敵隙。我則常勝。　王晳曰。常爲不可勝。待敵可勝。不失其機。　何氏曰。自恃有備。則無患。常伺敵隙。則勝之不失也。立於不敗之地。利也。言我常爲勝所。　張預曰。審吾法令。明吾賞罰。便吾器用。養吾武勇。是立於不敗之地也。我有節制。則彼將自叙。是不失敵之敗也。

是故勝兵先勝而後求戰。敗兵先戰而後求勝。

曹公曰。有謀與無慮也。　李筌曰。計與不計也。是以薛公知黥布之必敗。田豐知魏武之必勝。是其義也。　杜牧曰。管子曰。天時地利。其數多少。其要然出於計數。故凡攻伐之道。計必先定於內。然後兵出乎境。不明敵人之政。不能加也。不明敵人之積。不能約也。不明敵人之將。不見先軍。不明敵人之士。不見先陳。故以衆擊寡。以理擊亂。以富擊貧。以能擊不能。以教士練卒擊毆衆白徒。故能百戰百勝。此則先勝而後求戰之義也。衛公李靖曰。夫將之上務。在於明察而衆和。謀深而慮遠。審於天時。稽乎人理。若不料其能。不達權變。及臨機赴敵。方始趑趄。左顧右盼。計無所出。信任過說。一彼一此。進退狐疑。部伍狼籍。何異趣蒼生而赴湯火。驅牛羊而啗狼虎者乎。此則先戰而後求勝之義也。　賈林曰。不知彼我之情。陳兵輕進。意雖求勝。而終自敗也。　梅堯臣曰。可勝而戰。戰則勝矣。未見可勝。勝可得乎。　何氏曰。凡用兵先定必勝之計。而後出軍。若不先謀而欲恃強。勝未必也。　張預曰。計謀先勝。然後興師。故以戰則克。尉繚子曰。兵不必勝。不可以言勝。攻不必拔。不可以言攻。謂危事不可輕舉也。又曰。兵貴先勝於此。則勝彼矣。弗勝於此。則弗勝彼矣。此之謂也。若趙充國常先計而後戰。亦是也。不謀而進。欲幸其成功。故以戰則敗。

善用兵者。修道而保法。故能爲勝敗之政。

曹公曰。善用兵者。先自修治爲不可勝之道。保法度不失。敵之敗亂也。　李筌曰。以順討逆。不伐無罪之國。軍至無虜掠。不伐樹木汚井竈。所過山川城社陵祠。必滌而除之。不習亡國之事。謂之道法也。軍嚴肅。有死無犯。賞罰信義。將若此者。能勝敵之敗政也。　杜牧曰。道者仁義也。法者法制也。善用兵者。先修理仁義。保守法制。自爲不可勝之政。伺敵有可敗之隙。則攻能勝之。　賈林曰。常修用兵之勝道。保賞罰之法度。如此則當爲勝。不能則敗。故曰勝敗之政也。　梅堯臣曰。攻守自修。法令自保。在我而已。　王晳曰。法者下之五事也。　張預曰。修治爲戰之道。保守制敵之法。故能必勝。或曰。先修飾道義以和其衆。後保守法令以戢其下。使民愛而畏之。然後能爲勝敗。

兵法一曰度。

賈林曰。度土地也。　王晳曰。丈尺也。

二曰量。

賈林曰。量人力多少。倉廩虛實。　王晳曰。㪷斛也。

三曰數。

賈林曰。算數也。以數推之。則衆寡可知。虛實可見。　王晳曰。百千也。

四曰稱。

賈林曰。既知衆寡。兼知彼我之德業輕重。才能之長短。　王晳曰。權衡也。

五曰勝。

曹公曰。勝敗之政。用兵之法。當以此五事稱量知敵之情。　張預曰。此言安營布陳之法也。李衛公曰。教士猶布碁於盤。若無畫路。碁安用之。

地生度。

曹公曰。因地形勢而度之。　李筌曰。既度有情。則量敵而禦之。　杜牧曰。度者計也。言度我國土大小。人戶多少。征賦所入。兵車所籍。山河險易。道里迂直。自度此事與敵人如何。然後起兵。夫小不能謀大。弱不能擊強。近不能襲遠。夷不能攻險。此皆生於地。故先度也。　梅堯臣曰。因地以度軍勢。　王晳曰。地人所履也。舉兵攻戰。先計於地。由地故生度。度所以度長短知遠近也。凡行軍臨敵。先須知遠近之計。　何氏曰。地者遠近險易也。度計也。未出軍。先計敵國之險易。道路迂直。兵甲孰多。勇怯孰是。計度可伐。然後與師動衆。可以成功。

度生量。

杜牧曰。量者酌量也。言度地已熟。然後能酌量彼我之强弱也。　梅堯臣曰。因度地以量敵情。　王晳曰。謂量有大小。言既知遠近之計。則須更量其地之大小也。　何氏曰。量酌彼已之形勢。

量生數。

曹公曰。知其遠近廣狹。知其人數也。　李筌曰。量敵遠近强弱。須備知士卒軍資之數而勝也。　杜牧曰。數者機數也。言强弱已定。然後能用機變數也。　賈林曰。量地遠近廣狹。則知敵人人數多少也。　梅堯臣曰。因量以得衆寡之數。　王晳曰。數所以紀多少。言既知敵之大小。則更計其精劣多少之數。曹公曰知其人數。　何氏曰。數機變也。先酌量彼我强弱利害。然後爲機數。　張預曰。地有遠近廣狹之形。必先度知之。然後量其容人多少之數也。

數生稱。

曹公曰。稱量敵孰愈也。　李筌曰。分數既定賢智之多少。得賢者重。失賢者輕。如韓信之論楚漢也。須知輕重別賢愚而稱之。錙銖則强。　杜牧曰。稱校也。機權之數已行。然後可以稱校彼我之勝負也。　梅堯臣曰。因數以權輕重。　王晳曰。稱所以知重輕。喻强弱之形勢也。能盡知遠近之計大小之度多少之數。以與敵相形。則知重輕所在。何氏同杜牧註。

稱生勝。

曹公曰。稱量之數。知其勝負所在。李筌曰。稱知輕重。勝敗之數可知也。杜牧曰。稱校既熟。我勝敵敗。分明見也。陳皥杜佑同杜牧上五事註。梅堯臣曰。因輕重以知勝負。王晳曰。重勝輕也。何氏曰。上五事未戰先計必勝之法。故孫子引古法以疏勝敗之要也。張預曰。稱宜也。地形與人數相稱。則疏密得宜。故可勝也。尉繚子曰。無過在於度數。度謂尺寸。數謂什伍。度以量地。數以量兵。地與兵相稱則勝。五者皆因地形而得。故自地而生之也。李靖五陳隨地形而變是矣。

故勝兵若以鎰稱銖。

梅堯臣曰。力易舉也。

敗兵若以銖稱鎰。

曹公曰。輕不能舉重也。李筌曰。二十兩爲鎰。銖之於鎰。輕重異位。勝敗之數。亦復如之。梅堯臣曰。力難制也。王晳曰。言銖鎰者。以明輕重之至也。張預曰。二十兩爲鎰。二十四銖爲兩。此言有制之兵對無制之兵。輕重不侔也。

勝者之戰民也。若決積水於千仞之谿者。形也。

曹公曰。八尺曰仞。決水千仞。其勢疾也。御覽注仞七尺也其勢疾也原本云其高勢疾也衍從御覽李筌曰。八尺曰仞。言其勢也。杜預伐吳。言兵如破竹。數節之後。皆迎刃自解。則其義也。杜牧曰。夫積水在千仞之谿。不可測量。如我之守不見形也。及決水下。湍浮奔注。如我之攻不可禦也。　梅堯臣曰。水決千仞之谿。莫測其迅。兵動九天之上。莫見其跡。此軍之形也。　王晳曰。千仞之谿至隨絕也。喻不可勝對可勝之形。乘機攻之。決水是也。　張預曰。水之性避高而趨下。決之赴深谿。固湍浚而莫之禦也。兵之形象水。乘敵之不備。掩敵之不意。避實而擊虛。亦莫之制也。或曰。千仞之谿謂不測之淵。人莫能量其淺深。及決而下之。則其勢莫之能禦。如善守者匿形晦跡。藏於九地之下。敵莫能測其強弱。及乘虛而出。則其鋒莫之能當也。

卷五　埶篇

曹公曰用兵任勢也　李筌曰陳以形成如決建瓴之勢故以是篇次之　王晳曰勢者積勢之變也善戰者能任勢以取勝不勞力也　張預曰兵勢以成然後任勢以取勝故次形

孫子曰。凡治衆如治寡。分數是也。

曹公曰。部曲爲分。什伍爲數。　孟氏曰。分隊伍也。數兵之大數也。分數多少。制置先定。　李筌曰。善用兵者。將鳴一金舉一旌。而三軍盡應。號令既定。如寡焉。　杜牧曰。分者分別也。數者人數也。言部曲行伍皆分別其人數多少。各任偏裨長伍。訓練昇降。皆責成之。故我所治者寡也。韓信曰多多益辦是也。　陳皡曰。若聚兵既衆。即須多爲部伍。部伍之內。各有小吏以主之。故分其人數。使之訓齊決斷。遇敵臨陳。授以方略。則我統之雖衆。治之益寡。　梅堯臣曰。部伍奇正之分數。各有所統。　王晳曰。分數謂部曲也。偏裨各有部分與其人數。若師旅卒兩之類。　張預曰。統衆既多。必先分偏裨之任。定行伍之數。使不相亂。然後可用。故治兵之法。一人曰獨。二人曰比。三人曰參。比參爲伍。五人爲列。二列爲火。五火爲隊。二隊爲官。二官爲曲。二曲爲部。二部爲校。二校爲裨。二裨爲軍。遞相統屬。各加訓練。雖治百萬之衆。如治寡也。

鬥衆如鬥寡。形名是也。

曹公曰。旌旗曰形。金鼓曰名。　杜牧曰。旌旗鐘鼓。敵亦有之。我安得獨爲形名鬥衆如鬥寡也。夫形者陳形也。名者旌旗也。戰法曰。陳間容陳。足曳白刃。故大陳之中。復有小陳。各占地分。皆有陳形。旗者各依方色。或認以鳥獸。某將某陳。自有名號。形名已定。志專勢孤。人自爲戰。敗則自敗。勝則自勝。戰百萬之兵如戰一夫。此之是也。　陳皡曰。夫軍士既衆。分布必廣。臨陳對敵。遞不相知。故設旌旗之形。使各認之。進退遲速。又不相聞。故設金鼓以節之、所以令之曰、聞鼓則進、聞金則止、曹說是也。　梅堯臣曰。形以旌旗。名以采章。指麾應速。無有後先。　王晳曰。曹公曰。旌旗曰形。金鼓曰名。晳謂形者旌旗金鼓之制度。名者各有其名號也。　張預曰。軍政曰。言不相聞。故爲鼓鐸。視不相見。故爲旌旗。今用兵既衆。相去必遠。耳目之力。所不聞見。故令士卒望旌旗之形而前却。聽金鼓之號而行止。則勇者不得獨進。怯者不得獨退。故曰此用衆之法也。

三軍之衆。可使必受敵而無敗者。奇正是也。

曹公曰。先出合戰爲正。後出爲奇。　李筌曰。當敵爲正。傍出爲奇。將三軍無奇兵。未可與人爭利。漢吳王濞擁兵入大梁。吳將田伯祿說吳王曰。兵屯聚而西。無他奇道。難以立功。臣願得五萬人。別循江淮而上。收淮南長沙。入武關。與大王會。此亦一奇也。不從。遂爲周亞夫所敗。此則有正無奇。　杜牧曰。解在下文。　賈林曰。當敵以正陳。取勝以奇兵。前後左右。俱能相應。則常勝而不敗也。　梅堯臣曰。動爲奇。靜爲正。靜以待之。動以勝之。　王晳曰。必當作畢。字誤也。奇正還相生。故畢受敵而無敗也。　何氏曰。兵體萬變。紛紜混沌。無不是正。無不是奇。若兵以義舉者。正也。臨敵合變者。奇也。我之正。使敵視之爲奇。我之奇。使敵視之爲正。正亦爲奇。奇亦爲正。大抵用兵皆有奇正。無奇正而勝者。幸勝也。浪戰也。如韓信背水而陳。以兵循山。而拔趙幟。以破其國。則背水正也。循山奇也。信又盛兵臨晉。而以木罌從夏陽襲安邑。而虜魏王豹。則臨晉正也。夏陽奇也。由是觀之。受敵無敗者。奇正之謂也。尉繚子曰。今以鏌鎁之利。犀兕之堅。三軍之衆。有所奇正。則天下莫當其戰矣。　張預曰。三軍雖衆。使人人皆受敵而不敗者。在乎奇正也。奇正之說。諸家不同。尉繚子則曰。正兵貴先。奇兵貴後。曹公則曰。先出合戰爲正。後出爲奇。李衞公則曰。兵以前向爲正。後却爲奇。此皆以正爲正。以奇爲奇。曾不說相變循環之義。唯唐太宗曰。以奇爲正。使敵視以爲正。則吾以奇擊之。以正爲奇。使敵視以爲奇。則吾以正擊之。混爲一法。使敵莫測。茲最詳矣。

兵之所加。如以碫按碫當爲碬从段唐以後多鍜音者以字之譌而作音也至王晳又以冶鐵之鍛當之更謬投卵者。虛實是也。

曹公曰。以至實擊至虛。　孟氏曰。碫石也。兵若訓練至整。部領分明。更能審料敵情。委知虛實。後以兵而加之。實同以碫石投卵也。　李筌曰。碫實卵虛。以實擊虛。其勢易也。　梅堯臣曰。碫石也。音鍜。以實擊虛。猶以堅破脆也。　王晳曰。鍛冶鐵也。　何氏曰。用兵識虛實之勢。則無不勝。　張預曰。下篇曰。善戰者致人而不致於人。此虛實彼我之法也。引致敵來。則彼勢常虛。不往赴彼。則我勢常實。以實擊虛。如舉石投卵。其破之必矣。夫合軍聚衆。先定分數。分數明。然後習形名。形名正。然後分奇正。奇正審。然後虛實可見矣。四事所以次序也。

凡戰者。以正合。以奇勝。

曹公曰。正者當敵。奇兵從傍擊不備也。　杜牧曰。正者當敵。奇者從傍擊不備。以正道合戰。以奇變取勝也。　李筌曰。戰無其詐。難以勝敵。　梅堯臣曰。用正合戰。用奇勝敵。　何氏曰。如戰國廉頗爲趙將。秦使間曰。秦獨畏趙括耳。廉頗易與。且降矣。會頗軍多亡失。數敗。堅壁不戰。又聞秦反間之言。使括代頗。至則出軍擊秦。秦軍佯敗而走。張二奇兵以劫之。趙軍逐勝。追造秦壁。壁堅。拒不得入。而秦奇兵二萬五千絕趙軍後。又五千騎絕趙壁間。趙兵分爲二。糧道絕。括卒敗。又隋突厥犯塞。煬帝令唐高祖與馬邑太守王仁恭率衆備邊。會虜寇馬邑。仁恭以衆寡不敵。有懼色。高祖曰。今主上遐遠。孤城絕援。若不死戰。難以圖全。於是親選精騎四千。出爲遊軍。居處飲食。隨逐水草。一同於突厥。見虜候騎。但馳騁遊獵耳。若輕之。及與虜相遇。則踦角置陣。選善射者爲別隊。持滿以待之。虜莫能測。不敢決戰。因縱奇兵擊走之。獲其特勒所乘駿馬。斬首千餘級。又太宗選精銳千餘騎爲奇兵。皆黑衣元甲。分爲左右隊。建大旗。令騎將秦叔寶程齧金等分統之。每臨寇。太宗躬被元甲。先鋒率之。候機而進。所向摧殄。常以少擊之。賊徒氣懾。又五代漢高祖在晉陽。郭進往依之。漢祖壯其材。會北虜屠安陽城。因遣進攻拔之。戎人遁去。授坊州刺史。虜主道斃。高祖出奇兵井陘。進以閒道。先入洺北。因定河北。此皆以奇勝之迹也。　張預曰。兩軍相臨。先以正兵與之合戰。徐發奇兵。或擣其旁。或擊其後。以勝之。若鄭伯禦燕師。以三軍軍其前。以潛軍軍其後。是也。

故善出奇者。北堂書鈔作善出兵按作兵者義長也後人以其如天地如江河之言臆改爲奇耳宋時諸本則皆作奇故鄭友賢云不言正闕文也無窮如天地。

李筌曰。動靜也。

不竭如江河。

杜佑曰。言應變出奇無窮竭。　李筌曰。通流不絕。　張預曰。言應變出奇。無有窮竭。

終而復始。日月是也。死而復生。四時是也。

杜佑曰。日月運行。入而復出。四時更王。興而復廢。言奇正變化。或若日月之進退。四時之盛衰也。　李筌曰。奇變如日月。四時虧盈。寒暑不停。　張預曰。日月運行。入而復出。四時更互。盛而復衰。喻奇正相變。紛紜渾沌。終始無窮也。

聲不過五。

李筌曰。宮商角徵羽也。

五聲之變。不可勝聽也。

李筌曰。變入八音。奏樂之曲。不可盡聽。

色不過五。

李筌曰。青黃赤白黑也。

五色之變。不可勝觀也。北堂書鈔觀作視味不過五。

李筌曰。酸辛鹹甘苦也。

五味之變。不可勝嘗也。

曹公曰。自無窮如天地巳下。皆以喻奇正之無窮也。　李筌曰。五味之變。庖宰鼎飪也。　杜牧曰。自無窮如天地巳下。皆喻八陳奇正也。　張預曰。引五聲五色五味之變。以喻奇正法生之無窮。

戰勢不過奇正。奇正之變。不可勝窮也。

李筌曰。邀截掩襲。萬途之勢。不可窮盡也。　梅堯臣曰。奇正之變。猶五聲五色五味之變無盡也。　王皙曰。奇正者用兵之鈐鍵。制勝之樞機也。臨敵運變。循環不窮。窮則敗也。　何氏曰。六韜云。奇正發於無窮之源。原本作孟氏按合注之例孟氏在前今置於此當是何氏注傳寫誤耳改從何氏　張預曰。戰陳之勢。止於奇正一事而巳。及其變而用之。則萬途千轍。烏可窮盡也。

奇正相生。如循環之無端。孰能窮之。

李筌曰。奇正相依而生。如環圜圓。不可窮倪也。　梅堯臣曰。變動周於不極。　王皙曰。敵不能窮我也。　何氏曰。奇正生而轉相爲變。如循歷其環。求首尾之莫窮也。　張預曰。奇亦爲正。正亦爲奇。變化相生。若循環之無本末。誰能窮詰。

激水之疾。至於漂石者。埶也。

孟氏曰。勢峻則巨石雖重不能止。　杜佑曰。言水性柔弱。石性剛重。至於漂轉大石。投之洿下。皆由急疾之流。激得其勢。　張預曰。水性柔弱。險徑要路。激之疾流。則其勢可以轉巨石也。

鷙鳥之疾。御覽作鷙鳥之擊按當作擊詳注意惟李筌本作疾呂氏春秋云若鷙鳥之擊也搏攫則殪至於毀折者。節也。

曹公曰。發起擊敵。　杜佑曰。發起討敵。如鷹鷂之攫搏也。鷂通典作鶻搏原本作撮必能挫折禽獸者。皆有伺候之明。激得屈折之節也。王子曰。鷹隼一擊。百鳥無以爭其勢。猛虎一奮。萬獸無以爭其威。　李筌曰。柔勢可以轉剛。況於兵者乎。彈射之所以中飛鳥者。善於疾而有節制。　杜牧曰。勢者。自高注下。得險疾之勢。故能漂石也。節者。節量遠近則攫之。故能毀折物也。　梅堯臣曰。水雖柔。勢迅則漂石。鷙雖微。節勁則折物。　王晳曰。鷙鳥之疾亦勢也。由勢然後有搏擊之節。下要云險。故先取漂石以喻也。　何氏曰。水能動石。高下之勢也。鷙能搏物。能節其遠近也。　張預曰。鷹鸇之擒鳥雀。必節量遠近。伺候審而後擊。故能折物。尉繚子曰。便吾器用。養吾武勇。發之如擊。李靖曰。鷙鳥如擊。卑飛斂翼。皆言待之而後發也。

是故善戰者。其埶險。原本埶幷作勢按鶡冠子云埶急節短不作勢者古無勢字也今改正篇內幷同

曹公李筌曰。險猶疾也。　杜牧曰。險者。言戰爭之勢。發則殺人。故下文喻如彍弩。　王晳曰。險者所以致其疾。如水得險隘而成勢。

其節短。

曹公李筌曰。短近也。　杜佑曰。短近也。節斷也。短近言能因危取勝。以遠擊近也。　杜佑曰。言以近節也。如鷙鳥之發。近則搏之。力全志專。則必獲也。　梅堯臣曰。險則迅。短則勁。故戰之勢當險疾而短近也。　王晳曰。鷙之能搏者發必中。來勢遠。而所搏之節至短也。兵之乘機當如是耳。曹公曰。短者近也。　孟氏同杜牧註。　張預曰。險疾。短近也。言善戰者先度地之遠近。形之廣狹。然後立陳。使部伍行列相去不遠。其進擊則以五十步爲節。不可過遠。故勢迅則難禦。節近則易勝。

勢如彍弩。節如發機。

曹公曰。在度不遠。發則中也。　杜佑曰。在度內不遠。發則中。彍張也。言形勢之彍如弩之張。奔擊之易如機之發也。故太公曰。擊之如發機。所以破精微也。原本無今據通典補　李筌曰。弩不疾則不遠。矢不近則不中。勢尙疾。節務速。　杜牧曰。彍張也。如弩已張。發則殺人。故上文云其勢險也。機者固須以近節量之。然後必能中。故上文云其節短。短乃近也。此言戰陳不可遠逐敵人。恐有隊伍離散斷絕。反爲敵所乘也。故牧野誓曰。六步七步。四伐五伐。是以近也。　陳皥曰。弩之發機。近則易中。戰之遇敵。疾則易捷。若趨馳不速。奮擊不近。則不能克敵而全勝。　賈林曰。戰之勢如弩之張。兵之勢如機之發。　梅堯臣曰。彍音霍。彍張也。如弩之張。勢不逡巡。如機之發。節近易中也。　王晳曰。戰勢如弩之張者。所以有待也。待其有可乘之勢。如發其機。　何氏曰。險疾也。短近也。此言擊戰得形便。如張弩發機。勢宜疾速。仍利於便近。不得追擊過差也。故太公曰。擊如發機者。所以破精微也。　張預曰。如弩之張。勢不可緩。如機之發。節不可遠。言趨利尙疾。奮擊貴近也。故太公曰。擊如發機者。所以

破精微也

紛紛紜紜。鬭亂而不可亂也。渾渾沌沌。形圓而不可敗也。

曹公曰。旌旗亂也。示敵若亂。以金鼓齊之。車騎原本作卒騎者誤從通典改正轉而形圓者。出入有道齊整也。杜佑曰。旌旗亂也。示敵若亂。以金鼓齊之。紛紛旌旗像。紜紜士卒貌。言旌旗翻轉。一合一離。士卒進退。或往或來。視之若散。擾之若亂。然其法令素定。度幟原本譌作職從通典改分明。各有分數。擾而不亂者也。車騎齊轉形圓者。出入有道齊整也。渾渾車輪轉行。沌沌步驟奔馳。視其行陳縱橫。圓而不方。然而指趨各有所應。故王子曰。將欲內明而外暗。內治而外混。所以示敵之輕己者也。渾胡本反。沌陟損反。據通典御覽補 李筌曰。紛紜而鬭。示如可亂。旌旗有部。鳴金有節。是以不可亂也。渾沌合雜也。形圓無向背也。示敵可敗而不可敗者。號令齊整也。杜牧曰。此言陳法也。風后握奇文曰。四爲正。四爲奇。餘奇爲握。奇音機。或總稱之。先出遊軍定兩端。此之是也。奇者零也。陳數有九。中心有零者。大將握之不動。以制四面八陳。而取準則焉。其人之列。面面相向。背背相承也。周禮蒐苗獮狩。車驟徒趨。及表乃止。進退疾徐疏密之節。一如戰陳。表乃旗也。旗者。蓋與民期於下也。握奇文曰。先出遊軍定兩端。蓋遊軍執本方旗。先定地界。然後軍士赴之兵於旗下。乃出奇正變爲陳也。周禮蒐苗獮狩。車驟徒趨。及表乃止。此則八陳遺制。握奇之文止此而已。其餘之詞。乃後之作者增加之。以重難其事耳。夫五兵之利。無如弧矢之利以威天下。五兵同致。天獨有弧矢星。聖人獨言弧矢能威天下。不言他兵。何也。蓋戰法利於弧矢者。非得陳不見其利。故黃帝勝於蚩尤。以中夏車徒制夷虜騎士。此乃弧矢之利也。在於近代。可以驗之者。晉武時羌陷涼州。司馬督馬隆請募勇士三千平之。募腰引弩三十六鈞。弓四鈞。立標簡試。軍西渡温水。虜樹機能。

以衆萬計遏隆。隆依八陳法。且戰且前。弓矢所及。人皆應弦而倒。誅殺萬計。涼州遂平。隋時突厥入寇。楊素擊之。先是。諸將與虜戰。每慮胡騎奔突。皆戎車徒步相參。舁鹿角爲方陳。騎在其內。素至。悉除舊法。令諸軍各爲步騎。突厥聞之。以手加額仰天曰。天賜我也。大率精騎十餘萬而至。素一戰大破之。此乃以徒制騎士。若非有陳法。知開闔首尾之道。安能制勝也。曲禮曰。行前朱雀而後元武。左青龍而右白虎。招摇在上。急繕其怒。鄭司農云。以四獸爲軍陳。象天也。孔疏曰。此言軍行象天文而作陳法。但不知作之何如耳。何徹云。畫此四獸於旌旗上。以標先後左右之陳也。急繕其怒。言其卒之勁利威怒。如天之怒也。招摇。北斗杓第七星也。舉此。則六星可知也。陳象天文。即北斗也。復曰。進退有度。鄭司農註曰。度謂伐與步數也。孔疏曰。如牧野誓云。六步七步。四伐五伐。是也。復曰。左右有局。鄭司農註曰。局是部分。孔疏曰。言軍之左右各有部分。進則就敵。退則就列。不相差濫也。下文復曰。父之讎弗與共戴天。兄弟之讎不返兵。交遊之讎不同國。四郊多壘。此卿大夫之辱也。此言讎辱至於戰爭。期在必勝。故不可不知陳法也。其文故相次而言。乃聖賢之深旨矣。軍志曰。陳間容陳。足曳白刃。隊間容隊。可與敵對。前禦其前。後當其後。左防其左。右防其右。行必魚貫。立必鴈行。長以參短。短以參長。回軍轉陳。以前爲後。以後爲前。進無奔迸。退無違走。四頭八尾。觸處爲首。敵衝其中。兩頭俱救。此亦與曲禮之說同。數起於五而終於八。今夔州州前。諸葛武侯以石縱横八行。布爲方陳。奇正之出。皆生於此。奇亦爲正之正。正亦爲奇之奇。彼此相用。循環無窮也。諸葛出斜谷。以兵少。但能正用六數。今盩厔司竹園乃有舊壘。司馬懿以十萬步騎不敢決戰。蓋知其能也。　梅堯臣曰。分數已定。形名已立。離合散聚。似亂而不能亂。形無首尾。應無前後。陽旋陰轉。欲敗而不能敗。　王晳曰。曹公曰。旌旗亂也。示敵若亂。以金鼓齊之矣。晳謂紛紜鬥亂之貌也。不可亂者。節制嚴明耳。又曹公曰。車騎轉而形圓者。出入有道齊整也。皙謂渾沌形圓不測之貌也。不可敗者。無所隙缺。又不測故也。　何氏曰。此言鬥勢也。善將兵者。進退紛紛似亂。然士馬素習。旌旗有節。非亂也。渾沌形勢乍離乍合。人以爲敗。而號令素明。離合有勢。非可敗也。形圓無行列也。　張預曰。此八陳法也。此黃帝始立邱井之法。因以制兵。故井分四道。八家處之。井字之形。開方九爲。五爲陳法。四爲閑地。所謂數起於五也。虛其中。大將居之。環其四面。諸部連繞。所謂終於八也。及乎變化制敵。則紛紛紜紜。鬥亂而法不亂。渾沌交錯。形雖圓而勢不散。所謂分而成八。復而爲一也。後世武侯之方陳。李靖之六花。唐太宗之破陳樂舞。皆其遺制也。

亂生於治。怯生於勇。弱生於彊。

曹公曰。皆毀形匿情也。　李筌曰。恃治之整。不撫其下而多怨。其亂必生。秦幷天下。銷兵焚書。以列國爲郡縣。而秦自稱始皇。都關中。以爲至萬代有之。至胡亥矜驕。陳勝吳廣乘弊而起。所謂亂生於治也。以勇陵人。爲敵所敗。秦王苻堅鼓行伐晉。勇也。及其敗。聞風聲鶴唳。以爲晉軍。是其怯也。所謂怯生於勇也。吳王夫差兵無敵於天下。陵晉於黃池。陵越於會稽。是其彊也。爲越所敗。城門不守。兵圍王宮。殺夫差而幷其國。所謂弱生於彊也。　杜牧曰。言欲僞爲亂形以誘敵人。先須至治。然後能爲僞亂也。欲僞爲怯形以伺敵人。先須至勇。然後能爲僞怯也。欲僞爲弱形以驕敵人。先須至彊。然後能爲僞弱也。　賈林曰。恃治則亂生。恃勇彊則怯弱生。　梅堯臣曰。治則能僞爲亂。勇則能僞爲怯。彊則能僞爲弱。　王皙同梅堯臣註。　何氏曰。言戰時爲奇正形勢以破敵也。我兵素治矣。我士素勇矣。我勢素彊矣。若不匿治勇彊之勢。何以致敵。須張似亂似怯似弱之形以誘敵人。彼惑我誘之之狀。破之必矣。　張預曰。能示敵以紛亂。必己之治也。能示敵以懦怯。必己之勇也。能示敵以羸弱。必己之強也。皆匿形以誤敵人。

治亂數也。

曹公曰。以部曲分名數爲之。故不亂也。　李筌曰。歷數也。百六之災。陰陽之數。不由人興。時所會也。　杜牧曰。言行伍各有分畫。部曲皆有名數。故能爲治。然後能爲僞亂也。夫爲僞亂者。出入不時。樵採縱橫。刁斗不嚴。是也。　賈林曰。治亂之分。各有度數。　梅堯臣曰。以治爲亂。存之乎分數。　王晳曰。治亂者數之變。數謂法制。　張預曰。實治而僞示以亂。明其部曲行伍之數也。

勇怯勢也。

李筌曰。夫兵得其勢則怯者勇。失其勢則勇者怯。兵法無定。惟因勢而成也。　杜牧曰。言以勇爲怯者也。見有利之勢而不動。敵人以我爲實怯也。　陳皥曰。勇者奮速也。怯者遲緩也。敵人見我欲進不進。即以我爲怯也。必有輕易之心。我因其懈惰。假勢以攻之。龍且輕韓信。鄭人誘我師。是也。　孟氏註同陳皥。　梅堯臣曰。以勇爲怯。示之以不取。　王晳曰。勇怯者勢之變。　張預曰。實勇而僞示以怯。因其勢也。魏將龐涓攻韓。齊將田忌救之。孫臏謂忌曰。彼三晉之兵素悍勇而輕齊。齊號爲怯。善戰者因其勢而利導之。使齊軍入魏地。日減其竈。涓聞之大喜曰。吾素知齊怯。乃倍日并行逐之。遂敗於馬陵。

彊弱形也。

曹公曰。形勢所宜。　杜牧曰。以彊爲弱。須示其形。匈奴冒頓示婁敬以羸老是也。　陳皥曰。楚王毀中軍以張隨人。用爲後圖。此類也。　梅堯臣曰。以彊爲弱。形之以羸懦。　王晳曰。彊弱者形之變。　何氏曰。形勢暫變。以誘敵戰。非怯非弱也。示亂不亂。隊伍本整也。　張預曰。實彊而僞示以弱。見其形也。漢高祖欲擊匈奴。遣使覘之。匈奴匿其壯士肥馬。見其弱兵羸畜。使者十輩。皆言可擊。惟婁敬曰。兩國相攻。宜矜誇所長。今徒見老弱。必有奇兵。不可擊也。帝不從。果有白登之圍。

故善動敵者。形之敵必從之。

曹公曰。見羸形也。　李筌曰。善誘敵者。軍或彊能進退其敵也。晉人伐齊。斥山澤之險。雖所不至。必旆而疏陳之。輿曳柴從之。齊人登山而望晉師。見旌旗揚塵。謂其衆而夜遁。則晉弱齊爲彊也。齊伐魏。將田忌用孫臏謀。減竈而趨大梁。魏將龐涓逐之。曰。齊虜原本作齊魯今改正何其怯也。入吾境。亡者半矣。及馬陵。爲齊人所敗。殺龐涓。虜魏太子而旋。形以弱而敵從之也。　杜牧曰。非止於羸弱也。言我強敵弱。則示以羸形。動之使來。我弱敵強。則示之以強形。動之使去。敵之動作。皆須從我。孫臏曰。齊國號怯。三晉輕之。令入魏境爲十萬竈。明日爲五萬竈。魏龐涓逐之。曰。齊虜何怯。入吾境。士亡者大半。因急追之。至馬陵。道狹。臏乃斫木書之曰。龐涓死此樹下。伏弩於側。令曰。見火始發。涓至。鑽燧讀之。萬弩齊發。龐涓死。此乃示以羸形。能動龐涓。遂來從我而殺之也。隋煬帝於鴈門爲突厥始畢可汗所圍。太宗應募救援。隸將軍雲定興營。將行。謂定興曰。必多齎旗鼓以設疑兵。且始畢可汗敢圍天子。必以我倉卒無援。我張吾軍容。令數十里晝則旌旗相續。夜則鉦鼓相應。虜必以爲救兵雲集。覘城而遁。不然。彼衆我寡。不能久矣。定興從之。師次崞縣。始畢遁去。此乃我弱敵強。示之以強。動之令去。故敵之來去。一皆從我之形也。　梅堯臣曰。形亂弱而必從。　王晳曰。誘敵使必從。　何氏曰。移形變勢。誘動敵人。敵昧於戰。必落我計中而來、力足制之。　張預曰。形之以羸弱。敵必來從。晉楚相攻。苗賁皇謂晉侯曰。若欒范易行以誘之。中行二郤必克二穆。果敗楚師。又楚伐隨。羸師以張之。季良曰。楚之羸。誘我也。皆此二義也。

予之。敵必取之。

曹公曰。以利誘敵。敵遠離其壘。而以便勢擊其空虛孤特也。　杜牧曰。曹公與袁紹相持官渡。曹公循河而西、紹於是渡河追公。公營南阪下。馬解鞍。時白馬輜重在道。諸將以爲敵騎多。不如還營。荀攸曰。此所以餌敵也。安可去之。紹將文醜與劉備將五六千騎、前後繼至。或分趨輜重。公曰。可矣。乃皆上馬。時騎不滿六百人。遂大破之。斬文醜。　梅堯臣曰。示畏怯而必取。　王晳曰。餌敵使必取。予與同。　張預曰。誘之以小利。敵必來取。吳以囚徒誘越。楚以樵者誘絞。是也。

以利動之。以卒待之。

曹公曰。以利動敵也。　李筌曰。後漢大司馬鄧禹之攻赤眉也。赤眉佯北。棄輜重而遁。車皆載土。覆之以豆。禹軍乏食。競趨之。不爲行列。赤眉伏兵奄至。擊之。禹大敗。則其義也。　杜牧曰。以利動敵。敵既從我。則嚴兵以待之。上文所解是也。　梅堯臣曰。以上數事。動誘敵而從我。則以精卒待之。　王晳曰。或使之從。或使之取。必先嚴兵以待之也。　何氏曰。敵貪我利。則失行列。利既能動。則以所待之卒擊之。無不勝也。如曹公西征馬超。與超夾關爲軍。公急持之。而潛遣徐晃朱靈等夜渡蒲坂津。據河西爲營。公自潼關北渡。未濟。超赴船急戰。公放牛馬以餌賊。賊亂取牛馬。公得渡、循河爲甬道而南。賊退拒渭口。公乃多設疑兵。潛以舟載兵入渭爲浮橋。夜分兵結營於渭南。賊夜攻營。伏兵分擊破之。十六國南梁禿髮傉檀守姑臧。後秦姚興遣將姚弼等至於城下。

傉檀驅牛羊於野。縱衆採掠。傉檀分兵擊大破之。後魏末。大將廣陽王元深伐北狄。使于謹單騎入賊中。示以恩信。於是西部鐵勒酋長乜列河等三萬餘戶。並款附。相率南遷。廣陽欲與謹至折敷嶺迎接之。謹曰。破六汗拔陵兵衆不少。聞乜列河等歸附。必來邀擊。彼若先據險要。則難與爭鋒。今以乜列河等餌之。當競來抄掠。然後設伏而待。必指掌破之。廣陽然其計。拔陵果來邀擊。破乜列河於嶺上。部衆皆沒。謹伏兵發。賊遂大敗。悉收得乜列河之衆。　張預曰。形之旣從。予之又取。是能以利動之而來也。則以勁卒待之。李靖以卒爲本。以本待之者。謂正兵節制之師。

故善戰者。求之於勢。不責於人。

杜佑曰。言勝負之道自圖於中。不求之下。責怒師衆。強使力進也。若秦穆悔過。不替孟明也。

故能擇人而任勢。

一作故能擇人而任之。諸家作任勢者多矣。　曹公曰。求之於勢者。專任權也。不責於人者。權變明也。　杜佑曰。權變之明。能簡置於人。任己之形勢也。　李筌曰。得勢而戰。人怯者能勇。故能擇其所能任之。夫勇者可戰。謹慎者可守。智者可說。無棄物也。

杜牧曰。言善戰者先料兵勢。然後量人之材。隨短長以任之。不責成於不材者也。曹公征張魯於漢中。張遼李典樂進將一千餘人守合淝。敎與護軍薛悌。署函邊曰。賊至乃發。俄而吳孫權十萬人衆圍合淝。乃共發。敎曰。若孫權至者。張李將軍出戰。樂將軍守。護軍勿得與戰。諸將皆戰。遼曰。公征在外。比救至。彼破我必矣。是以敎及其未合逆擊之。折其威勢。以安衆心。然後可守。成敗之機。在此一舉。典與遼同出。果大破孫權。吳人奪氣。還修守備。衆心乃安。權攻城十日不拔。乃退。孫盛論曰。夫兵詭道也。至於合淝之守。懸弱無援。專任勇者。則好戰生患。專任怯者。則懼心難保。且彼衆我寡。衆者必懷貪惰。我以致命之師擊貪惰之師。其勢必勝。勝而後守。則必固矣。是以魏武雜選武力。參以異同。爲之密教。節宣其用。事至而應。若合符契也。　陳皞曰。善戰者專求於勢。見利速進。不爲敵先。專任機權。不責成於人。苟不獲已而用人。即須擇而任之。　賈林曰。讀爲擇人而任勢。言示以必勝之勢。使人從之。豈更外責於人。求其勝敗。擇勇怯之人。任進退之勢。　梅堯臣曰。用人以勢則易。責人以力則難。能者當在擇人而任勢。　何氏曰。得勢自勝。不專責人以力也。　王晳曰。謂將能擇人任勢以戰。則自然勝矣。人者謂偏裨與。　張預曰。任人之法。使貪使愚使智使勇。各任自然之勢。不責人之所不能。故隨材大小。擇而任之。尉繚子曰。因其所長而用之。言三軍之中。有長於步者。有長於騎者。因能而用。則人盡其材。又晉侯類能而使之。是也。

任埶者。（通典無任字）其戰人也。如轉木石。木石之性。安則靜。危則動。方則止。圓則行。

曹公曰。任自然勢也。　杜佑曰。言投之安地則安。投之危地則危。不知有所回避也。任勢自然也。方圓之形。猶兵勝負之形。　李筌曰。任勢御衆。當如此也。　梅堯臣曰。木石重物也。易以勢動。難以力移。三軍至衆也。可以勢戰。不可以力使。自然之道也。　何氏同梅堯臣註。　張預曰。木石之性。置之安地則靜。置之危地則動。方正則止。圓斜則行。自然之勢也。三軍之衆。甚陷則不懼。無所往則固。不得已則鬥。亦自然之道。

故善戰人之埶。（通典無善字）如轉圓石於千仞之山者。埶也。

杜佑曰。言形勢之相因。原本無，據通典補 李筌曰。蒯通以爲坂上走丸。言其易也。 杜牧曰。轉石於千仞之山。不可止遏者。在山不在石也。戰人有百勝之勇。強弱一貫者。在勢不在人也。杜公元凱曰。昔樂毅藉濟西一戰。能并強齊。今兵威已成。如破竹。數節之後。迎刃自解。無復著手。此勢也。勢不可失。乃東下建業。終滅吳。此篇大抵言兵貴任勢。以險迅疾速爲本。故能用力少而得功多也。 梅堯臣曰。圓石在山。屹然其勢。一人推之。千人莫制也。 王晳曰。石不能自轉。因山之勢而不可遏也。戰不能妄勝。因兵之勢而不可支也。 張預曰。石轉於山而不可止遏者。由勢使之也。兵在於險而不可制禦者。亦勢使之也。李靖曰。兵有三勢。將輕敵。士樂戰。志勵青雲。氣等飄風。謂之氣勢。關山狹路。羊腸狗門。一夫守之。千人不過。謂之地勢。因敵怠慢。勞役飢渴。前營未舍。後軍半濟。謂之因勢。故用兵任勢。峻坂走丸。用力至微。而成功甚博也。

卷六　虛實篇

曹公曰。能虛實彼己也。　李筌曰。善用兵者以虛爲實。善破敵者以實爲虛。故次其篇。　杜牧曰。夫兵者避實擊虛。先須識彼我之虛實也。　王晳曰。凡自守以實。攻敵以虛也。　張預曰。形篇言攻守。勢篇說奇正。善用兵者。先知攻守兩齊之法。然後知奇正。先知奇正相變之術。然後知虛實。蓋奇正自攻守而用。虛實由奇正而見。故次勢

孫子曰。凡先處（御覽作據下同）戰地而待敵者佚。

曹公李筌並曰。力有餘也。　賈林曰。先處形勢之地。以待敵者。則有備豫。士馬閑逸。　杜佑同賈林註。　王晳同曹公註。　張預曰。形勢之地。我先據之。以待敵人之來。則士馬閑逸。而力有餘。

後處戰地而趨戰者勞。

孟氏曰。若敵已處便勢之地。己方赴利。士馬勞倦。則不利矣。　李筌曰。力不足也。太一遁甲云。彼來攻我。則我爲主。彼爲客。主易客難也。是以太一遁甲言其定計之義。故知勞佚事不同。先後勢異。　杜牧曰。後周遣將帥突厥之衆逼齊。齊將段韶禦之。時大雪之後。周人以步卒爲前鋒。從西而下。去城二里。諸將欲逆擊之。韶曰。步人氣力勢自有限。今積雪既厚。逆戰非便。不如陳以待之。彼勞我佚。破之必矣。既而交戰。大破之。前鋒盡殪。自餘遁矣。　賈林曰。敵處便利。我則不往。引兵別據。示不敢其軍。敵謂我無謀。必來攻襲。如此則反令敵倦。而我不勞。　梅堯臣曰。先至待敵則力完。後至趨戰則力屈。　何氏曰。戰國秦師伐韓。圍閼與。趙遣將趙奢救之。軍士許歷曰。秦人不意趙師至此。其來氣盛。將軍必厚集其陳以待之。不然必敗。又曰。先據北山者勝。後至者敗。趙奢卽發萬人趨之。秦兵後至。爭山不得山。趙奢縱兵擊之。大破秦軍。遂解閼與之圍。後漢初。諸將征隗囂。爲囂所敗。光武令祭遵軍栒邑。未及至。隗囂乘勝使其將王元行巡將二萬餘人下隴。因分遣巡取漢邑。漢將馮異

即馳馬欲先據之。諸將皆曰。虜兵盛而新乘勝。不可與爭。宜止軍此地。徐思方略。異曰。虜兵方盛。臨境狃忕小利。遂欲深入。若得栒邑。三輔動搖。是吾憂也。夫攻者不足。守者有餘。今先據城以佚待勞。非所以爭鋒也。遂潛往閉城。偃旗鼓。行巡不知。馳赴之。異乘其不意。卒擊鼓建旗而出。巡軍驚亂奔走。追而大破之。東魏將齊神武伐西魏。軍過蒲津。涉洛至許原。西魏將周文帝軍至沙苑。齊神武聞周文至。引軍來會。詰朝。候騎告齊神武軍且至。周文步將李弼曰。彼衆我寡。不可平地置陳。此東十里有渭曲。可先據以待之。遂軍至渭曲。背水東西爲陳。合戰大破之。　張預曰。便利之地。彼已據之。我方趨彼以戰。則士馬勞倦而力不足。或謂所戰之地。我宜先到立陳以待彼。則己佚矣。彼先結陳。我後至。則我勞矣。若宋人已成列。楚師未旣濟之類。

故善戰者。致人而不致於人。

杜佑曰。言兩軍相遠。彊弱俱敵。彼可使歷險而來。我不可歷險而往。必能引致敵人。己不往從也。　李筌曰。故能致人之勞。不致人之佚也。　杜牧曰。致令敵來就我。我當蓄力待之。不就敵人。恐我勞也。後漢張步將費邑分遣其弟敢守巨里。耿弇進兵先脅巨里。使多伐樹木。揚言以填坑壍。數日有降者。言邑聞弇欲攻巨里。謀來救之。弇乃嚴令軍中趨修攻具。宣勒諸部。後三日當悉力攻巨里城。陰緩生口。令得亡歸。歸者以弇期告邑。至日。果自將精兵三萬餘人來攻之。弇喜謂諸將曰。吾修攻具者。欲誘致邑耳。今來適其所求也。即分三千人守巨里。自引精兵上岡阪。乘高大破之。遂臨陳斬費邑。　梅堯臣曰。能令敵來則敵勞。我不往就則我佚。　王晳曰。致人者。以佚乘其勞。致於人者。以勞乘其佚。　何氏曰。令敵自來。　張預曰。致敵來戰。則彼勢常虛。不往赴戰。則我勢常實。此乃虛實彼我之術也。耿弇先逼巨里。以誘致費邑近之。

能使敵人自至者。利之也。

曹公曰。誘之以利也。　李筌曰。以利誘之。敵則自遠而至也。趙將李牧誘匈奴。則其義也。　杜牧曰。李牧大縱畜牧人衆滿野。匈奴小入。佯北不勝。以數千人委之。單于大喜。率衆來入。牧大破之。殺匈奴十萬騎。單于奔走。歲餘不敢犯邊也。　梅堯臣曰。何能自來。示之以利。　何氏曰。以利誘之而來。我佚敵勞。　張預曰。所以能致敵人之來者。誘之以利耳。李牧佯北以致匈奴。楊素毀車以誘突厥。是也。

能使敵人不得至者。害之也。

曹公曰。出其所必趨。攻其所必救。　杜佑曰。出其所必趨。原本作至其所必走字之誤也按杜注每先引曹注下附己意故上之所釋下或不同也今據曹注及下文改正 攻其所必救。能守其險害之要路。敵不得自至。故王子曰。一貓當穴。萬鼠不敢出。一虎當溪。萬鹿不得過。　李筌曰。害其所急。彼必釋我而自固也。魏人寇趙邯鄲。乞師於齊。齊將田忌欲救趙。孫臏曰。夫解紛者不控捲。救鬥者不搏撠。批亢擣虛。形格勢禁。則自解爾。今二國相持。輕銳竭於外。疲老殆於內。我襲其虛。彼必解圍而奔命。所謂一舉存趙而弊魏也。後魏果釋趙而奔大梁。遭齊人於馬陵。魏師敗績。　杜牧曰。曹公攻河北。師次頓丘。黑山賊于毒等攻武陽。曹公乃引兵西入山。攻毒本屯。毒聞之。棄武陽還。曹公要擊於內。大破之也。　陳皞曰。子胥疲楚師。孫臏走魏將之謂也。　梅堯臣曰。敵不得來。當制之以害。　王皙曰。以害形之。敵患之而不至。　張預曰。所以能令敵人必不得至者。害其所顧愛耳。孫臏走大梁而解邯鄲之圍是也。

故敵佚能勞之。

曹公曰。以事煩之。御覽作以利煩之者非　李筌曰。攻其不意。使敵疲於奔命。　杜牧曰。高熲言平陳之策於隋祖曰。江北地寒。田收差晚。江南土熱。水田早熟。量彼收穫之際。徵兵上馬。聲言掩襲。彼必屯兵禦守。足得廢其農時。彼既聚兵。我便解甲。於是陳人始病。　梅堯臣曰。撓之使不得休息。　王晳曰。巧致之也。　何氏曰。春秋時。吳王闔閭問於伍員曰。伐楚何如。對曰。楚執政衆。莫適任患。若爲三師以肄焉。一師至。彼必皆出。彼出則歸。彼歸則出。彼必道敝。亟肄以疲之。多方以誤之。既罷而後。以三軍繼之。必大克之。闔閭從之。楚於是乎始病。吳遂入郢。

張預曰。爲多方以誤之之術。使其不得休息。或曰。彼若先處戰地以待我。則是彼佚也。我不可起而與之戰。我既不往。彼必自來。即是變佚爲勞也。

飽能飢之。原本作饑之者後人臆改也今據通典御覽正之

曹公曰。絕糧道以饑之。　李筌曰。焚其積聚。芟其禾苗。絕其糧道。但能饑之。我爲主。敵爲客。則可以絕糧道而饑之。如我爲客。敵爲主。則如之何。答曰。饑敵之術。非止絕糧道。但能饑之則是。隋高熲平陳之策曰。江南土薄。舍多茅屋。有蓄積。皆非地窖。密遣人因風縱火。待敵修立。更復燒之。不出數年。自可財力俱盡。遂行其策。由是陳人益困。三國時。諸葛誕文欽據壽春。及招吳請援。司馬景王討之。謂諸將曰。彼當突圍決一朝之命。或謂大軍不能久。省食減口。冀有他變。料賊之情。不出此二者。當多方以亂之。因命合圍。遣羸疾寄穀淮北。廩軍士豆。人三升。誕欽聞之果喜。景王愈羸形以示之。誕等益寬恣食。俄而城中糧盡。攻而拔之。隋末宇文化及率兵攻李密於黎陽。密知化及糧少。因僞和之以弊其衆。化及大喜。恣其兵食。冀密饋之。其後食盡。其將王智略張童仁等率所部兵歸於密。前後相繼。化及以此遂敗。　陳皞曰。饑敵之術。在臨事應機。　梅堯臣曰。要其糧。使不得饋。　王晳曰。謂敵人足食。我能使之饑耳。曹公曰。絕其糧道。晳謂火積。亦是也。　何氏曰。如吳楚反。周亞夫

曰。楚兵剽輕。難與爭鋒。願以梁委之。絶其食道。乃可制也。亞夫會兵滎陽。吳攻梁。梁急請救。亞夫引兵東北走昌邑。深壁而守。使輕騎弓高侯等絶吳楚兵後食道。兵乏糧饑。欲退。數挑戰。終不出。乃引兵去。精兵追擊。大破之。王莽末。天下亂。光武兄伯升起兵討莽。爲莽將甄阜梁丘賜所敗。復收會兵衆。還保於棘陽。阜賜乘勝留輜重於藍鄉。引精兵十餘萬人南渡橫臨沘水。阻兩山閒爲營。絶後橋。示無還心。伯升於是大饗軍士。設盟約。休卒三日。爲六部。潛師夜起。襲取藍鄉。盡獲其輜重。明晨自南攻甄阜。下江兵自東南攻梁丘賜。乏食陳潰。遂斬阜賜。唐輔公祏遣其僞將馮惠亮陳當世領水軍屯於博望山。陳正通徐紹宗率步騎軍於青州山。河閒王孝恭至。堅壁不與鬥。使奇兵斷其糧道。賊漸餒。夜薄我營。孝恭安臥不動。明日。縱羸兵以攻賊壘。使盧祖尚率精騎列陳以待之。俄而攻壘者敗走。出追奔數里。遇祖尚軍與戰。大敗之。正通棄營而走。　張預曰。我先舉兵。則我爲客。彼爲主。爲客則食不足。爲主則飽有餘。若奪其蓄積。因糧於彼。館穀於敵。則我反飽。彼反饑矣。則是變客爲主也。不必焚其積聚。廢其農時。然後能饑敵矣。或彼客。則絶其糧道。廣武君欲請奇兵以遮絶韓信軍後。是也。

安能動之。

曹公曰。攻其所必愛。出其所必趨。則使敵不得不相救也。　李筌曰。出其所必趨。擊其所不意。攻其所必愛。使不得不救也。　杜牧曰。司馬宣王攻公孫文懿於遼東。阻遼水以拒魏軍。宣王曰。賊堅營高壘以老我師。攻之正入其計。古人云。敵雖高壘。不得不與我戰者。攻其所必救。我今直指襄平。則人懷內懼。懼而求戰。破之必矣。遂整陳而過。賊見兵出其後。果來邀之。乃縱擊。大破之。竟平遼東。　陳皥曰。左傳。楚伐宋。宋告急於晉。晉先軫曰。我執曹君。而分曹衛之田以賜宋人。楚愛曹衛。必不許也。喜賂怒頑。能無戰乎。遂破楚師。　孟氏註同曹公。　梅堯臣曰。趨其所顧。使不得止。　王晳同李筌註。　何氏曰。攻其所愛。豈能安視而不動哉。　張預曰。彼方安守以爲自固之術。不欲速戰。則當攻其所必救。使不得已而須出。臾駢堅壁。秦伯挑其裨將。遂皆出戰。是也。

出其所必趨。原本作不趨按上文諸家注則作不趨者誤也從御覽改趨其所不意。

曹公曰。使敵不得不相往而救之也。　何氏曰。令敵人須應我。

行千里而不勞者。行於無人之地也。

曹公曰。出空擊虛。避其所守。擊其不意。　李筌曰。出敵無備。從孤擊虛。何人之有。　杜牧曰。梁元帝時。西蜀稱帝。率兵東下。將攻元帝。西魏大將周文帝曰。平蜀制梁。在茲一舉。諸將多有異同。文帝謂將軍尉遲迥曰。伐蜀之事。一以委公。然計將安出。迥曰。蜀與中國隔絕百餘年矣。恃其山川險阻。不虞我師之至。宜以精甲銳騎。星夜奔襲之。平路則倍道兼行。險途則緩兵漸進。出其不意。攻其腹心。必向風不守。竟以平蜀。言不勞者。空虛之地。無敵人之處。行止在我。故不勞也。　陳皞曰。夫言空虛者。非止爲敵人不備也。但備之不嚴。守之不固。將弱兵亂。糧少勢孤。我整軍臨之。彼必望風自潰。是我不勞苦。如行無人之地。　梅堯臣曰。出所不意。　何氏曰。曹公北征烏桓。謀臣郭嘉曰。兵貴神速。今千里襲人。輜重多。難以趨利。且彼聞之。得以爲備。不如留輜重。輕兵兼道以出。掩其不意。公乃密出盧龍塞。直指單于庭。虜卒聞公至。惶怖合戰。大破之。斬蹋頓及名王已下。又唐吐谷渾寇邊。以李靖爲西海道行軍大總管。輕途二千里。行空虛之地。平吐谷渾而還。故太宗曰。且李靖三千輕騎。深入虜庭。克復定襄。古今未有也。　張預曰。掩其空虛。攻其無備。雖千里之征。人不疲勞。若鄧艾伐蜀。由陰平之徑。行無人之地七百餘里。是也。

攻而必取者。攻其所不守也。

李筌曰。無虞易取。　杜牧曰。警其東。擊其西。誘其前。襲其後。後漢張步都劇。使弟藍守西安。又令別將守臨淄。去臨淄四十里。耿弇引軍營其閒。弇視西安城小而堅。藍兵又精。臨淄名雖大。其實易攻。弇令軍吏治攻具。後五日攻西安。縱生口令歸。藍聞之。晨夜守城。至期夜半。弇勒諸將蓐食。及明。至臨淄城下。護軍荀梁等爭之。以爲宜速攻西安。弇曰。西安聞吾欲攻。日夜爲備。臨淄出其不意。至必驚擾。吾攻之一日必拔。拔臨淄。即西安勢孤。所謂擊一得兩。盡如其策。後漢末。朱儁擊黃巾賊帥韓忠於宛。儁作長圍。起土山。以臨其城內。因鳴鼓攻其西南。賊悉衆赴之。儁自將精兵五千掩其東北。乘城而入。忠乃退保小城。惶懼乞降。　陳皞曰。國家征上黨。王宰知劉稹恃天井之險。不爲固守之計。宰悉力攻奪而後守。稹失其險。終陷其巢穴也。　梅堯臣曰。言擊其南。實攻其北。　王晳曰。攻其虛也。謂將不能。兵不精。壘不堅。備不嚴。救不及。食不足。心不一爾。　張預曰。善攻者動於九天之上。使敵人莫之能備。則吾之所攻者。乃敵之所不守也。耿弇之克臨淄。朱儁之討黃巾。但其一端耳。

守而必固者。守其所不攻也。

杜牧曰。不攻尙守。何況其所攻乎。漢太尉周亞夫擊七國於昌邑也。賊奔壁東南陬。亞夫使備其西北。俄而賊精卒攻西北。不得入。因遁去。追破之。　陳皞曰。無慮敵不攻。慮我不守。無所不攻。無所不守。乃用兵之計備也。　梅堯臣曰。賊擊我西。亦備乎東。　王晳曰。守以實也。謂將能兵精壘堅。備嚴救及。食足心一爾。　張預曰。善守者藏於九地之下。使敵人莫之能測。莫之能測。則吾之所守者。乃敵之所不攻也。周亞夫擊東南而備西北。亦是其一端也。

故善攻者敵不知其所守。善守者敵不知其所攻。

曹公曰。情不泄也。　李筌曰。善攻者。器械多也。東魏高歡攻鄴是也。善守。謹備也。周韋孝寬守晉州是也。　杜牧曰。攻取備禦之情不泄也。　賈林曰。教令行。人心附。備守堅固。微隱無形。敵人猶豫。智無所措也。　梅堯臣曰。善攻者機密不泄。善守者周備不隙。　王晳曰。善攻者待敵有可乘之隙。速而攻之。則使其不能守也。善守者常爲不可勝。則使其不能攻也。云不知者。攻守之計不知所出耳。　何氏曰。言攻守之謀。令不可測。　張預曰。夫守則不足。攻則有餘。所謂不足者。非力弱也。蓋示敵以不足。則敵必來攻。此是敵不知其所攻也。所謂有餘者。非力彊也。蓋示敵以有餘。則敵必自守。此是敵不知其所守也。情不外泄。精乎攻守者也。

微乎微乎。至於無形。神乎神乎。至於無聲。故能爲敵之司命。通典作微乎微微至於無形神乎神神至於無聲御覽作微乎微乎故能隱於常形神乎神乎故能爲敵司命又通典本作故能爲變化司命

杜佑曰。言其微妙所不可見者。言變化之形倏忽若神。故能料敵死生。如天之司命也。　李筌曰。言二遁用兵之奇正。攻守微妙。不可形於言說也。微妙神乎。敵之死生懸形於我。故曰司命。　杜牧曰。微者靜也。神者動也。靜者守。動者攻。敵之死生悉懸於我。故如天之司命。　梅堯臣曰。無形則微妙不可得而窺。無聲則神速不可得而知。　王晳曰。微密則難窺。神速則難應。故能制敵之命。　何氏曰。武論虛實之法。至於神微而後見成功之極也。吾之實。使敵視之爲虛。吾之虛。使敵視之爲實。敵之實。吾能使之爲虛。敵之虛。吾能知其非實。蓋敵不

識吾虛實。而吾能審敵之虛實也。吾欲攻敵也。知彼所守者爲實。而所不守者爲虛。吾將避其堅而攻其脆。批其亢而擣其虛。敵欲攻我也。知彼所攻者爲不急。而所不攻者爲要。吾將示敵之虛。而鬥吾之實。彼示形在東。而吾設備於西。是故吾之攻也。彼不知其所當守。吾之守也。敵不料其所當攻。攻守之變。出於虛實之法。或藏九地之下。以喻吾之守。或動九天之上。以比吾之攻。滅跡而不可見。韜聲而不可聞。若從地出天下。倏出閃入。星耀鬼行。入於無間之域。旋乎九泉之淵。微之微者。神之神者。至於天下之明目不能窺其形之微。天下之聰耳。不能聽其聲之神。有形者至於無形。有聲者至於無聲。非無形也。敵人不能窺也。非無聲也。敵人不能聽也。虛實之變極也。善守兵者通於虛實之變。遂可以入於神微之奧。不善者安然尋微窮神。而泥其用兵之跡。不能泯其形聲。而至於聞見者。是不知神微之妙固在虛實之變也。三軍之衆。百萬之師。安得無形與聲哉。但敵人不能窺聽耳。　張預曰。攻守之術。微妙神密。至於無形之可覩。無聲之可聞。故敵人生死之命。皆主於我也。

進而不可禦者。衝其虛也。退而不可追者。速而不可及也。御覽速作遠按此與李筌本同

曹公曰。卒往進攻其虛懈。退又疾也。　杜佑曰。衝突其空虛也。　李筌曰。進者襲空虛懈怠。退必輜重在先。行遠而大軍始退已者。以不可追。後趙王石勒兵在葛陂。苦雨。欲班師於鄴。懼晉人躡其後。用張賓計。令輜重先行。遠而不可及也。此筌以速字爲遠者也。　杜牧曰。既攻其虛。敵必敗。敗喪之後。安能追我。我故得以疾退也。陳皞曰。杜說非也。曹公之圍張繡也。城未拔力未屈而去之。繡兵出襲其後。賈詡止之。繡不聽。果被曹公所敗。繡謂詡曰。公既能知其敗。必能知其勝。詡曰。復以敗卒襲之。繡從之。曹公果敗。豈是敗喪之後不能追之哉。蓋言乘虛之進。敵不知所禦。逐利而退。敵不知所追也。　梅堯臣曰。進乘其虛。則莫我禦。退因其弊。則莫我追。

何氏曰。兵進則衝虛。兵退則利速。我能制敵。而敵不能制我也。　張預曰。對壘相持之際。見彼之虛隙。則急進而擣之。敵豈能禦我也。獲利而退。則速還壁以自守。敵豈能追我也。兵之情主速。風來電往。敵不能制。

故我欲戰。敵雖高壘深溝。不得不與我戰者。攻其所必救也。

曹公李筌曰。絕其糧道。守其歸路。攻其君主也。　杜牧曰。我爲主。敵爲客。則絕其糧食。守其歸路。若我爲客。敵爲主。則攻其君主。司馬宣王攻遼東。直指襄平。是也。　梅堯臣曰。攻其要害。　王晳曰。曹公曰。絕糧道。守歸路。攻君主也。晳謂敵若堅守。但能攻其所必救。則與我戰也。若耿弇欲攻巨里以致費邑。亦是也。　何氏曰。如魏將司馬宣王攻公孫文懿。汎舟潛濟遼水。作長圍。忽棄賊而向襄平。諸將言不攻賊而作長圍。非所以示衆也。宣王曰。賊堅營高壘。欲以老吾兵也。古人言曰。敵雖高壘。不得不與我戰者。攻其所必救也。賊大衆在此。則巢穴虛矣。我直指襄平。必人懷內懼。懼而求戰。破之必矣。遂整陳而過。賊見兵出其後。果邀之。宣王謂諸將曰。所以不攻其營。正欲致此。不可失也。乃縱兵逆擊。大破之。三戰皆捷。唐馬燧討田悅。時軍糧少。悅深壁不戰。燧令諸軍持十日糧。進次倉口。與悅夾洹水而軍。李抱真李芃問曰。糧少而深入何也。燧曰。糧少利速戰。兵法善於致人。不致於人。今田悅與淄青兗三軍爲首尾。計欲不戰以老我師。若分兵擊其左右。兵少未可必破。悅且來救。是前後受敵也。兵法所謂攻其必救。彼且當戰也。燧爲諸軍合而破之。燧乃造三橋道。逾洹水。日挑戰。悅不敢出。恆州兵以軍少懼爲燧所并。引軍合於悅。悅與燧明日復挑戰。乃伏兵萬人欲邀燧。燧乃引諸軍半夜皆食。先鷄鳴明時。擊鼓吹角。潛師傍洹水。徑赴魏州。令曰。聞賊至則止爲陳。又令百騎吹鼓角。皆留於後。乃抱薪持火。待軍畢發。止鼓角。匿其傍。伺悅軍畢渡。焚其橋。軍行十數里。乃率淄青兗州步騎四萬餘人踰橋掩其後。

乘風縱火。鼓譟而進。燧乃坐甲令無動。命前除草斬荆棘。廣百步以爲陳。募勇力得五千餘人。分爲前列。以候賊至。比悅軍至。則火止氣乏力衰。乃縱兵擊之。悅軍大敗。悅走橋。橋以焚矣。悅軍亂赴水。斬首二萬。淄青軍殆盡。　張預曰。我爲客。彼爲主。我兵强而食少。彼勢弱而糧多。則利在必戰。敵人雖有金城湯池之固。不得守其險。而必來與我戰者。在攻其所顧愛之地。使救相援也。若楚人圍宋。晉將救之。狐偃曰。楚始得曹。而新婚於衞。若伐曹衞。楚必救之。則宋免矣。從之而解。又晉宣帝討公孫文懿。忽棄城而走襄平。計其巢穴。賊果出救之。遂逆擊。三戰皆捷。亦其義也。

我不欲戰。畫地而守之。

曹公曰。軍不欲煩也。　孟氏曰。以物畫地而守。喻其義也。蓋我能戾敵人之心。不敢至也。　李筌曰。拒境自守也。若入敵境。則用天一遁甲真人閉六戊之法。以刀畫地爲營也。

敵不得與我戰者。乖其所之也。

曹公曰。乖戾也。戾其道。示以利害。使敵疑之。我未修壘塹。敵人不以形勢之長。就能加之於我者。不敢攻我也。自我未修壘以下據御覽補　李筌曰。乖異也。設奇異而疑之。是以敵不可得與我戰。漢上谷太守李廣縱馬卸鞍疑也。杜牧曰。言敵來攻我。我不與戰。設權變以疑之。使敵人疑惑不決。與初來之心乖戾。不敢與我戰也。曹公爭漢中地。蜀先主拒之。時將趙雲守别屯。將數十騎輕出。卒遇大軍。雲且鬭且却。公軍追至圍壘。入營。使大開門。偃旗息鼓。曹公軍疑有伏。引去。諸葛武侯屯於陽平。使魏延諸將幷兵東下。武侯惟留萬人守城。候白司馬宣王曰。亮在城中。兵少力弱。將士失色。亮時意氣自若。勑軍中悉臥旗息鼓。不得輒出。開四門。掃地却洒。宣王疑有伏。於是引去。趨北山。亮謂參佐曰。司馬懿謂吾有設伏。循山走矣。宣王後知。頗以爲恨。曹公與呂布相持。公軍出收麥。布領衆卒至。公營止有千人。出陳半隱於堤下。呂布遲疑不敢進。曰。曹公多詐。勿入伏中。遂引兵去。陳皞曰。左傳。楚令尹子元伐鄭。入自純門。至於逵市。懸門不發。子元曰。鄭有人焉。乃還。　賈林曰。置疑兵於敵惡之所。屯營於形勝之地。雖未修壘壍。敵人不敢來攻於我也。　梅堯臣曰。畫地。喻易也。乖其道而示以利。使其疑而不敢進也。　王晳曰。畫地。言易且明。制之必有道也。　張預曰。我爲主。彼爲客。我糧多而卒寡。彼食少而兵衆。則利在不戰。雖不爲營壘之固。敵必不敢來與我戰者。示以疑形。乖其所往也。若楚人伐鄭。鄭懸門不發。效楚言而出。楚師不敢進而遁。又司馬懿欲攻諸葛亮。亮偃旗息鼓。開門却洒。懿疑有伏兵。遂引而去。亦其義也。

故形人而我無形。則我專而敵分。原本作忿今從通典改正

杜佑曰。我專一而敵分散。　梅堯臣曰。他人有形。我形不見。故敵分兵以備我。　張預曰。吾之正。使敵視以爲奇。吾之奇。使敵視以爲正。形人者也。以奇爲正。以正爲奇。變化紛紜。使敵莫測。無形者也。敵形既見。我乃合衆以臨之。我形不彰。彼必分勢以防備。

我專爲一。敵分爲十。是以十共其一也。原本作以敵攻其一也誤今據通典御覽改正

杜佑曰。我料見敵形。審其虛實。故所備者少。專爲一屯。以我之專。擊彼之散。是爲十共擊一也。　梅堯臣曰。離一爲十。我常以十擊一分。

則我衆而敵寡。

杜佑曰。我專爲一故衆。敵分爲十故寡。　張預曰。見敵虛實。不勞多備。故專爲一屯。彼則不然。不見我形。故分爲十處。是以我之十分擊敵之一分也。故我不得不衆。敵不得不寡。

能以衆擊寡者。（通典御覽擊作敵）則吾之所與戰者約矣。

杜佑曰。言約少而易勝。　杜牧曰。約猶少也。我深壁高壘。滅跡韜聲。出入無形。攻取莫測。或以輕兵健馬衝其空虛。或以彊弩長弓奪其要害。觸左履右。突後驚前。晝日誤之以旌旗。暮夜惑之以大鼓。故敵人畏懼。分兵防虞。譬如登山瞰城。垂簾視外。敵人分張之勢。我則盡知。我之攻守之方。敵則不測。故我能專一。敵則分離。專一者力全。分離者力寡。以全擊寡。故能必勝也。　梅堯臣曰。以專擊分。則我所敵少也。　王晳曰。多爲之形。使敵備己。其實攻者則無備也。故我專敵分矣。專則衆。分則寡。十攻一者。大約言耳。　何氏同杜牧註。　張預曰。夫勢聚則彊。兵散則弱。以衆彊之勢。擊寡弱之兵。則用力少而成功多矣。

吾所與戰之地不可知。

杜佑曰。言舉動微密。情不可見。使彼知所出而不知吾所舉。知所舉而不知吾所集。　張預曰。無形勢故也。

不可知。則敵所備者多。

梅堯臣曰。敵不知則處處爲備。

敵所備者多。則吾所與戰者寡矣。

曹公曰。形藏敵疑。則分離其衆備我也。言少而易擊也。　王晳曰。與敵必戰之地。不可使敵知之。知則幷力得拒於我。曹公曰。形藏敵疑。　張預曰。不能測吾車果何出。騎果何來。徒果何從。故分離其衆。所在輒爲備。遂致衆散而弱。勢分而衰。是以吾所與接戰之處。以大衆臨孤軍也。

故備前則後寡。備後則前寡。備左則右寡。備右則左寡。無所不備。則無所不寡。

杜佑曰。言敵之所備者多。則士卒無不分散而少。　梅堯臣曰。所備皆寡也。

寡者。備人者也。衆者。使人備己者也。

曹公曰。上所謂形藏敵疑。則分離其衆以備我也。　孟氏曰。備人則我散。備我則彼分。　杜佑曰。敵散分而少者。皆先備人也。敵所以備己多者。由我專而衆故也。　李筌曰。陳兵之地。不可令敵人知之。彼疑則謂衆。離而備我也。　杜牧曰。所戰之地。不可令敵人知之。我形不可測。左右前後。遠近險易。敵人不知。亦不知我何處來攻。何地會戰。故分兵徼衞。處處防備。形藏者衆。分多者寡。故衆者必勝也。寡者必敗也。　梅堯臣曰。使敵愈備則愈寡也。　王晳曰。左右前後。俱備則俱寡。　何氏同諸註。　張預曰。左右前後。無處不爲備。則無處不兵寡也。所以寡者。爲分兵而廣備於人也。所以衆者。爲專而使人備己也。

故知戰之地。知戰之日。則可千里而會戰。

曹公曰。以度量知空虛會戰之日。　孟氏曰。以度量知空虛。先知戰地之形。又審必戰之日。則可千里期會先往以待之。若敵先己至。可不往以勞之。　杜佑曰。夫善戰者。必知戰之日。知戰之地。度道設期。分軍雜卒。遠者先進。近者後發。千里之會。同時而合。若會都市。其會地之日。無令敵知。知之則所備處少。不知則所備處多。備寡則專。備多則分。分則力散。專則力全。　李筌曰。知戰之地。則舟車步騎之所便也。魏武以北土未安。捨鞍馬。

仗舟楫。與吳越爭強。是以有黃蓋之敗。吳王濞驅吳楚之衆。奔馳於梁鄭之閒。此不知戰地。日者。故太一遁甲曰。計法三門。五將。主客。成敗。則可知也。於是千里會戰而勝。　杜牧曰。宋武帝使朱齡石伐譙縱於蜀。宋武曰。往年劉敬宣出內水向黃武。無功而退。賊謂我今應往外水來。而料我當出其不意。猶從內水來也。如此。必以重兵守涪城以備內道。若向黃武。正墮其計。今以大衆自外水取成都。疑兵向內水。此則制敵之奇也。而慮此聲先馳。賊知虛實。別有函書全封付齡石。函邊書曰。至白帝乃開。諸軍未知應分所由。至白帝發書。曰。衆軍悉從外水取成都。臧熹朱林於中水取廣漢。使羸弱乘高艦十餘。由內水向黃武。譙縱果以重兵備內水。齡石滅之。　陳皥曰。杜註止言知戰之地。未敍知戰之日。我若伐敵。至期不得與我戰。敵來侵我。我必預備以應之。項羽謂曹咎曰。我十五日必定梁地。復與將軍會。苟不知必戰之日。安能為約。　梅堯臣曰。若能度必戰之地。必戰之日。雖千里之遠。可剋期而與戰。　王晳曰。必先知地利敵情。然後以兵法之度量。計其遠近。知其空虛。審敵趣應之所及戰期也。如是。則雖千里。可會戰而破敵矣。故曹公曰。以度量知空虛會戰之日。是也。　張預曰。凡舉兵伐敵。所戰之地。必先知之。師至之日。能使人人如期而來。以與我戰。知戰地日。則所備者專。所守者固。雖千里之遠。可以赴戰。若蹇叔知晉人禦師必於殽。是知戰地也。陳湯料烏孫圍兵五日必解。是知戰日也。又若孫臏要龐涓於馬陵。度日暮必至。是也。

不知戰地。不知戰日。則左不能救右。右不能救左。前不能救後。後不能救前。而況遠者數十里。近者數里乎。

杜佑曰。敵已先據形勢之地。己方趣利。欲戰。則左右前後。疑惑進退。不能相救。況數十里之閒也。　杜牧曰。管子曰。計未定而出兵。則戰而自毀也。　梅堯臣曰。不能救者寡也。左右前後尙不能救。況遠乎。　張預曰。不知敵人何地會兵。何日接戰。則所備者不專。所守者不固。忽遇勍敵。則倉遽而與之戰。左右前後。猶不相接。又況首尾相去之遠乎。

以吾度之。越人之兵雖多。亦奚益於勝敗哉。

曹公曰。越人相聚。紛然無知也。或曰。吳越讎國也。　李筌曰。越過也。不知戰地及戰日。兵雖過人。安知勝敗乎。　陳皥曰。孫子爲吳王闔閭論兵。吳王越讎。故言越。謂過人之兵。非義也。　賈林曰。不知戰地。不知戰日。士衆雖多。不能制勝敗之政。亦何益也。　梅堯臣曰。吳越敵國也。言越人雖多。亦爲我分之而寡也。　王晳曰。此武相時料敵也。言越兵雖多。苟不訾相救。亦無益於勝敗之數。　張預曰。吾字作吳。字之誤也。吳越鄰國。數相侵伐。故下文云。吳人與越人相惡也。言越國之兵雖曰衆多。但不知戰地戰日。當分其勢而弱也。

故曰勝可爲也。御覽作勝可知而不可爲也按此因形篇語致誤

孟氏曰。若敵不知戰地期日。我之必勝可常有也。　杜牧曰。爲勝在我。故言可爲之。　梅堯臣同杜牧註。　王晳何氏同孟氏註。　張預曰。爲勝在我故也。形篇云。勝可知而不可爲。今言勝可爲者何也。蓋形篇論攻守之勢。言敵若有備。則不可必爲也。今則主以越兵而言。度越人必不能知所戰之地日。故云可爲也。

敵雖衆。可使無鬭。

孟氏曰。敵雖多兵。我能多設變詐。分其形勢。使不得併力也。　杜牧曰。以下四事度量之。敵兵雖衆。使其不能與我鬭勝也。　賈林曰。敵雖衆多。不知己之兵情。常使急自備。不暇謀鬭。　梅堯臣曰。苟能寡。何有鬭。　王晳

曰。多益不救。奚所恃而鬥。　張預曰。分散其勢。不得齊力同進。則爲能與我爭。

故策之而知得失之計。

孟氏曰。策度敵情。觀其施爲。則計數可知。　杜佑曰。策度敵情。觀其所施。計數可知。　李筌曰。用兵者取勝之兵法。可制太一遁甲五將之計。以定關格掩迫之數。得失可知也。　賈林曰。樽俎帷幄之間。以策籌之。我得彼失之計。皆先知也。　梅堯臣曰。彼得失之計。我以算策而知。　王皙曰。策其敵情。以見得失之數。　張預曰。籌策敵情。知其計之得失。若薛公料黥布之三計是也。

作之（通典御覽并作候之按此與李筌本同又鄭友賢遺說亦作候之）而知動靜之理。

杜佑曰。喜怒動作。察其舉止。則情理可得。故知動靜權變。爲其勝負也。　李筌曰。候望雲氣風鳥人情。則動靜可知也。王莽時。王尋征昆陽。有雲氣如壞山。當營而隕。去地數尺沒。光武知其必敗。梁王僧辯營上有如堤之氣。侯景知其必勝。風鳥貪豺之類也。此筌以作字爲候字者也。　杜牧曰。作。激作也。言激作敵人。使其應我。然後觀其動靜理亂之形也。魏武侯曰。兩軍相當。不知其將。如何。吳起曰。令賤勇者將銳而擊。交合而北。北而勿罰。觀敵進退。一坐一起。其政以理。奔北不追。見利不取。此將有謀。若其悉衆追北。旗旛雜亂。行止縱橫。貪利務得。若此之類。將令不行。擊而勿疑。　陳皞曰。作爲也。爲之利害。使敵赴之。則知進退之理也。　賈林曰。善覘候者。必知其動靜之理。　梅堯臣曰。彼動靜之理。因我所發而見。　王皙曰。候其理當動以否。　張預曰。發作久之。觀其喜怒。則動靜之理可得而知也。若晉文公拘宛春以怒楚將子玉。子玉遂乘晉軍。是其躁動也。諸葛亮遺巾幗婦人之飾。以怒司馬宣王。宣王終不出戰。此是其安靜也。

形之而知死生之地。

孟氏曰。形相敵情。觀其所據。則地形勢生死可得而知。　李筌曰。夫破陳設奇。或偃旗鼓。形之以弱。或虛列竈火旛幟。形之以彊。投之以死。致之以生。是以死生因地而成也。韓信下井陘。劉裕過大峴。則其義也。　杜牧曰。死生之地。蓋戰地也。投之死地必生。置之生地必死。言我多方誤撓敵人。以觀其應我之形。然後隨而制之。則死生之地可知也。　陳皞曰。敵人既有動靜。則我得見其謀。有謀者所處之地必生。無謀者所投之地必死也。賈林曰。見所理兵勢。則可知其死所。　梅堯臣曰。彼生死之地。我因形見而識。　何氏同杜牧註。　張預曰。形之以弱。則彼必進。形之以彊。則彼必退。因其進退之際。則知彼據之地死與生也。上文云善動敵者形之。敵必從之是也。死地謂傾覆之地。生地謂便利之地。

角之而知有餘不足之處。通典作不足有餘

曹公曰。角量也。　杜佑曰。角量也。角量彼我軍馬之數。則長短可知也。原本無據通典御覽補　李筌曰。角量也。量其力精勇。則虛實可知也。　杜牧曰。角量也。言以我之有餘。角量敵人之有餘。以我之不足。角量敵人之不足。管子曰。善攻者料衆以攻衆。料食以攻食。食不存不攻。備不存不攻。司馬宣王伐遼東。司馬陳珪曰。昔攻上庸。八部並進。晝夜不息。故能一旬之半。拔堅城。斬孟達。今者遠來。而更安穩。愚竊惑焉。王曰。孟達衆少而食支一年。吾將四倍於達。而糧不淹一月。以一月圖一年。安可不速。以四擊一。正命半解。猶當爲之。是以不計死傷。與糧競也。今賊衆我寡。賊飢我飽。雨水乃爾。功力不設。賊糧垂盡。當示無能以安之。既而雨止。晝夜攻之。竟平遼東。梅堯臣曰。彼有餘不足之處。我以角量而審。　王晳曰。角謂相角也。角彼我之力。則知有餘不足之處。然後可以謀攻守之利也。此而上亦所以量敵知戰。　張預曰。有餘彊也。不足弱也。角量敵形。知彼彊弱之所。唐太宗曰。凡臨陳。常以吾彊對敵弱。常以吾弱對敵彊。苟非角量。安得知之。

故形兵之極。至於無形。無形則深閒不能窺。知者不能謀。

李筌曰。形敵之妙。入於無形。閒不可窺。智不可謀。是謂形也。　杜牧曰。此言用兵之道。至於臻極。不過於無形。無形則雖有閒者深來窺我。不能知我之虛實。彊弱不泄於外。雖有智能之士亦不能謀我也。　梅堯臣曰。兵本有形。虛實有路。是以無形。此極致也。雖使閒者以情僞。智者以謀料。可得乎。　王晳曰。制兵形於無形。是謂極致。孰能窺而謀之哉。　何氏曰。行列在外。機變在內。因形制變。人難窺測。可謂知微。　張預曰。始以虛實形敵。敵不能測。故其極致卒歸於無形。既有形可覩。無迹可求。則閒者不能窺其隙。智者無以運其計。

因形而錯勝於衆。御覽錯勝作作勝非衆不能知。

曹公曰。因敵形而立勝。御覽敵形作地形按下文云兵因敵而制勝作地者非　李筌曰。錯。置也。設形險之勢。因士卒之勇。而取勝焉。軍事尙密。非衆人之所知也。　杜牧曰。窺形可置勝敗。非智者不能。固非衆人所能得知也。　梅堯臣曰。衆知我能置勝矣。不知因敵之形。　何氏曰。因敵制勝。衆不能知。　張預曰。因敵變動之形以制勝。非衆人所能知。

人皆知我所以勝之形。而莫知吾所以制勝之形。

曹公曰。不以一形之勝萬形。或曰不備知也。制勝者。人皆知吾所以勝。莫知吾因敵形制勝也。　李筌曰。戰勝。人知之。制勝之法幽密。人莫知。　杜牧曰。言已勝之後。但知我制敵人。使有敗形。本自於我。然後我能勝也。上文云。近而示之遠。遠而示之近。利而誘之。亂而取之。實而備之。彊而避之。怒而撓之。卑而驕之。佚而勞之。親而離之。斯皆制勝之道。人莫知之也。　陳皡曰。人但知我勝敵之善。不能知我因敵之敗形。　梅堯臣曰。知得勝之跡。而不知作勝之象。　王晳曰。若韓信背水拔幟是也。人但知水上軍殊死戰不可敗。及趙軍驚亂遁走。不知吾能制使之然者以何道也。　張預曰。立勝之迹。人皆知之。但莫測吾因敵形而制此勝也。

故其戰勝不復。而應形於無窮。

曹公曰。不重復動而應之也。　杜佑曰。死官也。按此句疑有脫誤　李筌曰。不復前謀以取勝。隨宜制變也。　杜牧曰。敵每有形。我則始能隨而應之以取勝。　賈林曰。應敵形而制勝。乃無窮。　梅堯臣曰。不執故態。應形有機。　王晳曰。夫制勝之理惟一。而所勝之形無窮也。　何氏曰。已勝之後。不再用也。敵來斯應。不循前法。故不窮。　張預曰。已勝之後。不復更用前謀。但隨敵之形而應之。出奇無窮也。

夫兵形象水。

孟氏曰。兵之形勢如水流。遲速之勢無常也。

水之行原本行作形誤今從劉晝子及通典御覽改正避高而趨下。

梅堯臣曰。性也。

兵之形。避實而擊虛。

梅堯臣曰。利也。　張預曰。水趨下則順。兵擊虛則利。

水因地通典御覽上有故字而制流。通典兩引皆作制形御覽一作制形一作制行鄭友賢作制流

杜牧曰。因地之下。　梅堯臣曰。順高下也。　張預曰。方圓斜直。因地而成形。

兵因敵而制勝。

杜佑曰。言水因地之傾側而制其流。兵因敵之虧闕而取其勝者也。　李筌曰。不因敵之勢。何以制之哉。夫輕兵不能持久。守之必敗。重兵挑之使出。怒兵辱之。彊兵緩之。將驕宜卑之。將貪宜利之。將疑宜反閒之。故因敵而制勝。　杜牧曰。因敵之虛也。　賈林曰。見敵盛衰之形。我得因而立勝。　梅堯臣曰。隨虛實也。　王晳曰。謂隄防疏導之也。　何氏曰。因敵彊弱而成功。　張預曰。虛實彊弱。隨敵而取勝。

故兵無常勢。

梅堯臣曰。應敵爲勢。　張預曰。敵有變動。故無常勢。

水無常形。

孟氏曰。兵有變化。地有方圓。　梅堯臣曰。因地爲形。　張預曰。地有高下。故無常形。

能因敵變化而取勝者。謂之神。（通典因作隨）

曹公曰。勢盛必衰。形露必敗。故能因敵變化。取勝若神。　李筌曰。能知此道。謂之神兵也。　杜牧曰。兵之勢因敵乃見。勢不在我。故無常勢。如水之形因地乃有。形不在水。故無常形。水因地之下。則可漂石。兵因敵之應。則可變化如神也。　梅堯臣曰。隨而變化。微不可測。　王晳曰。兵有常理。而無常勢。水有常性。而無常形。兵有常理者。擊虛是也。無常勢者。因敵以應之也。水有常性者。就下是也。無常形者。因地以制之也。夫兵勢有變。則雖敗卒。尙復可使擊勝兵。況精銳乎。　何氏曰。行權應變在智略。智略不可測。則神妙者也。　張預曰。兵勢已定。能因敵變動。應而勝之。其妙如神。

故五行無常勝。

杜佑曰。五行更王。　王晳曰。迭相克也。

四時無常位。

杜佑曰。四時迭用。　王晳曰。迭相代也。

日有短長。月有死生。

曹公曰。兵無常勢。盈縮隨敵。　杜佑曰。兵無常勢。盈縮隨敵。日月盛衰。猶兵之形勢。或弱或強也。據通典補　李筌曰。五行者。休囚王相。遞相勝也。四時者。寒暑往來。無常定也。日月者。周天三百六十五度四分度之一。百刻者。春秋二分。則日夜均。夏至之日。晝六十刻夜四十刻。冬至之日。晝四十刻夜六十刻。長短不均也。月初為朔。八日為上弦。十五日為望。二十四日為下弦。三十日為晦。則死生義也。孫子以為五行四時日月盈縮無常。況於兵之形變。安常定也。　梅堯臣曰。皆所以象兵之隨敵也。　王晳曰。皆喻兵之變化非一道也。　張預曰。言五行之休王。四時之代謝。日月之盈昃。皆如兵勢之無定也。

卷七　軍爭篇

曹公曰兩軍爭勝　李筌曰爭者趨利也虛實定乃可與人爭利　王晳曰爭者爭利得利則勝宜先審輕重計迂直不可使敵乘我勞也　張預曰以軍爭爲名者謂兩軍相對而爭利也先知彼我之虛實然後能與人爭勝故次虛實

孫子曰。凡用兵之法。將受命於君。

李筌曰。受君命也。遵廟勝之算。恭行天罰。　張預曰。受君命。伐叛逆。

合軍聚衆。

曹公曰。聚國人。結行伍。選部曲。起營爲軍陳。　梅堯臣曰。聚國之衆。合以爲軍。　王晳曰。大國三軍。總三萬七千五百人。若悉舉其賦。則總七萬五千人。此所謂合軍聚衆。　張預曰。合國人以爲軍。聚兵衆以爲陳。

交和而舍。

曹公曰。軍門爲和門。左右門爲旗門。御覽旗作期 以車爲營曰轅門。以人爲營曰人門。兩軍相對爲交和。　李筌曰。交間。和雜也。合軍之後。彊弱勇怯。長短向背。間雜而仵之。力相兼後。合諸營壘。與敵爭之。　杜牧曰。周禮以旌爲左右和門。鄭司農曰。軍門曰和。今謂之壘門。立兩旌旗表之。以叙和出入明次第也。交者言與敵人對壘而舍。和門相交對也。　賈林曰。舍止也。士衆交雜和合。而止於軍中。趨利而動。　梅堯臣曰。軍門爲和門。兩軍交對而舍也。　何氏曰。和門相望。將合戰爭利。兵家難事也。　張預曰。軍門爲和門。言與敵對壘而舍。其門相交對也。或曰。與上下相交和睦。然後可以出兵爲營舍。故吳子曰。不和於國。不可以出軍。不和於軍。不可以出陳。

莫難於軍爭。

曹公曰。從始受命至於交和。軍爭難也。　杜佑曰。從始受命至於交和。軍爭難也。軍門謂之和門。兩軍對爭。交門而止。先據便勢之地。最其難者。相去促近。動則生變化。據通典補　杜牧曰。於爭利害難也。　梅堯臣曰。自受命至此爲最難。　張預曰。與人相對而爭利。天下之至難也。

軍爭之難者。以迂爲直。以患爲利。

曹公曰。示以遠。速其道里。先敵至也。　杜佑曰。敵途本迂。患在道遠。則先處形勢之地。故曰以患爲利。　杜牧曰。言欲爭奪。先以迂遠爲近。以患爲利。誑紿敵人。使其慢易。然後急趨也。　陳皞曰。言合軍聚衆。交和而舍。皆有舊制。惟軍爭最難也。苟不知以迂爲直以患爲利者。即不能與敵爭也。　賈林曰。全軍而行。爭於便利之地。而先據之。若不得其地。則輸敵之勝。最其難也。　梅堯臣曰。能變迂爲近。轉患爲利。難也。　王晳曰。曹公曰。示以遠。速其道里。先敵至。晳謂示以遠者。使其不虞而行。或奇兵從間道出也。　何氏曰。謂所征之國。路由山險。迂曲而遠。將欲爭利。則當分兵出奇。隨逐鄉導。由直路乘其不備急擊之。雖有陷險之患。得利亦速也。如鍾會伐蜀。而鄧艾出奇先至蜀。蜀無備而降。故下云不得鄉導。不能得地利。是也。　張預曰。變迂曲爲近直。轉患害爲便利。此軍爭之難也。

故迂其途而誘之以利。後人發。先人至。此知迂直之計者也。通典知上有先字非

曹公曰。迂其途者。示之遠也。後人發先人至者。明於度數。先知遠近之計也。　杜佑曰。已外張形勢。迴從遠道。敵至於應爭從其近。皆得敵情。誑之以利。據通典補　李筌曰。故迂其途。示不速進。後人發。先人至也。用兵若此。以患爲利者。　杜牧曰。上解曰。以迂爲直。是示敵人以迂遠。敵意已怠。復誘敵以利。使敵心不專。然後倍道兼行。

出其不意，故能後發先至，而得所爭之要害也。秦伐韓，軍於閼與，趙王令趙奢往救之，去邯鄲三十里，而令軍中曰：有以軍事諫者死。秦軍武安西，秦軍鼓譟勒兵，武安屋瓦皆震。軍中候有一人言急救武安，奢立斬之。堅壁留二十八日不行，復益增壘。秦間來，奢善食而遣之。間以報秦，秦將大喜曰：夫去國三十里，而軍不行，乃增壘，閼與非趙地也。奢既遣秦間，乃卷甲而趨，二日一夜至，令善射者去閼與五十里而軍。秦人聞之，悉甲而至。有一卒曰：先據北山者勝。奢使萬人據之。秦人來爭不得，奢因縱擊，大破之，閼與遂得解。　賈林曰：敵途本近，我能迂之者，或以羸兵，或以小利，於他道誘之，使不得以軍爭赴也。　梅堯臣曰：遠其途，誘以利，款之也；後其發，先其至，爭之也。能知此者，變迂轉害之謀也。　何氏曰：迂途者，當行之途也。以分兵出奇，則當行之途，示以迂變，設勢以誘敵，令得小利縻之，則出奇之兵，雖後發亦先至也。言爭利須料迂直之勢，出奇，故下云：分合爲變，其疾如風，是也。　張預曰：形勢之地，爭得則勝。凡欲近爭便地，先引兵遠去，復以小利啗敵，使彼不意我進，又貪我利，故我得以後發而先至，此所謂以迂爲直，以患爲利也。趙奢據北山而敗秦軍，郭淮屯北原而走諸葛，是也。能後發先至者，明於度數，知以迂爲直之謀者也。

故軍爭爲利，軍爭爲危。通典作衆爭爲危，鄭友賢同，按注云本作衆爭爲危，是故書正作軍也

曹公曰：善者則以利，不善者則以危。　杜佑曰：善者則以利，不善者則以危也。言兩軍交爭，有所奪取，得之則利，失之則危也。據通典補　李筌曰：夫軍者將善則利，不善則危。　杜牧曰：善者計度審也。　賈林曰：我軍先至，得其便利之地，則爲利；彼敵先據其地，我三軍之衆馳往爭之，則敵佚我勞，危之道也。　梅堯臣曰：軍爭之事，有利也，有危也。　又一本作軍爭爲利，衆爭爲危。　何氏曰：此又言出軍行師，驅三軍之衆，與敵人相角逐，以爭

一日之勝。得之則爲利。失之則爲危。不可輕舉。 張預曰。智者爭之則爲利。庸人爭之則爲危。明者知迂直。愚者昧之故也。

舉軍而爭利。則不及。原本舉作故誤今據通典改正按鄭友賢亦云衆爭爲危者下所謂舉軍而爭利也

曹公曰。遲不及也。 杜佑曰。遲不及也。舉軍悉行爭赴其利。則道路悉不相逮。 李筌曰。輜重行遲。 賈林曰。行軍用師。必趨其利。遠近之勢。直以舉軍往爭其利。難以速至。可以潛設奇計。迂敵途程。敵不識我謀。則我先而敵後也。 梅堯臣曰。舉軍中所有而行。則遲緩。 王晳曰。以輜重故。 張預曰。竭軍而前。則行緩而不能及利。

委軍而爭利。則輜重捐。

曹公曰。置輜重。則恐捐棄也。 杜佑曰。委置庫藏。輕師而行。若敵乘虛而來。抄絕其後。則己輜重皆悉棄捐。 李筌曰。委棄輜重。則軍資闕也。 杜牧曰。舉一軍之物行。則重滯遲緩。不及於利。委棄輜重。輕兵前追。則恐輜重因此棄捐也。 賈林曰。恐敵知而絕我後糧也。 梅堯臣曰。委軍中所有而行。則輜重棄。 王晳同曹公註。 何氏同杜佑註。 張預曰。委置重滯。輕兵獨進。則恐輜重爲敵所掠。故棄捐也。

是故卷甲而趨。通典趨下有利字者衍 日夜不處。

曹公曰。不得休息罷也。

倍道兼行。百里而爭利。則擒三將軍。

杜佑曰。若不慮上二事。欲從速疾。卷甲束仗。潛軍夜行。若敵知其情。邀而擊之。則三軍之將爲敵所擒也。若秦

伯襲鄭。三帥皆獲。是也。

勁者先。罷者後。原本作疲非也杜佑云罷音疲是其初所用字其法十一而至。通典作十而一至

曹公曰。百里而爭利。非也。三將軍皆以爲擒。　杜佑曰。百里爭利。非也。三將軍皆爲擒也。彊弱不復相待。卒十有一人至軍也。罷音疲。原本復作伏卒作率今改正　李筌曰。一日行一百二十里。則爲倍道兼行。行若如此。則勁健者先到。疲者後至。軍健者少。疲者多。且十人可一人先到。餘悉在後。以此遇敵。何三將軍不擒哉。魏武逐劉備。一日一夜行三百里。諸葛亮以爲彊弩之末不能穿魯縞。言無力也。是以有赤壁之敗。龐涓追孫臏。死於馬陵。亦其義也。　杜牧曰。此說未盡也。凡軍一日行三十里爲一舍。倍道兼行者再舍。晝夜不息乃得百里。若如此爭利。衆疲倦。則三將軍皆須爲敵所擒。其法什一而至者。不得已必須爭利。凡十人中擇一人最勁者先往。其餘者則令繼後而往。萬人中先擇千人。平旦先至。其餘繼至。有巳午時至者。有未申時至者。各得不竭其力。相續而至。與先往者足得聲響相接。凡爭利必是爭奪要害。雖千人守之。亦足以拒抗敵人。以待繼至者。太宗以三千五百騎先據武牢。竇建德十八萬衆而不能前。此可知也。　陳皞曰。杜說別是用兵一途。非什一而至之義也。蓋言百里爭利。勁者先。疲者後。十中得一而至。九皆疲困。一則勁者也。　賈林曰。路遠人疲。奔馳力盡。如此。則我勞敵佚。被擊何疑。百里爭利。愼勿爲也。　梅堯臣曰。軍日行三十里而舍。今乃晝夜不休行百里。故三將軍爲其擒也。何則。涉途既遠。勁者少。罷者多。十中得一至耳。三將軍者。三軍之帥也。　王晳曰。罷羸也。此言爭利之道。宜近不宜遠耳。夫衝風之衰。不能起毛羽。彊弩之末。不能穿魯縞。苟日夜兼行。百里趨利。縱使一分勁者能至。固已困乏矣。即敵人以佚擊我之勞。自當不戰而敗。故司馬宣王曰。吾倍道兼行。此曉兵者之所忌也。或

曰。趙奢亦卷甲而趨。二日一夜。卒勝秦者。何也。曰。奢久并氣積力。增壘遣閒。示怯以驕之。使秦不意其至。兵又堅。奢又去閼與五十里而軍。比秦聞之。又發兵至。非二三日不能也。能來。是彼有五十里趨敵之勞。而我固已二三日休息士卒。不勝其佚。且又投之險難。先據高陽。奇正相因。曷爲不勝哉。　何氏曰。言三將出奇求利。委軍棄輜重。卷甲務速。若晝夜百里不息。則勁者能十至其一。我勞敵佚。敵衆我寡。擊之未必勝也。敗則三將俱擒。以此見武之深戒也。　張預曰。卷甲猶悉甲也。悉甲而進。謂輕重俱行也。凡軍日行三十里則止。過六十里已上爲倍道。晝夜不息爲兼行。言百里之遠。與人爭利。輕兵在前。輜重在後。人罷馬倦。渴者不得飲。饑者不得食。忽遇敵。則以勞對佚。以饑敵飽。又復首尾不相及。故三軍之帥必皆爲敵所擒。若晉人獲秦三帥是也。輕兵之中。十人得一人勁捷者先至。下九人悉疲困而在後。況重兵乎。何以知輕重俱行。下文云。五十里而爭利。則半至。若止是輕兵。則一日行五十里不爲遠也。焉有半至之理。是必重兵偕行也。

五十里而爭利。則蹶上將軍。其法半至。通典半至上有以字

曹公曰。蹶猶挫也。　杜佑曰。蹶猶挫也。前軍之將。已爲敵所蹶敗。　李筌曰。百里則十人一人至。五十里十人五人至。挫軍之威。不至擒也。言道近不至疲。　杜牧曰。半至者。凡十人中擇五人勁者先往也。　賈林曰。上猶先也。　梅堯臣曰。十中得五。猶遠不能勝。　王晳曰。罷勞之患。減於太半。止挫敗而已。　張預曰。路不甚遠。十中五至。猶挫軍威。況百里乎。蹶上將。謂前軍先行也。或問曰。唐太宗征宋金剛。一日一夜行二百餘里。亦能克勝者。何也。答曰。此形同而勢異也。且金剛既敗。衆心已沮。迫而滅之。則河東立平。若其緩之。賊必生計。此太宗所以不計疲頓而力逐也。孫子所陳爭利之法。蓋與此異矣。

三十里而爭利。則三分之二至。通典此下有云以是知軍爭之難

曹公曰。道近至者多。故無死敗也。　杜佑曰。道近則至者多。故不言死敗。勝負未可知也。古者用師。日行三十里。步騎相須。今徒而趨利。三分之二至。　李筌曰。近不疲也。故無死亡。　杜牧曰。三十里內。凡十人中可以六七人先往也。不言其法者。舉上文可知也。　梅堯臣曰。道近至多。庶或有勝。　王晳曰。計彼我之勢宜須爭者。或亦當然。雖三分二至。蓋其精銳者之力未至勞乏。不可決以爲敗。故不云其法也。　張預曰。路近不疲至者大半。不失行列之政。不絕人馬之力。庶幾可以爭勝。上三事。皆謂舉軍而爭利也。

是故軍無輜重則亡。無糧食則亡。無委積則亡。

曹公曰。無此三者。亡之道也。　杜佑曰。無此三者。亡之道也。委積。芻草之屬。據通典御覽補　李筌曰。無輜重者。闕所供也。袁紹有十萬之衆。魏武用荀攸計。焚燒紹輜重。而敗紹於官渡。無糧食者。雖有金城。不重於食也。夫子曰。足食足兵。民信之矣。故漢赤眉百萬衆無食。而君臣面縛宜陽。是以善用兵者。先耕而後戰。無委積者。財乏闕也。漢高祖無關中。光武無河內。魏武無兖州。軍北身遁。豈能復振哉。　杜牧曰。輜重者。器械及軍士衣裝。委積者。財貨也。　陳皞曰。此說委軍爭利之難也。　梅堯臣曰。三者不可無。是不可委軍而爭利也。　王晳曰。委積謂薪鹽蔬材之屬。軍恃此三者以濟。不可輕離也。　張預曰。無輜重。則器用不供。無糧食。則軍餉不足。無委積。則財貨不充。皆亡覆之道。此三者。謂委軍而爭利也。

故不知諸侯之謀者。不能豫交。

曹公曰。不知敵情謀者。不能結交也。　李筌曰。預備也。知敵之情。必備其交也。　杜牧曰。非也。豫先也。交交兵

也。言諸侯之謀。先須知之。然後可交兵合戰。若不知其謀。固不可與交兵也。　陳皞曰。曹說以爲不先知敵人之作謀。即不能預結外援。二說並通。　梅堯臣曰。不知敵國之謀。則不能預交鄰國以爲援助也。　張預曰。先知諸侯之實情。然後可以結交。不知其謀。則恐翻覆爲患。其鄰國爲援。亦軍爭之事。故下文云。先至而得天下之衆者。爲衢地。是也。

不知山林險阻沮澤之形者。不能行軍。

曹公曰。高而崇者爲山。衆樹所聚者爲林。坑塹者爲險。一高一下者爲阻。水草漸洳者爲沮。衆水所歸而不流者爲澤。不先知軍之所據及山川之形者。則不能行師也。通典作堆者爲險水草坑塹者爲沮餘同按此通典誤也御覽塹作坎與張預注同　梅堯臣曰。山林險阻之形。沮澤濘淖之所。必先審知。　張預曰。高而崇者爲山。衆木聚者爲林。坑坎者爲險。一高一下者爲阻。水草漸洳者爲沮。衆水所歸而不流者爲澤。凡此地形。悉能知之。然後可與人爭利而行軍。

不用鄉導者。不能得地利。通典無能字者脫御覽導作道

杜佑曰。不任彼鄉人而導軍者。則不能得道路之便利也。　李筌曰。入敵境。恐山川隘狹。地土泥濘。井泉不利。使人導之。以得地利。易曰。即鹿無虞。則其義也。　杜牧曰。管子曰。凡兵主者。必先審知地圖。轘轅之險。濫車之水。名山通谷經川陵陸丘阜之所在。苴草林木蒲葦之所茂。道里之遠近。城郭之大小。名邑廢邑困殖之地。必盡知之。地形出入之相錯者。盡藏之。然後不失地利。衞公李靖曰。凡是賊徒。好相掩襲。須擇勇敢之夫。選明察之士。兼使鄉導。潛歷山林。密其聲。晦其跡。或刻爲獸足。而御履於中途。或上冠微禽。而幽伏於蘩薈。然後傾耳以遠聽。竦目而深視。專智以奪事機。注心而視氣色。覩水痕。則知敵濟之早晚。觀樹動。則可辨來寇之驅馳。故

烽火莫若謹而審。旌旗莫若齊而一。賞罰必重而不欺。刑戮必嚴而不捨。敵之動靜。而我有備也。敵之機謀。而我先知也。　陳皞曰。凡此地利。非用鄉人爲導引。則不能知地利也。　梅堯臣曰。凡邱陵原衍之向背。城邑道路之迂直。非人引導。不能得也。　何氏曰。鄉導略曰。從禽者若無山虞之官。度其形勢之可否。則徒入於林中。終不能獲鹿矣。出征者若無彼鄉之人。導其道路之迂直。則雖至於境外。終不能獲寇矣。夫以奉辭致討。趨未歷之地。聲教未通。音驛所絕。深入其阻。不亦艱哉。我孤軍以往。彼密嚴而待。客主之勢。已相遠矣。況其專任詭譎。多方以誤我。苟不計而直進。冒危而長驅。躋險則有壅決之害。醉行則有暴來之鬬。夜止則有虛驚之憂。倉卒無備。落其彀中。是乃擁熊虎之師。自投於死地。又安能摩逆壘蕩狡穴乎。故敵國之山川陵陸邱阜之可以設險者。林木蒲葦茂草之可以隱藏者。道里之遠近。城郭之大小。邑落之寬狹。田壤之肥瘠。溝渠之深淺。蓄積之豐約。卒乘之衆寡。器械之堅脆。必能盡知之。則虜在目中。不足擒也。昔張騫嘗使大夏。留匈奴中久。導軍知利害水草處。其軍得以無饑渴。茲亦能獲其便利也。凡用鄉導。或軍行虜獲其人。須防賊謀。陰持姦計。爲其誘誤。必在鑒其色。察其情。參驗數人之言。始終如一。乃可爲準。厚其須賞。使之懷恩。豐其家室。使之係心。卽爲吾人。當無翻覆。然不如素畜堪用者。但能諳練行途。不必主人。亦可任也。仍選腹心智勇之士。挾而偕往。則巨細必審。指蹤無失矣。　張預曰。山川之夷險。道路之迂直。必用鄉人引而導之。乃可知其所利而爭勝。吳伐魯。鄫人導之以克武城。是也。

故兵以詐立。

杜牧曰。詐敵人使不知我本情。然後能立勝也。　梅堯臣曰。非詭道不能立事。　王晳曰。謂以迂爲直。以患爲利也。 何氏曰。張形勢以誤敵也。 張預曰。以變詐爲本。使敵不知吾奇正所在。則我可爲立。

以利動。

杜牧曰。利者。見利始動也。 梅堯臣曰。非利不可動。 王晳曰。誘之也。 何氏曰。量敵可擊則擊。 張預曰。見利乃動。不妄發也。傳曰。三軍以利動。

以分合爲變者也。

曹公曰。兵一分一合。以敵爲變也。 孟氏曰。兵法詭詐。以利動敵心。或合或離。爲變化之術。 李筌曰。以詭詐乘其利動。或合或分。以爲變化之形。 杜牧曰。分合者。或分或合。以惑敵人。觀其應我之形。然後能變化以取勝也。 陳皞曰。乍合乍分。隨而更變之也。 梅堯臣王晳同曹公註。 張預曰。或分散其形。或合聚其勢。皆因敵動靜而爲變化也。或曰。變謂奇正相變。使敵莫測。故衞公兵法云。兵散則以合爲奇。兵合則以散爲奇。三令五申。三散三合。復歸於正焉。

故其疾如風。

曹公曰。擊空虛也。 杜佑曰。進退應機。據通典御覽補 李筌曰。進退也。其來無跡。其退至疾也。 梅堯臣曰。來無形跡。 王晳曰。速乘虛也。 何氏同梅堯臣註。 張預曰。其來疾暴。所向皆靡。

其徐如林。

曹公曰。不見利也。 孟氏曰。言緩行須有行列如林。以防其掩襲。 杜佑曰。不見利不前。如風吹林。小動而其大不移。 李筌曰。整陳而行。 杜牧曰。徐緩也。言緩行之時。須有行列如林木也。恐爲敵人之掩襲也。 梅堯臣曰。如林之森然不亂也。王晳曰。齊肅也。張預曰。徐舒也。舒緩而行。若林木之森森然。謂未見利也。尉繚子曰。重者如山如林。輕者如炮如燔也。

侵掠如火。

曹公曰。疾也。杜佑曰。猛烈也。據通典補　李筌曰。如火燎原無遺草。杜牧曰。猛烈不可嚮也。賈林曰。侵掠敵國。若火燎原不可往復。張預曰。詩云。如火烈烈。莫我敢遏。言勢如猛火之熾。誰敢禦我。

不動如山。

曹公曰。守也。杜佑曰。守也。不信敵之誑惑。安固如山。據通典御覽補　李筌曰。駐軍也。杜牧曰。閉壁屹然。不可搖動也。賈林曰。未見便利。敵誘誑我。我因不動。如山之安。梅堯臣曰。峻不可犯。王晳曰。堅守也。何氏曰。止如山之鎮靜。張預曰。所以持重也。荀子議兵篇云。圜居而方正。則若盤石然。觸之者角摧。言不動之時。若山石之不可移。犯之者其角立毀。

難知如陰。

杜佑曰。莫測如天之陰雲。不見列宿之象。據通典御覽補　李筌曰。其勢不測。如陰不能覩萬象。杜牧曰。如元雲蔽天。不見三辰。梅堯臣曰。幽隱莫測。王晳曰。形藏也。何氏曰。暗祕而不可料。張預曰。如陰雲蔽天。莫覩辰象。

動如雷霆。原本作雷震據鶡冠子曰動如雷霆本此從通典御覽改正

杜佑曰。疾速不及應也。故太公曰。疾雷不及掩耳。疾電不及瞑目也。據通典御覽補　李筌曰。盛怒也。杜牧曰。如空

中擊下。不知所避也。　賈林曰。其動也疾不及應。太公曰。疾雷不及掩耳。　梅堯臣曰。迅不及避。　王晳曰。不虞而至。　何氏曰。藏謀以奮如此。　張預曰。如迅雷忽擊。不知所避。故太公曰。疾雷不及掩耳。迅電不及瞬目。

掠鄉分衆。通典御覽作指嚮按諸家俱作掠鄉注云一本作指向又王晳云鄉音向則所見本異耳

曹公曰。因敵而制勝也。　杜佑曰。因敵而制勝也。旌旗之所指向。則分離其衆。據通典御覽補　李筌曰。抄掠必分兵爲數道。懼不虞也。　杜牧曰。敵之鄉邑聚落。無有守兵。大畜財穀。易於剽掠。則須分番次第。使衆人皆得往也。不可獨有所往。如此。則大小強弱皆欲與敵爭利也。　陳皥曰。夫鄉邑村落。固非一處。察其無備。分兵掠之。掠鄉一作指向。　賈林曰。三軍不可言遣。故以旌旗指向。隊伍不可語傳。故以麾幟分衆。故因敵陳形可爲勢。此尤順。訓練分明。師徒服習也。　梅堯臣曰。以饗士卒。　王晳曰。指所鄉以分其衆。鄉音向。　何氏曰。得掠物則與衆分。　張預曰。用兵之道。大率務因糧於敵。然而鄉邑之民所積不多。必分兵隨處掠之。乃可足用。

廓地分利。

曹公曰。分敵利也。　李筌曰。得敵地。必分守利害。　杜牧曰。廓開也。開土拓境。則分割與有功者。韓信言於漢王曰。項王使人。有功當封爵者。刻印刓。忍不能與。今大王誠能反其道。以天下城邑封功臣。天下不足取也。三略曰。獲地裂之。　陳皥曰。言獲其土地。則屯兵種蒔。以分敵之利也。　賈林曰。廓度也。度敵所據地利。分其利也。　梅堯臣曰。與有功也。　王晳曰。廓視地形。以據便利。勿使敵專也。　張預曰。開廓平易之地。必分兵守利。不使敵人得之。或云。得地則分賞有功者。今觀上下之文。恐非謂此也。

懸權而動。

曹公曰。量敵而動也。李筌曰。權。量秤也。敵輕重與吾有銖鎰之別則動。夫先動爲客。後動爲主。客難而主易。太一遁甲定計之算。明動易也。杜牧曰。如衡懸權。秤量已定。然後動也。何氏同杜牧註。張預曰。如懸權於衡。量知輕重。然後動也。尉繚子曰。權敵審將而後舉。言權量敵之輕重。審察將之賢愚。然後舉也。

先知迂直之計者勝。此軍爭之法也。

李筌曰。迂直道路。勞佚餒寒生於道路。杜牧曰。言軍爭者。先須計遠近迂直。然後可以爲勝。其計量之審。如懸權於衡。不失錙銖。然後可以動而取勝。此乃軍爭勝之法也。梅堯臣曰。稱量利害而動。在預知遠近之方則勝。王晳曰。量敵審輕重而動。又知迂直必勝之道也。張預曰。凡與人爭利。必先量道路之迂直。審察而後動。則無勞頓寒餒之患。而且進退遲速不失其機。故勝也。

軍政曰。

梅堯臣曰。軍之舊典。王晳曰。古軍書。

言不相聞。故爲鼓鐸。原本作金鼓通典本作鼓鐸北堂書鈔太平御覽皆二引作鼓鐸鄭友賢同按周官大司馬云鼓鐸鐲鐃之用其作金鼓者後人依下文改之也今訂正

杜佑曰。鐸。金鉦也。原本云金鉦鐸也按鉦鐲皆軍用形制相近故杜取以況也後人既改鼓鐸爲金鼓故幷其注改之今訂正聽其音聲。以爲耳候。梅堯臣曰。以威耳也。耳威於聲。不可不清。王晳曰。鼓鼙鉦鐸之屬。坐作進退。疾徐疏數。皆有其節。

視不相見。故爲旌旗。

杜佑曰。瞻其指麾。以爲目候。梅堯臣曰。以威目也。目威於色。不得不明。王晳曰。表部曲行列齊整也。

夫金鼓旌旗者。所以一民原本作人避諱改也當從北堂書鈔太平御覽作民下同之耳目也。

杜佑曰。齊一耳目之視聽，使知進退之度。據通典御覽補　李筌曰。鼓進鐸退。旌賞而旗罰。耳聽金鼓。目視旌旗。故不亂也。勇怯不能進退者。由旗鼓正也。　張預曰。夫用兵既衆占地必廣。首尾相遠。耳目不接。故設金鼓之聲。使之相聞。立旌旗之形。使之相見。視聽均齊。則雖百萬之衆進退如一矣。故曰。鬬衆如鬬寡。形名是也。

民既專一。則勇者不得獨進。怯者不得獨退。此用衆之法也。

杜佑曰。齊之以法教。使強弱不得相踰。據通典御覽補　杜牧曰。旌以出令。旗以應號。蓋旗者即今之信旗也。軍法曰。當進不進。當退不退者。斬之。吳起與秦人戰。戰未合。有一夫不勝其勇。前獲雙首而返。吳起斬之。軍吏進諫曰。此材士也。不可斬。吳起曰。信材士。非令也。乃斬之。　梅堯臣曰。一人之耳目者。謂使人之視聽齊一而不亂也。鼓之則進。金之則止。麾右則右。麾左則左。不可以勇怯而獨先也。　王晳曰。使三軍之衆勇怯進退齊一者。鼓鐸旌旗之爲也。　張預曰。士卒專心一意。惟在於金鼓旌旗之號令。當進則進。當退則退。一有違者必戮。故曰。令不進而進。與令不退而退。厥罪惟均。尉繚子曰。鼓鳴旗麾。先登者。未嘗非多力國士也。將者之過也。言不可賞先登獲雋者。恐進退不一耳。

故夜戰多火鼓。晝戰多旌旗。所以變民之耳目也。原本民作人從御覽改通典變作便非

李筌曰。火鼓夜之所視聽。旌旗晝之所指揮。　杜牧曰。令軍士耳目皆隨旌旗火鼓而變也。或曰。夜戰多火鼓。其旨如何。夜黑之後。必無原野列陳與敵刻期而戰也。軍襲敵營。鳴鼓然火。適足以警敵人之耳。明敵人之目。於我返害。其義安在。答曰。富哉問乎。此乃孫武之微旨也。凡夜戰者。蓋敵人來襲我壘。不得已而與之戰。其法在於立營之法。與陳小同。故志曰。止則爲營。行則爲陳。蓋大陳之中。必包小陳。大營之內。必包小營。蓋前後左

右之軍。各自有營環遶。大將之營居於中央。諸營環之。隅落鉤聯。曲折相對。象天之壁壘星。其營相去。上不過百步。下不過五十步。道徑通達。足以出隊列部。壁壘相望。足以弓弩相救。每於十字路口。必立小堡。上致柴薪。穴爲暗道。胡梯上之。令人看守。夜黑之後。聲鼓四起。卽以燔燎。是以賊夜襲我。雖入營門。四顧屹然。復有小營。各自堅守。東西南北。未知所攻。大將營或諸小營中先知有賊至者。放令盡入。然後擊鼓。諸營齊應。衆堡燎火。明如晝日。諸營兵士於是閉門登壘。下瞰敵人。勁弩彊弓。四向俱發。敵人雖有韓白之將。鬼神之兵。亦無能計也。唯恐夜不襲我。來則必敗。若敵人或能潛入一營。卽諸營舉火。出兵四面繞之。號令營中。不得輒動。須臾之際。善惡自分。賊若出走。皆在羅網矣。故司馬宣王入諸葛亮營壘。見其曲折。曰。此天下之奇才也。今之立營。通洞豁達。雜以居之。若有賊夜來斫營。萬人一時驚擾。雖多致斥候。嚴爲備守。晦黑之後。彼我不分。雖有衆力。亦不能用。　陳皥曰。杜言夜黑之後。必無原野列陳與敵人刻期而戰。非也。天寶末。李光弼以五百騎趨河陽。多列火炬。首尾不息。史思明數萬之衆不敢逼之。豈止待賊斫營而已。　賈林曰。火鼓旌旗。可以聽望。故晝夜異用之。　梅堯臣曰。多者。欲以變惑敵人耳目。　王晳曰。多者。所以震駭視聽。使懾我之威武聲氣也。傳曰。多鼓鈞聲。以夜軍之。　張預曰。凡與敵戰。夜則火鼓不息。晝則旌旗相續。所以變亂敵人之耳目。使不知其所以備我之計。越伐吳。夾水而陳。越爲左右句卒。使夜或左或右。鼓譟而進。吳師分以禦之。遂爲越所敗。是惑以火鼓也。晉伐齊。使司馬斥山澤之險。雖所不至。必旆而疏陳之。齊侯畏而脫歸。是惑以旌旗也。

故三軍可奪氣。

曹公曰。左氏言一鼓作氣。再而衰。三而竭。　李筌曰。奪氣。奪其銳勇。齊伐魯。戰於長勺。齊人一鼓。公將戰。曹劌曰。未可。齊人三鼓。劌曰。可矣。乃戰。齊師敗績。公問其故。劌曰。夫戰勇氣也。一鼓作氣。再而衰。三而竭。彼竭我盈。故克之。奪三軍之氣也。　杜牧曰。司馬法。戰以力久。以氣勝。齊伐魯。莊公將戰於長勺。公將鼓之。曹劌曰。未可。齊人三鼓。劌曰。可矣。齊師敗績。公問其故。對曰。夫戰勇氣也。一鼓作氣。再而衰。三而竭。彼竭我盈。故克之。晉將毋丘儉文欽反。諸軍屯樂嘉。司馬景王銜枚徑造之。欽子鴦年十八。勇冠三軍。曰。及其未定。請登城鼓譟。擊之可破。既而三譟之。欽不能應。鴦退。相與引而東。景王謂諸將曰。欽去矣。發銳軍以追之。諸將曰。欽舊將。鴦小而銳。引軍內入。未有失利。必不走也。王曰。一鼓作氣。再而衰。三而竭。鴦鼓而欽不應。其勢已屈。不走何待。欽果引去。　王晳曰。震懾衰惰。則軍氣奪矣。　何氏曰。淮南子曰。將充勇而輕敵。卒果敢而樂戰。三軍之衆。百萬之師。志厲青雲。氣如飄風。聲如雷霆。誠積踰而威加敵人。此謂氣勢。吳子曰。三軍之衆。百萬之師。張設輕重。在於一人。是謂氣機。故奪氣者。有所待有所乘。則可矣。　張預曰。氣者戰之所恃也。夫含生稟血。鼓作戰爭。雖死不省者。氣使然也。故用兵之法。若激其士卒。令上下同怒。則其鋒不可當。故敵人新來而氣銳。則且以不戰挫之。伺其衰倦而後擊。故彼之銳氣可以奪也。尉繚子謂氣實則鬭。氣奪則走者。此之謂也。曹劌言一鼓作氣者。謂初來之氣盛也。再而衰三而竭者。謂陳久而人倦也。又李靖曰。守者不止完其壁堅其陳而已。必也守吾氣而有待焉。所謂守其氣者。常養吾之氣。使銳盛而不衰。然後彼之氣可得而奪也。

將軍可奪心。

李筌曰。怒之令憤。撓之令亂。間之令疎。卑之令驕。則彼之心可奪也。　杜牧曰。心者將軍心。軍中所倚賴以爲軍者也。後漢寇恂征隗囂。囂將高峻守高平第一軍。峻遣將軍皇甫文出謁恂。辭禮不屈。恂怒斬之。遣其副。峻惶恐。即日開城門降。諸將曰。敢問殺其使而降其城何也。恂曰。皇甫文峻之腹心。其所取計者。今來辭氣不屈。必無降心。全之則文得其計。殺之則峻亡其膽。是以降耳。後燕慕容垂遣子寶率衆伐後魏。始寶之來。垂已有疾。自到五原。道武帝斷其來路。父子問絕。道武乃詭其行人之辭令。臨河告之曰。父已死。何不遽還。寶兄弟聞之憂懼。以爲信然。因夜遁去。道武襲之。大破於參合陂。　梅堯臣曰。以鼓旗之變。或奪其氣。軍旣奪氣。將亦奪心。　王晳曰。紛亂諠譁。則將心奪矣。　何氏曰。先須己心能固。然後可以奪敵將之心。故傳曰。先人有奪人之心。司馬法曰本心固新氣勝者。是也。　張預曰。心者將之所主也。夫治亂勇怯。皆主於心。故善制敵者。撓之而使亂。激之而使惑。迫之而使懼。故彼之心謀可以奪也。傳曰。先人有奪人之心。謂奪其本心之計也。又李靖曰。攻者不止攻其城擊其陳而已。必有攻其心之術焉。所謂攻其心者。常養吾之心使安閑而不亂。然後彼之心可得而奪也。

是故朝氣銳。

孟氏曰。司馬法曰。新氣勝舊氣。新氣即朝氣也。　陳皞曰。初來之氣。氣方勝銳。勿與之爭也。　王晳曰。士衆凡初舉氣銳也。

晝氣惰。

王晳曰。漸久少怠。

暮氣歸。

孟氏曰。朝氣初氣也。晝氣再作之氣也。暮氣衰竭之氣也。　梅堯臣曰。朝言其始也。晝言其中也。暮言其終也。

謂兵始而銳。久則惰而思歸。故可擊。　王晳曰。怠久意歸。無復戰理。

故善用兵者。避其銳氣。擊其惰歸。此治氣者也。通典治作理此避諱改也下同

陳皥曰。陳久人倦則衰。故善用兵者。當其銳盛。則堅守以避之。待其惰歸。則出兵以擊之。此所謂善治己之氣以奪人之氣者也。前趙將游子遠之敗伊餘羌。唐武德中太宗之破竇建德。皆用此術。

以治待亂。以靜待譁。此治心者也。

李筌曰。伺敵之變因而乘之。　杜牧曰。司馬法曰。本心固。言料敵制勝。本心已定。但當調治之。使安靜堅固。不爲事撓。不爲利惑。候敵之亂。伺敵之譁。則出兵攻之矣。　陳皥曰。政令不一。賞罰不明。謂之亂。旌旗錯雜。行伍輕囂。謂之譁。審敵如是。則出攻之。　賈林曰。以我之整治。待敵之撓亂。以我之清淨。待敵之諠譁。此治心者也。故太公曰。事莫大於必克。用莫大於元默也。　梅堯臣曰。鎮靜待敵。衆心則寧。　王晳同陳皥註。　何氏曰。夫將以一身之寡。一心之微。連百萬之衆。對虎狼之敵。利害之相雜。勝負之紛揉。權智萬變。而措置之胸臆之中。非其中廓然。方寸不亂。豈能應變而不窮。處事而不迷。卒然遇大難而不驚。案然接萬物而不惑。吾之治足以待亂。吾之靜足以待譁。前有百萬之敵。而吾視之則如遇小寇。亞夫之禦寇也。堅臥而不起。欒箴之臨敵也。好以整又好以暇。夫審此二人者。蘊以何術哉。蓋其心治之有定。養之有餘也。　張預曰。治以待亂。靜以待譁。安以待躁。忍以待忿。嚴以待懈。此所謂善治己之心以奪人之心者也。

以近待遠。以佚待勞。通典佚作逸案本書勞佚字皆作佚御覽亦作佚　以飽待飢。此治力者也。

杜佑曰。以我之近。待彼之遠。以我之閑佚。待彼之疲勞。以我之充飽。待彼之飢虛。此理人力者也。　李筌曰。客

主之勢。杜牧曰。上文云致人而不致於人。是也。梅堯臣曰。無困竭人力以自弊。王晳曰。以餘制不足。善治力也。張預曰。近以待遠。佚以待勞。飽以待飢。誘以待來。重以待輕。此所謂善治己之力以困人之力也。

無要正正之旗。要原本作邀案兵書要訣曰孫子稱無要正正之旗謂行軍前後正治故不可要而擊之也左氏曰衷戎師前後擊之盡殪其義可互證又案王晳注云本可要擊亦作要從北堂書鈔太平御覽改正勿擊堂堂之陳。此治變者也。

曹公曰。正正齊也。堂堂大也。杜佑曰。正正者。整齊也。堂堂者。盛大之貌也。正正者。孤特象也。言敵前有孤特之兵。後有堂堂之陳。必有倚伏詐誘之謀。審察以待。勿輕邀截也。此理變詐。據通典御覽補　李筌曰。正正者。齊整也。堂堂者。部分也。杜牧曰。堂堂者。無懼也。兵者隨敵而變。敵有如此。則勿擊之。是能治變也。後漢曹公圍鄴。袁尙來救。公曰。尙若從大路來。當避之。若循西山來。此成擒耳。尙果循西山來。逆擊大破之也。梅堯臣曰。正正而來。堂堂而陳。示無懼也。必有奇變。王晳曰。本可要擊。以視整齊盛大。故變。何氏曰。所謂強則避之。張預曰。正正謂形名齊整也。堂堂謂行陳廣大也。敵人如此。豈可輕戰。軍政曰。見可而進。知難而退。又曰。強而避之。言須識變通。此所謂善治變化之道以應敵人者也。

故用兵之法。高陵勿向。背邱勿逆。御覽背作倍

孟氏曰。敵背邱陵爲陳。無有後患。則當引軍平地。勿迎擊之。杜佑曰。敵若據山陵。依附險阻。原本改爲依據邱陵險阻按此注釋高陵勿向句也下背邱勿逆句又有注合注者删之今據通典御覽補正陳兵待敵。勿輕攻趨也。既地原本作馳從御覽改勢不便。有殞石之衝也。敵背邱陵爲陳。無有後患。則當置平地。勿迎而擊也。據通典御覽補　李筌曰。地勢也。杜牧曰。向者仰也。背者倚也。逆者迎也。言敵在高處。不可仰攻。敵倚邱山下來求戰。不可逆之。此言自下趨高者力乏。自高趨下者勢順也。故不

可向迎。梅堯臣曰。高陵勿向者。敵處其東。不可仰擊。背邱勿逆者。敵自高而來。不可逆戰。勢不便也。王晳曰。如此不便。則當嚴陳以待變也。何氏曰。秦伐韓。趙王令趙奢救之。秦人聞之。悉甲而至。軍士許歷請以軍事諫。曰。秦人不意趙師至此。其來氣盛。將軍必厚集其陳以待之。不然必敗。今先據北山上者勝。後至者敗。奢從之。卽發萬人趨之。秦兵後至。爭山不得上。奢縱兵擊之。大破秦軍。後周遣將伐高齊。圍洛陽。齊將段韶禦之。登邙坂。聊欲觀周軍形勢至太和谷。便值周軍。卽遣馳告諸營。與諸將結陳以待之。周軍以步人在前。上山逆戰。韶以彼步我騎。且卻且引。待其力弊。乃遣下馬擊之。短兵始交。周人大潰。並卽奔遁。張預曰。敵處高爲陳。不可仰攻。人馬之馳逐。弧矢之施發。皆不便也。故諸葛亮曰。山陵之戰。不仰其高。敵從高而來。不可迎之。勢不順也。引至平地。然後合戰。

佯北勿從。

杜佑曰。北奔走也。敵方戰。氣勢未衰。便奔走而陳卻（原本作兵今從通典改）者。必有奇伏。勿深入從之。故太公曰。夫出甲陳兵。縱卒亂行者。欲以爲變也。（通典作從卒亂所以多爲變）李筌杜牧曰。恐有伏兵也。賈林曰。敵未衰。忽然奔北。必有奇伏要擊我兵。謹勒將士。勿令逐追。梅堯臣同杜牧註。王晳曰。勢不至北。必有詐也。則勿逐。何氏曰。如戰國秦師伐趙。趙奢之子括代廉頗將。拒秦於長平。秦陰使白起爲上將軍。趙出兵擊秦。秦軍佯敗而走。張二奇兵以劫之。趙軍逐勝。追造秦壁。壁堅不得入。而秦奇兵二萬五千人絕趙軍後。又一軍五千騎絕趙壁間。趙軍分而爲二。糧道絕。而秦出輕兵擊之。趙戰不利。因築壁堅守。以待救至。秦聞趙食道絕。王自之河內。發卒遮絕趙救及糧食。趙卒不得食。四十六日。陰相殺食。括中箭而死。蜀劉表遣劉備北侵。至鄴。曹公遣夏侯惇李典拒之。一朝備燒屯去。惇遣諸將追擊之。典曰。賊無故退。疑必有伏。南道窄狹。草木深。不可追也。不聽。惇等果入賊伏裏。典往救。備見救至。乃退。西魏末。遣將史寧與突厥同伐吐谷渾。遂至樹敦。即吐谷渾之舊都。多諸珍藏。而其主先已奔賀真城。留其征南王及數千人固守。寧攻之僞退。吐谷渾人果開門逐之。因回兵奪門。門未及闔。寧兵遂得入。生擒其征南王。俘獲男女財寶。盡歸諸突厥。北齊高澄立。侯景叛歸梁而圍彭城。澄遣慕容紹宗討之。將戰。紹宗以梁人剽悍。恐其衆之撓也。召將帥而語之曰。我當佯退。誘梁人使前。汝可擊其背。申明誡之。景又命梁人曰。逐北勿過二里。會戰。紹宗走。梁人不用景言。乘敗深入。魏人以紹宗之言爲信。爭掩擊。遂大敗之。唐安祿山反。郭子儀圍衞州。僞鄭王慶緒率兵來援。分爲三軍。子儀陳以待之。預選射者三千人伏於壁內。誡之曰。俟吾小卻。賊必爭進。則登城鼓譟。弓弩齊發以逼之。既戰。子儀僞退。而賊果乘之。乃開壘門。遽聞鼓譟。矢注如雨。賊徒震駭。整衆追之。遂虜慶緒。　張預曰。敵人奔北。必審真僞。若旗鼓齊應。號令如一。紛紛紜紜。雖退走。非敗也。必有奇也。不可從之。若旗靡轍亂。人囂馬駭。此真敗卻也。

銳卒勿攻。

李筌曰。避彊氣也。　杜牧曰。避實也。楚子伐隨。隨臣季良曰。楚人尚左。君必左。無與王遇。且攻其右。右無良焉。必敗。偏敗。衆乃攜矣。隨少師曰。不當王。非敵也。不從。隨師敗績。　陳皥曰。此說是避敵所長。非銳卒勿攻之旨也。蓋言士卒輕銳。且勿攻之。待其懈惰。然後擊之。所謂千里遠鬭。其鋒莫當。蓋近之爾。　梅堯臣曰。伺其氣挫。　何氏曰。如蜀先主率大衆東伐吳。吳將陸遜拒之。蜀主從建平連圍至夷陵界。立數十屯。以金帛爵賞誘動諸夷。先遣將吳班以數千人於平地立營。欲以挑戰。諸將皆欲擊之。遜曰。備舉軍東至。銳氣始盛。且乘高守險。

難可卒攻。攻之縱下。猶難盡克。若有不利。損我必大。今但有獎勵將士。廣施方略。以觀其變。備知其計不行。乃引伏兵八千人從谷中出。遜曰。所以不聽諸軍擊班者。揣之必有巧故也。諸將並曰。攻備當在初。今乃令入五六百里相銜持。經七八月。其諸要害賊已固守。擊之必無利矣。遜曰。備是猾虜。其軍始集。思慮精專。未可干也。今住已久。不得我便。兵疲意沮。計不復生。犄角此寇。正在今日。乃先攻一營。不利。遜曰。吾已曉破之之術。乃令各持一把茅。以火攻拔之。備因夜遁。魏末。吳將諸葛恪圍新城。司馬景王使毌丘儉文欽等拒之。儉欽請戰。景王曰。恪卷甲深入。投兵死地。其鋒未易當。且新城小而固。攻之未可拔。遂令諸將高壘以弊之。相持數日。恪攻城力屈。死傷大半。景王乃令欽督銳卒。趣合榆。斷其歸路。恪懼而遁。前趙劉曜遣將討羌。大酋權渠率衆保險阻。曜將劉子遠頻敗之。權渠欲降。其子伊餘大言於衆中曰。往年劉曜自來。猶無若我何。晨壓子遠壘門。左右勸出戰。子遠曰。吾聞伊餘有專諸之勇。慶忌之捷。其父新敗。怒氣甚盛。且西戎勁悍。其鋒不可擬也。不如緩之。使氣竭而擊之。乃堅壁不戰。伊餘有驕色。子遠候其無備。夜分誓衆。秣馬蓐食。先晨具甲。掃壘而出。遲明設覆而戰。生擒伊餘於陣。唐武德中。太宗率師往河東討劉武周。江夏王道宗從軍。太宗登玉壁城覩賊。顧謂道宗曰。賊恃其衆。來邀我戰。汝謂如何。對曰。羣賊鋒不可當。易以計屈。難與力爭。今衆深壁高壘。以挫其鋒。烏合之徒。莫能持久。糧運致竭。自當離散。可不戰而擒。太宗曰。汝意見暗與我合。後賊食盡夜遁。一戰敗之。又太宗征薛仁杲於折墌城。賊十有餘萬。兵鋒甚銳。數來挑戰。諸將請戰。太宗曰。我卒新經挫衄。銳氣猶少。賊驟勝。必輕進好鬬。我且閉壁以折之。待其氣衰而後擊。可一戰而破。此萬全計也。因令軍中曰。敢言戰者斬。相持久之。賊糧盡。軍中頗攜貳。其將相繼來降。太宗知仁杲心腹內離。謂諸將曰。可以戰矣。令總管梁實營於淺水原以誘之賊大將宗羅睺自恃驕悍。求戰不得。氣憤者久之。及是盡銳攻梁實。冀逞其志。梁實固險不出。以挫其鋒。羅睺攻之愈急。太宗度賊已疲。復謂諸將曰。彼氣將衰。吾當取之必矣。申令諸將遲明合戰。令將軍龐玉陳於淺水原。南出賊之右。先餌之。羅睺併軍共戰。玉軍幾敗。太宗親御大軍。奄自原北。出其不意。羅睺回師相拒。我師表裏齊奮。呼聲動天。羅睺氣奪。於是大潰。又李靖從河閒王孝恭討蕭銑。兵至夷陵。銑將文士宏率精卒數萬屯清江。孝恭欲擊之。靖曰。士宏銑之健將。士卒驍勇。今新出荆門。盡兵出戰。此是救敗之師。恐不可當也。宜且泊南岸。勿與爭鋒。待其氣衰。然後奮擊。破之必矣。孝恭不從。留靖守營。與賊戰。孝恭果敗。奔於南岸。　張預曰。敵若乘銳而來。其鋒不可當。宜少避之。以伺疲挫。晉楚相持。楚晨壓晉軍而陳。軍吏患之。欒書曰。楚師輕窕。固壘以待之。三日必退。退而擊之。必獲勝焉。又唐太宗征薛仁杲。賊兵鋒甚銳。數來挑戰。諸將咸請戰。太宗曰。當且閉壘以折之。待其氣衰。可一戰而破也。果然。

餌兵勿食。通典作勿貪按李筌杜牧本皆作食御覽亦作食又陳皞云食字疑或爲貪則正本故作食也

杜佑曰。以小利來餌己。士卒勿取也。據通典補　李筌曰。秦人毒涇上流。　杜牧曰。敵忽棄飲食而去。先須嘗試。不可便食。慮毒也。後魏文帝時。庫莫奚侵擾。詔濟陰王新成率衆討之。王乃多爲毒酒。賊既漸逼。使棄營而去。賊至喜。競飲。酒酣毒作。王簡輕騎縱擊。俘獲萬計。　陳皞曰。此之獲勝。蓋非偶然。固非爲將之道垂後世法也。孫子豈以他人不能致毒於人腹中哉。此言喻魚若見餌。不可食也。敵若懸利。不可貪也。曹公與袁紹將文醜等戰。諸將以爲敵騎多。不如還營。荀攸曰。此所以餌敵也。安可去之。即知餌兵非止謂寘毒也。食字疑或爲貪字也。　梅堯臣曰。魚貪餌而亡。兵貪餌而敗。敵以兵來釣我。我不可從。　王晳曰。餌我以利。必有奇伏。　何氏曰。

如春秋時。楚伐絞。軍其南門。莫敖屈瑕曰。絞小而輕。輕則寡謀。請無扞采樵者以誘之。從之。絞人獲三十人。明日。絞人爭出。驅楚役徒於山中。楚人坐其北門。而覆諸山下。大敗之。爲城下之盟而還。又如赤眉佯敗。棄輜重走。車載土。以豆覆其上。鄧宏取之。爲赤眉所敗。曹公未得濟而放牛馬。馬超取之而公得渡。又如曹公棄輜重。文醜劉備分取之。而爲公所破。又如後魏廣陽王元深。以乜列河誘拔陵。竟來抄掠。拔陵爲于謹伏兵所破。此皆餌之之術也。　張預曰。三略曰。香餌之下。必有懸魚。言魚貪餌。則爲釣者所得。兵貪利。則爲敵人所敗。夫餌兵非止謂寘毒於飲食。但以利留敵。皆爲餌也。若曹公以畜產餌馬超。以輜重餌袁紹。李矩以牛馬餌石勒之類。皆是也。

歸師勿遏。

孟氏曰。人懷歸心。必能死戰。則不可止而擊也。　杜佑曰。若窮寇退還。依險而行。人人懷歸。故能死戰。徐觀其變。而勿遏截之。原本注云人人有室家鄉國之往不可遏截之徐觀其變而制之按此似後人所改從通典御覽訂正　李筌曰。士卒思歸。志不可遏也。　杜牧曰。曹公自征張繡於穰。劉表遣兵救繡以絕軍後。公將引還。繡兵來追。公軍不得進。表與繡復合兵守險。公軍前後受敵。公乃夜鑿險爲地道。悉過輜重。設奇兵。會明。賊謂公爲遁也。悉軍來追。縱自奇兵以下十五字原本脫今補正奇兵步騎夾原本作來譌攻。大破之。公謂荀文若曰。虜遏吾歸師。而與吾死地。吾是以知勝矣。　梅堯臣曰。敵必死戰。　王晳曰。人自爲戰也。勿遏塞之。若猶有他慮。則可要而擊。曹公攻鄴。袁尚來救。諸將以爲歸師不如避之。公曰。尚從大道來。則避之。若循西山來者。此成擒耳。蓋大道來則歸意全。循山來則顧負險。且有懼心也。　何氏曰。如魏初曹公圍張繡於穰。劉表遣兵救繡以絕軍後。公將引還。繡兵來追。公軍不得進。連營稍前到安衆。繡與表合兵守險。公軍前後受敵。公乃夜鑿險爲地道。悉過輜重。設奇兵。會明。賊謂公爲遁也。悉軍來追。乃縱奇兵步騎夾攻。大破之。公謂荀彧曰。虜遏吾歸師。與吾死地。是以知勝。齊建武二年。魏圍鍾離。張欣泰爲軍主。隨崔慧景救援。及魏軍退。而邵陽洲上餘兵萬人求輸馬五百匹假道。慧景欲斷路攻之。欣泰說慧景曰。歸師勿遏。古人畏之。兵在死地。不可輕也。慧景乃聽過也。前秦苻堅征晉。至壽春。兵敗。還長安。慕容泓起兵于華澤。堅將苻叡竇衝姚萇討之。苻叡勇果輕敵。不恤士衆。泓聞其至也。懼。率衆將奔關東。叡馳兵邀之。姚萇諫曰。鮮卑有思歸之心。宜驅令出關。不可遏也。叡弗從。戰于華澤。叡敗績被殺。後涼呂宏攻段業於張掖。不勝。將東走。業議欲擊之。其將沮渠蒙遜諫曰。歸師勿遏。窮寇勿追。此兵家之戒。不如縱之。以爲後圖。業曰。一日縱敵。悔將無及。遂率衆追之。爲宏所敗。　張預曰。兵之在外。人人思歸。當路邀之。必致死戰。韓信曰。從思東歸之士。何所不克。曹公既破劉表。謂荀彧曰。虜遏吾歸師。吾是以知勝。又呂宏攻段業不勝。將東走。業欲擊之。或諫曰。歸師勿遏。兵家之戒。不如縱之。以爲後圖。業不從。率衆追之。爲宏所敗。古人似此者多。不可悉陳。

圍師必闕。

曹公曰。司馬法曰。圍其三面。闕其一面。所以示生路也。　杜佑曰。若圍敵平陸之地。必空一面。以示其虛。故使戰守不固。而有去留之心。若敵臨危據險。彊救在表。當堅固守之。未必闕也。此用兵之法。　李筌曰。夫圍敵必空其一面。示不固也。若四面圍之。敵必入守不拔也。項羽坑外黃。魏武圍壺關。即其義也。　杜牧曰。示以生路。令無必死之心。因而擊之。後漢妖巫維汜弟子單臣傅鎮等。相聚入原武城。劫掠吏人。自稱將軍。光武遣臧宮將北軍數千人圍之。賊食多。數攻不下。士卒死傷。帝召公卿諸侯王問方略。明帝時爲東海王。對曰。妖巫相劫。

勢無久立。其中必有悔者。但外圍急。不得走耳。小挺緩令得逃亡。則一亭長足以擒矣。帝即勑令開圍緩守。賊衆分散。遂斬臣鎮等。大唐天寶末。李光弼領朔方軍與史思明戰于土門。賊衆退散。四面圍合。光弼令開東南角以縱之。賊見開圍。棄甲急走。因追擊之。盡殲其衆。是開一面也。 梅堯臣同曹公註。 何氏曰。如後漢初。張步據齊地。漢將耿弇總兵討之。步使其大將費邑軍歷下。又分守祝阿鍾城。弇先擊祝阿。自晨攻城。未日中而拔。故開圍一角。令其衆得奔歸鍾城。鍾城人聞祝阿已潰。大恐懼。遂空壁亡去。又朱雋與徐璆共討黃巾餘賊。韓忠據宛乞降。不許。因急攻之。連城不克。雋登山覩之。顧謂張超曰。吾知之矣。賊今外圍周固。內營急逼。乞降不受。欲出不得。所以死戰也。萬人一心。猶不可當。況十萬乎。其害甚矣。今不如徹圍。并兵入城。忠見圍解。則勢必自出。出則意散。易破之道也。既而解圍。忠果出戰。雋因破之。又魏太祖圍壺關。下令曰。城拔皆坑之。連月不下。曹仁曰。圍城必示之活門。所以開其生路也。今公告之必死。將人自爲守。且城固而糧多。攻之則士卒傷。守之則日久。今頓兵堅城之下。攻必死之虜。非良計也。太祖從之。開城遂降。又後魏末。齊神武起義兵於河北。爾朱兆天光度律仲遠等四將同會鄴南。士馬精彊。號二十萬。圍神武於南陵山。是時神武馬二千。步卒不滿三萬人。兆等設圍不合。神武連繫牛驢。自塞歸道。於是將士死戰。四面奮擊。大破兆等。 張預曰。圍其三面。開其一角。示以生路。使不堅戰。後漢朱雋討賊帥韓忠於宛。急攻不克。因謂軍吏曰。賊今外圍周固。所以死戰。若我解圍。勢必自出。出則意散。易破之道也。果如其言。又曹公圍壺關。謂之曰。城破皆坑之。連攻不下。曹仁謂公曰。夫圍城必示之活門。所以開其生路也。今公許之必死。令人自守。非計也。公從之。遂拔其城。是也。

窮寇勿迫。

杜牧曰。春秋時。吳伐楚。楚師敗走。及清發。闔閭復將擊之。夫槩王曰。困獸猶鬬。況人乎。若知不免而致死。必敗我。若使半濟而後可擊也。從之。又敗之。漢宣帝時。趙充國討先零羌。羌覩大軍棄輜重。欲渡湟水。道阸狹。充國徐行驅之。或曰。逐利行遲。充國曰。窮寇也。不可迫。緩之則走不顧。急之則還致死。諸將曰。善。虜果赴水。溺死者數萬。於是大破之也。　陳皞曰。鳥窮則搏。獸窮則噬。　梅堯臣曰。困獸猶鬬。物理然也。　何氏曰。前燕呂護據野王。陰通晉。事覺。燕將慕容恪等率衆討之。將軍傅顏言之恪曰。護窮寇假合。王師既臨。則上下喪氣。殿下前以廣固天險。守易攻難。故爲長久之策。今賊形不與往同。宜急攻之。以省千金之費。恪曰。護老賊。經變多矣。觀其爲備之道。則未易卒圖也。今圍之於窮城。樵採路絕。內無蓄積。外無彊援。不過於十旬。弊之必矣。何必殘士卒之命而趨一時之利哉。此謂兵不血刃而坐以制勝也。遂列長圍守之。凡經六月。而野王潰。護南奔于晉。悉降其衆。五代晉將苻彥卿杜重威經略北鄙。遇虜於陽城。戎人十萬圍晉師於中野。乏水。軍人鑿井取泥。衣絞而吮之。人馬渴死甚衆。彥卿曰。與其束手就擒。曷若以身殉國。我今窮蹙。乃率勁騎出擊之。會大風揚塵。乘勢決戰。戎人大潰。此彥卿爲虜十萬所圍。乃窮蹙之寇。遂致死力以求生。戎人不悟之致敗也。　張預曰。敵若焚舟破釜。決一戰。則不可逼迫來。蓋獸窮則搏也。晉師敗齊于鞌。齊侯請盟。晉人不許。齊侯曰。請收合餘燼。背城借一。晉人懼。而與之盟。吳夫槩王謂曰。困獸猶鬬。漢趙充國言。緩之則走不顧。急之則還致死。蓋亦近之。

此用兵之法也。鄭氏遺說法字下有妙字。并述其義。按妙字衍。通典御覽皆無妙字

卷八　九變篇

曹公曰變其正得其所用九也　王晳曰晳謂九者數之極用兵之法當極其變耳逸詩云九變復貫不知曹公謂何爲九或曰九地之變也　張預曰變者不拘常法臨事適變從宜而行之之謂也凡與人爭利必知九地之變故次軍爭

孫子曰。凡用兵之法。將受命於君。合軍聚衆。

張預曰。已解上文。

圮地無舍。

曹公曰。無所依也。水毀曰圮。　孟氏曰。太下則爲敵所囚。　杜佑曰。擇地頓兵。當趨利而避害也。　李筌曰。地下曰圮。行必水淹也。　陳皡曰。圮低下也。孔明謂之地獄。獄者。中下四面高也。　梅堯臣曰。山林險阻沮澤之地。不可舍止。無所依也。　何氏曰。下篇言。圮地則吾將進其塗。謂必固之地。宜速去之也。　張預曰。山林險阻沮澤。凡難行之道爲圮地。以其無所依。故不可舍止。

衢地合交。原本作交合今從北堂書鈔改正

曹公曰。結諸侯也。　李筌曰。四通曰衢。結諸侯之交地也。　賈林曰。結諸侯以爲援。　梅堯臣曰。夫四通之地。與旁國相通。當結其交也。　何氏曰。下篇云。衢地吾將固其結。言交結諸侯使牢固也。　張預曰。四通之地。旁有鄰國。先往結之。以爲交援。

絕地無留。

曹公曰。無久止也。　李筌曰。地無泉井畜牧采樵之處。爲絕地。不可留也。　賈林曰。谿谷坎險。前無通路。曰絕。

當速去無留。 梅堯臣曰。始去國始出境。猶不居輕地。是不可久留也。 張預曰。去國越境而師者。絕地也。危絕之地。過於重地。故不可淹留久止也。

圍地則謀。

曹公曰。發奇謀也。 李筌曰。因地能通。 賈林曰。居四險之中曰圍地。敵可往來。我難出入。居此地者。可預設奇謀。使敵不爲我患。乃可濟也。 梅堯臣曰。往返險迂。當出奇謀。 何氏曰。下篇亦云圍地則謀。言在艱險之地。與敵相持。須用奇險詭譎之謀。不至於害也。 張預曰。居前隘後固之地。當發奇謀。若漢高爲匈奴所圍。用陳平奇計得出。茲近之。

死地則戰。

曹公曰。殊死戰也。 李筌曰。置兵於必死之地。人自爲私鬭。韓信破趙。此是也。 梅堯臣曰。前後有礙。決在死戰。此而上。舉九地之大約也。 王晳註上之五地。竝同曹公。 何氏曰。下篇亦云死地則戰者。此地速爲死戰則生。若緩而不戰。氣衰糧絕。不死何待也。 張預曰。走無所往。當殊死戰。淮陰背水陳是也。從圮地無舍至此。爲九變。止陳五事者。舉其大略也。九地篇中說九地之變。唯言六事。亦陳其大略也。凡地有勢有變。九地篇上所陳者。是其勢也。下所敍者。是其變也。何以知九變爲九地之變。下文云。將不通九變。雖知地形。不能得地利。又九地篇云。九地之變。屈伸之利。不可不察。以此觀之。義可見也。下既說九地。此復言九變者。孫子欲敍五利。故先陳九變。蓋九變五利相須而用。故兼言之。

塗有所不由。

曹公曰。隘難之地。所不當從。不得已從之。故爲變。　杜佑曰。阨難之地。所不當從也。不得已從之。故爲變也。道雖近而中不利。則不從也。（道雖近已下原本無者脱也據通典補）　李筌曰。道有險狹。懼其邀伏。不可由也。　杜牧曰。後漢光武遣將軍馬援耿舒討武陵五谿蠻。軍次下雋。今辰州也。有兩道可入。從壺頭。則路近而水險。從充道。則路夷而運遠。帝初以爲疑。及軍至。耿舒欲從充道。援以爲棄日費糧。不如進壺頭。搤其咽喉。則賊自破。以事上之。帝從援策。乃進營壺頭。賊乘高守隘。水疾船不得上。會暑濕。士卒多疫死。援亦中病卒。耿舒與兄好時侯書曰。舒前上言。當先擊充。糧雖難運。而兵馬得用。軍人數萬。爭欲先奮。今壺頭竟不得進。大衆怫鬱行死。誠可痛惜。　賈林曰。由從也。途且不利。雖近不從。　梅堯臣曰。避其險阨也。　王晳曰。途雖可從。而有所不從。慮奇伏也。若趙涉說周亞夫。避殽黽阨陝之閒。慮置伏兵。請走藍田。出武關。抵洛陽。閒不過差一二日。是也。　張預曰。險阨之地。車不得方軌。騎不得成列。故不可由也。不得已而行之。必爲權變。韓信知陳餘不用李左車計。乃敢入井陘口。是也。

軍有所不擊。

曹公曰。軍雖可擊。以地險難。久留之。失前利。若得之。則利薄。困窮之兵。必死戰也。　杜佑曰。軍雖可擊。以地險難。久留之。失前利。若得之。利薄也。窮困之卒。隘陷之軍。不可攻。爲死戰也。當固守之以待隙也。　杜牧曰。蓋以銳卒勿攻。歸師勿遏。窮寇勿迫。死地不可攻。或我彊敵弱。敵前軍先至。亦不可擊。恐驚之退走也。言有如此之軍。皆不可擊。斯統言爲將須知有此不可擊之軍。即須不擊。益爲知變也。故列於九變篇中。　陳皞曰。見小利不能傾敵。則勿擊之。恐重勞人也。　賈林曰。軍可威懷。勢將降伏。則不擊。寇窮據險。擊則死戰。可自固守。待其心惰取之，梅堯臣曰。往無利也。王晳曰。曹公曰。軍雖可擊。以地險難久。留之失前利。若得之則利薄。晳謂餌兵銳卒。正正之旗。堂堂之陳。亦是也。張預曰。縱之而無所損。克之而無所利。則不須擊也。又若我弱彼彊。我曲彼直。亦不可擊。如晉楚相持。士會曰。楚人德刑政事典禮不易。不可敵也。不爲是征。義相近也。

城有所不攻。

曹公曰。城小而固。糧饒。不可攻也。操所以置華費而深入徐州。得十四縣也。杜牧曰。操捨華費不攻。故能兵力完全。深入徐州得十四縣也。蓋言敵於要害之地。深峻城隍。多積糧食。欲留我師。若攻拔之。未足爲利。不拔則挫我兵勢。故不可攻也。宋順帝時。荆州守沈攸之反。素蓄士馬。資用豐積。戰士十萬。甲馬二千。軍至郢城。功曹臧寅以爲攻守異勢。非旬日所拔。若不時舉。挫銳損威。今順流長驅。計日可捷。既傾根本。則郢城豈能自固。故兵法曰。城有所不攻。是也。攸之不從。郢郡守柳世隆拒攸之。攸之盡銳攻之。不克。衆潰走。入林自縊。後周武帝欲出兵於河陽以伐齊。吏部宇文弢進曰。今用兵須擇地。河陽要衝。精兵所聚。盡力攻之。恐難得志。如臣所見。彼汾之曲。戍小山平。攻之易拔。用武之地。莫過於此。帝不納。師竟無功。復大舉伐齊。卒用弢計。以滅齊國家自元和三年。至于今三十年間。凡四攻寇。魏薄攻寇之南宮縣。上黨攻寇之臨城縣。太原攻寇之河星鎮。是寇三城。池峻壁堅。芻粟米石。金炭麻膏。凡城守之資。常爲不可勝之計。以備官軍擊虜。攻既不拔。兵頓力疲。寇以勁兵來救。故百戰百敗。故三十年間。困天下之功力。攻數萬之寇。四圍其境。通計十歲。竟無尺寸之功者。蓋常墮寇計中。不能知變也。賈林曰。臣忠義重稟命堅守者。亦不可攻也。梅堯臣曰。有所害也。王晳曰。城非控要。雖可攻。然懼於鈍兵挫銳。或非堅實而得士死力。又剋雖有期。而救兵至。吾雖得之。利不勝其所害也。

張預曰。拔之而不能守。委之而不爲患。則不須攻也。又若深溝高壘。卒不能下。亦不可攻。如士匄請伐偪陽。荀罃曰。城小而固。勝之不武。弗勝爲笑。是也。

地有所不爭。

曹公曰。小利之地。方爭得而失之。則不爭也。　杜牧曰。言得之難守。失之無害。伍子胥諫夫差曰。今我伐齊。獲其地。猶石田也。東晉陶侃鎮武昌。議者以武昌北岸有邾城。宜分兵鎮之。侃每不答。而言者不已。侃乃渡水獵。引諸將佐語之曰。我所以設險而禦寇。正以長江耳。邾城隔在江北。內有所倚。外接羣夷。夷中利深。晉人貪利。夷不堪命。必引寇虜。乃致禍之由。非禦寇也。且今縱有兵守之。亦無益於江南。若羯虜有可乘之會。此又非所資也。後庾亮戍之。果大敗也。　梅堯臣曰。得之無益者。　王晳曰。謂地雖要害。敵已據之。或得之無所用。若難守者。　張預曰。得之不便於戰。失之無害於己。則不須爭也。又若遼遠之地。雖得之終非己有。亦不可爭。如吳子伐齊。伍員諫曰。得地於齊。猶獲石田也。不如早從事於越。不聽。爲越所滅。是也。

君命有所不受。

通典上有將在軍三字按蜀諸葛武侯曰將在軍君命有所不受此當是意增成文杜佑沿襲其語所以致誤也

曹公曰。苟便於事。不拘於君命也。通典拘作徇　故曰。不從中御。據通典補　孟氏曰。無敵於前。無君於後。閫外之事。將軍制之。　李筌曰。苟便於事。不拘君命。穰苴斬莊賈。魏絳戮楊干。是也。　杜牧曰。尉繚子曰。兵者凶器也。爭者逆德也。將者死官也。無天於上。無地於下。無敵於前。無主於後。　賈林曰。決必勝之機。不可推於君命。苟利社稷。專之可也。　梅堯臣曰。從宜而行也。此而上。五利也。　張預曰。苟便於事。不從君命。夫槩王曰。見義而行。不待命。是也。自塗有所不由至此。爲五利。或曰。自圮地無舍至地有所不爭。爲九變。謂此九事皆不從中覆。但臨時制宜。故統之以君命有所不受。

故將通於九變之利者。知用兵矣。原本利上有地字鄭氏遺說同按藝文類聚北堂書鈔太平御覽皆無地字今從刪

杜佑曰。九事之變。皆臨時制宜。不由常道。故言變也。　李筌曰。謂上之九事也。　賈林曰。九變上九事。將帥之任機權。遇勢則變。因利則制。不拘常道。然後得其通變之利。變之則九。數之則十。故君命不在常變例也。　梅堯臣曰。達九地之勢。變而爲利也。　王晳曰。非賢智不能盡事理之變也。　何氏曰。孫子以九變名篇。解者十有餘家。皆不條其九變之目者。何也。蓋自圮地無舍而下。至君命有所不受。其數十矣。使人不得不惑。愚熟觀文意上下。止述其地之利害爾。且十事之中。君命有所不受。且非地事。昭然不類矣。蓋孫子之意。言凡受命之將。合聚軍衆。如經此九地。有害而無利。則當變之。雖君命使之舍留攻爭。亦不受也。況下文言。將不通於九變之利者。雖知地形。不能得地之利矣。其君命豈得與地形而同算也。況下之地形篇云。戰道必勝。主曰無戰。必戰可也。戰道不勝。主曰必戰。無戰可也。厥旨盡在此矣。　張預曰。更變常道而得其利者。知用兵之道矣。

將不通於九變之利者。雖知地形。不能得地之利矣。

賈林曰。雖知地形。心無通變。豈惟不得其利。亦恐反受害也。將貴適變也。　梅堯臣曰。知地不知變。安得地之利。　張預曰。凡地有形有變。知形而不曉變。豈能得地之利。

治兵不知九變之術。雖知五利。不能得人之用矣。

曹公曰。謂下五事也。九變一云五變。　賈林曰。五利五變。亦在九變之中。遇勢能變則利。不變則害。在人故無常體。能盡此理。乃得人之用也。五變。謂途雖近。知有險阻奇伏之變而不由。軍雖可擊。知有窮蹙死鬬之變而

不擊。城雖勢孤可攻。知有糧充兵銳將智臣忠不測之變而不攻。地雖可爭。知得之難守得之無利有反奪傷人之變而不爭。君命雖宜從之。知有內御不利之害而不受。此五變者。臨時制宜。不可預定。貪五利者。途近則由軍勢孤則擊城。勢危則攻地。可取則爭軍。可用則受命。貪此五利。不知其變。豈惟不得人用。抑亦敗軍傷士也。　梅堯臣曰。知利不知變。安得人而用。　王晳曰。雖知五地之利。不通其變。如膠柱鼓瑟耳。　張預曰。凡兵有利有變。知利而不識變。豈能得人之用。曹公言下五事爲五利者。謂九變之下五事也。非謂雜於利害已下五事也。

是故智者之慮。必雜於利害。

曹公曰。在利思害。在害思利。當難行權也。　李筌曰。害彼利此之慮。　賈林曰。雜一爲親。一爲難。言利害相參雜。智者能慮之慎之。乃得其利也。　梅堯臣同曹公註。　王晳曰。將通九變。則利害盡矣。　張預曰。智者慮事。雖處利地。必思所以害。雖處害地。必思所以利。此亦通變之謂也。

雜於利。而務可信也。

曹公曰。計敵不能依五地爲我害。所務可信也。　杜牧曰。信申也。言我欲取利於敵人。不可但見取敵人之利。先須以敵人害我之事。參雜而計量之。然後我所務之利乃可申行也。　賈林曰。在利之時。則思害以自慎。一云。以害雜利行之。威令以臨之。刑法以戮之。己不二三。則衆務皆信。人不敢欺也。　梅堯臣曰。以害參利。則事可行。　王晳曰。曲盡其利。則可勝矣。　張預曰。以所害而參所利。可以伸己之事。鄭師克蔡。國人皆喜。惟子產懼。曰。小國無文德而有武功。禍莫大焉。後楚果伐鄭。此是在利思害也。

雜於害。而患可解也。

曹公曰。既參於利。則亦計於害。雖有患。可解也。　李筌曰。智者爲利害之事。必合於道。不至於極。　杜牧曰。我欲解敵人之患。不可但見敵能害我之事。亦須先以我能取敵人之利。參雜而計量之。然後有患乃可解釋也。故上文云智者之慮必雜於利害也。譬如敵人圍我。我若但知突圍而去。志必懈怠。即必爲追擊。未若勵士奮擊。因戰勝之利以解圍也。舉一可知也。　賈林曰。在害之時。則思利而免害。故措之死地則生。投之亡地則存。是其患解也。　梅堯臣曰。以利參害。則禍可脫。　王晳曰。周知其害。則不敗矣。　何氏曰。利害相生。明者常慮。　張預曰。以所利而參所害。可以解己之難。張方入洛陽。連戰皆敗。或勸方宵遁。方曰。兵之利鈍是常。貴因敗以爲成耳。夜潛進逼敵。遂致克捷。此是在害思利也。

是故屈諸侯者以害。

曹公曰。害其所惡也。　李筌曰。害其政也。　杜牧曰。惡音一路反。言敵人苟有其所惡之事。我能乘而害之。不失其機。則能屈敵也。　賈林曰。爲害之計。理非一途。或誘其賢智。令彼無臣。或遺以姦人。破其政令。或爲巧詐。間其君臣。或遺工巧。使其人疲財耗。或饋淫樂。變其風俗。或與美人。惑亂其心。此數事若能潛運陰謀。密行不泄。皆能害人使之屈折也。　梅堯臣曰。制之以害則屈也。　王晳曰。窮屈於必害之地。勿使可解也。　張預曰。致之於受害之地。則自屈服。或曰。間之使君臣相疑。勞之使民失業。所以害之也。若韋孝寬間斛律光。高熲平陳之策。是也。

役諸侯者以業。

曹公曰。業事也。使其煩勞。若彼入我出。彼出我入也。　杜佑曰。能以事勞役諸侯之人。令不得安佚。韓人令秦鑿渠之類是也。或以奇技藝業。婬巧功能。令其耽之。心日內役。諸侯若此而勞。　李筌曰。煩其農也。　杜牧曰。言勞役敵人。使不得休。我須先有事業。乃可爲也。事業者。兵衆國富。人和令行也。　梅堯臣曰。撓之以事則勞。　王晳曰。常若爲攻襲之業。以弊敵也。田常曰。吾兵業已加魯矣。　張預曰。以事勞之。使不得休。或曰。壓之以富彊之業。則可役使。若晉楚國彊。鄭人以犧牲玉帛奔走以事之是也。

趨諸侯者以利。

曹公曰。令自來也。　孟氏曰。趨速也。善示以利。令忘變而速至。我作變以制之。亦謂得人之用也。　李筌曰。誘之以利。　杜牧曰。言以利誘之。使自來至我也。墮吾畫中。　梅堯臣同杜牧註。　王晳曰。趨敵之閒。當周旋我利也。　張預曰。動之以小利。使之必趨。

故用兵之法。無恃其不來。恃吾有以待也。通典御覽作恃吾有能以待之也

梅堯臣曰。所恃者不懈也。

無恃其不攻。恃吾有所不可攻也。通典作無恃其不攻吾也恃吾不可攻也御覽兩引並同

曹公曰。安不忘危。常設備也。　杜佑曰。安則思危。存則思亡。常有備。　李筌曰。預備不可闕也。　梅堯臣曰。所賴者有備也。　王晳曰。備者實也。　何氏曰。吳略曰。君子當安平之世。刀劍不離身。古諸侯相見。兵衞不徹警。蓋雖有文事。必有武士。況守邊固圉交刃之際歟。凡兵所以勝者。謂擊其空虛。襲其懈怠。苟嚴整終事。則敵人不至。傳曰。不備不虞。不可以師。昔晉人禦秦。深壘固軍以待之。秦師不能久。楚爲陳而吳人至。見有備而返。程

不識將屯正部曲行伍。營陳鞞刀斗。吏治軍簿。虜不得犯。朱然爲軍師。雖世無事。每朝夕嚴鼓。兵在營者。咸行裝就隊。使敵不知所備。故出輒有功。是謂能外禦其侮者乎。常能居安思危。在治思亂。戒之於無形。防之於未然。斯善之善者也。其次莫如險其走集。明其伍候。愼固其封守。繕完其溝隍。或多調軍食。或益修戰械。故曰。物不素具。不可以應卒。又曰。惟事事。乃其有備。有備無患。常使彼勞我佚。彼老我壯。亦可謂先人有奪人之心。不戰而屈人之師也。若夫莒以恃陋而潰。齊以狎敵而殲。虢以易晉而亡。魯以果邾而敗。莫敖小羅而無次。吳子入巢而自輕。斯皆可以作鑒也。故吾有以待。吾有所不可攻者。能豫備之之謂也。　張預曰。言須思患而預防之。傳曰。不備不虞。不可以師。

故將有五危。

李筌張預曰。下五事也。

必死。可殺也。

曹公曰。勇而無慮。必欲死鬬。不可曲撓。可以奇伏中之。　李筌曰。勇而無謀也。　杜牧曰。將愚而勇者患也。黃石公曰。勇者好行其志。愚者不顧其死。吳子曰。凡人之論將。常觀於勇。勇之於將。乃數分之一耳。夫勇者必輕合。輕合而不知利。未可將也。　梅堯臣同李筌註。　何氏曰。司馬法曰。上死不勝。言貴其謀勝也。　張預曰。勇而無謀。必欲死鬬。不可與力爭。當以奇伏誘致而殺之。故司馬法曰。上死不勝。言將無策略。止能以死先士卒。則不勝也。

必生。可虜也。

曹公曰。見利畏怯不進也。　孟氏曰。見利不進。原本無案書內孟子注每先引曹注下增釋之今據御覽補　將之怯弱。志必生疑。意不親戰。士卒不精。上下猶豫。可急擊而取之。新訓曰。爲將怯懦。見利而不能進。太公曰。失利後時。反受其殃。　李筌曰。疑怯可虜也。　杜牧曰。晉將劉裕泝江追桓元。戰于崢嶸洲。于時義軍數千。元兵甚盛。而元懼有敗衂。常漾輕舸於舫側。故其衆莫有鬬心。義軍乘風縱火。盡銳爭先。元衆是以大敗也。　梅堯臣曰。怯而不果。　王晳曰。無鬬志。曹公曰。見利怯不進也。晳謂見害亦輕走矣。　何氏曰。司馬法曰。上生多疑。疑爲大患也。　張預曰。臨陳畏怯。必欲生返。當鼓譟乘之。可以虜也。晉楚相攻。晉將趙嬰齊令其徒先具舟於河。欲敗而先濟。是也。

忿速。可侮也。

曹公曰。疾急之人。可忿怒而侮致之也。原本作侮而致之也今從御覽改正　杜佑曰。疾急之人。可忿怒而致死。忿速易怒者。狷戇疾急。不計其難。可動作欺侮。　李筌曰。急疾之人。性剛而可侮致也。太宗殺宋老生而平霍邑。　杜牧曰。忿者剛怒也。速者褊急也。性不厚重也。若敵人如此。可以陵侮使之輕進。而敗之也。十六國姚襄攻黃落。前秦苻生遣苻黃眉鄧羌討之。襄深溝高壘。固守不戰。鄧羌說黃眉曰。襄性剛狠。易以剛動。若長驅鼓行。直壓其壘。必忿而出師。可一戰而擒也。黃眉從之。襄怒出戰。黃眉等斬之。　梅堯臣曰。狷急易動。　王晳曰。將性貴持重。忿狷則易撓。　張預曰。剛愎褊急之人。可凌侮而致之。楚子玉剛忿。晉人執其使以怒之。果從晉師。遂爲所敗。是也。

廉潔。可辱也。

曹公曰。廉潔之人。可汙辱致之也。　李筌曰。矜疾之人。可辱也。　杜牧曰。此言敵人若高壁固壘。欲老我師。我勢不可留。利在速戰。揣知其將多忿急。則輕侮而致之。性本廉潔。則汙辱之。如諸葛孔明遺司馬仲達以巾幗。欲使怒而出戰。仲達忿怒欲濟師。魏帝遣辛毗仗節以止之。仲達之才。猶不勝其忿。況常才之人乎。　梅堯臣曰。徇名不顧。　王晳同曹公註。　張預曰。淸潔愛民之士。可垢辱以撓之。必可致也。

愛民。可煩也。

曹公曰。出其所必趨。愛民者則必倍道兼行以救之。救之則煩勞也。　李筌曰。攻其所愛。必卷甲而救。愛其人乃可以計疲。　杜牧曰。言仁人愛民者。惟恐殺傷。不能捨短從長。棄彼取此。不度遠近。不量事力。凡爲我攻。則必來救。如此可以煩之。令其勞頓而後取之也。　陳皥曰。兵有須救不必救者。項羽救趙。此須救也。亞父委梁。不必救也。　賈林曰。廉潔之人。不好侵掠。愛人之人。不好鬭戰。辱而煩之。其動必敗。　梅堯臣曰。力疲則困。　王晳曰。以奇兵若將攻城邑者。彼愛民。必數救之。煩勞也。　張預曰。民雖可愛。當審利害。若無微不救。無遠不援。則出其所必趨。使煩而困也。

凡此五者。將之過也。用兵之災也。

陳皥曰。良將則不然。不必死。不必生。隨事而用。不忿速。不恥辱。見可如虎。否則閉戶。動靜以計。不可喜怒也。　梅堯臣曰。皆將之失。爲兵之凶。　何氏曰。將材古今難之。其性往往失於一偏爾。故孫子首篇言。將者智信仁勇嚴。貴其全也。　張預曰。庸常之將。守一而不知變。故取則於己。爲凶於兵。智者則不然。雖勇而不必死。雖怯而不必生。雖剛而不可侮。雖廉而不可辱。雖仁而不可煩也。

覆軍殺將。必以五危。不可不察也。

賈林曰。此五種之人不可任爲大將。用兵必敗也。梅堯臣曰。當愼重焉。張預曰。言須識權變。不可執一道也。

卷九　行軍篇

曹公曰擇便利而行也　王皙曰行軍當據地便察敵情也
張預曰知九地之變然後可以擇利而行軍故次九變

孫子曰。凡處軍相敵。御覽處作據誤
王皙曰。處軍凡有四。相敵凡三十有一。　張預曰。自絕山依谷至伏姦之所處。則處軍之事也。自敵近而靜至必謹察之。則相敵之事也。相猶察也料也。

絕山依谷。
曹公曰。近水草利便也。　李筌曰。軍我。敵彼也。相其依止。則勝敗之數彼我之勢可知也。絕山守險也。谷近水草。夫列營壘必先分卒守隘。縱畜牧。收樵採。而後寧。　杜牧曰。絕過也。依近也。言行軍經過山險。須近谷而有水草之利也。吳子曰。無當天竈。大谷之口。言不可當谷。但近谷而處可也。　賈林曰。兩軍相當敵。宜擇利而動。絕山跨山。依谷傍谷也。跨山無後患。依谷有水草也。　梅堯臣曰。前為山所隔。則依谷以為固。　王皙曰。絕度也。依謂附近耳。曹公曰。近水草便利也。　張預曰。絕猶越也。凡行軍越過山險。必依附溪谷而居。一則利水草。一則負險固。後漢武都羌為寇。馬援討之。羌在山上。援據便地。奪其水草。不與戰。羌窮困悉降。羌不知依谷之利也。

視生處高。
曹公曰。生者陽也。　杜佑曰。向陽也。原本作高揚也誤從御覽改正視謂目前生地。處軍當在高。　李筌曰向陽曰生。在山曰高。生高之地可居也。　杜牧曰。言須處高而面南也。　陳皞曰。若地有東西。其法如何。答曰。然則面東也。　賈

林曰。居陽曰生。視生爲無蔽冒物色。處軍當在高。　梅堯臣曰。若在陵之上。必向陽而居。處高乘便也。　張預曰。視生謂面陽也。處軍當在高阜。

戰隆無登。（通典御覽隆作降按全注云一本作降是也）

曹公曰。無迎高也。　杜佑曰。無迎高也。降下也。（原本無降下也三字脫今據通典御覽補）謂山下也。戰於山下。敵引之上山。無登逐也。　李筌曰。敵自高而下。我無登而取之。　杜牧曰。隆高也。言敵人在高。我不可自下往高迎敵人而接戰也。一作戰降無登。降下也。　賈林曰。戰宜乘下。不可迎高也。　梅堯臣曰。敵處地之高。不可登而戰。　張預曰。敵處隆高之地。不可登迎與戰。一本作戰降無登迎。謂敵下山來戰。引我上山。則不登迎。

此處山之軍也。（通典御覽山下有谷字）

梅堯臣曰。處山當知此三者。　張預曰。凡高而崇者皆謂之山。處山拒敵。以上三事爲法。

絕水必遠水。（通典上有敵若二字案絕水必遠水者謂我過水而處軍則必遠於水也下云客絕水而來始就敵人言之吳起書曰敵若絕水半渡而薄之正用此下文語杜佑沿襲其文而不察所以致誤也）

曹公李筌曰。引敵使渡。　杜佑曰。引敵使寬而渡之。（據通典御覽補）　杜牧曰。魏將郭淮在漢中。蜀主劉備欲渡漢水來攻。諸將議衆寡不敵。欲依水爲陳以拒之。淮曰。此示弱而不足挫敵。不如遠水爲陳。引而致之。半濟而後擊。備可破也。既列陳。備疑不敢渡。　梅堯臣曰。前爲水所隔。則遠水以引敵。　王晳曰。我絕水也。曹說是也。　張預曰。凡行軍過水欲舍止者。必去水稍遠。一則引敵使渡。一則進退無疑。郭淮遠水爲陳。劉備悟之而不渡是也。

客絕水而來。勿迎之於水內。令半濟而擊之利。通典御覽幷作半度

杜佑曰。半度勢不幷。故可敵。據通典補　李筌曰。韓信殺龍且於濰水。夫槩敗楚子於清發是也。　杜牧曰。楚漢相持。項羽自擊彭越。令其大司馬曹咎守成皋。漢軍挑戰。咎涉汜水戰。漢軍候半涉。擊大破之。水內乃汭也。誤爲內耳。　梅堯臣曰。敵之方來。迎於水濱。則不渡。　王晳曰。內當作汭。迎於水汭。則敵不敢濟。遠則趨利不及。當得其宜也。　何氏曰。如春秋時宋公及楚人戰於泓。宋人既成列。楚人未得濟。司馬曰。彼衆我寡。及其未既濟也。請擊之。公曰。不可。既濟而未成列。又以告。公曰。未可。既陳而後擊之。宋師敗績。公傷股。門官殲焉。宋公違之。故敗也。吳伐楚。楚師敗。及清發。將擊之。夫槩王曰。困獸猶鬭。況人乎。若知不免而致死。必敗我。若使先濟者知免。後者慕之。蔑有鬭心矣。半濟而後可擊也。從之。又敗之。魏將郭淮在漢中。蜀主劉備欲渡漢水來攻。時諸將等議曰。衆寡不敵。欲依水爲陳以拒之。淮曰。此則示弱而不足以挫敵。非算也。不如遠水爲陳。引而致之。半濟而後擊。備可破也。既陳。備疑不敢渡。唐武德中。薛萬均與羅藝守幽燕。竇建德率衆十萬寇范陽。萬均謂藝曰。衆寡不敵。今若出鬭。百戰百敗。當以計取之。可令羸兵弱馬阻水背城爲陳以誘之。賊若渡水交兵。請公精騎百人伏於城側。待其半渡而擊之。從之。建德渡水。萬均擊破之。　張預曰。敵若引兵渡水來戰。不可迎之於水邊。俟其半濟。行列未定。首尾不接。擊之必勝。公孫瓚敗黃巾賊於東光。薛萬均破竇建德於范陽。皆用此術也。

欲戰者。通典御覽俱無者字無附於水而迎客。

曹公曰。附近也。　杜佑曰。附近也。近水待敵。不得渡也。　李筌曰。附水迎客。敵必不得渡而與我戰。　杜牧曰。言我欲用戰。不可近水迎敵。恐敵人疑我不渡也。義與上同。但客主詞異耳。　梅堯臣曰。必欲戰。亦莫若遠水。

王晳曰。我利在戰。則當差遠。使敵必渡。而與之戰也。　張預曰。我欲必戰。勿近水迎敵。恐其不得渡。我不欲戰。則阻水拒之。使不能濟。晉將陽處父與楚將子上夾泜水而軍。陽子退舍。欲使楚人渡。子上亦退舍。欲令晉師渡。遂皆不戰而歸。

視生處高。

曹公曰。水上亦當處其高也。前向水。後當依高而處之。　梅堯臣曰。水上亦據高而向陽。　王晳曰。曹公曰。水上亦當處其高。晳謂爲近水之地。下曹注云恐溉我也。疑當在此下。　何氏曰。視生向陽。遠視也。軍處高。遠見敵勢。則敵人不得潛來出我不意也。　張預曰。或岸邊爲陳。或水上泊舟。皆須面陽而居高。

無迎水流。

曹公曰。恐溉我也。　杜佑曰。恐溉我也。逆水流。在下流也。不當處人之下流也。爲其水流溉灌。人若投毒藥於上流也。（據通典補）　李筌曰。恐溉我也。智伯灌趙襄子。光武潰王尋。迎水處高乃敗之。　杜牧曰。水流就下。不可於卑下處軍也。恐敵人開決灌浸我也。上文云。視生處高也。諸葛武侯曰。水上之陳。不逆其流。此言我軍舟船亦不可泊於下流。言敵人得以乘流而薄我也。　賈林曰。水流之地。可以溉吾軍。可以流毒藥。迎逆也。一云。逆流而當軍。兵家所忌。　梅堯臣曰。無軍下流。防其決灌。救艫之戰。逆亦非便。　王晳曰。當乘上流。魏曹仁征吳。欲攻濡須洲中。蔣濟曰。賊據西岸。列船上流。而兵入洲中。是謂自內地獄。危亡之道也。仁不從而敗。　何氏曰。順流而戰。則易爲力。　張預曰。卑地勿居。恐決水溉我。舟戰亦不可處下流。以彼沿我泝。戰不便也。兼慮敵人投毒於上流。楚令尹拒吳。卜戰不吉。司馬子魚曰。我得上流。何故不吉。遂決戰。果勝。是軍須居上流也。

此處水上之軍也。

梅堯臣曰。處水上當知此五者。　張預曰。凡近水爲陳。皆謂水上之軍。水上拒敵。以上五事爲法。

絕斥澤。惟亟去無留。

陳皥曰。斥鹹鹵之地。水草惡。漸洳不可處軍。新訓曰。地固斥澤。不生五穀者。是也。　賈林曰。鹹鹵之地。多無水草。不可久留。　梅堯臣曰。斥遠也。曠蕩難守。故不可留。　王晳曰。斥鹵也。地廣且下。而無所依。　張預曰。刑法志云。山川沈斥。顏師古註曰。沈深水之下。斥鹹鹵之地。然則斥澤謂瘠鹵漸洳之所也。以其地氣濕潤。水草薄惡。故宜急過。

若交軍於斥澤之中。通典御覽若作爲誤必依水草而背衆樹。御覽背作倍

曹公曰。自此至上用水洡至節杜佑注原本誤於衆草多障節下不得已與敵會於斥澤中。　杜佑曰。言不得已與敵戰而會斥澤之中。當背稠樹以爲固守。蓋地利兵之助也。　李筌曰。急過不得。戰必依水背樹。夫有水樹。其地無陷溺也。一本作背衆木。　杜牧曰。斥鹵之地。草木不生。謂之飛鋒。言於此忽遇敵。卽須擇有水草林木而止之。　梅堯臣曰。不得已而會敵。則依近水草。背倚衆木。　王晳曰。猝與敵遇於此。亦必就利而背固也。　張預曰。不得已而會兵於此地。必依近水草以便樵汲。背倚林木以爲險阻。

此處斥澤之軍也。

梅堯臣曰。處斥澤當知此二者。　張預曰。處斥澤之地。以上二事爲法。

平陸處易。

曹公曰。車騎之利也。　杜牧曰。言於平陸。必擇就其中坦易平穩之處以處軍。使我車騎得以馳逐。　王晳同曹公註。　何氏同杜牧註。　張預曰。平原廣野。車騎之地。必擇其坦易無坎陷之處以居軍。所以利於馳突也。

而右背高。御覽背作倍　前死後生。

曹公曰。戰便也。　李筌曰。夫人利用皆便於右。是以背之。前死致敵之地。後生我自處。　杜牧曰。太公曰。軍必左川澤而右邱陵。死者下也。生者高也。下不可以禦高。故戰便於軍馬也。　賈林曰。岡阜曰生。戰地曰死。岡阜處軍穩。前臨地用兵便。高後在右。回轉順也。　梅堯臣曰。擇其坦易。車騎便利。右背邱陵。勢則有憑。前低後隆。戰者所便。　王晳曰。凡兵皆宜向陽。既後背山。即前生後死。疑文誤也。　張預曰。雖是平陸。須有高阜。必右背之。所以恃爲形勢者也。前低後高。所以便乎奔擊也。

此處平陸之軍也。

梅堯臣曰。處平陸當知此二者。　張預曰。居平陸之地。以上二事爲法。

凡此四軍之利。

李筌曰。四者。山水斥澤平陸也。　張預曰。山水斥澤平陸之四軍也。諸葛亮曰。山陸之戰。不升其高。水上之戰。不逆其流。草上之戰。不涉其深。平地之戰。不逆其虛。此兵之利也。

黃帝之所以勝四帝也。

曹公曰。黃帝始立。四方諸侯無不稱帝。御覽作亦稱帝按王晳張預同以此四地勝之也。　李筌曰。黃帝始受兵法於風后。而滅四方。故曰勝四帝也。　梅堯臣曰。四帝當爲四軍。字之誤歟。言黃帝得四者之利。處山則勝山。處水上則勝水上。處斥澤則勝斥澤。處平陸則勝平陸也。　王晳曰。四帝或曰當作四軍。曹公曰。黃帝始立。四方諸侯無不稱帝。以此四地勝之也。一本無作亦。　何氏曰。梅氏之說得之。　張預曰。黃帝始立四方諸侯亦稱帝。以此四地勝之。按史記黃帝紀云。與炎帝戰於阪泉。與蚩尤戰於涿鹿。北逐葷粥。又太公六韜言。黃帝七十戰而定天下。此即是有四方諸侯戰也。兵家之法皆始於黃帝。故云然也。

凡軍喜高而惡下。原本喜作好按御覽引注云喜一作好則故書正作喜也今從通典御覽改正

梅堯臣曰。高則爽塏。所以安和。亦以便勢。下則卑濕。所以生疾。亦以難戰。　王晳曰。有降無登。且遠水患也。張預曰。居高則便於覘望。利於馳逐。處下則難以為固。易以生疾。

貴陽而賤陰。

杜佑曰。山南曰陽。山北曰陰。據通典御覽補　梅堯臣曰。處陽則明順。處陰則晦逆。　王晳曰。久處陰濕之地。則生憂疾。且弊軍器也。　張預曰。東南為陽。西北為陰。

養生而處實。

曹公曰。恃滿實也。養生向水草。可放牧養畜乘。實猶高也。　梅堯臣曰。養生便水草。處實利糧道。　王晳曰。養生謂水草糧糗之屬。處實者倚固之謂。　張預曰。養生謂就善水草放牧也。處實謂倚隆高之地以居也。

軍無百疾。是謂必勝。通典云是謂必勝軍無百疾御覽同按梅氏張氏注皆與通典本同

李筌曰。夫人處卑下必瘍疾。惟高陽之地可居也。　杜牧曰。生者陽也。實者高也。言養之於高陽。則無卑濕陰翳。故百疾不生。然後必可勝也。　梅堯臣曰。能知上三者。則勢勝可必。疾氣不生。　張預曰。居高面陽。養生處

厚。可以必勝。地氣乾熯。故疾癘不作。

邱陵隄防。必處其陽。而右背之。

杜佑曰。隄者積土所作。皆當處其陽。而右背之。戰之便也。　杜牧曰。凡遇邱陵隄防之地。常居其東南也。　梅堯臣曰。雖非至高。亦當前向明而右依實。　王晳曰。處陽則人舒以和。器健以利也。　張預曰。面陽所以貴明顯。背高所以爲險固。

此兵之利。地之助也。

梅堯臣曰。兵所利者。得形勢以爲助。　張預曰。用兵之利。得地之助。

上雨。水沫至。通典水上有下字御覽同欲涉者。待其定也。

曹公曰。恐半涉而水遽漲也。　杜佑曰。恐半渡水而遂漲。上雨。水當清。而反濁沫至。此敵人權遏水之占也。欲以中絕軍。凡地有水欲漲沫先至。皆爲絕軍。當待其定也。　李筌曰。恐水暴漲。　杜牧曰。言過溪澗。見上流有沫。此乃上源有雨。待其沫盡水定。乃可涉。不爾。半涉。恐有暴水卒至也。　梅堯臣曰。流沫未定。恐有暴漲。　王晳曰。水漲則沫。涉步濟也。曹說是也。　張預曰。渡未及畢濟。而大水忽至也。沫謂水上泡漚。

凡地有絕澗。

前後險峻。水橫其中。

天井通典御覽天井上有遇字者衍

四面峻坂。澗壑所歸。

天牢

三面環絶。易入難出。

天羅

草木蒙密。鋒鏑莫施。

天陷

卑下汙濘。車騎不通。

天隙。（通典隙作郄御覽同又御覽下有大害二字）

兩山相向。洞道狹惡。六害皆梅堯臣註。

必亟去之。勿近也。

曹公曰。山深水大者。爲絶澗。四方高。中央下。爲天井。深山所過若蒙籠者。（通典作深水大澤葭葦蒙蘢所隱蔽者御覽作深水所居蒙蘢者）爲天牢。可以羅絶人者。爲天羅。地形陷者。（通典上有陂湖泥濘四字御覽無）爲天陷。山澗（原本澗下有道字者衍據通典御覽改正）迫狹。地形深數尺長數丈者。爲天隙。（案通典長數丈者下有邱陵坑坎地形塊坳者天郄也御覽無）　杜牧曰。軍讖曰。地形坳下。大水所及。謂之天井。山澗迫狹。可以絶人。謂之天牢。澗水澄闊。不測淺深。道路泥濘。人馬不通。謂之天陷。地多溝坑坎陷木石。謂之天隙。林木隱蔽。蒹葭深遠。謂之天羅。　賈林曰。兩岸深闊。斷人行。爲絶澗。下中之下。爲天井。四邊澗險。水草相兼。中央傾側。出入皆難。爲天牢。道路崎嶇。或寬或狹。細澀難行。爲天羅。地多沮洳。爲天陷。兩邊險絶。形狹長而數里。中間難通人行。可以絶塞出入。爲天隙。此六害之地。不可近背也。　梅堯臣曰。六害尚不可近。況可留乎。　王晳曰。

皙謂絕㵎當作絕天㵎脫天字耳。此六者皆自然之形也。牢謂如獄牢。羅謂如網羅也。陷謂溝坑淤濘之所。隙謂木石若隙罅之地。軍行過此勿近。不然則脫有不虞。智力無所施也。　張預曰。谿谷深峻。莫可過者。爲絕澗。外高中下。衆水所歸者。爲天井。山險環繞。所入者隘。爲天牢。林木縱橫。葭葦隱蔽者。爲天羅。陂池泥濘。漸車凝騎者。爲天陷。道路迫狹。地多坑坎者。爲天隙。凡遇此地。宜遠過。不可近之。

吾遠之。敵近之。吾迎之。敵背之。

曹公曰。用兵常遠六害。今敵近背之。則我利敵凶。　李筌曰。善用兵者。致敵之受害之地也。　杜牧曰。迎向也。背倚也。言遇此六害之地。吾遠之向之。則進止自由。敵人近之倚之。則舉動有阻。故我利而敵凶也。　梅堯臣曰。言六害當使我遠而敵附。我向而敵倚。則我利敵凶。　張預曰。六害之地。我旣遠之向之。敵自近之倚之。我則行止有利。彼則進退多凶也。

軍旁原本作軍行按此言處軍之地必謹覆索之故篇首云凡處軍相敵是也從通典御覽作旁又史記云馬陵道狹而旁多阻險有險阻蔣潢。原本無蔣字通典御覽俱有之按唐李靖兵法云蔣潢翳薈則必索其伏是用此語也無者脫井生葭葦。原本無生字按後人因旣脫蔣字故幷生字刪之也今據通典及御覽補又御覽一作幷生葭葦山林翳薈。御覽山林作小林注同必謹覆索之。此伏姦之所藏處也。原本無藏字據通典御覽補

曹公曰。險者一高一下之地。阻者多水也。蔣者水草之聚生也。蔣者以下原本無杜佑通典及御覽有之按杜佑注例先引曹注後附己意此所云乃用曹注語也後人妄刪之潢者池也。井者下也。葭葦者御覽又引注云幷生葭葦者無井者下也句衆草所聚。山林者衆木所居也。翳薈者可屏蔽之處也。此以上論地形也。以下相敵情也。　杜佑曰。此言伏姦之地。當覆索也。險者一高一下之地。阻者多水地也。蔣者水草之聚生也。潢者池也。井者下也。葭葦者衆草所聚也。山林者衆木所居也。翳薈者可以屏蔽之

處也。此以上相地形也。此以下察敵情也。翳薈草木之相蒙蔽，可以藏兵處，必覆索之也。（據通典御覽補）李筌曰：以下恐敵之奇伏詭詐也。梅堯臣曰：險阻隘也。山林之所產。潢井下也。葭葦之所生。皆翳薈足以蒙蔽。當掩搜。恐有兵伏。張預曰：險阻邱阜之地，多生山林。潢井卑下之處，多產葭葦。皆翳薈可以蒙蔽，必降索之，恐兵伏其中。又慮姦細潛隱，覘我虛實，聽我號令，伏姦當爲兩事。

敵近而靜者，恃其險也。

梅堯臣曰：近而不動，倚險故也。王晳曰：恃險故不恐也。

遠而挑戰者，（通典作敵遠而挑人者御覽同）欲人之進也。

杜牧曰：若近以挑我，則有相薄之勢，恐我不進，故遠也。陳皞曰：敵人相近而不挑戰，恃其守險也。若遠而挑戰者，欲誘我使進，然後乘利而奮擊也。梅堯臣同陳皞註。王晳曰：欲致人也。挑謂擿驍敵求戰。張預曰：兩軍相近而終不動者，倚恃險固也。兩軍相遠而數挑戰者，欲誘我之進也。尉繚子曰：分險者無戰心。言敵人先得分險地，則我勿與之戰也。又曰：挑戰者無全氣。言相去遠，則挑戰而延誘我進，卽不可以全氣擊之。與此法同也。

其所居者易，利也。（通典作其所處者居易利也御覽同原本作其所居易者利也按杜佑賈林諸家皆以此承上文言之不別爲一事則者字應在易字上後人以上下文比例之臆改在下耳又按注云士爭其所居者易利也者字亦在上從通典御覽改）

曹公曰：所居利也。杜佑曰：所居利也。言敵去我遠，但遣輕捷，欲使我前就之。其所處者平利也。挑徒弔反。（據通典御覽補）李筌曰：居易之地，致人之利。杜牧曰：言敵不居險阻而居平易，必有以便利於事也。一本云：士爭其所居者。易利也。　陳皥曰。言敵人得其地利。則將士爭以居之也。　賈林曰。敵之所居地多便利。故挑我使前。就己之便。戰則易獲其利。愼勿從之也。　梅堯臣曰。所居易利。故來挑我。　王晳同曹公註。　張預曰。敵人捨險而居易者。必有利也。或曰。敵欲人之進。故處於平易。以示利而誘我也。

衆樹動者。來也。

曹公曰。斬伐樹木。除道進來。故動。　梅堯臣同曹公註。　張預曰。凡軍必遣善視者登高覘敵。若見林木動搖者。是斬木除道而來也。或曰。不止除道。亦將爲兵器也。若晉人伐木益兵是也。

衆草多障者。疑也。

曹公曰。結草爲障。欲使我疑也。　杜佑曰。結草多障。欲使我疑。稠草中多障蔽者。敵必避去。恐追及。多作障蔽。使人疑有伏焉。　杜牧曰。言敵人或營壘未成。或拔軍潛去。恐我來追。或爲掩襲。故結草使往往相聚。如有人伏藏之狀。使我疑而不敢進也。　賈林曰。（自此至無約而請和節李筌注原本誤於將不重也注下）結草多爲障蔽者。欲使我疑之。於中兵必不實。欲別爲攻襲。宜審備之。　張預曰。或敵欲追我。多爲障蔽。設留形而遁。以避其追。或欲襲我。叢聚草木。以爲人屯。使我備東而擊西。皆所以爲疑也。

鳥起者。伏也。

曹公曰。鳥起其上。下有伏兵。　杜佑曰。下有伏兵往藏。觸鳥而驚起也。　李筌曰。藏兵曰伏。　張預曰。鳥適平飛。至彼忽高起者。下有伏兵也。

獸駭者。覆也。

曹公曰。敵廣陳張翼。來覆我也。　李筌曰。不意而至曰覆。　杜牧曰。凡敵欲覆我。必由他道險阻林木之中。故驅起伏獸。駭逸也。覆者來襲我也。　陳皞曰。覆者謂隱於林木之內。潛來掩我。候兩軍戰酣。或出其左右。或出其前後。若驚駭伏獸也。　梅堯臣曰。獸驚而奔。旁有覆。　張預曰。凡欲掩覆人者。必由險阻草木中來。故驚起伏獸奔駭也。

塵高而銳者。車來也。

杜佑曰。車來行疾。塵相衝。故高也。　杜牧曰。車馬行疾。仍須魚貫。故塵高而尖。　梅堯臣曰。蹄輪勢重。塵必高銳。　張預曰。車馬行疾而勢重。又轍迹相次而進。故塵埃高起而銳直也。凡軍行須有探候之人在前。若見敵塵。必馳報主將。如潘黨望晉塵。使騁而告。是也。

卑而廣者。徒來也。

杜牧曰。步人行遲。可以並列。故塵低而闊也。　梅堯臣曰。人步低輕。塵必卑廣。　王晳曰。車馬起塵猛。步人則差緩也。　張預曰。徒步行緩而迹輕。又行列疎遠。故塵低而來。

散而條達者。樵採也。通典御覽幷作薪採也案此與李筌本同

杜佑曰。塵散衍而條達。各行所求。據通典御覽補　李筌曰。煙塵之候。晉師伐齊。曳柴從之。齊人登山望。而畏其衆。乃夜遁。薪來即其義也。此筌以樵採二字爲薪來字。　杜牧曰。樵採者各隨所向。故塵埃散衍。條達。縱橫斷絕貌也。　梅堯臣曰。樵採隨處。塵必縱橫。　王晳曰。條達。纖微斷續之貌。　張預曰。分遣廝役。隨處樵採。故塵埃散亂。而成遂道。

少而往來者。營軍也。

杜佑曰。原本作杜牧字誤耳今從通典改正欲立營壘。以輕兵往來爲斥候。故塵少也。　梅堯臣曰。輕兵定營。往來塵少。　張預曰。凡分柵營者。必遣輕騎四面近視其地。欲周知險易廣狹之形。故塵微而來。

辭卑而益備者。進也。

曹公曰。其使來辭卑。使閒視之。敵人增備也。　杜牧曰。言敵人使來言辭卑遜。復增壘堅壁。若懼我者。是欲驕我使懈怠。必來攻我也。趙奢救閼與。去邯鄲三十里。增壘不進。秦閒來。必善食遣之。閒以報秦將。秦將果大喜曰。閼與非趙所有矣。奢既遣秦閒。乃倍道兼行。掩秦不備擊之。遂大破秦軍也。　梅堯臣曰。欲進者。外則卑辭。內則益備。疑我也。　張預曰。使來辭遜。敵復增備。欲驕我而後進也。田單守即墨。燕將騎劫圍之。單身操版插。與士卒分功。使妻妾編行伍之閒。散食饗士。乃使女子乘城約降。燕大喜。又收民金千鎰。令富豪遺使遺燕將書曰。城即降。願無虜妻妾。燕人益懈。乃出兵擊。大破之。

辭詭而強進驅者。退也。

原本作辭強而進驅者案曹注詭詐也杜佑注同是古本有詭字今據通典改正其御覽同今本者宋以後人改之也

曹公曰。詭詐也。　杜佑曰。詭詐也。示驅馳無所畏。是知欲退也。　杜牧曰。吳王夫差北征。會晉定公於黃池。越王句踐伐吳。吳晉方爭長未定。吳王懼。乃合大夫而謀曰。無會而歸。與會而先晉。孰利。王孫雒曰。必會而先之。吳王曰。先之若何。雒曰。今夕必挑戰。以廣民心。乃能至也。於是吳王以帶甲三萬人去晉軍一里。聲動天地。晉使董褐視之。吳王親對曰。孤之事君在今日。不得事君亦在今日。董褐曰。臣觀吳王之色。類有大憂。吳將毒我。不可與戰。乃許先歃。吳王既會。遂還焉。　梅堯臣曰。欲退者。使既詞壯。兵又彊進。脅我也。　王晳曰。辭彊示進形。欲我不虞其去也。　張預曰。使來辭壯。軍又前進。欲脅我而求退也。秦行人夜戒晉師曰。兩軍之士。皆未慭也。來日請相見。晉臾駢曰。使者目動而言肆。懼我也。秦果宵遁。

輕車先出居其側者。陳也。通典無出字按下文杜牧注引此亦有出字御覽同無者脫

曹公曰。陳兵欲戰也。　杜牧曰。陳兵欲戰也。輕車馳車。在陳側。據通典御覽補　杜牧曰。出輕車。先定戰陳疆界也。

賈林曰。輕車前禦。欲結陳而來也。　張預曰。輕車戰車也。出軍其旁。陳兵欲戰也。按魚麗之陳。先偏後伍。言以車居前。以伍次之。然則是欲戰者。車先出其側也。

無約而請和者。謀也。

杜佑曰。未有要約而使來請和。有間謀也。　李筌曰。無質盟之約請和者。必有謀於人。田單詐騎劫。紀信誑項羽。即其義也。　杜牧曰。貞元三年。吐蕃首領尙結贊因侵掠河曲。遇疫癘。人馬死者大半。恐不得回。乃詐與侍中馬燧款懇。因奏請盟會。燧乃盟之。時河中節度使渾瑊奏曰。若國家勒兵境上。以謀伐爲計。蕃戎請盟。亦聽信之。今吐蕃無所求於國家。遽請盟會。必恐不實。上不納。渾瑊率衆二萬屯涇州平涼縣。盟壇在縣西三十里。五月十三日。瑊率三千人會壇所。吐蕃果衷甲劫盟焉。　陳皞曰。因盟相劫。不獨國朝。晉楚會於宋。楚人衷甲欲襲晉。晉人知之。是以失信也。今言無約而請和。蓋總論兩國之師。或侵或伐。彼我皆未屈弱。而無故請好和者。此必敵人國內有憂危之事。欲爲苟且暫安之計。不然。則知我有可圖之勢。欲使不疑。先求和好。然後乘我不備而來取也。石勒之破王浚也。先密爲和好。又臣服於浚。知浚不疑。乃請修朝覲之禮。浚許之。及入因誅浚而滅之。　梅堯臣曰。無約請和。必有姦謀。　王晳曰。無故驟請和者。宜防他謀也。　張預曰。無故請和。必有姦

謀。漢高祖欲擊秦軍。使酈食其持重寶啗其將賈豎。秦將果欲連和。高祖因其怠而擊之。秦師大敗。又晉將李矩守滎陽。劉暢以三萬人討之。矩遣使奉牛酒請降。潛匿精兵。見其弱卒。暢大饗士卒。人皆醉飽。矩夜襲之。暢僅以身免。

奔走而陳兵車者。期也。

杜佑曰。自與偏將期也。據通典御覽補　李筌曰。戰有期及將用。是以奔走之。　杜牧曰。上文輕車先出居其側者陳也。蓋先出車定戰場界。立旗爲表。奔走赴表以爲陳也。旗者期也。與民期於下也。周禮大蒐曰。車驟徒趨。及表乃止。是也。　賈林曰。尋常之期。不合奔走。必有遠兵相應。有晷刻之期。必欲合勢同來攻我。宜速備之。　梅堯臣曰。立旗爲表。奔以赴列。　王晳曰。陳而期民。將求戰也。　張預曰。立旗爲表。與民期於下。故奔走以赴之。周禮曰。車驟徒趨。及表乃止。是也。

半進半退者。誘也。

李筌曰。散於前。　杜牧曰。僞爲雜亂不整之狀。誘我使進也。　梅堯臣曰。進退不一。欲以誘我。　王晳曰。詭亂形也。　張預曰。詐爲亂形。是誘我也。若吳子以四徒示不整以誘楚師之類也。

倚仗而立者。原本作杖而立者按杜佑注云倚仗矛戟而立又梅氏張氏俱云倚兵而立是故書作倚仗也從通典御覽改正飢也。

杜佑曰。倚仗矛戟而立者。飢之意。　李筌曰。困不能齊。　杜牧曰。不食必困。故杖也。　梅堯臣曰。倚兵而立者。足見飢弊之色。　王晳曰。倚杖者困餒之相。　張預曰。凡人不食則困。故倚兵器而立。三軍飲食。上下同時。故一人飢。則三軍皆然。

汲而先飲者。通典作汲役先飲者御覽作汲設飲者據御覽誤渴也。

李筌曰。汲未至先飲者。士卒之渴。　杜牧曰。命之汲水。未汲而先飲者。渴也。覩一人。三軍可知也。　梅堯臣同杜牧註。　王晳曰。以此見其衆行飢渴也。　張預曰。汲者未及歸營。而先飲水。是三軍渴也。

見利而不進者。勞也。通典見利上有向人二字御覽同

曹公曰。士卒疲勞也。　杜佑曰。士疲勞也。敵人來見我利而不能擊進者。疲勞也。　李筌曰。士卒難用也。梅堯臣曰。人其困乏。何利之趨。　張預曰。士卒疲勞。不可使戰。故雖見利。將不敢進也。

鳥集者。虛也。

杜佑曰。敵大作營壘。示我衆。而鳥集止其上者。其中虛也。　李筌曰。城上有烏。師其遁也。　杜牧曰。設留形而遁。齊與晉相持。叔向曰。烏鳥之聲樂。齊師其遁。後周齊王憲伐高齊。將班師。乃以柏葉爲幕。燒糞壤去。高齊視之二日。乃知其空營。追之不及。此乃設留形而遁走也。　陳皞曰。此言敵人若去。營幕必空。禽鳥既無畏。乃鳴集其上。楚子元伐鄭。將奔。諜者告曰。楚幕有烏。乃止。則知其設留形而遁也。是此篇蓋孫子辯敵之情僞也。梅堯臣曰。敵人既去。營壘空虛。烏鳥無猜。來集其上。　張預曰。凡敵潛退。必棄營幕。禽鳥見空。鳴集其上。楚伐鄭。鄭人將奔。諜告曰。楚幕有烏。乃止。又晉伐齊。叔向曰。城上有烏。齊師其遁。此乃設留形而遁也。

夜呼者。恐也。通典呼上有喧字

曹公曰。軍士夜呼。將不勇也。　杜佑曰。軍士夜喧呼。將不勇也。相驚無備者。恐懼也。據通典御覽補　李筌曰。士卒怯而將懦。故驚恐相呼。　杜牧曰。恐懼不安。故夜呼以自壯也。　陳皞曰。十人中一人有勇。雖九人怯懦。恃一人

之勇。亦可自安。今軍士夜呼。蓋是將無勇。曹說是也。　孟氏同陳皥註。　張預曰。三軍以將爲主。將無膽勇。不能安衆。故士卒恐懼而夜呼。若晉軍終夜有聲是也。

軍擾者。將不重也。

李筌曰。將無威重。則軍擾。　杜牧曰。言進退舉止輕佻率易無威重。軍士亦擾亂也。　陳皥曰。將法令不嚴。威容不重。士因以擾亂也。　梅堯臣同陳皥註。　張預曰。軍中多驚擾者。將不持重也。張遼屯長社。夜軍中忽亂。一軍盡擾。遼謂左右勿動。是必有造變者。欲以動亂人耳。乃令軍士安坐。遼中陳而立。有頃卽定。此則能持重也。自遼中陳以下至下文惟無武進注當以正原本誤於依水草而背衆樹下今改正

旌旗動者。亂也。通典御覽俱無旌字

杜佑曰。旌旗謬動。抵東觸西傾倚者。亂也。　杜牧曰。魯莊公敗齊于長勺。曹劌請逐之。公曰。若何。對曰。視其轍亂而旗靡。故逐之。　梅堯臣曰。旌旗輒動。偃亞不次。無絕律也。　張預曰。旌旗所以齊衆也。而動搖無定。是部伍雜亂也。

吏怒者。倦也。

杜佑曰。軍吏悉怒將者。疲倦也。據通典御覽補　杜牧曰。衆悉倦弊。故吏不畏而忿怒也。　陳皥曰。將興不急之役。故人人倦弊也。　賈林曰。人困則多怒。　梅堯臣曰。吏士倦煩。怒不畏避也。　張預曰。政令不一。則人情倦。故吏多怒也。晉楚相攻。晉裨將趙旃魏錡怒而欲敗晉軍。皆奉命于楚。郤克曰。二憾往矣。弗備必敗。是也。

粟馬肉食。軍無懸缻。今本通典作缶按注云罌卽缶之類則通典故作罌以形近譌爲缶耳御覽作罃亦字誤當爲罌又按缻者缶之或體字也　不返通典御覽俱作

不及其舍者。窮寇也。

杜佑曰。殺馬食肉。不復積蓄。無懸罃舊作簞誤今改正之食。欲死戰。窮寇也。罃即缶之類也。據通典御覽補按御覽云罃即簞之類也罃簞二字皆誤 一云。殺馬肉食者。軍無糧也。軍無懸缻不返其舍者。窮寇也。 李筌曰。殺其馬而食肉。故曰軍無糧也。不返舍者。窮迫不及還也。 杜牧曰。粟馬。言以糧穀秣馬也。肉食者。殺牛馬饗士也。軍無懸缻者。悉破之。示不復炊也。不返其舍者。晝夜結部伍也。如此皆是窮寇。必欲決一戰爾。缻音府。炊器也。 梅堯臣曰。給糧以秣平馬。殺畜以饗平士。棄缻不復炊。暴露不返舍。是欲決戰而取勝也。 王晳曰。粟馬肉食。所以爲力且久也。軍無缻。不復飲食也。不返舍。無回心也。皆謂以死決戰耳。敵如此者。當堅守以待其弊也。 張預曰。捐糧穀以秣馬。殺牛畜以饗士。破釜及缻。不復炊爨。暴露兵衆。不復反舍。茲窮寇也。孟明焚舟。楚軍破釜之類是也。

諄諄翕翕。徐言入入者。原本作徐與人言者按入入猶如如安徐之義故注云徐言入入者安徐之貌也從通典御覽改正失衆也。

曹公曰。諄諄。語貌。翕翕。失志貌。 杜佑曰。諄諄。語貌。又不足貌。翕翕者。不真也。其上失卒之心。少氣之意。徐言入入者。與之言安徐之貌也。此將失其衆也。諄。章倫反。翕。許及反。據通典御覽補 李筌曰。諄諄翕翕。竊語貌。士卒之心恐上。則私語而言。是失衆也。 杜牧曰。諄諄者。乏氣聲促也。翕翕者。顛倒失次貌。如此者。憂在內。是自失其衆心也。 賈林曰。諄諄竊議貌。翕翕不安貌。徐與人言。遞相問貌。如此者。必散失部曲也。 梅堯臣曰。諄諄。吐誠懇也。翕翕。曠職事也。緩言彊安。恐衆離也。 王晳曰。諄諄。語誠懇之貌。翕翕者。患其上也。將失人心。則衆相與語誠懇而患其上也。 何氏曰。兩人竊語。誹議主將者也。 張預曰。諄諄。語也。翕翕。聚也。徐。緩也。言士卒相聚私語。低緩而言。以非其上。是不得衆心也。

屢賞者。窘也。

孟氏曰。軍實窘也。恐士卒心怠。故別行小惠也。　杜佑曰。軍不素敵。數行賞欲士卒之力戰者。此恐窘也。渠殞反。據通典御覽補　李筌曰。窘則數賞以勸進。　杜牧曰。勢力窮窘。恐衆爲叛。數賞以悅之。　梅堯臣曰。勢窮憂叛離。屢賞以悅衆。　王晳曰。衆窘而不和裕。則數賞以悅之。　張預曰。勢窘則易離。故屢賞以撫士。

數罰者。困也。

杜佑曰。數行刑罰者。教令廢弛。是困軍也。據通典御覽補　李筌曰。困則數罰以勵士　杜牧曰。人力困弊。不畏刑罰。故數罰以懼之。　梅堯臣曰。人弊不堪命。屢罰以立威。　王晳曰。衆困而不精勤。則數罰以脅之也。　張預曰。力困則難用。故數罰以畏衆。

先暴而後畏其衆者。不精之至也。通典作不情之至也御覽同　按注意則杜佑本作不情也

曹公曰。先輕敵。後聞其衆。則心惡之也。　杜佑曰。先行卒暴於士卒。而後欲畏己者。此將不情之極也。據通典御覽補　李筌曰。先輕後畏。是勇而無剛者。不精之甚也。　杜牧曰。料敵不精之甚。　賈林曰。教令不能分明。士卒又非精練。如此之將。先欲彊暴伐人。衆悖則懼也。至懦之極也。　梅堯臣曰。先行乎嚴暴。後畏其衆離。訓罰不精之極也。　王晳曰。敵先行刻暴。後畏其衆離。爲將不精之甚也。　何氏曰。寬猛相濟。精於將事也。　張預曰。先輕敵。後畏人。或曰。先刻暴御下。後畏衆叛己。是用威行愛不精之甚。故上文以數賞數罰而言也。

來委謝者。欲休息也。

杜佑曰。戰未相伏。而下意氣相委謝者。欲休息也。　李筌曰。徐前而疾後。曰委謝。　杜牧曰。所以委質來謝。此

乃勢已窮。或有他故。必欲休息也。　賈林曰。氣委而言謝者。欲求兩解。　梅堯臣曰。力屈欲休兵。委質以來謝。　王晳曰。勢不能久。　張預曰。以所親愛委質來謝。是勢力窮極。欲休兵息戰也。

兵怒而相迎。久而不合。又不相去。必謹察之。

曹公曰。備奇伏也。　孟氏曰。備有別應。　杜佑曰。備奇伏也。此必有間諜也。據通典御覽補　李筌曰。是軍必有奇伏。須謹察之。　杜牧曰。盛怒出陳。久不交刃。復不解去。有所待也。當謹伺察之。恐有奇伏旁起也。　梅堯臣曰。怒而來逆我。久而不接戰。且又不解去。必有奇伏以待我。此以上論敵情。　張預曰。勇怒而來。既不合戰。又不引退。當密伺之。必有奇伏也。

兵非益多也。

曹公曰。權力均一。云兵非貴益多。　賈林曰。不貴衆擊寡。所貴寡擊衆。　王晳曰。晳謂權力均足矣。不以多爲益。　張預曰。兵非增多於敵。謂權力均也。

惟無武進。

曹公曰。未見便也。　賈林曰。武不足專進。專進則暴。　王晳曰。不可但恃武也。當以計智料敵而行。　張預曰。武剛也。能用剛武以輕進。謂未見利也。

足以併力料敵。取人而已。

曹公曰。廝養足也。　李筌曰。兵衆武。用力均。惟得人者勝也。　杜牧曰。言我與敵人兵力皆均。惟未能用武前進者。蓋未得見其人也。但能於廝養之中。揀擇其材。亦足并力料敵而取勝。不假求於他也。　陳皥曰。言我兵力不多於敵。又無利便可進。不必他國乞師。但於廝養中併力取人。亦可破敵也。　賈林曰。雖我武勇之力而輕進。足以智謀料敵。併力而取敵人也。　梅堯臣曰。武纔也。兵雖不足以纔進。足以并給役廝養之力量敵而取勝也。　王晳曰。晳謂善分合之變者。足以併力乘敵閒取勝人而已。故雖廝養之輩可也。況精兵乎。曹說是也。　張預曰。兵力既均。又未見便。雖未足剛進。足以取人於廝養之中。以并兵合力。察敵而取勝。不必假他兵以助己。故尉繚子曰。天下助卒。名爲十萬。其實不過數萬。其兵來者無不謂其將曰。無爲天下先戰。此言助卒無益。不如己有兵法也。

夫惟無慮而易敵者。必擒於人。

杜佑曰。己無智慮而外易人者。必爲人所擒。據通典補　杜牧曰。無有深謀遠慮。但恃一夫之勇。輕易不顧者。必爲敵人所擒也。　陳皞曰。惟猶獨也此言殊無遠慮。但輕敵者。必爲其所擒。不獨言其勇也。左傳曰。蜂蠆有毒。而況國乎。則小敵亦不可輕。　王晳曰。唯不能料敵。但以武進。則必爲敵所擒。明患不在於不多也。　張預曰。不能料人。反輕敵以武進。必爲人所擒也。齊晉相攻。齊侯曰。吾姑滅此而朝食。不介馬而馳之。爲晉所敗是也。

卒未親附而罰之。則不服。不服則難用也。

杜牧曰。恩信未洽。不可以刑罰齊之。　梅堯臣曰。傳上世德以至之。恩以親之。恩德未敷。罰則不服。故怨而難使。　王晳曰。恩信非素浹洽於人心。未附也。　張預曰。驟居將帥之位。恩信未加於民。而遽以刑罰齊之。則怒恚而難用。故田穰苴曰。臣素卑賤。士卒未附。百姓不信。又伍參曰。晉之從政者新。未能行令。是也。

卒已親附而罰不行。則不可用也。

曹公曰。恩信已洽。若無刑罰。則驕惰難用也。　梅堯臣曰。恩德既洽。刑罰不行。則驕不可用。　王晳曰。所謂若驕子也。　張預曰。恩信素洽。士心已附。刑罰寬緩。則驕不可用也。

故令之以文。齊之以武。

曹公曰。文仁也。武法也。　李筌曰。文仁恩。武威罰。　杜牧曰。晏子舉司馬穰苴。文能附衆。武能威敵也。　王晳曰。吳起云。總文武者軍之將。兼剛柔者兵之事也。

是謂必取。

杜牧曰。文武既行。必也取勝。　梅堯臣曰。令以仁恩。齊以威刑。恩威竝著。則能必勝。　張預曰。文恩以悅之。武威以肅之。畏愛相兼。故戰必勝。攻必取。或問曰。書云。威克厥愛。允濟。愛克厥威。允罔功。言先威也。孫武先愛何也。曰。書之所稱。仁人之兵也。王者之於民。恩德素厚。人心已附。及其用之。惟患乎寡威也。武之所陳。戰國之兵也。霸者之於民。法令素酷。人心易離。及其用之。惟患乎少恩也。

令素行以教其民。則民服。通典作令素行以教其人者也令素行則人服御覽同

梅堯臣曰。素舊也。威令舊立。教乃聽服。　張預曰。將令素行。其民已信。教而用之。人人聽服。

令不素行以教其民。則民不服。通典作令素不行則人不服御覽同

王晳曰。民不素教。難卒爲用。　何氏曰。人既失訓。安得服教。

令素信著者。原本作素行者按注意則故書當爲信著者從通典御覽改正與衆相得也。

杜牧曰。素先也。言爲將居當無事之時。須恩信威令先著於人。然後對敵之時。行令立法。人人信伏。韓信曰。我

非素得拊循士大夫。所謂驅市人而戰也。所以使之背水。令其人人自戰。以其非素受恩信。威令之從也。　陳皞曰。晉文公始入國。教其民二年。欲用之。子犯曰。民未知義。未安其居。此言欲令民不苟其生也。於是出定襄王。此言示以事君之大義。入務利民。民懷生矣。又將用之。子犯曰。民未知信。未宣其用。於是伐原以示之信。此言在往年伐原不貪其利而守其信。民易資者不求豐焉。此言人無貪詐也。明徵其辭。公曰。可矣。子犯曰。民未知禮。未生其恭。於是大蒐以示之禮。及戰之時。少長有禮。其可用也。此五者教人之本也。夫令要在先申。使人聽之不惑。法要在必行。使人守之無輕信者也。三令五申。示人不惑也。法令簡當。議在必行。然後可以與衆相得也。　梅堯臣曰。信服已久。何事不從。　王晳曰。知此者始可言其并力勝敵矣。　張預曰。上以信使民。民以信服上。是上下相得也。尉繚子曰。令之之法。小過無更。小疑無申。言號令一出不可反易。自非大過大疑。則不須更改申明。所以使民信也。諸葛亮與魏軍戰。以寡對衆。卒有當代者。不留而遣之。曰。信不可失。於是人人願留一戰。遂大敗魏兵。是也。

卷十　地形篇

曹公曰欲戰審地形以立勝也　李筌曰軍出之後必有地形變動　王晳曰地利當周知險隘支挂之形也
張預曰凡軍有所行先五十里內山川形勢使軍士伺其伏兵將乃自行視地之勢因而圖之知其險易故行師越境審地形而立勝故次行軍

孫子曰。地形有通者。

梅堯臣曰。道路交達。

有挂者。通典作掛非

梅堯臣曰。網羅之地。往必挂綴。

有支者。

梅堯臣曰。相持之地。

有隘者。

梅堯臣曰。兩山通谷之閒

有險者。

梅堯臣曰。山川邱陵也。

有遠者。

曹公曰。此六者地之形也。　杜佑曰。此六地之名。教民居之得便利則勝也。　梅堯臣曰。平陸也。　張預曰。地形有此六者之別也。

我可以往。彼可以來。曰通。

杜佑曰。謂俱在平陸。往來通利也。　張預曰。俱在平陸。往來通達。

通形者。通典作居通地先居高陽。通典先下有據其地三字利糧道以戰。則利。

曹公曰。寧致人。無致於人。　杜佑曰。寧致人無致於人。己先據高地。分爲屯守於歸來之路。無使敵絕己糧道也。　李筌曰。先之以待敵。　杜牧曰。通者四戰之地。須先據高陽之處。勿使敵人先得而我後至也。利糧道者。每於津阨或敵人要衝。則築壘或作甬道以護之。　賈林曰。通形者。無有岡坡。亦無要害。故兩通往來。處高易于望候。向陽視生。通糧道便易轉運。於此利於戰也。　梅堯臣曰。先據高陽。利糧通阨。敵人來至。我戰則利。王晳同曹公註。　何氏同杜佑註。　張預曰。先處戰地以待敵。則致人而不致於人。我雖高居面陽。坐以致敵。亦慮敵人不來赴戰。故須使糧餉不絕。然後爲利。

可以往。難以返。曰挂。

杜佑曰。掛者牽掛也。

挂形者。通典者作曰敵無備。出而勝之。敵若有備。通典無若字出而不勝。難以返。不利。

李筌曰。往難以返曰挂。　杜牧曰。挂者。險阻之地與敵共有犬牙相錯。動有挂礙也。往攻敵。敵若無備。攻之必勝。則雖與險阻相錯。敵人已敗。不得復邀我歸路矣。若往攻敵人。敵人有備。不能勝之。則爲敵人守險阻邀我歸路。難以返也。　陳皥曰。不得已陷在此。則須爲持久之計。掠取敵人之糧。以伺利便而擊之。　杜佑曰。敵無備。出攻之。勝可也。有備不得勝之。則難還返也。　梅堯臣曰。出其不意。往則獲利。若其有備。往必受制。　張預曰。察知敵情。果爲無備。一擧而勝之則可矣。若其有備。出而弗克。欲戰則不可買。欲歸則不得返。非所利也。

我出而不利。彼出而不利。曰支。

杜佑曰。支久也。俱不便久相持也。　張預曰。各守險固以相持。

支形者。敵雖利我。我無出也。引而去。令敵半出而擊之利。

杜佑曰。利利我也。佯背我去。我無出逐。待其引而擊之可敗也。　李筌曰。支者兩俱不利。如挂之形。故各分其勢。　杜牧曰。支者。我與敵人各守高險。對壘而軍。中有平地。狹而且長。出軍則不能成陳。遇敵則自下禦上。彼我之勢俱不利便。如此則堂堂引去。伏卒待之。敵若躡我。候其半出。發兵擊之。則利。若敵人先去以誘我。我不可出也。　陳皥曰。此說理繁而語倒。但彼此出軍地形不便。敵若設利誘我而去。我愼勿追之。我若引去。敵止則已。若來襲我。候其半出。則急擊之。　賈林曰。支者。隔險阻可以相要截。足得相支持。故不利先出也。　梅堯臣曰。各居所險。先出必敗。利而誘我。我不可愛。僞去引敵。半出而擊。　王晳曰。敵不肯至。則設奇伏而退。且詭之令必出。　張預曰。利我。謂佯背我去也。不可出攻。我捨險則反爲所乘。當自引去。敵若來追。伺其半出。行列未定。銳卒攻之。必獲利焉。李靖兵法曰。彼此不利之地。引而佯去。待其半出。而邀擊之。

隘形者。通典者作曰我先居之。必盈之以待敵。

杜佑曰。盈滿也。以兵陳滿隘形。欲使敵不得進退也。

若敵先居之。盈而勿從。不盈而從之。

曹公曰。隘形者。兩山間通谷也。敵勢不得撓我也。我先居之。必前齊隘口。陳而守之。以出奇也。敵若先居此地。

齊口陳。便勿從也。即半隘陳者。從之。而與敵共此利也。　杜佑曰。謂齊口亦滿也。如水之滿器。與口齊也。若我居之。平易險阻。皆制在我。然後出奇以制敵。若敵人據隘之半。不知齊口滿盈之道。我則入隘以從之。蓋敵亦在隘。我亦在隘。俱得地形。勝敗在我。不在地形也。夫齊口盈滿之術。非惟隘形獨解有口。譬如平坡迴澤。車馬不通。舟楫不勝。中有一逕。亦須據其路口。使敵不得進也。諸可知矣。　李筌曰。盈平也。敵先守隘。我去之。趙不守井陘之口。韓信下之。陳豨不守漳水。高祖下之。是也。　杜牧曰。盈者滿也。言遇兩山之間。中有通谷。則須當山口爲營。與兩山口齊。如水之在器而盈滿也。　陳皞曰。隘口言陳是也。言營非也。　賈林曰。從逐也。盈實也。敵若實而滿之。則不可逐討。若虛而無備。則入而討之。　梅堯臣同杜牧註。　王晳同曹公註。　張預曰。左右高山。中有平谷。我先至之。必齊滿山口以爲陳。使敵不得進也。我可以出奇兵。彼不能以撓我。敵若先居此地。盈塞隘口而陳者。不可從也。若雖守隘口。俱不滿齊者。入而從之。與敵共此險阻之利。吳起曰。無當天竈。天竈者大谷之口。言不可迎隘口而居之也。

險形者。通典者作曰　我先居之。必居高陽以待敵。

杜佑曰。居高陽之地。以待敵人。敵人從其下陰而來。此之則勝。

若敵先居之。引而去之。勿從也。

曹公曰。地形險隘。尤不可致於人。　杜佑曰。地險先據。不可致於人也。　李筌曰。若險阻之地。不可後於人。

杜牧曰。險者山峻谷深。非人力所能作爲。必居高陽以待敵。若敵人先據之。必不可以爭。則當引去。陽者南面之地。恐敵人持久。我居陰而生疾也。今若於崤澠遇敵。則先據北山。此乃是面陰而背陽也。高陽二者。止可捨陽而就高。不可捨高而就陽。孫子乃統而言之也。　梅堯臣曰。先得險固。居高就陽。待敵則強。敵苟先之。就戰則殆。引去勿疑。　王晳曰。此亦爭地。若唐太宗先據虎牢以待竇建德是也。　張預曰。平陸之地。尙宜先據。況險阨之所。豈可以致於人。故先處高陽。以佚待勞。則勝矣。若敵已據此地。宜速引退。不可與戰。裴行儉討突厥。嘗際晚下營。塹壘方周。忽令移就崇岡。將士不悅。以謂不可勞衆。行儉不從速令徙之。是夜風雨暴至。前設營所水深丈餘。將吏驚服。以此觀之。居高陽不惟戰便。亦無水潦之患也。

遠形者。通典作夫通形勢均通典作均勢難以挑戰。戰而不利。

曹公曰。挑戰者延敵也。　孟氏曰。兵勢既均。我遠入挑。則不利也。　杜佑曰。挑迎敵也。遠形。去國遠也。地勢均等。無不便利。先挑之戰。不利也。　李筌曰。力敵而挑。則利未可知也。　杜牧曰。譬如我與敵壘相去三十里。若我來就敵壘而延敵欲戰者。是我困敵銳。故戰者不利。若敵來就我壘延我欲戰者。是我佚敵勞。敵亦不利。故延勢均。然則如何。曰欲必戰者。則移相近也。　陳皥曰。夫與敵營壘相遠。兵力又均。難以挑戰。戰則不利。故下文云勢均以一擊十曰走。是也。夫挑戰先須料我兵衆強弱。可以加敵。則爲之。不然則不可輕進自取敗也。　梅堯臣曰。勢既均一。挑戰則勞。致敵則佚。　王晳曰。以遠致。我勞也。　張預曰。營壘相遠。勢力又均。止可坐以致敵。不宜挑人而求戰也。

凡此六者。地之道也。將之至任。不可不察也。

李筌曰。此地形之勢也。將不知者以敗。　賈林曰。天生地形。可以目察。　梅堯臣曰。夫地形者。助兵立勝之本豈得不度也。　張預曰。六地之形。將不可不知。

故兵有走者。有弛者。有陷者。有崩者。有亂者。有北者。凡此六者。非天之災將之過也。

賈林者。走弛陷崩亂北。皆敗壞大小變易之名也。　張預曰。凡此六敗。各在人事。

夫勢均以一擊十。曰走。

曹公曰。不料力。　李筌曰。不量力也。若得形便之地。用奇伏之計。則可矣。　杜牧曰。夫以一擊十之道。先須敵人與我。將之智謀。兵之勇怯。天時地利。飢飽勞佚。十倍相懸。然後可以奮一擊十。若勢均力敵。不能自料。以我之一。擊敵之十。則須奔走。不能返舍復爲駐止矣。　梅堯臣曰。勢雖均而兵甚寡。以寡擊衆。必走之道也。　王晳曰。不待鬬而走也。　張預曰。勢均謂將之智勇。兵之利鈍。一切相敵也。夫體敵勢等。自不可輕戰。況奮寡以擊衆。能無走乎。

卒強吏弱。曰弛。

曹公曰。吏不能統。故弛壞。　杜牧曰。言卒伍豪強。將帥懦弱。不能驅率。故弛坏壞散也。國家長慶初。命田布帥魏以伐王廷湊。布長在魏。魏人輕易之。數萬人皆乘驢行營。布不能禁。居數月。欲合戰。兵士潰散。布自剄身死。　賈林曰。令之不從。威之不服。見敵則亂。不壞何爲。　梅堯臣曰。吏無統率者。則軍政弛壞。　王晳同曹公註。何氏曰。言卒伍豪強。將帥懦弱。不能驅領。故弛坏壞散也。　張預曰。士卒豪悍。將吏懦弱。不能統轄約束。故軍政弛壞也。吳楚相攻。吳公子光曰。楚軍多寵。政令不一。帥賤而不能整。無大威命。楚可敗。果大敗楚師也。

吏強卒弱。曰陷。

曹公曰。吏強欲進。卒弱。輒陷敗也。　李筌曰。陷敗也。卒弱不一。則難以爲戰。是以強陷也。　杜牧曰。言欲爲攻取。士卒怯弱。不量其力。強進之。則陷沒於死地也。　陳皞曰。夫人皆有血氣。惟無鬬敵之心。若將乏刑德。士乏訓練。則人皆懦怯。不可用也。　賈林曰。士卒皆羸。鼓之不進。吏強獨戰。徒陷其身也。　梅堯臣曰。吏雖強進。不能激之以勇。故陷於死。　王晳曰。爲下所陷。　張預曰。將吏剛勇欲戰。而士卒素乏訓練。不能齊勇同奮。苟用之。必陷於亡敗。

大吏怒而不服。遇敵懟而自戰。將不知其能。曰崩。

曹公曰。大吏小將也。大將怒之。而不厭服。忿而赴敵。不量輕重。則必崩壞。　李筌曰。將爲敵所怒。不料強弱。驅士卒如命者。必崩壞。　杜牧曰。春秋時。楚子伐鄭。晉師救之。伍參言於楚子曰。晉之從政者新。未能行令。其佐先縠。剛愎不仁。未肯用命。其三帥者。專行不獲。聽而無上。衆無適從。此行也。晉師必敗。晉魏錡求公族未得而怒。欲敗晉師。請致師。不許。請使。許之。遂往請戰而還。趙旃求卿未得。請挑戰。不許。召盟。許之。與魏錡皆命而往。郤克曰。二憾往矣。弗備必敗。隨會曰。若二子怒楚。楚人乘我。喪師無日矣。不如備之。先縠曰。不可。隨會使鞏朔韓穿師七覆於敖前。故上軍不敗。而中軍下軍果敗。七覆。七處伏兵也。敖山名也。　陳皞曰。此大將無理而怒小將。使之心內懷不服。因緣怨怒。遇敵便戰。不顧能否。所以大敗也。　賈林曰。自上隳下曰崩。大吏小將。不相壓伏。崩壞之道。將又不量己之能否。不知卒之勇怯。強與敵鬬。自取賊害。豈非自上而崩乎。　梅堯臣曰。小將心怒而不服。遇敵怨懟而不顧。自取崩敗者。蓋將不知其能也。　王晳曰。謂將怒不以理。且不知裨佐之才。激致其兇懟。如山之崩壞也。　何氏曰。三軍同力。上下一心。則勝也。　張預曰。大凡百將一心。三軍同力。則能勝敵。令小將恚怒。而不服於大將之令。意欲俱敗。逢敵便戰。不量能否。故必崩覆。晉伐秦。荀偃行令。是也。曰。雞鳴而駕。唯余馬首是瞻。欒書怒曰。晉國之命。未是有也。遂棄之歸。又趙穿惡臾駢而逐秦。魏錡怒晉師而乘楚。

將弱不嚴。教道不明。吏卒無常。陳兵縱橫。曰亂。

曹公曰。爲將若此。亂之道也。　李筌曰。將或有一於此。亂之道也。　杜牧曰。言吏卒皆不拘常度。故引兵出陳。或縱或橫。皆自亂之也。　賈林曰。威令既不嚴明。士卒則無常稟。如此軍幕。不亂何爲。謂將無嚴令賞罰不行之故。　梅堯臣曰。懦而不嚴。則士無常檢。教而不明。則出陳縱橫不整。亂之道也。　王晳曰。亂者不勝其敗。張預曰。將弱不嚴。謂將帥無威德也。教道不明。謂教閱無古法也。吏卒無常。謂將臣無久任也。陳兵縱橫。謂士卒無節制也。爲將若此。自亂之道。

將不能料敵。以少合衆。以弱擊強。兵無選鋒。曰北。

曹公曰。其勢若此。必走之兵也。　李筌曰。軍敗曰北。不料敵也。　杜牧曰。衞公李靖兵法。有戰鋒隊。言揀擇敢勇之士。每戰皆爲先鋒。司馬法曰。選良次兵。益人之強。註曰。勇猛勁捷。戰不得功。後戰必選於前當。以激致其銳氣也。東晉大將軍謝元北鎮廣陵。時苻堅強盛。元多募勇勁。劉牢之何謙諸葛侃高衡劉軌田洛孫無終等。以驍猛應募。元以牢之領精銳爲前鋒。百戰百勝。號爲北府兵。敵人畏之。所向必克也。　賈林曰。兵鋒不選利鈍。士卒不知勇怯。如此用兵。自取北道也。　梅堯臣曰。不能量敵情。以少當衆。不能選精銳以弱擊強。皆奔北之理也。　何氏曰。夫士卒疲勇。不可混同爲一。一則勇士不勸。疲兵因有所容。出而不戰。自敗也。故兵法曰。兵無選鋒曰北。昔齊以伎擊強。魏以武卒奮。秦以銳士勝。漢有三河俠士劍客奇材。吳謂之解煩。齊謂之決命。唐謂之跳盪。是皆選鋒之別名也。兵之勝術。無先於此。凡軍衆既具。則大將勒諸營。各選精銳之士。須趫健出衆。武藝軼格者。部爲別隊。大約十人選一人。萬人選千人。所選務寡。要在必當。擇腹心健將統率。自大將親兵前鋒奇伏之類。皆品量配之也。　張預曰。設若奮寡以擊衆。驅弱以敵強。又不選驍勇之士。使爲先鋒。兵必敗北也。凡戰必用精銳爲前鋒者。一則壯吾志。一則挫敵威也。故尉繚子曰。武士不選。則衆不強。曹公以張遼爲先鋒而敗鮮卑。謝元以劉牢之領精銳前拒苻堅。是也。

凡此六者。敗之道也。

陳皥曰。一曰不量寡衆。二曰本乏刑德。三曰失於訓練。四曰非理興怒。五曰法令不行。六曰不擇驍果。此名六敗也。

將之至任。不可不察也。

張預曰。已上六事。必敗之道。

夫地形者。兵之助也。

孟氏曰。地利待人而險。　杜牧曰。夫兵之主。在於仁義節制而已。若此地形。可以爲兵之助。所以取勝也。助一作易。又陳皥曰。天時不如地利。　賈林曰。戰雖在兵。得地易勝。故曰兵之易也。山可障。水可壅。高勝卑。險勝平也。　王晳曰。兵道則在人。　張預曰。能審地形者。兵之助耳。乃末也。料敵制勝者。兵之本也。

料敵制勝。計險阨遠近。通典作計極險易利害遠近御覽同上將之道也。

杜牧曰。饋用之費。人馬之力。攻守之便。皆在險阨遠近也。言若能料此以制敵。乃爲將臻極之道。　王晳曰。料敵窮極之情。險阨遠近之利害。此兵道也。　何氏曰。知敵知地。將軍之職。　張預曰。既能料敵虛實強弱之情。又能度地險阨遠近之形。本末皆知。爲將之道畢矣。

知此而用戰者必勝。不知此而用戰者必敗。

杜牧曰。謂知險阨遠近也。　梅堯臣曰。將知地形。又知軍政。則勝。不知。則敗。　張預曰。既知敵情。又知地利。以戰則勝。俱不知之。以戰即敗。

故戰道必勝。主曰無戰。必戰可也。戰道不勝。主曰必戰。無戰可也。

孟氏曰。寧違於君。不逆士衆。　李筌曰。得戰勝之道。必戰可也。失戰勝之道。必無戰可也。立主人者。發其行也。

杜牧曰。主者君也。黃石公曰。出軍行師。將在自專。進退內御。則功難成。故聖主明王。跪而推轂曰。閫外之事。將軍裁之。　梅堯臣曰。將在軍。君命有所不受。　張預曰。苟有必勝之道。雖君命不戰。可必戰也。苟無必勝之道。雖君命必戰。可不戰也。與其從令而敗事。不若違制而成功。故曰軍中不聞天子之詔。

故進不求名。退不避罪。

王晳曰。皆忠以爲國也。　何氏曰。進豈求名也。見利於國家士民。則進也。退豈避罪也。見其蹙國殘民之害。雖君命使進而不進。罪及其身不悔也。

唯民是保。而利合於主。國之寶也。

李筌曰。進退皆保人。非爲身也。　杜牧曰。進不求戰勝之名。退不避違命之罪也。如此之將。國家之珍寶。言其少得也。　陳皞曰。合猶歸也。　梅堯臣曰。寧違命而取勝。勿順命而致敗。　王晳曰。戰與不戰。皆在保民利主而已矣。 張預曰。進退違命。非爲己也。皆所以保民命而合主利。此忠臣國家之寶也。

視卒如嬰兒。故可與之赴深谿。視卒如愛子。故可與之俱死。

李筌曰。若撫之如此。得其死力也。故楚子一言。三軍之士皆如挾纊也。 杜牧曰。戰國時。吳起爲將。與士卒最下者同衣食。臥不設席。行不乘騎。親裹贏糧。與士卒分勞苦。卒有病疽。吳起吮之。其卒母聞而哭之。或問曰。子卒也。而將軍自吮疽。何爲而哭。母曰。往年吳公吮其父。其父不旋踵而死於敵。今復吮此子。妾不知其死所矣。 梅堯臣曰。撫而育之。則親而不離。愛而勖之。則信而不疑。故雖死與死。雖危與危。 王晳曰。以仁恩結人心也。 何氏曰。如後漢段熲爲破羌將軍。以征西羌。行軍仁愛。士卒傷者。親自瞻省。手爲裹瘡。在邊十餘年。未嘗一日蓐寢。與將士同苦。故皆樂爲死戰也。晉王濬爲巴郡太守。郡邊吳境。兵士苦役。生男多不舉。濬乃嚴其科條。寬其徭役。課其產育。皆與休復。所全活者數千人。及後伐吳。先在巴郡之所全活者。皆堪徭役供軍。其父母戒之曰。王府君生爾。爾必勉之。無愛死也。故吳子有父子之兵。 張預曰。將視卒如子。則卒視將如父。未有父在危難而子不致死。故荀卿曰。臣之於君也。下之於上也。如子弟之事父兄。手足之捍頭目也。夫美酒泛流。三軍皆醉。溫言一撫。士同挾纊。信乎以恩遇下。古人所重也。故兵法曰。勤勞之師。將必先己。暑不張蓋。寒不重衣。險必下步。軍井成而後飲。軍食熟而後飯。軍壘成而後舍。

厚而不能使。愛而不能令。亂而不能治。譬如驕子。不可用也。

曹公曰。恩不可專用。罰不可獨任。若驕子之喜怒對目。還害而不可用也。 孟氏曰。唯務行恩。恩勢已成。刑之必怨。唯務行刑。刑怨已深。恩之不附。必使恩威相參。賞罰幷用。然後可以爲將。可以統衆也。 李筌曰。雖厚愛人。不令如驕子者。有悖逆之心。不可用也。　杜牧曰。黃石公曰。士卒可下而不可驕。夫恩以養士。謙以接之。故曰可下。制之以法。故曰不可驕。陰符曰。害生於恩。吳起曰。夫鼓鼙金鐸。所以威耳。旌旗麾章。所以威目。禁令刑罰。所以威心。耳威於聲。不得不清。目威於色。不得不明。心威於形。不得不嚴。三者不立。必敗於敵。故曰。將之所撝。莫不從移。將之所指。莫不前死。衞公李靖曰。古之善爲將者。必能十卒而殺其三。次者十殺其一。十殺其三。威振於敵國。十殺其一。令行於三軍。是知畏我者不畏敵。畏敵者不畏我。善無細而不賞。惡無微而不貶。馬謖軍敗。葛亮對泣而行誅。鄉人盜笠。呂蒙垂涕而後斬。馬逸犯禾。曹公割髮而自刑。兩掾辭屈。黃蓋請問而俱斬。故能威克其愛。雖少必濟。愛加其威。雖多必敗。　梅堯臣曰。厚養而不使。愛寵而不教。亂法而不治。猶如驕子。安得而用也。　王皙曰。恩不以嚴。未可濟也。　何氏曰。言恩不可純任。純任則還爲己害。　張預曰。恩不可以專用。罰不可以獨行。專用恩。則卒如驕子而不能使。此曹公所以割髮而自刑。臥龍所以垂涕而行戮。楊素所以流血盈前而言笑自若。李靖所以十殺其三使畏我而不畏敵也。獨行罰。則士不親附而不可用。此古將所以投酒。楚子所以挾纊。吳起所以分衣食。闔閭所以同勞佚也。在易之師初六曰。師出以律。謂齊衆以法也。九二曰。師中承天寵。謂勸士以賞也。以此觀之。王者之兵。亦德刑參任。而恩威並行矣。尉繚子曰。不愛悅其心者。不我用也。不嚴畏其心者。不我舉也。故善將者愛與畏而已。

知吾卒之可以擊。而不知敵之不可擊。勝之半也。

梅堯臣曰。知己而不知彼。或有勝耳。

知敵之可擊。而不知吾卒之不可以擊。勝之半也。

杜牧曰。可擊者。勇敢輕死也。不可擊者。頓弊怯弱也。　陳皡曰。此說非也。可擊不可擊者。所謂兵衆孰強。士卒孰練。賞罰孰明也。　梅堯臣曰。知彼而不知己。或有勝耳。　王晳曰。知己不知彼。知彼不知己。皆未可以決勝也。　張預曰。或知己而不知彼。或知彼而不知己。則有勝有負也。唐太宗曰。吾嘗臨陳。先料敵心與己之心孰審。然後我可得而知焉。察敵氣與己之氣孰治。然後我可得而知焉。言料心審治亂。察氣見強弱形也。可戰與不可戰也。

知敵之可擊。知吾卒之可以擊。而不知地形之不可以戰。勝之半也。

曹公李筌曰。勝之半者。未可知也。　杜牧曰。地形者。險易遠近。出入迂直也。　梅堯臣曰。知彼知己。而不知地形。亦或不勝。　王晳曰。雖知彼己可以戰。然不可虧地利也。　張預曰。既知己而又知彼。但不得地形之助。亦不可全勝。

故知兵者。動而不迷。舉而不窮。通典不窮作不頓御覽同按注曰一云不頓是也

杜牧曰。未動未舉。勝負已定。故動則不迷。舉則不窮也。一云。動而不困。舉而不頓。　陳皡曰。窮者困也。我若識彼此之動否。量地形之得失。則進而不迷。戰而不困者也。　梅堯臣曰。無所不知。則動不迷闇。舉不困窮也。王晳曰。籌計者不迷。籌軍者不窮。　張預曰。不妄動。故動則不誤。不輕舉。故舉則不困。識彼我之虛實。得地形之便利。而後戰也。

故曰。知彼知己。勝乃不殆。

張預曰。曉攻守之術。則有勝而無危。

知地。知天。原本作知天知地按上文云知敵之可擊知吾卒之可以擊故此云知彼知己也上文又云不知地形之不可以戰蓋地形者兵之助故孫子重言之也從通典及杜佑注改正勝乃可全。原本作勝乃不窮按舉而不窮者謂窮困也此云勝不可以窮言也上文諸言勝之半也故此云可全以足其義所謂全勝全字與天爲韻從通典及杜佑注改正

杜佑曰。知地之便。知天之時。地之便。依險阻向高陽也。天之時。順寒暑法刑德也。既能知彼知己。又按地形。法天道。勝乃可全。又何難也。　李筌曰。人事天時地利。三者同知。則百戰百勝。　梅堯臣曰。知彼利知此利。故不危。知天時知地形。故不極。　王晳同梅堯臣註。　張預曰。順天時。得地利。取勝無極。

卷十一　九地篇

曹公曰欲戰之地有九　李筌曰勝敵之地有九故次地形之下　王晳曰用兵之地利害有九也　張預曰用兵之地其勢有九此論地勢故次地形

孫子曰。用兵之法。有散地。有輕地。有爭地。有交地。有衢地。有重地。有圮地。有圍地。有死地。

曹公曰。此九地之名也。　張預曰。此九地之名。

諸侯自戰其地。爲散地。

曹公曰。士卒戀土。道近易散。　杜佑曰。戰其境內之地。士卒意不專。有潰散之心。故曰散地。　李筌曰。卒恃土懷妻子。急則散。是爲散地。　杜牧曰。士卒近家。進無必死之心。退有歸投之處。　梅堯臣同杜牧註。　王晳同曹公註。　何氏曰。散地。士卒恃土。懷戀妻子。急則散走。是爲散地。一曰。地無關鍵。士卒易散走。居此地者不可數戰。又曰。地遠四平。更無要害。志意不堅而易離。故曰散地。吳王問孫武曰。散地士卒顧家。不可與戰。則必固守不出。若敵攻我小城。掠吾田野。禁吾樵採。塞吾要道。待吾空虛而急來攻。則如之何。武曰。敵人深入吾都。多背城邑。士卒以軍爲家。專志輕鬬。吾兵在國安土懷生。以陳則不堅。以鬬則不勝。當集人合衆。聚穀蓄帛。保城備險。遣輕兵絕其糧道。彼挑戰不得。轉輸不至。野無所掠。三軍困餒。因而誘之。可以有功。若欲野戰。則必因勢依險設伏。無險則隱於天氣。陰晦昏霧。出其不意。襲其懈怠。可以有功。　張預曰。戰於境內。士卒顧家。是易散之地也。鄖人將伐楚師。鬬廉曰。鄖人軍其郊。必不誡。恃近其城。莫有鬬志。果爲楚所敗。是也。

入人之地而不深者。爲輕地。

曹公曰。士卒皆輕返也。　杜佑曰。入人之地未深。意尙未專。輕走。謂之輕地。據通典補　李筌曰。輕於退也。　杜牧曰。師出越境。必焚舟梁。示民無返顧之心。　梅堯臣曰。入敵未遠。道近輕返。　王晳曰。初涉敵境。勢輕。士未有鬥志也。　何氏曰。輕地者。輕於退也。入敵境未深。往輕返易。不可止息。將不得數動勞人。吳王問孫武曰。吾至輕地。始入敵境。士卒思還。難進易退。未背險阻。三軍恐懼。大將欲進。士卒欲退。上下異心。敵守其城壘。整其車騎。或當吾前。或擊吾後。則如之何。武曰。軍至輕地。士卒未專。以入爲務。無以戰爲故。無近其名城。無由其通路。設疑佯惑。示若將去。乃選驍騎。啣枚先入。掠其牛馬六畜。三軍見得。進乃不懼。分吾良卒。密有所伏。敵人若來。擊之勿疑。若有不至。捨之而去。又曰。軍入敵境。敵人固壘不戰。士卒思歸。欲退且難。謂之輕地。當選驍騎伏要路。我退敵追。來則擊之也。　張預曰。始入敵境。士卒思還。是輕返之地也。尉繚子曰。征役分軍而歸。或臨戰自北。則逃傷甚焉。言民兵四集。分屯占地。使北來者當北道。則多逃。以其開之耳。

我得則利。彼得亦利者。爲爭地。

曹公曰。可以少勝衆。弱勝強。　杜佑曰。謂山水阨口。有險固之利。兩敵所爭。　李筌曰。此阨喉守險地。先居者勝。是爲爭地也。　杜牧曰。必爭之地。乃險要也。前秦苻堅先遣大將呂光討西域。堅敗績。後光自西域還師至宜禾。堅涼州刺史梁熙謀拒之。高昌太守楊翰曰。呂光新定西國。兵強氣銳。其鋒不可當。若出流沙。其勢難測。高梧谷口險要。宜先守之。而奪其水。彼既困竭。人自然投戈。如以爲遠。不可。守伊吾之關。亦可拒之。若廢此二要。難爲計矣。地有所必爭。眞此機也。熙不從。竟爲光所滅也。　陳暤曰。彼我若先得其地者。則可以少勝衆。弱勝強也。　梅堯臣曰。無我無彼。先得則利。　王晳同陳暤註。　何氏曰。爭地。便利之地。先居者勝。是以爭之。吳王問孫武曰。敵若先至。據要保利。簡兵練卒。或出或守。以備我奇。則如之何。武曰。爭地之法。先據爲利。敵得其處。愼勿攻之。引而佯走。建旗鳴鼓。趣其所愛。曳柴揚塵。惑其耳目。分吾良卒。密有所伏。敵必出救。人欲我與。人棄我取。此爭先之道也。若我先至。而敵用此術。則選吾銳卒。固守其所。輕兵追之。分伏險阻。敵人還鬬。伏兵旁起。此全勝之道。　張預曰。險固之利。彼我得之。皆可以少勝衆。弱勝强者。是必爭之地也。唐太宗以三千人守成皋之險。坐困竇建德十萬之衆。是也。

我可以往。彼可以來者。爲交地。

曹公曰。道正相交錯也。　杜佑曰。交地有數道往來。交通無可絕。　杜牧曰。川廣地平。可來可往。足以交戰對壘。　陳皥曰。交錯是也。言其道路交橫。彼我可以來往。如此之地。則須兵士首尾不絕。切宜備之。故下文云。交地吾將謹其守。其義可見也。　梅堯臣同陳皥註。　何氏曰。交地。平原交通也。一曰。可以交結。不可杜絕之。絕之致隙。又曰。交通四達。不可遏絕。吳王問孫武曰。交地吾將絕敵。使不得來。必令吾邊城修其守備。深絕通路。固其隘塞。若不先圖之。敵人已備。彼可得而來。吾不得而往。衆寡又均。則如之何。武曰。既我不可以往。彼可以來。吾分卒匿之。守而易怠。示其不能。敵人且至。設伏隱廬。出其不意。可以有功也。　張預曰。敵有數道往來。通達而不可阻絕者。是交錯之地也。

諸侯之地三屬。

曹公曰。我與敵相當。而旁有他國也。　孟氏曰。若鄭界於齊楚晉是也。

先至而得天下之衆者。爲衢地。

曹公曰。先至得其國助也。　杜佑曰。先至其地。交結諸侯之衆爲助也。據通典補　李筌曰。對敵之傍。有一國爲之助。先往而通之。得其衆也。　杜牧曰。衢地者。三屬之地。我須先至其衝。據其形勢。結其旁國也。天下猶言諸侯也。　梅堯臣曰。彼我相當。有旁國三面之會。先至則諸侯之助也。　王晳曰。曹公云。先至得其國助。晳謂先至者。結交先至也。言天下者。謂能廣功則天下可從。　何氏曰。衢地者。地要衝。控帶數道。先據此地。衆必從之。故得之則安。失之則危也。吳王問孫武曰。衢地必先。若吾道遠發後。雖馳車驟馬。至不能先。則如之何。武曰。諸侯三屬。其道四通。我與敵相當。而旁有他國。所謂先者。必重幣輕使。約和旁國。交親結恩。兵雖後至。衆已屬矣。我有衆助。彼失其黨。諸國犄角。震鼓齊攻。敵人驚恐。莫知所當。　張預曰。衢者四通之地。我所敵者當其一面。而旁有鄰國三面相連屬。當往結之。以爲己援。先至者。謂先遣使以重幣約和旁國也。兵雖後至。已得其國助矣。

入人之地深。背城邑多者。爲重地。通典城邑多下有難以返三字

曹公曰。難返之地。　杜佑曰。難返還也。背去也。背與倍同。多道里多也。遠去己城郭。深入敵地。心專意一。謂之重地也。　李筌曰。堅志也。白起攻楚。樂毅伐齊。皆爲重地。　杜牧曰。入人之境已深。過人之城已多。津梁皆爲所恃。要衝皆爲所據。還師返旆。不可得也。　梅堯臣曰。乘虛而入。涉地愈深。過城已多。津要絕塞。故曰重難之地。　王晳曰。兵至此者。事勢重也。　何氏曰。重地者。入敵已深。國糧難應資給。將士不掠何取。吳王問孫武曰。吾引兵深入重地。多所踰越。糧道絕塞。設欲歸還。勢不可過。欲食於敵。持兵不失。則如之何。武曰。凡居重地。士卒輕勇。轉輸不通。則掠以繼食。下得粟帛。皆貢於上。多者有賞。士無歸意。若欲還出。即爲戒備。深溝高壘。示敵且久。敵疑通途。私除要害之道。乃令輕車銜枚而行。揚其塵埃。以牛馬爲餌。敵人若出。鳴鼓隨之。陰伏吾士。與

之中期。內外相應。其敗可知也。　張預曰。深涉敵境。多過敵城。士卒心專。無有歸志。此難退之地也。司馬景王謂諸葛恪卷甲深入。其鋒不可當。是也。

行山林險阻沮澤。凡難行之道者。爲圮地。

曹公曰。少固也。　杜佑曰。少固也。沮洳之地。圮音皮美反。據通典補　賈林曰。經水所毀曰圮。沮洳圮地。不得久留。宜速去也。　梅堯臣曰。水所毀圮。行則猶難。況戰守乎。　何氏曰。圮地者。少固之地也。不可爲城壘溝隍。宜速去之。吳王問孫武曰。吳入圮地。山川險阻。難從之道。行久卒勞。敵在吾前而伏吾後。營居吾左而守吾右。良車驍騎要吾隘道。則如之何。武曰。先進輕車。去軍十里。與敵相候。接期險阻。或分而左。或分而右。大將四觀。擇空而取。皆會中道。倦而乃止。　張預曰。險阻沮洳之地。進退艱難。而無所依。

所由入者隘。所從歸者迂。彼寡可以擊吾之衆者。爲圍地。

杜佑曰。所從入阨險。歸道遠也。持久則糧乏。故敵可以少擊吾衆者。爲圍地也。　李筌曰。舉動難也。　杜牧曰。出入艱難。易設奇伏覆勝也。　梅堯臣曰。山川圍繞。入則隘。歸則迂也。　何氏曰。圍地入則隘險。歸則迂回。進退無從。雖衆何用。能爲奇變。此地可由。吳王問孫武曰。吾入圍地。前有強敵。後有險難。敵絕我糧道。利我走勢。敵鼓譟不進。以觀吾能。則如之何。武曰。圍地之宜。必塞其闕。示無所往。則以軍爲家。萬人同心。三軍齊力。幷炊數日。無見火煙。故爲毀亂寡弱之形。敵人見我。備之必輕。則告勵士卒。令其奮怒。陳伏良卒。左右險阻。擊鼓而出。敵人若當。疾擊務突。我則前鬥後拓。左右掎角也。又曰。敵在吾圍。伏而深謀。示我以利。縈我以旗。紛紜若亂。不知所之。柰何。武曰。千人操旌。分塞要道。輕兵進挑。陳而勿搏。交而勿去。此敗謀之法。　張預曰。前狹後險之地。一人守之。千人莫向。則以奇伏勝。

疾戰則存。不疾戰則亡者。爲死地。

曹公曰。前有高山。後有大水。進則不得。退則有礙。　杜佑曰。前有高山。後有大水。進不得前。退則有阻礙。又乏絕糧。故爲死地。在死地者。當及士卒尙飽。強志殊死戰。故可以俱免也。據通典補　李筌曰。阻山背水。食盡利速。不利緩也。　杜牧曰。衞公李靖曰。或有進軍行師。不因鄉導。陷於危敗。爲敵所制。左谷右山。束馬縣車之逕。前窮後絕。鴈行魚貫之巖。兵陳未整。而強敵忽臨。進無所息。退無所固。求戰不得。自守莫安。駐則日月稽留。動則首尾受敵。野無水草。軍乏資糧。馬困人疲。智窮力極。一人守隘。萬夫莫向。如彼要害。敵皆據之。如此之利。我已失守。縱有驍兵利器。亦何以施其用乎。若得死地。疾戰則存。不疾戰則亡。當須上下同心。併氣一力。抽腸濺血。一死於前。因敗爲功。轉禍爲福。此乃是也。　陳皡曰。人在死地。如坐漏船。伏燒屋。　賈林曰。左右高山。前後絕澗。外來則易。內出則難。誤居此地。速爲死戰則生。若待士卒氣挫。糧儲又無。而持久。不死何待。　梅堯臣曰。前不得進。後不得退。旁不得走。不得不速戰也。　何氏曰。死地力戰或生。守隅則死。吳王問孫武曰。吾師出境軍於敵人之地。敵人大至。圍我數重。欲突以出。四塞不通。欲勵士激衆。使之投命潰圍。則如之何。武曰。深溝高壘。示爲守備。安靜勿動。以隱吾能。告令三軍。示不得已。殺牛燔車。以饗吾士。燒盡糧食。塡夷井竈。割髮捐冠。絕去生慮。將無餘謀。士有死志。於是砥甲礪刃。并氣一力。或攻兩旁。震鼓疾譟。敵人亦懼。莫知所當。銳卒分行。疾攻其後。此是失道而求生。故曰。困而不謀者窮。窮而不戰者亡。吳王曰。若吾圍敵。則如之何。武曰。山峻谷險。難以踰越。謂之窮寇。擊之之法。伏卒隱廬。開其去道。示其走路。求生透出。必無鬥志。因而擊之。雖衆必破。兵法又曰。若敵人在死地。士卒氣勇。欲擊之法。順而勿抗。陰守其利。絕其糧道。恐有奇兵。隱而不覩。使吾弓弩。俱守其所。張預曰。山川險隘。進退不能。糧絕於中。敵臨於外。當此之際。勵士激戰。而不可緩也。

是故散地則無以戰。

杜佑曰。士卒顧家。不可輕戰。據通典補　李筌曰。恐走散。　杜牧曰。已具其上。　賈林曰。地無關闌。卒易散走。居此地者。不可數戰。地形之說。一家之理。若號令嚴明。士卒愛服。死且不顧。何散之有。　梅堯臣曰。我兵在國。安土懷生。陳則不堅。鬥則不勝。是不可以戰。　王晳曰。決於戰則懼散。　張預曰。士卒懷生。不可輕戰。吳王問孫武曰。散地不可戰。則必固守不出。若敵攻我小城。掠吾田野。禁吾樵採。塞吾要道。待吾空虛而急來攻。則如之何。武曰。敵人深入。專志輕鬥。吾兵安土。陳則不堅。戰則不勝。當集人聚穀。保城備險。輕兵絕其糧道。彼挑戰不得。轉輸不至。野無所掠。三軍困餒。因而誘之。可以有功。若欲野戰。則必因勢依險設伏。無險則隱於陰晦。出其不意。襲其懈怠。

輕地則無止。

杜佑曰。志未堅。不可遇敵。　李筌曰。恐逃。　杜牧曰。兵法之所謂輕地云者。出軍行師。始入敵境。未背險要。士卒思還。難進易退。以入爲難。故曰輕地也。當必選精騎。密有所伏。敵人卒至。擊之勿疑。若是不至。踰之速去。梅堯臣曰。始入敵境。未背險阻。士心不專。無以戰爲。勿近名城。勿由通路。以速進爲利。　王晳曰。無故不可止也。　張預曰。士卒輕返。不可輒留。吳王曰。士卒思還。難進易退。未背險阻。三軍恐懼。則如之何。武曰。軍在輕地。士卒未專。以入爲務。無以戰爲故。無近其名城。無由其通路。設疑佯惑。示若將去。乃選精騎。啣枚先入。掠其六畜。三軍見得。進乃不懼。分吾良卒。密有所伏。敵人若來。擊之勿疑。若其不至。捨之而去。

爭地則無攻。

曹公曰。不當攻。當先至爲利也。　杜佑曰。三道攻當先至。得其地者不可攻。據通典補　李筌曰。敵先居地險。不可攻。　杜牧曰。無攻者。謂敵人若已先得其地。則不可攻。　王晳曰。敵居形勝之地。先據平利。而我不得其處。則不可攻。　張預曰。我欲往而爭之。而敵已先至也。吳王曰。敵若先至。據要保利。簡兵練卒。或出或守。以備我奇。則如之何。武曰。爭地之法。讓之者得。求之者失。敵得其處。愼勿攻之。引而佯走。建旗鳴鼓。趣其所愛。曳柴揚塵。惑其耳目。分吾良卒。密有所伏。敵必出救。人欲我與。人棄我取。此爭先之道也。若我先至。而敵用此術。則選吾銳卒。固守其所。輕兵追之。分伏險阻。敵人還鬥。伏兵旁起。此全勝之道也。

交地則無絕。通典作無相絕

曹公曰。相及屬也。　杜佑曰。相及屬也。俱可進退。不可以兵絕之。　李筌曰。不可絕閒也。　杜牧曰。川廣地平。四面交戰。須車騎部伍首尾聯屬。不可使斷絕。恐敵人因而乘我。　賈林曰。可以交絕。不可杜絕。絕之致隙。梅堯臣曰。道旣錯通。恐其邀截。當令部伍相及。不可斷也。　王晳曰。利糧道也。交相往來之地。亦謂之通地。居高陽以待敵。宜無絕糧道。　張預曰。往來交通。不可以兵阻絕其路。當以奇伏勝也。吳王曰。交地。吾將絕敵。使不得來。必令吾邊城修其守備。深絕通道。固其隘塞。若不先圖之。敵人已備。彼可得而來。吾不得而往。衆寡又均。則如之何。武曰。吾旣不可以往。彼可以來。則分卒匿之。守而易怠。示其不能。敵人且至。設伏隱廬。出其不意。

衢地則合交。原本作交合從通典改正

曹公曰。結諸侯也。　孟氏曰。得交則安。失交則危也。　杜佑曰。交結於諸侯。據通典補　李筌曰。結行也。　杜牧曰。諸侯之交。又云。旁國也。　梅堯臣曰。地處四通。何以得天下之助。當以重幣合交。　王晳曰。四通之境。非交援不強。　張預曰。四通之地。先結交旁國也。吳王曰。衢地貴先。若吾道遠而發後。雖馳車驟馬。至不得先。則如之何。武曰。諸侯三屬。其道四通。我與敵相當。而旁有他國。所謂先者。必重幣輕使。約和旁國。交親結恩。兵雖後至。衆已屬矣。簡兵練卒。阻利而處。我有衆助。彼失其黨。諸國掎角。敵人莫當。

重地則掠。

曹公曰。蓄積糧食也。　孟氏曰。因糧於敵也。　杜佑曰。蓄積糧食。入深士卒堅固。則可掠取財物。據通典補　李筌曰。深入敵境。不可非義失人心。如漢高祖入秦。無犯婦女。無取寶貨。得人心也。此筌以掠字爲無掠字。　杜牧曰。言居於重地。進未有利。退復不得。則須運糧爲持久之計。以伺敵也。　梅堯臣曰。去國既遠。多背城邑。糧道必絕。則掠畜積以繼食。　王晳曰。深入敵境。則掠饒野。以豐儲也。難地食少則危。　張預曰。深入敵境。饋餉不繼。當勵士掠食。以備其乏也。吳王曰。重地多逾城邑。糧道絕塞。設欲歸還。勢不可過。則如之何。武曰。凡居重地。士卒輕勇。轉輸不通。則掠以繼食。下得粟帛。皆貢於上。多者有賞。若欲還出。深溝高壘。示敵且久。敵疑通途。私除要害。乃令輕車銜枚而行。揚其塵埃。餌以牛馬。敵人若出。鳴鼓隨之。陰伏吾士。與之中期。內外相應。其敗可知。

圮地則行。

曹公曰。無稽留也。　杜佑曰。無稽留。不可止。據通典補　李筌曰。不可爲溝隍。宜急去之。　梅堯臣曰。既毀圮不可依止。則當速行。勿稽留也。　王晳曰。合聚軍衆。圮無舍止。　張預曰。難行之地。則不可稽留也。吳王曰。山川險阻。難從之道。行久卒勞。敵在吾前。而伏吾後。營居吾左而守吾右。良車驍騎要吾隘道。則如之何。武曰。先進輕車去軍十里。與敵相候。接期險阻。或分而左。或分而右。大將四觀。擇空而取。皆會中道。倦而乃止。

圍地則謀。

曹公曰。發奇謀也。　杜佑曰。發奇謀也。居此則當權謀詐譎。可以免難。　李筌曰。智者不困。　杜牧曰。難阻之地。與敵相持。須用奇險詭譎之計。　梅堯臣曰。前有隘。後有險。歸道又迂。則發謀慮以取勝。　張預曰。難以力勝。易以謀取也。吳王曰。前有強敵。後有險難。敵絕我糧道。利我走勢。彼鼓譟不進。以觀吾能。則如之何。武曰。圍地必塞其闕。示無所往。則以軍爲家。萬人同心。三軍齊力。并炊數日。無見火煙。故爲毀亂寡弱之形。敵人見我。備之必輕。則告勵士卒。令其奮怒。陳伏良卒。左右險阻。擊鼓而出。敵人若當。疾擊務突。我則前鬥後拓。左右犄角。

死地則戰。

曹公曰。殊死戰也。　李筌曰。殊死戰。不求生也。　陳皥曰。陷在死地。則軍中人人自戰。故曰。置之死地而後生也。　賈林曰。力戰或生。守隅則死。　梅堯臣曰。前後左右無所之。示必死人人自戰也。　張預曰。陷在死地。則人自爲戰。吳王曰。敵人大至。圍我數重。欲突以出。四塞不通。欲勵士激衆。使之投命。則如之何。武曰。深溝高壘。安靜勿動。告令三軍。示不得已。殺牛燔車。以饗吾士。燒盡糧食。填夷井竈。割髮捐冠。絕去生慮。砥甲礪刃。并氣一力。或攻兩旁。震鼓疾譟。敵人亦懼。莫知所當。銳卒分行。疾攻其後。此是失道而求生。故曰。困而不謀者窮。窮而不戰者亡。

所謂古之善用兵者。能使敵人前後不相及。

梅堯臣曰。設奇衝掩。

衆寡不相恃。

梅堯臣曰。驚撓之也。

貴賤不相救。

梅堯臣曰。散亂也。

上下不相扶。原本作救從御覽改正

梅堯臣曰。倉惶也。

卒離而不集。兵合而不齊。

孟氏曰。多設疑事。出東見西。攻南引北。使彼狂惑散擾。而集聚不得也。　李筌曰。設變以疑之。救左則擊其右。惶亂不暇計。　杜牧曰。多設變詐。以亂敵人。或衝前掩後。或驚東擊西。或立僞形。或張奇勢。或則無形以合戰。敵則必備而衆分。使其意懾離散。上下驚擾。不能和合。不得齊集。此善用兵也。　梅堯臣曰。或已離而不能合。或雖合而不能齊。　王晳曰。將有優劣則然。要在於奇正相生。手足相應也。　張預曰。出其不意。掩其無備。驍兵銳卒。猝然突擊。彼救前則後虞。應左則右隙。使倉皇散亂。不知所禦。將吏士卒。不能相赴。其卒已散而不復聚。其兵雖合而不能一。

合於利而動。不合於利而止。

曹公曰。暴之使離。亂之使不齊。動兵而戰。　李筌曰。撓之令見利乃動。不亂則止。　梅堯臣曰。然能使敵若此。當須有利則動。無利則止。　張預曰。彼雖驚擾。亦當有利則動。無利則止。

敢問敵衆整而將來。待之若何。

曹公曰。或問也。　梅堯臣曰。此設疑以自問。言敵人甚衆。將又嚴整。我何以待之耶。　張預曰。前所陳者。須兵衆相敵。然後可爲。故或人問於我。而又整肅。則以何術待之也。

曰。先奪其所愛。則聽矣。

曹公曰。奪其所恃之利。若先據利地。則我所欲必得也。　李筌曰。孫子故立此問者。以此爲祕要也。所謂愛。謂敵所便愛也。或財帛子女。吾先困辱之。則敵進退皆聽也。　杜牧曰。據我便地。略我田野。利其糧道。斯三者。敵人之所愛惜倚恃者也。若能俱奪之。則敵人雖強。進退勝敗皆須聽我也。　陳皞曰。愛者不止所恃利。但敵人所顧之事。皆可奪也。　梅堯臣曰。當先奪其所顧愛。則我志得行。然後使其驚撓散亂。無所不至也。　王晳曰。先據利地。以奇兵絕其糧道。則如我之謀也。　張預曰。武曰敵所愛者。便地與糧食耳。我先奪之。則無不從我之計。

兵之情主速。乘人之不及。由不虞之道。攻其所不戒也。

曹公曰。孫子應難以覆陳兵情也。　李筌曰。不虞不戒。破敵之速。　杜牧曰。此統言兵之情狀。以乘敵間隙。由不虞之道。攻其不戒之處。此乃兵之深情。將之至事也。　陳皞曰。此言乘敵人有不及不虞不戒之便。則須速進。不可遲疑也。蓋孫子之旨。言用兵貴疾速也。　梅堯臣曰。兵機貴速。當乘人之不備。乘人之不備者。行不虞之道。攻不戒之所也。　王晳曰。兵上神速。奪愛猶當然也。　何氏曰。如蜀將孟達之降魏。魏朝以達領新城太守。達復連吳固蜀。潛圖中國。謀洩。司馬宣王秉政。恐達速發。以書紿達以安之。達得書。猶豫不決。宣王乃潛軍進討。諸將皆言達與二賊交構。宜審察而後動。宣王曰。達無信義。此其相疑之時也。當及其未定往討之。乃倍道兼行。八日到其城下。吳蜀各遣其將向西城、安橋、木闌塞以救達。宣王分諸將拒之。初達與諸葛亮書曰。宛去洛八百里。去吾一千一百里。聞吾舉事。當表上天子。比相反覆。一月間也。則吾城已固。諸軍足辦。所在深險。司馬公必不自來。諸侯來。吾無患矣。及兵到達。又告亮曰。吾舉事八日。而兵至城下。何其神速也。上庸城三面阻水。達於城下為木柵以自固。宣王渡水。破其柵。直造城下。八道攻之。旬有六日。達甥鄧賢將李輔等開門出降。遂斬達。李靖征蕭銑。集兵於夔州。銑以時屬秋潦。江水泛漲。三峽路險。必謂靖不能進。遂休兵不設備。九月。靖乃率師而進。將下峽。諸將皆請停兵待水退。靖曰。兵貴神速。機不可失。今兵始集。銑尚未知。若乘水漲之勢。倏忽至城下。所謂疾雷不及掩耳。此兵家上策。縱彼知我。倉卒徵兵。無以應敵。此必成擒也。遂降蕭銑。衛公兵法曰。兵用上神。戰貴其速。簡練士卒。申明號令。曉其目以麾幟。習其耳以鼓金。嚴賞罰以誡之。重芻豢以養之。浚溝壍以防之。指山川以導之。召才能以任之。述奇正以教之。如此。則雖敵人有雷電之疾。而我則有所待也。若兵無先備。則不應卒。卒不應。則失於機。失於機。則後於事。後於事。則不制勝而軍覆矣。故呂氏春秋云。凡兵者欲急捷。所以一決取勝。不可久而用之矣。或曰。兵之情雖主速。乘人之不及。然敵將多謀。戎卒輯睦。令行禁止。兵利甲堅。氣銳而嚴。力全而勁。豈可速而犯之邪。答曰。若此則當卷跡藏聲。蓄盈待竭。避其鋒勢。與其持久。

安可犯之哉。廉頗之拒白起。守而不戰。宣王之抗武侯。抑而不進。是也。　張預曰。復謂或人曰。用兵之理。惟尚神速。所貴乎速者。乘人之倉卒。使不及爲備也。出兵於不虞之徑。以掩其不戒。故敵驚擾散亂。而前後不相及。衆寡不相待也。

凡爲客之道。深入則專。主人不克。

李筌曰。夫爲客深入則志專。主人不能禦也。　杜牧曰。言大凡爲攻伐之道。若深入敵人之境。士卒有必死之志。其心專一。主人不能勝我也。克者勝也。　梅堯臣曰。爲客者入人之地深。則士卒專精。主人不能克我。　張預曰。深入敵境。士卒心專。則爲主者不能勝也。客在重地。主在輕地故耳。故趙廣武君謂韓信去國遠鬭。其鋒不可當是也。

掠於饒野。三軍足食。

王晳曰。饒野多稼穡。

謹養而勿勞。併氣積力。運兵計謀。爲不可測。

曹公曰。養士併氣運兵。爲不可測度之計。　李筌曰。氣盛力積。加以謀慮。則非敵之可測。　杜牧曰。斯言深入敵人之境。須掠田野。使我足食。然後閉壁守之。勿使勞苦。氣全力盛。一發取勝。動用變化。使敵人不能測我也。陳皞曰。所處之野。須水草便近。積蓄不乏。謹其來往。善撫士卒。王翦伐楚。楚人挑戰。翦不出。勤於撫御。并兵一力。聞士卒投石爲戲。知其養勇思戰。然後用之。一舉遂滅楚。但深入敵境。未見可勝之利。則須爲此計。　梅堯臣曰。掠其富饒。以足軍食。息人之力。并兵爲不可測之計。　王晳曰。謹養。謂撫循飲食周謹之也。并銳氣。積餘力。形藏謀密。使敵不測。俟其有可勝之隙。則進之。　張預曰。兵在重地。須掠糧於富饒之野。以豐吾食。乃堅壁自守。勸撫其士卒。勿任以勞苦。令氣盛而力全。常爲不可測度之計。伺敵可擊。則一舉而克。王翦伐荊。嘗用此術。

投之無所往。死且不北。

李筌曰。能得其力者。投之無往之地。　杜牧曰。投之無所往。謂前後進退皆無所之。士以此皆求力戰。雖死不北也。　梅堯臣曰。置在必戰之地。知死而不退走。　張預曰。置之危地。左右前後皆無所往。則守戰至死。而不奔北矣。

死焉不得。

曹公曰。士死。安不得也。　孟氏曰。士死。無不得也。　杜牧曰。言士必死。安有不得勝之理。　梅堯臣曰。兵爲得不用命。　張預曰。士卒死戰。安不得志。尉繚子曰。一賊仗劍擊於市。萬人無不避之者。非一人之獨勇。萬人皆不肖也。必死與必生不侔也。

士人盡力。

曹公曰。在難地心并也。　梅堯臣曰。士安得不竭力以赴戰。　王晳曰。人在死地。豈不盡力。　何氏曰。獸困猶鬥。鳥窮則啄。況靈萬物者人乎。　張預曰。同在難地。安得不共竭其力。

兵士甚陷則不懼。

杜牧曰。陷于危險。勢不獨死。三軍同心。故不懼也。　梅堯臣同杜牧註。　王晳曰。陷之難地則不懼。不懼則鬥志堅也。 張預曰。陷在危亡之地。人持必死之志。豈復畏敵也。

無所往則固。深入則拘。

曹公曰。拘縛也。 李筌曰。固堅也。 杜牧曰。往走也。言深入敵境。走無生路。則人心堅固如拘縛者也。 梅堯臣曰。投無所往。則自然心固。入深。則自然志專也。 張預曰。動無所之。人心堅固。兵在重地。走無所適。則如拘係也。

不得已則鬥。

曹公曰。人窮則死戰也。 李筌曰。決命。 杜牧曰。不得已者。皆疑陷在死地。必不生。以死救死。盡不得已也。則人皆悉力而鬥也。 梅堯臣何氏同杜牧註。 張預曰。勢不獲已。須力鬥也。

是故其兵不修而戒。不求而得。不約而親。不令而信。

曹公曰。不求索其意。自得力也。 孟氏曰。不求其勝。而勝自得也。 李筌曰。投之必死。不令而得其用也。 杜牧曰。此言兵在死地。上下同志。不待修整而自戒懼。不待收索而自得心。不待約令而自親信也。 梅堯臣曰。不修而兵自戒。不索而情自得。不約而衆自親。不令而人自信。皆所以陷於危難。故三軍同心也。 王晳曰。謂死難之地。人心自然故也。 張預曰。危難之地。人自同力。不修整而自戒慎。不求索而得情意。不約束而親上。不號令而信命。所謂同舟而濟。則吳越何患乎異心也。

禁祥去疑。至死無所之。

曹公曰。禁妖祥之言。去疑惑之計。 一本作至死無所災。 李筌曰。妖祥之言。疑惑之事。而禁之。故無所災。

杜牧曰。黃石公曰。禁巫祝。不得爲吏士卜問軍之吉凶。恐亂軍士之心。言旣去疑惑之路。則士卒至死無有異志也。　梅堯臣曰。妖祥之事不作。疑惑之言不入。則軍士必不亂。死而後已。　王皙曰。災祥神異有以惑人。則禁止之。　張預曰。欲士死戰。則禁止軍吏不得用妖祥之事。恐惑衆也。去疑惑之計。則至死無他慮。司馬法曰。滅厲祥。此之謂也。倘士卒未有必戰之心。則亦有假妖祥以使衆者。田單守卽墨。命一卒爲神。每出入約束必稱神。遂破燕。是也。

吾士無餘財。非惡貨也。無餘命。非惡壽也。

曹公曰。皆燒焚財物。非惡貨之多也。棄財致死者。不得已也。　杜牧曰。若有財貨。恐士卒顧戀。有苟生之意。無必死之心也。　梅堯臣曰。不得已竭財貨。不得已盡死戰。　王皙曰。足用而已。士顧財富則偷生。死戰而已。士顧生路則無死志矣。　張預曰。貨與壽人之所愛也。所以燒擲財寶。割棄性命者。非憎惡之也。不得已也。

令發之日。士卒坐者涕霑襟。偃臥者涕交頤。

曹公曰。皆持必死之計。　李筌曰。棄財與命。有必死之志。故感而流涕也。　杜牧曰。士皆以死爲約。未死戰之日。先令曰。今日之事。在此一舉。若不用命。身膏草野。爲禽獸所食也。　梅堯臣曰。決以死力。牧說是也。　王皙曰。感勵之使然。　張預曰。感激之。故涕泣也。未戰之日。先令曰。今日之事。在此一舉。若不用命。身膏草野。爲禽獸所食。或曰。凡行軍饗士。使酒拔劍起舞。作朋角抵。伐鼓叫呼。所以爭其氣。若令涕泣。無乃挫其壯心乎。答曰。先決其死力。後決其銳氣。則無不勝。倘無必死之心。其氣雖盛。無由克之。若荆軻與易水士皆垂淚涕泣。及復爲羽聲忼慨。則皆瞋目髮上指冠。是也。

投之無所往者。諸劌之勇也。

李筌曰。夫獸窮則搏。鳥窮則啄。令急迫則專諸曹劌之勇也。　杜牧曰。言所投之處。皆爲專諸曹劌之勇。　梅堯臣曰。既令以必死。則所往皆有專諸曹劌之勇。　張預曰。人懷必死。則所向皆有專諸曹劌之勇也。專諸。吳公子光使刺殺吳王僚者。劌當爲沫。曹沫以勇力事魯莊公。嘗執匕首刼齊桓公。

故善用兵。譬如率然。

梅堯臣曰。相應之容易也。

率然者。常山之蛇也。擊其首則尾至。擊其尾則首至。擊其中御覽一引作擊其腹則首尾俱至。初學記引此文微有異

梅堯臣曰。虵之爲物也不可擊。擊之則率然相應。　張預曰。率猶速也。擊之則速然相應。此喻陳法也。八陳圖曰。以後爲前。以前爲後。四頭八尾。獨處爲首。敵衝其中。首尾俱救。

敢問兵可使如率然乎。

梅堯臣曰。可使兵首尾率然相應如一體乎。

曰。可。夫吳人與越人相惡也。當其同舟而濟遇風。其相救也如左右手。

梅堯臣曰。勢使之然。　張預曰。吳越仇讎也。同處危難。則相救如兩手。況非仇讎者。豈不猶率然之相應乎。

是故方馬埋輪。未足恃也。

曹公曰。方縛馬也。埋輪。示不動也。此言專難不如權巧。故曰。設方馬埋輪。不足恃也。　李筌曰。投兵無所往之

地。人自鬥。如虵之首尾。故吳越之人同舟相救。雖縛馬埋輪。未足恃也。　杜牧曰。縛馬埋輪。使爲方陳。使爲不動。雖如此。亦未足稱爲專固而足爲恃。須任權變置士於必死之地。使人自爲戰。相救如兩手。此乃守固必勝之道。而足爲恃也。　陳皡曰。人之相惡。莫甚吳越。同舟遇風。而猶相救。何則。勢使之然也。夫用兵之道。若陷在必死之地。俾懷必死之憂。則首尾前後不得不相救也。有吳越之惡。猶如兩手相救。況無吳越之惡乎。蓋言貴於設變使之。則勇怯之心一也。　梅堯臣同杜牧註。　王晳曰。此謂在難地自相救耳。虵之首尾。人之左右。皆喻相救之敏也。同舟而濟。在險難也。吳越猶無異心。況三軍乎。故其足恃甚於方馬埋輪。曹公說是也。　張預曰。上文歷言置兵於死地。使人心專固。然此未足爲善也。雖置之危地。亦須用權智使人。令相救如左右手。則勝矣。故曰。雖縛馬埋輪。未足恃固以取勝。所可必恃者。要使士卒相應如一體也。

齊勇若一。政之道也。

李筌曰。齊勇者將之道。　杜牧曰。齊正勇敢。三軍如一。此皆在於爲政者也。　陳皡曰。政令嚴明。則勇者不得獨進。怯者不得獨退。三軍之士如一也。　梅堯臣曰。使人齊勇如一心而無怯者。得軍政之道也。　王晳同梅堯臣註。　張預曰。旣置之危地。又使之相救。則三軍之衆。齊力同勇如一夫。是軍政得其道也。

剛柔皆得。地之理也。

曹公曰。強弱一勢也。　李筌曰。剛柔得者。因地之勢也。　杜牧曰。強弱之勢。須用地形而制之也。　梅堯臣曰。兵無強弱。皆得用者。是因地之勢也。　王晳曰。剛柔猶強弱也。言三軍之士強弱皆得其用者。地利使之然也。曹公曰。強弱一勢。是也。　張預曰。得地利。則柔弱之卒亦可以克敵。況剛強之兵乎。剛柔俱獲其用者。地勢使之然也。

故善用兵者，攜手若使一人，不得已也。

曹公曰：齊一貌也。　李筌曰：理衆如理寡也。　杜牧曰：言使三軍之士，如牽一夫之手，不得已，故順我之命，喻易也。　賈林曰：攜手翻迭之道，便於回運，以後爲前，以前爲後，以左爲右，以右爲左，故百萬之衆如一人也。　梅堯臣曰：用三軍如攜手使一人者，勢不得已，自然皆從我所揮也。　王晳曰：攜使左右前後率從我也。　張預曰：三軍雖衆，如提一人之手而使之，言齊一也。故曰：將之所揮，莫不從移；將之所指，莫不前死。

將軍之事，靜以幽，正以治。

曹公曰：謂清淨幽深平正。　杜牧曰：清淨簡易，幽深難測，平正無偏，故能致治。　梅堯臣曰：靜以幽邃，人不能測；正而自治，人不能撓。　王晳曰：靜則不撓，幽則不測，正則不媮，治則不亂。　張預曰：其謀事則安靜而幽深，人不能測；其御下則公正而整治，人不敢慢。

能愚士卒之耳目，使之無知。

曹公曰：愚誤也。民可與樂成，不可與慮始。　李筌曰：爲謀未熟，不欲令士卒知之，可以樂成，不可與謀始，是以先愚其耳目，使無見知。　杜牧曰：言使軍士非將軍之令，其他皆不知，如聾如瞽也。　梅堯臣曰：凡軍之權謀，使由之而不使知之。　王晳曰：杜其見聞。　何氏同杜牧註。　張預曰：士卒懵然，無所聞見，但從命而已。

易其事，革其謀，使人無識。

李筌曰：謀事或變，而不識其原。　杜牧曰：所爲之事，所有之謀，不使知其造意之端，識其所緣之本也。　梅堯臣曰。改其所行之事。變其所為之謀。無使人能識也。　王晳曰。已行之事。已施之謀。當革易之。不可再也。　何氏曰。將術以不窮為奇也。　張預曰。前所行之事。舊所發之謀。皆變易之。使人不可知也。若裴行儉令軍士下營訖。忽使移就崇岡。初將吏皆不悅。是夜風雨暴至。前設營所水深丈餘。將士驚服。因問曰。何以知風雨也。行儉笑曰。自今但依我節制。何須問我所由知也。

易其居。迂其途。使人不得慮。

李筌曰。行路之便。衆人不得知其情。　杜牧曰。易其居。去安從危。迂其途。捨近即遠。士卒有必死之心　陳皞曰。將帥凡舉事。一切委曲而致之。無使人得計慮者。　賈林曰。居我要害。能使自移。途近於我。能使迂之。發機微路。人不能知也　梅堯臣曰。更其所安之居。迂其所趨之途。無使人能慮也。　王晳曰。處易者。將致敵以求戰也。迂途者。示遠而密襲也　張預曰。其居則去險而就易。其途則捨近而從遠。人初不曉其旨。及取勝乃服。太白山人曰。兵貴詭道者。非止詭敵也。抑詭我士卒。使由而不使知之也。

帥與之期。如登高而去其梯。

杜牧曰。使無退心。孟明焚舟是也。一本帥與之登高。　梅堯臣曰。可進而不可退也。

帥與之深入諸侯之地。而發其機。

陳皞曰。發其心機。　賈林曰。動我機權。隨事應變。　梅堯臣曰。發其危機。使人盡命。　王晳曰。皆勵決戰之志也。機之發無復迴也。賈詡勸曹公曰。必決其機。是也。　張預曰。去其梯。可進而不可退。發其機。可往而不可返。項羽濟河沈舟之類也。

焚舟破釜。若驅羣羊而往。驅而來。莫知所之。

曹公曰。一其心也。　李筌曰。還師者皆焚舟梁。堅其志。既不知謀。又無返顧之心。是以如驅羊也。　杜牧曰。三軍但知進退之命。不知攻取之端也。　梅堯臣曰。但馴然從驅。莫知其他也。　何氏曰。士之往來。唯將之令。如羊之從牧者。　張預曰。羣羊往來。牧者之隨。三軍進退。惟將之揮。

聚三軍之衆。投之於險。此謂將軍之事也。

曹公曰。險難也。　梅堯臣曰。措三軍於險難而取勝者。爲將之所務也。　張預曰。去梯發機。置兵於危險以取勝者。此將軍之所務也。

九地之變。屈伸之利。人情之理。不可不察也。

曹公曰。人情見利而進。見害而退。　杜牧曰。言屈伸之利害。人情之常理。皆因九地以變化。今欲下文重舉九地。故於此重言發端張本也。　梅堯臣曰。九地之變。有可屈可伸之利。人情之常理。須審察之。　王晳曰。明九地之利害。亦當極其變耳。言屈伸之利者。未見便則屈。見便則伸。言人情之理者。深專淺散圍禦之謂也。　張預曰。九地之法。不可拘泥。須識變通。可屈則屈。可伸則伸。審所利而已。此乃人情之常理。不可不察。

凡爲客之道。深則專。淺則散。

梅堯臣曰。深則專固。淺則散歸。此而下重言九地者。孫子勤勤於九變也。　張預曰。先舉兵者爲客。入深則專固。入淺則士散。此而下言九地之變。

去國越境而師者。絕地也。

梅堯臣曰。進不及輕。退不及散。在二地之間也。　王晳曰。此越鄰國之境也。是爲鄰絕之地。當速決其事。若吳王伐齊近之。然如此者鮮。故不同九地之例。　張預曰。去己國越人境而用師者。危絕之地也。若秦師過周而襲鄭是也。此在九地之外。而言之者。戰國時間有之也。

四達者。衢地也。

梅堯臣曰。馳道四出。敵當一面。　張預曰。敵當一面。旁有國四屬

入深者。重地也。

梅堯臣曰。士卒以軍爲家。故心無散亂。

入淺者。輕地也。

梅堯臣曰。歸國尙近。心不能專。

背固前隘者。圍地也。

梅堯臣曰。背負險固。前當阨塞。　張預曰。前狹後險。進退受制於人也。

無所往者。死地也。

梅堯臣曰。窮無所之。　張預曰。前後左右。窮無所之也。

是故散地吾將一其志。

李筌曰。一卒之心。　杜牧曰。守則志一。戰則易散。　梅堯臣曰。保城備險。可一志堅守。候其虛懈。出而襲之。

張預曰。集人聚穀。一志固守。依險設伏。攻敵不意。

輕地吾將使之屬。通典之作其鄭氏遺說同今本

曹公李筌曰。使相及屬。　杜佑曰。使相仍也。輕地還師。當安道促行。然令相屬續。以備不虞也。　杜牧曰。部伍營壘。密近聯屬。蓋以輕散之地。一者備其逃逸。二者恐其敵至。使易相救。　梅堯臣曰。行則隊校相繼。止則營壘聯屬。脫有敵至。不有散逸也。　王晳曰。絕則人不相恃。　張預曰。密營促隊。使相屬續。以備不虞。以防逃遁。

爭地吾將趨其後。

曹公曰。利地在前。當速進其後也。　杜佑曰。利地在前。當進其後。爭地先據者勝。不得者負。故從其後使相及也。　李筌曰。利地必爭。益其備也。此筌以趨字爲多字。　杜牧曰。必爭之地。我若已後。當疾趨而爭。況其不後哉。　陳皞曰。二說皆非也。若敵據地利。我後爭之。不亦後據戰地而趨戰之勞乎。所謂爭地必趨其後者。若地利在前。先分精銳以據之。彼若恃衆來爭。我以大衆趨其後。無不尅者。趙奢所以破秦軍也。　梅堯臣曰。敵未至其地。我若在後。則當疾趨以爭之。　張預曰。爭地貴速。若前驅至而後不及。則未可。故當疾進其後。使首尾俱至。或曰。趨其後。謂後發先至也。

交地吾將謹其守。通典作固其結按此通典本誤也

杜佑曰。交結諸侯。固其交結。從通典增補　杜牧曰。嚴壁壘也。　梅堯臣曰。謹守壁壘。斷其通道。　王晳曰。懼襲我也。　張預曰。不當阻絕其路。但嚴壁固守。候其來則設伏擊之。

衢地吾將固其結。通典作謹其市按通典本誤

杜佑曰。衢地四通交易之地。市變事之端也。方與諸侯結和。當謹約使勿殆。使諸侯爭。從通典增補　杜牧曰。結交

諸侯。使之牢固。　梅堯臣曰。結交諸侯。使之堅固。勿令敵先。　王晳曰。固以德禮威信。且示以利害之計。　張預曰。財帛以利之，盟誓以要之。堅固不渝。則必爲我助。

重地吾將繼其食。

曹公曰。掠彼也。　杜佑曰。將掠彼也。深入當繼其糧。不可使絕也。　李筌曰。館穀於敵也。繼一作掠。　賈林曰。使糧相繼而不絕也。　梅堯臣曰。道既遐絕。不可歸國取糧。當掠彼以食軍。　張預曰，兵在重地。轉輸不通。不可乏糧。當掠彼以續食。

圮地吾將進其塗。

曹公曰。疾過去也。　杜佑曰。疾過去也。疾行無留。　李筌曰。不可留也。　梅堯臣曰。無所依。當速過。　張預曰。遇圮塗之地。宜引兵。

圍地吾將塞其闕。

曹公李筌曰。以一士心也。　孟氏曰。意欲突圍。示以守固。　杜佑曰。以一士心也。塞其闕。不欲走之意。　杜牧曰。兵法圍師必闕。示以生路。令無死志。因而擊之。今若我在圍地。敵開生路以誘我卒。我返自塞之。令士卒有必死之心。後魏末。齊神武起義兵于河北。爲爾朱兆天光度律仲遠等四將會于鄴南。士馬精強。號二十萬。圍神武於南陵山。時神武馬二千。步軍不滿三萬。兆等設圍不合。神武連繫牛驢自塞之。于是將士死戰。四面奮擊。大破兆等四將也。　梅堯臣曰。自塞其旁。使士卒必死戰也。　王晳曰。懼人有走心。　張預曰。吾在敵圍。敵開生路。當自塞之。以一士心。齊神武繫牛馬以塞路。而士卒死戰。是也。

死地吾將示之以不活。

曹公李筌曰。勵士也。　杜佑曰。勵士也，焚輜重。棄糧食。塞井夷竈，示之無活。必殊死戰也。　杜牧曰。示之必死。令其自奮以求生也。　賈林曰。焚財棄糧。塞井破竈。示必死也。　梅堯臣曰。必死可生。人盡力也。　王晳同梅堯臣註。　何氏同杜牧註。　張預曰。焚輜重。棄糧食。塞井夷竈，示以無活。勵之死戰也。

故兵之情。圍則禦。

曹公曰。相持禦也。　杜佑曰。相禦持也。窮則同心守禦。　李筌曰。敵圍我則禦之。　杜牧曰。言兵在圍地。始乃人人有禦敵持勝之心。　梅堯臣同杜牧註。　張預曰。在圍則自然持禦。

不得已則鬥。

曹公曰。勢有不得已也。　杜佑曰。勢有不得已也。言鬥太過。戰不可以惡勝。走不能脫。恐其有降人之心。據通典補　李筌曰。有不得已則戰。　梅堯臣曰。勢無所往必鬥。　王晳曰。脫死者唯鬥而已。　張預曰。勢不可已。須悉力而鬥。

過則從。

曹公曰。陷之甚過。則從計也。　孟氏曰。甚陷則無所不從。　李筌曰。過則審躡，又云。陷之於過。則謀從之。　梅堯臣同孟氏註。　張預曰。深陷于危難之地。則無不從計。若班超在鄯善。欲與麾下數十人殺虜使。乃諄諭之。其士卒曰。今在危亡之地。死生從司馬。是也。

是故不知諸侯之謀者。不能預交。不知山林險阻沮澤之形者。不能行軍。

不用鄉導者。不能得地利。

曹公曰。上已陳此三事。而復云者。力惡不能用兵。故復言之。　李筌曰。三事軍之要也。　梅堯臣曰。已解軍爭篇中。重陳此三者。蓋言敵之情狀。地之利害。當預知焉。　王晳曰。再陳者。勤戒之也。　張預曰。知此三事。然後能審九地之利害。故再陳於此也。

四五者不知一。非霸王之兵也。

曹公曰。謂九地之利害。或曰上四五事也。　張預曰。四五謂九地之利害。有一不知。未能全勝。

夫霸王之兵。伐大國。則其衆不得聚。威加於敵。御覽敵下有家字下同則其交不得合。

孟氏曰。以義制人。人誰敢拒。　李筌曰。夫并兵震威。則諸侯自顧。不敢預交。　杜牧曰。權力有餘也。能分散敵也。　陳皞曰。雖有霸王之勢。伐大國則衆不得聚。要在結交外援。若不如此。但以威加於敵。逞己之強。則必敗也。　梅堯臣曰。伐大國能分其衆。則權力有餘也。權力有餘。則威加敵。威加敵。則旁國懼。旁國懼。則敵交不得合也。　王晳曰。能知敵謀。能得地利。又能形之。使其不相救不相恃。則雖大國。豈能聚衆而拒我哉。威之所加者大。則敵交不得合。　張預曰。恃富強之勢。而亟伐大國。則己之民衆將怨苦而不得聚也。甲兵之威倍勝於敵國。則諸侯懼而不敢與我交合也。或曰。侵伐大國。若大國一敗。則小國離而不聚矣。若晉楚爭鄭。晉勝則鄭附。晉敗則鄭叛也。小國既離。則敵國之權力分而弱矣。或我之兵威得以爭勝於彼。是則諸侯豈敢與敵人交合乎。

是故不爭天下之交。御覽不爭作不事不養天下之權。信音伸己之私。威加於敵。故其城可拔。其國可隳。

曹公曰。霸王者不結成天下諸侯之交權者也。絕天下之交。奪天下之權。以威德伸己之私。　李筌曰。能絕天下之交。惟得伸己之私志。威而無外交者。　杜牧曰。信伸也。言不結鄰援。不畜養機權之計。但逞兵威加於敵國。貴伸己之私欲。若此者。則其城可拔。其國可隳。齊桓公問於管仲曰。必先頓甲兵。修文德。正封疆。而親四鄰。則可矣。於是復魯衞燕所侵地。而以好成。四鄰大親。乃南伐楚。北伐山戎。東制令支。折孤竹。西服流沙兵車之會六。乘車之會三。乃率諸侯而朝天子。吳夫差破越於會稽。敗齊於艾陵。闕溝於商魯。會晉於黃池。爭長而反。威加諸侯。諸侯不敢與爭。勾踐伐之。乞師齊楚。齊楚不應。民疲兵頓。爲越所滅。越王勾踐問戰於申包胥曰。越國南則楚。西則晉。北則齊。春秋皮幣玉帛子女以賓服焉。未嘗敢絕。求以報吳。願以此戰。包胥曰。善哉。蔑以加焉。遂伐吳滅之。　陳皥曰。智力既全。威權在我。但自養士卒。爲不可勝之謀。天下諸侯無權可事也。仁智義謀。己之私有。用以濟衆。故曰伸私威。振天下。德光四海。恩沾品物。信及豚魚。百姓歸心。無思不服。故攻城必拔。伐國必隳也。　賈林曰。諸侯既懼。不得附聚。不敢合從。我之智謀威力有餘。諸侯自歸。何用養交之也。　不養一作不事。　梅堯臣曰。敵既不得與諸侯交合。則我言不爭其交。不養其權。用己力而已爾。威亦爭勝於敵矣。故可拔其城。可隳其國。此謂霸王之兵也。　王晳曰。結交養權。則天下可從。申私損威。則國城不保。　張預曰。不爭交援。則勢孤而助寡。不養權力。則人離而國弱。伸一己之私忿。暴兵威於敵國。則終取敗亡也。或曰。敵國衆既不得聚。交又不得合。則我當絕其交。奪其權。得伸己所欲。而威倍於敵國。故人城可得而拔。人國可得而奪之。

施無法之賞。懸無政之令。

曹公曰。言軍法令不應預施懸也。司馬法曰。見敵作誓。瞻功作賞。此之謂也。此注原本脫今據通典補正　賈林曰。欲拔城隳國之時。故懸國外之賞罰。行政外之威令。故不守常法常政。故曰無法無政。　梅堯臣曰。瞻功行賞。法不預設。臨敵作誓。政不先懸。　王晳曰。杜姦媮也。曹公曰。軍法令不預施懸之。司馬法曰。見敵作誓。瞻功行賞。此之謂也。　張預曰。法不先施。政不預告。皆臨事立制。以勵士心。司馬法曰。見敵作誓。瞻功行賞。

犯三軍之衆。若使一人。

曹公曰。犯。用也。言明賞罰。雖用衆。若使一人也。　李筌曰。善用兵者。爲法作攻。而人不知。懸事無令。而人從之。是以犯衆如一人也。　梅堯臣曰。犯。用也。賞罰嚴明。用多若用寡也。　張預曰。賞功不逾時。罰罪不遷列。賞罰之典既明且速。則用衆如寡也。

犯之以事。勿告以言。

梅堯臣曰。但用以戰。不告以謀。　王晳曰。情泄則謀乖。　張預曰。任用之於戰鬥。勿諭之以權謀。人知謀則疑也。若裴行儉不告士卒以徙營之由是也。

犯之以利。勿告以害。

曹公曰。勿使知害。　李筌曰。犯。用也。卒知言與害。則生疑難。　梅堯臣曰。用令知利。不令知害。　王晳曰。慮疑懼也。　張預曰。人情見利則進。知害則避。故勿告以害也。

投之亡地然後存。陷之死地然後生。

曹公曰。必殊死戰。在亡地無敗者。孫臏曰。兵恐不投之死地也。　李筌曰。兵居死地。必決命而鬥以求生。韓信水上軍。則其餘也。　梅堯臣曰。地雖曰亡。力戰不亡。地雖曰死。死戰不死。故曰亡者存之基。死者生之本也。何氏曰。如漢王遣將韓信擊趙。未至井陘口三十里止舍。夜半傳發。選輕騎二千人。人持一赤幟。從間道萆山而望趙軍。誡曰。趙見我走。必空壁逐我。汝疾入趙壁。拔趙幟。立漢幟。令其裨將傳餐。曰。今日破趙會食。信乃使萬人先行。出背水陳。趙軍望見而大笑。平旦。信建大將軍之旗鼓。行出井陘口。趙開壁擊之。大戰良久。於是信走水上軍。趙空壁逐信。信已入水上軍。軍皆殊死戰。不可敗。信所出奇兵二千騎馳入趙壁。皆拔趙幟。立漢赤幟。趙軍攻信既不得。還壁。見漢幟。大驚。遂亂。遁走。於是漢兵夾擊。大破虜趙軍。斬陳餘泜水上。擒趙王。諸將因問信曰。兵法右背山陵。前左水澤。今者將軍令臣等反背水陳。曰破趙會食。臣等不服。然竟以勝。此何術也。信曰。此在兵法。顧諸君不察耳。兵法不曰。陷之死地而後生。置之亡地而後存乎。且信非得素拊循士大夫也。此所謂驅市人而戰。其勢非置之死地。使人人自爲戰。今與之生地。皆走。寧尚可得而用之乎。諸將皆服曰。非所及也。梁將陳慶之守渦陽城。與後魏軍相持。自春至冬。數十百戰。師老氣衰。魏之援兵復欲築壘於軍後。諸將恐腹背受敵。謀退師。慶之曰。共來至此。涉歷一歲。糜費糧仗。其數極多。諸軍並無鬬心。皆謀退縮。豈是欲立功名。直聚爲鈔暴耳。蓋聞置兵死地。乃可求生。須虜大合。然後與戰。必捷。諸將壯其計。從之。魏人掎角作十三城。慶之銜枚夜出。陷其四壘。所餘九城兵甲猶盛。乃陳其俘馘。鼓噪而攻。遂大奔潰。斬獲略盡。後魏末。齊神武與義兵於河北。時爾朱兆等四將兵馬號二十萬。夾洹水而軍。時神武士馬不滿三萬。以衆寡不敵。遂於韓陵山爲圓陳。繫牛驢以塞道。於是將士皆死戰。四面奮擊。大破之。齊神武兵少。天光等兵十倍。圍而缺之。神武乃自塞其缺。士皆有必死之志。是以破敵也。高齊北豫州刺史司馬消難請降後周。周將楊忠與柱國達武援之。於是共率騎士五千人。各乘馬一匹。從間道馳入齊境五百里。前後遣三使報消難。而皆不反命。去豫州二十里。武疑有變欲還。忠曰。有進死。無退生。獨以千騎夜趣城下。四面峭絕。徒聞擊柝之聲。武親來麾數百騎以西。忠勒餘騎不動。候門開而入。乃馳遣召武。時齊鎮城將伏敬遠勒甲士二千人據東陴。舉烽嚴警。武憚之。不欲保城。乃多取財帛。以消難及其屬先歸。忠以三千騎爲殿。到洛南。皆解鞍而臥。齊衆來追於洛北。忠謂將士曰。但飽食。今在死地。賊必不敢渡水以當吾鋒。食畢。齊兵佯若渡水。忠馳將擊之。齊兵不敢逼。遂徐引而退。　張預曰。置之死亡之地。則人自爲戰。乃可存活也。項羽救趙。破釜焚廬。示以必死。諸侯從壁上觀。楚戰士無不一當十。遂虜秦將。是也。

夫衆陷於害。然後能爲勝敗。

梅堯臣曰。未陷難。則士卒心不專。既陷危難。然後勝。勝敗在人爲之耳。　張預曰。士卒用命。則勝敗之事在我所爲。

故爲兵之事。在於順詳敵之意。

曹公曰。佯愚也。或曰。彼欲進。設伏而退。欲去。開而擊之。　李筌曰。敵欲攻。我以守待之。敵欲戰。我以奇待之。退伏利誘。皆順其所欲。　杜牧曰。夫順敵之意。蓋言我欲擊敵。未見其隙。則藏形閉迹。敵人之所爲。順之勿驚。假如強以陵我。我則示怯而伏。且順其強。以驕其意。候其懈怠而攻之。假如欲退而歸。則開圍使去。以順其退。使無鬭志。遂因而擊之。皆順敵之旨也。　陳皞曰。順敵之旨。不假多說。但強示之弱。進示之退。使敵心不戒。然後攻而破之必矣。　梅堯臣曰。佯怯佯弱。佯亂佯北。敵人輕來。我志乃得。　張預曰。彼欲進。則誘之令進。彼欲退。

則縱之令退。奉順其旨。設奇伏以取之。或曰。敵有所欲。當順其意以驕之。留爲後圖。若東胡遣使謂冒頓曰。欲得頭曼千里馬。冒頓與之。復遣使來曰。願得單于一閼氏。冒頓又與之。及其驕怠而擊之。遂滅東胡是也。

幷敵一向。千里殺將。

曹公曰。幷兵向敵。雖千里能擒其將也。　杜牧曰。上文言爲兵之事在順敵之意。此乃未見敵人之隙耳。若已見其隙有可攻之勢。則須幷兵專力以向敵人。雖千里之遠。亦可以殺其將也。　賈林曰。能以利誘敵人。使一向趨之。則我雖遠千里亦可擒殺其將。　梅堯臣曰。隨敵一向。然後發伏出奇。則能遠擒其將。　王皙曰。順敵意。隨敵形。及其空虛不虞。幷兵一力以向之。可以覆其軍。殺其將。則明如冒頓滅東胡之事是也。

此謂巧能成事者也。

曹公曰。是成事巧者也。一作是謂巧攻成事。　梅堯臣曰。能順敵而取勝。機巧者也。　何氏曰。能如此者。是巧攻之成事者也。　張預曰。始順其意。後殺其將。成事之巧也。

是故政舉之日。夷關折符。無通其使。

曹公曰。謀定則閉關折符。無得有所沮議。恐惑衆士心也。　杜牧曰。其所不通。豈敵人之使乎。若敵人之使不受。則何必夷關折符然後爲不通乎。答曰。夷關折符者。不令國人出入。蓋恐敵人有間使潛來。或藏形隱跡。由危歷險。或竊符盜信。假託姓名。而來窺我也。無通其使者。敵人若有使來聘。亦不可受之。恐有智能之士。如張孟談婁敬之屬。見其微而知著。測我虛實也。此乃兵形未成。恐敵人先事以制我也。兵形已成。出境之後。則使在其間。古之道也。　梅堯臣曰。夷滅也。折斷也。舉政之日。滅塞道梁。斷毀符節。使不通者。恐泄我事也。　張預曰。廟算已定。軍謀已成。則夷塞關梁。毀折符信。勿通使命。恐泄我事也。彼有使來。則當納之。故下文云。敵之開闔。必亟入之。

勵於廊廟之上。以誅其事。

曹公曰。誅治也。　杜牧曰。勵揣厲也。言廊廟之上誅治其事。成敗先定。然後興師。一本作以謀其事。　梅堯臣曰。嚴整於廊廟之上以討其事。言其密也。　何氏曰。磨勵廟勝之策以責成其事。　張預曰。兵者大事。不可輕議。當惕勵於廟堂之上。密治其事。貴謀不外泄也。

敵人開闔。必亟入之。

曹公曰。敵有間隙。當急入之也。　孟氏曰。開闔間者也。有間來。則疾內之。　李筌曰。敵開闔未定。必急來也。梅堯臣同孟氏註。　張預曰。開闔謂間使也。敵有間來。當急受之。或曰。謂敵人或開或闔。出入無常。進退未決。則宜急乘之。

先其所愛。

曹公曰。據利便也。　李筌曰。先攻其積聚及妻子。利不擇其用也。　杜牧曰。凡是敵人所愛惜倚恃以爲軍者。則先奪之也。　梅堯臣曰。先察其便利愛惜之所也。　何氏同杜牧註。

微與之期。

曹公曰。後人發。先人至。　杜牧曰。微者潛也。言以敵人所愛利便之處爲期。將欲謀敵之。故潛往赴期。不令敵人知也。　陳皡曰。我若先奪便地。而敵不至。雖有其利。亦奚用之。是以欲取其愛惜之處。必先微與敵人相期。

誤之。使必至。　梅堯臣曰。微露之期。使間歸告。然後我後人發先人至也。後發者。欲其必赴也。先至者。奪其所愛也。　王晳曰。權譎也。微者所以示密也。公曰先敵至也。　張預曰。兵所愛者便利之地。我欲先據。當微露其意。與之相期。敵方趨之。我乃後發而先至也。所以使敵先趨者。恐我至而敵不來也。故曰。爭地吾將趨其後。

踐墨隨敵。以決戰事。

曹公曰。行踐規矩無常也。　李筌曰。墨者出道也。出遞道而從之。恐不及。　杜牧曰。墨規矩也。言我常須踐履規矩。深守法制。隨敵人之形。若有可乘之勢。則出而決戰。　陳皞曰。兵雖要在迅速以決戰事。然自始及末。須守法制。縱獲勝捷。亦不可爭競擾亂也。城濮之戰。晉文公登有莘之墟以望其師曰。少長有禮。其可用也。踐墨一作剗墨。　賈林曰。剗除也。墨繩墨也。隨敵計以決戰事。惟勝是利。不可守以繩墨而爲。　梅堯臣曰。舉動必踐法度。而隨敵屈伸。因利以決戰也。　王晳曰。踐兵法如繩墨。然後可以順敵決勝。　張預曰。循守法度。踐履規矩。隨敵變化。形勢無常。乃可以決戰取勝。墨繩墨也。婦人左右前後跪起皆中規矩繩墨是也。

是故始如處女。敵人開戶。後如脫兔。敵不及拒。

曹公李筌曰。處女示弱。脫兔往疾也。　杜牧曰。言敵人初時。謂我所能爲如處女之弱。我因急去攻之。險迅疾速。如兔之脫走。不捍拒也。或曰。我避敵走如脫兔。曰。非也。　梅堯臣曰。始若處女。踐規矩之謂也。後若脫兔。應敵決戰之謂也。　王晳曰。處女隨敵也。開戶不虞也。脫兔疾也。若田單守即墨而破燕軍是也。　張預曰。守則如處女之弱。令敵懈怠。是以啓隙。攻則猶脫兔之疾。乘敵倉卒。是以莫禦。太史公謂田單守即墨攻騎刧正如此。語不其然乎。

卷十二　火攻篇

曹公曰。以火攻人。當擇時日也。王皙曰。助兵取勝。戒虛發也。張預曰。以火攻敵。當使姦細潛行。地里之遠近。途徑之險易。先熟知之。乃可往。故次九地。

孫子曰。凡火攻有五。一曰火人。

杜佑曰。與敵陳師。敵傍近草。因焚燒之戰之助也。（據通典補）李筌曰。焚其營。殺其士卒也。杜牧曰。焚其營柵。因燒兵士。吳起曰。凡軍居荒澤。草木幽穢。可焚而滅。蜀先主伐吳。吳將陸遜拒之於夷陵。先攻一營不利。諸將曰。空殺兵耳。遜曰。吾已曉破敵之術矣。乃勅各持一把茅。以火攻拔之。一爾勢成。通率諸軍同時俱攻。斬張南馮習及胡王沙摩柯等。破四十餘營。死者萬數。備因夜遁。軍資器械略盡。遂歐血而殂。梅堯臣曰。焚營柵荒穢。以助攻戰也。何氏曰。魯桓公世。焚邾婁之咸邱。始以火攻也。後世兵家者流。故有五火之攻。以佐取勝之道也。如後漢班超使西域。到鄯善。初夜。將吏士奔虜營。會天大風。超令十人持鼓藏虜舍後。約曰。見火燃。皆當鳴鼓大呼。餘人悉持兵弩夾門而伏。超順風縱火。前後鼓譟。虜衆驚亂。超手格殺三人。餘衆悉燒死。又皇甫嵩率衆討黃巾賊張角。嵩保長社。賊來圍城。嵩兵少。軍中皆恐。召軍吏謂曰。兵有奇變。不在衆寡。今賊依草結營。易爲風火。若因夜縱火。必大驚亂。吾出兵擊之。其功可成。其夕遂大風。嵩乃約勒軍士。皆束苣乘城。使銳士間出圍外。縱火大呼。城上舉燎應之。嵩因鼓而奔其陳。賊驚亂奔走。大破之。又五代梁太祖乾寧中。親領大軍由鄆州東北次於魚山。朱宣覘知。卽以兵徑至。且圖速戰。帝軍出砦時。宣瑾已陳於前。須臾東南風大起。帝軍旌旗失次。甚有懼色。帝卽令騎士揚鞭呼嘯。俄而西北風驟發。時兩軍皆在草莽中。帝因令縱火。旣而煙燄亘天。乘勢以攻賊陳。宣瑾大破。餘衆擁入清河。因築京觀于魚山之下。又後唐伐蜀。工部任圜以大軍至漢州。康延孝來逆戰。圜命董璋以東川懦卒當其鋒。伏精兵於其後。延孝擊退東川之軍。急追之。遇伏兵。延孝敗。馳入漢州。閉壁不出。西川孟知祥以兵二萬與圜合勢攻之。漢州四面樹竹木爲柵。三月。圜陳于金雁橋。即率諸軍鼓譟而進。四面縱火。風燄亘空。延孝危急。引騎出陳于金雁橋。又大敗之。　張預曰。焚彼營舍。以殺其士。火攻之先也。班超燒匈奴使者是也。

二曰火積。

杜佑曰。燒其積蓄。據通典補　李筌曰。焚積聚也。　杜牧曰。積者積蓄也。糧食薪芻是也。高祖與項羽相持成皋。爲羽所敗。北渡河。得張耳韓信軍。軍修武。深溝高壘。使劉賈將二萬人騎數百。渡白馬津。入楚地。燒其積聚。以破其業。楚軍乏食。隋文帝時。高熲獻取陳之策。曰。江南土薄。舍多茅竹。所有儲積。皆非地窖。可密遣行人。因風縱火。待彼修葺。復更燒之。不出數年。自可財力俱盡。帝行其策。由是陳人益弊。　梅堯臣曰。焚其委積。以困芻糧。

張預曰。焚其積聚。使芻糧不足。故曰。軍無委積則亡。劉賈燒楚積聚是也。

三曰火輜。四曰火庫。

杜佑曰。燒其輜重。使奸人入敵營燒其兵庫。據通典補　李筌曰。燒其輜重。焚其庫室。　杜牧曰。器械財貨及軍士衣裝。在車中上道未止。曰輜。在城營壘已有止舍。曰庫。其所藏二者皆同。後漢末。袁紹相許攸降曹公。曰。今袁氏輜重有萬餘兩車。屯軍不嚴。今以輕兵襲之。不意而至。焚其積聚。不過三日。袁氏自敗。公大喜。選精騎五千。皆用袁氏旗幟。銜枚縛馬口。從間道出。人抱束薪。所歷道有問者。語之曰。袁公恐曹公抄略後軍。遣兵以益備。聞者信以爲然。皆自若。既至圍屯。大放火。營中驚亂。因大破之。輜重悉焚之矣。　陳皞曰。夫敵有愛惜之物。亦可以攻之。彼若出救。是我以火分其勢也。更遇其心神撓惑。自可破軍殺將也。　梅堯臣曰。焚其輜重。以窘貨財。焚其庫室。以空蓄聚。　何氏曰。如前秦苻堅遣將王猛伐前燕。慕容評率兵四十萬禦之。以持久制之。猛遣將郭慶率步騎五千。夜從間道。起火于晉山。燒評輜重。火見鄴中。因而滅之。　張預曰。焚其輜重。使器用不供。故曰。軍無輜重則亡。曹公燒袁紹輜重是也。焚其府庫。使財貨不充。故曰。軍無財則士不來。

五曰火隊。據通典本隊又作墜

杜佑曰。墜墮也。以火墮敵營中也。火墜之法。以鐵籠火着箭頭頸。強弩射敵營中。一曰火道。燒絕其糧道。據通典御覽補　李筌曰。焚其隊仗兵器。　杜牧曰。焚其行伍。因亂而擊之。　賈林曰。隊道也。燒絕糧道及轉運。　梅堯臣曰。焚其隊仗。以奪兵具。隊一作隧。　何氏同賈林註。　張預曰。焚其隊仗。使兵無戰具。故曰器械不利。則難以應敵也。

行火必有因。

曹公曰。因姦人。　杜佑曰。因姦人也。又因風燥而焚之。據通典御覽補　李筌曰。因姦人而內應也。　陳皥曰。須得其便。不獨姦人。　賈林曰。因風燥而焚之。　張預曰。火攻皆因天時燥旱。營舍茅竹。積芻聚糧。居近草莽。因風而焚之。

煙火必素具。

曹公曰。煙火燒具也。　杜佑曰。燒具也。先具燧之屬。據通典御覽補　李筌曰。薪芻蒿艾糧糞之屬。　杜牧曰。艾蒿荻葦薪芻膏油之屬。先須修事以備用。兵法有火箭火簾火杏火兵火獸火禽火盜火弩。凡此者皆可用也。　梅堯臣曰。潛姦伺隙。必有便也。秉秆持燧。必先備也。傳曰。惟事事有備乃無患也。　張預曰。貯火之器。燃火之物。常須預備。伺便而發。

發火有時。起火有日。

梅堯臣曰。不妄發也。　張預曰。不可偶然。當伺時日。

時者。天之燥也。

曹公曰。燥者旱也。　梅堯臣曰。旱熯易燎。　張預曰。天時旱燥。則火易燃。

日者。宿在箕壁翼軫也。原本宿作月從通典御覽改正又箕壁通典御覽皆作戊箕東壁　凡此四宿者。風起之日也。

杜佑曰。戊翼參曰。月宿此宿之日風起。蕭世誠曰。春丙丁。夏戊己。秋壬癸。冬甲乙。此日有疾風猛雨也。吾勘太乙中。有飛鳥十精。知風雨期。五子元運式也。各候其時。可以用火也。據通典御覽補　李筌曰。天文志。月宿此者多風。玉經云。常以月加日。從營室順數十五至翼。月宿在於此也。　杜牧曰。宿者月之所宿者。四宿者風之使也。梅堯臣曰。箕龍尾也。壁東壁也。翼軫鶉尾也。宿在者。謂月之所次也。四宿好風。月離必起。　張預曰。四星好風。月宿則起。當推步躔次。知所宿之日。則行火。一說春丙丁。夏戊己。秋壬癸。冬甲乙。此日有疾風猛雨。又占風法。取雞羽重八兩。掛於五丈竿上。以候風所從來。四宿即箕壁翼軫也。

凡火攻。必因五火之變而應之。

梅堯臣曰。因火爲變。以兵應之。　張預曰。因其火變。以兵應之。五火。即人積輜庫隊也。

火發於內。則早應之於外。御覽早作軍誤

曹公曰。以兵應之也。　杜佑曰。以兵應之。使間人縱火於敵營內。當速進以攻其外也。　李筌曰。乘火勢而應之也。　杜牧曰。凡火乃使敵人驚亂。因而擊之。非謂空以火敗敵人也。聞火初作。卽攻之。若火闌衆定而攻之。當無益。故曰早也。　梅堯臣曰。內若驚亂。外以兵擊。　張預曰。火纔發於內。則兵急擊於外。表裏齊攻。敵易驚亂。

火發而其兵靜者。原本無而其二字從通典補待而勿攻。

杜牧曰。火作不驚。敵素有備。不可遽攻。須待其變者也。　梅堯臣曰。不驚撓者。必有備也。　王晳曰。以不變也。何氏曰。火作而敵不驚者。必有備也。我往攻則反或受害。　張預曰。火雖發而兵不亂者。敵有備也。復防其變。故不可攻。

極其火力。可從而從之。不可從而止。

曹公曰。見可而進。知難而退。　杜佑曰。見利則進。知難則退。極盡也。盡火力可則應。不可則止。無使敵知吾所爲。　李筌曰。夫火發兵不亂。不可攻。　杜牧曰。俟火盡已來。若敵人擾亂則攻之。若敵終靜不擾。則收兵而退也。　梅堯臣曰。極其火勢。待其變則攻。不變則勿攻。　王晳曰。伺其變亂則乘之。終不變亂。則自治而蓄力。何氏曰。如魏滿寵征吳。勅諸將曰。今夕風甚猛。賊必來燒我營。宜爲之備。諸軍皆警。夜半果來燒營。寵掩擊破之者。是也。　張預曰。盡其火勢。亂則攻。安靜則退。

火可發於外。無待於內。以時發之。

李筌曰。魏武破袁紹於官渡。用許攸計。燒輜重萬餘。則其義也。　杜牧曰。上文云五火。變須發於內。若敵居荒澤草穢，或營柵可焚之地。即須及時發火。不必更待內發作然後應之。恐敵之自燒野草。我起火無益。漢時李陵征匈奴。戰敗。爲單于所逐。及於大澤。匈奴於上風縱火。陵亦先放火燒斷蒹葭。用絕火勢。　陳皞曰。以時發之。所謂天之燥。月之宿在四星也。　賈林曰。火可發於外。不必待內應。得時即應發。不可拘於常勢也。　梅堯臣同杜牧註。　張預曰。火亦可發於外。不必須待作於內。但有便則應時而發。黃巾賊張角圍漢將皇甫嵩於長社。賊依草結營。嵩使銳士間出圍外。縱火大呼。城上舉燎應之。嵩因鼓而奔其陳。賊驚亂。遂敗走。

火發上風。無攻下風。

曹公曰。不便也。　杜佑曰。不便也。燒之必退。退而逆攻之。必爲所害也。據通典御覽補　李筌曰。隋江東賊劉元進攻王世充於延陵。令把草東方。因風縱火。俄而迴風。悉燒元進營。軍人多死者。　杜牧曰。若是東則焚敵之東。我亦隨以攻其東。若火發東面。攻其西。則與敵人同受也。故無攻下風。則順風也。若舉東可知其他也。　梅堯臣曰。逆火勢。非便也。敵必死戰。　王晳曰。或擊其左右可也。　張預曰。燒之必退。退而逆擊之。必死戰。則不便也。

晝風久。夜風止。

曹公曰。數當然也。　杜佑曰。數常也。陽風也。晝風則火氣相動也。夜風卒欲縱火。亦當知風之長短也。據通典御覽補　李筌曰。不知始也。　杜牧曰。老子曰。飄風不終朝。　梅堯臣曰。凡晝風必夜止。夜風必晝止。數當然也。　王晳同梅堯臣註。　張預曰。晝起則夜息。數當然也。故老子曰。飄風不終朝。

凡軍必知有五火之變。以數守之。

杜佑曰。既知起五火之變。當復以數消息其可否。　杜牧曰。須筭星躔之數。守風起日。乃可發火。不可偶然而爲之。　梅堯臣曰。數星之躔。以候風起之日。然而發火。亦當有防其變。　張預曰。不可止知以火攻人。亦當防人攻己。推四星之度數。知風起之日。則嚴備守之。

故以火佐攻者明。

杜佑曰。取勝明也。據通典補　梅堯臣曰。明白易勝。　張預曰。用火助攻。灼然可以取勝。

以水佐攻者強。

杜佑曰。水以爲衝。故強。　梅堯臣曰。勢之強也。　張預曰。水能分敵之軍。彼勢分則我勢強。

水可以絕。不可以奪。

曹公曰。火佐者。取勝明也。水佐者。但可以絕敵道分敵軍。不可以奪敵蓄積。　杜佑曰。水但能絕其敵道。分敵軍耳。不可以奪敵蓄積及計數也。從通典補　李筌曰。軍者必守術數而佐之水火。所以明強也。光武之敗王莽。魏武之擒呂布。皆其義也。以水絕敵人之軍。分爲二則可。難以奪敵人之蓄積。　杜牧曰。水可絕敵糧道。絕敵救援。絕敵奔逸。絕敵衝擊。不可以久奪險要蓄積也。　王晳曰。強者取其決注之暴。　張預曰。水止能隔絕敵軍。使前後不相及。取其一時之勝。然不若火能焚奪敵之積聚。使之滅亡者。韓信決水斬楚將龍且。是一時之勝。曹公焚袁紹輜重。紹因以敗。是使之滅亡也。水不若火。故詳於火而略於水。

夫戰勝攻取。而不修其功者凶。命曰費留。

曹公曰。若水之留不復還也。或曰。賞不以時。但費留也。賞善不踰日也。　李筌曰。賞不踰日。罰不踰時。若功立而不賞。有罪而不罰。則士卒疑惑。曰有費也。　杜牧曰。修者舉也。夫戰勝攻取。若不藉有功舉而賞之。則三軍之士必不用命也。則有凶咎。徒留滯費耗。終不成事也。　賈林曰。費留。惜費也。　梅堯臣曰。欲戰必勝攻必取者。在因時乘便。能作爲功也。作爲功者。修火攻水攻之類。不可坐守其利也。坐守其利者凶也。是謂費留矣。　王晳曰。戰勝攻取而不修功賞之差。則人不勸。不勸則費財老師。凶害也已。　張預曰。戰攻所以能必勝必取者。水火之助也。水火所以能破軍敗敵者。士卒之用命也。不修舉有功而與之。凶咎之道也。財竭師老。而不得歸。費留之謂也。

故曰。明主慮之。良將修之。

杜牧曰。黃石公曰。夫霸者制士以權。結士以信。使士以賞。信衰則士疏。賞虧則士不爲用。　賈林曰。明主慮其事。良將修其功。　梅堯臣曰。始則君發其慮。終則將修其功。　張預曰。君當謀慮攻戰之事。將當修舉尅捷之功。

非利不動。御覽作不起。按此與李筌杜牧本皆同

李筌曰。明主賢將。非見利不起兵。　杜牧曰。先見起兵之利。然後兵起。　梅堯臣曰。凡兵非利於民。不興也。一作非利不起也。

非得不用。

杜牧曰。先見敵人可得。然後用兵。　賈林曰。非得其利。不用也。

非危不戰。

曹公曰。不得已而用兵。　李筌曰。非至危不戰。　梅堯臣曰。凡用兵。非危急不戰也。所以重凶器也。　張預曰。

兵凶器。戰危事。須防禍敗。不可輕舉。不得已而後用。

主不可以怒而興師。通典御覽皆兩引作興軍

王晳曰。不可但以怒也。若息侯伐鄭。　張預曰。因怒興師。不亡者鮮。若息侯與鄭伯有違言而伐鄭。君子是以知息之將亡。

將不可以慍而致戰。御覽一引作合戰

王晳曰。不可但以慍也。若晉趙穿。　張預曰。因忿而戰。罕有不敗。若姚襄怒苻堅黃眉壓壘而陳。因出戰。爲黃眉所敗。是也。怒大於慍。故以主言之。慍小於怒。故以將言之。君則可以興兵。將則可言戰。

合於利而動。通典御覽兩引動皆爲用。按九地篇亦云合於利而動也不合於利而止。

曹公曰。不得以己之喜怒而用兵也。　杜佑曰。人主聚衆興軍。以道理勝負之計。不可以己之私怒。將舉兵則以策。不可以慍恚之故而合戰也。　賈林曰。慍怒內作。不顧安危。固不可也。　梅堯臣曰。兵以義動。無以怒興。戰以利勝。無以慍敗。　張預曰。不可因己之喜怒而用兵。當顧利害所在。尉繚子曰。兵起非可以忿也。見勝則興。不見勝則止。

怒可以復喜。慍可以復悅。

張預曰。見於色者謂之喜。得於心者謂之悅。

亡國不可以復存。死者不可以復生。

杜佑曰。凡主怒興軍伐人。無素謀明計。則破亡矣。將慍怒而鬥。倉卒而合戰。所傷殺必多。怒慍復可以悅喜。言亡國不可復存。死者不可復生者。言當愼之。　杜牧曰。亡國者。非能亡人之國也。言不度德。不量力。因怒興師。因慍合戰。則其兵自死。其國自亡者也。　梅堯臣曰。一時之怒。可返而喜也。一時之慍。可返而悅也。國亡軍死。不可復已。　王皙曰。喜怒無常。則威信去矣。　張預曰。君因怒而興兵。則國必亡。將因慍而輕戰。則士必死。

故明君愼之。良將警之。此安國全軍之道也。通典及御覽無全軍二字脫

杜牧曰。警言戒之也。　梅堯臣曰。主當愼重。將當警懼。　張預曰。君常愼於用兵。則可以安國。將常戒於輕戰。則可以全軍。

卷十三　用間篇

曹公李筌曰戰者必用間諜以知敵之情實也　張預曰欲索知敵情者非間不可也然用間之道尤須微密故次火攻也

孫子曰。凡興師十萬。出兵千里。百姓之費。公家之奉。日費千金。內外騷動。怠於道路。御覽無怠於道路句脫也不得操事者。七十萬家。

曹公曰。古者八家爲鄰。一家從軍。七家奉之。言十萬之師舉。不事耕稼者七十萬家。　李筌曰。古者發一家之兵。則鄰里三族共資之。是以不得耕稼者七十萬家。而資十萬之衆矣。　杜牧曰。古者一夫田一頃。夫九頃之地。中心一頃。鑿井樹廬。八家居之。是爲井田。怠疲也。言七十萬家奉十萬之師。轉輸疲於道路也。　梅堯臣曰。輸糧供用。公私煩役。疲於道路。廢於耒耜也。曹說是也。　張預曰。井田之法。八家爲鄰。一家從軍。七家奉之。與兵十萬。則輟耕作者七十萬家也。或問曰。重地則掠。疲於道路而轉輸何也。曰。非止運糧。亦供器用也。且兵貴掠敵者。謂深踐敵境。則當備其乏。故須掠以繼食。非專館穀於敵也。亦有磧鹵之地。無糧可因。得不餉乎。

相守數年。以爭一日之勝。而愛爵祿百金。不知敵之情者。不仁之至也。

李筌曰。惜爵賞不與間諜。令窺敵之動靜。是爲不仁之至也。　杜牧曰。言不能以厚利使間也。　梅堯臣曰。相守數年。則七十萬家所費多矣。而乃惜爵祿百金之微。不以遺間釣情取勝。是不仁之極也。　王晳曰。恡財賞。不用間也。　張預曰。輟耕作者七十萬家。財力大困。不知恤此。而反愛惜爵賞之細。不以啗間求索知敵情者。不仁之甚也。

非人之將也。

梅堯臣曰。非將人成功者也。

非主之佐也。

一本作非仁之佐也。　梅堯臣曰。非以仁佐國者也。

非勝之主也。

梅堯臣曰。非致勝主利者也。　張預曰。不可以將人。不可以佐主。不可以主勝。勤勤而言者。嘆惜之也。

故明君賢將。所以動而勝人。成功出於衆者。先知也。

李筌曰。爲間也。　杜牧曰。知敵情也。　梅堯臣曰。主不妄動。動必勝人。將不苟功。功必出衆。所以者何也。在預知敵情也。　王晳曰。先知敵情。制如神也。　何氏曰。周官士師掌邦諜。蓋異國間伺之謂也。故兵家之有四機二權。曰事機。曰智權。皆善用間諜者也。故能敵人動靜我預知矣。韋孝寬爲驃騎大將軍。鎮玉壁。孝寬善於撫御。能得人心。所遣間諜入齊者。皆爲盡力。亦有齊人得孝寬金貨。遥通書疏。故齊之動靜。朝廷皆先知之。時有主帥許盆。孝寬委以心膂。令守一戍。盆乃以城東入。孝寬怒。遣諜取之。俄而斬首而還。其能致物情如此。又李達爲都督義州宏農等二十一防諸軍事。每厚撫境外之人。使爲間諜。敵中動靜。必先知之。至有事泄被誅戮者。亦不以爲悔。其得人心也如此。　張預曰。先知敵情。故動則勝人。功業卓然。超絶羣衆。

先知者。不可取於鬼神。

張預曰。視之不見。聽之不聞。不可以禱祀而取。

不可象於事。

曹公曰。不可以禱祀而求。亦不可以事類而求也。　李筌曰。不可取於鬼神象類。唯間者能知敵之情。　杜牧曰。象者類也。言不可以他事比類而求。　梅堯臣曰。不可以卜筮知也。不可以象類求也。　張預曰。不可以事之相類者擬象而求。

不可驗於度。

曹公曰。不可以事數度也。　李筌曰。度數也。夫長短闊狹。遠近小大。即可驗之於度數。人之情僞。度不能知也。　梅堯臣曰。不可以度數驗也。言先知之難也。　張預曰。不可以度數推驗而知。

必取於人知敵之情者也。

曹公曰。因人也。　李筌曰。因間人也。　梅堯臣曰。鬼神之情。可以筮卜知。形氣之物。可以象類求。天地之理。可以度數驗。唯敵之情。必由間者而後知也。　張預曰。鬼神象類度數皆不可以求先知。必因人而後知敵情也。

故用間有五。有因間。有內間。有反間。有死間。有生間。

梅堯臣曰。五間之名也。　張預曰。此五間之名。因間當爲鄉間。故下文云鄉間可得而使。

五間俱起。莫知其道。是爲神紀。（通典御覽爲作謂）人君之寶也。

曹公曰。同時任用五間也。　李筌曰。五間者。因五人用之。　杜牧曰。五間俱起者。敵人不知其情紲形露之道。乃鬼神之綱紀。人君之重寶也。　賈林曰。紀理也。言敵人俱莫知我以何道。如通神理也。　梅堯臣曰。五間俱起以間敵。而莫知我用之之道。是曰神妙之綱紀。人君之所貴也。　張預曰。五間循環而用。人莫能測其理。茲乃神妙之綱紀。人君之重寶也。

因間者。因其鄉人而用之。

杜佑曰。因敵鄉人知敵表裏虛實之情。故就而用之。可使伺候也。 杜牧曰。因敵鄉國之人。而厚撫之。使爲間也。晉豫州刺史祖逖之鎮雍丘。愛人下士。雖疎交賤隸。皆恩禮而遇之。河上堡固。先有任子在胡者。皆聽兩屬。時遣游軍僞抄之。明其未附。諸塢主感戴。胡有異圖。輒密以聞。前後克獲。蓋由於此。西魏韋孝寬使齊人斬許盆而來。猶其義也。 賈林曰。讀因間爲鄉間。 梅堯臣曰。因其國人利而使之。 何氏曰。如春秋時。楚師伐宋。九月不服。將去宋。楚大夫申叔時曰。築室反耕者。宋必聽命。楚子從之。宋人懼。使華元夜入楚師。登子反之牀。起之曰。寡君使元以病告。曰。弊邑易子而食。析骸以爨。雖然。城下之盟。有以國斃。不能從也。去我三十里。唯命是聽。子反懼。與之盟。而告楚子。退三十里。宋及楚平。 張預曰。因敵國人。知其底裏。就而用之。可使伺候也。韋孝寬以金帛啗齊人。而齊人遙通書疏。是也。

內間者。因其官人而用之。

杜佑曰。因其在官失職者。若刑戮之子孫。與受罰之家也。因其有隙。就而用之。 李筌曰。因敵人失職之官。魏用許攸也。 杜牧曰。敵之官人。有賢而失職者。有過而被刑者。亦有寵嬖而貪財者。有屈在下位者。有不得任使者。有欲因敗喪以求展己之材能者。有翻覆變詐常持兩端之心者。如此之官。皆可以潛通問遺。厚貺金帛而結之。因求其國中之情。察其謀我之事。復間其君臣使不和同也。 梅堯臣曰。因其官屬。結而用之。 何氏曰。如益州牧羅尚遣將隗伯攻蜀賊李雄於郫城。互有勝負。雄乃募武都人朴泰。鞭之見血。使譎羅尚。欲爲內應。以火爲期。尚信之。悉出精兵。遣隗伯等率兵從泰擊雄。雄將李驤於道設伏。泰以長梯倚城而舉火。伯軍見火起而爭緣梯。泰又以繩汲上倚軍百餘人。皆斬之。雄因放兵內外擊之。大破倚軍。此用內間之勢也。又隋陰壽爲幽州總管。高寶寧舉兵反。壽討之。寶寧奔于磧北。壽班師。留開府成道昂鎮之。寶寧遣其子僧伽率輕騎掠城下而去。尋引契丹靺鞨之衆來攻。道昂苦戰連日乃退。壽患之。於是重賄寶寧。又遣人陰間其所親任者趙世模王威等。月餘。世模率其衆降。寶寧復走契丹。爲其麾下趙修羅所殺。北邊遂安。又唐太宗討竇建德。入武牢。進薄其營。多所傷殺。凌敬進說曰。宜悉兵濟河。攻取懷州河陽。使重將居守。更率衆鳴鼓建旗。踰太行入上黨。先聲後實。傳檄而定。漸趨壺口。稍駭蒲津。收河東之地。此策之上也。行必有三利。一則入無人之境。師有萬全。二則拓土得兵。三則鄭圍自解。建德將從之。王世充之使長孫安世陰齎金玉。啗其諸將。以亂其謀。衆咸進諫曰。凌敬書生耳。豈可與言戰乎。建德從之。退而謝敬曰。今衆心甚銳。此天贊我矣。因此決戰。必然大捷。已依衆議。不得從公言也。敬固爭。建德怒。杖出焉。於是悉衆進逼武牢。太宗按甲挫其銳。建德中槍。竄於牛口渚。車騎將軍白士讓楊武威生獲之。又王翦爲秦將攻趙。趙使李牧司馬尚禦之。李牧數破走秦軍。殺秦將桓齮。翦惡之。乃多與趙王寵臣郭開等金。使爲反間。曰。李牧司馬尚欲與秦廢趙。以多取封於秦。趙王疑之。使趙葱及顏聚代將。斬李牧。廢司馬尚。後三月。翦因急擊趙。大破殺趙葱。虜趙王遷及其將顏聚也。　張預曰。因其失意之官。或刑戮之子弟。凡有隙者。厚利使之。晉任析公。吳納子胥。皆近之。

反間者。因其敵間而用之。

杜佑曰。敵使間來視我。我知之。因厚賂重許。反使爲我間也。蕭世誠曰。言敵使人來候我。我佯不知。而示以虛事。前卻期會。使師相語。是曰反間。據通典御覽補　李筌曰。敵有間來窺我得失。我厚賂之。而令反爲我間也。　杜牧曰。敵有間來窺我。我必先知之。或厚賂誘之。反爲我用。或佯爲不覺。示以僞情而縱之。則敵人之間反爲我用也。陳平初爲漢王護軍尉。項羽圍於滎陽。漢王患之。請割滎陽以西和。項王勿聽。平曰。顧楚有可亂者。彼項王骨鯁之臣。亞父鍾離昧龍且周殷之屬。不過數人耳。大王能出捐數萬斤金。行反間。間其君臣。以疑其心。項王爲人意忌信讒。必內相誅。漢因舉兵而攻之。破楚必矣。漢王以爲然。乃出黄金四萬斤與平。恣所爲。不問出入。平既多以金縱反間於楚軍。宣言諸將。鍾離昧等爲項王將。功多矣。然終不得裂地而王。欲與漢爲一。以滅項氏。分王其地。項王果疑之。使使至漢。漢爲太牢之具。舉進。見楚使。即佯驚曰。吾以爲亞父使。乃項王使也。復持去。以惡草具進楚使。使歸。具以報項王。果大疑亞父。亞父欲急擊下滎陽城。項王不信。不肯聽亞父。亞父聞項王疑之。乃大怒。疽發而死。卒用陳平之計滅楚也。　梅堯臣曰。或以僞事紿之。或以厚利啗之。　王皙曰。反敵間。反爲我間也。或留之使言其情。又或示以詭形而遣之。　何氏曰。如燕昭王以樂毅爲將。破齊七十餘城。及惠王立。與樂毅有隙。齊將田單乃縱反間於燕。宣言曰。齊王已死。城之不拔者二耳。樂毅畏誅而不敢歸。以伐齊爲名。實欲連兵南面而王齊。齊人未附。故且緩即墨以待其事。齊人所懼。惟恐他將之來。即墨殘矣。燕王以爲然。使騎劫代樂毅。燕人士卒離心。單又縱反間曰。吾懼燕人掘吾城外冢墓。戮辱先人。燕人從之。即墨人激怒請戰。大破燕師。所亡七十餘城悉復之。又秦師圍趙閼與。趙將趙奢救之。去趙國都三十里。不進。秦間來。奢善食遣之。間以報秦將。以爲奢師怯弱而止不行。奢隨而卷甲趨秦師。擊破之。又范雎爲秦昭王將。使左庶長王齕攻韓取上黨。上黨民走趙。趙軍長平。齕因攻趙。趙使廉頗將。廉頗堅壁以待。秦數挑戰。趙兵不出。趙王數以爲讓。而雎使人持千金於趙爲反間曰。秦之所惡。獨畏趙括耳。廉頗軍易與。且降矣。趙王既怒廉頗軍多亡失數敗。又反堅壁不戰。又聞秦反間之言。因使括代頗。秦聞括將。以白起爲上將軍。射殺括。及坑降卒四十萬。

張預曰。敵有間來。或重賂厚禮以結之。告以僞辭。或佯爲不知。踈而慢之。示以虛事。使之歸報。則反爲我利也。趙奢善食秦間。漢軍佯驚楚使是也。

死間者。爲誑事於外。令吾間知之。而傳於敵。通典御覽傳皆作待按此與李筌本同也

杜佑曰。作誑詐之事於外。佯漏泄之。使吾間知之。吾間至敵中。爲敵所得。必以誑事輸敵。敵從而備之。吾所行不然。間則死矣。又云。敵間來。聞我誑事以持歸。然皆非所圖也。二間皆不能知幽隱深密。故曰死間也。蕭世誠曰。所獲敵人。及已叛亡軍士。有重罪繫者。故爲貸免。相勅勿泄。佯不秘密。令敵間竊聞之。吾因縱之使亡。亡必歸敵。必信焉。往必死。故曰死間。　李筌曰。情詐爲不足信。吾知之。今吾動此間而待之。此筌以待字爲非傳也。

杜牧曰。誑者詐也。言吾間在敵。未知事情。我則詐立事跡。令吾間憑其詐跡。以輸誠於敵。而得敵信也。若吾進取與詐跡不同。間者不能脫。則爲敵所殺。故曰死間也。漢王使酈生說齊下之。齊罷守備。韓信因而下之。田横怒。烹酈生。此事甚近。　梅堯臣曰。以誑告敵。事乖必殺。　王晳曰。詐而間。使敵得之。間以吾詐告敵。事決必殺之也。　何氏曰。如戰國鄭武公欲伐胡。先以其子妻胡。因問羣臣曰。吾欲用兵。誰可伐者。大夫關思期曰。胡可。武公怒而戮之。曰。胡兄弟之國。子言伐之何也。胡君聞之。以鄭爲親己。不備鄭。襲而取之。此用死間之勢也。又班超發于闐諸國兵擊莎車龜茲二國。揚言兵少不敵罷散。乃陰緩生口歸。以告龜茲王。喜而不虞。超卽潛勒兵馳赴莎車。大破降之。斯亦同死間之勢。又李靖伐突厥頡利可汗。以唐儉先在突厥結和親。突厥不備。靖因掩擊破之。　張預曰。欲使敵人殺其賢能。乃令死士持虛僞以赴之。吾間至敵。爲彼所得。彼以誑事爲實。必

俱殺之。我朝曹太尉嘗貸人死。使僞爲僧。吞蠟彈入西夏。至則爲其所囚。僧以彈告。即下之。開讀。乃所遺彼謀臣書也。戎主怒。誅其臣。并殺間僧。此其義也。然死間之事非一。或使吾間詒敵約和。我反伐之。則間者立死。酈生烹於齊王。唐儉殺於突厥。是也。

生間者。反報也。

杜佑曰。擇己之有賢材智能。能自開通於敵之親貴。察其動靜。知其事計所爲。已知其實。還以報我。故曰生間。

李筌曰。往來之使。　杜牧曰。往來相通報也。生間者。必取內明外愚。形劣心壯。趫健勁勇。閑於鄙事。能忍饑寒垢耻者。爲之。　賈林曰。身則公行。心乃私覘。往反報復。常無所害。故曰生間。　梅堯臣曰。使智辨者往覘其情而以歸報也。　何氏曰。如華元登子反之牀而歸。又如隋達奚武爲東秦刺史。時齊神武趣沙苑。太祖遣武覘之。武從三騎。皆衣敵人衣服。至日暮。去營數百步。下馬潛聽。得其軍號。因上馬歷營。若警夜者。有不如法者。往往撻之。具知敵之情狀。以告太祖。太祖深嘉焉。遂破之。　張預曰。選智能之士。往視敵情。歸以報我。若婁敬知匈奴之強以告高祖之類。然生間之事亦衆。或己欲退。告敵以戰。或己欲戰。告敵以退。若秦行人夜戒晉師曰。來日請相見。臾駢曰。使者目動而言肆。懼我也。秦果夜遁。又呂延攻乞伏乾歸。大敗之。乾歸乃遣間稱東奔成紀。延信而追之。耿稚曰。告者視高而色動。必有姦計。延不從。遂爲所敗。是也。

故三軍之親（原本作事從通典御覽改正）莫親於間。

杜佑曰。若不親撫。重以祿賞。則反爲敵用。洩我情實。　杜牧曰。受辭指蹤。在於臥內。　梅堯臣曰。入幄受詞。最爲親近。　王晳曰。以腹心親結之。　張預曰。三軍之士。然皆親撫。獨於間者以腹心相委。是最爲親密也。

賞莫厚於間。

杜佑曰。厚賞之賴其用。　梅堯臣曰。爵祿金帛。我無愛焉　王皙曰。軍功之賞。莫厚於此。　張預曰。非高爵厚利。不能使間。陳平曰願出黃金四十萬斤。間楚君臣。

事莫密於間。

杜佑曰。間事不密則爲己害。　杜牧曰。出口入耳也。密一作審。　梅堯臣曰。幾事不密則害成。　王皙曰。獨將與謀。　張預曰。惟將與間得聞其事。非密與。

非聖智不能用間。

杜佑曰。不能得間人之用也。從通典御覽補　杜牧曰。先量間者之性誠實多智。然後可用之。厚貌深情。險於山川。非聖人莫能知。　梅堯臣曰。知其情僞。辨其邪正。則能用。　王皙曰。聖通而先識。智明於事。　張預曰。聖則事無不通。智則洞照幾先。然後能爲間事。或曰。聖智則能知人。

非仁義不能使間。

孟氏曰。太公曰。仁義著則賢者歸之。賢者歸之則其間可用也。　陳皞曰。仁者有恩以及人。義者得宜而制事。主將者既能仁結而義使。則間者盡心而覘察。樂爲我用也。　梅堯臣曰。撫之以仁。示之以義。則能使。　王皙曰。仁結其心。義激其節。仁義使人。有何不可。　張預曰。仁則不愛爵賞。義則果決無疑。既啗以厚利。又待以至誠。則間者竭力。

非微妙不能得間之實。通典本微妙作微密御覽同杜佑曰。精微用意。密不泄漏。　杜牧曰。間亦有利於財寶。不得敵之實情。但將虛辭以赴我約。此須用心淵妙。乃能酌其情僞虛實也。　梅堯臣曰。防間反爲敵所使。思慮故宜幾微臻妙。　王晳曰。謂間者必性識微妙。乃能得所間之事實。　張預曰。間以利害來告。須用心淵微精妙。乃能察其真僞。

微哉微哉。無所不用間也。

杜牧曰。言每事皆須先知也。　梅堯臣曰。微之又微。則何所不知。　王晳曰。丁寧之。當事事知敵之情也。　張預曰。密之又密。則事無巨細。皆先知也。

間事未發而先聞者。間與所告者皆死。通典作先聞其間者與所告者皆死御覽同

杜牧曰。告者非誘間者。則不得知間者之情。殺之可也。　陳皞曰。間者未發其事。有人來告其聞者。所告者亦與間者俱殺以滅口。無令敵人知之。　梅堯臣曰。殺間者惡其泄。殺告者滅其言。　王晳曰。間敵之事。泄者當誅。告人亦殺。恐傳諸衆。　張預曰。間敵之事。謀定而未發。忽有聞者來告。必與間俱殺之。一惡其泄。一滅其口。秦已間趙。不用廉頗。秦乃以白起爲將。令軍中曰。有泄武安君將者斬。此是已發其事。尚不欲泄。況未發乎。

凡軍之所欲擊。城之所欲攻。人之所欲殺。必先知其守將左右謁者門者舍人之姓名。令吾間必索知之。

杜佑曰。守謂官守職任者。謁告也。主告事者也。門者守門者也。舍人守舍之人也。必先知之。爲親舊有急則呼之。則不見呵止。亦因此知敵之情。　李筌曰。知其姓名。則易取也。　杜牧曰。凡欲攻戰。必須知敵所用之人賢愚巧拙。則量材以應之。漢王遣韓信曹參灌嬰擊魏豹。問曰。魏大將誰也。對曰。柏直。漢王曰。是口尚乳臭。不能

當韓信。騎將誰也。曰。馮敬。曰。是秦將馮無擇子也。雖賢。不能當灌嬰。步卒將誰也。曰。項它。曰。是不能當曹參。吾無患矣。　陳皥曰。此言敵人左右姓名。必須我先知之。或敵使來間我。當使間去。若不知其左右姓名。則不能成間者之說。漢高伐秦。至嶢關。張良曰。吾聞其將賈豎爾。可以利啗之。又曰。其將雖曰欲和。其軍士未肯。不如因其懈而擊之。乃進兵擊破之。又宋華元夜登子反之牀。以告宋病。若非素知門人舍人左右姓名。先使開導之。又何由得登其牀也。　梅堯臣曰。凡敵之左右前後之姓名。皆須審省。而令吾間先知。則吾間可行矣。　王晳曰。不可臨事求也。　張預曰。守將。守官任職之將也。謁者。典賓客之將也。門者。閽吏也。舍人。守舍之人也。凡欲擊其軍。欲攻其城。欲殺其人。必先知此左右之姓名。則可也。欲潛入其軍。則呼其名姓而往。若華元夜登子反之牀以告宋病。杜元凱註引此文。謂元用此術得以自通。是也。又漢高祖入韓信臥內取其印。亦近之。

必索敵人之間來間我者。因而利之。導而舍之。通典御覽無必索二字

杜佑曰。舍居止也。令吾人遺以重利。復導而舍止之。則可令詭其辭。

故反間可得而用也。

曹公曰。舍居止也。　杜佑曰。故能取敵之間而用之。　杜牧曰。敵間之來。必誘以厚利。而止舍之。使為我反間也。　梅堯臣曰。必探索知敵之來間者。因而利誘之。引而舍止之。然後可為我反間也。　王晳曰。此留敵間以詢其情者也。必謹舍之。曲為辯說。深致情愛。然後啗以大利。威以大刑。自非至忠於其君王者。皆為我用矣。張預曰。索求也。求敵間之來窺我者。因以厚利誘導而館舍之。使反為我間也。言舍之者。謂稽留其使也。淹延既久。論事必多。我因得察敵之情。下文言四間皆因反間而知。非久留其人。極論其事。則何以悉知。

因是而知之。故鄉間內間可得而使也。今本通典鄉間作因間後人妄改也

杜佑曰。因反敵間而知敵情。鄉間內間者皆可得使。　杜牧曰。若敵間以利導之。尚可使爲我反間。因此乃知厚利亦可使鄉間內間也。此言使間非利不可。故上文云。相守數年。爭一日之勝。而愛爵祿百金。不知敵情者。不仁之至也。下文皆同其義也。　陳皞曰。此說踈也。言敵使間來。以利啗之。誘令止舍。因得敵之情。因間內間。可使反間誘而使之。　梅堯臣曰。其國人之可使者。其官人之可用者。皆因反間而知之。　張預曰。因是反間。知彼鄉人之貪利者。官人之有隙者。誘而使之。

因是而知之。故死間爲誑事。可使告敵。通典下有因是可得而攻也句御覽同

杜佑曰。因誑事而知敵情。生間往反。可使知其敵之腹心所在。據通典御覽補　張預曰。因是反間。知彼可誑之事。使死間往告之。

因是而知之。故生間可使如期。

杜牧曰。可使往來如期。　陳皞曰。言五間皆循環相因。惟生間可使如期。　梅堯臣曰。令吾間以誑告敵者。須因反間而知敵之可誑也。生間以利害覘敵情。須因反間而知其踈密。則可往得實而歸如期也。　張預曰。因是反間知彼之情。故生間可往復如期也。

五間之事。主必知之。

李筌曰。孫子殷勤於五間。主切知之。

知之必在於反間。故反間不可不厚也。

杜佑曰。人主當知五間之用。厚其祿。豐其財。而反間者。五間之本事之要也。故當在厚待。　杜牧曰。鄉間內間死間生間四間者。皆因反間知敵情而能用之。故反間最切。不可不厚也。　梅堯臣曰。五間之始。皆因緣於反間。故當厚遇之。　張預曰。人主當用五間以知敵情。然五間皆因反間而用。則是反間者。豈可不厚待之耶。

昔殷之興也。伊摯在夏。

曹公曰。伊摯伊尹也。

周之興也。呂牙在殷。

曹公曰。呂牙太公也。　梅堯臣曰。伊尹呂牙非叛於國也。夏不能任。而殷任之。殷不能用。而周用之。其成大功者。爲民也。　何氏曰。伊呂聖人之耦。豈爲人間哉。今孫子引之者。言五間之用。須上智之人。如伊呂之才智者。可以用間。蓋重之之辭耳。　張預曰。伊尹夏臣也。後歸於殷。呂望殷臣也。後歸於周。伊呂相湯武以兵定天下者。順乎天而應乎人也。非同伯州犁之奔楚。苗賁皇之適晉。狐庸之在吳。士會之居秦也。

故惟明君賢將。能以上智爲間者。必成大功。此兵之要。三軍之所恃而動也。

李筌曰。孫子論兵。始於計而終于間者。蓋不以攻爲主。爲將者可不慎之哉。　杜牧曰。不知敵情。軍不可動。知敵之情。非間不可。故曰。三軍所恃而動。李靖曰。夫戰之取勝。此豈求於天地。在乎因人以成之。歷觀古人之用間。其妙非一。卽有間其君者。有間其親者。有間其賢者。有間其能者。有間其助者。有間其鄰好者。有間其左右者。有間其縱橫者。故子貢史廖陳軫蘇秦張儀范睢等。皆憑此而成功也。且間之道有五焉。有因其邑人。使潛伺察。而致辭焉。有因其仕子。故洩虛假。令告示焉。有因敵之使。矯其事而返之焉。有審擇賢能。使覘彼向背虛實。而歸說之焉。有佯緩罪戾。微漏我僞情浮計。使亡報之焉。凡此五間。皆須隱祕。重之以賞。密之又密。始可行焉。若敵有寵嬖。任以腹心者。我當使間。遺其珍玩。恣其所欲。順而旁誘之。敵有重臣失勢。不滿其志者。我則啗以厚利。詭相親附。探其情實而致之。敵有親貴左右。多辭誇誕。好論利害者。我則使間曲情尊奉。厚遺珍寶。揣其所間而反間之。敵若使聘於我。我則稽留其使。令人與之共處。矯致慇懃。僞相親暱。朝夕慰諭。倍供珍味。觀其辭色而察之。仍朝夕令使獨與己伴居。我遣聰耳者潛於複壁中聽之。使既遲違。恐彼怪責。必是竊論心事。我知事計。遣使用之。且夫用間間人。人亦用間以間己。己以密往。人以密來。理須獨察於心。參會於事。則不失矣。若敵人來候我虛實。察我動靜。覘知事計。而行其間者。我當佯爲不覺。舍止而善飯之。微以我僞言誑事。示以前卻期會。則我之所須爲彼之所失者。因其有間而反間之。彼若將我虛以爲實。我即乘之而得志矣。夫水所以能濟舟。亦有因水而覆沒者。間所以能成功。亦有憑間而傾敗者。若束髮事主。當朝正色。忠以盡節。信以竭誠。不詭伏以自容。不權宜以爲利。雖有善間。其可用乎。

陳皡曰。晉伯州犁奔楚。楚苗賁皇奔晉。及晉楚合戰於鄢陵。苗賁皇在晉侯之側。伯州犁侍於楚王。二人各言舊國長短之情。然則晉所以勝楚者。楚所以敗者。其故何也。二子則有優劣也。是知用間之道。間敵之情。得不慎擇其人。深究其說也。故上文云。非聖智莫能用間者。夫聖智知人。人卽附之。賢者受知。則戮力爲效。非聖非智。必猜必忌。公道不啓。仁義不施。則義士賢人因而銜憤。此將上天不祐。幽有鬼神。設無人事之變。恐有陰誅之禍。豈上智之士爲其用哉。故上文云。非仁義莫能使間。然則湯武之聖。伊呂宜用。伊呂獲用。事宜必濟。聖賢一會。交泰時乘。道合乾坤。功格寰宇。當其耕夫於畎畝。釣叟於渭濱。知我者誰。能無念也。賈林曰。軍無五間。如人之無耳目也。王晳曰。未知敵情也。不可動也。張預曰。用師之本在知敵情。故曰。此兵之要也。未知敵情。則軍不可舉。故曰。三軍所恃而動也。然處十三篇之末者。蓋非用兵之常也。若計戰攻形勢虛實之類。兵動則用之。至於火攻與間。則有時而爲耳。

孫子十家註遺說序

鄭樵通志藝文略孫子遺說一卷鄭友賢撰

求之而益深者。天下之備法也。叩之而不窮者。天下之能言也。爲法立言。至於益深不窮。而後可以垂教於當時。而傳諸後世矣。儒家者流。惟苦易之爲書其道深遠而不可窮。學兵之士。嘗患武之爲說微妙而不可究。則亦儒者之易乎。蓋易之爲言也。兼三才。備萬物。以陰陽不測爲神。是以仁者見之謂之仁。智者見之謂之智。百姓日用而不知。武之爲法也。包四種。籠百家。以奇正相生爲變。是以謀者見之謂之謀。巧者見之謂之巧。三軍由之。而莫能知之。迨夫九師百氏之說興。而益見大易之義。如日月星辰之神。徒推步其輝光之迹。而不能考其所以爲神之深。十家之註出。而愈見十三篇之法。如五聲五色之變。惟詳其耳目之所聞見。而不能悉其所以爲變之妙。是則武之意。不得謂盡於十家之註也。然而學兵之徒。非十家之說。亦不能窺武之藩籬。尋流而之源。由徑而入戶。於武之法。不可謂無功矣。頃因餘暇。撫武之微旨。而出於十家之不解者。略有數十事。託或者之問。具其應答之義。名曰十註遺說。學者見其說之有遺。則始信益深之法。不窮之言。庶幾大易不測之神矣。榮陽鄭友賢撰。

孫子十家註遺說

或問死生之地何以先存亡之道。曰。武意以兵事之大在將得其人。將能則兵勝而生。兵生於外。則國存於內。將不能則兵敗而死。兵死於外。則國亡於內。是外之生死。繫內之存亡也。是故兵敗長平而趙亡。師喪遼水而隋滅。太公曰。無智略大謀。彊勇輕戰。敗軍散衆。以危社稷。王者愼勿使爲將。此其先後之次也。故曰。知兵之將。生民之司命。國家安危之主也。

或問得算之多。得算之少。況於無算。何以是多少無之義。曰。武之文固不汗漫而無據也。蓋經之以五事。校之以七計。彼我之算。盡於此矣。五事之經。得三四者爲多。得一二者爲少。七計之校。得四五者爲多。得二三者爲少。五七俱得者爲全勝。不得者爲無算。所謂冥冥而決事。先戰而求勝。圖乾沒之利。出浪戰之師者也。

或問計利之外。所佐者何勢。曰。兵法之傳有常。而其用之也有變。常者法也。變者勢也。書者可以盡常之言。而言不能盡變之意。五事七計者。常法之利也。詭道不可先傳者。權勢之變也。

常而求勝。如膠柱鼓瑟。以書御馬。趙括所以能書而不能戰。易言而不知變也。蓋法在書之傳。而勢在人之用。武之意初求用於吳。恐吳王得書。聽計而棄己也。故以此辭動之。乃謂書之外尙有因利制權之勢。在我能用耳。

或問因糧於敵者。無遠輸之費也。取用必於國者何也。曰。兵械之用。不可假人。亦不可假於人。器之於人。固在積習便熟。而適其長短重輕之宜。與夫手足不相鉏鋙。而後可以濟用而害敵矣。吾之器敵不便於用。敵之器吾不習其利。非國中自備而習慣於三軍。則安可一旦倉卒假人之兵而給己之用哉。易曰。萃除戎器以戒不虞。太公曰。慮不先設。器械不備。此皆言取用於國。不可因於人也。

或問兵以伐謀爲上者。以其有屈人之易。而無血刃之難。伐兵攻城。爲之次下明矣。伐交之智。何異於伐謀之工。而又次之曰。破謀者不費而勝。破交者未勝而費。雖樽俎之閒。而揣摩折衝。心戰計勝其未形已成之策。不煩毫釐之費。而彼奔北降服之不暇者。伐謀之義也。或遣使介。約車乘聘幣之奏。或使閒諜。出土地金玉之資。張儀散六國之從。陰厚者數年。尉繚子破諸侯之援。出金三十萬。如此之類。費已廣而敵未服。非加以征伐之勞。則未見全勝之功。宜乎次於晏嬰子房寇恂荀彧之智也。

或問武之書皆法也。獨曰此謀攻之法也。此軍爭之法也。曰。餘法槩論兵家之術。惟二篇之說及於用。誠其易用而稱其所難。夫告人以所難。而不濟之以成法。則不足爲完書。蓋謀攻之法。以全爲上。以破次之。得其法則兵不鈍而利可全。非其法。則有殺士三分之災。軍爭之法。以迂爲直。以患爲利。得其法。則後發而先至。非其法。則至於擒三將軍。此二者豈用兵之易哉。乃云必以全爭於天下。又云莫難於軍爭。難之之辭也。欲濟其所難者。必詳其法。凡所謂屈人非戰。拔城非攻。毀國非久者。乃謀攻之法也。凡所謂十一而至。先知迂直之計者。乃軍爭之法也。見其法。而知其難於餘篇矣。

或問將能而君不御者勝。後魏太武命將出師。從命者無不制勝。違教者率多敗失。齊神武任用將帥出討。奉行方便。罔不克捷。違失指教。多致奔亡。二者不幾於御之而後勝哉。曰。知此而後可以用武之意。既曰將能而君不御者勝。則其意固謂將不能而君御之則勝也。夫將帥之列。才不一槩。智愚勇怯。隨器而任。用者付之以閫寄。不能者授之以成算。亦猶後世責曹公使諸將以新書從事。殊不識公之御將。因其才之小大而縱抑之。張遼樂進。守鬬之偏才也。合淝之戰。封以函書。節宜其用。夏侯惇兄弟。有大帥之略。假以節度。便宜從事。不拘科制。何嘗一槩而御之邪。傳曰。將能而君御之則爲縻軍。將不能而君委之則爲覆軍。惟公得武之法深。而後太武神武。庶幾公之英略耳。非司馬宣王。安能知武之蘊哉。

或問勝可知而不可爲者。以其在彼者也。佚而勞之。親而離之。佚與親在敵。而吾能勞且離之。豈非可爲歟。曰傳稱用師觀釁而動。敵有釁不可失。蓋吾觀敵人無可乘之釁。不能彊使爲吾可勝之資者。不可爲之義也。敵人既有可乘之隙。吾能置術於其閒。而不失敵之敗者。可知之義也。使敵人主明而賢。將智而忠。不信小說而疑。不見小利而動。其佚也安能勞之。其親也安能離之。有楚子之暗與囊瓦之貪。而後吳人亟肄以疲之。有項王之暴與范增之隘。而後陳平以反閒疏之。夫釁隙之端隱於佚親之前。勞離之策發於釁隙之後者。乃所謂可知也。則惟無釁隙者乃不可爲也。

或問守則不足。攻則有餘。其義安在。曰。謂吾所以守者力不足。吾所以攻者力有餘者。曹公也。謂力不足者可以守。力有餘者可以攻者。李筌也。謂非強弱爲辭者。衞公也。謂守之法要在示敵以不足。攻之法要在示敵以有餘者。太宗也。夫攻守之法固非已實強弱。亦非虛形視敵也。蓋正用其有餘不足之形勢。以固已勝敵。夫所謂不足者。吾隱形於微。而敵不能窺也。有餘者。吾乘勢於盛。而敵不能支也。不足者。微之稱也。當吾之守也。滅迹於不可見。韜聲於不可聞。藏形於微妙不足之際。而使敵不知其所攻矣。所謂藏於九地之下者是也。有餘者。盛之稱也。當吾之攻也。若迅雷驚電。壞山決塘。作勢於盛強有餘之極。而使敵不知其所守矣。所謂動於九天之上者是也。此有餘不足之義也。

或問三軍之衆可使必受敵而無敗者。奇正是也。受敵無敗。二義也。其於奇正有所主乎。曰。武論分數形名奇正虛實四者。獨於奇正云云者。知其法之深。而二義所主夫日也。復曰凡戰以正合。以奇勝。正合者。正主於受敵也。奇勝者。奇主於無敗也。以合爲受敵。以勝爲無敗。不其明哉。

或問武論奇正之變。二者相依而生。何獨曰善出奇者。曰。闕文也。凡所謂如天地江河日月四時五色五味。皆取無窮無竭相生相變之義。故首論以正合奇勝。終之以奇正之變不可勝窮。相生如循環之無端。豈以一奇而能生變。交相無已哉。宜曰善出奇正者無窮如天地也。

或問其勢險者其義易明。其節短者其旨安在。曰。力雖甚勁者。非節量短近而適其宜。則不能害物。魯縞之脆也。強弩之末不能穿。毫末之輕也。衝風之衰不能起。鷙鳥雖疾也。高下而遠來。至於竭羽翼之力。安能擊搏而毁折哉。嘗以遠形爲難戰者此也。是故麴義破公孫瓚也。發伏於數十步之内。周訪敗杜曾也。奔赴於三十步之外。得節短之義也。

或問十三篇之法各本於篇名乎。曰。其義各主於題篇之名。未嘗泛濫而爲言也。如虛實者一篇之義。首尾次序皆不離虛實之用。但文辭差異耳。其意所主非實即虛。非虛即實。非我實而彼虛。則我虛而彼實。不然。則虛實在於彼此。而善者變實而爲虛。變虛而爲實也。雖周流萬變。而其要不出此二端而已。凡所謂待敵者佚者。力實也。趨戰者勞者。力虛也。致人者。虛在彼也。不致於人者。實在我也。利之也者。役彼於虛也。實之也者。養我之實也。佚能勞之。飽能飢之。安能動之者。佚飽安實也。勞飢動虛也。彼實而我能虛之也。行於無人之地者。趨彼之虛而資我之實也。攻其所不守者。避實而擊虛也。守其所不攻者。措實而備虛也。敵不知所守者。鬬敵之虛也。敵不知所攻者。犯我之實也。無形無聲者。虛實之極而入神微也。不可禦者。乘敵備之虛也。不可追者。畜我力之實也。攻所必救者。乘虛則實者虛也。乘其所之者。能實則虛者實也。形人而敵分者。見彼虛實之審也。無形而我專者。示吾虛實之妙也。所與戰約者。彼虛無以當吾之實也。寡而備人者。不識虛實之形也。衆而備己者。能料虛實之情也。千里會戰者。預見虛實也。左右不能救者。信人之虛實也。越人無益於勝者。越將不識吳之虛實也。策之候之形之角之者。辨虛實之術也。得也動也生也有餘也者。實也。失也靜也死也不足也者。虛也。不能窺謀者。外以虛實之變惑敵人也。莫知吾制勝之形者。內以虛實之法懸士衆也。水因地制流。兵因敵制勝者。以水之高下。喻吾虛實變化不常之神也。五行。勝者實也。內者虛也。四時。來者實也。往者虛也。日。長者實也。短者虛也。月。生者實也。死者虛也。皆虛實之類。不可拘也。以此推之。餘十二篇之義皆倣於此。但說者不能詳之耳。

或問軍爭爲利。衆爭爲危。軍之與衆也。利之與危也。義果異乎。曰。武之辭未嘗妄發而無謂也。軍爭爲利者。下所謂軍爭之法也。夫惟所爭而得此軍爭之法。然後獲勝敵之利矣。衆爭爲危者。下所謂舉軍而爭利也。夫惟全舉三軍之衆而爭。則不及於利而反受其危矣。蓋軍爭者。案法而爭也。衆爭者。舉軍而趨也。爲利者。後發而先至也。爲危者。擒三將軍也。

或問兵以詐立。以利動。以分合爲變。立也動也變也。三者先後而用乎。曰。先王之道。兵家者流。所用皆有本末先後之次。而所尚不同耳。蓋先王之道尚仁義而濟之以權。兵家者流貴詐利。而慫之以變。司馬法以仁爲本。孫武以詐立。司馬法以義治之。孫武以利動。司馬法以正。不獲意則權。孫武以分合爲變。蓋本仁者治必爲義。立詐者動必爲利。在聖人謂之權。在兵家名曰變。非本與立無以自修。非治與動無以趨時。非權與變無以勝敵。有本立而後能治動。能治動而後可以權變。權變所以濟治動。治動所以輔本立。此本末先後之次略同耳。或問武所論舉軍動衆皆法也。獨稱此用衆之法者何也。曰。武之法奇正貴乎相生。節制權變兩用而無窮。旣以正兵節制自治其軍。未嘗不以奇兵權變而勝敵。其於論勢也。以分數形名居前者。自治之節制也。以奇正虛實居後者。勝敵之權變也。是先節制而後權變也。凡所謂立於不敗之地。而不失敵之敗。修道而保法。自保而全勝者。皆相生兩用先後之術也。蓋鼓鐸旌旗所以一人之耳目。人旣專一。勇者不得獨進。怯者不得獨退。此何法也。是節制自治之正法也。止能用吾王軍之衆而已。其法也固未及於勝人之奇也。談兵之流往往至此而止矣。武則不然。曰此用吾衆之法也。凡所謂變人之耳目。而奪敵之心氣。是權謀勝敵之奇法也。

或問奪氣者必曰三軍。奪心者必曰將軍。何也。曰。三軍主於鬭。將軍主於謀。鬭者乘於氣。謀者運於心。夫鼓作鬭爭。不顧萬死者。氣使之也。深思遠慮。以應萬變者。心生之也。氣奪則怯於鬭。心奪則亂於謀。下者不能鬭。上者不能謀。敵人上下怯亂。則吾一舉而乘之矣。傳曰。一鼓作氣。三而竭者。奪鬬氣也。先人有奪人之心者。奪謀心也。三軍將軍之事異矣。

或問自計及閒。上下之法皆要妙也。獨云此用兵之法妙者何也。曰。夫事至於可疑而後知不疑者爲明。機至於難決。而後知能決者爲智。用兵之法。出於衆人之所不可必者。而吾之明智了然不至於猶豫者。其所得固過於衆人。而通於法之至妙也。所謂高陵勿向。背邱勿逆。蓋亦有可向可逆之機。佯北勿從。銳卒勿攻。亦有可從可攻之利。餌兵勿食。歸兵勿遏。亦有可食可遏之理。圍師必闕。窮寇勿追。亦有不闕可追之勝。此兵家常法之外。尙有反覆微妙之術。智者不疑而能決。所謂用兵之法妙也。

或問九變之法。所陳五事者何也。曰。九變者。九地之變也。散輕爭交衢重圮圍死。此九地之名也。一其志使之屬。趨其後。謹其守。固其結。繼其食。進其塗。塞其闕。示不活。此九地之變也。九而言五者。闕而失次也。下文曰。將通於九變之地利者。知用兵矣。將不通於九變之利者。雖知地形。不能得地之利矣。是九變主於九地明矣。故特於九地篇曰。九地之變。人情之理。不可不察也。然則既有九地。何用九變之文乎。曰。武所論將不通九變之利。又曰。治兵不知九變之術。蓋九地者陳變之利。故曰不知變不得地之利。九變者言術之用。故曰不知術不得人之用。是故六地有形。九地有名。九名有變。九變有術。知形而不知名。決事於冥冥。知名而不知變。驅衆而浪戰。知變而不知術。臨用而事屈。此所以六地九地九變皆論地利。而爲篇異也。李筌以途有所不由而下五利兼之爲十變者。誤也。復指下文爲五利。何嘗有五利之義也。絕地無留。當作輕地。蓋輕有無止之辭。

或問凡軍好高而惡下。太公曰。凡三軍處山之高。則爲敵所棲。豈好高之義乎。曰。武之高。非太公之高也。公所論。天下之絕險也。高山盤石。其上亭亭。無有草木。四面受敵。蓋無草木。則乏芻牧樵採之利。面面受敵。則絕出入運饋之路。可上而不可下。可死而不可久。此固有棲之之害也。武之所論。假勢利之便也。處隆高邱陵之地。使敵人來戰。則有高隆向陵逆邱之害。而我得因高乘下建瓴走丸轉石決水之勢。加以養生處實。先利糧道。戰則有乘勢之便。守則有處實之固。居則有養生足食之利。去則有便道向生之路。雖有百萬之敵。安得棲我於高哉。太武棲姚興於天渡。李先計令遣奇兵邀伏。絕柴壁之糧道。此與犯處高之忌。而先得棲敵之法明矣。學孫武者深明好高之論。而不悟處於太公之絕險。知其勢利之便者。後可與議其書矣。

或問六地者地形也。復論將有六敗者何也。曰。後世學兵者泥勝負之理。於地形者。故曰。地形者兵之助。非上將之道也。太公論主帥之道。擇善地利者三人而委之。則地形固非將軍之事也。所謂料敵制勝者。上將之道也。知此爲將之道者。戰則必勝。不知此爲將之道者。戰則必敗。凡所言曰走曰弛曰崩曰陷曰亂曰北者。此六者敗之道。將之至任。不可不察也。是勝敗之理不可泥於地形。而繫於將之工拙也。至於九地亦然。曰。剛柔皆得。地之理也。將軍之事靜以幽。正以治驅三軍之衆如羣羊往來不知其所之者。將軍之事也。特垂誡於六地九地者。孫武之深旨也。

或問死焉不得。士人盡力。諸家釋爲二句者何也。曰。夫人之情。就其甚難者不顧其甚易。捨其至大者不吝其至微。死難於生也。甘其萬死之難。則況出於生之甚易者哉。身大於力也。棄其一身之大。則況用於力之至微者哉。武意以謂三軍之士。投之無所往。則白刃在前。有所不避也。死且不避。況於生乎。身猶不慮。況於生乎。故曰死且不北。夫三軍之士不畏死之難者。安得不人人用力乎。死焉不得。士人盡力。諸家斷爲二句者。非武之本意也。

或問方馬埋輪。諸家釋爲方縛。或謂縛馬爲方陳者何也。曰。解方爲縛者。

義不經據。縛而方之者。非武本辭。蓋方當爲放字。武之說本乎人心離散。則雖強爲固止。而不足恃也。固止之法。莫過於柅其所行。古者用兵。人乘車而戰。車駕馬而行。今欲使人固止而不散。不得齊勇之政。雖放去其馬而牧之。陷輪於地而埋之。亦不足恃之爲不散也。噫。車中之士。轅不得馬而駕。輪不得轍而馳。尙且奔走散亂而不一。則固在以政而齊其心也。

或問兵情主速。又曰爲兵之事。夫情與事義果異乎。曰。不可探測而蘊於中者。情也。見於施爲而成乎其外者。事也。情隱於事之前。而事顯於情之後。此用兵之法隱顯先後之不同也。所謂兵之情主速者。蓋吾之所由所攻。欲出於敵人之不虞不戒也。夫以神速之兵。出於人之所不能虞度而戒備者。固在中情祕密而不露。雖智者深間。不能前謀先窺也。所謂爲兵之事者。蓋敵意既順而可詳。敵釁已形而可乘。一向幷敵之勢。千里殺敵之將。使陳不暇戰。而城不及守者。彼敗事已顯。而吾兵業已成於外也。故曰。所謂巧能成事者。此也。是則情事之異。隱顯先後也。

或曰九地之中復有絕地者何也。曰。與師動衆。去吾之國中。越吾之境土。而初入敵人之地。疆場之限。所過關梁津要。使吾踵軍在後。告畢書絕者。所以禁人內顧之情。而止其還遁之心也。司馬法曰。書親絕。是謂絕顧壹慮。尉繚子踵軍令曰。遇有還者誅之。此絕地之謂也。然而不預九地者何。九地之法皆有變。而絕地無變。故論於九地之中。而不得列其數也。或以越境爲越人之國如秦越晉伐鄭者。鑿也。

或問不知諸侯之謀。不能預交。不知山林險阻沮澤之形。不能行軍。不用鄉導。不能得地利。重言於軍爭九地二篇者何也。曰。此三法者。皆行師爭利。出沒往來。遲速先後之術也。蓋軍爭之法。方變迂爲直後發先至之爲急也。九地之利。盛言爲客深入利害之爲大也。非此三法安能舉哉。噫。與人爭迂直之變。趨險阻之地。踐敵人之生地。求不識之迷途。若非和鄉國之援爲之引軍。明山川林麓險難阻阨沮洳濡澤之形而爲之標表。求鄉人之習熟者爲之前導引。動而必迷。舉而必窮。何異即鹿無虞。惟入於林。不行其野。強建其馬。欲爭迂直之勝。圖深入之利。安能得其便乎。稱之二篇。不亦旨哉。

或問何謂無法之賞。無政之令。曰。治軍御衆行賞之法。施令之政。蓋有常理。今欲犯三軍之衆。使不知其利害。多方悞敵。而因利制權。故賞不可以拘常法。令不可以執常政。噫。常法之賞不足以懸衆。常政之令不足以惑人。則賞有時而不以。令有時而不執者。將軍之權也。夫進有重賞。有功必賞。賞法之常也。吳子相敵。北者有賞。馬隆募士。未戰先賞。此無法之賞也。先庚後甲。三令五申。政令之常也。若曰若驅羣羊。往來莫知所之。李愬襲元濟。初出。衆請所向。曰。東六十里止。至張柴。諸將請所止。復曰入蔡州。此無政之令也。

或問用間使間。聖智仁義。其旨安在。曰。用間者。用間之道也。或以事。或以權。不必人也。聖者無所不通。智者深思遠慮。非此聖智之明。安能坐以事權間敵哉。使間者。使人爲間也。吾之與間。彼此有可疑之勢。吾疑間有覆舟之禍。間疑我有害己之計。非仁恩不足以結間之心。非義斷不足以決己之惑。主無疑於客。客無猜於主。而後可以出入於萬死之地而圖攻矣。秦王使張儀相魏。數年無效。而陰厚之者。恩結間之心也。高祖使陳平用金數十萬。離楚君臣。平楚之亡虜也。吾無問其出入者。義決己之惑也。

或問伊摯呂牙古之聖人也。豈嘗爲商周之間耶。武之所稱。豈非尊間之術而重之哉。曰。古之人立大事。就大業。未嘗不守於正。正不獲意。則未嘗不假權以濟道。夫事業至於用權。則何所不爲哉。但處之有道。而卒反於正。則權無害於聖人之德也。蓋在兵家名曰間。在聖人謂之權。湯不得伊摯。不得悉夏政之惡。伊摯不在夏。不能成湯之美。武不得呂牙。不能審商王之罪。呂牙不在商。不能就武之德非此二人者。不能立順天應人伐罪弔民之仁義。則非爲間於夏商而何。惟其處之有道。而終歸於正。故名曰權。兵家之間。流而不反。不能合道。而入於詭詐之域。故名曰間。所謂以上智成大功者。眞伊呂之權也。權與間。實同而名異。

或問間何以終於篇之末。曰。用兵之法。惟間爲深微神妙。而不可易言也。所謂非聖智不能用間。非微妙不能得間之實者。難之之辭也。武始以十三篇干吳者。亦欲以其書之法。教闔閭之知兵也。教人之初。蒙昧之際。要在從易而入難。先明而後幽。本末次序。而導之使不惑也。是故始教以計量校算之法。而次及於戰攻形勢虛實軍爭之術。漸至於行軍九變地形地名火攻之備。諸法皆通。而後可以論間道之深矣。噫。教人之始者。務令明白易曉。而遽期之以聖智微妙之所難。則求之愈勞。而索之愈迷矣。何異王通謂不可躐而語易者哉。或曰。廟堂多算。非不難也。何不列之於終篇也。曰。計之難者。經之以五事。校之以七計。而索其情也。夫敵人之情。最爲難知。不可取於鬼神。不可求象於事。不可驗於度。先知者必在於間。蓋計待情而後校。情因間而後知。宜乎以間爲深而以計爲淺也。孫武之蘊至於此。而知十家之說不能盡矣。

吳　　子

孫星衍校

吳子目次

吳子

吳起 著

圖國第一

吳起儒服。以兵機見魏文侯。文侯曰。寡人不好軍旅之事。起曰。臣以見占隱。以往察來。主君何言與心違。今君四時使斬離皮革。掩以朱漆。畫以丹青。爍以犀象。冬日衣之則不溫。夏日衣之則不涼。爲長戟二丈四尺。短戟一丈二尺。革車奄戶。縵輪籠轂。觀之於目則不麗。乘之以田則不輕。不識主君安用此也。若以備進戰退守而不求能用者。譬猶伏雞之搏狸。乳犬之犯虎。雖有鬭心。隨之死矣。昔承桑氏之君。修德廢武以滅其國。有扈氏之君。恃衆好勇以喪其社稷。明主鑒茲。必內修文德。外治武備。故當敵而不進。無逮於義矣。僵屍而哀之。無逮於仁矣。於是文侯身自布席。夫人捧觴。醮吳起於廟。立爲大將。守西河。與諸侯大戰七十六。全勝六十四。餘則鈞解。闢土四面。拓地千里。皆起之功也。

吳子曰。昔之圖國家者。必先教百姓而親萬民。有四不和。不和於國。不可以出軍。不和於軍。不可以出陳。不和於陳。不可以進戰。不和於戰。不可以決勝。是以有道之主。將用其民。先和而造大事。不敢信其私謀。必告於祖廟。啓於元龜。參之天時。吉乃後舉。民知君之愛其命。惜其死。若此之至。而與之臨難。則士以進死爲榮。退生爲辱矣。

吳子曰。夫道者。所以反本復始。義者。所以行事立功。謀者。所以違害就利。

要者。所以保業守成。若行不合道。舉不合義。而處大居貴。患必及之。是以聖人綏之以道。理之以義。動之以禮。撫之以仁。此四德者。修之則興。廢之則衰。故成湯討桀而夏民喜悅。周武伐紂而殷人不非。舉順天人。故能然矣。

吳子曰。凡制國治軍。必教之以禮。勵之以義。使有恥也。夫人有恥。在大足以戰。在小足以守矣。然戰勝易。守勝難。故曰天下戰國。五勝者禍。四勝者弊。三勝者霸。二勝者王。一勝者帝。是以數勝得天下者稀。以亡者衆。

吳子曰。凡兵之所起者有五。一曰爭名。二曰爭利。三曰積惡。四曰內亂。五曰因饑。其名又有五。一曰義兵。二曰強兵。三曰剛兵。四曰暴兵。五曰逆兵。禁暴救亂曰義。恃衆以伐曰強。因怒興師曰剛。棄禮貪利曰暴。國亂人疲。舉事動衆曰逆。五者之數。各有其道。義必以禮服。強必以謙服。剛必以辭服。暴必以詐服。逆必以權服。

武侯問曰。願聞治兵料人固國之道。起對曰。古之明王。必謹君臣之禮。飾上下之儀。安集吏民。順俗而教。簡募良材。以備不虞。昔齊桓募士五萬。以霸諸侯。晉文召爲前行四萬。以獲其志。秦繆置陷陳三萬。以服鄰敵。故強國之君。必料其民。民有膽勇氣力者。聚爲一卒。樂以進戰效力。以顯其忠勇者。聚爲一卒。能踰高超遠。輕足善走者。聚爲一卒。王臣失位而欲見功於上者。聚爲一卒。棄城去守。欲除其醜者。聚爲一卒。此五者。軍之練銳也。有此三千人。內出可以決圍。外入可以屠城矣。

武侯問曰。願聞陳必定。守必固。戰必勝之道。起對曰。立見且可。豈直聞乎君能使賢者居上。不肖者處下。則陳已定矣。民安其田宅。親其有司。則守已固矣。百姓皆是吾君而非鄰國。則戰已勝矣。

武侯嘗謀事。羣臣莫能及。罷朝而有喜色。起進曰。昔楚莊王嘗謀事。羣臣莫能及。罷朝而有憂色。申公問曰。君有憂色何也。曰。寡人聞之。世不絕聖。國不乏賢。能得其師者王。能得其友者霸。今寡人不才。而羣臣莫及者。楚國其殆矣。此楚莊王之所憂。而君說之。臣竊懼矣。於是武侯有慚色。

料敵第二

武侯謂吳起曰。今秦脅吾西。楚帶吾南。趙衝吾北。齊臨吾東。燕絕吾後。韓據吾前。六國兵四守。勢甚不便。憂此奈何。起對曰。夫安國家之道。先戒爲寶。今君已戒。禍其遠矣。臣請論六國之俗。夫齊陳重而不堅。秦陳散而自鬭。楚陳整而不久。燕陳守而不走。三晉陳治而不用。夫齊性剛。其國富。君臣驕奢而簡於細民。其政寬而祿不均。一陳兩心。前重後輕。故重而不堅。擊此之道。必三分之。獵其左右。脅而從之。其陳可壞。秦性強。其地險。其政嚴。其賞罰信。其人不讓。皆有鬭心。故散而自戰。擊此之道。必先示之以利而引去之。士貪於得而離其將。乘乖獵散。設伏投機。其將可取。楚性弱。其地廣。其政騷。其民疲。故整而不久。擊此之道。襲亂其屯。先奪其氣。輕進速退。弊而勞之。勿與爭戰。其軍可敗。燕性慤。其民愼。好勇義。寡詐謀。故守而不走。擊此之道。觸而迫之。陵而遠之。馳而後之。則上疑而下懼。謹我車騎必避之路。其將可虜。三晉者。中國也。其性和。其政平。其民疲於戰。習於兵。輕其將。薄其祿。士無死志。故治而不用。擊此之道。阻陳而壓之。衆來則拒之。去則追之。以倦其師。此其勢也。然則一軍之中。必有虎賁之士。力輕扛鼎。足輕戎馬。搴旗取將。必有能者。若此之等。選而別之。愛而貴之。是謂軍命。其有工用五兵。材力健疾。志在吞敵者。必加其爵列。可以決勝。厚其父母妻子。勸賞畏罰。此堅陳之士。可與持久。能審料此。可以擊倍。武侯曰。善。

吳子曰。凡料敵。有不卜而與之戰者八。一曰疾風大寒。早興寤遷。剖冰濟水。不憚艱難。二曰盛夏炎熱。晏興無間。行驅飢渴。務於取遠。三曰師既淹久。糧食無有。百姓怨怒。祆祥數起。上不能止。四曰軍資既竭。薪芻既寡。天多陰雨。欲掠無所。五曰徒衆不多。水地不利。人馬疾疫。四鄰不至。六曰道遠日暮。士衆勞懼。倦而未食。解甲而息。七曰將薄吏輕。士卒不固。三軍數驚。師徒無助。八曰陳而未定。舍而未畢。行阪涉險。半隱半出。諸如此者。擊之勿疑。有不占而避之者六。一曰土地廣大。人民富衆。二曰上愛其下。惠施流布。三曰賞信刑察。發必得時。四曰陳功居列。任賢使能。五曰師徒之衆。兵甲之精。六曰四鄰之助。大國之援。凡此。不如敵人。避之勿疑。所謂見可而進。知難而退也。

武侯問曰。吾欲觀敵之外以知其內。察其進以知其止。以定勝負。可得聞乎。起對曰。敵人之來。蕩蕩無慮。旌旗煩亂。人馬數顧。一可擊十。必使無措。諸侯未會。君臣未和。溝壘未成。禁令未施。三軍匈匈。欲前不能。欲去不敢。

以半擊倍。百戰不殆。

武侯問敵必可擊之道。起對曰。用兵必須審敵虛實而趨其危。敵人遠來新至。行列未定。可擊。既食未設備。可擊。奔走。可擊。勤勞。可擊。未得地利。可擊。失時不從。可擊。涉長道後行未息。可擊。涉水半渡。可擊。險道狹路。可擊。旌旗亂動。可擊。陳數移動。可擊。將離士卒。可擊。心怖。可擊。凡若此者。選銳衝之。分兵繼之。急擊勿疑。

治兵第三

武侯問曰。用兵之道何先。起對曰。先明四輕。二重。一信。曰。何謂也。對曰。使地輕馬。馬輕車。車輕人。人輕戰。明知險易。則地輕馬。芻秣以時。則馬輕車。膏鐧有餘。則車輕人。鋒銳甲堅。則人輕戰。進有重賞。退有重刑。行之以信。審能達此。勝之主也。

武侯問曰。兵何以爲勝。起對曰。以治爲勝。又問曰。不在衆乎。對曰。若法令不明。賞罰不信。金之不止。鼓之不進。雖有百萬。何益於用。所謂治者。居則有禮。動則有威。進不可當。退不可追。前却有節。左右應麾。雖絕成陳。雖散成行。與之安。與之危。其衆可合而不可離。可用而不可疲。投之所往。天下莫當。名曰父子之兵。

吳子曰。凡行軍之道。無犯進止之節。無失飲食之適。無絕人馬之力。此三者。所以任其上令。任其上令。則治之所由生也。若進止不度。飲食不適。馬疲人倦而不解舍。所以不任其上令。上令既廢。以居則亂。以戰則敗。

吳子曰。凡兵戰之場。立屍之地。必死則生。幸生則死。其善將者。如坐漏船之中。伏燒屋之下。使智者不及謀。勇者不及怒。受敵可也。故曰。用兵之害。猶豫最大。三軍之災生於狐疑。

吳子曰。夫人常死其所不能。敗其所不便。故用兵之法。教戒爲先。一人學戰。教成十人。十人學戰。教成百人。百人學戰。教成千人。千人學戰。教成萬人。萬人學戰。教成三軍。以近待遠。以佚待勞。以飽待飢。圓而方之。坐而起之。行而止之。左而右之。前而後之。分而合之。結而解之。每變皆習。乃授其兵。是謂將事。

吳子曰。教戰之令。短者持矛戟。長者持弓弩。強者持旌旗。勇者持金鼓。弱者給廝養。智者爲謀主。鄉里相比。什伍相保。一鼓整兵。二鼓習陳。三鼓趨食。四鼓嚴辨。五鼓就行。聞鼓聲合。然後舉旗。

武侯問曰。三軍進止。豈有道乎。起對曰。無當天竈。無當龍頭。天竈者。大谷之口。龍頭者。大山之端。必左青龍。右白虎。前朱雀。後玄武。招搖在上。從事於下。將戰之時。審候風所從來。風順致呼而從之。風逆堅陳以待之。

武侯問曰。凡畜卒騎。豈有方乎。起對曰。夫馬必安其處所。適其水草。節其飢飽。冬則溫廐。夏則涼廡。刻剔毛鬣。謹落四下。戢其耳目。無令驚駭。習其馳逐。閑其進止。人馬相親。然後可使。車騎之具。鞍勒銜轡。必令完堅。凡馬不傷於末。必傷於始。不傷於飢。必傷於飽。日暮道遠。必數上下。寧勞於人。愼無勞馬。常令有餘。備敵覆我。能明此者。橫行天下。

論將第四

吳子曰。夫總文武者。軍之將也。兼剛柔者。兵之事也。凡人論將。常觀於勇。勇之於將。乃數分之一爾。夫勇者必輕合。輕合而不知利。未可也。故將之所愼者五。一曰理。二曰備。三曰果。四曰戒。五曰約。理者。治衆如治寡。備者。出門如見敵。果者。臨敵不懷生。戒者。雖克如始戰。約者。法令省而不煩。受命而不辭。敵破而後言返。將之禮也。故師出之日。有死之榮。無生之辱。

吳子曰。凡兵有四機。一曰氣機。二曰地機。三曰事機。四曰力機。三軍之衆。百萬之師。張設輕重。在於一人。是謂氣機。路狹道險。名山大塞。十夫所守。千夫不過。是謂地機。善行閒諜。輕兵往來。分散其衆。使其君臣相怨。上下相咎。是謂事機。車堅管轄。舟利櫓楫。士習戰陳。馬閑馳逐。是謂力機。知此四者。乃可爲將。然其威德仁勇。必足以率下。安衆怖敵。決疑施令而下不犯。所在。寇不敢敵。得之國強。去之國亡。是謂良將。

吳子曰。夫鼙鼓金鐸。所以威耳。旌旗麾幟。所以威目。禁令刑罰。所以威心。耳威於聲。不可不清。目威於色。不可不明。心威於刑。不可不嚴。三者不立。雖有其國。必敗於敵。故曰。將之所麾。莫不從移。將之所指。莫不前死。

吳子曰。凡戰之要。必先占其將而察其才。因形用權。則不勞而功舉。其將愚而信人。可詐而誘。貪而忽名。可貨而賂。輕變無謀。可勞而困。上富而驕。下貧而怨。可離而閒。進退多疑。其衆無依。可震而走。士輕其將而有歸志。塞易開險。可邀而取。進道易。退道難。可來而前。進道險。退道易。可薄而擊。

居軍下濕。水無所通。霖雨數至。可灌而沈。居軍荒澤。草楚幽穢。風飈數至。可焚而滅。停久不移。將士懈怠。其軍不備。可潛而襲。

武侯問曰。兩軍相望。不知其將。我欲相之。其術如何。起對曰。令賤而勇者。將輕銳以嘗之。務於北。無務於得。觀敵之來。一坐一起。其政以理。其追北。佯爲不及。其見利。佯爲不知。如此將者。名爲智將。勿與戰矣。若其衆讙譁。旌旗煩亂。其卒自行自止。其兵或縱或橫。其追北恐不及。見利恐不得。此爲愚將。雖衆可獲。

應變第五

武侯問曰。車堅馬良。將勇兵強。卒遇敵人。亂而失行。則如之何。起對曰。凡戰之法。晝以旌旗旛麾爲節。夜以金鼓笳笛爲節。麾左而左。麾右而右。鼓之則進。金之則止。一吹而行。再吹而聚。不從令者誅。三軍服威。士卒用命。則戰無強敵。攻無堅陳矣。

武侯問曰。若敵衆我寡。爲之奈何。起對曰。避之於易。邀之於阨。故曰。以一擊十。莫善於阨。以十擊百。莫善於險。以千擊萬。莫善於阻。今有少卒卒起。擊金鳴鼓於阨路。雖有大衆。莫不驚動。故曰。用衆者務易。用少者務隘。

武侯問曰。有師甚衆。既武且勇。背大阻險。右山左水。深溝高壘。守以強弩。退如山移。進如風雨。糧食又多。難與長守。則如之何。起對曰。大哉問乎。此非車騎之力。聖人之謀也。能備千乘萬騎。兼之徒步。分爲五軍。各軍一衢。夫五軍五衢。敵人必惑。莫知所加。敵若堅守。以固其兵。急行間諜。以觀其慮。彼聽吾說。解之而去。不聽吾說。斬使焚書。分爲五戰。戰勝勿追。不勝疾歸。如是佯北。安行疾鬭。一結其前。一絕其後。兩軍銜枚。或左或右。而襲其處。五軍交至。必有其利。此擊強之道也。

武侯問曰。敵近而薄我。欲去無路。我衆甚懼。爲之奈何。起對曰。爲此之術。若我衆彼寡。分而乘之。彼衆我寡。以方從之。從之無息。雖衆可服。

武侯問曰。若遇敵於谿谷之間。傍多險阻。彼衆我寡。爲之奈何。起對曰。諸丘陵林谷。深山大澤。疾行亟去。勿得從容。若高山深谷。卒然相遇。必先鼓譟而乘之。進弓與弩。且射且虜。審察其政。亂則擊之勿疑。

武侯問曰。左右高山。地甚狹迫。卒遇敵人。擊之不敢。去之不得。爲之奈何。起對曰。此謂谷戰。雖衆不用。募吾材士。與敵相當。輕足利兵。以爲前行。分車列騎。隱於四旁。相去數里。無見其兵。敵必堅陳。進退不敢。於是出旌列旆。行出山外營之。敵人必懼。車騎挑之。勿令得休。此谷戰之法也。

武侯問曰。吾與敵相遇大水之澤。傾輪沒轅。水薄車騎。舟楫不設。進退不得。爲之奈何。起對曰。此謂水戰。無用車騎。且留其傍。登高四望。必得水情。知其廣狹。盡其淺深。乃可爲奇以勝之。敵若絕水。半渡而薄之。

武侯問曰。天久連雨。馬陷車止。四面受敵。三軍驚駭。爲之奈何。起對曰。凡用車者。陰濕則停。陽燥則起。貴高賤下。馳其強車。若進若止。必從其道。敵人若起。必逐其跡。

武侯問曰。暴寇卒來。掠吾田野。取吾牛羊。則如之何。起對曰。暴寇之來。必慮其強。善守勿應。彼將暮去。其裝必重。其心必恐。還退務速。必有不屬。追而擊之。其兵可覆。

吳子曰。凡攻敵圍城之道。城邑既破。各入其宮。御其祿秩。收其器物。軍之所至。無刊其木。發其屋。取其粟。殺其六畜。燔其積聚。示民無殘心。其有請降。許而安之。

勵士第六

武侯問曰。嚴刑明賞。足以勝乎。起對曰。嚴明之事。臣不能悉。雖然。非所恃也。夫發號布令。而人樂聞。興師動衆。而人樂戰。交兵接刃。而人樂死。此三者。人主之所恃也。武侯曰。致之奈何。對曰。君舉有功而進饗之。無功而勵之。於是武侯設坐廟廷。爲三行饗士大夫。上功坐前行。餚席兼重器上牢。次功坐中行。餚席器差減。無功坐後行。餚席無重器。饗畢而出。又頒賜有功者父母妻子於廟門外。亦以功爲差。有死事之家。歲使使者勞賜其父母。著不忘於心。行之三年。秦人興師。臨於西河。魏士聞之。不待吏令。介冑而奮擊之者以萬數。武侯召吳起而謂曰。子前日之教行矣。起對曰。臣聞人有短長。氣有盛衰。君試發無功者五萬人。臣請率以當之。脫其不勝。取笑於諸侯。失權於天下矣。今使一死賊伏於曠野。千人追之。莫不梟視狼顧。何者。恐其暴起而害己也。是以一人投命。足懼千夫。今臣以五萬之衆。而爲一死賊。率以討之。固難敵矣。於是武侯從之。兼車五百乘。騎三千匹。而破秦五十萬衆。此勵士之功也。先戰一日。吳起令三軍曰。諸吏士當從受敵車騎與徒。若車不得車。騎不得騎。徒不得徒。雖破軍皆無功。故戰之日。其令不煩。而威震天下。

尹 文 子

錢熙祚校

欽定四庫全書提要

尹文子一卷。周尹文撰。前有魏黃初末山陽仲長氏序。稱條次撰定爲上下篇。文獻通考作二卷。此本亦題大道上篇。大道下篇。與序相符。而通爲一卷。蓋後人所合併也。莊子天下篇。以尹文田駢並稱。顏師古注漢書。爲齊宣王時人。考劉向說苑。載文與宣王問答。顏蓋據此。然呂氏春秋又載其與湣王問答事。殆宣王時人。至湣王時猶在歟。其書本名家者流。大旨指陳治道。欲自處于虛靜。而萬事萬物則一一綜核其實。故其言出入于黃老申韓之間。周氏涉筆謂其自道以至名。自名以至法。蓋得其眞。晁公武讀書志以爲誦法仲尼。其言誠過。宜爲高似孫緯略所譏。然似孫以儒理繩之。謂其淆雜。亦爲未允。百氏爭鳴。九流並列。各尊所聞。各行所知。自老莊以下。均自爲一家之言。讀其文者。取其博辨閎肆足矣。安能限以一格哉。序中所稱熙伯。蓋繆襲之字。其山陽仲長氏。不知爲誰。李獻臣以爲仲長統。然統卒于建安之末。與所云黃初末者不合。晁公武因此而疑史誤。未免附會矣。

原序

尹文子者。蓋出於周之尹氏。齊宣王時。居稷下。與宋銒。彭蒙田駢。同學於公孫龍。公孫龍稱之。著書一篇。多所彌綸。莊子曰。不累於物。不苟於人。不忮於衆。願天下之安寧以活於民命。人我之養。畢足而止之以此白心。見侮不辱。此其道也。而劉向亦以其學本於黃老。大較刑名家也。近爲誣矣。余黃初末始到京師。繆熙伯以此書見示。意其玩之而多脫誤。聊試條次。撰定爲上下篇。亦未能究其詳也。山陽仲長氏撰。

尹文子

周尹文撰　金山錢氏校本

大道上

大道無形。稱器有名。名也者。正形者也。形正由名。則名不可差。故仲尼云。必也正名乎。名不正則言不順也。大道不稱。衆有必名。生于不稱。則羣形自得其方圓。名生于方圓。則衆名得其所稱也。大道治者。則名。法。儒。墨自廢。以名。法。儒。墨治者。則不得離道。老子曰。道者。萬物之奧。善人之寶。不善人之所寶。是道治者。謂之善人。藉名。法。儒。墨者。謂之不善人。善人之與不善人。名分（扶問切）日離。不待審察而得也。道不足以治則用法。法不足以治則用術。術不足以治則用權。權不足以治則用勢。勢用則反權。權用則反術。術用則反法。法用則反道。道用則無爲而自治。故窮則徼（吉弔切）終。徼終則反始。始終相襲。無窮極也。有形者必有名。有名者未必有形。形而不名。未必失其方圓白黑之實。名而不可不尋。名以檢其差。故亦有名以檢形。形以定名。名以定事。事以檢名。察其所以然。則形名之與事物。無所隱其理矣。名有三科。法有四呈。一曰命物之名。方圓白黑是也。二曰毀譽之名。善惡貴賤是也。三曰況謂之名。賢愚愛憎是也。一曰不變之法。君臣上下是也。二曰齊俗之法。能鄙同異是也。三曰治衆之法。慶賞刑罰是也。四曰平準之法。律度權量是也。術者。人君之所密用。羣下不可妄窺。勢者。制法之利器。羣下不可妄爲。人君有術。而使羣下得窺。非術之奧者。有勢。

使羣下得爲非勢之重者。大要在乎先正名分。使不相侵雜。然後術可祕。勢可專。名者。名形者也。形者。應名者也。然形非正名也。名非正形也。則形之與名。居然別矣。不可相亂。亦不可相無。無名。故大道無稱。有名。故名以正形。今萬物具存。不以名正之則亂。萬名具列。不以形應之則乖。故形名者。不可不正也。善名命善。惡名命惡。故善有善名。惡有惡名。聖賢仁智。命善者也。頑嚚（魚巾切）凶愚。命惡者也。今卽聖賢仁智之名。以求聖賢仁智之實。未之或盡也。卽頑嚚凶愚之名。以求頑嚚凶愚之實。亦未或盡也。使善惡盡然有分。雖未能盡物之實。猶不患其差也。故曰名不可不辯也。名稱者。別彼此而檢虛實者也。自古至今。莫不用此而得。用彼而失。失者。由名分混。得者。由名分察。今親賢而疏不肖。賞善而罰惡。賢不肖善惡之名宜在彼。親疏賞罰之稱宜屬我。我之與彼。又復一名。名之察者也。名賢不肖爲親疏。名善惡爲賞罰。合彼我之一稱而不別之。名之混者也。故曰名稱者。不可不察也。語曰。好（虛到切）牛。又曰。不可不察也。好則物之通稱。牛則物之定形。以通稱隨定形。不可窮極者也。設復言好馬。則復連于馬矣。則好所通無方也。設復言好人。則彼屬于人也。則好非人。人非好也。則好牛好馬好人之名自離矣。故曰名分不可相亂也。五色。五聲。五臭。五味。凡四類。自然存焉天地之閒。而不期爲人用。人必用之。終身各有好惡。而不能辯其名分。名宜屬彼。分宜屬我。我愛白而憎黑。韻商而舍徵。好膻而惡焦。嗜甘而逆苦。白黑。商徵。膻焦。甘苦。彼之名也。愛憎。韻舍。好惡。嗜逆。我之分也。

分也。定此名分。則萬事不亂也。故人以度審長短。以量受多少。以衡平輕重。以律均清濁。以名稽虛實。以法定治亂。以簡治煩惑。以易御險難。以萬事皆歸于一。百度皆準于法。歸一者。簡之至。準法者。易之極。如此頑嚚聾瞽。可以察慧聰明。同其治也。天下萬事。不可備能。責其備能于一人。則賢聖其猶病諸。設一人能備天下之事能。左右前後之宜。遠近遲疾之間。必有不兼者焉。苟有不兼。于治闕矣。全治而無闕者。大小多少。各當(丁浪切)其分。農商工仕。不易其業。老農長商。習工舊士。莫不存焉。則處上者何事哉。故有理而無益于治者。君子弗言。有能而無益于事者。君子弗爲。君子非樂有言。有益于治。不得不言。君子非樂有爲。有益于事。不得不爲。故所言者。不出于名法權術。所爲者。不出于農稼軍陣。周務而已。故明主不爲治外之理。小人必言事外之能。小人亦知言損于治。而不能不言。小人亦知能損於事。而不能不爲。故所言者。極于儒墨是非之辯。所爲者。極于堅僞偏抗(口浪切)之行。求名而已。故明主誅之。古語曰。不知無害于君子。知之無損于小人。工匠不能。無害于巧。君子不知。無害于治。此信矣。爲善使人不能得從。此獨善也。爲巧使人不能得從。此獨巧也。未盡善巧之理。爲善與衆行之。爲巧與衆能之。此善之善者。巧之巧者也。所貴聖人之治。不貴其獨治。貴其能與衆共治。貴工倕(音垂)之巧。不貴其獨巧。貴其能與衆共巧也。今世之人。行欲獨賢。事欲獨能。辯欲出羣。勇欲絕衆。獨行之賢。不足以成化。獨能之事。不足以周務。出羣之辯。不可爲戶說。絕衆之勇。不可與征陣。凡此四者。亂之所由生。是以聖人任道以夷其險。立法以理其差。使賢愚不相棄。能鄙不相遺。能鄙不相遺。則能鄙齊功。賢愚不相棄。則賢愚等慮。此至治之術也。名定則物不競。分（夫問切）明則私不行。物不競。非無心。由名定。故無所措其心。私不行。非無欲。由分明。故無所措其欲。然則心欲人人有之。而得同于無心無欲者。制之有道也。田駢（蒲眠切）曰。天下之士。莫肯處其門庭。臣其妻子。必遊宦諸侯之朝者。利引之也。遊于諸侯之朝。皆志爲卿大夫。而不擬于諸侯者。名限之也。彭蒙曰。雉兔在野。衆人逐之。分未定也。雞豕滿市。莫有志者。分定故也。物奢則仁智相屈。分定則貪鄙不爭。圓者之轉。非能轉而轉。不得不轉也。方者之止。非能止而止。不得不止也。因圓之自轉。使不得止。因方之自止。使不得轉。何苦物之失分。故因賢者之有用。使不得不用。因愚者之無用。使不得用。用與不用。皆非我用。因彼所用。與不可用。而自得其用。奚患物之亂乎。物皆不能自能。不知自知。智非能智而智。愚非能愚而愚。好非能好而好。醜非能醜而醜。夫不能自能。不知自知。則智好何所貴。愚醜何所賤。則智不能得夸愚。好不能得嗤醜。此爲得之道也。道行于世。則貧賤者不怨。富貴者不驕。愚弱者不懾。（質涉切）智勇者不陵。定于分也。法行于世。則貧賤者不敢怨富貴。富貴者不敢陵貧賤。愚弱者不敢冀智勇。智勇者不敢鄙愚弱。此法之不及道也。世之所貴。同而貴之謂之俗。世之所用。同而用之謂之物。苟違于人。俗所不與。苟忮（支義切）于衆。俗所共去。故心皆殊。而爲行若一。所好各異而資用必同。此俗之所齊。物之所飾。故所齊不可不愼。所飾不可不擇。昔齊桓好（許浩切）衣紫。闔境不鬻異采。楚莊愛細腰。一國皆有饑色。上之所以率下。乃治亂之所由也。故俗苟沴。必爲治以矯之。物苟溢。必立制以檢之。累（力僞切）于俗。飾于物者。不可與爲治矣。昔晉國苦奢。文公以儉矯之。乃衣不重帛。食不異肉。無幾時。人皆大布之衣。脫粟之飯。越王句踐謀報吳。欲人之勇。路逢怒蛙而軾之。比及數年。民無長幼。臨敵雖湯火不避。居上者之難。如此之驗。聖王知人情之易動。故作樂以和之。制禮以節之。在下者不得用其私。故禮樂獨行。禮樂獨行。則私欲寢廢。私欲寢廢。則遭賢之與遭愚均矣。若使遭賢則治。遭愚則亂。是治亂係于賢愚。不係于禮樂。是聖人之術。與聖主而俱歿。治世之法。逮易世而莫用。則亂多而治寡。亂多而治寡。則賢無所貴。愚無所賤矣。處名位雖不肖。下愚物不疏（音疎）己。親疏係乎勢利。不係于不肖與仁賢。吾亦不敢據以爲天理。以爲地勢之自然者爾。今天地之閒。不肖實衆。仁賢實寡。趨利之情。不肖特厚。廉恥之情。仁賢偏多。今以禮義招仁賢。所得仁賢者。萬不一焉。以名利招不肖。所得不肖者。觸地是焉。故曰禮義成君子。君子未必須禮義。名利治小人。小人不可無名利。慶賞刑罰。君事也。守職效能。臣業也。君科功黜陟。故有慶賞刑罰。臣各愼所務。故有守職效能。君不可與臣業。臣不可侵君事。上下不相侵與。謂之名正。名正而法順也。接萬物使分別。海內使不雜。見侮不辱。見推不矜。禁暴息兵。救世之鬭。此仁君之德。可以爲主矣。守職分使不亂。愼所任而無私。饑飽一心。毀譽同慮。賞亦不忘。罰亦不怨。此居下之節。可爲人臣矣。世有因名以得實。亦有因名以失實。宣王好射。說（音悅）人之謂己能用強也。其實所用不過三石。以示左右。左右皆引試之。中關而止。皆曰不下九石。非大王孰能用是。宣王悅之。然則宣王用不過三石。而終身自以爲九石。三石實也。九石名也。宣王悅其名而喪其實。齊有黃公者。好謙卑。有二女。皆國色。以其美也。常謙辭毀之。以爲醜惡。醜惡之名遠布。年過而一國無聘者。衞有鰥夫。時冒娶之。果國色。然後曰。黃公好謙。故毀其子不姝美。于是爭禮之。亦國色也。國色實也。醜惡名也。此違名而得實矣。楚人擔山雉者。路人問何鳥也。擔雉者欺之曰。鳳凰也。路人曰。我聞有鳳凰。今直見之。汝販之乎。曰然。則十金。弗與。請加倍。乃與之。將欲獻楚王。經宿而鳥死。路人不遑惜金。惟恨不得以獻楚王。國人傳之。咸以爲眞鳳凰。貴欲以獻之。遂聞楚王。王感其欲獻于己。召而厚賜之。過于買鳥之金十倍。魏田父有耕于野者。得寶玉徑尺。弗知其玉也。以告鄰人。鄰人陰欲圖之。謂之曰。怪石也。畜之。弗利其家。弗如復之。田父雖疑。猶錄以歸。置于廡（音侮）下。其夜玉明。光照一室。田父稱家大怖。（普故切）復以告鄰人。曰。此怪之徵。遄（市專切）棄。殃可銷。于是遽而棄于遠野。鄰人無何盜之。以獻魏王。魏王召玉工相之。玉工望之。再拜而立。敢賀曰。王得此天下之寶。臣未嘗見。王問價。玉工曰。此玉無價以當之。五城之都。僅可一觀。魏王立賜獻玉者千金。長食上大夫祿。凡天下萬里。皆有是非。吾所不敢誣。是者常是。非者常非。亦吾所信。然是雖常是。有時而不用。非雖常非。有時而必行。故用是而失有矣。行非而得有矣。是非之理不同。而更興廢。翻爲我用。則是非焉在哉。觀堯舜湯武之成。或順或逆。得時則昌。桀紂幽厲之敗。或是或非。失時則亡。五伯之主亦然。宋公以楚人戰于泓。(烏宏切)公子目夷曰。楚衆我寡。請其未悉濟而擊之。宋公曰。不可。吾聞不鼓不成列。寡人雖亡國之餘。不敢行也。戰敗。楚人執宋公。齊人弒襄公。立公孫無知。召忽夷吾。奉公子糾奔魯。鮑叔牙奉公子小白奔莒。既而無知被殺。二公子爭國。糾宜立者也。小白先入。故齊人立之。既而使魯人殺糾。召忽死之。徵夷吾以爲相。晉文公爲驪姬之譖。出亡十九年。惠公卒。賂秦以求反國。殺懷公子而自立。彼一君正。而不免于執。二君不正。霸業遂焉。己是而舉世非之。則不知己之是。己非而舉世是之。亦不知己所非。然則是非隨衆賈而爲正。非己所獨了。則犯衆者爲非。順衆者爲是。故人君處權乘勢。處所是之地。則人所不得非也。居則物尊之。動則物從之。言則物誠之。行則物則之。所以居物上御羣下也。國亂有三事。年饑民散。無食以聚之則亂。治國無法則亂。有法而不能用則亂。有食以聚民。有法而能行。國不治。未之有也。

大道下

仁義禮樂。名法刑賞。凡此八者。五帝三王治世之術也。故仁以道之。義以宜之。禮以行之。樂以和之。名以正之。法以齊之。刑以威之。賞以勸之。故仁者。所以博施于物。亦所以生偏私。義者。所以立節行。亦所以成華僞。禮者。

所以行恭謹。亦所以生惰慢。樂者。所以和情志。亦所以生淫放。名者。所以正尊卑。亦所以生矜篡。法者。所以齊衆異。亦所以乖名分。刑者。所以威不服。亦所以生陵暴。賞者。所以勸忠能。亦所以生鄙爭。凡此八術。無隱于人而常存于世。非自顯于堯湯之時。非自逃于桀紂之朝。用得其道則天下治。失其道則天下亂。過此而往。雖彌綸天地。籠絡萬品。治道之外。非羣生所餐挹。聖人錯而不言也。凡國之存亡有六徵。有衰國。有亡國。有昌國。有彊國。有治國。有亂國。所謂亂亡之國者。凶虐殘暴不與焉。所謂彊治之國者。威力仁義不與焉。君年長多媵。（以證切）少子孫。疏宗族。衰國也。君寵臣。臣愛君。公法廢。私欲行。亂國也。國貧小。家富大。君權輕。臣勢重。亡國也。凡此三徵。不待凶惡殘暴而後弱也。雖曰見存。吾必謂之亡者也。內無專寵。外無近習。支庶繁字。長幼不亂。昌國也。農桑以時。倉廩充實。兵甲勁利。封疆修理。彊國也。上不勝其下。下不能犯其上。上下不相勝犯。故禁令行。人人無私。雖經險易而國不可侵。治國也。凡此三徵。不待威力仁義而後彊。雖曰見弱。吾必謂之存者也。治主之興。必有所先誅。先誅者。非謂盜。非謂姦。此二惡者。一時之大害。非亂政之本也。亂政之本。下侵上之權。臣用君之術。心不畏時之禁。行不軌時之法。此大亂之道也。孔丘攝魯相。七日而誅少（失照切）正卯。門人進問曰。夫少正卯。魯之聞人也。夫子爲政而先誅。得無失乎。孔子曰。居吾語（牛據切）汝其故。人有惡者五。而竊盜姦私不與焉。一曰心達而險。二曰行辟而堅。三曰言僞而辨。四曰彊記而博。五曰順非而澤。此五者有一于人。則不免君子之誅。而少正卯兼有之。故居處足以聚徒成羣。言談足以飾邪熒衆。彊記足以反是獨立。此小人雄桀也。不可不誅也。是以湯誅尹諧。文王誅潘正。太公誅華士。管仲誅付里乙。子產誅鄧析。史付。此六子者。異世而同心。不可不誅也。詩曰。憂心悄悄。慍于羣小。小人成羣。斯足畏也。語曰。佞辯可以熒惑鬼神。曰。鬼神聰明正直。孰曰熒惑者。曰。鬼神誠不受熒惑。此尤佞辯之巧。靡不入也。夫佞辯者。雖不能熒惑鬼神。熒惑人明矣。探人之心。度人之欲。順人之嗜好而不敢逆。納人于邪惡而求其利。人喜聞己之美也。善能揚之。惡聞己之過也。善能飾之。得之于眉睫之閒。承之于言行之先。語曰。惡紫之奪朱。惡利口之覆邦家。斯言足畏而終身莫悟。危亡繼踵焉。老子曰。以政治國。以奇用兵。以無事取天下。政者。名法是也。以名法治國。萬物所不能亂。奇者。權術是也。以權術用兵。萬物所不能敵。凡能用名法權術。而矯抑殘暴之情。則己無事焉。己無事。則得天下矣。故失治則任法。失法則任兵。以求無事。不以取彊。取彊則柔者反能服之。老子曰。民不畏死。如何以死懼之。凡民之不畏死。由刑罰過。刑罰過。則民不賴其生。生無所賴。視君之威末如也。刑罰中則民畏死。畏死。由生之可樂也。知生之可樂。故可以死懼之。此人君之所宜執。臣下之所宜慎。田子讀書。曰。堯時太平。宋子曰。聖人之治以致此乎。彭蒙在側。越次答曰。聖法之治以至此。非聖人之治也。宋子曰。聖人與聖法何以異。彭蒙曰。子之亂名甚矣。聖人者。自己出也。聖法者。自理出也。理出于己。己非理也。己能出理。理非己也。故聖人之治。獨治者也。聖法之治。則無不治矣。此萬物之利。唯聖人能該之。宋子猶惑。質于田子。田子曰。蒙之言然。莊里丈人字長子曰盜。少子曰毆。盜出行。其父在後。追呼之曰。盜。盜。吏聞。因縛之。其父呼毆喩吏。遽而聲不轉。但言毆。毆。吏因毆之。幾殪。（一計切）康衢長者。字僮曰善搏。（音博）字犬曰善噬。賓客不過其門者三年。長者怪而問之。乃實對。于是改之。賓客往復。鄭人謂玉未理者爲璞。周人謂鼠未腊者爲璞。周人懷璞。謂鄭賈曰。欲買璞乎。鄭賈曰。欲之。出其璞視之。乃鼠也。因謝不取。父之於子也。令有必行者。有必不行者。去貴妻。賣愛妾。此令必行者也。因曰。汝無敢恨。汝無敢思。令必不行者也。故爲人上者。必愼所令。凡人富則不羨爵祿。貧則不畏刑罰。不羨爵祿者。自足于己也。不畏刑罰者。不賴存身也。二者爲國之所甚。而不知防之之術。故令不行而禁不止。若使令不行而禁不止。則無以爲治。無以爲治。是人君虛臨其國。徒君其民。危亂可立而待矣。今使由爵祿而後富。則人必爭盡力于其君矣。由刑罰而後貧。則人咸畏罪而從善矣。故古之爲國者。無使民自貧富。貧富皆由于君。則君專所制。民知所歸矣。貧則怨人。賤則怨時。而莫有自怨者。此人情之大趣也。然則不可以此是人情之大趣。而一槩非之。亦有可矜者焉。不可不察也。今能同算鈞。而彼富我貧。能不怨則美矣。雖怨。無所非也。才鈞智同。而彼貴我賤。能不怨則美矣。雖怨。無所非也。其敝在于不知乘權藉勢之異。而雖曰智能之同。是不達之過。雖君子之鄙。亦君子之恕也。人貧則怨人。富則驕人。怨人者。苦人之不祿施于己也。起于情所難安而不能安。猶可恕也。驕人者無苦而無故驕人。此情所易制而弗能制。弗可恕矣。衆人見貧賤則慢而疏之。見富貴則敬而親之。貧賤者有請賕于己。疏之可也。未必損己而必疏之。以其無益于物之具故也。富貴者有施與己。親之可也。未必益己而必親之。則彼不敢親我矣。三者獨立無致親致疏之所。人情終不能不以貧賤富貴易慮。故謂之大惑焉。窮獨貧賤。治世之所共矜。亂世之所共侮。治世非爲矜窮獨貧賤而治。是治之一事也。亂世亦非侮窮獨貧賤而亂。亦是亂之一事也。每事治則無亂。亂則無治。視夏商之盛。夏商之衰。則其驗也。貧賤之望富貴甚微。而富貴不能酬其甚微之望。夫富者之所惡。貧者之所美。貴者之所輕。賤者之所榮。然而弗酬弗與。同苦樂故也。雖弗酬之。于我弗傷。今萬民之望人君。亦如貧賤之望富貴。其所望者。蓋欲料長幼。平賦斂。時其饑寒。省其疾痛。賞罰不濫。使役以時。如此而已。則于人君弗損也。然而弗酬弗與同勞逸故也。故爲人君。不可弗與民同勞逸焉。故富貴者。可不酬貧賤者。人君不可不酬萬民。不酬萬民。則萬民之所不願戴。所不願戴。則君位替矣。危莫甚焉。禍莫大焉。

尹文子校勘記

漢志。尹文子一篇。魏黃初末山陽仲長氏。析爲上下篇。故隋志有二卷。與今道藏本合。然唐人引尹文子。多今本所無。反覆尋繹。疑脫簡並在下篇。惜割裂太甚。零章剩句。無可位置。今依四庫本。仍合爲一卷。別附札記。以俟世有仲長氏其人者。當審定焉。熙祚識。

原序

畢足而止之（藏本無之字與莊子天下篇合）意其玩之（藏本其作甚）

大道上

不善人之所寶（老子寶作保二字古通）勢用則反權（容齋續筆引作勢不足則反權）語曰好牛又曰不可不察也（又曰二字衍當依御覽八百九十九引此文刪）故人以度審長短（故字誤羣書治要引作古）以量受多少（二字藏本倒與治要合）以簡治煩惑（藏本治作制與治要合）以萬事皆歸于一（以字衍當依治要刪）如此頑嚚聾瞽（治要引如此下有則字）可以察慧聰明（以字誤明吉府本作與與治要合）同其治也（治要引作矣）設一人能備天下之事能（治要引作則屬下句讀）農商工士（藏本士作仕下同）則處上者何事哉（治要者作有）君子弗言（長短經卑政篇弗作不與治要合）君子弗爲（長短經此弗字亦作不）故明主不爲（此二字誤當依治要作任之下云故明主誅之正與此相對爲文）治外之理小人必言事外之能（此處有脫文當依治要作治外之理小人之所必言事外之能小人之所必爲觀下文云小人亦知言損于治而不能不言小人亦知能損于事而不能不爲亦以言屬治以爲屬事也）小人亦知言損于治（治要引損上多有字下句同）古語曰（治要引句首有故字）不知無

害于君子（治要于作爲下句同）此信矣（治要引作此言信矣）爲善使人不能得從此獨善也爲巧使人不能得從此獨巧也未盡善巧之理（治要引此文云爲善使人不能得從爲巧使人不能得爲此獨善獨巧者也未盡巧善之理長短經卑政篇注爲善爲巧下並有者字也字在理字下餘並與治要同可見唐本尹文子如此）所貴聖人之治（容齋續筆引句首有故字與治要合）貴其能與衆共治貴工倕之巧（長短經引共治下有也所二字與治要合）獨行之賢（長短經引句首有夫字）亂之所由生（長短經引有也字）任道以夷其險（治要夷作通）制之有道也（長短經適變篇引作在制之有道故也）皆非我用（用字誤當依治要作也）因彼所用（所字誤當依治要作可）而自得其用（治要引而下有自得其用也五字又長短經自作各）奚患物之亂乎（長短經乎作也與治要合）智勇者不陵（治要作矜）定于分也（治要定作足）故心皆殊（治要故下有人字）必爲治以矯之（治字誤明吉府本及藏本並作法）食不異肉（藏本異作兼與御覽六百八十九引此文合又書鈔百四十三作重）人皆大布之衣（書鈔御覽引人上並有國字此脫去）越王句踐謀報吴（書鈔百十六引作越王將報吳王）而軾之（書鈔八十五御覽五百四十三並引作下車而揖之又書鈔百十六作迴車避之）比及數年民無長幼臨敵雖湯火不避（書鈔百十六引作後戰民皆不避湯火蹊跋與今本異）知人情之易動（藏本人作民）處名位雖不肖下愚物不疏己（此處有脫誤文選任彥昇薦士表注引作處名位雖不肖不患物不親己在貧賤不患物不疏己觀下文云親疏係乎勢利則此處亦當親疏並舉爲是不患誤作下愚字形並相似也藏本下作不此其迹之未盡泯者）不係于不肖與仁賢（文選注有也字）君科功黜陟（藏本科作料料字是下篇亦云料長幼）此仁君之德可以爲主矣（荀子正論篇注引仁作人主作王）宣王好射（御覽三百八十九引作齊宣王與呂氏春秋壅塞篇合）其實所用不過三石（書鈔百二十五御覽三百八十九用下並有弓字此脫去）皆曰不下九石（書鈔御覽曰下並有此字）而終身自以爲九石（御覽爲下有用字）而一國無聘者（藝文類聚十八引作一國之人無敢聘者御覽三百八十一亦有敢字）儈有鰥夫時（鰥夫下脫失字當依御覽補）路人問何爲也（御覽九百

十七引問下有日字 今直見之 直字誤藝文類聚九十御覽九百十七並作始 曰然則十金 藝文類聚及御覽並作請買十金 路人不遑惜金 藝文類聚惜下有其字 謂之曰怪石也 藝文類聚八十三御覽八百五謂並作詐又明吉府本及藏本曰下並有此字此脫去 弗如一復之 一字衍當依明吉府本及藏本刪 田父稱家大怖 稱字誤御覽引作其無田父二字 于是遽而棄于遠野 御覽棄下有之字 再拜而立敢賀曰王得此天下之寶 此文有誤御覽作再拜卻立曰敢賀大王得此天下之寶六帖七同藝文類聚作再拜賀曰大王得此天下之寶蓋節文 王問價 明吉府本及藏本問下並有其字與藝文類聚引此文合 食上大夫祿 藝文類聚大夫下有之字

大道下 治要作聖人篇

所以行恭謹 治要引作謹敬長短經反經篇作敬謹 亦所以乖名分 治要及長短經並作亦所以生乖分 非自逃于桀紂之朝 此自字治要作故 失其道則天下亂 治要失上有用字 籠絡萬品 治要籠作蘢 有亂國 治要引此句在衰國下與下文合 君年長多勝 長短經理亂篇多下有妾字與治要合明吉府本作勝妾 疏宗族 明吉府本及藏本族並作彊與治要合 不待凶惡殘暴 治要惡作虐與上文合 支庶繁字 長短經字作息與治要合 上不勝其下下不犯其上 長短經引兩不字下並有能字與治要合藏本下句亦有能字 孰曰熒惑者 日字誤當依明吉府本作能 承之于言行之先 此下脫一百二十四字當依治要補正世俗之人聞譽則悅聞毀則戚此衆人之大情有同己則喜異己則怒此人之大情故佞人善爲譽者也善順從者也人言是亦是之人言非亦非之從人之所愛隨人之所憎故明君雖能納正直未必親正直雖能遠佞人未必能疏佞人故舜禹者以能不用佞人亦未必憎佞人語曰佞辦惑物舜禹不能得憎不可不察乎按末句乎當作也 以政治國 老子政作正二字古通 如何以死懼之 治要引作如之何其以死懼之 少子曰歐 明吉府本作毆下同 乃賓對 御覽四百五引作人以實對 賓客往復 二字誤倒當依明吉府本乙轉藝文類聚九十四御覽四百五又九百五並引作復往 鄭人謂玉未理者爲璞 後漢書應劭傳注理作琢 謂鄭賈曰 藝文類聚八十三謂作問 父之於子也 此上脫一百十六字當依治要補正田子曰人皆自爲而不能爲人故君人者之使人使其自爲用而不使爲我用魏下先生曰善哉田子之言古者君之使臣求不私愛於已求顯忠

於己而居官者必能臨陳者必勇祿賞之所勸名法之所齊不出於己心不利於己身語曰祿薄者不可與經亂賞輕者不可與入難此處上者所宜愼者也按祿薄者以下又見意林及御覽六百三十三令必不行者也長短經政體篇令上有此字必愼所令長短經作必愼所出令爲治要亦有焉字而雖曰智能之同雖字誤當依明吉府本作惟驕人者無苦治要無下有所字亦如貧賤之望富貴治要貧賤下有者字故富貴者可不酬貧賤者治要引作而屬下句讀

附逸文

尹文子見齊宣王。宣王不言而歎。尹文子曰。何歎。王曰。吾歎國中寡賢。尹文子曰。使國悉賢。孰處王下。此下意林有誰爲王使四字王曰。國悉不肖可乎。尹文子曰。國悉不肖。孰理王朝。王曰。賢與不肖皆無可乎。尹文子曰。不然。有賢有不肖。故王尊於上。臣卑於下。進賢退不肖。所以有上下也。意林又藝文類聚二十御覽四百二

虎求百獸食之。得狐。狐曰。子無食我也。天帝令我長百獸。今子食我。是逆天帝命也。子以我言不信。吾爲子先行。子隨我後。觀百獸之見我不走乎。虎以爲然。故遂與行。獸見之皆走。虎不知獸之畏己而走。以爲畏狐也。御覽四百九十四

瞽者無目。而耳不可以瞭。察視也。精於聽也。御覽七百四十

聾者不歌。無以自樂。盲者不觀。無以接物。同上

數。十百千萬億。億萬千百十。皆起於一。推之億億無差矣。御覽七百五十

千人曰俊。萬人曰傑。史記屈原傳索隱又詩汾沮洳疏引作萬人爲英

以智力求者。喻如弈碁。類聚七十四弈字重無碁字 進退取與。攻劫放捨。文選博弈論注放作殺 在我者也。御覽七百五十三

博者。盡開塞之宜。得周通之路。而不能制齒之大小。在遇者也。文選策秀才文注藝文類聚七十四御覽七百五十四

堯爲天子。衣不重帛。食不兼味。土階三尺。茅茨不翦。藝文類聚八十二御覽九百九十六

堯德化布於四海。仁惠被於蒼生。文選勸進表注

兩智不能相使。兩貴不能相臨。兩辨不能相屈。力均勢敵故也。意林

專用聰明則功不成。專用晦昧則事必悖。一明一晦。衆之所載。同上

四方上下曰宇。後漢書馮衍傳注

將戰。有司讀誥誓。三令五申之既畢。然後即敵。文選東京賦注

鐘鼓之聲。怒而擊之則武。憂而擊之則悲。喜而擊之則樂。其意變。其聲亦變。意誠感之。達于金石。而況于人乎。書鈔百八

呂　氏　春　秋

高　誘注

呂氏春秋新校正序

兵部尚書兼都察院右都御史總督湖北湖南等處地方軍務兼理糧餉加三級軍功二級畢沅撰

漢書藝文志雜家呂氏春秋二十六卷秦相呂不韋輯智略士作原夫六經以後九流競興雖醇醨有閒原其意恉要皆有爲而作降如虞卿諸儒或因窮愁託于造述亦皆有不獲已之故爲其著一書專覬世名又不成于一人不能名一家者實始于不韋而淮南內外篇次之然淮南王後不韋幾二百年其采用諸書能詳所自出者十尙四五卽如今道藏中文子十二篇淮南王書前後采之殆盡閒有增省一二字移易一二語以成文者類皆當時賓客所爲而淮南王又不暇深攷與不韋書在秦火以前故其采綴原書類亡不能悉尋其所本今觀其至味一篇皆述伊尹之言而漢儒如許愼應劭等閒引其文一則直稱伊尹曰一則又稱伊尹書今考藝文志道家伊尹五十一篇不韋所本當在是矣又上農任地辨土等篇述后稷之言與亢倉子所載略同則亦周秦以前農家者流相傳爲后稷之說無疑也他如采老子文子之說亦不一而足是以其書沈博絕麗彙儒墨之恉合名法之源古今帝王天地名物之故後人所以探索而靡盡

與隋書經籍志雜部呂氏春秋二十六卷高誘注誘序自言嘗爲孟子章句及孝經解等今已不見世所傳誘注國策亦非眞本唯此書及淮南王書注最爲可信誘注二書亦閒有不同有始覽篇大汾冥阸解云大汾處未聞冥阸荆阮方城皆在楚而淮南王書注則云大汾在晉冥阸淮南作澠阸注云今宏農澠池是也先識覽篇男女切倚解云切磨倚近也淮南王書倚作踦注又云踦足也知分篇解云魚滿二千斤爲蛟而淮南王書又作二千五百斤至于音訓亦時時不同此蓋隨文生義或又各依先師舊訓爲解故錯出而不相害與暇日取元人大字本以下悉心校勘同志如抱經前輩等又各有所訂正遂據以付梓鳩工于戊申之夏逾年而告成若淮南王書則及門莊知縣炘已取道藏足本刊于西安故不更及云

乾隆五十四年歲在己酉孟夏月吉序

呂氏春秋序

漢河東高誘撰

呂不韋者濮陽人也爲陽翟之富賈家累千金秦昭襄王者孝公之曾孫惠文王之孫武烈王之子也太子死以庶子安國君柱爲太子柱有子二十餘人所幸妃號曰華陽夫人無子安國君庶子名楚其母曰夏姬不甚得幸令楚質於趙而不能顧質數東攻趙趙不禮楚時不韋賈於邯鄲見之曰此奇貨也不可失乃見楚曰吾能大子之門楚曰何不大君之門乃大吾之門邪不韋曰子不知也吾門待子門大而大之楚默幸之不韋曰昭襄王老矣而安國君爲太子竊聞華陽夫人無子能立適嗣者獨華陽夫人耳請以千金爲子西行事安國君令立子爲適嗣不韋乃以寶玩珍物獻華陽夫人因言楚之賢以夫人爲天母日夜涕泣思夫人與太子夫人大喜言於安國君於是立楚爲適嗣華陽夫人以爲己子使不韋傅之不韋取邯鄲姬已有身楚見說之遂獻其姬至楚所生男名之曰正楚立之爲夫人暨昭襄王薨太子安國君立華陽夫人爲后楚爲太子安國君立一年薨謚爲孝文王太子楚立是爲莊襄王以不韋爲丞相封爲文信侯食河南雒陽十萬戶莊襄王立三年而薨太子正立是爲秦始皇帝尊

不韋爲相國，號稱仲父。不韋乃集儒書，使著其所聞，爲十二紀、八覽、六論，訓解各十餘萬言。○梁伯子曜北云：史記十二諸侯年表序及呂不韋傳竝云著八覽六論十二紀，以紀居末，故世稱呂覽，舉其居首者言之。今呂氏春秋以十二紀爲首，似非本書序次。愚案以十二紀居首，此春秋之所由名也。漢書藝文志雜家載呂氏春秋二十六篇，不稱呂覽。鄭康成注禮記禮運「故聖人作則，必以天地爲本」一節云：天地以至於五行，其制作所取象也；禮義人情，其政治也；四靈者，其徵報也。此則春秋始於元，終於麟，包之矣。呂氏說月令而謂之春秋，事類相近焉。正義疏之云：呂不韋說十二月之令，謂爲呂氏春秋，事之倫類與孔子所修春秋相附近焉。月令亦載天地陰陽四時日月星辰五行禮義之屬，故云相近也。據此則自漢以來皆以呂氏春秋爲正名，至於行文之便，則容有不拘耳。備天地萬物古今之事，名爲呂氏春秋，暴之咸陽市門，懸千金其上，有能增損一字者與千金。○梁伯子云：太平御覽八百九卷引史記同此序，而百九十一卷引史云：呂不韋撰春秋成，牓於秦市，曰：有人能改一字者，賜金三十斤。豈別有所據乎？時人無能增損者。誘以爲時人非不能也，蓋憚相國，畏其勢耳。然此書所尚，以道德爲標的，以無爲爲綱紀，以忠義爲品式，以公方爲檢格，與孟軻、孫卿、淮南、揚雄相表裏也，是以著在錄略。誘正孟子章句，作淮南、孝經解畢訖，家有此書，尋繹案省，大出諸子之右。既有脫誤，小儒又以私意改定，猶慮傳義失其本眞，少能詳之，故復依先師舊訓，輒乃爲之解焉，以述古儒之旨，凡十七萬三千五十四言。若有紕繆不經，後之君子斷一作斷而裁之，比其義焉。

新校呂氏春秋所據舊本

元人大字本 脫誤與近時本無異

李瀚本 明宏治年刻篇題尙是古式今皆仍之

許宗魯本 從宋賀鑄舊校本出字多古體嘉靖七年刻

宋啓明本 不刻年月有王世貞序

劉如寵本 神廟丙申刻

汪一鸞本 神廟乙巳刻

朱夢龍本 每用他書之文以改本書爲最劣

陳仁錫奇賞彙編本

書內審正參訂姓氏

餘姚盧文弨紹弓

嘉善謝墉崑城

嘉定錢大昕曉徵

仁和孫志祖詒穀

金壇段玉裁若膺

呂氏春秋所據舊本

江陰趙曦明敬夫

嘉定錢塘學源

陽湖孫星衍淵如

陽湖洪亮吉稚存

仁和梁玉繩燿北

錢塘梁履繩處素

武進臧鏞堂在東

呂氏春秋總目

呂氏春秋卷第一

漢高誘注

孟春紀第一　本生　重己　貴公　去私

一曰。孟春之月。日在營室。孟長春時夏之正月也營室北方宿衞之分野是月日躔此宿昏參中。旦尾中。參西方宿晉之分野尾東方宿燕之分野是月昏旦時皆中於南方其日甲乙。其帝太皞。甲乙木日也太皞伏羲氏以木德王天下之號死祀於東方爲木德之帝其神句芒。句芒少皞氏之裔子曰重佐木德之帝死爲木官之神其蟲鱗。其音角。東方少陽物去太陰甲散爲鱗鱗魚屬也龍爲之長角木也位在東方律中太蔟。其數八。太蔟陽律也竹管音與太蔟聲和太陰氣衰少陽氣發萬物動生蔟地而出故曰律中太蔟五行數五木第三故數八其味酸。其臭羶。春東方木王木味酸酸者鑽也萬物應陽鑽地而出羶木香羶也其祀戶。祭先脾。蟄伏之類始動生出由戶故祀戶也脾屬土陳俎豆脾在前故曰祭先脾春木勝土先食所勝也一說脾屬木自用其藏也東風解凍。蟄蟲始振。蟄讀如詩文王之什東方木木火母也火氣溫故東風解凍冰泮釋地蟄伏之蟲乘陽始振動蘇生也魚上冰。獺祭魚。魚鯉鮒之屬也應陽而動上負冰獺獱水禽也取鯉魚置水邊四面陳之世謂之祭魚爲時候者候鴈北。候時之鴈從彭蠡來北過至北極之沙漠也○案禮記月令作鴻鴈來鄭注云今月令鴻皆爲候正義云月令出有先後入禮記者爲古不入禮記者爲今則呂氏春秋是也盧案仲秋鴈自北徼外而入中國可以言來若自南往北非由南徼外也似不可以言來呂氏作候鴈北當矣天子居青陽左个。青陽者明堂也中方外圓通達四出各有左右房謂之个个猶隔也東出謂之青陽南出謂之明堂西出謂之總章北出謂之糸堂是月天子朝日告朔行令於左个之房東向堂北頭室也○案明堂之制中外皆方不得如注所云个猶隔也舊本缺一个字今補乘鸞輅。駕蒼龍。輅車也鸞鳥在衡和在軾鳥相應和後世不能復致鑄銅爲之飾以金謂之鸞輅也周禮馬八尺以上爲龍七尺以上爲騋六尺以上爲馬也○案鸞字與月令同唯劉本作鑾注鸞鳥在衡作鑾在鑣案詩蓼蕭毛傳在鑣曰鑾鄭於駟驖箋云置鸞於鑣異於常車若據鄭說則劉本非是但說文鑾字從金云人君乘車四馬鑣八鑾鈴象鸞鳥聲高氏之解或異於鄭未可知也亦不得竟以劉本爲非載青旂。衣青衣。服青玉。旂旗名交龍爲旂載者若今之雞翹車是也服佩也所衣服佩玉皆青者順木色也○案蔡邕獨斷云鸞旗車編羽毛列繫橦旁俗人名之雞翹車非也續漢輿服志同劉昭引胡廣曰以銅作鸞鳥車衡上則與高誘注合食麥與羊。其器疏以達。麥屬金羊屬土是月也金土以老食所勝也宗廟所用之器皆疏鏤通達以象陽氣之射出是月也以立春。冬至後四十六日而立春立春之節多在是月也先立春三日。太史謁之天子。曰某日立春。盛德在木。謁告也周禮太史掌國之六典正歲時以序事故告天子以立春日也盛德在木王東方也天子乃齋。論語曰齋必變食居必遷坐自禋潔也立春之日。天子親率三公九卿諸侯大夫以迎春於東郊。率使也迎春木氣於東方八里之郊還。乃賞卿諸侯大夫於朝。賞爵祿之賞也三公至尊坐而論道不嫌不賞故但言卿諸侯大夫者也○舊本卿上衍公字乃後人據月令增入而不知其與注不合也命相布德和令。行慶施惠。下及兆民。相三公也出爲二伯一相處于內也布陽德和柔之令行其慶善施其澤惠下至于兆民無不被之也慶賜遂行。無有不當。各得其所也迺命太史守典奉法。司天日月星辰之行。典六典法八法日月五星行度遲速太史之職也故命使司知之也宿離不忒。無失經紀。以初爲常。忒差也星辰宿度司知其度以起牽牛之初爲常○案冬至十一月中起牽牛一度是月也。天子乃以元日祈穀于上帝。日從甲至癸也元善也祈求也上帝天帝也乃擇元辰。天子親載耒耜措之。參于保介之御閒。元善也辰十二辰從子至亥也耒耜耕器也措置也保介副也御致也擇善辰之日載耒耜之具於籍田致于保介之閒施用之也○月令參于作于參注元善也三字衍所解於文義不甚順鄭以保介爲車右此云副也當謂副車率三公九卿諸侯大夫躬耕帝籍田。躬親也天子籍田千畝以供上帝之粢盛故曰帝籍○月令帝籍下無田字此書上農篇亦有之天子三推。三公五推。卿諸侯大夫九推。禮以三爲文故天子三推謂一發也國語曰王耕一發班三之班次也謂公卿大夫各三其上公三發卿九發大夫二十七發也○正文大夫月令無案周語作王耕一墢墢有缽跋二音說文作坺云一臿土也反。執爵于太寢。爵飲爵太寢祖廟也示歸功於先祖故於廟飲酒也三公九卿諸侯大夫皆御命。曰勞酒。御致天子之命勞羣臣於太廟飲之以酒是月也。天氣下降。地氣上騰。天地和同。草木繁動。是月也泰卦用事乾下坤上天地和同繁衆動挺而生也○繁動月令作萌動王布農事。命田舍東郊。命令也東郊農郊也命農大夫舍止東郊監視田事皆修封疆。審端經術。修治也封界也起其疆畔糺督惰窳於疆下也詩云中田有廬疆埸有瓜無休廢也端正其徑路不得邪行敗稼穡也○漢書五行志載謠曰邪徑敗良田滅明不由徑亦當是不隨衆人穿田取捷耳善相丘陵阪險原隰。相視也阪險傾危也廣平曰原下溼曰隰土地所宜。五穀所殖，殖長以教道民。必躬親之。詩云弗躬弗親庶民弗信田事既飭。先定準直。農乃不惑。飭讀作勑勑督田事準定其功農夫正直不疑惑是月也，命樂正入學習舞。樂正樂官之長也入學官教國子講習羽籥之舞周禮大胥掌學士之版以六樂之會正舞位也乃修祭典。命祀山林川澤。犧牲無用牝。典掌也功施於民則祀之山林川澤百物所生又能興雲用以殖嘉苗故祀之無用牝尙蠲潔也禁止伐木。春木王尙長養也無覆巢。無殺孩蟲胎夭飛鳥。無麛無卵。蕃庶物也麛子曰夭鹿子曰麛也〇案月令正義云胎謂在腹中者夭謂生而已出者此及淮南注皆云麛子曰夭本爾雅釋獸文彼夭字作麇無聚大衆。無置城郭。置立也揜骼霾髊。髊讀水漬物之漬白骨曰骼有肉曰髊揜霾者覆藏之也順木德而尙仁恩也是月也。不可以稱兵。稱兵。必有天殃。稱舉也殃咎也兵戎不起。不可以從我始。春當行仁非與兵征伐時也故曰不可以從我始無變天之道。變猶戾故無絕地之理。絕猶斷也無亂人之紀。人反德爲亂紀道也孟春行夏令。則風雨不時。草木早槁。國乃有恐。春木也夏火也木德用事法當寬仁而行火令火性炎上故使草木槁落不待秋冬故曰天氣不和國人惶恐也〇風雨月令作用水行秋令。則民大疫。疾風暴雨數至。藜莠蓬蒿竝興。木仁金殺而行其令氣不和故民疫病也金生木與水相干故風雨數至荒穢滋生是以藜莠蓬蒿竝興〇月令疾風作猋風數至作總至行冬令。則水潦爲敗。霜雪大摯。首種不入。春陽冬陰也而行其令陰乘陽故水潦爲敗雪霜大摯傷害五穀春爲歲始稼穡應之不成熟也故曰首種不入〇案月令注云舊說首種謂稷

孟春紀

二曰。始生之者天也。養成之者人也。始初也能養天之所生而勿攖之。謂之天子。攖猶戾也〇舊本作謂天子無之字孫據太平御覽七十七增天子之動也。以全天爲故者也。全猶順也天性也故事也此官之所自立也。官正也自從也立官者。以全生也。生性也今世之惑主。主謂王也多官而反以害生。

則失所爲立之矣。多立官致任不肖人亂象千度故以害生也失其所爲立官之法也 譬之若修兵者。以備寇也。今修兵而反以自攻。則亦失所爲修之矣。若秦築長城以備患不知長城之所以自亡也亦失其所爲修兵之法也 夫水之性淸。土者抇之。故不得淸。抇讀曰骨骨濁也○注似衍一骨字說文淈濁也與汩滑義同竝音骨 人之性壽。物者抇之。故不得壽。抇亂也亂之使夭折也 物也者。所以養性也。非所以性養也。物者貨賄所以養人也世人貪欲過制者多所以取禍故曰非所以性養也 今世之人惑者。多以性養物。夫無爲者不以身役物有爲者則以物役身故曰惑者多以性養物也 則不知輕重也。輕喻物重喻身 不知輕重。則重者爲輕。輕者爲重矣。若此。則每動無不敗。以此爲君悖。以此爲臣亂。以此爲子狂。三者國有一焉。無幸必亡。假令有幸且猶危危病者也 今有聲於此。耳聽之必慊。慊快也 已聽之則使人聾。必弗聽。以聾故不當聽也 有色於此。目視之必慊。已視之則使人盲。必弗視。以盲故不當視也 有味於此。口食之必慊。已食之則使人瘖。必弗食。以瘖故不當食也老子曰五聲亂耳使耳不聽五色亂目使目不明五味實口使口爽傷也○案老子道經云五音令人耳聾五色令人目盲五味令人口爽此約略其文耳實口後注亦同非謬 是故聖人之於聲色滋味也。利於性則取之。害於性則舍之。此全性之道也。世之貴富者。其於聲色滋味也多惑者。惑眩 日夜求。幸而得之。則遁焉。遁流逸不能自禁也 遁焉。性惡得不傷。惡安也傷病也 萬人操弓。共射其一招。招無不中。招埻的也衆人所見會弓射之故曰無不中也○共射一招中閒其字衍注埻與準音義同 萬物章章。以害一生。生無不傷。章章明美貌故生隕也 以便一生。生無不長。便利也利其生性故生長久也 故聖人之制萬物也。以全其天也。天身也 天全。則神和矣。目明矣。耳聰矣。鼻臭矣。口敏矣。三百六十節皆通利矣。若此人者。不言而信。法天不言四時行焉是其信也不謀而當。不慮而得。詩云不識不知順帝之則故曰不謀慮而當合得事實精通乎天地。神覆乎宇宙。宇宙區宇之內言其德大皆覆被也其於物無不受也無不裹也。受猶承也裹猶囊也若天地然。其德如天無不覆如地無不載故曰若天地然也上爲天子而不驕。常戰栗也故堯戒曰戰戰栗栗日愼一日下爲匹夫而不惛。惛讀憂悶之悶義亦然也此之謂全德之人。其德行升降無所虧闕故曰全貴富而不知道。適足以爲患。不知持盈止足之道以至破亡故曰適足以爲患也不如貧賤。貧賤之致物也難。雖欲過之奚由。貧賤無勢不能致情欲之物故曰難也於禮無爲於身無闕故曰雖欲過之奚由也出則以車。入則以輦。務以自佚。人引車曰輦出門乘車入門用輦此驕佚之務也命之曰招蹷之機。招至也蹷機門內之位也乘輦於宮中遊翔至於蹷機故曰務以自佚也詩云不遠伊爾薄送我畿此不過蹷之謂○案此注全不諳文義而妄說蓋招致也蹷者痿蹷過佚則血脈不周遍骨幹不堅利故爲致蹷之機括高誘以蹷爲門閾又誤以機即詩之畿故有斯訛黃東發亦言其誤又案李善注文選枚乘七發引此招作佁蹷理切孤文無證亦不可從肥肉厚酒。務以自彊。命之曰爛腸之食。論語曰肉雖多不使勝食氣又曰不爲酒困老子曰五味實口使口爽傷故謂之爛腸之食也○務以自彊舊作相彊孫據御覽八百四十五改與前後句法正同盧云案賈誼書傅職云飲酒而醉食肉而飽飽而彊食正自彊之證也靡曼皓齒。鄭衛之音。務以自樂。命之曰伐性之斧。靡曼細理弱肌美色也皓齒詩所謂齒如瓠犀者也鄭國淫辟男女私會於溱洧之上有詢訏之樂勺藥之和昔者殷紂使樂師作朝歌北鄙靡靡之樂以爲淫亂武王伐紂樂師抱其樂器自投濮水之中暨衛靈公北朝于晉宿于濮上夜聞水中有琴瑟之音乃使師涓以琴寫其音靈公至晉國晉平公作樂公曰寡人得新聲請以樂君遂使涓作之平公大說師曠止之曰此亡國之音也紂之太師以此音自投於濮水得此聲必於濮水之上地在衛因曰鄭衛之音以其淫辟滅亡故曰伐性之斧者也○梁仲子案意林所載作伐命之斧注細理弱肌本多無理弱二字今從朱本與洪興祖補注楚辭招魂所引合三患者。貴富之所致也。故古之人有不肯貴富者矣。由重生故也。古人謂堯時許由方回善綣舜時雄陶周時伯夷漢時四皓皆不肯富貴者高位實疾顛故曰重生故也○注方回舊本皆誤作方因善綣或善卷之譌文雄陶誤作皐陶案國策齊顏斶曰舜有七友陶潛四八目具載其名以雄陶爲首蓋本尸子今從之漢書古今人表作雒陶高位實疾顛周語文今本依宋庠之說改作僨字案注顚隕也正是隕墜之義宋誤爲殞故云宜從僨若是僨注當言踣乃合誘注知分篇亦是顚字非夸以名也。爲其實也。夸虛也非以爲輕富貴求虛名也以爲其可以全生保性之實也則此

論之不可不察也。（論此上句貴賤禍福不可不察也）

本生

三曰。倕至巧也。人不愛倕之指。而愛己之指。有之利故也。（倕堯之巧工也雖巧無益於己故不愛之也己指雖不如倕指巧猶自爲用故言有之利故也）人不愛崑山之玉江漢之珠。而愛己之一蒼璧小璣。有之利故也。（崑山之玉燔以爐炭三日三夜色澤不變玉之美者也江漢有夜光之明珠珠之美者也蒼璧石多玉少也珠之不圓者曰璣皆喻不好也而愛之者有之爲己用得其利故也）今吾生之爲我有。而利我亦大矣。（吾生我有有我身也天下之利有我如我之愛蒼璧與小璣有之利故也故曰利我亦大矣）論其貴賤。爵爲天子不足以比焉。（論其所貴所賤人雖尊爲天子不足以比己之所賤）論其輕重。富有天下不可以易之。（論其所輕所重人雖富有天下之財不肎以己易之）論其安危。一曙失之。終身不復得。（貧賤所以安也富貴所以危也曙明日也言一日失其所以安終身不能復得之也）此三者。有道者之所愼也。（道尙無爲不尙此三者故曰有道者之所愼）有愼之而反害之者。不達乎性命之情也。（守愼無爲輕貴重身當時行則行時止則止而反有害之者故曰不達乎性命之情者也）不達乎性命之情。愼之何益。（雖愼之猶見害故曰何益）是師者之愛子也。不免乎枕之以糠。是聾者之養嬰兒也。方雷而窺之于堂。有殊弗知愼者。（師瞽師目無見者也故枕子以糠糠易眯子目非利之者也聾者不聞雷之聲不頓頯自拍解謝咎過而反徐步窺兒於堂故曰有殊弗知愼者也殊猶甚也○注易眯舊作其盲眯訛）夫弗知愼者。是死生存亡可不可未始有別也。（言不能別知也）未始有別者。其所謂是未嘗是。其所謂非未嘗非。是其所謂非。非其所謂是。此之謂大惑。（己之所是衆人之所非也故曰未嘗是己之所非衆人之所是也故曰未嘗非是己之所是非己之所非而以此求同於己者也故謂之大惑）若此人者。天之所禍也。（禍咎也）以此治身。必死必殃。以此治國。必殘必亡。（以其天之所禍也不死不亡者未之有也故曰必）夫死殃殘亡非自至也。惑召之也。召致也以惑致之也壽長至常亦然。亦以仁義召之也故有道者不察所召。而察其召之者。所召仁與義也推行仁義壽長自至故曰不察所召也召之者不行仁義殘亡應行而至故曰察其召之也則其至不可禁矣。禹湯辠己其興也勃焉桀紂辠人其亡也忽焉皆己自召之何可禁御此論不可不熟。熟猶知也使烏獲疾引牛尾。尾絕力勯。而牛不可行。逆也。烏獲秦武王力士也能舉千鈞勯讀曰單單盡也使五尺豎子引其棬。而牛恣所以之。順也。恣從也之至也世之人主貴人。人主謂王者諸侯也貴人謂公卿大夫也無賢不肖。莫不欲長生久視。視活也而日逆其生。欲之何益。王者貴人所行淫侈縱欲暴虐反戾天常不順生道日所施行無不到逆其生雖欲長生若烏獲多力到引牛尾尾絕不能行故曰欲之何益也○注到字從李本古倒字凡生之長也。○之字舊本缺孫據御覽七百二十增順之也。使生不順者。欲也。欲情欲也故聖人必先適欲。適猶節也室大則多陰。臺高則多陽。多陰則蹷。蹷逆寒疾也多陽則痿。痿躄不能行也此陰陽不適之患也。患害也是故先王不處大室。爲蹷疾也不爲高臺。爲痿疾也味不衆珍。爲傷胃也衣不燀熱。燀讀曰亶亶厚也燀熱則理塞。理塞脈理閉結也○塞字舊本作寒孫據御覽作塞下同理塞則氣不達。達通也味衆珍則胃充。充滿也胃充則中大鞔。鞔讀曰懣不勝食氣爲懣病也肥肉厚酒爛腸之食此之謂也中大鞔而氣不達。不達壅閉也以此長生。可得乎。言不得也○御覽作以此求長生其可得乎昔先聖王之爲苑囿園池也。足以觀望勞形而已矣。畜禽獸所大曰苑小曰囿詩云王在靈囿樹果曰園詩曰園有樹桃有水曰池可以遊觀娛志故曰足以勞形而已其爲宮室臺榭也。足以辟燥溼而已矣。宮廟也室寢也爾雅曰宮謂之室室謂之宮土方而高曰臺有屋曰榭燥謂陽炎溼謂雨露故曰足以備之而已○舊校云辟一作備其爲輿馬衣裘也。足以逸身煖骸而已矣。逸安也其爲飲食酏醴也。足以適味充虛而已矣。酏讀如詩虵虵碩言之虵周禮漿人掌王之六飲水漿醴涼醫酏也又酒正二曰醴齊醴者以蘗與黍相體不以麴也濁而甜耳○注相體舊作相醴誤今改正其爲聲色音樂也。足以安性自娛而已矣。（聲五音宮商角徵羽也色青黃赤白黑也）五者。聖王之所以養性也。非好儉而惡費也。節乎性也。（節猶和也和適其情性而已不過制也）

重己

四曰。昔先聖王之治天下也。必先公。（公正也）公則天下平矣。（平和也）平得於公。（得猶出也）嘗試觀於上志。（上志古記也）有得天下者衆矣。其得之以公。（○孫云御覽七十七作有天下無得字得之下有必字）其失之必以偏。（偏私不正也）凡主之立也生於公。（生性也）故鴻範曰。無偏無黨。王道蕩蕩。（蕩蕩平易也詩云魯道有蕩）無偏無頗。遵王之義。（義法也○案義古音俄正與頗協而唐孝明詔改從易泰卦九三之无平不陂非是觀此與宋世家猶作頗字乃古書之未經竄改者梁伯子云王逸注離騷循繩墨而不頗引易作不頗知易本不作陂也義古作誼案宜有何音亦與頗協）無或作好。遵王之道。（或有也好私好鬻公平於曲惠也）無或作惡。遵王之路。（惡擅作威也）天下非一人之天下也。天下之天下也。（書曰皇天無親惟德是輔故曰天下之天下也）陰陽之和。不長一類。甘露時雨。不私一物。（私猶異也）萬民之主。不阿一人。（阿亦私也）伯禽將行。請所以治魯。（伯禽周公子也成王封之於魯詩云建爾元子俾侯于魯）周公曰。利而勿利也。（務在利民勿自利也）荆人有遺弓者。而不肯索。（遺失也）曰。荆人遺之。荆人得之。又何索焉。孔子聞之曰。去其荆而可矣。（言人得之而已何必荆人也）老聃聞之曰。去其人而可矣。故老聃則至公矣。（公正也言天下得之而已何必人故曰至公無所私爲也）天地大矣。生而弗子。成而弗有。（天大地大生育民人不以爲己子成遂萬物不以爲己有也）萬物皆被其澤。得其利。而莫知其所由始。（由從也萬物皆蒙天地之澤而得其利若堯時父老無繇役之勞擊壤於里陌自以爲當然故曰莫知其所從始也）此三皇五帝之德也。（三皇五帝德大能法天地民人被其澤而得其利亦不知其所從始也老子云聖人不仁以百姓爲芻狗此之謂也）管仲有病。桓公往問之。曰。仲父之病矣。（病困也○孫云本書知接篇作仲父之疾病矣列子力命篇倒作病疾又莊子徐無鬼篇作仲父之病病矣）漬甚。國人弗諱。（漬亦病也按公羊傳曰大眚者何大漬也國人弗諱言死生不可諱也○御覽六百三十二作如漬甚注大眚公羊本作大災見莊二十年傳此眚字當是後人因後有肆大眚之文而誤改）之寡人將誰屬國。（屬託也）管仲對曰。昔者臣盡力竭智。猶未足以知之也。（未足以知人也）今病在於朝夕之中。臣奚能言。（奚何也）桓公曰。此大事也。願仲父之教寡人也。（教猶告也）管仲敬諾。曰。公誰欲相。（言欲用誰爲相）公曰。鮑叔牙可乎。管仲對曰。不可。夷吾善鮑叔牙。（夷吾管仲名善猶和也）鮑叔牙之爲人也。清廉潔直。視不己若者不比於人。（比方也）一聞人之過。終身不忘。（念人之過必亡人之功不可爲霸者之相也○注亡似當作忘）勿已。則隰朋其可乎。隰朋之爲人也。上志而下求。（志上世賢人而模之也求猶問也論語曰孔文子不恥下問是以謂之文也）醜不若黃帝。而哀不己若者。（自醜其德不如黃帝詩云高山仰止景行行止鄉昔人也哀不如己者欲教育訓厲使與己齊也○醜恥也黃帝劉本作皇帝皇黃古通用）其於國也。有不聞也。（不求聞其善也志在利國而已矣）其於物也。有不知也。（物事也非其職事不求知之也）其於人也。有不見也。（務在濟民不求見之孝經曰非家至而見之也此總說隰朋所行）勿已乎。則隰朋可也。（言可用也）夫相大官也。處大官者。不欲小察。（察苛也）不欲小智。（小智則好知小事以自矜伐也）故曰。大匠不斲。（但視模範而已不復自斲削也）大庖不豆。（但調和五味使神人享之而已不復自列籩豆籩豆也）大勇不鬭。（大勇之人折衝千里而能服遠不復自鬭也）大兵不寇。（寇害也若武王之伐紂掃除無道釋箕子之囚朝成湯之廟撫殷之民不寇害之也）桓公行公。去私惡。（於人之過無所念無所私也故曰去私也）用管子。而爲五伯長。（長上也）行私。阿所愛。用豎刀。而蟲出於戶。（阿豎刀易牙之諛不正適長其死也國亂民擾五子爭立無主喪六十日乃殯至使蟲流出戶也○刀本有貂音後人始作刁字今從古）人之少也愚。其長也智。故智而用私。不若愚而用公。（用私以敗用公則濟）日醉而飾服。（飾讀曰勅禮喪不飲酒食肉而日醉於酒欲整喪紀）

猶無目欲視青黃無耳欲聽宮商也私利而立公。貪戾而求王。舜弗能爲。舜猶不能爲況凡人乎

貴公

五曰。天無私覆也。地無私載也。日月無私燭也。四時無私行也。〇舊校云行一作爲孫案御覽四百二十九正作爲行其德。而萬物得遂長焉。遂成也黃帝言曰。聲禁重。不欲虛名過其實也〇黃氏日抄云此禁聲色大過耳注非色禁重。不欲好色至淫縱也衣禁重。不欲衣服踰僭若子臧好聚鷸冠也香禁重。不欲奢侈芬香聞四遠也味禁重。不欲厚味勝食氣傷性也室禁重。不欲宮室崇侈使土木勝也堯有子十人。不與其子而授舜。孟子曰堯使九男二女事舜此曰十子殆丹朱爲胤乎不在數中舜有子九人。不與其子而授禹。至公也。國語曰舜有商均此曰九子不知出於何書也晉平公問於祁黃羊曰。南陽無令。其誰可而爲之。南陽晉山陽河北之邑今河內溫陽樊州之屬皆是也令君也而能爲治〇注州舊本訛作川案州爲漢河內郡之縣今改正祁黃羊對曰。解狐可。黃羊晉大夫祁奚之字平公曰。解狐非子之讎邪。平公晉悼公之子彪〇平公黃羊不於始見下注何也對曰。君問可。非問臣之讎也。平公曰。善。遂用之。國人稱善焉。居有閒。閒頃也平公又問祁黃羊曰。國無尉。其誰可而爲之。對曰。午可。傳曰祁奚請老晉侯問嗣焉稱解狐其讎也將立之而卒又問對曰午也可〇案左傳在魯襄三年晉悼公之四年也此云平公誤注引傳文雖略亦足以正呂氏所記之謬平公曰。午非子之子邪。對曰。君問可。非問臣之子也。平公曰。善。又遂用之。國人稱善焉。孔子聞之曰。善哉祁黃羊之論也。外舉不避讎。內舉不避子。祁黃羊可謂公矣。墨者有鉅子腹䵍居秦。鉅姓子通稱腹䵍字也䵍讀曰車⿱竹屯之⿱竹屯〇鉅子猶鉅儒鉅公之稱腹乃其姓耳莊子天下篇以巨子爲聖人向崔本作鉅向云墨家號其道理成者爲鉅子若儒家之碩儒䵍與檀弓下䵍子䵍實同一字彼釋文音吐孫反此音車⿱竹屯淮南子精神訓守其篅⿱竹屯蓋竹簟席所爲玉篇音徒本切與今人所呼合舊本作⿱竹乇蓋書家屯字往往作乇而此又誤從乇也其子殺人。秦惠王曰。先

生之年長矣。非有它子也。寡人已令吏弗誅矣。（惠王秦孝公子駟）先生之以此聽寡人也。腹䵍對曰。墨者之法曰。殺人者死。傷人者刑。此所以禁殺傷人也。夫禁殺傷人者。天下之大義也。王雖爲之賜。（受賜也○案賜猶惠也注似誤）而令吏弗誅。腹䵍不可不行墨子之法。（欲必行之殺其子也）不許惠王而遂殺之。子人之所私也。（私愛也）忍所私以行大義。（忍讀曰仁行之忍也○注曰仁李本作仁行俱未詳）鉅子可謂公矣。庖人調和而弗敢食。故可以爲庖。若使庖人調和而食之。則不可以爲庖矣。王伯之君亦然。誅暴而不私。以封天下之賢者。故可以爲王伯。若使王伯之君誅暴而私之。則亦不可以爲王伯矣。（傳曰作事威克其愛雖小必濟故曰誅暴而弗私也假令有所私枉則不可以爲王伯君矣）

去私

呂氏春秋卷第二

仲春紀第二　貴生　情欲　當染　功名

一曰。仲春之月。日在奎。仲春夏之二月奎西方宿魯之分野也是月日躔此宿昏弧中。旦建星中。弧星在輿鬼南建星在斗上是月昏旦時皆中於南方其日甲乙。其帝太皞。其神句芒。其蟲鱗。其音角。律中夾鐘。夾鐘陰律也是月萬物去陰夾陽而生故竹管音中夾鐘也○盧云案注舊本作去陽夾陰訛淮南注作去陰夾陽聚地而生今據改正又初學記引高注云是月萬物去陰而生故候管者中夾鐘可以互證其不幷引竹管之語者以正月已用鄭注管以銅爲之故不欲互異也鐘鍾得兩通其數八。其味酸。其臭羶。其祀戶。祭先脾。始雨水。桃李華。自冬冰雪至此土發而耕故曰始用水也桃李之屬皆侍華也○案禮記月令作桃始華蒼庚鳴。鷹化爲鳩。蒼庚爾雅曰商庚黎黃楚雀也齊人謂之搏黍秦人謂之黃離幽冀謂之黃鳥詩云黃鳥于飛集于灌木是也至是月而鳴鷹化爲鳩喙正直不鷙擊也鳩蓋布穀鳥○案爾雅黎黃作鵹黃郭璞注皇黃鳥下云俗呼黃離留淮南注作秦人謂之黃流離此作黃離三者皆可通無煩補字天子居青陽太廟。青陽東向堂太廟中央室乘鸞輅。駕蒼龍。載青旂。衣青衣。服青玉。食麥與羊。其器疏以達。說在孟春是月也。安萌牙。養幼少。存諸孤。順春陽長養幼少存恤孤寡萌牙諸當生者不擾動故曰安擇元日。命人社。元善也日從甲至癸也社祭后土所以爲民祈穀也擇日有從否重農事故卜擇之命有司省囹圄。去桎梏。無肆掠。止獄訟。有司理官主獄者也囹圄法室省之者赦輕微也在足曰桎在手曰梏肆極掠笞也言無者須立秋也止禁是月也。玄鳥至。至之日。以太牢祀于高禖。玄鳥燕也春分而來秋分而去傳曰玄鳥氏司啟者也周禮媒氏以仲春之月合男女於時也奔則不禁因祭其神於郊謂之郊禖郊音與高相近故或言高禖王者后妃以玄鳥至日祈繼嗣於高禖三牲具曰太牢○案周禮本作於是時也奔者不禁天子親往。后妃率九嬪御。王者一后三夫人九嬪二十七世婦但后夫人率九嬪祀高禖耳御見天子於高禖中也乃禮天子所御。帶以弓韣。授以弓矢。于高禖之前。禮后妃之侍見於天子者皆高禖祠之前韣弓韜也授以弓矢示服猛得男象

也

是月也。日夜分。雷乃發聲。始電。分等晝夜鈞也冬陰閉固陽伏於下是月陽升雷始發聲震氣爲雷激氣爲電

蟄蟲咸動開戶始出。蟄伏之蟲始動蘇開蟄之戶始出生

先雷三日。奮鐸以令于兆民曰。雷且發聲。鐸木鈴也金口木舌爲木鐸金舌爲金鐸所以振告兆民使知將雷也

有不戒其容止者。生子不備。必有凶災。有不戒愼容止者以雷電合房室者生子必有瘖躄通精狂癡之疾故曰不備必有凶災〇通精未詳

日夜分。則同度量。鈞衡石。角斗桶。正權概。度尺丈也量鬴鐘也鈞銓衡石稱也石百二十斤角平斗桶量器也稱錘曰權概平斗斛者令鈞等也〇案月令角斗甬桶與甬通用史記商君傳平斗桶鄭康成音勇小司馬音統淮南作稱亦桶之訛李善注文選陸佐公新刻漏銘引作角升桶升字誤

是月也。耕者少舍。少舍皆耕在野少有在都邑者也尚書曰厥民析散布在野傳曰陰陽分布震雷出滯土地不備墾辟在司寇之謂也

乃修闔扇。寢廟必備。闔扇門扇也民所由出故治之也寢以安身廟以事祖故曰必無墮頓也〇必月令作畢古通用注自從必字作解

無作大事。以妨農功。大事兵戈征伐也

是月也。無竭川澤。無漉陂池。無焚山林。皆爲盡類夭物

天子乃獻羔開冰。先薦寢廟。開冰室取冰以治鑒以祭廟春薦韭卵詩云二之日鑿冰沖沖三之日納于凌陰四之日其早獻羔祭韭此之謂也〇注治鑒二字舊作鑿訛今據周禮改正

上丁。命樂正入舞。舍采。是月上旬丁日命樂官正率卿大夫之子入學官習舞也舍猶置也初入學官必禮先師置采帛於前以贄神也周禮春入學舍采合舞秋頒學合聲以六樂之會正舞位此之謂也〇入舞舍采月令作習舞釋菜鄭注學記菜謂芹藻之類與此注異注入學官各本多作學宮唯李本作官案賈子保傅云學者所學之官也此官蓋謂官寺正月紀注中正作學官

天子乃率三公九卿諸侯親往視之。常事曰視〇月令諸侯下有大夫

中丁。又命樂正入學習樂。中旬丁日又入學官習樂樂所以移風易俗協和民人也謂六代之樂雲門咸池大韶大夏大武也周禮曰以樂教和則民不乖此之謂也〇注大護汪本作大讙與濩竝通用

是月也。祀不用犧牲。用圭璧。更皮幣。是月尙生育故不用犧牲更代也以圭璧代犧牲也皮幣鹿皮系纁束帛也記曰幣帛皮圭告於祖禰此之謂也

仲春行秋令。則其國大水。寒氣總至。寇戎來征。仲春陽中也陽氣長養而行秋金殺戮之令故寒氣猥至寇害之兵來伐其國也

行冬令。則陽氣不勝。麥乃不熟。民多相掠。冬陰肅殺而行其令陰氣乘陽陽氣不勝故麥不成熟民飢窮故相刧掠也

行夏令。則國乃大旱。煗氣早來。蟲螟爲害。夏氣炎陽而行

其令故大旱火氣熱故旱熯也極陽生陰故蟲螟作害也蟲食稼心謂之螟

仲春紀

二曰。聖人深慮天下。莫貴於生。夫耳目鼻口。生之役也。役事也○案有君之者故曰役觀下文自明耳雖欲聲。目雖欲色。鼻雖欲芬香。口雖欲滋味。害於生則止。在四官者。止禁也四官耳目鼻口也不欲利於生者則弗爲。則不治此四官之欲由此觀之。耳目鼻口不得擅行。必有所制。擅事也制制於心也譬之若官職。不得擅爲。爲作必有所制。制於君也此貴生之術也。堯以天下讓於子州支父。子州支父古賢人也○舊作子州友父訛太平御覽八十引作子州支父與莊子讓王篇漢書古今人表皆合子州支父對曰。以我爲天子猶可也。雖然。我適有幽憂之病。方將治之。未暇在天下也。幽隱也詩云如有隱憂我心不悅未暇在於治天下○案爾雅云在察也天下重物也。重大物事而不以害其生。又況於它物乎。它猶異也惟不以天下害其生者也。可以託天下。託付越人三世殺其君。王子搜患之。王子搜淮南子云越王翳也○案竹書紀年翳之前唯有不壽見殺次朱句立卽翳之父也翳爲子所弒越人殺其子立無余又見弒立無顓是無顓之前方可云三世殺其君王子搜似非翳也逃乎丹穴。淮南云山穴也越國無君。求王子搜而不得。從之丹穴。王子搜不肯出。越人薰之以艾。乘之以王輿。王子搜援綏登車。仰天而呼曰。君乎獨不可以舍我乎。舍置也王子搜非惡爲君也。惡爲君之患也。患害若王子搜者。可謂不以國傷其生矣。此固越人之所欲得而爲君也。欲得王子搜爲君也魯君聞顏闔得道之人也。使人以幣先焉。顏闔守閭。鹿布之衣。而自飯牛。魯君之使者至。顏闔自對之。使者曰。此顏闔之家邪。顏闔對曰。此闔之家也。使者致幣。顏闔對曰。恐聽繆而遺使者罪。不若審之。恐繆誤致幣得罪故勸令審之 使者還反審之。復來求之。則不得已。顏闔踰坯而逃之故不得 故若顏闔者。非惡富貴也。由重生惡之也。世之人主多以富貴驕得道之人。其不相知。驕泰也淮南記曰魚相忘乎江湖人相忘乎道術言各得其志故不相知之也 豈不悲哉。悲於富貴而驕人也 故曰。道之眞以持身。其緒餘以爲國家。以持身之餘緒以治國家 其土苴以治天下。土瓦礫也苴草蘋也土鼓蘋桴伊耆氏之樂也孝經曰安上治民莫善於禮移風易俗莫善於樂故可以治天下苴音同鮓○莊子釋文土敷雅反又如字苴側雅反觀此注意土自作如字讀 由此觀之。帝王之功。聖人之餘事也。聖人治之優有餘裕故曰餘事 非所以完身養生之道也。堯舜禹湯之治天下黎黑瘦瘠過家門而不入故曰非所以完身養生之道趨濟民而已○案趨與取同如楊子取爲我史記酷吏傳取爲小治之意相似 今世俗之君子。危身棄生以徇物。徇猶隨也 彼且奚以此之也。此此物也之至也 彼且奚以此爲也。彼謂今世俗人云君子優之也何以物爲也 凡聖人之動作也。必察其所以之。之至也 與其所以爲。爲作也 今有人於此。以隨侯之珠。彈千仞之雀。世必笑之。是何也。所用重。所要輕也。重謂隨侯珠也要得也輕謂雀也 夫生豈特隨侯珠之重也哉。

子華子曰。全生爲上。子華子古體道人無欲故全其生長生是行之上也 虧生次之。少虧其生和光同塵可以次全生者 死次之。守死不移其志可以次虧生者 迫生爲下。迫促也促欲得生尸素寵祿志不高潔人之下也 故所謂尊生者。全生之謂。於身無所虧於義無所損故曰全生 所謂全生者。六欲皆得其宜也。六欲生死耳目口鼻也 所謂虧生者。六欲分得其宜也。分半也 虧生。則於其尊之者薄矣。其虧彌甚者也。其尊彌薄。彌益 所謂死者。無有所以知。復其未生也。死君親之難義重於生視死如歸故曰無有所以知復其未生也 所謂迫生者。六欲莫得其宜也。

皆獲其所甚惡者。服是也。辱是也。服行也行不義是故辱 辱莫大於不義。故不義迫生也。不能蹈義而死迫於苟生語曰水火吾見蹈死者矣未見蹈仁而死者也 而迫生非獨不義也。故曰。迫生不若死。迫促急於苟生不仁義不如蹈仁義死爲貴 奚以知其然也。耳聞所惡。不若無聞。目見所惡。不若無見。故雷則揜耳。電則揜目。此其比也。凡六欲者。皆知其所甚惡。而必不得免。不若無有所以知。無有所以知者。死之謂也。故迫生不若死。嗜肉者。非腐鼠之謂也。嗜酒者。非敗酒之謂也。尊生者。非迫生之謂也。

貴生

三曰。天生人而使有貪有欲。欲有情。情有節。節適也 聖人修節以止欲。○舊校云止一作制 故不過行其情也。不過其適 故耳之欲五聲。目之欲五色。口之欲五味。情也。此三者。貴賤愚智賢不肖欲之若一。三謂耳目口也一猶等也 雖神農黃帝。其與桀紂同。有天下同也○案此足上文欲之若一耳 聖人之所以異者。得其情也。聖人得其不過節之情 由貴生動則得其情矣。不由貴生動則失其情矣。失其不過節之情 此二者。死生存亡之本也。聖人得其情亂人失其情得情生存失情死亡故曰生死存亡之本 俗主虧情。故每動爲亡敗。俗主凡君也敗滅亡也 耳不可贍。目不可厭。口不可滿。身盡府種。筋骨沈滯。血脈壅塞。九竅寥寥。曲失其宜。府腹疾也種首疾也極三關之欲以病其身故九竅皆寥寥然虛曲過其適以害其性也○孫云案玉篇疛除又切心腹疾也引此作身盡疛種然則府字誤也後盡數篇亦同此誤盧云案盡數篇鬱處頭則爲腫爲風處腹則爲張爲府府當爲疛玉篇之說可從此處注雖以腹疾首疾分解而種之爲首疾亦當作腫此云身盡府種則舉全體言之又何必分腹與首邪案西山經云竹山有艸名曰黃雚可以已疥又可以已胕郭氏注云治胕腫也音符此府種即胕腫字假借耳錢學源云素問五常政大論少陽司天有寒熱胕腫太陽司天亦有筋脈不利甚則胕腫之語雖有彭祖。猶不能爲也。彭祖殷之賢臣治性清靜不欲於物蓋壽七百歲論語所謂述而不作信而好古竊比於我老彭是也言雖彭祖之無欲不能化治俗主使之無欲故曰雖有彭祖猶不能爲其於物也。不可得之爲欲。貴不可得之物實難得之貨此之謂欲故曰爲欲不可足之爲求。規求無足不知紀極不可盈厭此之爲求故曰爲求大失生本。老子曰出生入死故曰大失生本民人怨謗。又樹大讎。俗主求欲民人皆怨而謗訕如仇讎也意氣易動。蹻然不固。蹻謂乘蹻之蹻謂其流行速疾不堅固之貌故其志氣易動也○注疑是讀乘蹻之蹻禹山行乘檋亦作蹻類篇云以鐵如錐施之履下音腳亦音喬矜勢好智。胸中欺詐。矜大其寵契好尙其所行自謂爲智胸臆之中欺詐不誠所行暴虐猶語民言恩惠也德義之緩。邪利之急。緩猶後急猶先身以困窮。雖後悔之。尙將奚及。困猶危奚何也巧佞之近。端直之遠。巧佞者親近之正直者疏遠之國家大危。悔前之過。猶不可反。反見○注疑是反復聞言而驚。不得所由。所行殘暴聞將危敗滅亡之言而乃始驚怖行不仁不義之所致也故曰不得所由由用也百病怒起。亂難時至。以此君人。爲身大憂。此非恤民之道故身大憂耳不樂聲。目不樂色。口不甘味。與死無擇。聲色美味死者所不得說人不能樂甘之故曰與死無擇擇別也古人得道者。生以壽長。體道無欲象天天予之福故必壽長終其性命聲色滋味能久樂之。奚故。論早定也。體道者生而能行之故曰論早定論早定則知早嗇。嗇愛知早嗇則精不竭。愛精神故不竭秋早寒則冬必煗矣。春多雨。則夏必旱矣。天地不能兩。而況於人類乎。人之與天地也同。同於不能兩也萬物之形雖異。其情一體也。體性也情皆好生故曰一體故古之治身與天下者。必法天地也。法象也尊酌者衆則速盡。尊酒也酌揖之者多故酒遫盡也○揖與挹同萬物之酌大貴之生者衆矣。萬物酌揖陰陽以生陰陽諭君大貴君者愛君之德以生者衆也○注愛疑是受梁仲子云朱本作萬物酌君之德以生者衆也故大貴之生常遫盡。非徒萬物酌之也。酌取之也又損其生以資天下之人。資猶給而終不自知。知猶覺也功雖成乎外。而生虧乎內。幽通記曰張修襮而內逼故曰虧生乎內○案班固幽通賦有此語此與必已篇注皆作幽通記當仍之張謂張毅事見莊子淮南修襮舊作循襮今依後注與班賦合 耳不可以聽。目不可以視。口不可以食。○此下舊提行今案中間文亦無缺豈注有脫邪 胸中大擾。妄言想見。臨死之上。顛倒驚懼。不知所爲。用心如此。豈不悲哉。悲情欲而不知所爲用心之人 世人之事君者。皆以孫叔敖之遇荆莊王爲幸。孫叔敖楚令尹薳賈之子也○近時毛檢討大可辨叔敖非楚公族並非蔿氏乃期思之鄙人盧云竊案左氏宣十二年傳隨武子云蔿敖爲宰擇楚國之令典軍行右轅云云而令尹南轅反旆又云王告令尹改乘轅而北之是蔿敖即令尹孫叔敖軍事皆主之前一年令尹蔿艾獵城沂比年之閒楚令尹不聞置兩人知分篇雖有孫叔敖三爲令尹而不喜三去令尹而不憂之語乃是子文之事誤記耳況在軍中必無輕易廢置之理其爲一人無可疑者與其信諸子不如信傳 自有道論之則不然。此荆國之幸。言孫叔敖賢能事君以道致之於霸荆國得之幸也 荆莊王好周遊田獵。馳騁弋射。歡樂無遺。遺廢 盡傳其境內之勞與諸侯之憂於孫叔敖。事功巳勞盡俾付孫叔敖使憂之也○俾與付鎠舊作傳誤錢校改 孫叔敖日夜不息。不得以便生爲故。休息也不得以便利生性故不休息也 故使莊王功迹著乎竹帛。傳乎後世。莊王之霸功傳於後世乃孫叔敖之日夜不息以廣其君君德之所以成也

情欲

四曰。墨子見染素絲者而歎。墨子名翟魯人作書七十二篇 曰。染於蒼則蒼。染於黃則黃。所以入者變。其色亦變。五入而以爲五色矣。一入一色 故染不可不愼也。非獨染絲然也。○然舊誤作紗今據墨子所染篇改正 國亦有染。舜染於許由伯陽。舜顓頊五世之孫瞽瞍之子也名重華許由陽城人堯聘之不至伯陽蓋老子也舜時師之者也 禹染於皋陶伯益。禹顓頊六世孫鯀之子也名文命伯益皋陶之子也○案皋陶子乃伯翳非益也益乃高陽之第三子名隤敳者路史有辨甚明 湯染於伊尹仲虺。湯契後十二世孫主癸之子也名天乙伊尹湯相詩云實惟阿衡實左右商王仲虺居薛爲湯之左相皆賢德也孟子曰王者師臣也○當出外書或約與景丑語 武王

染於太公望周公旦。武王周文王之子名發太公望河内汲人也佐武王伐紂成王封之於齊周公旦武王之弟也輔成王封之於魯○梁伯子云齊魯皆武王所封此與長見篇注同謬此四王者。所染當。故王天下。所從染得其人故曰當立爲天子。功名蔽天地。蔽猶極也舉天下之仁義顯人。必稱此四王者。稱美其德以爲喻也夏桀染於干辛歧踵戎。桀夏后皋之孫癸之子也干辛歧踵戎桀之邪臣○干辛舊本作羊辛知度篇亦同案墨子及古今人表抱朴子良規篇與此書愼大篇皆作干辛說苑尊賢篇作干莘今據改正又歧踵戎墨子及諸書多作推哆亦作推侈殷紂染於崇侯惡來。紂帝乙之子名辛崇國侯爵名虎惡來嬴姓飛廉之子紂之諛臣○案書稱商王受或云字受德亦見書及逸周書此云名辛與史同周厲王染於虢公長父榮夷終。厲王周夷王之子名胡虢榮二卿士也傳曰榮夷公好專利而不知大難幽王染於虢公鼓祭公敦。幽王周厲王之孫宣王之子名宮皇虢公祭公二卿士也傳曰虢石父讒諂巧佞之人也以此教王其能久乎○墨子作染於傅公夷蔡公穀注宮皇諸書多作宮涅梁伯子云當從劉恕外紀子由古史作宮湦史記集解徐廣曰一作生惟名湦故又作生也此四王者。所染不當。故國殘身死。爲天下僇。不當者不得其人僇辱也舉天下之不義辱人。必稱此四王者。稱其惡以爲戒也齊桓公染於管仲鮑叔。桓公齊僖公之子名小白管鮑其二卿也晉文公染於咎犯郄偃。文公晉獻公之子名重耳咎犯郄偃者其二大夫○郄乃郤之俗字墨子作高偃御覽六百二十作郭偃荆莊王染於孫叔敖沈尹蒸。莊王楚穆王之子名旅孫沈其二大夫吳王闔廬染於伍員文之儀。闔廬吳王夷昧之子名光伍文其二大夫○文舊本訛作父今據尊師篇改正墨子作文義越王句踐染於范蠡大夫種。句踐允常之子范蠡楚三戶人也字少伯大夫種姓文氏字禽楚之鄒人○案越絕云范蠡始居楚生於宛橐或伍戶之虛伍戶疑即三戶它書引吳越春秋有云文種爲宛令之三戶之里見蠡案鄒是時尙書未屬楚尊師篇注又作楚鄞人皆誤當作楚之郢人錢詹事曉徵云太平寰宇記江陵府人物云文種楚南郢人此必本於高氏注北宋本猶未譌也種本楚郢人故得爲宛令若鄒若鄞皆非楚地矣王伯厚引呂覽注以種爲鄞人則南宋本已誤然虞仲翔朱育歷數會稽先賢初不及種乾道四明圖經寶慶四明志敍人物亦無及種者當依寰宇記改正此五君者。所染當。故霸諸侯。功名傳於後世。范吉射染於張柳朔王生。吉射晉范獻子鞅之子昭子也張柳朔王生二人孝吉射家臣也○墨子作長柳朔王勝中行寅染於黃藉秦高彊。寅晉大夫中行穆子之子荀子也黃藉秦高彊其家臣高彊齊子尾之子奔晉爲中行氏之臣〇墨子無黃字吳王夫差染於王孫雄太宰嚭。夫差吳王闔廬子也雄與嚭二人其大夫也嚭晉伯宗之孫楚州犂之子〇王孫雄墨子作王孫雒越絕吳越春秋皆作王孫駱說苑作公孫雒國語舊本亦作雒宋庠補音從史記定作雄且爲之說曰漢改洛爲雒疑洛字非吳人所名今案宋說誤也有駱有雒見於魯頌春秋文八年經書公子遂會雒戎傳作伊雒之戎宣三年傳楚子伐陸渾之戎遂至於雒漢書宏農郡上雒非後漢時始改也今不若各從本書爲得智伯瑤染於智國張武。智瑤宣子甲之子襄子也國武二人其家臣中山尚染於魏義椻長。尚魏公子牟之後魏得中山以邑之也義長其二臣也〇椻墨子作偃宋康王染於唐鞅田不禋。唐田宋康王之二臣〇荀子解蔽篇楊倞注亦作田不禋古今人表作田不禮御覽亦同墨子作佃不禮此六君者所染不當。故國皆殘亡。身或死辱。宗廟不血食。絕其後類。君臣離散。民人流亡。舉天下之貪暴可羞人。必稱此六君者。凡爲君。非爲君而因榮也。非爲君而因安也。以爲行理也。行理生於當染。故古之善爲君者。勞於論人。論猶擇也而佚於官事。得其經也。經道不能爲君者。傷形費神。愁心勞耳目。國愈危。身愈辱。不知要故也。愈益也益危辱者不知所行之要約也不知要故。則所染不當。所從染不得其人也所染不當。理奚由至。至猶得也六君者是已。六君者。非不重其國愛其身也。所染不當也。存亡故不獨是也。帝王亦然。爲帝王者亦當知所從染也非獨國有染也。孔子學於老聃孟蘇夔靖叔。三人皆體道者亦染孔子魯惠公使宰讓請郊廟之禮於天子。惠公魯孝公之子隱公之父桓王使史角往。惠公止之。止留其後在於魯。墨子學焉。其後史角之後也亦染墨翟此二士者。無爵位以顯人。無賞祿以利人。二士謂孔子墨翟舉天下之顯榮者。必稱此二士也。稱說也皆死久矣。從屬彌衆。弟子彌豐。充滿天下。彌益豐盛也言二士之徒顯榮者益盛散布故曰充滿天下王公大人。從而顯之。有愛子弟者。隨而學焉。

無時乏絕。子貢子夏曾子學於孔子。田子方學於子貢。段干木學於子夏。吳起學於曾子。禽滑釐學於墨子。許犯學於禽滑釐。○梁仲子云疑當作禽滑釐列子湯問篇莊子天下篇說苑反質篇皆作釐字此書尊師篇作禽滑黎列子楊朱篇作禽骨釐人表作禽屈釐列子殷敬順本亦同田繫學於許犯。孔墨之後學。顯榮於天下者衆矣。不可勝數。皆所染者得當也。

當染

五曰。由其道。功名之不可得逃。淮南記曰人甘非正爲蹠也蹠而爲往故曰不可得逃○案繆稱訓曰人之甘甘非正爲蹠也而蹠焉往彼注云臣之死君子之死父非以求蹠也而蹠焉往言蹠乃往至也彼後又注云蹠願也猶表之與影。若呼之與響。影晷也行則晷隨之呼則響應之推此言之故功名何可得逃也善釣者。出魚乎十仞之下。餌香也。七尺曰仞下猶底也善弋者。下鳥乎百仞之上。弓良也。弋繳射之也詩云弋鳧與鴈下猶隕也善爲君者。蠻夷反舌殊俗異習皆服之。德厚也。東方曰夷南方曰蠻其在四表皆爲夷也戎狄言語與中國相反因謂反舌一說南方有反舌國舌本在前末倒向喉故曰反舌○注舌本舊脫舌字孫據李善注文選陸佐公石闕銘補水泉深則魚鼈歸之。樹木盛則飛鳥歸之。庶草茂則禽獸歸之。人主賢則豪桀歸之。才過百人曰豪千人曰桀故聖王不務歸之者。而務其所以歸。務人使歸之末也而務其所行可歸本也故曰務其所以歸也彊令之笑不樂。彊令之哭不悲。無其中心故不樂不悲彊令之爲道也。可以成小。而不可以成大。虛稱可以僞制顯實難以詐成虛小實大也故曰不可以成大也缶醯黃蚋。聚之有酸。黃美也黃故能致酸酸故能致蚋徒水則必不可。水無酸故不可以致蚋也以狸致鼠。以冰致蠅。雖工不能。不能致也以茹魚去蠅。蠅愈至。茹讀茹船漏之茹字茹臭也愈益也○案易既濟六四繻有衣袽子夏易作茹又緝作帤韻會引黃庭經云人間紛紛臭如帤不可禁。禁止也○孫云李善注文選左太沖魏都賦引以茹魚驅蠅蠅愈至而不可禁以致之之道去之也。

致之者茹也去之不可也桀紂以去之之道致之也。去之殘暴也以致暴之道致治不治也罰雖重，刑雖嚴，何益。淮南記曰急轡利鏃非千里之御也嚴刑峻法非百王之治也故曰何益大寒既至，民煖是利；大熱在上，民清是走。故民無常處，見利之聚，無之去。處居也去移也欲爲天子，民之所走，不可不察。察猶知也今之世至寒矣，至熱矣，而民無走者，取則行鈞也。鈞等也等於亂暴也欲爲天子，所以示民，不可不異也。若殷紂暴亂武王以仁義伐之故曰不可不異行不異亂，雖信，今民猶無走。傳日以化平化謂之治以亂止亂何治之有故行不異亂雖欲信利民無有歸走也民無走，則王者廢矣。夫民以王者爲命王者以民爲本本無所走命無所制而不廢者未之有也暴君幸矣，民絕望矣。無明天子故暴亂諸侯以爲幸也民無所於救命故絕望故當今之世，有仁人在焉，不可而不此務，務其仁義有賢主。不可而不此事。事其仁義賢不肖不可以不相分。分猶異也○舊本異作與訛今以上文正之若命之不可易，命短不可爲使長也若美惡之不可移。堯舜爲美桀紂爲惡故曰不可移也桀紂貴爲天子，富有天下，能盡害天下之民，而不能得賢名之。殘義損善曰桀賤仁多累曰紂賢主於行何可虛得○案獨斷殘人多壘曰桀殘義損善曰紂史記集解作賊人多殺曰桀李石續博物志又作殘民多壘曰桀關龍逢、王子比干能以要領之死，爭其上之過。關龍逢桀忠臣也王子比干紂諸父也爭諫也桀紂皆殺之故曰能以要領之死爭其上之過也○關龍逢如字李本作逢非而不能與之賢名。不能致桀紂使享賢名若后稷好稼不能使禾自生名固不可以相分，必由其理。爲善得善名爲惡得惡名故曰必由其理

功名

呂氏春秋卷第三

季春紀第三　盡數　先己　論人　圜道

一曰。季春之月。日在胃。季春夏之三月胃西方宿趙之分野是月日躔此宿○案淮南天文訓胃魏之分野 昏七星中。旦牽牛中。七星南方宿周之分野牽牛北方宿越之分野是月昏旦時皆中於南方也 其日甲乙。其帝太皞。其神句芒。其蟲鱗。其音角。律中姑洗。姑洗陽律也姑故洗新是月陽氣發生去故就新竹管音中姑洗也○注發舊本作養訛初學記引作是月陽氣發故去故就新今定作發字其生字似不誤仍之 其數八。其味酸。其臭羶。其祀戶。祭先脾。桐始華。田鼠化爲鴽。桐梧桐也是月生葉故曰始華田鼠鼷鼠也鴽鶕鴾青州謂之鴾母周雒謂之鴽幽州謂之鶕也○案此注多訛脫夏小正傳云田鼠者嗛鼠也爾雅作鼷蓋頰裏藏食之鼠也注脫鼷字今補又鶕舊訛作鶴鴾母訛作鶹鴾案小正傳云鴽鵪也爾雅鴽鴾母郭注云鶕也青州呼鴾母列子釋文引夏小正田鼠化爲鴽作鶕鶕與鵪鶕竝同鶕以形近而訛故定爲鶕字鴾亦以形近訛鶹今據郭注改正鴾母讀爲牟無說文云鴽牟母也 虹始見。萍始生。虹螮蝀也兗州謂之虹詩曰螮蝀在東莫之敢指是也萍水藻是月始生○注虹舊訛訌謝校改萍月令作蓱鄭注蓱萍也今月令亦作萍誤 天子居青陽右个。右个南頭室也 乘鸞輅。駕蒼龍。載青旂。衣青衣。服青玉。食麥與羊。其器疏以達。說在孟春 是月也。天子乃薦鞠衣于先帝。周禮司服章曰王祀昊天上帝則服大裘而冕祀五帝亦如之又內司服章王后之六服有菊衣衣黃如菊花故謂之菊衣春王東方色皆尚青此云薦菊衣誘未達也○案內司服鄭注云鞠衣黃桑服也色如麴塵象桑葉始生蓋后妃服以躬桑者 命舟牧覆舟。五覆五反。乃告舟備具于天子焉。舟牧主舟官也是月天子將乘舟始漁恐有穿漏反覆視之五覆五反慎之至也 天子焉始乘舟。薦鮪于寢廟。乃爲麥祈實。焉猶於此自冬至此於是始乘舟薦進也鮪魚似鯉而小詩曰鱣鮪潑潑進此魚於寢廟禱祈宗祖求麥實也前曰廟後曰寢詩云寢廟奕奕言相連也○注潑潑詩作發發魯頌路寢孔碩新廟奕奕此引作寢廟奕奕蔡邕獨斷所引亦同相連舊作後連據獨斷改周禮隸僕注奕奕作繹繹云相連貌也 是月也。生氣方盛。陽氣發泄。生者畢出。○舊校云生一作牙案牙字是月令作句萌者盡達。不可以內。發泄猶布散也象陽達物亦當散出貨賄不可賦斂以內之 天子布德行惠。命有司發倉窌。
賜貧窮。振乏絕。方者曰倉穿地曰窌無財曰貧鰥寡孤獨曰窮行而無資曰乏居而無食曰絕振救也○月令窌作廩 開府庫。出幣帛。周天下。
勉諸侯。府庫幣帛之藏也周賜勉進 聘名士。禮賢者。聘問之也有明德之士大賢之人聘而禮之將與興化致理者也○注首聘問之也四字舊本缺孫據李善注文選棗道
彥雜詩增入 是月也。命司空曰。時雨將降。下水上騰。循行國邑。周視原野。司空主土官也是月下水
上騰恐有侵瀆害傷五稼故使循行遍視之廣平曰原郊外曰野 修利隄防。導達溝瀆。開通道路。無有障塞。障壅塞絕也 田
獵罼弋罝罘羅網餧獸之藥無出九門。罼掩網也弋繳射飛也詩云弋鳧與鴈罝兔網也詩云肅肅兔罝羅鳥網也詩云鴛鴦于飛罼之羅之罘
射麋罟也網其總名也天子城門十二東方三門王氣所在處尚生育明餧獸之藥所不得出也嫌餘三方九門得出故特戒之如言無也○罼弋月令作罼翳注云翳或作弋九門舊本作國門云一作九今案注作九爲是注
如言無也李本如作加謝云如而也李本不可從 是月也。命野虞無伐桑柘。野虞主材官桑與柘皆可以養蠶故命其官俾禁民不得斫伐 鳴鳩拂
其羽。戴任降于桑。鳴鳩班鳩也是月拂擊其羽直刺上飛數十丈乃復者是也戴任戴勝鵖也爾雅曰鶌鳩部生於桑是月其子彊飛從桑空中來下故曰戴任降于桑也○戴任月令作
戴勝淮南作戴鵀注不當訓鵖但舊本月令正義引爾雅亦作鵖鴀此作鶌鳩究屬鵖鴀二字之誤部生於桑云云不知所出 具栚曲篆筐。挾讀曰朕挾持也三輔謂之挾關東謂之持曲薄也青徐
謂之曲員底曰篆方底曰筐皆受桑器也是月立夏蠶生故敕具也○月令作具曲植籧筐淮南作具撲曲莒筐此書舊本作具挾曲篆筐挾與撲皆栚之訛文也說文云栚槌之橫者也槌即植也方言槌宋魏陳楚江淮之間
謂之植自關而西謂之槌齊謂之梓其橫關西曰栚宋魏陳楚江淮之閒謂之[illegible]齊部謂之持今據此幷注皆改正栚從朕省方言不省作[illegible]注栚持也舊本脫今從淮南注補則下文方有所承持丁革反舊本作關東謂之得
訛曲說文作苗云蠶薄也廣雅又從竹作筁段云蒙乃篆字之誤即記之籧也亦即筁也今依改正案郭璞注方言云篆古筁字 后妃齊戒。親東鄉躬桑。王者一后三夫人妃
即夫人與后參職配王兼衆事王者親耕故后妃親桑也以爲天下先勸衆民也 禁婦女無觀。觀遊 省婦使。勸蠶事。省其他使勸其趨蠶事 蠶事
既登。登成也 分繭稱絲效功。效致也絲多爲上功 以共郊廟之服。無有敢墮。郊祭天廟祭祖周禮內子章仲春詔后率內外
命婦蠶于北郊以爲祭服此之謂也○墮月令作惰同 是月也。命工師令百工審五庫之量。金鐵句 皮革筋句

角齒句羽箭幹句脂膠丹漆。句無或不良。良音百工咸理監工日號。無悖於時。監工工官之長悖逆也事可用作器無逆之也不作爲逆也無或作爲淫巧以蕩上心。淫巧非常詭怪若宋人以玉爲楮葉三年而成亂之楮葉之中不可別知之類也故日以蕩上心蕩動也○注舊本詭上衍說字今刪是月之末。擇吉日。大合樂。樂以和民故擇於是月下旬吉日大合六樂八音克諧簫韶九成周禮大胥司樂章以樂舞教國子舞雲門大卷大咸大韶大夏大護大武大合樂以和邦國以諧萬民以安賓客以悅遠人此之謂也天子乃率三公九卿諸侯大夫親往視之。視其樂也是月也。乃合纍牛騰馬。游牝于牧。纍讀如詩葛纍之纍纍牛父牛也騰馬父馬也皆將羣游從牝於牧之野風合之○纍月令作累淮南作騾淮南注讀葛藟之藟犧牲駒犢。舉書其數。舉其犢駒在犧牲者皆簿領書其頭數也國人儺。九門磔禳。以畢春氣。儺讀論語鄉人儺同命國人儺索宮中區隅幽闇之處擊鼓大呼驅逐不祥如今之正歲逐除是也九門三方九門也嫌非王氣所在故磔犬羊以禳木氣盡之故曰以畢春氣也○國人儺月令作命國儺淮南作令國儺此疑倒誤儺疑本作難故注讀從論語之儺同字疑後人所增區隅亦作嫗隅又一作歐隅行之是令。而甘雨至三旬。行之是令行是之令也十日曰旬○月令無此句淮南有下同季春行冬令。則寒氣時發。草木皆肅。國有大恐。行冬寒殺氣之令故寒氣早發草木肅𣗥木不曲直也氣不和故國大愳恐也○注行冬下舊本有令字衍今刪行夏令。則民多疾疫。時雨不降。山陵不收。行夏炎陽之令火干木故民疾疫雨澤不降故山陵所殖不收入行秋令。則天多沈陰。淫雨早降。兵革竝起。秋陰氣用事水之母也而行其令故多沈陰爲淫雨也陰爲兵器故竝起

季春紀

二曰。天生陰陽。寒暑燥溼。四時之化。萬物之變。莫不爲利。莫不爲害。順者利時逆者害時聖人察陰陽之宜。辨萬物之利。以便生。故精神安乎形。而年壽得長焉。精神內守無所貪欲故形性安形性安則壽命長也長也者。非短而續之也。畢其數也。畢盡也平其無欲之情不夭隕故盡其長久之數畢數

之務。在乎去害。何謂去害。大甘大酸大苦大辛大鹹。五者充形。則生害矣。大喜大怒大憂大恐大哀。五者接神。則生害矣。大寒大熱大燥大溼大風大霖大霧。七者動精。則生害矣。諸言大者皆過制也 故凡養生莫若知本。知本。則疾無由至矣。傳曰人受天地之中以生所謂命也孟子曰人性無不善本其善性閉塞利欲疾無由至矣 精氣之集也。必有入也。集於羽鳥與。為飛揚。○舊校云一作翔 集於走獸與。為流行。集於珠玉與。為精朗。集於樹木與。為茂長。集於聖人與。為夐明。集皆成也夐大也遠也夐讀如詩云于嗟夐兮○此韓詩 精氣之來也。因輕而揚之。因走而行之。因美而良之。因長而養之。○舊校云養一作善案此段用韻善字非也 因智而明之。因依也明智也 流水不腐。戶樞不螻。腐臭敗也○意林作不蠹 動也。形氣亦然。形不動則精不流。精不流則氣鬱。鬱處頭則為腫為風。腫與風皆首疾 處耳則為挶為聾。皆耳疾也 處目則為䁾為盲。䁾眵也盲無見皆目疾也○孫云李善注文選宋玉風賦引䁾作蔑高誘曰蔑眵此注舊本皆作䁾肝䁾誤今從彼注改正善又云蔑與䁾古字通亡結切眵亡支切 處鼻則為鼽為窒。鼽齆鼻窒不通 處腹則為張為疛。疛跳動皆腹疾○疛舊本作府誤也說文疛小腹疾此云跳動者詩小雅小弁云惄焉如擣釋文云本或作㾜韓詩作疛除又反義同此所訓正合 處足則為痿為蹷。痿不能行蹷逆疾也 輕水所多禿與癭人。禿無髮癭咽疾○所卽處下放此 重水所多尰與躄人。腫足曰尰躄不能行也 甘水所多好與美人。美亦好也 辛水所多疽與痤人。疽痤皆惡瘡也 苦水所多尪與傴人。尪突胷仰向疾也傴傴脊疾也 凡食無彊厚味。無以烈味。重酒。烈猶酷也重酒厚也 是以謂之疾首。疾首頭痛疾也○疾首猶言致疾之端注非是 食能以時。身必無災。時節也不過差故身無災疾也 凡食之道。無飢無飽。是之謂五藏之葆。葆安也 口必甘味。和精端容。將之以神氣。端正將養 百節虞歡。咸進受氣。飲必小咽。端直無戾。今世上卜筮禱祠，故疾病愈來。譬之若射者射而不中。反修于招。何益於中。于招埻藝也患射不能中不知循彀精藝而反修其標的故曰何益於中也○舊校云修一作循招一作的注埻舊誤作埻梁仲子云本生篇注云招埻的也外傳越語韋注云藝射的也于招蓋連文夫以湯止沸。沸愈不止。去其火。則止矣。故巫醫毒藥逐除治之。故古之人賤之也。爲其末也。古之人治正性保天命者也不然則邪氣乘之以疾病使巫醫毒藥除逐治之故謂賤之也若止沸以湯不去其火故曰爲其末也

數盡

三日。湯問於伊尹曰。欲取天下若何。湯爲諸侯時也伊尹對曰。欲取天下。天下不可取。可取身將先取。言不可取天下身將先爲天下所取也凡事之本。必先治身。嗇其大寶。嗇愛也大寶身也○舊校云治一作取用其新。棄其陳。腠理遂通。用藥物之新棄去其陳以療疾則腠理肌脈遂通利不閉也○趙云注非也此卽莊子所云吐故納新也梁仲子云淮南泰族訓呼而出故吸而入新亦相似精氣日新。邪氣盡去。及其天年。○孫云御覽七百二十及作反此之謂眞人。眞德之人昔者先聖王成其身而天下成。王道成也治其身而天下治。詹何曰未聞身治而國亂身亂而國治者此之謂也故善響者不於響於聲。聲善則響善也善影者不於影於形。形正則影正爲天下者不於天下於身。身正則天下治詩曰。淑人君子。其儀不忒。其儀不忒。正是四國。忒差也言正諸身也。故反其道。而身善矣。體道無欲故身善行義。則人善矣。行仁義於所宜則人善之矣樂備君道。而百官已治矣。樂服行君人無爲之道則百官承使化職事也○注當云則百官承化職事已治也舊本有脫誤萬民已利矣。君無爲則萬民安利三者之成也。在於無爲。無爲之道曰勝天。天無爲而化君能無爲而治民以爲勝於天義曰利身。能行仁義則可以利其身君曰勿身。爲君之道務在

利民勿自利身故曰勿身 勿身督聽。督正也正聽不傾聽也○舊本作傾不聽也訛今乙正 利身平靜。行仁義故能平靜也 勝天順性。無爲而不欲故能順性 順性則聰明壽長。順法天性則聰明也虞書云天聽明自我民聽明此之謂也法天無爲故壽長久也 平靜則業進樂鄉。行仁義則民業進而樂鄉 督聽則姦塞不皇。正聽萬法賞罰分明故姦軌塞斷於不皇皇暇也 故上失其道則邊侵於敵。君無道則敵國侵削其邊俘其民也論語曰上失其道民散久矣此之謂也 內失其行名聲墮於外。內失撫民之行則鄰國賤之故曰名聲墮於外也若晉惠公背外內之賂殺李克之黨內無忠臣之輔外無諸侯之助與秦穆公戰而敗亡○趙云內失其行不能反道以善身故名聲墮於外也李克內外傳作里克古李里通用 是故百仭之松本傷於下而末槁於上。本根也君亦國之本 商周之國謀失於胷。商周二王之季也胷猶內 令困於彼。彼亦外也 故心得而聽得。得猶知也 聽得而事得事得而功名得。事專必得之則功成名立故功名得也 五帝先道而後德。五帝黃帝高陽高辛堯舜先猶尚也 故德莫盛焉。德之大者無出於五帝 三王先教而後殺。三王夏商周也 故事莫功焉。成王事之功無過於三王○孫云御覽七十七作三王先德而後事故功莫大焉 五伯先事而後兵。五伯昆吾大彭豕韋齊桓晉文 故兵莫彊焉。兵之彊者無彊於五伯者也 當今之世巧謀竝行詐術遞用。遞代 攻戰不休亡國辱主愈衆。愈益衆多 所事者末也。事治 夏后伯啓與有扈戰於甘澤而不勝。有扈夏同姓諸侯傳曰啟伐有扈書曰大戰於甘乃召六卿王曰六事之人予誓告汝有扈氏威侮五行怠棄三正天用勦絕其命今予惟龔行天之罰此之謂也○夏后伯啟舊本作夏后相孫云如果爲相注不應但據啟事爲證考御覽八十二帝啟事中引此作夏后伯啟乃知今本誤也然困學紀聞亦引作夏后相則南宋時本已誤矣盧云案伯古多作柏後人疑爲相因幷誤刪啟字 六卿請復之。請復戰也 夏后伯啓曰不可吾地不淺。淺褊 吾民不寡戰而不勝是吾德薄而教不善也。於是乎處不重席食不貳味琴瑟不張。張施 鍾鼓不修。修設 子女不飭。不文飭也○飭與飾通御覽二百七十九作飾 親親長長。長長敬長 尊賢使能。期年而有扈氏服。服從 故欲勝人者必先自勝欲論人者必先自論。傳曰惟無瑕者可以戮人亦由無關者可以論人身有關而論人是爲自論也○趙云必先自論與上自勝下自知一例注竝非欲知人者必先自知。知人則哲惟帝其難之故當先自知而後求知人也詩曰執轡如組。組讀組織之組夫組織之匠成文於手猶良御執轡於手而調馬足以致萬里也○注足以舊本作口以訛孔子曰審此言也可以爲天下。審實也爲治也子貢曰何其躁也。孔子曰非謂其躁也謂其爲之於此而成文於彼也。聖人組修其身而成文於天下矣。故子華子曰丘陵成而穴者安矣。穴而處之大水深淵成而魚鼈安矣。沈而居之松柏成而塗之人已蔭矣。成茂孔子見魯哀公。哀公定公宋之子蔣也哀公曰有語寡人曰爲國家者爲之堂上而已矣。夫人皆治堂以行禮治國亦當以禮故曰爲之堂上而已矣○說苑政理篇家語賢君篇俱作衞靈公問寡人以爲迂言也。迂遠孔子曰此非迂言也。丘聞之得之於身者得之人。失之於身者失之人。論語曰君子求諸己故曰得之身者得諸人失之身則失之人也不出於門戶而天下治者。其惟知反於己身者乎。反者大也

先己

四曰。主道約。君守近。近者守之於身也太上反諸己。其次求諸人。其索之彌遠者。其推之彌疏。索求彌益也○注求下舊衍之字其求之彌彊者。失之彌遠。何謂反諸己也。適耳目。節嗜欲。釋智謀。去巧故。釋亦去也巧故僞詐也而游意乎無窮之次。次舍事心乎自然之塗。事治也自然無爲塗道也若此則無以害其天矣。天身無以害其天則知精。精明微知精則知神。知神之謂得一。一道也凡彼萬形。得一後成。天道生萬物萬物得一乃後成也故知一。則應物變化。闊大淵深。不可測也。測盡極也德行昭美。比於日月。不可息也。息滅也豪士時之遠

方來賓。不可塞也。塞遏也 意氣宣通。無所束縛。不可收也。收守〇收疑當作牧與韻叶牧亦訓守 故知知一。則復歸於樸。樸本也 嗜欲易足。取養節薄。不可得也。不可得使多欲厚自養也一日若此人者不可得 離世自樂。中情潔白。不可量也。離世不羣量行也〇量字亦疑誤 威不能懼。嚴不能恐。不可服也。不可無威得威方服〇注不可二字疑衍蓋言無威而使威力皆服也 故知知一。則可動作當務。與時周旋。不可極也。極窮 舉錯以數。取與遵理。不可惑也。惑眩 言無遺者。集肌膚。不可革也。遺失也孝經曰言滿天下無口過此之謂也革更也〇正文有脫字 讒人困窮。賢者遂興。不可匿也。匿猶伏也〇注伏舊訛任今改正 故知知一。則若天地然。則何事之不勝。勝猶任也 何物之不應。應當也 譬之若御者。反諸己。則車輕馬利。致遠復食而不倦。倦罷〇復食二字未詳 昔上世之亡主。以罪為在人。故日殺僇而不止。以至於亡而不悟。亡主若桀紂者也以罪為在他人故多殺僇是滅亡之道也而不自覺知也 三代之興王。以罪為在己。故日功而不衰。以至於王。三代禹湯文王也日行其人民之功不衰倦以至於王有天下也 何謂求諸人。人同類而智殊。殊異 賢不肖異。皆巧言辯辭。以自防禦。防禦仇也〇注疑有誤 此不肖主之所以亂也。亂惑〇主舊作王案下有賢主則此當作不肖主明矣今改正 凡論人。通則觀其所禮。通達也孟子曰達則兼善天下故觀其所賓禮 貴則觀其所進。進薦也堯薦舜舜薦禹傳曰善進善不善蔑由至矣不善進不善善亦蔑由至矣故曰觀其所進也 富則觀其所養。聽則觀其所行。養則養賢也行則行仁也故觀之也〇聽謂聽言也 止則觀其所好。習則觀其所言。好則好義言則言道 窮則觀其所不受。賤則觀其所不為。不受非其類也不為諂諛〇不受非分之財不為非義之事 喜之以驗其守。守情守也 樂之以驗其僻。僻邪 怒之以驗其節。節性 懼之以驗其特。特獨也雖獨不恐 哀之以驗其人。人人可哀不忍之也 苦之以驗其志。鑽堅攻難不成不止故曰以驗其志也八觀六驗。此賢主之所以論人也。論猶論量也論人者。又必以六戚四隱。六戚六親也四隱相隱而揚長蔽短也○注短字舊闕今案文義補何謂六戚。父母兄弟妻子。何謂四隱。交友故舊邑里門郭。內則用六戚四隱。外則用八觀六驗。人之情僞貪鄙美惡無所失矣。言盡知之譬之若逃雨汙。無之而非是。皆是用也此先聖王之所以知人也。

論人

五曰。天道圜。地道方。聖王法之。所以立上下。上君下臣何以說天道之圜也。精氣一上一下。圜周復雜。無所稽留。故曰天道圜。雜猶匝無所稽留運不止也○御覽二及十五俱作圜周復無雜此出後人所增益不可信也何以說地道之方也。萬物殊類殊形。皆有分職。不能相爲。故曰地道方。不能相爲不能相兼主執圜。臣處方。方圜不易。其國乃昌。日夜一周。圜道也。圜天道也月躔二十八宿。軫與角屬。圜道也。躔舍也軫南方鶉尾角東方蒼龍行度所經也○趙云二十八宿始角終軫軫角相接注不分曉精行四時。一上一下各與遇。圜道也。精日月之光明也物動則萌。萌而生。生而長。長而大。大而成。成乃衰。衰乃殺。殺乃藏。圜道也。藏潛也雲氣西行云云然。云運也周旋運布膚寸而合西行則用也○注云運也舊本作遊也誤今改正冬夏不輟。輟止也水泉東流。日夜不休。休息也上不竭。下不滿。水從上流而東不竭盡也下至海受而不滿溢也小爲大。重爲輕。圜道也。小者泉之源也流不止也集於海是爲大也水經而重升作爲雲是爲輕也黃帝曰。帝無常處也。無常處言無爲而化乃有處也有處者乃無處也。有處有爲也有爲則不能化乃無處爲也以言不刑蹇。圜道也。刑法也言無刑法故蹇難也天道正刑不法故曰圜道也）人之竅九。一有所居則八虛。（居讀曰居處之居居猶壅閉也）八虛甚久則身斃。（虛病斃死）故唯而聽。唯止。（聽則唯止矣）聽而視。聽止。（視則聽止矣）以言說一。（一道一本）一不欲留。留運爲敗。（留滯）圜道也。一也。齊至貴。（道無匹敵故曰至貴也○孫云李善注文選江文通擬孫廷尉詩引作一也者至貴者也）莫知其原。莫知其端。莫知其始。莫知其終。而萬物以爲宗。（道無形其原始終極莫能知之道生萬物以爲宗本）聖王法之。以令其性。以定其正。（○舊校云令一作全正一作生）以出號令。令出於主口。官職受而行之。（官職職官之長○注似當作官職百官之職）日夜不休。宣通下究。（宣徧布也）瀸於民心。遂於四方。（瀸洽浹達○注舊本作遂遠訛今改正）還周復歸。至於主所。圜道也。令圜。則可不可善不善無所壅矣。（不可者能令之可不善者能令之善化使然也皆通之故曰無所擁）無所壅者。主道通也。（言納忠受諫臣情上達無所擁蔽是爲君之道通也）故令者。人主之所以爲命也。賢不肖安危之所定也。（君者法天天無私故所以爲命也賦命各得其中安與危無怨讟故曰定也○正文安下舊本衍之字今刪）人之有形體四枝。其能使之也。爲其感而必知也。（感者痛恙也手足必知其處所故使之也）感而不知。則形體四枝不使矣。（不能相使則形體疾也）人臣亦然。號令不感。則不得而使矣。（不可得而使則國亂）有之而不使。不若無有。（不若無臣）主也者。使非有者也。（湯使桀臣武王使紂臣皆非其有也）舜禹湯武皆然。先王之立高官也。必使之方。（方正）方則分定。分定則下不相隱。（隱私也君臣上下無私邪相擁蔽之）堯舜賢主也。皆以賢者爲後。不肯與其子孫。（以賢者爲後謂禪位也堯傳舜舜傳禹故曰不肯與其子孫也）猶若立官必使之方。（方正不私邪之謂也）今世之人主。皆欲世勿失矣。（父死子繼曰世）而與其子孫。立官不能使之方。以私欲亂之也。何哉。其所欲者之遠。而所知者之近也。（自傳子孫冀世世不失是其所欲者之遠也子孫不肖驕淫濫虛必見改置不得長久是所知者之近也今五音之無不應也。其分審也。各守其聲集以成和故曰其分審宮徵商羽角。各處其處。音皆調均。不可以相違。此所以無不受也。受亦應也○舊本脫無字則義相反今依上文補之注也字舊作之亦改正賢主之立官有似於此。百官各處其職治其事以待主。主無不安矣。以此治國。國無不利矣。以此備患。患無由至矣。○患字本亦有不疊者今從許本汪本

圜道

呂氏春秋卷第四

孟夏紀第四　勸學　尊師　誣徒　用衆

一日。孟夏之月。日在畢。孟夏夏之四月也畢西方宿秦之分野是月日躔此宿也〇案淮南天文訓畢魏之分野與此注不同昏翼中。旦婺女中。翼南方宿楚之分野婺女北方宿越之分野是月昏旦時皆中於南方〇案注婺女北方宿舊作南方誤淮南作須女與此與季冬紀注皆云越不同其日丙丁。其帝炎帝。丙丁火日也炎帝少典之子姓姜氏以火德王天下是爲炎帝號曰神農死託祀於南方爲火德之帝其神祝融。祝融顓頊氏後老童之子吳回也爲高辛氏火正死爲火官之神其蟲羽。其音徵。盛陽用事鱗散而羽故曰其蟲羽羽蟲鳳爲之長徵火也位在南方律中仲呂。其數七。仲呂陰律也陽散在外陰實在中所以旅陽成功也故曰仲呂五行數五火第二故曰七〇舊本在中作其中旅陽作類陽成功二字脫在下作其數成功五梁仲子據初學記所引改正五行數五亦據前後文改其性禮。其事視。〇月令無此二句此書前後亦無此例當爲衍文其味苦。其臭焦。火味苦火臭焦其祀竈。祭先肺。吳回回祿之神託於竈是月火王故祀之也肺金也祭禮之先進肺用其勝也一曰肺火自用其藏〇注吳回舊作吳國訛今改正螻蟈鳴。丘蚓出。螻蟈蝦蟇也是月陰氣動於下故陰類鳴丘蚓從土中出〇注丘蚓下舊本有蝦蟇二字乃衍文今刪王菩生。苦菜秀。菩或作瓜瓠瓠也是月乃生爾雅云不榮而實曰秀榮而不實曰英苦菜當言英者也〇王菩舊本幷注皆訛作王善案月令王瓜生注云今月令云王萯生此書必本作菩古菩萯通用郭璞注穆天子傳茅萯云萯今菩字音倍集韻音蓓與萯通此書劉本疑王菩誤徑依月令作王瓜生幷改注云王瓜即今栝樓也大違闕疑之義天子居明堂左个。明堂南鄉堂左个東頭室乘朱輅。駕赤騮。順火德也騂馬黑尾曰騮載赤旂。衣赤衣。服赤玉。皆赤順火也食菽與雞。其器高以觕。菽豆也觕大也器高大以象火性是月也。以立夏。春分後四十六日立夏立夏多在是月先立夏三日。太史謁之天子。曰某日立夏。盛德在火。太史說在孟春以盛德在火火王南方也天子乃齋。說在孟春立夏之日。天子親率三公九卿大夫。以迎夏於南郊。南郊七里之郊還乃行賞。封侯慶賜。無不欣說。還從南郊還也封侯命以茅土傳曰賞以春夏刑以秋冬此之謂也無不欣說咸賴其所賜 乃命樂師習合禮樂。禮所以經國家定社稷利人民樂所以移風易俗蕩人之邪存人之正性故命樂師使習合之 命太尉贊傑儁。遂賢良。舉長大。命使贊白也千人爲俊萬人爲傑遂達也有賢良長大之人皆當白達舉用之故齊桓公命於子之鄉有孝於父母聰慧質仁秀出於衆者則以告有不以告謂之蔽賢而舉之此之謂也○注白達舊訛作自達又於子之鄉作於天子之鄉聰慧質仁作聰慧質直仁齊語無天字質字今皆刪正 行爵出祿。必當其位。當直也 是月也。繼長增高。無有壞隳。象陽長養物也○隳月令作墮釋文云又作隳 無起土功。無發大衆。無伐大樹。所以順陽氣 是月也。天子始絺。絺細葛也論語曰當暑袗絺綌此之謂也 命野虞出行田原。勞農勸民。無或失時。勞勉勸敎使民不失其時○月令勞農上有爲天子三字 命司徒循行縣鄙。縣畿內之縣縣二千五百家也鄙五百家也司徒主民故使循行 命農勉作。無伏于都。伏藏都國○月令伏作休 是月也。驅獸無害五穀。無大田獵。爲天物也

農乃升麥。升獻○月令作農乃登麥升猶登也舊本作收今據注定作升 天子乃以彘嘗麥。先薦寢廟。麥始熟故言嘗彘水畜夏所宜食也先寢廟孝之至 是月也。聚蓄百藥。靡草死。是月陽氣極藥草成故聚積之也靡草葶亭歷之類○靡月令作靡 麥秋至。斷薄刑。決小辠。出輕繫。是月陽氣盛於上及五月陰氣伏於下故斷薄刑決小辠順殺氣也輕繫不及於刑者解出之 蠶事既畢。后妃獻繭。乃收繭稅。以桑爲均。均平也桑多稅多桑少稅少 貴賤少長如一。以給郊廟之祭服。是月也。天子飲酎。用禮樂。酎春醞也是月天子乃與羣臣飲酒作樂詩云爲此春酒以介眉壽 行之是令。而甘雨至三旬。行之是令行此之令也旬十日也十日一雨三旬三雨也

孟夏行秋令。則苦雨數來。五穀不滋。四鄙入保。孟夏盛陽而行金氣殺戮之令水生於金故苦雨殺穀不滋茂也四境之民畏寇賊來入城郭以自保守也 行冬令。則草木早枯。後乃大水。敗其城郭。行冬寒固閉之令故草木早枯大水壞其城郭姦時逆行之徵也 行春令。則蟲蝗爲敗。暴風來格。秀草不實。是月當繼長增高助長陽而行春啟蟄之令故有蟲蝗之敗春木氣多風故暴疾之風應氣而至使當秀之草不長茂

孟夏紀

二曰。先王之教。莫榮於孝。莫顯於忠。忠孝。人君人親之所甚欲也。顯榮。人子人臣之所甚願也。然而人君人親不得其所欲。人子人臣不得其所願。此生於不知理義。不知理義在君父則不仁不慈在臣子則不忠不孝故君父不得其所欲也不仁不慈故臣子不得其所願也 不知義理生於不學。生猶出○義理亦當同上文作理義 學者師達而有材。吾未知其不爲聖人。學者師道達其義而有材秀言聖人之言行聖人之行是則聖人矣故曰吾未知其不爲聖人也 聖人之所在。則天下理焉。理治 在右則右重。在左則左重。重尊也德大行可順移也 是故古之聖王。未有不尊師者也。尊師。則不論其貴賤貧富矣。言道重人輕 若此。則名號顯矣。德行彰矣。故師之教也。不爭輕重尊卑貧富。論語曰人能弘道非道弘人故曰不爭輕重尊卑 而爭於道。其人苟可。其事無不可。易繫辭曰苟非其人道不虛行故曰其人苟可其事無不可 所求盡得。所欲盡成。此生於得聖人。聖人生於疾學。疾趨也 不疾學。而能爲魁士名人者。未之嘗有也。魁大之士名德之人 疾學在於尊師。師尊。則言信矣。道論矣。信從也言從則其道見講論矣 故往教者不化。召師者不化。易曰匪我求童蒙童蒙來求我故往教之師不見化從也童蒙當求師而反召師亦不宜化師之道也○梁仲子云案周易釋文童蒙求我一本作來求我此注所引從或本也又而反召師舊本師訛也今改正 自卑者不聽。言往教之師不見聽也 卑師者不聽。謂召師而學亦不聽師言也 師操不化不聽之術。而以彊教之。欲道之行。身之尊也。不亦遠乎。言愈遠於尊也 學者處不化不聽之勢。而以自行。欲名之顯。身之安也。是懷腐而欲香也。是入水而惡濡也。腐爛必臭懷而欲其香入水必濡而惡之皆不可得也 凡說者。兌之也。非說之也。○舊校云一作本 今世之說者。多弗能兌。而反說之。夫弗能兌而反說。是拯溺而硾之以石也。硾沈也能段殺人何拯之有○舊校云拯一作承案拯承通 是救病而飲之以堇也。救治也堇毒藥也能毒殺人何治之有 使世益亂不肖主重惑者。從此生矣。故爲師之務。在於勝理。在於行義。行尊道貴德之義 理勝義立。則位尊矣。王者不臣師是位尊也○孫云以上下文參校義立當作義行 王公大人。弗敢驕也。不敢驕侮輕慢師道 上至於天子朝之而不慙。天子朝師尊有德故不慙 凡遇合也。合不可必。師道與天子遭時見尊不可必常也 遺理釋義以要不可必。要求也 而欲人之尊之也。不亦難乎。爲師如是不見尊之道也故曰不亦難乎 故師必勝理行義然後尊。曾子曰。君子行於道路。其有父者可知也。其有師者可知也。夫無父而無師者。餘若夫何哉。此言事師之猶事父也。曾點使曾參。過期而不至。曾點曾參父也詩云期逝不至而多爲恤此之謂也 人皆見曾點曰。無乃畏邪。畏猶死也 曾點曰。彼雖畏。我存。夫安敢畏。孔子畏於匡。顏淵後。孔子曰。吾以汝爲死矣。顏淵曰。子在。回何敢死。顏回之於孔子也。猶曾參之事父也。古之賢者與。句 其尊師若此。故師盡智竭道以教。尊師猶尊父則師不爲之愛道也故曰盡智竭道以教也

勸學○一日觀師

三日。神農師悉諸。黃帝師大撓。悉姓諸名也大撓作甲子○漢書古今人表亦作悉諸新序雜事五引呂子作悉老大撓作大真人表作大填 帝顓頊師伯夷父。帝嚳師伯招。帝堯師子州支父。○舊本無支字校云一作友則於文無所麗孫據御覽四百四所引補支字與莊子漢書人表皇甫謐高士傳皆合貴生篇作子州友父嵇康高士傳亦同見御覽五百九此卽舊校者所據本也 帝舜師許由。禹師大成贄。○新序作執 湯師小

臣。小臣謂伊尹文王武王師呂望周公旦。齊桓公師管夷吾。○新序有隰朋晉文公師咎犯隨會。咎犯狐偃也隨會范武子○案隨會在文公後此與說苑尊賢篇晉文侯行地登隧隨會不扶皆記者之誤也梁伯子云列子說符又以隨會與趙文子並時亦非秦穆公師百里奚公孫枝。百里奚故虞臣也公孫枝大夫子桑也楚莊王師孫叔敖沈尹巫。沈縣大夫○舊本尹作申訛其名多不同當染篇作沈尹蒸察傳篇作沈尹筮贊能篇作沈尹莖此又作巫新序作竺諸宮舊事作華文皆相近吳王闔閭師伍子胥文之儀。文氏之儀名越王句踐師范蠡大夫種。范蠡字少伯楚人也大夫種姓文字禽楚郢人○注郢舊本訛作鄞今改正說見當染篇此十聖人六賢者。未有不尊師者也。今尊不至於帝。智不至於聖。而欲無尊師。奚由至哉。至於道此五帝之所以絕。三代之所以滅。言五帝三代之後不復重道尊師故所以絕滅且天生人也。而使其耳可以聞。不學。其聞不若聾。聾無所聞也使其目可以見。不學。其見不若盲。盲無所見也○梁仲子云意林作耳有所聞不學而不如聾目有所見不學而不如盲馬氏蓋以意節之耳使其口可以言。不學。其言不若爽。爽病無所別也○新序爽作喑孫云御覽三百六十六作其言曲以爽使其心可以知。不學。其知不若狂。闇行妄發之謂狂○孫云御覽作其知暗以狂故凡學非能益也。○御覽能益上有爲字新序能益下有之字達天性也。能全天之所生而勿敗之。是謂善學。敗毀也子張魯之鄙家也。鄙小顏涿聚梁父之大盜也。學於孔子。段干木晉國之大駔也。駔儈人也○注儈疑與儈通學於子夏。子夏孔子弟子卜商之字高何縣子石。○墨子書弟子有高石子不見此二人齊國之暴者也。指於鄉曲。其暴虐爲鄉曲人所斥也學於子墨子。墨翟索盧參東方之鉅狡也。鉅大狡猾學於禽滑黎。禽滑黎墨子弟子○此注末有一作禽滑四字當出舊校者之辭但滑字各書或作骨或作屈黎字或作氂或作釐至禽字各書俱同未見有作禽者墨子耕柱篇有駱滑氂好勇聞鄉有勇士必殺之墨子謂非好勇是惡勇則非墨子弟子也此六人者。刑戮死辱之人也。今非徒免於刑戮死辱也。由此爲天下名士顯人以終其壽。壽年也王公大人從而禮之。此得之於學也。學以致之無鬼神也故曰得之凡學必務進業。心則無營。營惑疾諷誦。疾力謹司聞。司候○司古伺字觀驩愉問書意。視師歡悅以問書意順耳目。不逆志。不自干逆力學之志退思慮。求所謂。求所思慮是而行之時辨說以論道。辨別道之義理不苟辨。必中法。不苟口辨反是爲非言中法制得之無矜。失之無慙。矜自伐無慙悋也必反其本。本謂本性也生則謹養。謹養之道。養心爲貴。貴尙也○所謂養志是也死則敬祭。敬祭之術。時節爲務。四時之節○舊校云時一作祟此所以尊師也。治唐圃。疾灌寖。務種樹。唐隄以壅水圃農圃也樹稼也織葩屨。○案葩疑萉字之誤說文萉枲實也或作黂蓋萉屨即後人所謂麻鞵耳案晏子問下篇有治唐園考菲履之語萉音與菲亦相近益明爲萉字無疑結罝網。捆蒲葦。之田野。力耕耘。事五穀。事治也如山林。入川澤。如往也川澤有水故言入也取魚鼈。求鳥獸。此所以尊師也。視輿馬。愼駕御。○舊校云愼一作順適衣服。務輕煗。臨飲食。必蠲絜。蠲讀曰圭也○舊校云絜字一作祭善調和。務甘肥。必恭敬。和顏色。審辭令。疾趨翔。○翔與蹌同必嚴肅。此所以尊師也。君子之學也。說義必稱師以論道。論明聽從必盡力以光明。聽從師所行聽從不盡力。命之曰背。說義不稱師。命之曰叛。背戾也叛換也言學者聽從不盡其力猶民背國說義不稱其師猶臣叛君○注以換訓叛換易也詩卷阿伴奐徐邈音畔換箋云自縱弛之意學者以己聰見易師之說即是自放縱叛其師也背叛之人。賢主弗內之於朝。賢明君子不與交友。不與背叛之人爲交友故教也者。義之大者也。學也者。知之盛者也。義之大者。莫大於利人。利人莫大於教。以仁義利之教然後知故曰莫大於教也知之盛者。莫大於成身。成身莫大於學。成身遂爲君子以致之故曰莫大於學身成。則爲人子弗使而孝矣。爲人臣弗令而忠矣。爲人君弗彊而平矣。有大勢可以爲天下正矣。天下正者正天下也 故子貢問孔子曰。後世將何以稱夫子。孔子曰。吾何足以稱哉。勿已者。則好學而不厭。好教而不倦。其惟此邪。天子入太廟祭先聖。則齒嘗爲師者弗臣。所以見敬學與尊師也。太學明堂也

尊師

四曰。達師之教也。達通也 使弟子安焉樂焉休焉游焉肅焉嚴焉。此六者得於學。則邪辟之道塞矣。塞斷也 理義之術勝矣。術道也勝猶行也 此六者不得於學。則君不能令於臣。父不能令於子。師不能令於徒。○舊云此篇一名誣役凡篇中徒字皆作役徒與役謂弟子也案此段疑非高氏之文 人之情不能樂其所不安。不能得於其所不樂。爲之而樂矣。奚待賢者。雖不肖者猶若勸之。爲之而苦矣。奚待不肖者。雖賢者猶不能久。久長也 反諸人情。則得所以勸學矣。子華子曰。王者樂其所以王。子華子古之體道人樂其所以王故得王湯武是也 亡者亦樂其所以亡。樂其所以亡故得亡桀紂是也 故烹獸不足以盡獸。嗜其脯則幾矣。幾近也 然則王者有嗜乎理義也。嗜猶樂也樂行理義 亡者亦有嗜乎暴慢也。所嗜不同。故其禍福亦不同。審理義則獲福嗜暴慢則獲禍故曰禍福亦不同 不能教者。志氣不和。取舍數變。固無恒心。若晏陰喜怒無處。晏陰喻殘害也處常也 言談日易。以恣自行。失之在己。不肯自非。謂若桀紂罪人 愎過自用。不可證移。愎戾證諫 見權親勢。及有富厚者。不論其材。不察其行。敺而教之。阿而諂之。若恐弗及。見權勢及富厚者故不論其材行阿意諂之恐不見及 弟子居處修潔。身狀出倫。倫匹 聞識疏達。

就學敏疾。本業幾終者。則從而抑之。（幾近也）難而懸之。妬而惡之。弟子去則冀終。（弟子欲去則冀其業且由豫也）居則不安。（居近也苦其惡不安也）歸則愧於父母兄弟。（愧慙）出則慙於知友邑里。此學者之所悲也。（悲悼）此師徒相與異心也。人之情惡異於己者。此師徒相與造怨尤也。（造作）人之情不能親其所怨。不能譽其所惡。學業之敗也。道術之廢也。從此生矣。（廢失）善教者則不然。視徒如己。（徒謂弟子也）反己以教。則得教之情也。（情理○朱本也作矣）所加於人。必可行於己。（所施於人者人樂也故曰必可行於己）若此則師徒同體。（體行也）人之情愛同於己者。譽同於己者。助同於己者。學業之章明也。道術之大行也。從此生矣。不能學者。從師苦而欲學之功也。（苦讀如盬會之盬苦不精至也功名也欲得爲名○注盬舊作監訛此以盬惡訓苦但會字未詳亦恐有訛精至即精緻其云功名也謨功與苦相反與下文淺深一例齊語云工辨其功苦注云堅曰功脆曰苦）從師淺而欲學之深也。（欲人謂之學深也）草木雞狗牛馬。不可譙詬遇之。譙詬遇之。則亦譙詬報人。（譙詬猶禍惡也○譙詬疑即賈誼疏之奊詬謂遇之不如其分也彼顏注云無志分此注云禍惡亦各以意解耳舊校云譙一作護更難通）又況乎達師與道術之言乎。（達通也）故不能學者。遇師則不中。用心則不專。（不中不正也不專不壹也）好之則不深。就業則不疾。（不心好之故不能深就業不疾速也）辯論則不審。（不能明是非）教人則不精。（教效也效人別是非不能精核）於師慍。（慍怒也不能別是非故怨於師）懷於俗。（懷安也）羈神於世。（羈牽也神御也世時也○蓋謂其精神縈擾於世務而不能脫然也注訓神爲御未詳）矜勢好尤。故湛於巧智。（矜大其權勢好爲尤過之事湛沒於巧詐之智）昏於小利。惑於嗜欲。（昏迷惑悖也）問事則前後相悖。（悖亂）以章則有異心。（心猶義也○舊校云章一作軍）以簡則有相反。（反易○舊校云簡一作文）離則不能合。合則弗能離。（離別）事

至則不能受。受猶成也 此不能學者之患也。患害也

誣徒○一作誣役

五日。善學者若齊王之食雞也。必食其跖數千而後足。跖雞足踵喻學者取道衆多然後優也跖讀如捃摭之摭○淮南說山訓數千作數十注取道舊本作之道亦從彼注改 雖不足。猶若有跖。食雞跖衆而後足也若有博學多藝如食雞跖道乃傑也○正文難曉注重釋上文於此句殊不比附竊疑正文不字乃衍文謂雖足而猶若有跖未盡食者此則學如不及唯恐有聞爲足以形容好學者貪多務得之意耳 物固莫不有長。莫不有短。人亦然。亦有長短 故善學者假人之長以補其短。故假人者遂有天下。無醜不能。無惡不知。故孔子入太廟每事問是不醜不能不惡不知 醜不能惡不知。病矣。病困 不醜不能不惡不知。尙矣。尙上也 雖桀紂猶有可畏可取者。而況於賢者乎。桀作瓦紂作胡粉今人業之尙可取之一隅 故學士曰。辯議不可不爲。不可爲者不可施也 辯議而苟可爲。是教也。教大議也。辯議而不可爲。是被褐而出。衣錦而入。被褐在外衣錦盛內故不可 戎人生乎戎長乎戎。而戎言。不知其所受之。楚人生乎楚長乎楚。而楚言。不知其所受之。今使楚人長乎戎。戎人長乎楚。則楚人戎言。戎人楚言矣。孟子曰有楚大夫欲其子之齊言也使一齊人傅之衆楚人咻之雖日撻而求其齊也不可得矣引而置之莊嶽之閒數年雖日撻而求其楚亦不可得矣此之謂也 由是觀之。吾未知亡國之主不可以爲賢主也。欲以楚人戎言戎人楚言化移之 其所生長者不可耳。故所生長不可不察也。天下無粹白之狐。而有粹白之裘。粹純 取之衆白也。夫取於衆。此三皇五帝之所以大立功名也。三皇伏羲神農女媧也五帝黃帝帝嚳顓頊帝堯帝舜也○注女媧當在神農前 凡君之所以立。出乎衆也。立已定而舍其衆。是得其末

而失其本。得其末而失其本。不聞安居。不聞得末失本能有安定之居也故以衆勇。無畏乎孟賁矣。孟賁古大勇士以衆力。無畏乎烏獲矣。烏獲有力人能舉千鈞○注千鈞舊本誤作千金今據前重己篇注改正以衆視。無畏乎離婁矣。離婁黃帝時明目人能見針末於百步之外以衆知。無畏乎堯舜矣。堯舜聖帝也言百發之中必有羿逢蒙之功衆知之中必有與聖人同故曰無畏於堯舜也○注功疑當作巧夫以衆者。此君人之大寶也。淮南記曰萬人之衆無廢功千人之衆無絕良故人君以衆爲大寶也田駢謂齊王曰。孟賁庶乎患術而邊境弗患。齊之邊境不以孟賁爲患者衆也楚魏之王辭言不說。不以言辭爲說而境內已修備矣。兵士已修用矣。得之衆也。

用衆○一作善學

呂氏春秋卷第五

仲夏紀第五　大樂　侈樂　適音　古樂

一曰。仲夏之月。日在東井。仲夏夏之五月東井南方宿秦之分野是月日躔此宿昏亢中。旦危中。亢東方宿衞之分野危北方宿齊之分野是月昏旦時皆中於南方也○案淮南天文訓亢爲鄭之分野其日丙丁。其帝炎帝。其神祝融。其蟲羽。其音徵。律中蕤賓。蕤賓陽律也是月陰氣萎蕤在下象主人陽氣在上象賓客竹管音中蕤賓也其數七。其味苦。其臭焦。其祀竈。祭先肺。小暑至。螳蜋生。小暑夏至後六月節也螳蜋於是生螳蜋一日天馬一日齕疣兗州謂之拒斧也○注齕疣月令正義鄭荅王瓚問作食肬俗本作食朧譌淮南注作齒肬當是脱其半耳初學記引此注正作齕疣又云兗豫謂之巨斧鶪始鳴。反舌無聲。鶪伯勞也是月陰作於下陽發於上伯勞夏至後應陰而殺蛇磔之於棘而鳴於上傳曰伯趙氏司至者也反舌伯舌也能辨反其舌變易其聲效百鳥之鳴故謂之百舌承上微陰伯趙起於下後應陰故無聲○注陽發於上初學記作陽散於上又磔之句作乃磔之棘上而始鳴也案辨反卽徧反古辨徧通天子居明堂太廟。明堂南向堂也太廟中央室也乘朱輅。駕赤騮。載赤旂。衣朱衣。服赤玉。食菽與雞。其器高以觕。養壯狡。壯狡多力之士養之愼陽施也蓋所謂旱則資舟夏則資皮備之也○壯狡月令作壯佼此書聽言篇作壯狡禁塞篇作壯佼二字通鄭詩狡童傳云昭公有壯狡之志亦作狡字是月也。命樂師修鞀鞞鼓。均琴瑟管簫。師樂官之長也鞀鞞所以節樂也故修之琴瑟管簫所以宣音也故均平之管六孔似篪簫今之歌竹簫也○注管六孔似篪舊本作一孔似篴譌今據廣雅改正執干戚戈羽。干楯戚斧戈戟長六尺六寸羽以爲翿舞者執之以指麾也春夏干戚秋冬羽籥調竽笙壎篪。竽笙之大者古皆以瓠爲之竽三十六簧笙十七簧壎以土爲之大如鴈子其上爲六孔篪以竹大二寸長尺一寸七孔一孔上伏橫吹之聲音上和故言調詩云伯氏吹壎仲氏吹篪之謂也○壎篪月令作篪簧注竽笙之大者舊脱者字今補郭璞注爾雅大笙云十九簧小笙十三簧廣雅但云笙十三管今此云十七簧恐字譌飭鍾磬柷敔。鍾金磬石柷如漆桶中有木椎左右擊以節樂敔木虎脊上有鉏鋙以杖櫟之以止樂以和成故飭盤之也命有司爲民祈祀山川百原。大雩帝。用盛樂。名山大川泉源所出非一故言百能興雨者皆祈祀之雩旱祭也帝五帝也爲民祈甫重之故用盛樂六代之樂也 乃命百縣雩祭。祀百辟卿士有益於民者。以祈穀實。百縣畿內之百縣大夫也祀前世百君卿士功施於民者雩祭之求福助成穀實○祭字衍月令無注首百縣舊作百辟訛今改正 農乃登黍。登進稷黍熟先進之 是月也。天子以雛嘗黍。雛春鷄也不言嘗雛而言嘗黍重穀也 羞以含桃。先薦寢廟。羞進含桃鸎桃鸎鳥所含食故言含桃是月而熟故進之先致寢廟孝而且敬

令民無刈藍以染。爲藍青未成也 無燒炭。爲草木未成不欲夭物○月令作毋燒灰 無暴布。是月炎氣盛猛暴布則脆傷之 門閭無閉。關市無索。門城門閭里門也民順陽氣布散在外人當出入故不閉也關要塞也市人聚也無索不征稅 挺重囚。益其食。挺緩也 游牝別其羣。則縶騰駒。班馬正。是月牝馬懷妊已定故放之則別其羣不欲騰駒蹄踰躍其胎育故縶之也班告也馬正掌馬之官周禮五尺曰駒○馬正月令作馬政注踰疑當作踊 是月也。日長至。夏至之日晝漏水上刻六十五夜漏水上刻三十五故日長至○舊本作長日至黃氏日抄已言其誤今依月令移正 陰陽爭。死生分。是月陰氣始起於下盛陽蓋覆其上故曰爭也品物滋生薺麥亭歷棘刺之屬死故曰死生分分別也○注覆字舊本脫在起於下今移正 君子齋戒。處必揜。句 身欲靜。無躁。止聲色。無或進。揜深也聲五音色五色止節之無有進御也○月令無欲靜二字鄭注云今月令毋躁爲欲靜然則此又出無躁二字非本文也揜亦與弇同注皆訓爲深蓋夏避暑氣冬避寒氣皆以居處言也今人多讀處必揜身爲句攷月令正義引正文已如此但其所釋亦是以居處言竝不謂身之不當褻露故疑正義處必揜下之身字亦後人所加也 薄滋味。無致和。薄猶損也和齊和也 退嗜慾。定心氣。百官靜事無刑。以定晏陰之所成。退止也事無刑當精詳而後行也晏安陰微陰○月令退作止 鹿角解。蟬始鳴。夏至鹿角解墮蟬鼓翼始鳴 半夏生。木堇榮。半夏藥草木堇朝榮暮落是月榮華可用作蒸雜家謂之朝生一名蕣詩云顏如蕣華是也 是月也。無用火南方。火王南方爲揚火氣 可以居高明。可以遠眺望。可以登山陵。可以處臺榭。明顯也積土四方而高曰臺臺加木爲榭皆所以順陽宣明之○觀此則鄭注處必揜爲隱翳高注爲深皆與此相反故仲夏言揜身理可通也 仲夏行冬令。則雹霰傷穀。道路不通。暴兵來至。冬寒冰凍故雹霰傷害五穀也冬陰閉藏多雹霰道路陷壞不通利也暴害之兵橫來至○月令霰作凍 行春令。則五穀晚熟。百螣時起。其國乃饑。行春木王生育之令故五穀晚熟也百螣動股之屬也時起爲害故五穀不時國飢也螣讀近殆兗州人

謂蝗為螣 行秋令。則草木零落。果實早成。民殃於疫。有嚴曰果無嚴曰蓏仲夏行秋成熟之令故草木零落果實早成熟非其時氣故民疾疫

仲夏紀

二曰。音樂之所由來者遠矣。遠久 生於度量。本於太一。太一出兩儀。兩儀出陰陽。兩儀天地也出生也 陰陽變化。一上一下。合而成章。章猶形也 渾渾沌沌。離則復合。合則復離。渾讀如袞冕之袞沌讀近屯離散合會 是謂天常。天之常道 天地車輪。輪轉○李善注文選木元虛海賦引作天地如車輪御覽一又五百六十六皆無如字 終則復始。極則復反。莫不咸當。極窮咸皆當合 日月星辰。或疾或徐。日月不同。以盡其行。不同度有長短也以盡其行度也起牽牛至周于牽牛故日以盡其行○御覽五百六十六作宿日不同 四時代興。或暑或寒。或短或長。或柔或剛。冬寒夏暑冬至短夏至長春柔而秋剛 萬物所出。造於太一。化於陰陽。造始也太一道也陰陽化成萬物者也○舊校云造一作本案御覽造本二字皆有 萌芽始震。凝⿰氵寒以形。震動也謂動足以成形也○御覽作萌芽始厥凝寒以刑注厥動也案字書本無⿰氵寒字此誤刑與形通 形體有處。莫不有聲。聲出於和。和出於適。和適先王定樂。由此而生。由和生也○正文和適二字疑衍注由和下似當有適字 天下太平。萬物安寧。○物御覽作民 皆化其上。化猶隨也 樂乃可成。成樂有具。必節嗜慾。節止 嗜慾不辟。辟開 樂乃可務。務成 務樂有術。必由平出。平出於公。公正 公出於道。故惟得道之人。其可與言樂乎。言說 亡國戮民非無樂也。其樂不樂。不知於雅故不樂也○舊本作不樂其樂孫云御覽五百六十九作其樂不樂案下篇及明理篇俱作其樂不樂今移正 溺者非不笑也。傳曰溺人必笑雖笑不歡 罪人非不歌也。當死強歌雖歌不樂○注強歌二字舊本作者今從御覽補正 狂者非不武也。狂悖之人雖武不足畏 亂世之樂有似於此。君臣失

位父子失處。夫婦失宜。民人呻吟。其以爲樂也若之何哉。以民人呻吟歎戚不可爲樂也故曰若之何哉

凡樂。天地之和。陰陽之調也。始生人者天也。人無事焉。天使人有欲。人弗得不求。欲貪也人情欲故弗得不有求也 天使人有惡。人弗得不辟。惡憎辟遠也故曰弗得不辟人情有所憎惡辟遠之也 欲與惡所受於天也。受之於天 人不得與焉。不得爲天之爲也○注不得爲下舊衍一焉字今刪 不可變不可易。天所爲故不可變易 世之學者有非樂者矣。安由出哉。非猶譏出猶生○案墨子書有非樂篇 大樂君臣父子長少之所歡欣而說也。歡欣生於平。平和 平生於道。道也者。視之不見。聽之不聞。不可爲狀。言道無形不可爲狀 有知不見之見不聞之聞無狀之狀者。則幾於知之矣。幾近也有人能是近於知道也 道也者。至精也。精微 不可爲形。不可爲名。彊爲之謂之太一。○彊爲之下疑脫一名字 故一也者制令。兩也者從聽。從聽聽從 先聖擇兩法一。擇棄也法用也 是以知萬物之情。故能以一聽政者。樂君臣。和遠近。說黔首。秦謂民爲黔首 合宗親。能以一治其身者。免於災。災害 終其壽。全其天。天身 能以一治其國者。姦邪去。賢者至。成大化。能以一治天下者。寒暑適。風雨時。適和也時不差忒 爲聖人。故知一則明。明兩則狂。○疑當疊知一二字

大樂

三曰。人莫不以其生生。而不知其所以生。以用 人莫不以其知知。而不知其所以知。知其所以知之謂知道。不知其所以知之謂棄寶。棄寶者必離其咎。寶重也咎殃也 世之人主。多以珠玉戈劍爲寶。愈多而民愈怨。國人愈危。身愈危

累。老子曰多藏厚亡故曰愈危累則失寶之情矣。情實也亂世之樂與此同。同於危累爲木革之聲則若
雷。爲金石之聲則若霆。爲絲竹歌舞之聲則若譟。譟叫以此駭心氣。動耳目。
搖蕩生則可矣。生性以此爲樂則不樂。不樂不和故樂愈侈而民愈鬱。侈淫鬱怨國愈亂。主
愈卑。則亦失樂之情矣。凡古聖王之所爲貴樂者。爲其樂也。夏桀殷紂作
爲侈樂大鼓。鐘磬管簫之音。以鉅爲美。鉅大以衆爲觀。俶詭殊瑰。耳所未嘗
聞。目所未嘗見。俶始也始作詭異瑰奇之樂故耳未嘗聞目未嘗見○案俶詭亦作諔詭莊子德充符釋文云諔尺叔反李云諔詭奇異也又見天下篇此注訓俶爲始非也務以
相過。不用度量。不用樂之法則故曰務相過宋之衰也。作爲千鍾。鍾律之名○千鍾御覽五百六十六作十秩齊之衰也。
作爲大呂。大呂陰律十二月也○此注非也貴直論無使齊之大呂陳之廷注云齊之鍾律也案史記索隱云大呂齊鍾名王厚齋云此卽樂毅書所云大呂陳於元英者楚之衰
也。作爲巫音。男曰覡女曰巫○舊本注無男曰覡三字今從初學記十五所引補梁仲子云尚書是謂巫風不特屬之女也周禮春官神仕疏云男子陽有兩稱名巫名覡女子陰不變直名巫無覡
所謂歡文則適也侈則侈矣。自有道者觀之。則失樂之情。失樂之情。其樂不樂。非正樂故曰不樂也
樂不樂者。其民必怨。其生必傷。怨悲傷痛其生之與樂也。若冰之於炎日。反以自
兵。兵災也○生舊本訛作王從御覽改正炎日御覽作炭注兵災也或作兵災兵也非此生乎不知樂之情而以侈爲務故也。樂
之有情。譬之若肌膚形體之有情性也。有情性則必有性養矣。寒溫勞逸
饑飽。此六者非適也。適中適也凡養也者。瞻非適而以之適者也。能以久處其適。
則生長矣。長久生也生也者。其身固靜。感而後知。或使之也。遂而不返。返還制乎嗜欲。
爲嗜欲所制制乎嗜欲無窮。則必失其天矣。天身且夫嗜欲無窮。則必有貪鄙悖亂

之心淫佚姦詐之事矣。〇悖亂舊作浡亂訛今改正此與樂記文相似 故彊者劫弱。衆者暴寡。勇者凌怯。壯者慠幼。從此生矣。從欲生也

侈樂

四曰。耳之情欲聲。欲聞音聲 心不樂。五音在前弗聽。心不樂聲音雖在前耳不聽之 目之情欲色。欲視五色 心弗樂。五色在前弗視。心不欲視之也 鼻之情欲芬香。欲芬香之韜藉也〇注韜藉疑是韞藉 心弗樂。芬香在前弗嗅。不嗅味也 口之情欲滋味。欲美味也 心弗樂。五味在前弗食。欲之者耳目鼻口也。樂之弗樂者心也。心必和平然後樂。心必樂然後耳目鼻口有以欲之。故樂之務在於和心。和心在於行適。適中適也 夫樂有適。心亦有適。〇舊本夫樂下衍之字又亦字作非孫竝從御覽五百六十九刪正 人之情欲壽而惡夭。欲安而惡危。欲榮而惡辱。欲逸而惡勞。四欲得。四惡除。則心適矣。四欲之得也。在於勝理。勝理以治身則生全。以生全則壽長矣。勝理以治國則法立。法立則天下服矣。故適心之務在於勝理。夫音亦有適。太鉅則志蕩。〇孫云太鉅御覽作大鉅已下凡太字竝作大 以蕩聽鉅。則耳不容。不容則橫塞。橫塞則振。振動〇舊本作橫塞則振動無注今從御覽改正 太小則志嫌。以嫌聽小。嫌聽譬自嫌之嫌〇注有誤字似本爲嫌字作音而後人妄改之 則耳不充。不充則不詹。詹足也詹讀如澹然無爲之澹〇御覽作儋音澹也疑是蓋澹古贍字注既訓詹爲足則自讀從澹足之澹漢書食貨志猶未足以澹其欲也師古曰澹古贍字贍給也當讀時豔切若依此注則如字讀徒濫切矣恐亦是後人妄改也 不詹則窕。窕不滿密也 太清則志危。以危聽清。則耳谿極。谿虛極病也不聞和聲之故也 谿極則不鑒。不鑒則竭。鑒察也太清無和耳不能察則竭病也〇鑒御覽竝作監注末也字舊本訛作之

太濁則志下。以下聽濁。則耳不收。不收越散不收則不摶。不摶則怒。不摶入不專一也故惑怒也○摶舊本皆誤作特孫從御覽改正案摶與專同注入字亦從御覽補故太鉅太小太清太濁。皆非適也。不鉅不小不清不濁得四者之中乃爲適此四者皆言其太故曰非適○舊本太小在太清下從御覽乙正何謂適。衷音之適也。何謂衷。大不出鈞。重不過石。小大輕重之衷也。三十斤爲鈞百二十斤爲石黃鐘之宮。音之本也。本始於黃鐘十一月律清濁之衷也。衷也者適也。以適聽適。則和矣。樂無太平。和者是也。故治世之音安以樂。其政平也。民聞其樂安之日喜亂世之音怨以怒。其政乖也。亡國之音悲以哀。其政險也。險猶危凡音樂通乎政。而移風平俗者也。風猶化俗定而音樂化之矣。故有道之世。觀其音而知其俗矣。觀其政而知其主矣。故先王必託於音樂以論其教。論明清廟之瑟。朱弦而疏越。一唱而三歎。有進乎音者矣。文王之廟肅然清靜貴其樂和故曰有進音○案禮記樂記作有遺音者矣下亦作遺味鄭注遺猶餘也今此俱作進文不同大饗之禮。上玄尊而俎生魚。大饗饗上帝於明堂也玄尊明水也俎生魚皆上質貴本○注明水舊本作酒水訛今改正大羹不和。有進乎味者也。大羹肉湆而未之和貴本古得禮也故曰有進乎味故先王之制禮樂也。非特以歡耳目極口腹之欲也。特但也○舊本於將字下注特也二字誤案將字當屬下文據樂記當作將以今並補正將以教民平好惡行理義也。平正也行猶通也

適音

五曰。樂所由來者尚也。尚襲必不可廢。有節有侈。有正有淫矣。節適也侈大也正雅也淫亂也賢者以昌。不肖者以亡。昌盛也亡滅也昔古朱襄氏之治天下也。朱襄氏古天子炎帝之別號多風而陽

氣畜積。萬物散解。果實不成。（解落也有核曰果）故士達作爲五弦瑟。以來陰氣。以定羣生。（士達朱襄氏之臣○來舊本作采譌今從御覽五百七十六改正曰抄同）昔葛天氏之樂三人操牛尾投足以歌八闋。（葛天氏古帝名投足猶蹀足闋終○張揖曰葛天氏三皇時君號也見文選上林賦注操舊作摻俗字今從初學記九御覽五百六十六陳祥道禮書改正）一曰載民。二曰玄鳥。三曰遂草木。四曰奮五穀。五曰敬天常。六曰建帝功。七曰依地德。八曰總禽獸之極。（上皆樂之八篇名也○舊本建帝功作達帝功案文選上林賦注張揖引作徹帝功李善謂以建爲徹譌則當作建也又舊本作總萬物之極校云一作禽獸之極今案初學記十五史記司馬相如傳索隱及選注皆作總禽獸之極今據改正）昔陶唐氏之始。陰多滯伏而湛積。（陶唐氏堯之號○孫云陶唐乃陰康之譌顏師古注漢書司馬相如傳云古今人表有葛天氏陰康氏誘不觀古今人表妄改呂氏本文案李善注文選竟沿其譌唯章懷注後漢書馬融傳引作陰康）水道壅塞。不行其原。（故有供水之災○舊校云一作陽道壅塞不行其次孫云李善注文選傅武仲舞賦張景陽七命俱引作陽道壅塞）民氣鬱閼而滯著。（閼讀曰遏止之遏）筋骨瑟縮不達。（○七命注作筋骨攣縮）故作爲舞以宣導之。（宣通）昔黃帝令伶倫作爲律。（伶倫黃帝臣○說苑修文篇作伶倫古今人表作泠綸）伶倫自大夏之西。（大夏西方之山）乃之阮隃之陰。（阮隃山名山北曰陰○阮隃漢書律志作昆侖說苑修文篇風俗通音聲篇左氏成九年正義皆作崑崙世說德行篇引呂亦同）取竹於嶰谿之谷。以生空竅厚鈞者。斷兩節間。（竹生嶰谷者取其厚鈞斷兩節間以爲律管○漢志作取竹之解谷生其竅厚均者說苑風俗通亦同世說注厚上增薄字贅）其長三寸九分。而吹之以爲黃鐘之宮。（斷竹長三寸九分吹之音中黃鐘之宮○其長三寸九分漢志無說苑及御覽五百六十五作其長九寸錢詹事云三寸九分不必改作九寸安溪李文貞爲黃鐘長八寸一分應鐘長四寸二分此三寸九分卽二律相較之數是也案此三寸九分備有十二律非謂黃鐘止長三寸九分下云以爲黃鐘之長者卽長於應鐘之數蓋應鐘十月律秦歲首所中也增長三寸九分而得黃鐘方是十一月律呂紀本用秦法追考上古知安溪之說不謬）吹曰舍少。次制十二筒。（六律六呂各有管故曰十二筒舍成舍矣○說苑無吹字舊本曰作日說苑作曰又舍作舍今曰字已據改正其舍字亦譌注舍成舍矣四字亦不可曉因有此注舍字姑仍之考晉志及御覽五百六十五竝作含少明宏治中莆人李文利主含少之說謂黃鐘實止三寸九分其說與古背不可用御覽竟改作其長九寸又近人謂當作四寸五分皆非是筩說苑風俗通御覽俱作管李善注文選邱希範侍宴詩作崘與隃實一字善又別引作籥誤也 以之阮隃之下。聽鳳皇之鳴。以別十二律。其雄鳴爲六。雌鳴亦六。以比黃鍾之宮適合。合和諧○比舊本誤作此李善注馬季長長笛賦引作比漢志說苑皆同 黃鍾之宮皆可以生之。故曰。黃鍾之宮律呂之本。法鳳之雌雄故律有陰陽上下相生故曰黃鍾之宮皆可以生之 黃帝又命伶倫與榮將。○舊校云一作援今案御覽作營援路史作榮猨注引隋志及國朝會要皆作榮猨 鑄十二鐘以和五音。以施英韶。以仲春之月乙卯之日日在奎始奏之。命之曰咸池。奏十二鐘樂名之爲咸池 帝顓頊生自若水。實處空桑。處居空桑 乃登爲帝。惟天之合。正風乃行。惟天之合德與天合風化也○趙云言八方之風各得其正也 其音若熙熙淒淒鏘鏘。帝顓頊好其音。乃令飛龍作效八風之音。八風八卦之風 命之曰承雲。以祭上帝。上帝昊天上帝 乃令鱓先爲樂倡。倡始也○乃令初學記作乃命樂倡樂人也似不當訓爲始 鱓乃偃寢。以其尾鼓其腹。鼓擊○寢舊本訛寖 其音英英。英英和盛之貌○舊本英英不重誤與上文皆依初學記御覽改正 帝嚳命咸黑作爲聲歌。○舊校云聲一作唐案御覽路史俱作唐 九招六列六英。○此六字衍說見下 有倕作爲鼙鼓鐘磬吹苓管壎篪鞀椎鍾。○有倕御覽倒作倕有有當讀爲又 帝嚳乃令人抃。兩手相擊曰抃 或鼓鼙擊鐘磬。吹苓展管篪。因令鳳鳥天翟舞之。帝嚳大喜。乃以康帝德。康安 帝堯立。乃命質爲樂。質乃效山林谿谷之音以歌。質當爲夔○路史以質與夔非一人質亦作鄭 乃以麋輅置缶而鼓之。鼓擊 乃拊石擊石。以象上帝玉磬之音。以致舞百獸。瞽叟乃拌五弦之瑟。拌分 作以爲十五弦之瑟。命之曰大章。以祭上帝。帝舜立。命延。○命舊本作仰誤據路史改正 乃拌瞽叟之所爲瑟。益之八弦。以爲二十三弦之瑟。帝舜乃令質修九招六列六英。以明帝德。招列英皆

（樂名也帝謂舜○招列英至此始見故誘於此下注則上乃衍文明矣）禹立。勤勞天下。日夜不懈。（勤憂）通大川。決壅塞。鑿龍門。降通漻水以導河。（決壅塞故鑿龍門也降大漻流）疏三江五湖。注之東海。以利黔首。於是命皋陶作爲夏籥九成。以昭其功。（九成九變昭明）殷湯即位。夏爲無道。暴虐萬民。侵削諸侯。不用軌度。天下患之。湯於是率六州以討桀罪。（○舊校云討一作誅案御覽作以誅桀之罪）功名大成。黔首安寧。湯乃命伊尹作爲大護。歌晨露。修九招六列。以見其善。（大護晨露九招六列皆樂名善美）周文王處岐。諸侯去殷三淫而翼文王。（文王古公亶父之孫王季歷之子也古公避獯鬻之難邑于岐謂岐山之陽有周地及受命因爲天下號也淫過翼佐三淫謂剖比干之心斷材士之股刳孕婦之胎者故諸侯去之而佐文王也○古文泰誓有斮朝涉之脛語究不知何出春秋繁露王道篇云斮朝涉之足視其拇水經注九淇水下云老人晨將渡水而沈吟難濟紂問其故左右曰老者髓不實故晨寒也紂乃於此斮脛而視髓是相傳有此事也今此云斷材士之股先識覽注亦同淮南俶眞訓亦有此語）散宜生曰。殷可伐也。文王弗許。（散宜生文王四臣之一也論語曰文王爲西伯三分天下有其二以服事殷故弗許）周公旦乃作詩曰。文王在上。於昭于天。周雖舊邦。其命維新。以繩文王之德。（○繩譽也見左氏莊十四年傳正義云字書繩作譝）武王即位。以六師伐殷。六師未至。以銳兵克之於牧野。（未至殷都而勝紂於牧野）歸乃薦俘馘于京太室。乃命周公爲作大武。（大武周樂○爲作御覽倒）成王立。殷民反。（反叛）王命周公踐伐之。（踐往○尚書大傳云周公攝政三年踐奄踐之者籍之也籍之謂殺其身執其家豬其宮）商人服象。爲虐于東夷。（象獸名也）周公遂以師逐之。至于江南。乃爲三象。以嘉其德。故樂之所由來者尚矣。非獨爲一世之所造也。（三象周公所作樂名嘉美也尚久也自黃帝以來功成作樂故曰非獨爲一世之所造也）

古樂

呂氏春秋卷第六

季夏紀第六　音律　音初　制樂　明理

一日。季夏之月。日在柳。季夏夏之六月也柳南方宿周之分野是月日躔此宿昏心中。旦奎中。心東方宿宋之分野奎西方宿魯之分野是月昏旦時皆中於南方其日丙丁。其帝炎帝。其神祝融。其蟲羽。其音徵。律中林鐘。林衆鐘聚陰律也陽氣衰陰氣起萬物衆聚而成竹管之音應林鐘也其數七。其味苦。其臭焦。其祀竈。祭先肺。涼風始至。蟋蟀居宇。夏至後四十六日立秋節故曰涼風始至蟋蟀蛩爾雅謂之蛬陰氣應故居宇鳴以促織○月令涼風作溫風居宇作居壁鷹乃學習。腐草化爲蚈。秋節將至故鷹順殺氣自習肆爲將搏鷙也蚈馬蚿也蚈讀如蹊徑之蹊幽州爲之秦渠一日螢火也○月令作腐草爲螢此書舊本作腐草化爲螢蚈衍螢字淮南無觀注當與淮南同蓋昔人讀此書偶旁記異同之文而因以譔入也說文引明堂月令曰腐艸謂蠲蠲即蚈也化亦衍字天子居明堂右个。明堂向南堂右个西頭室乘朱輅。駕赤騮。載赤旂。衣朱衣。服赤玉。食菽與雞。其器高以觕。是月也。令漁師伐蛟取鼉。升龜取黿。漁師掌魚官也漁讀若相語之語蛟鼉龜皆魚屬鼉皮可作鼓詩曰鼉鼓韸韸黿可爲羹傳曰楚人獻黿於鄭靈公靈公不與公子宋黿羹公子怒染指於鼎嘗之而出是也皆不害人易得故言取也蛟有鱗甲能害人難得故言伐也龜神可以決吉凶入宗廟尊之也故曰升也○漁高讀牛倨切季冬云音論語之語亦同月令登龜此作升義同乃命虞人入材葦。虞人掌山澤之官材葦供國用也○虞人月令作澤人令民無不咸出其力。咸皆也出其力以聚芻而用之以供皇天上帝名山大川四方之神。以祀宗廟社稷之靈。爲民祈福。祈求也○月令爲民上有以字

是月也。令四監大夫合百縣之秩芻。以養犧牲。周制天子畿內方千里分爲皇縣縣有四郡郡有鄙故春秋傳曰上大夫受縣下大夫受郡周時縣大郡小至秦始皇兼天下初置三十六郡以監縣耳此云百縣說周制畿內之縣也四監監四郡大夫也秩常也常所當芻故聚之以養犧牲○月令作大合無夫字

是月也。命婦官染采。黼黻文章。必以法。故無或

差忒。黃黑蒼赤莫不質良。婦人善別五色故命其官使染采也白與黑謂之黼黑與青謂之黻青與赤謂之文赤與白謂之章修其法章不有差忒故黑黃蒼赤之色皆美善〇月令忒作貸舊校云差一作還注修其法章疑是法制勿敢僞詐。勿無也〇月令作毋敢詐僞以給郊廟祭祀之服。郊祀天廟祀祖以爲旗章。以別貴賤等級之度。熊虎爲旗章服也貴有長尊賤有等威故曰度〇等威舊譌作等卑今依左氏宣十二年傳文改正是月也。樹木方盛。乃命虞人入山行木。無或斬伐。虞人掌山林之官行察也視山木禁民不得斬伐〇無或月令作無有或亦訓有也不可以興土功。不可以合諸侯。不可以起兵動衆。無舉大事。以搖蕩於氣。土功築臺穿池合諸侯造盟會也舉動兵衆思啟封疆也大事征伐也於時不時故曰搖蕩於氣〇月令作以搖養氣注思啟封疆用左氏成八年傳文舊本作息封疆譌今改正無發令而干時。以妨神農之事。無發干時之令畜聚人功以妨害神農耘耨之事〇干時月令作待無干字水潦盛昌。命神農將巡功。舉大事則有天殃。昔炎帝神農能殖嘉穀神而化之號爲神農後世因名其官爲神農巡行壠畝修治之功於此時或舉大事妨害農事禁戒之云有天殃之罰〇月令神農上無命字巡作持是月也。土潤溽暑。大雨時行。燒薙行水。利以殺草。如以熱湯。可以糞田疇。可以美土疆。夏至後三十日大暑節火王也潤溽而濕重又有時雨燒薙行水灌之如以熱湯可以成糞田疇美土疆疆界畔行之是令。是月甘雨三至。三旬二日。行之是令行是之令也十日爲旬二日者除晦朔日也月十日一雨又二十日一雨一月中得二日耳故曰三旬二日季夏行春令。則穀實解落。國多風欬。人乃遷徙。春木王木性墮落陽發多雨而行其令故穀實散落民病風欬上氣也民遷徙移家春陽布散也〇解落月令作鮮落行秋令。則邱隰水潦。禾稼不熟。乃多女災。邱高隰下也言高下有水潦象金氣也故殺禾稼使不成熟也金干火故多女災生子不育也行冬令。則寒氣不時。鷹隼早鷙。四鄙入保。冬陰閉固而行其令故寒風不節也鷹隼早鷙象冬氣殺毅四界之民畏寇賊之來故入城郭自保守也〇寒氣月令作風寒中央土。其日戊己。戊己土日土王中央也其帝黃帝。其神后土。黃帝少典之子以土德王天下號軒轅氏死託祀爲中央之帝后土官共工氏子句龍能平九土死託祀爲后土之神其蟲倮。其音宮。陽發散越而爲倮蟲倮蟲麒麟爲之長宮土也位在中央爲之音主律中黃鐘之宮。其數五。黃鐘陽律也竹管音中黃鐘之宮也其數五五行之數土第五也 其味甘。其臭香。土味甘土臭香 其祀中霤。祭先心。土王中央故祀中霤霤室中之祭祭后土也祭祀之肉先進心心火也用所勝也一曰心土自用其藏也 天子居太廟太室。南向中央室曰太廟又處其中央故曰太室 乘大輅。駕黃騑。載黃旂。衣黃衣。服黃玉。土色黃故尙黃色 食稷與牛。稷牛皆屬土 其器圜以揜。揜象土含養萬物○月令作圜以閎舊校云一作揜以閎

季夏紀

二曰。黃鐘生林鐘。黃鐘十一月律林鐘六月律 林鐘生太蔟。太蔟正月律 太蔟生南呂。南呂八月律 南呂生姑洗。姑洗三月律 姑洗生應鐘。應鐘十月律 應鐘生蕤賓。蕤賓五月律 蕤賓生大呂。大呂十二月律 大呂生夷則。夷則七月律 夷則生夾鐘。夾鐘二月律 夾鐘生無射。無射九月律 無射生仲呂。仲呂四月律○案說苑修文篇云黃鐘生林鐘林鐘生大呂大呂生夷則夷則生太蔟太蔟生南呂南呂生夾鐘夾鐘生無射無射生姑洗姑洗生應鐘應鐘生蕤賓無蕤賓生大呂句御覽五百六十五引呂氏亦與說苑同皆非隔八相生之義晉書律志引呂氏則皆與今本合知不可信御覽以改此文 三分所生。益之一分以上生。三分所生。去其一分以下生。黃鐘大呂。太蔟夾鐘姑洗仲呂蕤賓爲上。林鐘夷則南呂無射應鐘爲下。律呂相生上者上生下者下生○案蕤賓不當爲上當在林鐘之首考周禮大司樂大師兩章注蕤賓皆重上生卽朱子鐘律篇亦竝不誤而近人反據誤本謂蕤賓亦下生謬之甚者晉志俗本亦誤作蕤賓下生宋志則不誤可以正之此注當作上者下生下者上生如此方所謂律呂相生今本疑亦傳寫之誤 大聖至理之世。天地之氣合而生風。日至則月鐘其風。以生十二律。○御覽月鐘作日行蓋亦依說苑之文以改呂氏 仲冬日短至。冬至日日極短故日日短至 則生黃鐘。季冬生大呂。孟春生太蔟。仲春生夾鐘。季春生姑洗。孟夏生仲呂。仲夏日長至。夏至日日極長故日日長至 則生蕤賓。季夏生林鐘。孟秋生夷則。仲秋生南呂。季秋生

無射。孟冬生應鐘。天地之風氣正。則十二律定矣。黃鐘之月。土事無作。愼無發蓋。以固天閉地。陽氣且泄。黃鐘十一月也且將也○月令作以固而閉又且泄作沮泄 大呂之月。數將幾終。大呂十二月幾近終盡 歲且更起。而農民無有所使。使役○禮記月令而農民上有專字 太蔟之月。陽氣始生。太蔟正月冬至後四十六日立春故曰陽氣始生 草木繁動。動生 令農發土。無或失時 發土而耕○此月去芒種尚遠而必亟於發土者蓋所謂勿震勿渝脈其滿眚穀乃不殖故數勞之地苗乃易於滋長也 夾鐘之月。寬裕和平。行德去刑。夾鐘二月也行仁德去刑戮也 無或作事。以害羣生。事兵戎事也故曰以害羣生 姑洗之月。達道通路。溝瀆修利。姑洗三月也時雨將降故修利溝瀆 申之此令。嘉氣趣至。順其陽德故嘉喜之氣至 仲呂之月。無聚大衆。巡勸農事。仲呂四月大衆謂軍旅工役也順陽長養無役大衆妨廢農功故戒之日無也必循行農事勸率之 草木方長。無攜民心。民當務農長養穀木徭役聚則心攜離從上命也故戒之曰無也 蕤賓之月。陽氣在上。安壯養俠。蕤賓五月壯盛俠少也皆安養之助陽也○在上舊本作在土案是月陰始生於下則當云陽氣在上今改正月令是月養壯佼此養俠亦當是養佼之誤 本朝不靜。草木早槁。靜安朝政不寧故草木變動墮落早枯槁也 林鐘之月。草木盛滿。陰將始刑。林鐘六月刑殺也夏至後四十六日立秋秋則行刑戮故曰陰氣將始殺也○盛滿疑本是盛盈與下文皆兩句爲韻 無發大事。以將陽氣。發起將猶養 夷則之月。修法飭刑。選士厲兵。夷則七月也飭讀如敕飭正刑法所以行法也簡選武士厲利其兵 詰誅不義。以懷遠方。懷柔也詩云柔遠能邇以定我王也 南呂之月。蟄蟲入穴。南呂八月也蟄讀如詩文王之什○舊本文王下有一什字非孟春紀注可證 趣農收聚。仲秋大雨故收聚 無敢懈怠。以多爲務。務猶事也 無射之月。疾斷有罪。當法勿赦。無射九月有罪當斷故勿赦 無留獄訟。以亟以故。亟疾故事 應鐘之月。陰陽不通。閉而爲冬。應鐘十月陽伏在下陰閉於上故不通 修別喪紀。○舊校云別一作辨 審民所終。審愼終卒修別喪服親疏輕重之紀故曰審民所終也

音律

三日。夏后氏孔甲田于東陽萯山。孔甲禹後十四世皋之父發之祖桀之宗田獵也○注宗會也謂曾祖天大風晦盲。盲瞑也孔甲迷惑。入于民室。主人方乳。乳產或曰后來。是良日也。○是舊本作見孫云御覽三百六十一及七百六十三見俱作是今據改之子是必大吉。之其或曰不勝也。之子是必有殃。后乃取其子以歸。曰。以爲余子。誰敢殃之。子長成人。幕動坼橑。斧斫斬其足。○斫斬舊衍斬字御覽作破遂爲守門者。以其無足遂爲守門之官向謂之子有殃也孔甲曰。嗚呼。有疾。命矣夫。乃作爲破斧之歌。實始爲東音。爲東陽之音禹行功。○孫云李善注文選張平子南都賦左太冲吳都賦竝引作禹行水御覽一百三十五同見塗山之女。○梁仲子云水經注淮水及江水引此竝作嵞山案宋柳僉本元作塗山禹未之遇而巡省南土。遇禮也禹未之禮而巡狩南行也省南方之土塗山氏之女乃令其妾候禹于塗山之陽。塗山在九江近當塗也山南曰陽也○候舊本作待今從初學記十改善注吳都賦引作往候注九江舊作九廻譌今據漢書地理志改正女乃作歌。歌曰。候人兮猗。○選注無兮字實始作爲南音。南方國風之音周公及召公取風焉。以爲周南召南。取塗山氏女南音以爲樂歌也周昭王親將征荊。周昭王康王之子穆王之父荊楚也秦莊王諱楚避之曰荊○左氏僖四年傳正義引荊上有蠻字辛餘靡長且多力。爲王右。右兵車之右也還反涉漢。梁敗。○案左傳正義云舊說皆言漢濱之人以膠膠船故得水而壞昭王溺焉不知本出何書此言梁敗又互異也王及蔡公抎於漢中。抎墜音曰顚隕之隕○注曰字衍辛餘靡振王北濟。又反振蔡公。振救也傳曰齊桓公伐楚讓之曰爾貢苞茅不入王祭不供無以縮酒寡人是徵昭王南征殁而不復寡人是問對曰貢之不入寡君之罪敢不共乎昭王之不復君其問諸水濱由此言之昭王爲殁於漢辛餘靡焉得振王北濟哉○孫云振者振其尸也注非周公乃侯之于西翟。實爲長公。西翟西方也以辛餘靡有振王之功故賞之爲長公○注功舊本作力非是今改正殷整甲徙宅西河。○案竹書紀年河亶甲名整元年自囂遷于相卽其事也舊校云河一作阿猶思故處。處居也實始作爲西音。長公繼是音以處西山。西音周之音秦繆公取風焉。實始作爲秦音。取西音以爲秦國之樂音有娀氏有二佚女。爲之九成之臺。成猶重○孫云王逸注離騷引有娀氏有美女爲之高臺而飲食之李善注文選魯靈光殿賦齊故安陸昭王碑文兩引此文爲下皆無之字飲食必以鼓。鼓樂帝令燕往視之。○舊校云視一作埶鳴若謚隘。○孫云安陸昭王碑文注引作隘隘二女愛而爭搏之。覆以玉筐。少選發而視之。少選須臾○梁仲子云一切經音義十三引呂氏作小選古少小通用案今呂氏本皆作少選此與蕩兵執一諸篇皆然無作小者當亦由後人改之矣燕遺二卵。北飛。遂不反。帝天也天令燕降卵於有娀氏女吞之生契詩云天命玄鳥降而生商又曰有娀方將立子生商此之謂也○梁列女傳一引詩有娀方將立子生商亦無帝字舊本作有娀氏女方將因上文誤衍二字今刪去二女作歌。一終曰燕燕往飛。實始作爲北音。北國之音凡音者產乎人心者也。感於心則蕩乎音。蕩動音成於外而化乎內。內化生內心是故聞其聲而知其風。風俗察其風而知其志。○舊校云一作意下同觀其志而知其德。盛衰賢不肖。君子小人。皆形於樂。不可隱匿。故曰。樂之爲觀也深矣。土弊則草木不長。弊惡水煩則魚鼈不大。擾煩○據此注則正文本作水擾後人以樂記之文改之世濁則禮煩而樂淫。煩亂淫邪鄭衞之聲。桑間之音。說見孟春紀此亂國之所好。衰德之所說。說樂流辟誂越慆濫之音出。出生也○誂與佻同則滔蕩之氣邪慢之心感矣。感則百姦衆辟從此產矣。故君子反道以修德。修治也正德以出樂。和樂以成順。樂以和爲成順樂和而民鄉方矣。鄉仰方道

音初

四曰。欲觀至樂。必於至治。至樂至和之樂至治至德之治其治厚者其樂治厚。其治薄者其樂

亂世則慢以樂矣。今室閉戶牖，動天地，一室治薄。○孫云李善注文選潘安仁笙賦引此其樂厚其樂薄無兩治字也。故成湯之時，有穀生於庭，昏而生，比旦而大拱。書敍云伊陟相太戊亳有桑穀祥共生于朝太戊太甲之孫太康之子也號爲中宗滿兩手曰拱湯生仲丁仲丁生太甲太甲生太康太康生太戊凡五君矣此云湯之時不亦謬乎由此觀之曝咸陽市門無敢增損一字者明畏不韋之勢耳故揚子雲恨不及其時車載其金而歸也○而大拱舊本訛作其大拱梁仲子據御覽八十三改與韓詩外傳正同梁伯子云昏生旦拱與史記言一暮大拱竝理所難信書大傳漢書五行志說苑敬愼篇論衡異虛篇竝作七日大拱韓詩外傳三作三日當以七日爲是僞孔傳及家語五儀篇亦作七日其吏請卜其故。灼龜曰卜○御覽吏作史湯退卜者曰：吾聞祥者福之先者也，見祥而爲不善，則福不至；妖者禍之先者也，見妖而爲善，則禍不至。爲善則福應之故禍無從至也○外傳三以此爲伊尹之言於是早朝晏退，問疾弔喪，務鎭撫百姓，三日而穀亡。亡滅○舊本亡訛止今據御覽改外傳亦作亡故禍兮福之所倚，福兮禍之所伏，聖人所獨見，衆人焉知其極。極猶終周文王立國八年，○外傳三立作莅歲六月，文王寢疾五日而地動，東西南北不出國郊。邑外曰郊百吏皆請曰：臣聞地之動，爲人主也。今王寢疾五日而地動，四面不出周郊，羣臣皆恐，曰：請移之。○孫疑曰字衍外傳無文王曰：若何其移之也？對曰：興事動衆以增國城，其可以移之乎？文王曰：不可。夫天之見妖也，以罰有罪也。我必有罪，故天以此罰我也。今故興事動衆以增國城，是重吾罪也。不可。重猶益也移咎徵於它人是重吾罪故曰不可文王曰：○語畢而更起也外傳作以之遵上不可爲文昌也請改行重善以移之，其可以免乎。於是謹其禮秩皮革，以交諸侯；飭其辭令，飭讀如敕飭正其辭令也幣帛以禮豪士。幣圭璧帛絲纑也材倍百人曰豪也頒其爵列等級田疇，以賞羣臣。○舊校云賞一作賓無幾何，疾乃止。止除也文王即位八年而地動。已動之後四十三年。凡文王立國五十一年而終。此文王之所以止殃翦妖也。翦除 宋景公之時。熒惑在心。景公元公佐之子欒熒惑五星之一火之精也心東方宿宋之分野 公懼。召子韋而問焉。曰。熒惑在心何也。子韋宋之太史能占宿度者故問之 子韋曰。熒惑者天罰也。心者宋之分野也。禍當於君。雖然。可移於宰相。公曰。宰相所與治國家也。而移死焉。不祥。祥吉○注吉疑本是善字 子韋曰。可移於民。公曰。民死。寡人將誰爲君乎。寧獨死。傳曰后非衆無以守邑故曰將誰爲君乎○案衆非元后何戴后非衆罔與守邦此晚出古文尚書大禹謨文也漢時未有此故誘皆以爲傳 子韋曰。可移於歲。公曰。歲害則民饑。穀不熟爲饑也 民饑必死。爲人君而殺其民以自活也。其誰以我爲君乎。傳曰衆非元后何戴故曰其誰以我爲君 是寡人之命固盡已。子無復言矣。子韋還走。北面載拜曰。臣敢賀君。天之處高而聽卑。君有至德之言三。天必三賞君。今昔熒惑其徙三舍。○今昔本多作今夕今依李本作今昔昔訓夜 君延年二十一歲。公曰。子何以知之。對曰。有三善言必有三賞。熒惑必三徙舍。○必三徙舍舊作有三徙舍訛今據淮南道應訓及新序四改正 舍行七星。星宿也 星一徙當七年。三七二十一。臣故曰君延年二十一歲矣。以德復星也徙三舍固其理也死生有命不可益矣而延二十一歲誘無聞也 臣請伏於陛下以伺候之。熒惑不徙。臣請死。公曰。可。是夕熒惑果徙三舍。

制樂

五曰。五帝三王之於樂盡之矣。盡極 亂國之主未嘗知樂者。是常主也。非賢主也 夫有天賞得爲主。而未嘗得主之實。未嘗得爲賢主之實 此之謂大悲。此之爲大悲哀之人 是正坐於夕室也。夕室以喻悲人也言其室邪夕不正徒正其坐也○梁仲子云晏子春秋六日景公新成柏寢之室使師開鼓琴師開左撫宮右彈商曰室夕云云公曰先君太公以營邱之封立城曷爲夕晏子對曰古之立國者南望南斗北戴樞星彼安有朝夕哉然而以今之夕者周之建國國之西方以尊周也 其所謂正乃不正矣。悲人所爲如坐夕室自以爲正乃不正之謂也 凡生非一氣之化也。長非一物之任也。成非一形之功也。故衆正之所積。其福無不及也。及至也 衆邪之所積。其禍無不逮也。其風雨則不適。適時也 其甘雨則不降。其霜雪則不時。不當霜雪而霜雪故曰不時 寒暑則不當。不當寒而寒不當暑而暑 陰陽失次。○舊校云一作易次 四時易節。謂不得其所○舊校云節一作位 人民淫爍不固。淫邪銷爍不一也不固不執正道 禽獸胎消不殖。銷爍不成不得長殖也 草木庳小不滋。滋亦長○庳與卑同舊本作痺訛今改正 五穀萎敗不成。成熟也 其以爲樂也若之何哉。言不可以爲樂故曰若之何哉 故至亂之化。君臣相賊。君不君臣不臣故相賊 長少相殺。父子相忍。弟兄相誣。知交相倒。倒逆 夫妻相冒。日以相危。失人之紀。冒嫉危疑相嫉則相猜疑故失人道之綱紀○案日以相危失人之紀乃統承上文不專以夫妻言注非 心若禽獸。長邪苟利。○舊校云一作苟且 不知義理。亂政之化也心如禽獸焉知義理 其雲狀有若犬若馬。若白鵠。若衆車。雲氣形狀如物之形也 有其狀若人。蒼衣赤首不動。其名曰天衡。衡物之氣○御覽八百七十七作天衝 有其狀若懸旍而赤。其名曰雲旍。雲氣之象旍旗者○懸旍舊本作懸釜訛案御覽作懸旌旌與旍同今定爲旍字 有其狀若衆馬以鬬。其名曰滑馬。五行傳爲馬妖也 有其狀若衆植華以長。○舊校云華一作蓉 黃上白下。其名蚩尤之旗。○舊本作蚩尤之旍又作蚩尤之旍旗皆訛今據史記天官書漢書天文志改正集解及師古注竝引晉灼曰呂氏春秋云其色黃上白下 其日有鬬蝕。有倍僪。有暈珥。鬬蝕兩日共鬬而相食倍僪暈珥皆日旁之危氣也在兩旁反出爲倍在上反出爲僪在上內向爲冠兩旁內向爲珥暈讀爲君國子民之君氣圍繞日周匝有似軍營相圍守故曰暈也○倍僪亦作背鐍又作背譎漢志作背穴有不光。有不及景。○舊校云及一作反有衆日竝出。有晝盲。盲冥也有霄見。霄夜昊明○霄當是宵之借其月有薄蝕。薄迫也日月激會相掩名為薄蝕○其月舊本作其日譌今改正有暉珥。有偏盲。有四月竝出。有二月竝見。竝猶俱也有小月承大月。有大月承小月。有月蝕星。有出而無光。其星有熒惑。熒惑火精有彗星。有天棓。有天欃。有天竹。有天英。有天干。干楯也有賊星。有鬭星。有賓星。其氣有上不屬天。下不屬地。屬猶至有豐上殺下。有若水之波。有若山之楫。楫林木也春則黃。夏則黑。秋則蒼。冬則赤。其妖孽有生如帶。有鬼投其陴。陴脚也音楊子愛骭一毛之骭○案陴字音義皆可疑或是骨幹之幹則是脊膂也與骭音正同但不當訓為脚耳有菟生雉。雉亦生鷃。鷃一名冠爵於五行傳羽蟲之孽有螟集其國。其音匈匈。食心為螟音聲飛匈匈驚動衆人集其國都也國有游蛇西東。於五行傳為蛇妖也西東示民流遷國不安寧也馬牛乃言。言語皆妖也犬彘乃連。連合皆妖也○漢孝景二年有此有狼入於國。國都也河圖曰野鳥入主人亡也有人自天降。降下人妖也市有舞鴞。國有行飛。○舊校云一作彘馬有生角。於五行傳為馬禍雄雞五足。羽蟲之孽有豕生而彌。彌蹄不甲也於五行傳為青黑之祥也○注舊本青黑上有墨字衍雞卵多毈。○案說文毈卵不孚也徒玩切舊本作假訛今改正淮南原道訓法言先知篇俱有毈字有社遷處。遷移○案史記六國表秦惠文君二年宋太邱社亡有豕生狗。於五行傳為豕禍國有此物。其主不知驚惶亟革。上帝降禍。凶災必亟。亂惑之主見妖孽之怪不知驚惶疾自革更共御厥罰故上帝降之禍凶災必至○共禦舊本作共禦訛今從書大傳改正其殘亡死喪。殄絕無類。流散循饑無日矣。循大也穀不熟日饑無復有期日也此皆亂國之所生也。不能勝數。盡荊越之竹猶不能書。楚越竹所出也尙不能勝書者妖多也故子華子曰。夫亂世之民。長短頡䛕百疾。疾病也長短者無節度也頡猶大䛕逆也百疾變詐也既無節度大逆為變詐之疾也○案莊子徐無鬼篇頡滑有實向秀注頡滑錯亂也此頡䚲疑與頡滑義同注頡猶大舊本作䚲猶大訛又逆作迎亦訛今並改正民多疾癘。道多褓繈。盲禿傴尪。萬怪皆生。褓小兒被也繈褸格繩也言民襁負其子走道跛而散去盲無見禿無髮傴僂俯者也尪短仰者也怪物妄生非一類故言萬怪者也○注繈褸格繩也舊本格作袷又作拾下又衍一上字皆訛案褸格即縷絡方言絡謂之格義得通也後直諫篇注作縷格段若膺云織縷爲絡其繩謂之繈梁仲子云論語繈負疏引博物志云織縷爲之又漢書宣帝紀注李奇曰繈絡也故亂世之主烏聞至樂。烏安也○舊校云烏一作焉不聞至樂。其樂不樂。亂國之樂怨以悲不聞至德之樂故曰其樂不樂也

明理

呂氏春秋卷第七

孟秋紀第七　蕩兵　振亂　禁塞　懷寵

一曰。孟秋之月。○舊此下有長日至四旬六日七字又注云夏至後日尙長至四十六日立秋晝夜等故日長日至四旬六日二十五字於文不類且後文自有注不應預出立秋時亦不得云晝夜等謝以辭義俱淺陋定爲俗師所加今從月令刪去日在翼。孟秋夏之七月翼南方宿楚之分野是月日躔此宿昏斗中。旦畢中。斗北方宿吳之分野畢西方宿趙之分野是月昏且時皆中於南方○正文舊又衍則立秋三字月令無今併刪去又注畢趙之分野舊趙訛作越案淮南天文訓則屬魏其日庚辛。庚辛金日也其帝少皞。少皞帝嚳之子摯兄也以金德王天下號爲金天氏死配金爲西方金德之帝其神蓐收。少皞氏裔子曰該皆有金德死託祀爲金神○注皆字疑當作實其蟲毛。其音商。金氣寒裸者衣毛毛蟲之屬而虎爲之長商金也其位在西方○注裸者衣毛舊本脫毛字今從淮南注補律中夷則。其數九。夷則陽律也竹管音與夷則和太陽氣衰太陰氣發萬物肅然應法成性故曰律中夷則其數九五行數五金第四故曰九○梁仲子云初學記引注氣衰作力衰肅然作彫傷其味辛。其臭腥。五行金味辛金臭腥其祀門。祭先肝。孟秋始內由門入故祀門也肝木也祭祀之肉用其勝故先進肝又曰肝金也自用其藏也涼風至。白露降。涼風坤卦之風爲損降下寒蟬鳴。鷹乃祭鳥。始用行戮。寒蟬得寒氣鼓翼而鳴時候應也是月鷹摯殺鳥於大澤之中四面陳之世謂之祭鳥於是時乃始行戮刑罰順秋氣○始用月令淮南皆作用始此誤倒也高注淮南云用是時乃始行戮語尤明天子居總章左个。總章西向堂也西方總成萬物章明之也故曰總章左个南頭室也乘戎路。駕白駱。戎路白路也白馬黑鬣曰駱載白旂。衣白衣。服白玉。白順金也食麻與犬。其器廉以深。犬金畜也廉利也象金斷割深象陰閉藏是月也。以立秋。先立秋三日。大史謁之天子。夏至後四十六日立秋多在是月謁告也曰某日立秋。盛德在金。天子乃齋。盛德在金金主西方也齋自禋潔立秋之日。天子親率三公九卿諸侯大夫以迎秋於西郊。九里之郊還。乃賞軍率武人於朝。金氣用事治兵討暴非率不整非武不齊故賞軍將與武人於朝與衆共之天子乃命將帥。選士厲兵。簡練桀儁。材過萬人曰桀千人曰儁○舊本選誤還又脫士字今從汪本據月令補正淮南作選卒專任有功。以征不義。征正也詰誅暴慢。以明好惡。巡彼遠方。巡行也遠方天下也○巡月令淮南作順是月也。命有司修法制。禁令繕囹圄。具桎梏。禁止姦。囹圄法室桎梏謂械在足曰桎在手曰梏所以禁止人之姦邪愼罪邪。務搏執。命理瞻傷察創。視折審斷。愼戒有姦罪者搏執之也理獄官也使視傷創毀折者可斷之故曰審斷決獄訟。必正平。戮有罪。嚴斷刑。爭罪曰獄爭財曰訟決之者必得其正平不直者戮而刑之○正平月令作端平此反不爲始皇諱天地始肅。不可以羸。肅殺素氣始行不可以驕羸犯令必誅故曰不可以羸○注犯令必誅以下乃後人所妄加高氏本以羸與盈同夏日長羸今當秋收斂之候不可以驕盈也淮南注羸盛也義亦相似月令鄭注云解也以肅爲嚴急故不可以舒緩與驕盈意亦未嘗不相近也是月也。農乃升穀。天子嘗新。先薦寢廟。升進也先致寢廟孝經曰四時祭祀不忘親也命百官始收斂。收斂孟秋始內完隄防。謹壅塞。以備水潦。是月月麗于畢俾雨滂沱故預完隄防備水潦修宮室。坿牆垣。補城郭。坿讀如符坿坿猶培也○月令坿作坏是月也。無以封侯立大官。封侯裂土封之邑也大官謂上公九命之官無割土地行重幣出大使。無割土地以地賜人重幣金帛之幣大使使命也方金氣之收藏皆所不宜行也行之是令。而涼風至。三旬。孟秋行冬令。則陰氣大勝。介蟲敗穀。戎兵乃來。冬水王而行其令故陰氣大勝也介蟲龜屬冬玄武故介甲之蟲敗其穀也金水相幷則戎兵來侵爲害行春令。則其國乃旱。陽氣復還。五穀不實。春陽亢燥而行其令故枯旱也是月涼風用事而行春煖之令而穀更生故害而不成實也○復還本或作後還誤今從汪本與月令淮南皆合行夏令。則多火災。寒熱不節。民多瘧疾。夏火王而行其令故多火災金氣火氣寒熱相干不節使民病瘧疾寒熱所生○月令作則國多火災淮南作冬多火災

孟秋紀

二曰。古聖王有義兵。而無有偃兵。偃止兵之所自來者上矣。自從上古○舊校云上一作久與始

有民俱。俱皆凡兵也者。威也。威也者。力也。民之有威力。性也。性者。所受於天也。非人之所能爲也。武者不能革。革更而工者不能移。移易兵所自來者久矣。黃炎故用水火矣。黃黃帝炎炎帝也炎帝爲火災黃帝滅之也○御覽二百七十一故作固下文皆作固案故固古亦通用共工氏固次作難矣。共工之治九州有異高辛氏爭爲帝而亡故曰次作難也○御覽次作欲改五帝固相與爭矣。遞興廢。勝者用事。人曰。○舊本作又曰今從御覽蚩尤作兵。蚩尤非作兵也。利其械矣。蚩尤少皞氏之末九黎之君名也始作亂伐無罪殺無辜善用兵爲之無道非始造之也故曰非作兵也○御覽矣作也未有蚩尤之時。民固剝林木以戰矣。勝者爲長。長率長則猶不足治之。故立君。立置也君又不足以治之。故立天子。天子之立也出於君。君之立也出於長。長之立也出於爭。戰勝而爲長故曰出於爭爭鬭之所自來者久矣。不可禁。不可止。天生五材民並用之廢一不可誰能去兵兵之來久矣聖人以治亂人以亡廢興存亡昏明之術也故曰不可禁不可止○注本子罕語見襄廿七年左傳故古之賢王有義兵。而無有偃兵。家無怒笞。則豎子嬰兒之有過也立見。家無嚴親怒笞之威則小子好爭上下過立著見也國無刑罰。則百姓之悟相侵也立見。無刑罰可畏臣下故有相侵凌奪掠之罪○悟與忤牾並通用史記韓非傳大忠無所拂悟索隱云不拂牾於君正義云拂悟當爲咈忤古字假借耳今本史記作拂辭誤也朱本於此書又删去悟字輕改古書最不可訓天下無誅伐。則諸侯之相暴也立見。無誅伐可畏故相暴大兼小也故怒笞不可偃於家。刑罰不可偃於國。誅伐不可偃於天下。有巧有拙而已矣。巧者以治拙者以亂故古之聖王有義兵。而無有偃兵。夫有以饐死者。欲禁天下之食。悖。悖惑有以乘舟死者。欲禁天下之船。悖。有以用兵喪其國者。欲偃天下之兵。悖。夫兵不可偃也。譬之若水火然。水以療傷火以熟食兵以除亂夫何偃也故曰若水火然○注熟食舊本熟多作熱訛唯朱本作熟此可從善用之則爲福。不能用之則爲禍。傳曰能者養之以求福不能者敗之以取禍此之謂○案左氏成十三年傳劉子言能者養以之福不能者敗以取禍漢書律志五行志漢酸棗令劉熊碑皆作養以之福孔疏顏注莫不同今本則作養之以福此注頗與今本同凡注家引書誠不必盡符本文然此頗有後人妄改痕迹緣高氏本作養以之福讀者不解因改爲求福而以之字移於上又於次句亦增一之字以成對文末句此之謂也刪去也字則必刻成之後就板增兩字而末句只有一字之空故幷也字去之始整齊耳元和陳芳林云改之福爲求福則非定命矣斯言允哉若用藥者然。得良藥則活人。得惡藥則殺人。義兵之爲天下良藥也亦大矣。義兵除天下之兇殘解百姓之倒懸而生育之故方之於良藥且兵之所自來者遠矣。未嘗少選不用。貴賤長少賢者不肖相與同。有巨有微而已矣。少選須臾也賢不肖者用兵皆欲得勝是其同也巨軸略微要妙覩未萌之萌也察兵之微。在心而未發。兵也。疾視。兵也。作色。兵也。傲言。兵也。援推○案援推義當與推挽同或援之使來或推之使去有分別見卽兵象矣舊校云一作挂刺所未能詳也兵也。連反○連反當出易蹇爻辭連與人也反自守也有同有異而兵與矣舊校云連一作速疑誤兵也。侈鬭○猶鬭侈也謂以豪侈相爭勝也兵也。三軍攻戰。兵也。此八者皆兵也。微巨之爭也。今世之以偃兵疾說者。終身用兵而不自知。悖。故說雖彊。談雖辨。文學雖博。猶不見聽。雖以辨文博學力說偃兵不自知博者不聽從也○注博者字訛或博是悖字下亦當有一人字故古之聖王有義兵。而無有偃兵。兵誠義。以誅暴君而振苦民。○舊校云一作弱民民之說也。若孝子之見慈親也。若饑者之見美食也。民之號呼而走之。走歸若彊弩之射於深谿也。若積大水而失其壅隄也。中主猶若不能有其民。而況於暴君乎。中主非賢君

蕩兵○一作用兵

三曰。當今之世濁甚矣。濁亂也君肆害不可禁衞故亂甚○注禁衞疑亦是禁禦黔首之苦不可以加矣。民人之苦毒不可復

（增加）天子既絕。賢者廢伏。（絕若三代之末祚數盡也賢者不見用故廢伏○趙云天子旣絕謂周已亡而秦未稱帝之時也）世主恣行。與民相離。黔首無所告愬。（世主亂主也亂政亟行與民相違黔首懷怨無所控告）世有賢主秀士宜察此論也。則其兵爲義矣。（賢主治主也秀士治士也宜察恣行之主與民相離怨而捨之也必舉兵誅之誅其君弔其民故曰其兵爲之義也○注爲之義疑之字衍或爲字當作謂）天下之民且死者也而生。（且將也治主之兵救其民故曰將生也○且將也舊本作行也訛今改正）且辱者也而榮。（榮光明也）且苦者也而逸。（民見弔恤安逸）世主恣行。則中人將逃其君去其親。又況於不肖者乎。（遭恣行之君中凡之人將逃而去之不能顧其親戚也又況下愚不肖之人能保守其君而不逃去其親者也）故義兵至。則世主不能有其民矣。人親不能禁其子矣。（世主暴亂若桀紂者也民去之而歸湯武故不能得其有也其親不能禁止其子）凡爲天下之民長也慮。莫如長有道而息無道。賞有義而罰不義。今之世學者多非乎攻伐。非攻伐而取救守。取救守。則鄉之所謂長有道而息無道賞有義而罰不義之術不行矣。天下之長民其利害在（○舊校云一本下有此字朱本從之今案在察此論也連下讀爲是觀下文可見）察此論也。攻伐之與救守。一實也。（攻伐欲陷人救守欲完人其實一也）而取舍人異。（攻伐欲破人救守欲全人故曰取舍人異）以辨說去之。終無所定。論固不知。悖也。知而欺心。誣也。（論說事情固不知之是爲悖實知之而自欺其心是爲誣）誣悖之士。雖辨無用矣。（辨無所能施故謂之無用○趙云言說雖若可聽而斷不可用也下文申言其故）是非其所取而取其所非也。是利之而反害之也。安之而反危之也。（民以爲安而安之以禮義也危之乃危亡之道也故曰安之反危也○言非攻伐欲以安利之而不知其適相反）爲天下之長患。致黔首之大害者。若說爲深。（說若是者爲天下之患爲黔首之害深而大也）夫以利天下之民爲心者。不可以不熟察此論也。（論猶別也○別卽辯古通用）夫攻伐之事。未有不攻無道而罰不義也。攻無道而伐不義，則福莫大焉，黔首利莫厚焉。厚重也 禁之者，禁止也 是息有道而伐有義也，是窮湯武之事，而遂桀紂之過也。遂猶長也 凡人之所以惡爲無道不義者，爲其罰也；惡猶畏 所以蘄有道行有義者，爲其賞也。蘄讀曰祈或作勤 今無道不義存，存者賞之也；雖存幸耳賞之非也 而有道行義窮，窮者罰之也。雖窮不幸耳罰之非也○注皆不得本意此所云賞罰豈真賞之罰之也哉使無道者安全即不啻賞之使有道者不得伸天討即不啻罰之矣 賞不善而罰善，欲民之治也，不亦難乎。治整也 故亂天下害黔首者，若論爲大。論若是者賞所當罰者罰所當賞者是以亂天下而害黔首最爲大也○案此篇之論其謂天下攻伐人者之皆義兵乎苟非義兵則能救守者正春秋之所深嘉而樂予也而此非之是與聖賢之意相違矣下篇雖稍持平然亦偏主攻伐意多

振亂

四曰：夫救守之心，未有不守無道而救不義也。守無道而救不義，則禍莫大焉，莫無也無有大之者 爲天下之民害莫深焉。深重也無有重之者 凡救守者，太上以說，說說言也○注當是說以言也次說字訛 其次以兵。以兵威之 以說則承從多，○舊校云從一作徒 羣日夜思之，事心任精，起則誦之，臥則夢之，自今單脣乾肺，費神傷魂，單盡乾晞費損神人之神也魂人之陽精也陽精爲魂陰精爲魄○自今疑本是自令 上稱三皇五帝之業以愉其意，愉悅 下稱五伯名士之謀以信其事，信明也其說救守之事 早朝晏罷，以告制兵者，制者主也謂敵之主兵者 行說語衆以明其道。道畢說單而不行，畢單皆盡不行不見從 則必反之兵矣。說不見從故反之以兵威之 反之於兵，則必鬬爭之情，必且殺人，○鬬爭二字當疊 是殺無罪之民以與無道與不義者也。無道與不義者存，是長天下之害，爲天下之

害者得滋長而止天下之利。晉獻公曰物不兩施害長故利止者也雖欲幸而勝。禍且始長。晉獻公伐麗戎史蘇曰勝而不吉故曰禍乃始長也先王之法曰。爲善者賞。爲不善者罰。古之道也。不可易。易猶違今不別其義與不義。而疾取救守。不義莫大焉。害天下之民者莫甚焉。故取攻伐者不可非。於義可攻可伐故不可非也攻伐不可取。於義不可攻不可伐故不可取惟義所在救守不可非。於義當救當守故不可非救守不可取。於義當守當救不可取而有之也〇此救守不可取五字乃衍文注亦無異前說皆當刪去惟義兵爲可。兵苟義。攻伐亦可。以有道攻伐無道故司馬法曰以戰去戰雖戰可也此之謂也救守亦可。謂諸侯思啟封疆以無道攻有道雖救之可也極困設守亦可也兵不義。攻伐不可。若以桀紂之兵攻伐湯武曷當可乎救守不可。桀紂堅守而往救之亦不可也使夏桀殷紂無道至於此者。幸也。使吳夫差智伯瑤侵奪至於此者。幸也。夫差吳王闔閭之子智伯智宣子之子襄子也使晉厲陳靈宋康不善至於此者。幸也。晉厲公景公之子州蒲也陳靈公共公之子平國也宋康王在春秋後當戰國時僭稱王〇案厲公實名州滿史記作壽曼聲同耳梁伯子云左傳成十年正義引應劭諱議云周穆王名滿而有晉侯州滿若令桀紂知必國亡身死。殄無後類。吾未知其厲爲無道之至於此也。吳王夫差智伯瑤知必國爲丘墟。身爲刑戮。吾未知其爲不善無道侵奪之至於此也。夫差智伯爲無道侵奪無厭夫差爲越王句踐所滅智伯爲襄子所殺於晉陽之下也晉厲知必死於匠麗氏。匠麗氏晉大夫家也厲公無道欒書中行偃殺之於匠麗氏也陳靈知必死於夏徵舒。夏徵舒陳大夫御叔之子夏姬所生也靈公飮於夏姬與孔寧儀行父飲酒於夏氏徵舒過之公謂行父曰徵舒似汝對曰亦似君徵舒病之公出自其廄射而殺之故曰死於夏徵舒宋康知必死於溫。吾未知其爲不善之至於此也。溫魏邑也宋康王名偃宋元公佐六世之孫辟兵之子也立十一年自爲王東敗齊取五城南敗楚取三百里西敗魏軍於溫與齊楚魏爲敵國以韋囊盛血懸而射之號曰射天諸侯患之咸曰宋復爲紂不可不誅即位四十七年齊湣王與楚魏伐宋遂滅之而三分其地故曰死於溫〇宋康荀子王霸篇作宋獻楊倞云國滅之後其臣子各私爲謚故不同案此注依宋世家爲說四十七年年表偃立止四十三年梁伯子云宋實無取齊楚地及敗魏軍之事詳所著史記刊誤中此七君者。大爲無道不義。所殘殺無罪之民者不可爲萬數。萬人一數之言多不可勝數○大爲無道舊本爲誤作而今改正壯佼老幼胎贕之死者。○贕與殰同大實平原。廣堙深谿大谷。赴巨水積灰。填溝洫險阻。犯流矢。蹈白刃。加之以凍餓饑寒之患。以至於今之世。爲之愈甚。故暴骸骨無量數。言多爲京丘若山陵。戰鬭殺人合土築之以爲京觀故謂之京丘若山林高大也世有興主仁士。深意念此。亦可以痛心矣。亦可以悲哀矣。哀亦痛也察此其所自生。生於有道者之廢而無道者之恣行。恣放也夫無道者之恣行幸矣。無道者恣其情欲而見信用不得誅滅是乃幸也故世之患不在救守。而在於不肖者之幸也。○正文似譌當云故世之患在於救守而爲不肖者之幸也如此方與上下文順救守之說出。則不肖者益幸也。賢者益疑矣。疑怪其何以益幸也故大亂天下者。在於不論其義而疾取救守。疾猶爭

禁塞

五日。凡君子之說也。非苟辨也。士之議也。非苟語也。必中理然後說。理義必當義然後議。議言故說義而王公大人益好理矣。士民黯首益行義矣。一命爲士民士民之說爲士者也義理之道彰。則暴虐姦詐侵奪之術息也。彰明息滅暴虐姦詐之與義理反也。其執不俱勝。不兩立。故兵入於敵之境。境壞則民知所庇矣。庇依廕也黯首知不死矣。知義兵救民之命不殺害至於國邑之郊。不虐五穀。不掘墳墓。不伐樹木。不燒積聚。不焚室屋。不取六畜。得民虜。奉而題歸之。奉送也以彰好惡。好其民惡其君也傳曰其君是惡其民何罪此之謂也

信與民期，以奪敵資。以信與民期不違之也資用也敵以暴虐用其民故以信義奪其民也 若此而猶有憂恨冒疾遂過不聽者。雖行武焉亦可矣。先發聲出號，號令 曰。兵之來也以救民之死。死命 子之在上無道据傲。子謂所伐國之君○据當與倨通朱本即作倨 荒怠貪戾。虐衆恣睢自用也。辟遠聖制。謷醜先王。排訾舊典。上不順天。順承 下不惠民。惠愛 徵斂無期。求索無厭。期度厭足○注舊作其度厭之訛今改正 罪殺不辜。慶賞不當。若此者天之所誅也，人之所讎也，不當爲君。今兵之來也，將以誅不當爲君者也，以除民之讎而順天之道也。○舊校云天一作民 民有逆天之道衞人之讎者。身死家戮不赦。衞猶護助也赦無道之君則身死家戮不赦貸也○孫云不赦舊本誤作不救注赦貸舊本誤作救貸今並從孫說改正 有能以家聽者。祿之以家。以一家祿之 以里聽者。祿之以里。里閭也周禮五家爲比五比爲閭閭二十五家 以鄉聽者。祿之以鄉。周禮二千五百家爲州五州爲鄉鄉萬二千五百家 以邑聽者。祿之以邑。周禮八家爲井四井爲邑三十二家也此上鄉邑皆不從周禮 以國聽者。祿之以國。國都也周禮二千五百家爲縣四縣爲都然則國都萬家也 故克其國不及其民。克勝及罪 獨誅所誅而已矣。所誅君也 舉其秀士○舊校云一作儁桀非是 而封侯之。秀士儁士 選其賢良而尊顯之。授以上位 求其孤寡而振恤之。無子曰孤無夫曰寡振贍矜恤 見其長老而敬禮之。尊高年 皆益其祿。加其級。祿食級等 論其罪人而救出之。論猶理○救亦當作赦 分府庫之金。散倉廩之粟。金鐵也可以爲田器皆布散以與人民 以鎮撫其衆。不私其財。問其叢社大祠。民之所不欲廢者。而復興之。與之舉其祀 曲加其祀禮。是以賢者榮其名。而長老說其禮。民懷其德。懷安也 今有人於此。能生死一人。生活也 則天下必爭事之矣。事此一人 義兵之生一人亦多矣。

○案一字衍人孰不說。故義兵至。則鄰國之民歸之若流水。民歸之若流水不可壅禦也誅國之民望之若父母。行地滋遠。得民滋衆。所誅國之民睎望義兵之至若望其父母滋益衆多也孟子曰百姓簞食壺漿以迎王師奚爲後予此之謂也兵不接刃。而民服若化。接交若被其化也○若化本多作其化今從宋邦乂本

懷寵

呂氏春秋卷第八

仲秋紀第八　論威　簡選　決勝　愛士

一曰。仲秋之月。日在角。仲秋夏之八月角東方宿韓鄭之分野是月日躔此宿昏牽牛中。旦觜巂中。牽牛北方宿越之分野觜巂西方宿魏之分野是月昏旦時皆中於南方○案淮南天文訓觜巂屬趙其日庚辛。其帝少皞。其神蓐收。其蟲毛。其音商。說在孟秋律中南呂。南呂陰律是月陽氣內藏陰旅於陽任其成功竹管音中南呂其數九。其味辛。其臭腥。其祀門。祭先肝。涼風生。說在孟秋○月令作盲風至鄭注盲風疾風也孫云孟秋巳云涼風至此何以又云涼風生應從記候鴈來。玄鳥歸。羣鳥養羞。是月候時之鴈從北漠中來南過周雒之彭蠡玄鳥燕也春分而來秋分而去歸蟄所也傳曰玄鳥氏司分者也寒氣將至羣鳥養進其毛羽御寒也故曰羣鳥養羞○注北漠各本作北漢訛今從汪本與淮南注合鄭注月令云羞謂所食也此注又別天子居總章太廟。總章西向堂太廟中央室也乘戎路。駕白駱。載白旂。衣白衣。服白玉。食麻與犬。其器廉以深。說在孟秋是月也。養衰老。授几杖。行麋粥飲食。陰氣發老年衰故共養之授其几杖賦行飲食麋粥之禮今之八月比戶賜高年鳩杖粉粢是也周禮大羅氏掌獻鳩杖以養老又伊耆氏掌共老人之杖○麋與糜同本亦作糜周禮羅氏掌獻鳩也養國老禮記郊特牲有大羅氏此參用彼文衍杖字缺國字周禮伊耆氏共王之齒杖鄭注王之所以賜老者之杖乃命司服具飭衣裳。文繡有常。制有小大。度有短長。衣服有量。必循其故。冠帶有常。司服主衣服之官將飭正衣服故命之也上曰衣下曰裳靑與赤五色備謂之繡周禮司服掌王之吉服祀昊天上帝則大裘而冕祀五帝亦如之享先王則袞冕享先公饗射則驚冕祀四望山川則毳冕祭社稷五祀則絺冕羣小祀則玄冕凡兵事韋弁服視朝則皮弁服皮者鹿皮冠服者素積也故曰小大短長冠帶有常也○舊注多脫譌今攷禮注補正命有司申嚴百刑。斬殺必當。有司理官刑非一故言百軍刑斬獄刑殺皆重其事故曰必當無或枉橈。枉橈不當。反受其殃。淩弱爲枉違彊爲橈反還殃咎是月也。乃命宰祝巡行犧牲。視全具。案芻豢。宰於周禮爲充人掌養祭祀之犧牲繫于牢芻之三月也祝太祝以騂牷事神祈福祥也巡行犧牲視其全具者恐其毀傷案其芻豢之薄厚牛羊曰芻犬豕曰豢瞻肥瘠。察物色。物毛也必比類。量小大。視長短。皆中度。五者備當。上帝其享。天子乃儺。禦佐疾。以通秋氣。儺逐疫除不祥也語曰鄉人儺朝服立於阼階禦止也佐疾謂瘵也儺以止之也以通達秋氣使不壅閉○月令無禦佐疾三字以犬嘗麻。先祭寢廟。犬金畜也麻始熟故嘗之是月也。可以築城郭。建都邑。國有先君宗廟曰都無曰邑穿竇窌。修囷倉。穿水通竇不欲地泥溼也穿窌所以盛穀也修治囷倉仲秋大內穀當入也圓曰囷方曰倉乃命有司。趣民收斂。務蓄菜。多積聚。有司於周禮爲場人場協入也蓄菜乾苴之屬也詩云亦有旨蓄以御冬也乃勸種麥。無或失時。行罪無疑。罪罰也○無或當從淮南作若或如從月令作無或失時則下其有失時句亦不可去是月也。日夜分。雷乃始收聲。蟄蟲俯戶。是月秋分分等也晝漏五十刻夜漏五十刻故曰日夜分也雷乃始收藏其聲不震也將蟄之蟲俯近其所蟄之戶○月令作雷始收聲此乃始二字當衍其一俯戶月令作坏戶殺氣浸盛。陽氣日衰。水始涸。殺氣陰氣涸竭日夜分。則一度量。一同也度尺丈量釜鍾也平權衡。正鈞石。齊斗甬。權秤衡也三十斤爲鈞百二十斤爲石斗甬皆量器也○斗甬舊本作升角訛今從月令改正是月也。易關市。來商旅。入貨賄。以便民事。易關市不征稅也故商旅來市賤鬻貴曰商旅者行商也貨賄財賂也以所有易所無民得其求故曰以便民事四方來襍。遠鄉皆至。襍會也關市不征故遠鄉皆至○襍月令作集則財物不匱。上無乏用。百事乃遂。上無乏用所求得也事非一故言百事遂成也凡舉事無逆天數。天數天道○舉事月令作舉大事天數作大數必順其時。其時天時乃因其類。因順其事類不干逆○乃因月令作愼因行之是令。白露降三旬。行之是令行是之令也故白露降三旬成萬物也仲秋行春令。則秋雨不降。草木生榮。國乃有大恐。天陽亢燥而行溫仁之令故雨不降向生育故草木榮華李梅之屬冬實也金木相干有兵象故曰民有大惶恐也行夏令。則其國旱。蟄蟲不藏。五穀復生。夏氣盛陽故炎旱使蟄伏之蟲不潛藏五穀復萌生也於洪範五行爲恆燠之徵○其國旱必本是其國乃旱上節必本是國有大恐後人以月令參校遂記一乃字於有大恐之上寫時因誤入後來校者本欲去上乃字而反誤去此節之乃字一賸一脫其所以致誤之由向可推求而得也行冬令。則風災數起。收

雷先行。草木早死。冬寒嚴猛故風災數發收藏之雷先動行未當行故曰先也

仲秋紀

二曰。義也者。萬事之紀也。君臣上下親疏之所由起也。上長下幼治亂安危過勝之所在也。得紀則治而安失紀則亂而危也過猶取也勝有所勝也過勝之勿求於他。必反於己。人情欲生而惡死。欲貪也欲榮而惡辱。死生榮辱之道一。則三軍之士可使一心矣。一於紀凡軍欲其衆也。衆多也以多擊寡雖拙者猶以克勝故欲其衆心欲其一也。三軍一心則令可使無敵矣。令能無敵者其兵之於天下也亦無敵矣。古之至兵。民之重令也。至兵至德君之兵也令無不化故謂之至重也○注至重似不當有至字重乎天下。貴乎天子。其藏於民心捷於肌膚也。深痛執固。捷養也○注疑未是捷或當爲挾不可搖蕩。蕩動也物莫之能動。動移也若此則敵胡足勝矣。如此者勝敵不足以爲武故言胡足勝矣小之也故曰其令彊者其敵弱。其令信者其敵詘。令彊者不可犯也令信者賞不僭刑不濫也故能使其敵弱而屈服也先勝之於此。則必勝之於彼矣。此近謂廟堂彼遠謂原野凡兵天下之凶器也。勇天下之凶德也。兵者戰鬭有負敗勇者陵傲有死亡故皆謂之凶舉凶器。行凶德。猶不得已也。已止也舉凶器必殺。殺所以生之也。殺無道所以生有道也司馬法曰有故殺人雖殺人可也行凶德必威。威所以懾之也。威畏也懾懼也以威畏敵人使之畏懼已也敵懾民生。此義兵之所以隆也。隆盛也故古之至兵。才民未合合交○孫云才民御覽二百七十一又三百三十九俱作士民而威已諭矣。諭猶行敵已服矣。服降豈必用枹鼓干戈哉。鼓以進士干楯也戈戟也故善諭威者。於其未發也。於其未通也。窅窅乎冥冥。莫知其情。窅音窈○窅窅乎冥冥疑窅字不當疊此之

謂至威之誠。誠實也凡兵欲急疾捷先。欲急疾捷先之道。在於知緩徐遲後而急疾捷先之分也。○孫云而字御覽作緩徐遲後四字急疾捷先此所以決義兵之勝也。而不可久處。知其不可久處。則知所免起鳧舉死殙之地矣。起走舉飛也免走鳧趨喻急疾也殙音悶謂絕氣之悶○注譌字非衍即誤雖有江河之險則淩之。淩越也雖有大山之塞則陷之。陷壞也并氣專精。○盧云案御覽二百七十一作摶精摶與專同前卷五適音篇不收則不摶不摶則怒注云不摶不專一也則知呂氏書多用摶字御覽所見尚仍是古本後人不知乃徑改爲專字余嘗考易左傳管子史記而知摶之即專文繁不錄心無有慮。無有由豫之慮目無有視。耳無有聞。一諸武而已矣。冉叔誓必死於田侯。而齊國皆懼。冉叔儀工田侯齊君也○事無攷注亦不明豫讓必死於襄子。而趙氏皆恐。豫讓晉畢陽之孫因族以爲氏讓欲報讎殺趙襄子故趙氏恐也成荆致死於韓主。而周人皆畏。畏其義又況乎萬乘之國而有所誠必乎。則何敵之有矣。言無有敢敵者刃未接而欲已得矣。已得欲殺也敵人之悼懼憚恐單蕩。精神盡矣。咸若狂魄。咸皆魄飛蕩若狂人形性相離。離違也行不知所之。走不知所往。雖有險阻要塞。銛兵利械。心無敢據。意無敢處。此夏桀之所以死於南巢也。

今以木擊木則拌。拌析也以水投水則散。以冰投冰則沈。以塗投塗則陷。此疾徐先後之勢也。夫兵有大要。知謀物之不謀之不禁也。○句疑則得之矣。專諸是也。專諸吳之勇人爲闔廬刺吳王僚也獨手舉劍。至而已矣。吳王壹成。專諸一舉而成闔廬爲王故曰吳王一成成謂專諸能成吳王也又況乎義兵多者數萬。少者數千。密其躅路。開敵之塗。則士豈特與專諸議哉。

論威〇論疑本是諭字

三曰。世有言曰。驅市人而戰之。可以勝人之厚祿教卒。厚祿大將也教卒習戰也老弱罷民。可以勝人之精士練材。練材拳勇有力之材離散係系。〇疑系爲絫字之誤可以勝人之行陳整齊行陳五列也整齊周旋進退也〇注五列即伍列鋤櫌白梃。可以勝人之長銚利兵。櫌椎梃杖也長銚長矛也銚讀曰葦苕之苕此不通乎兵者之論。通達也今有利劍於此。以刺則不中。以擊則不及。與惡劍無擇。擇別爲是鬭因用惡劍。則不可。言不可用也簡選精良兵械銛利。發之則不時。縱之則不當。與惡卒無擇。惡卒怯卒爲是戰因用惡卒。則不可。王子慶忌陳年猶欲劍之利也。慶忌吳王僚之子也陳年齊人皆勇捷有力也〇梁仲子云陳年即吳越春秋之陳音善射者楚人也古年音聲相近簡選精良兵械銛利。令能將將之。能將上將古者有以王者。有以霸者矣。湯武齊桓晉文吳闔廬是矣。湯殷主癸之子天乙也武周文王之子發也齊桓僖公之子小白也晉文獻公之子重耳也吳闔廬夷昧之子光也殷湯良車七十乘。必死六千人。〇孫云御覽三百二十五必死下有士字以戊子戰於郕。遂禽推移大犧。桀多力能推移大犧因以爲號而禽克之〇移上舊本缺推字據御覽補注推下缺移字亦補之梁仲子云推南主術訓桀之力能推移大犧此注所本也據墨子明鬼下篇禽推哆大戲則皆人名此推移即推哆也所染篇云夏桀染於干辛推哆此下又云推哆大戲主別兕虎指畫殺人此大犧即大戲也誘不參考而以大犧爲桀號謬甚盧云案下文云桀奔走則何嘗成禽哉湯之待桀有禮見於他書者多矣從未有言禽桀者登自鳴條。乃入巢門。遂有夏。殷湯遂有夏之天下桀既奔走。於是行大仁慈以恤黔首。反桀之事。桀爲殘賊湯爲仁惠故曰反桀之事遂其賢良。順民所喜。遠近歸之。故王天下。殷之王古之帝也〇故王之王于況反注讀如字誤武王虎賁三千人。簡車三百乘。以要甲子之事於牧野。而紂爲禽。要成也甲子之日擭紂於牧野顯賢者之位。進殷之遺老。而閭民之所欲。行賞及禽獸。行罰不辟天子。謂殺紂也親殷如周。視人如己。天下美其德。萬民說其義。故立爲天子。武王爲天所子○語極明白而注故迂曲齊桓公良車三百乘。教卒萬人。以爲兵首。首始也橫行海內。天下莫之能禁。禁止也南至石梁。石梁在彭城也西至酆郭鄧郭在長安西南北至令支。令支在遼西中山亡邢。狄人滅衞。中山狄國也一名鮮虞在今盧奴西中山伐邢而亡之邢國今在趙襄國也狄殺衞懿公於熒澤故曰滅也○梁仲子云齊桓因狄伐邢遂還之狄未嘗亡邢也邢爲衞滅見左傳僖廿五年中山爲白狄別種伐邢者爲赤狄誘不之歐何也桓公更立邢于夷儀。更立衞于楚丘。晉文公造五兩之士五乘。兩技也五技之人兵車五乘七十五人也○以技訓兩未知何出五乘下當疊一乘字銳卒千人。先以接敵。在車曰士步曰卒諸侯莫之能難。反鄭之埤。東衞之畝。反覆覆鄭城埤而取之使衞耕者皆東畝以遂晉兵也尊天子於衡雍。文公率諸侯朝天子於衡雍衡雍踐土今之河陽吳闔廬選多力者五百人。利趾者三千人。以爲前陳。趾足也陳列也與荆戰。五戰五勝。遂有郢。郢楚都東征至于庳廬。庳廬國名也西伐至於巴蜀。北迫齊晉。令行中國。中國諸華故凡兵勢險阻。欲其便也。兵甲器械。欲其利也。選練角材。欲其精也。角猶量也精猶銳利統率士民。欲其教也。教習也此四者義兵之助也。時變之應也。不可爲而不足專恃。專獨也此勝之一策也。策謀術

簡選

四曰。夫兵有本幹。必義必智必勇。義則敵孤獨。孤獨無助敵孤獨則上下虛。○舊校云一作乘民解落。解散孤獨則父兄怨。賢者誹。亂內作。誹謗也智則知時化。知時化則知虛實盛衰之變。知先後遠近縱舍之數。數術也勇則能決斷。能決斷則能若雷

電飄風暴雨。能若崩山破潰別辨霣墜若鷙鳥之擊也。（謂如鷹隼感秋霜之節奮擊也）搏攫則殪。（殪死也）中木則碎。此以智得也。夫民無常勇。亦無常怯。有氣則實。實則勇。無氣則虛。虛則怯。怯勇虛實。其由甚微。不可不知。（當知之也）勇則戰。怯則北。（北走也）戰而勝者。戰其勇者也。戰而北者。戰其怯者也。怯勇無常。儵忽往來。而莫知其方。（方道也）惟聖人獨見其所由然。故商周以興。（商湯也周武也）桀紂以亡。巧拙之所以相過。（過絕也）以益民氣與奪民氣。以能鬭衆與不能鬭衆。軍雖大。卒雖多。無益於勝。（多而不能以克故曰無益於勝）軍大卒多而不能鬭。衆不若其寡也。夫衆之爲福也大。其爲禍也亦大。譬之若漁深淵。其得魚也大。其爲害也亦大。（爲覆溺則死故害大）善用兵者。諸邊之内莫不與鬭。雖廝輿白徒。方數百里皆來會戰。勢使之然也。（廝役輿衆白衣之徒）幸也者審於戰期而有以羈誘之也。（羈牽誘導）凡兵貴其因也。因也者。因敵之險以爲己固。因敵之謀以爲己事。能審因而加勝。則不可窮矣。（窮極）勝不可窮之謂神。神則能不可勝也。（能勝不能所以勝故曰不可勝）夫兵貴不可勝。（○孫云御覽二百二十五作夫兵不貴勝而貴不可勝此脫四字）不可勝在己。可勝在彼。聖人必在己者。不必在彼者。故執不可勝之術。以遇不勝之敵。若此則兵無失矣。凡兵之勝。敵之失也。勝失之兵。必隱必微。必積必摶。隱則勝闡矣。（闡布也）微則勝顯矣。積則勝散矣。摶則勝離矣。（○上必摶與此摶字舊本皆作搏蓋因下文搏字而誤案摶之義爲專壹正與分離相反故今定作摶字）諸搏攫柢噬之獸。其用齒角爪牙也必託於卑微隱蔽。此所以成勝。若狐之搏雉俯伏弭毛以喜說之雉見而信之不驚憚遠飛故得禽之軍戎亦皆如此故曰所以成勝○注軍戎舊本作軍賊訛今改作戎亦或是戰字誤

決勝

五曰。衣人。以其寒也。食人。以其饑也。饑寒。人之大害也。救之。義也。大仁義也人之困窮甚如饑寒。故賢主必憐人之困也。必哀人之窮也。如此。則名號顯矣。國士得矣。得國士也昔者秦繆公乘馬而車爲敗。右服失而埜人取之。四馬車兩馬在中爲服詩曰兩服上襄是也兩馬在邊爲驂詩曰兩驂如舞是也繆公自往求之。○舊本脫此句孫據李善注文選曹子建求自試表所引補梁仲子云韓詩外傳十作求三日而得之淮南氾論訓作追而及之說苑復恩篇亦有自往求之句皆於語義爲合此文脫無疑見埜人方將食之於岐山之陽。○外傳作茲山繆公歎曰。○選注御覽四百七十九又八百九十六俱作笑曰食駿馬之肉而不還飲酒。余恐其傷女也。於是徧飲而去。處一年。處一年飲食肉人酒之明年也爲韓原之戰。伐晉惠公戰於晉地之韓原晉人已環繆公之車矣。晉梁由靡已扣繆公之左驂矣。環圍扣持晉惠公之右路石奮投而擊繆公之甲。中之者已六札矣。甲鎧也陷之六札○孫云御覽作其甲之抎者已六札矣注抎者配隤也文有所失也說文繫傳手部抎字亦引之此文疑已爲後人竄改并注亦刪去盧云案抎者配隤也語不可曉疑或是抎音隕也下有所失也是說文語高未必引說文殆後人所益又脫去說字耳埜人之嘗食馬肉於岐山之陽者三百有餘人。畢力爲繆公疾鬭於車下。畢盡疾急遂大克晉。反獲惠公以歸。克勝也勝晉執惠公歸於秦此詩之所謂曰。君君子則正以行其德。爲君子作君正法以行德無德不報君賤人則寬以盡其力者也。此逸詩也爲賤人作君寬饒之以盡其力故繆公戰以勝晉人主其胡可以無務行德愛人乎。胡何也○舊本行德下有人字今從御覽刪

德愛人。則民親其上。〇行德二字舊脫從御覽補 民親其上。則皆樂爲其君死矣。食馬肉人爲繆公死戰不愛其死以獲惠公是也 趙簡子有兩白騾而甚愛之。陽城胥渠處。陽城姓胥渠名處猶病也〇注以處訓病未見所出賈誼書耳痺篇有渠如處車裂同泉語彼是人名則此亦正相類漢書人表載胥渠無處字 廣門之官夜款門而謁曰。主君之臣胥渠有疾。廣門邑名也官小臣也款扣也趙簡子晉大夫也大夫稱主者也 醫教之曰。得白騾之肝病則止。止愈也 不得則死。謁者入通。董安于御於側。慍曰。譆。胥渠也期吾君騾。請即刑焉。安于簡子家臣慍怒即就也謂就胥渠而刑之也 簡子曰。夫殺人以活畜。不亦不仁乎。殺畜以活人。不亦仁乎。於是召庖人殺白騾。取肝以與陽城胥渠。處無幾何。〇御覽四十九無處字梁仲子云處字屬下與上文處一年文義相似 趙興兵而攻翟。廣門之官左七百人右七百人。皆先登而獲甲首。獲衣甲者之首 人主其胡可以不好士。凡敵人之來也。以求利也。今來而得死。是不得利而進 且以走爲利。且將也傳曰見可而進知難而退武之善經也故以走爲利 敵皆以走爲利。則刃無與接。接交戰也 故敵得生於我。則我得死於敵。敵克故得生也己負故爲死也 敵得死於我。則我得生於敵。敵負故我得殺敵也能殺敵故己得生也〇此段正文及注宋邦乂本脫去別本皆有 夫得生於敵與敵得生於我。豈可不察哉。得勝則生負則敗故不可不察而知 此兵之精者也。存亡死生。決於知此而已矣。言能用兵勝負死生之本所由克敗故曰此兵之精妙矣

愛士 〇一作愼窮

呂氏春秋卷第九

季秋紀第九　順民　知士　審己　精通

一曰。季秋之月。日在房。季秋夏之九月房東方宿宋之分野是月日躔此宿昏虛中。旦柳中。虛北方宿齊之分野柳南方宿周之分野是月昏旦時皆中於南方其日庚辛。其帝少皞。其神蓐收。其蟲毛。其音商。律中無射。無射陽律也竹管音與無射和也陰氣上升陽氣下降故萬物隨而藏無射出見也其數九。其味辛。其臭腥。其祀門。祭先肝。說在孟秋候鴈來。賓爵入大水爲蛤。是月候時之鴈從北方來南之彭蠡蓋以爲八月來者其父母也其子羽翼稚弱未能及之故於是月來過周雒也賓爵者老爵也棲宿於人堂宇之閒有似賓客故謂之賓爵大水海也傳曰爵入于海爲蛤此之謂也○月令鄭注以鴻鴈來賓爲句與此異菊有黃華。豺則祭獸戮禽。豺獸也似狗而長毛其色黃於是月殺獸四圍陳之世所謂祭獸戮者殺也天子居總章右个。右个北頭室也乘戎路。駕白駱。載白旂。衣白衣。服白玉。食麻與犬。其器廉以深。說在孟秋是月也。申嚴號令。命百官貴賤無不務入。季秋畢內故務入也以會天地之藏。會合也無有宣出。命冢宰農事備收。舉五種之要。冢宰於周禮爲天官冢大宰治也主治萬事故命之也舉書五種之要具文籍也藏帝籍之收於神倉。祗敬必飭。天子籍田千畝其所收穀也故謂之帝籍之收於倉受穄以供上帝神祗之祀故謂之神倉飭正也祗敬必正不傾邪也○穄槩爲穀之異文尚書大傳山海經論衡齊民要術皆有此字或從水誤今從篇海從禾是月也。霜始降。秋分後十五日寒露寒露後十五日霜降故曰始也則百工休。霜降天寒朱漆不堅故百工休不復作器乃命有司曰。寒氣總至。民力不堪。其皆入室。有司於周禮爲司徒司徒主衆故命之使民入室也詩云穹窒熏鼠塞向墐戶嗟我婦子曰爲改歲入此室處此之謂也上丁。入學習吹。是月上旬丁日入學吹笙習禮樂周禮籥師掌教國子舞羽吹籥詩云吹笙鼓簧承筐是將此之謂也○月令作命樂正入學習吹此脫三字注吹籥舊作吹笙竽籥今據周禮刪正是月也。大饗帝。嘗犧牲。告備于天子。大饗上帝嘗犧牲一日先殺毛以告全故告備于天子也○此注似有譌脫案周禮大宰職論祭天禮云及納亨贊王牲事鄭注納牲將告殺謂鄉祭之晨則非先一日殺也詩信南山篇云執其鸞刀以啟其毛取其血膋箋云毛以告純血以告殺此注告全即告純也舊本誤作告令今改正 合諸侯。制百縣。合會諸侯之制度車服之級各如其命數百縣畿內之縣也五家爲鄰五鄰爲里四里爲攢五攢爲鄙五鄙爲縣然則謂縣者二千五百家也○案周禮遂人攢作酇舊本五鄙訛作四鄙今改正 爲來歲受朔日。與諸侯所稅於民輕重之法。貢職之數。以遠近土地所宜爲度。來歲明年也秦以十月爲正故於是月受明年曆日也由此言之月令爲秦制也諸侯所稅輕重職貢多少之數遠者貢輕近者貢重各有所宜○盧云案若以十月爲來歲而於九月始受朔日則僅就百縣言爲可若遠方諸侯則有不能逮者矣注據此即爲秦制吾未之信 以給郊廟之事。無有所私。郊祀天廟祀祖取共事而已無有所私多少不如法制也 是月也。天子乃教於田獵。以習五戎。獀馬。五戎五兵謂刀劍矛戟矢也獀擇也爲將田故習肄五兵選擇田馬取堪乘也○獀馬月令作班馬政舊本獀下有一作蒐三字乃校者之辭此無政字避始皇諱而月令不諱則月令之非秦制益明矣 命僕及七騶咸駕。載旍旐。僕於周禮爲田僕掌御田輅七騶於周禮當爲趣馬掌良馬辯稅之任無七騶之官也田僕掌佐馬之政令獲者植旍故載旍也○旍與旌同令獲者植旍舊本作令獵者揚旍誤今改正 輿受車以級。整設于屏外。輿衆也衆當受田車者各以等級陳于屏外也天子外屏屏樹垣也爾雅云屏謂之樹論語曰樹塞門者也○月令無輿字又受作授 司徒搢扑北嚮以誓之。搢插也扑所以教也插置帶間誓告其衆 天子乃厲服厲飭。執弓操矢以射。是月天子尚武乃服猛厲其所佩之飭以射禽也周禮司服章凡田冠弁服戎服垂衣也○案月令作天子乃厲飾執弓挾矢以獵古飾飭亦或通用注戎服垂衣也亦似有訛月令正義引熊氏云春夏田冠弁服秋冬韋弁服韋弁服即所謂戎服也鄭云以韎韋爲弁又以爲衣裳然則垂衣乃韋衣之誤也 命主祠祭禽於四方。主祠掌祀之官也祭始設禽獸者於四方報其功也不知其神所在故博求於四方 是月也。草木黃落。乃伐薪爲炭。草本節解斧入山林故伐木作炭○注伐木舊作伐林訛 蟄蟲咸俯在穴。皆墐其戶。咸皆俯伏藏於穴墐塞其戶也墐讀如斤斧之斤也○穴月令作內古書往往互用 乃趣獄刑。無留有罪。陰氣殺僇故刑獄當者決之故曰無留有罪也 收祿秩之不當者。共養之不宜者。不當者謂無功德而受祿秩也不宜者謂若屈到嗜芰曾皙嗜羊棗非禮之養故收去之也一說言所養無勳於國其先人無賢所不宜養故收斂之也○注末舊作所宜養故收斂者也脫不字者當作之今補正 是月也。天子乃以犬嘗稻。先薦寢廟。（稻始升故嘗之先進於廟孝敬親也）季秋行夏令，則其國大水，冬藏殃敗，民多鼽窒。（秋金氣水之母也夏陽布施多淋雨二氣相幷故大水也火氣熱故冬藏殃敗也火金相干故民鼽窒鼻不通也鼽讀曰仇怨之仇○鼽窒月令作鼽嚏）行冬令，則國多盜賊，邊境不寧，土地分裂。（冬令純陰姦謀所生之象故多盜賊使邊境之人不寧也則土地見侵削爲鄰國所分裂）行春令，則暖風來至，民氣解墮，師旅必興。（春陽仁故暖風至民解墮也木干金故師旅竝興二千五百人爲師五百人爲旅○師旅必興月令作師興不居）

季秋紀

二曰。先王先順民心，故功名成。（治天下之功聖人之名也○注名字舊本作功訛今改正）夫以德得民心以立大功名者，上世多有之矣。（神農黃帝堯舜禹湯文武皆是也故上世多有之）失民心而立功名者，未之曾有也。（蚩尤夷昕桀紂下至周厲幽王晉厲宋康衞懿楚靈之屬皆有滅亡故曰未之曾有也○注夷昕蓋夷羿也未知高氏有所本抑字誤）得民必有道，萬乘之國，百戶之邑，民無有不說。（說其仁與義也）取民之所說而民取矣。民之所說豈衆哉？此取民之要也。（要約置也）昔者湯克夏而正天下。（正治也）天大旱，五年不收。（穀不熟無所收○梁仲子云論衡感虛篇書傳言湯遭七年旱或言五年知此言五年亦非誤李善注文選應休璉與廣川長書亦作五年）湯乃以身禱於桑林。（禱求也桑林桑山之林能興雲作雨也）曰：「余一人有罪，無及萬夫。萬夫有罪，在余一人。無以一人之不敏，（不敏不材）使上帝鬼神傷民之命。」（上帝天也天神曰神人神曰鬼穀者民命也旱不收故曰傷民之命）於是翦其髮，鄽其手。（○李善注引此亦作鄽音鄽後精通篇刄若新鄽研注鄽砥也竊意鄽若作歷音則似當從磿得聲善又注劉孝標辯命論引此竟作磨字恐是磿字之誤從邑本無義戰國燕策故鼎反乎磿室磿室猶楚辭招魂之所謂砥室王逸注砥石名也引詩其平如砥誘之注非取此義乎而音又同故余以磿字爲是孫侍御主辯命論注作磨與刄若新磨較合但不讀鄽耳蜀志郤正傳注引作攦其手論衡又作麗其手）以身爲犧牲，（○蜀志注引作自以爲犧牲文選注及御覽二百七十三皆同）用祈福於上帝。民乃甚說，雨乃大至，則湯達乎鬼神之化，人事之傳也。達通化變傳至文王處岐事紂，冤侮雅遜，朝夕必時，雅正遜順也。紂雖寃枉文王而侮慢之，文王正順諸侯之禮，不失其時。上貢必適，祭祀必敬。貢職貢也。紂喜，命文王稱西伯，賜之千里之地。文王載拜稽首而辭曰：「願爲民請炮烙之刑。」紂常熨爛人手，因作銅烙，布火其下，令人走其上，人墮火而死，觀之以爲娛樂，故名爲炮烙之刑。○案：炮烙當作炮格。江鄰幾雜志引陳和叔云「漢書作炮格」，乃今本亦盡改作炮烙矣。此注云作銅烙，乃顯是銅格之誤。格是庋格，亦作庋閣。小司馬索隱於史記殷本紀引鄒誕生云「一音閣」，又楊倞注荀子議兵篇「音古責反」，此二音皆是格非烙。烙乃燒灼，安得言銅烙，且使罪人行其上乎？鄭康成注周禮牛人云「互若今屠家縣肉格」，據列女傳云「膏銅柱」，則與康成所言要亦不大相遠耳。文王非惡千里之地，以爲民請炮烙之刑，必欲得民心也。得民心則賢於千里之地。賢猶多也。故曰文王智矣。

越王苦會稽之恥，恥辱也。欲深得民心以致必死於吳。必死戰以報吳，欲以滅會稽恥也。身不安枕席，口不甘厚味，○舊本甘厚二字倒，今據李善注文選東方曼倩非有先生論乙正。目不視靡曼，靡曼好色。耳不聽鐘鼓。不欲聞音樂。三年苦身勞力，焦脣乾肺，內親羣臣，下養百姓，以來其心。欲得其歡心。有甘脆不足分，弗敢食。不敢獨食。有酒流之江，與民同之。投醪同味。身親耕而食，妻親織而衣，味禁珍，珍異。衣禁襲，襲重。色禁二。二青黃也。時出行路，從車載食，以視孤寡老弱之漬病漬亦病也。公羊傳曰：「大漬者，大病也。」○案：公羊莊二十年經「齊大災」，傳曰：「大災者何？大瘠也。大漬者何？痾也。」瘠亦作漬，鄭注曲禮引之，此似所見本異。高注貴公篇亦引公羊「大眚者何？大漬也」，又不同，或眚字後人所妄改。困窮、顏色愁悴不贍者，必身自食之。贍猶足也。於是屬諸大夫而告之，屬會。曰：「願一與吳徼天下之衷。徼求，衷善。○下字疑衍。今吳越之國相與俱殘，士大夫履肝肺同日而死，孤與吳王接頸交臂而僨，僨僵也。此孤之大願也。若此而不可得也，內量吾國不足以傷吳，傷敗。外事之諸侯不能害之，不能以之害吳。則孤將棄國家，釋羣臣，服

劗臂刃。變容貌。易姓名。執箕帚而臣事之。服帶臂手 以與吳王爭一旦之死。爭訣旦朝
孤雖知要領不屬。屬連 首足異處。四枝布裂。爲天下戮。孤之志必將出焉。將出必死
以伐吳也 於是異日果與吳戰於五湖。吳師大敗。遂大圍王宮。城門不守。禽夫差。
戮吳相。夫差吳王闔廬之子相吳臣也 殘吳二年而霸。此先順民心也。越王先順說民心二年故能滅吳立霸功也 齊莊子
請攻越。問於和子。和子曰。先君有遺令曰。無攻越。越猛虎也。齊莊子齊臣也和子齊田常之孫田和也
後爲齊侯因曰和子也猛虎言越王武勇多力不可伐也 莊子曰。雖猛虎也。而今已死矣。言越王衰老不能復致力戰也故曰而今已死矣 和子
曰。以告鴞子。鴞子齊相 鴞子曰。已死矣以爲生。以爲生爲民所說 故凡舉事必先審民心。然
後可舉。審定也定民心所欲而舉大事以攻伐也

順民

三日。今有千里之馬於此。非得良工。猶若弗取。良工相馬工也 良工之與馬也相得
則然後成。成良馬 譬之若枹之與鼓。枹待鼓鼓待枹乃發聲也良馬亦然 夫士亦有千里。高節死義。此
士之千里也。能使士待千里者。其惟賢者也。猶賢者能之也○御覽八百九十六待作行也作乎 靜郭君善
劑貌辨。靜郭君田嬰也孟嘗君田文之父也爲薛君號曰靜郭君○案國策作靖郭君齊貌辯古今人表作昆辯昆或是皃之譌然據元和姓纂有昆姓夏諸侯昆吾之後齊有昆弁見戰國策今當各依本文
可也 劑貌辨之爲人也多訾。○國策作疵高誘注疵闕病也鮑彪注疵病也謂過失 門人弗說。靜郭君門人不說也 士尉以証
靜郭君。証諫○証舊作證注同案說文証訓諫證訓告不同此當作証今改正 靜郭君弗聽。士尉辭而去。孟嘗君竊以諫
靜郭君。竊私私諫靜郭君使聽士尉之言而止其去 靜郭君大怒曰。剗而類。剗滅而汝也 揆吾家苟可以慊劑

貌辨者。吾無辭爲也。慊足也揆度吾家誠可以足劑貌辨者吾不辭也〇揆國策作破又慊作慊 於是舍之上舍。令長子御。朝暮進食。上舍甲第也御侍也以館貌辨也旦暮也 數年。威王薨。宣王立。威王之子 靜郭君之交大不善於宣王。交接也大不爲王所善也 辭而之薛。與劑貌辨俱。俱偕 留無幾何。留於薛 劑貌辨辭而行。請見宣王。靜郭君曰。王之不說嬰也甚。甚猶深 公往必得死焉。劑貌辨曰。固非求生也。請必行。靜郭君不能止。止禁止也 劑貌辨行至於齊。宣王聞之。藏怒以待之。藏懷 劑貌辨見。句 宣王曰。子靜郭君之所聽愛也。劑貌辨荅曰。愛則有之。聽則無有。徒見愛耳言則不見從也 王方爲太子之時。辨謂靜郭君曰。太子之不仁過頤涿視。若是者倍反。頤涿不仁之人也過猶甚也太子不仁甚於頤涿視如此者倍反不循道理也〇字書無頤字注訓頤涿爲不仁之人不知何據國策作過頤豕視劉辰翁曰過頤即俗所謂耳後見腮豕視即相法所謂下邪偷視 不若革太子更立衞姬嬰兒校師。嬰兒幼少之稱衞姬所生校師其名也威王之庶子也勸靜郭君令廢太子更立校師爲太子也〇校師國策作郊師 靜郭君泫而曰。〇舊校云泫一作泣案國策作泣 不可。吾弗忍爲也。且靜郭君聽辨而爲之也。必無今日之患也。此爲一也。言靜郭君聽辨之言則無今日見逐之患也此一不見聽也 至於薛。昭陽請以數倍之地易薛。辨又曰。必聽之。昭陽楚相也求以倍地易薛之少辨勸之可也 靜郭君曰。受薛於先王。雖惡於後王。吾獨謂先王何乎。先王威王也見惡於後王先王其謂我何 且先王之廟在薛。吾豈可以先王之廟予楚乎。又不肎聽辨。此爲二也。二不見聽 宣王太息動於顏色曰。靜郭君之於寡人一至此乎。寡人少。殊不知此。動變也一猶乃也少小故不知此也 客肎爲寡人少來靜郭君乎。言猶可也 劑貌辨荅曰。敬諾。諾順 靜郭君來衣威王之服。冠其冠。帶其劍。宣王自迎靜郭君於郊。望之而泣。靜郭君至。因請相之。請以爲相也靜郭君辭。不得已而受。受爲相十日。謝病彊辭。三日而聽。聽許當是時也。靜郭君可謂能自知人矣。知人知劑貌辨也能自知人。故非之弗爲阻。阻止此劑貌辨之所以外生樂趨患難故也。外棄其生命欒解人之患往見宣王不辟難之故也○國策作外生樂患趣難者也孫云觀注似此亦本與國策同

知士

四曰。凡物之然也必有故。故學而不知其故。雖當與不知同。其卒必困。當合同變也困於不知其故也先王名士達師之所以過俗者。以其知也。水出於山而走於海。走歸水非惡山而欲海也。高下使之然也。稼生於野而藏於倉。稼非有欲也。人皆以之也。以用也故子路揜雉而復釋之。所得者小不欲天物故釋之也子列子常射中矣。請之於關尹子。子列子賢人體道者請問其射所以中於關尹喜關尹喜師老子也關尹子曰。知子之所以中乎。答曰。弗知也。關尹子曰。未可。弗知射所以中者未可語退而習之三年。又請。習學也又復請問於關尹子關尹子曰。子知子之所以中乎。子列子曰。知之矣。知射心平體正然後能中自求諸己不求諸人故曰知之關尹子曰。可矣。守而勿失。守求諸己不求諸人勿失也非獨射也。國之存也。國之亡也。身之賢也。身之不肖也。亦皆有以。求諸己則存求諸人則亡聖人不察存亡賢不肖而察其所以也。齊攻魯求岑鼎。魯君載他鼎以往。齊侯弗信而反之。爲非。反還也以爲非岑鼎故還也使人告魯侯曰。柳下季以爲是。請因受之。齊侯使人告魯君言柳下季以爲是岑鼎請因受之也疑魯君欺之而信柳下季魯君請於柳下季。欲令柳下季證之爲岑鼎柳下

季荅曰。君之賂以欲岑鼎也。（○猶言賂以其所欲之岑鼎。新序節士篇作君之欲以爲岑鼎也）以免國也。臣亦有國於此。（亦有國於此言已有此信以爲國也）破臣之國以免君之國。此臣之所難也。於是魯君乃以眞岑鼎往也。（○韓非說林下岑鼎作讒鼎又屬之樂正子春若是兩事則名各是一鼎名各不同否則傳者互異岑與讒聲通轉耳）且柳下季可謂此能說矣。（○新序作可謂守信矣）非獨存己之國也。又能存魯君之國。（論語云非信不立柳下季有信故能存魯君之國）齊湣王亡居於衞。（亡出奔）晝日步足謂公玉丹曰。我已亡矣。而不知其故。吾所以亡者果何故哉。我當已。（不自知爲何故而亡果亦竟也竟爲何等故亡哉○案史記孝武本紀索隱云風俗通齊湣王臣有公玉冉音語錄反又引三輔決錄云杜陵有玉氏音肅今讀公玉與決錄音同盧云案丹與冉字形相近實一人買誼書所載虢君事略與此同注亦竟也李本作一竟也）公玉丹荅曰。臣以王爲已知之矣。王故尚未之知邪。王之所以亡也者以賢也。天下之王皆不肖而惡王之賢也。因相與合兵而攻王。此王之所以亡也。湣王慨焉太息曰。賢固若是其苦邪。此亦不知其所以也。（湣王不自知其所爲亡之故愚惑之甚也故曰亦不知其所以也）此公玉丹之所以過也。（過謂不忠也湣王愚惑阿順而說之也）越王授有子四人。越王之弟曰豫。欲盡殺之而爲之後。（越王授句踐五世之孫其弟欲殺王之四子而以己代爲之後也○案句踐五世孫則王翳也爲太子諸咎所弒見紀年與此略相合前貴生篇有王子搜疑一人注其弟二字舊缺案文義增）惡其三人而殺之矣。國人不說。大非上。（非猶咎也）又惡其一人而欲殺之。越王未之聽。其子恐必死。因國人之欲逐豫。圍王宮。越王太息曰。余不聽豫之言以罹此難也。亦不知所以亡也。（愚既愚也其惑固亦甚也故曰亦不知所以亡○正文亦不知下李本有其字注首疑有脫誤）

審己

五曰。人或謂兔絲無根。兔絲非無根也。其根不屬也。伏苓是。屬連也淮南記曰下有茯苓上有兔絲一名女羅詩曰蔦與女羅施于松上○案注所引與今詩異 慈石召鐵。或引之也。石鐵之母也以有慈石故能引其子石之不慈者亦不能引也 樹相近而靡。或軵之也。○案淮南氾論訓相戲以刃者太祖軵其肘音讀茸注擠也 聖人南面而立。以愛利民爲心。心在利民 號令未出而天下皆延頸舉踵矣。則精通乎民也。天下皆延頸企踵立而望之不遑坐也其精誠能通洞於民使之然也 夫賊害於人人亦然。爲賊害人故人亦延頸舉踵襁負而去之不遑安坐也故曰人亦然 今夫攻者砥厲五兵。侈衣美食。發且有日矣。所被攻者不樂。非或聞之也。神者先告也。非聞將見攻也神先告之令其志意慼慼不樂 身在乎秦。所親愛在於齊。死而志氣不安。精或往來也。淮南記曰慈母在於燕適子念於荆言精相往來者也 德也者萬民之宰也。宰主也 月也者羣陰之本也。月望則蚌蛤實。羣陰盈。月十五日盈滿在西方與日相望也蚌蛤陰物隨月而盛其中皆實滿也 月晦則蚌蛤虛。羣陰虧。虛蚌蛤肉隨月虧而不盈滿也 夫月形乎天。而羣陰化乎淵。形見也羣陰蚌蛤也隨月盛衰虛實也 聖人行德乎己。而四荒咸飭乎仁。四表荒裔之民法聖人之德皆飭正其仁義化使之然 養由基射光中石。矢乃飲羽。誠乎光也。飲羽飲矢至羽誠以爲眞光也○光乃兕之或體舊誤作先校者欲改爲虎非也日本山井鼎毛詩考文云兕觥古本作光 伯樂學相馬。所見無非馬者。誠乎馬也。伯樂善相馬秦穆公之臣也所見無非馬者覩之也 宋之庖丁好解牛。所見無非死牛者。三年而不見生牛。用刀十九年。刃若新劘研。劘砥也 順其理。誠乎牛也。鍾子期夜聞擊磬者而悲。鍾姓也子通稱期名也楚人鍾儀之族 使人召而問之曰。子何擊磬之悲也。荅曰。臣之父不幸而殺人。不得生。臣之母得生。而爲公家爲酒。臣之身得生。而爲公家擊磬。臣不覩臣之母三年矣。昔爲舍氏覩臣之母。量所以贖之則無有。量度而身固公家之財也。是故悲也。○新序四載此微不同云昨日爲舍市而睹之意欲贖之無財身又公家之有也孫云新序義較長鍾子期歎嗟曰。悲夫悲夫。心非臂也。臂非椎非石也。悲存乎心。而木石應之。故君子誠乎此而諭乎彼。感乎己而發乎人。豈必彊說乎哉。周有申喜者。亡其母。聞乞人歌於門下而悲之。動於顏色。謂門者內乞人之歌者。自覺而問焉。○御覽五百七十一自覺作自見曰何故而乞。與之語。蓋其母也。故父母之於子也。子之於父母也。一體而兩分。○李善注文選曹子建求自試表謝希逸宜貴妃誄皆作一體而分形同氣而異息。若草莽之有華實也。若樹木之有根心也。雖異處而相通。隱志相及。痛疾相救。憂思相感。感動生則相歡。死則相哀。此之謂骨肉之親。神出於忠。神忠而應乎心。兩精相得。豈待言哉。

精通

呂氏春秋卷第十

孟冬紀第十　節喪　安死　異寶　異用

一曰。孟冬之月。日在尾。孟冬夏之十月尾東方宿燕之分野是月日躔此宿昏危中。旦七星中。危北方宿齊之分野七星南方宿周之分野是月昏旦時皆中於南方其日壬癸。壬癸水日其帝顓頊。其神玄冥。顓頊黃帝之孫昌意之子以水德王天下號高陽氏死祀爲北方水德之帝玄冥官也少皥氏之子曰脩爲玄冥師死祀爲水神〇注高陽氏舊本作傷氏訛今改正又循左傳作脩其蟲介。其音羽。介甲也象冬閉固皮漫胡也羽水也位在北方〇注漫與曼鬍音義同皮漫胡謂皮長而下垂亦似閉固之象律中應鐘。其數六。應鐘陰律也竹管音與應鐘和也陰應於陽轉成其功萬物聚藏故曰律中應鐘其數六五行數五水第一故曰六也其味鹹。其臭朽。水之臭味也凡鹹朽者皆屬爲氣之若有若無者爲朽也其祀行。祭先腎。行門內地也冬守在內故祀之行或作井水給人冬水王故祀之也祭祀之內先進腎屬水自用其藏也〇案淮南時則訓作祀井水始冰。地始凍。秋分後三十日霜降後十五日立冬水冰地凍也故曰始也雉入大水爲蜃。虹藏不見。蜃蛤也大水淮也傳曰雉入于淮爲蜃虹陰陽交氣也是月陰壯故藏不見天子居玄堂左个。玄堂北向堂也左个西頭室也乘玄輅。駕鐵驪。玄輅黑輅鐵驪亦黑象北方也載玄旂。衣黑衣。服玄玉。玄黑順水色食黍與彘。彘水屬也其器宏以弇。宏大弇深象冬閉藏也是月也。以立冬。先立冬三日。太史謁之天子。秋分四十六日而立冬故多在是月也謁告也曰。某日立冬。盛德在水。天子乃齋。盛德在水王北方也立冬之日。天子親率三公九卿大夫。以迎冬於北郊。六里之郊還。乃賞死事。恤孤寡。先人有死王事以安社稷者賞其子孫有孤寡者矜恤之是月也。命太卜。禱祠龜策。占兆審卦吉凶。周禮太卜掌三兆之法一曰玉兆二曰瓦兆三曰原兆又掌三易之法一曰連山二曰歸藏三曰周易龜曰兆筮曰卦故命太卜禱祠龜策占兆審卦以知吉凶〇月令作命太史釁龜筴於是察阿上亂法者則罪之。無有揜蔽。阿意曲從取容於上以亂法度必察知之則行其罪

罰無敢彊匿者○月令作是察阿黨則罪無有揜蔽占本月令是下有月也二字宋本正義標題亦有是月字

是月也。天子始裘。始猶先也裘溫服優尊者故先服之 命有司曰。天氣上騰。地氣下降。天地不通。閉而成冬。天地閉冰霜凜烈成冬也○月令閉下有塞字 命百官謹蓋藏。命司徒循行積聚。無有不斂。坿城郭。坿益也令高固也○坿月令作坏 戒門閭。修楗閉。愼關籥。固封璽。璽讀曰移徙之徙門閭里門關籥固堅璽印封也○月令楗作鍵關作管璽作疆鄭注云今月令疆或作璽 備邊境。完要塞。謹關梁。塞蹊徑。要塞所以固國也關梁所以通塗也塞絕蹊徑爲其敗田 飭喪紀。辨衣裳。審棺椁之厚薄。紀數也正二十五月之服數遣送衣裳棺椁尊者厚卑者薄各有等差故別之審愼也○注正二十五月之服數舉重者則其餘皆正可知也之服數舊作服之數今案文義乙正 營丘壟之小大高卑薄厚之度。貴賤之等級。營度也丘墳壟冢也度其制度貴者高大賤者卑小故曰等級也

是月也。工師效功。陳祭器。按度程。程法也○月令工師上有命字 無或作爲淫巧以蕩上心。蕩動也 必功致爲上。物勒工名以考其誠。物器也勒銘工姓名著於器使不得詐巧故曰以考其誠 工有不當。必行其罪以窮其情。不當不功致也故行其罪以窮斷其詐巧之情○月令工作功

是月也。大飲蒸。天子乃祈來年于天宗。是月農功畢矣天子諸侯與其羣臣大飲酒班齒列也蒸俎實體解節折謂肴蒸也祈求也求明年於天宗之神宗尊也凡天地四時皆爲天宗萬物非天不生非地不載非春不動非夏不長非秋不成非冬不藏書曰禋于六宗此之謂也○注班齒列即周禮之正齒位也舊本倒作列齒誤又體解亦缺體字又求明年於天宗之神倒作之神於天宗今皆改正 大割祠于公社及門閭。饗先祖五祀。勞農夫以休息之。大割殺牲也祠于公社國社后土也生爲上公死祀爲貴神也先祠公社乃及門閭先祖先公後私之義也五祀木正句芒其祀戶火正祝融其祀竈土正后土其祀中霤后土爲社金正蓐收其祀門水正玄冥其祀井故曰五祀社爲土官稷爲木官俱在五祀中以其功大故別言社稷耳是月農夫空閒故勞犒休息之不役使也○舊本大割下有牲字月令無案注亦與月令同今刪饗月令作臘舊本先祖作禱祖亦據月令及本注改正 天子乃命將率講武肄射御角力。肄習也角猶試

是月也。乃命水虞漁師收水泉池澤之賦。虞官也師長也賦稅也 無或敢侵削衆庶兆民。削刻也天子曰兆民兆大數也 以爲天子取怨于下。稅斂重則民怨故取怨于下 其

有若此者。行罪無赦。此爲天子取怨于下者故行其罪罰無赦貸也 孟冬行春令。則凍閉不密。地氣發泄。民多流亡。春陽散越故凍不密地氣發泄使民流亡象陽布散○發泄月令作上泄 行夏令。則國多暴風。方冬不寒。蟄蟲復出。冬法當閉藏反行夏盛陽之令故多暴疾之風陽氣炎溫故盛冬不寒蟄伏之蟲復出也於洪範五行豫恒燠若之徵也 行秋令。則雪霜不時。小兵時起。土地侵削。秋金氣干水不當霜而霜不當雪而雪故曰不時小兵數起鄰國來伐侵削土地於洪範五行急恒寒若之徵也

孟冬紀

二曰。審知生。聖人之要也。審知死。聖人之極也。知生也者。不以害生。養生之謂也。知死也者。不以害死。安死之謂也。○續漢書禮儀志下注引此不以害生不以物害死兩句皆有物字 此二者。聖人之所獨決也。決知 凡生於天地之間。其必有死。所不免也。莊子曰生寄也死歸也故曰所不免 孝子之重其親也。重尊 慈親之愛其子也。愛心不能忘也○續志注慈作若以下文觀之慈字是 痛於肌骨。性也。所重所愛。死而棄之溝壑。人之情不忍爲也。故有葬死之義。言情不忍棄之溝壑故有葬送之義 葬也者。藏也。慈親孝子之所愼也。愼重也 愼之者。以生人之心慮。慮計也 以生人之心爲死者慮也。莫如無動。莫如無發。無發無動。莫如無有可利。則此之謂重閉。無有可利若楊王孫倮葬人不發掘不見動搖謂之重閉也 古之人有藏於廣野深山而安者矣。非珠玉國寶之謂也。葬不可不藏也。葬淺則狐狸扫之。扫讀曰掘 深則及於水泉。故凡葬必於高陵之上。以避狐狸之患水泉之溼。此則善矣。而忘姦邪盜賊寇亂之難。豈不惑哉。厚葬人利之必有此難故謂之惑也 譬之若瞽師之避柱也。避柱而疾觸杙也。狐狸

水泉姦邪盜賊寇亂之患。此孔之大者也。慈親孝子避之者。得葬之情矣。得薄葬之情也○舊校云避一作備下同善棺槨。所以避螻蟻蛇蟲也。今世俗大亂之主。愈侈其葬。則心非爲乎死者慮也。生者以相矜尚也。慮計也以厚葬奢侈相高大不爲葬者避發掘之計也故曰生者以相矜尚也侈靡者以爲榮。榮譽也儉節者以爲陋。不以便死爲故。故事而徒以生者之誹譽爲務。此非慈親孝子之心也。父雖死。孝子之重之不怠。重尊怠懈子雖死。慈親之愛之不懈。夫葬所愛所重。而以生者之所甚欲。其以安之也若之何哉。甚欲欲厚葬也厚葬必見發掘故曰其以安之也若之何哉言不安也民之於利也。犯流矢蹈白刃涉血盩肝以求之。盩古抽字野人之無聞者。忍親戚兄弟知交以求利。無聞禮義今無此之危無此之醜。醜恥其爲利甚厚。乘車食肉。澤及子孫。雖聖人猶不能禁。而況於亂。○盧云疑此下當有世字蓋言聖人在上治平之世猶有貪利而冒禁者況於四海鼎沸之日其又誰爲禁之哉國彌大。彌猶益也家彌富。葬彌厚。含珠鱗施。含珠口實也鱗施施玉於死者之體如魚鱗也夫玩好貨寶。鍾鼎壺濫。以冰置水漿於其中爲鑑取其冷也○梁仲子云壺濫劉本作壺鑑注同案集韻鑑胡暫切周禮春始治鑑或從水亦作濫故左傳襄九年正義引周禮作濫盧云案墨子節葬篇云又必多爲屋幕鼎鼓几梴壺濫戈劍羽毛齒革寢而埋之凡兩見蓋亦器名注似非說愼勢篇作壺鑑云功名著乎盤盂銘篆著乎壺鑑轝馬衣被戈劍。不可勝其數。○其字衍諸養生之具無不從者。諸養生之具無不從從送也以送死人題湊之室。室槨藏也題湊複棨○案漢書霍光傳便房黃腸題湊注引蘇林曰以柏木黃心致棨棺外故曰黃腸木頭皆內向故曰題湊棺槨數襲。襲重積石積炭以環其外。石以其堅炭以禦溼環繞也○案積炭非但禦溼亦使樹木之根不穿入也姦人聞之。傳以相告。告語也○傳續志注作轉上雖以嚴威重罪禁之。猶不可止。不能止其發掘且死者彌久。生者彌疏。生者彌疏。則守者彌怠。守者彌怠。而葬器如故。言寶賂不渝變其勢固不安矣。世俗之行喪。載之以大輴。大輴車也羽旄旌旗如雲。僂翣以督之。珠玉以備之。黼黻文章以飭之。喪車有羽旄旌旗之飾有雲氣之畫僂蓋也翣棺飾也畫黼黻之狀如扇翣於僂翣天子八諸侯六大夫四也○案禮記檀弓下云制絞衾設蔞翣爲使人勿惡也注云蔞翣棺之牆飾也此作僂或音同可借用此飭字義皆是飾引紼者左右萬人以行之。紼引棺索也禮送葬皆執紼以軍制立之然後可。制法以此觀世觀世猶示人也則美矣侈矣。以此爲死則不可也。於死人不可也苟便於死。則雖貧國勞民。○舊校云一作身若慈親孝子者之所不辭爲也。

節喪

三日。世之爲丘壟也。其高大若山。其樹之若林。木叢生曰林也○續志注山下有陵字林下有藪字其設闕庭爲宮室造賓阼也若都邑。賓階阼階也若爲都邑之制以此觀世示富則可矣。以此爲死則不可也。夫死。其視萬歲猶一瞚也。瞚者潁川人相視曰瞚也一日瞚者謂人臥始覺也○瞚與瞬同李善注文選陸士衡文賦引作萬世猶一瞬人之壽。久之不過百。○久之續志注作久者中壽不過六十。以百與六十爲無窮者之慮。慮謀也其情必不相當矣。以無窮爲死者之慮。則得之矣。今有人於此。爲石銘置之壟上。曰。此其中之物。具珠玉玩好財物寶器甚多。不可不抇。抇發也抇之必大富。世世乘車食肉。謂抇墓富而得爵祿故乘車食肉世世相傳也人必相與笑之。以爲大惑。惑悖也世之厚葬也有似於此。○續志注作而爲之闕庭以自表此何異彼哉自古及今。未有不亡之國也。無不亡之國者。是無不抇之墓也。以耳目所聞見。齊荊燕嘗亡矣。宋中山已亡矣。趙魏韓皆亡矣。其皆故國矣。○續志注作趙韓魏皆失其故國矣自此以上者。亡國不可勝數。上猶前也不可勝數亡國多也○續志無者字是故大墓無不抇也。而世皆爭爲之。豈不悲哉。○續志注世作猶君之不令民。令善○續志注句上有今夫二字父之不孝子。兄之不悌弟。皆鄉里之所釜甗者而逐之。以釜甗食之人皆欲討逐之○甗舊鬲譌作几字書無攷甗亭林引作甗注云鬲同今從之史記蔡澤傳遇奪釜鬲於塗憚耕稼采薪之勞。不肎官人事。既憚耕稼又不肎居官循治人事也○注循治疑當作脩治而祈美衣侈食之樂。祈求智巧窮屈。無以爲之。窮極屈盡於是乎聚羣多之徒。以深山廣澤林藪。扑擊遏奪。又視名丘大墓葬之厚者。求舍便居。以微抇之。○有人自關中來者爲言姦人掘墓率於古貴人冢旁相距數百步外爲屋以居人即於屋中穿地道以達於葬所故從其外觀之未見有發掘之形也而藏已空矣噫孰知今人之巧古已先有爲之者小人之求利無所不至初無古今之異也日夜不休。必得所利。相與分之。夫有所愛所重。而令姦邪盜賊寇亂之人卒必辱之。此孝子忠臣親父交友之大事。傳曰宋文公卒始厚葬用蜃炭益車馬始用殉重器備槨有四阿棺有翰檜君子謂華元樂呂於是不臣臣治煩去惑者也是以伏死而爭今二子者君生則縱其惑死也又益其侈是棄君於惡也何臣之爲此之謂也堯葬於穀林。通樹之。通林以爲樹也傳曰堯葬成陽此云穀林成陽山下有穀林○堯葬成陽水經注言之甚晰又案劉向云葬濟陰丘隴山續征記在小成陽南九里通典曹州界有堯冢堯所居其說皆非羅苹路史注以墨子云堯葬蛩山之陰王充云葬冀州山海經云葬狄山或云葬崇山皆妄之甚舜葬於紀市。不變其肆。市肆如故言不煩民也傳曰舜葬蒼梧九疑之山此云於紀市九疑山下亦有紀邑○墨子云舜葬南己之市御覽五百五十五作南紀引尸子作南己案路史注云紀即冀紀后爲冀后今河東皮氏東北有冀亭冀子國也嗚條在安邑西北其地相近記謂舜葬蒼梧皇覽謂在零陵營浦縣尤失之梁伯子云困學紀聞五引薛氏言蒼梧在海州界近莒之紀城亦非閻伯詩云海州蒼梧山即山海經之郁州無舜葬於此之說禹葬於會稽。不變人徒。變動也言無所興造不擾民也會稽山在會稽山陰縣南是故先王以儉節葬死也。非愛其費也。費財也非惡其勞也。以爲死者慮也。惡猶患也先王之所惡。惟死者之辱也。發則必辱。儉則不發。故先王之葬必儉。必合必同。何謂合。何謂同。葬於山林則合乎山林。葬於阪隰則同乎阪隰。○舊校云一作阪阬此之謂愛人。夫愛人者衆。知愛人者寡。謂凡愛死人者之衆多厚葬之知所以愛之者寡言能儉葬者少也故宋未亡而東冢扣。東冢文公冢也文公厚葬故冢被發也冢在城東因謂之東冢齊未亡而莊公冢扣。莊公名購僖公之父以葬厚冢見發國安寧而猶若此。又況百世之後而國已亡乎。故孝子忠臣親父交友。不可不察於此也。夫愛之而反危之。其此之謂乎。使見發掘之謂○續志注作欲愛而反害之欲安而反危之忠臣孝子亦不可以厚葬矣詩曰。不敢暴虎。不敢馮河。人知其一。莫知其他。此言不知鄰類也。詩小雅小旻之卒章也無兵搏虎曰暴無舟渡河曰馮喻小人而為政不可以不敬不敬之則危猶暴虎馮河之必死也人知其一莫知其他一非也人皆知小人之為非不知不敬小人之危殆故曰不知鄰類也故反以相非。反以相是。其所非方其所是也。其所是方其所非也。方比是非未定。而喜怒鬭爭反為用矣。吾不非鬭不非爭。非猶罪也而非所以鬭非所以爭。故凡鬭爭者。是非已定之用也。今多不先定其是非。而先疾鬭爭。此惑之大者也。○故反以相非以下似不一篇之文誤脫於此

魯季孫有喪。孔子往弔之。入門而左。從客也。主人以璵璠收。喪季平子意如之喪也桓子斯在喪位孔子弔之入門而左行故曰從客位也主人以璵璠收收斂者也孔子徑庭而趨。歷級而上。上堂曰。以寶玉收。譬之猶暴骸中原也。璵璠君佩玉也昭公在外平子行君事入宗廟佩璵璠故用之孔子以平子逐昭公出之其行惡不當以斂而反用之肆行非度人又利之必見發掘故猶暴骸中原也徑庭歷級。非禮也。雖然。以救過也。孔子拜下禮也今拜乎上泰也雖違衆吾從下言不欲違禮亦不欲人之失禮故歷級也

安死

四曰。古之人非無寶也。其所寶者異也。孫叔敖疾將死。戒其子曰。王數封我矣。吾不受也。(孫叔敖楚大夫蔿賈之子莊王之令尹也) 爲我死。王則封汝。必無受利地。(人所貪利之地○爲字衍後漢書郭丹傳注引此無) 楚越之閒。有寢之丘者。此其地不利(人不利之○列子說符篇淮南人閒訓皆作寢邱無之字史記滑稽傳正義引此同) 而名甚惡。(惡謂丘名也○史記正義引作而前有垢谷後有戾邱其名惡可長有也此見淮南注此注自謂寢邱名惡非有缺文) 荊人畏鬼。而越人信禨。(言荊人畏鬼神越人信吉凶之禨祥此地名丘畏惡之名終不利也) 可長有者。其唯此也。(唯獨也) 孫叔敖死。王果以美地封其子。而子辭。(○後漢書作其子辭) 請寢之丘。故至今不失。孫叔敖之知。知不以利爲利矣。知以人之所惡爲己之所喜。此有道者之所以異乎俗也。(衆人利利孫叔敖病利故曰所以異於俗也) 五員亡。荊急求之。登太行而望鄭曰。蓋是國也。地險而民多知。(登升也太行山名處則未聞多知將閭所以自竄也○案高氏注淮南地形訓云太行在今上黨太行關直河內野王縣是也此何以云處則未聞此山今在河南輝縣西北與山西澤州相鄰也) 其主俗主也。不足與舉。(舉猶謀也俗主不肖凡君) 去鄭而之許。見許公而問所之。許公不應。東南嚮而唾。(欲令之吳也) 五員載拜受賜曰。知所之矣。因如吳。過於荊。至江上。欲涉。(涉渡) 見一丈人。(丈人長老稱也) 刺小船。方將漁。從而請焉。丈人度之。絕江。(絕過) 問其名族。(族姓) 則不肯告。(丈人不肯告) 解其劍以予丈人。(○舊校云予一作獻) 曰。此千金之劍也。願獻之丈人。(獻上也) 丈人不肯受。曰。荊國之法。得五員者爵執圭。祿萬檐。(○檐與儋古通用今作擔) 金千鎰。昔者子胥過。吾猶不取。(執圭周禮侯執信圭言爵之爲侯也萬檐萬石也金千鎰二十兩爲一鎰不取子胥以受賞也故曰我何以欲子之千金劍爲○舊校云猶一作尙) 今我何以子之千金劍爲乎。(○舊校云何一作曷梁伯子云此江上丈人僞言也因揣知必五員故作此言以拒之耳) 五員過於吳。(過猶至也) 使人求之江上。

則不能得也。每食必祭之。祝曰江上之丈人。天地至大矣至衆矣。將奚不有爲也。而無以爲爲矣。何不有爲言無不爲也江上丈人無以爲矣無以爲乃大有於五員也故曰而無以爲也○案注當云乃大有爲於五員也故曰而無以爲爲也脫兩爲字而無以爲之名不可得而聞。聞知也身不可得而見。求之江上不能得也其惟江上之丈人乎。宋之野人耕而得玉。獻之司城子罕。司城官名子罕不受。野人請曰。此野人之寶也。願相國爲之賜而受之也。子罕曰。子以玉爲寶。我以不受爲寶。故宋國之長者曰。子罕非無寶也。所寶者異也。今以百金與摶黍以示兒子。兒子小子兒子必取摶黍矣。以和氏之璧與百金以示鄙人。鄙人必取百金矣。以和氏之璧道德之至言以示賢者。賢者必取至言矣。其知彌精。其所取彌精。其知彌觕。其所取彌觕。精微妙也觕麤疏也

異寶

五曰。萬物不同。而用之於人異也。此治亂存亡死生之原。原本故國廣巨兵彊富○舊校云一作充富未必安也。尊貴高大未必顯也。在於用之。桀紂用其材而以成其亡。湯武用其材而以成其王。湯見祝網者置四面。置設其祝曰。從天墜者。墜隕也從地出者。從四方來者。皆離吾網。湯曰。嘻。盡之矣。非桀其孰爲此也。孰誰也湯收其三面。○舊校云收一作放孫云李善注文選張平子東京賦揚子雲羽獵賦引此收竝作拔舊校當是一作拔置其一面。更教祝曰。昔蛛蝥作網罟。今之人學紓。紓緩○賈誼書諭誠篇蛛蝥作網今之人循緒舊本蝥作螯誤紓疑與杼通注訓爲緩非是欲左者左。欲

右者右。欲高者高。欲下者下。吾取其犯命者。漢南之國聞之曰。湯之德及禽獸矣。漢南漢水之南四十國歸之。○梁仲子云李善注東京賦作三十國人置四面。未必得鳥。湯去其三面置其一面。以網其四十國。非徒網鳥也。徒猶但也周文王使人抇池。得死人之骸。吏以聞於文王。文王曰。更葬之。吏曰。此無主矣。文王曰。有天下者天下之主也。有一國者一國之主也。今我非其主也。○也與邪古通用御覽八十四作邪遂令吏以衣棺更葬之。天下聞之曰。文王賢矣。澤及髊骨。骨有肉曰髊無曰枯又況於人乎。或得寶以危其國。文王得朽骨以喻其意。喻說說民意也故聖人於物也無不材。材用也孔子之弟子從遠方來者。孔子荷杖而問之曰。子之公不有恙乎。搏杖而揖之問曰。子之父母不有恙乎。置杖而問曰。子之兄弟不有恙乎。杙步而倍之問曰。子之妻子不有恙乎。○孫云御覽七百十公作父下無父字搏杖作持杖杙步而倍之作杖步而倚之廣韻杖字下引云孔子見弟子抱杖而問其父母柱杖而問其兄弟曳杖而問其妻子尊卑之差也蓋約此文故孔子以六尺之杖諭貴賤之等。辨疏親之義。又況於以尊位厚祿乎。古之人貴能射也。以長幼養老也。禮射中飲不中故所以長幼養老也今之人貴能射也。以攻戰侵奪也。其細者以劫弱暴寡也。以遏奪爲務也。仁人之得飴。飴餳以養疾侍老也。侍亦養也跖與企足得飴。以開閉取楗也。跖盜跖企足莊蹻也皆人盜人名也以飴取人楗牡開人府藏竊人財物者也○案淮南說林訓柳下惠見飴曰可以養老盜跖見飴曰可以黏牡見物同而用之異注牡門戶籥牡此云楗即牡也黏牡使之無聲又開之滑易也

異用

呂氏春秋卷第十一

仲冬紀第十一　至忠　忠廉　當務　長見

一曰。仲冬之月。日在斗。仲冬夏之十一月斗北方宿吳之分野是月日躔此宿○案淮南天文訓斗屬越 昏東壁中。旦軫中。東壁北方宿衛之分野軫南方宿楚之分野是月昏旦時皆中於南方 其日壬癸。其帝顓頊。其神玄冥。其蟲介。其音羽。說在孟冬 律中黃鐘。黃鐘陽律也竹管音與黃鐘和也陽氣聚於下陰氣盛於上萬物萌聚於黃泉之下故曰黃鐘也 其數六。其味鹹。其臭朽。其祀行。祭先腎。冰益壯。地始坼。立冬後三十日大雪節故冰益壯地始坼凍裂也 鶡鴠不鳴。虎始交。鶡鴠山鳥陽物也是月陰盛故不鳴也虎乃陽中之陰也陰氣盛以類發也○鶡鴠月令古本作曷旦今本作鶡旦淮南作鳱鴠 天子居玄堂太廟。太廟中央室也 乘玄輅。駕鐵驪。載玄旂。衣黑衣。服玄玉。食黍與彘。其器宏以弇。說在孟冬 命有司曰。土事無作。無發蓋藏。無起大衆。以固而閉。有司於周禮爲司徒掌建邦之土地主地圖與民人之數故命之也 發蓋藏。起大衆。地氣且泄。是謂發天地之房。房所以閉藏也○且泄古本月令同今本作沮泄釋文不爲沮作音注疏亦無解然則沮字非也音律篇亦作陽氣且泄 諸蟄則死。民多疾疫。又隨以喪。發泄陰氣故蟄伏者死民疾以喪亡也 命之曰暢月。陰氣在上民人空閑無所事作故命之曰暢月也 是月也。命閹尹申宮令。審門閭。謹房室。必重閉。閹宮宮尹正也於周禮爲宮人掌王之六寢故命之申宮令審門閭謹房室必重閉皆所以助陰氣也○門閭蔡邕月令說作門闔云闔尹者內官也主宮室出入宮門宮中之門曰闈闔尹之職也閭里門非闔尹所主知當作闔見月令問答 省婦事。毋得淫。雖有貴戚近習。無有不禁。淫則禁之尊卑一者也 乃命大酋。秫稻必齊。麴櫱必時。大酋主酒官也酋醞米麴使之化熟故謂之酋於周禮爲酒正掌酒之政令以式法授酒材辨五齊之名秫與稻必得其齊麴與櫱必得其時則酒善也○注酋醞米麴及故謂之酋兩酋字舊本皆作酒訛又麴與櫱必得其時舊無與字案上云秫與稻則此亦當相配且與下注徵六物相合也又舊本疊得其時三字案亦衍文今去之　湛饎必潔。水泉必香。湛漬也饎炊也香美也炊必潔水泉善則酒美也湛讀瀋釜之瀋饎讀熾火之熾也○瀋釜未詳陸德
明音子廉反異於高讀　陶器必良。火齊必得。兼用六物。大酋監之。無有差忒。陶器瓦器也六物秫稻麴糵水火也
大酋監之皆得其齊故無有差忒也　天子乃命有司祈祀四海大川名原淵澤井泉。皆有功於人故祈祀之也　是月
也。農有不收藏積聚者。牛馬畜獸有放佚者。取之不詰。詰誅也　山林藪澤。無水曰藪有水
曰澤　有能取疏食田獵禽獸者。野虞教導之。草實曰疏食野虞掌山澤之官也故教導之也　其有侵奪者。罪
之不赦。必罰之也　是月也。日短至。冬至之日晝漏水上刻四十五夜水上刻五十五故曰日短至在牽牛一度也　陰陽爭。諸生蕩。陰氣在上
微陽動升故曰爭也諸蟄伏當生者皆動搖也○案鄭注月令云蕩謂物動將萌牙也　君子齋戒。處必弇。句　身欲寧。去聲色。禁嗜慾。
安形性。弇深邃也寧靜也聲五聲也色五色也屏去之崇寂靜也陰陽方爭嗜慾咸禁絕之所以安形性也○處必弇以其所居言之今月令作處必掩身蓋與仲夏文相涉而更誤矣　事欲
靜。以待陰陽之所定。定猶成也　芸始生。荔挺出。蚯蚓結。麋角解。水泉動。芸蒿菜名也荔馬荔挺生
出也蚯蚓蟲也結紆也麋角解墮水泉漏動皆應微陽氣也○鄭注月令云荔挺馬薤也與此異　日短至。則伐林木。取竹箭。是月也竹木調韌又斧斤入山林之時也
故伐取之也○案周禮地官山虞仲冬斬陽木仲夏斬陰木鄭注云堅濡調此注調意正同又靭與韌刃恐古皆通用有取柔韌者此則取其堅韌也注本乃改作調均非是　是月也。可以罷
官之無事者。去器之無用者。塗闕庭門閭。闕門闕也於周禮爲象魏門閭皆塗塞使堅牢也　築囹圄。此所
以助天地之閉藏也。仲冬行夏令。則其國乃旱。氣霧冥冥。雷乃發聲。夏火炎上故其
國旱也清濁相干氣霧冥冥也夏氣發泄故雷動聲也○氣霧月令作氛霧此疑訛　行秋令。則天時雨汁。瓜瓠不成。國有大兵。秋金水之
母也冬節白露故雨汁也金用事以干水故瓜瓠不成有大兵來伐之也　行春令。則蟲螟爲敗。水泉減竭。民多疾癘。春木氣木生蟲故蟲
螟爲敗食穀心曰螟陽氣炕燥故水泉減竭也水木相干氣不和故民多疾癘也○月令減作咸古通用左傳咸黜不端正義云諸本或作減又不爲末減王肅注家語云左傳作咸梁仲子云羣經音辨咸有胡斬切一音猾也

史記索隱司馬相如傳上減五下登三章昭說作咸又疾癘月令作疥癘

仲冬紀

二曰。至忠逆於耳。倒於心。倒亦逆也 非賢主其孰能聽之。聽受也 故賢主之所說。不肖主之所誅也。賢主說忠言也不肖主反之春秋傳曰忠爲令德非其人則不可況不令之尤者乎故被不肖主之所誅也 人主無不惡暴劫者。而日致之。惡之何益。日致爲暴劫之政也孟子曰惡溼而居下故曰惡之何益也 今有樹於此。而欲其美也。美成也 人時灌之則惡之。惡其灌之 而日伐其根。則必無活樹矣。夫惡聞忠言。乃自伐之精者也。精猶甚甚於自伐其根者也 荊莊哀王獵於雲夢。荊莊哀王考烈王之子在春秋後雲夢楚澤也在南郡華容也○此楚莊王也不當有哀字說苑立節篇渚宮舊事御覽八百九十皆作楚莊王是穆王子也或有作莊襄王者亦誤 射隨兕中之。申公子培劫王而奪之。隨兕惡獸名也子培申邑宰也楚僭稱王邑宰稱公也以殺隨兕者之凶故劫奪王代王受殃也○隨兕說苑作科雉 王曰。何其暴而不敬也。命吏誅之。下陵其上謂之暴誅之誅子培也 左右大夫皆進諫曰。子培賢者也。又爲王百倍之臣。此必有故。願察之也。子培之賢百倍於人必有所爲故也故曰願王察之也 不出三月。子培疾而死。爲代王殺隨兕故死也 荊興師。戰於兩棠。大勝晉。兩棠地名也荊勝晉負故曰大勝 歸而賞有功者。申公子培之弟進。請賞於吏曰。人之有功也於軍旅。臣兄之有功也於車下。於王車下奪王隨兕所以代王死之兄有是功○舊本請賞於下脫吏曰人之有功也於八字又軍旅下衍曰字今據御覽刪補 王曰。何謂也。對曰。臣之兄犯暴不敬之名。觸死亡之罪於王之側。其愚心將以忠於君王之身而持千歲之壽也。忠猶愛也持猶得也忠愛君上犯奪隨兕是代君王受死亡之殃使君主得千歲之壽也 臣之兄嘗讀故記曰。殺隨兕者不出三月。故記古書也比三月必死故曰不出也 是以臣之兄驚懼而爭之。驚懼王壽之不長故與王爭隨兇而奪王也故伏其罪而死。罪殃也王令人發平府。而視之於故記。果有。乃厚賞之。平府府名也賞之賞子培之弟也申公子培其忠也可謂穆行矣。穆美也穆行之意。人知之不爲勸。人不知不爲沮。勸進沮止也行無高乎此矣。齊王疾痏。齊王湣王也宣王之子痏病痏也〇梁仲子云論衡道虛篇作齊王病痏蓋即周禮天官疾醫之所謂痟首也盧云案痟首常有之疾未必難治此或與痟渴之痟同李善注文選張景陽七命又引作病痏使人之宋迎文摯。文摯至。視王之疾。謂太子曰。王之疾必可已也。已猶愈也雖然。王之疾已。則必殺摯也。太子曰。何故。文摯對曰。非怒王怒讀如強弩之弩〇日抄引作弩激之弩則疾不可治。〇孫云御覽六百四十五治作活與下文摯非不知活王之疾合怒王則摯必死。太子頓首彊請曰。苟已王之疾。臣與臣之母以死爭之於王。王必幸臣與臣之母。幸哀也願先生之勿患也。文摯曰。諾。請以死爲王。爲治也與太子期而將往。不當者三。三不如期也齊王固已怒矣。文摯至。不解屨登牀。履王衣。問王之疾。王怒而不與言。故不解屨以履王衣欲令王怒也王果甚怒不與文摯言也文摯因出辭以重怒王。王叱而起。疾乃遂已。已除愈也王大怒不說。將生烹文摯。太子與王后急爭之。而不能得。果以鼎生烹文摯。爨之三日三夜。顏色不變。變毀也文摯曰。誠欲殺我。則胡不覆之。以絕陰陽之氣。王使覆之。文摯乃死。夫忠於治世易。忠於濁世難。賢君賞忠臣故曰易也亂主殺之故曰難也文摯非不知活王之疾而身獲死也。獲得也爲太子行難以成其義也。爲太子故行其所難也死之以成太子孝敬之義也〇此事姑妄聽之而已

至忠

三曰。士議之不知辱者大之也。(議平也平之不可得汙辱者士之大者也)大之則尊於富貴也。利不足以虞其意矣。(虞猶回也)雖名爲諸侯實有萬乘不足以挺其心矣。(挺猶動也)誠辱則無爲樂生。(言誠可欲得辱則無用生爲故曰無爲樂生也○注欲字疑衍)若此人也有勢則必不自私矣處官則必不爲汙矣將衆則必不撓北矣。(此走也)忠臣亦然。苟便於主利於國。無敢辭違。殺身出生以徇之。(出猶去去生必死也徇猶衞也○注衞也疑從也之訛見下注)國有士若此。則可謂有人矣。若此人者固難得。(言得之難)其患雖得之有不智。(其患者當其難也雖得踐其難踐其難必死故曰有不智也○若此士者得之固難幸而得之矣又患在於人主不能知之所謂以衆人遇之也注殊失本意有與又同智讀曰知墨子書皆如是)吳王欲殺王子慶忌而莫之能殺。(吳王闔廬光篡庶父僚而即其位慶忌者僚之子也故欲殺之慶忌有力捷疾而人皆畏之無能殺之者)吳王患之。要離曰。臣能之。吳王曰。汝惡能乎。(惡安也)吾嘗以六馬逐之江上矣。而不能及。射之矢左右滿把。而不能中。今汝拔劍則不能舉臂。上車則不能登軾。汝惡能。要離曰。士患不勇耳。奚患於不能。王誠能助臣。請必能。吳王曰諾。明旦加要離罪焉。摯執妻子焚之而揚其灰。(吳王僞加要離罪燒其妻子揚其灰○孫云李善注文選鄒陽獄中上書作執其妻子燔而揚其灰)要離走。往見王子慶忌於衞。(○左氏哀廿年傳云慶忌適楚此與吳越春秋皆云在衞)王子慶忌喜曰。吳王之無道也。子之所見也。諸侯之所知也。今子得免而去之。亦善矣。要離與王子慶忌居有間。謂王子慶忌曰。吳之無道也愈甚。請與王子往奪之國。王子慶忌曰善。乃與要離俱涉於江。(涉渡也)中江。拔劍以刺王子慶忌。王子慶忌捽之。投之於江。浮則又取而投之。(○孫云李善注文選郭景純江賦捽之作捽而浮則作浮出 如此者三。其卒曰。汝天下之國士也。幸汝以成而名。幸汝而活 要離得不死。歸於吳。吳王大說。請與分國。要離曰。不可。臣請必死。吳王止之。要離曰。夫殺妻子焚之而揚其灰。以便事也。臣以爲不仁。便猶成也 夫爲故主殺新主。臣以爲不義。○此文訛案吳越春秋爲新君而殺故君之子非義也 夫捽而浮乎江。三入三出。特王子慶忌爲之賜而不殺耳。特猶直也 臣已爲辱矣。夫不仁不義。又且已辱。不可以生。吳王不能止。果伏劍而死。果終也 要離可謂不爲賞動矣。故臨大利而不易其義。可謂廉矣。廉。故不以貴富而忘其辱 不忘其妻子燒死之辱以取吳國之貴富也 衞懿公有臣曰弘演。有所於使。懿公衞惠公之子赤也演讀如胤子之胤 翟人攻衞。其民曰。君之所予位祿者鶴也。所貴富者宮人也。君使宮人與鶴戰。余焉能戰。魯閔二年傳曰狄人伐衞衞懿公好鶴鶴有乘軒者將戰國人受甲者皆曰使鶴鶴有祿位余焉能戰此之謂也 遂潰而去。翟人至。及懿公於榮澤。○左傳韓詩外傳七竝作熒澤當從之 殺之。盡食其肉。獨舍其肝。弘演至。報使於肝。畢。呼天而啼。盡哀而止。曰。臣請爲襮。因自殺。先出其腹實。內懿公之肝。襮表也納公之肝於其腹中故曰臣請爲襮者也 桓公聞之曰。衞之亡也以爲無道也。今有臣若此。不可不存。於是復立衞於楚丘。弘演可謂忠矣。殺身出生以徇其君。出去也去生就死以徇從其君 非徒徇其君也。又令衞之宗廟復立。祭祀不絕。可謂有功矣。

四曰。辨而不當論。信而不當理。勇而不當義。法而不當務。惑而乘驥也。狂而操吳干將也。大亂天下者必此四者也。四者辨信勇法也惑而乘驥必失其道吳干將利劔也狂而操之必殺害人故曰亂天下者必此四者也所貴辨者。爲其由所論也。所貴信者。爲其遵所理也。所貴勇者。爲其行義也。所貴法者。爲其當務也。跖之徒問於跖曰。盜有道乎。跖大盜之人徒其弟子跖曰。奚啻其有道也。夫妄意關內關閉也中藏。聖也。以外知內此幾於聖也○案妄意關內於文已足不當復有中藏字淮南道應訓作意而中藏者聖也疑後人以淮南之文旁注關內下後遂誤入正文入先。勇也。出後。義也。知時。智也。分均。仁也。不通此五者而能成大盜者。天下無有。無有成大盜者備說非六王五伯。備具也說道也非者譏呵其闕也六王謂堯舜禹湯文武也五伯齊桓晉文宋襄楚莊秦繆也以爲堯有不慈之名。不以天下與負子丹朱而反禪舜故曰有不慈之名也舜有不孝之行。詩云娶妻如之何必告父母堯妻舜舜遂不告而娶故曰有不孝之行也禹有淫湎之意。禹甘旨酒而飲之故曰有淫湎之意湯武有放殺之事。成湯放桀於南巢周武殺殷紂於宣室故曰有放殺之事五伯有暴亂之謀。五伯爭國骨肉相殺以大兼小故曰有暴亂之謀世皆譽之。人皆諱之。惑也。世稱六王之聖五伯之賢而人諱其放殺暴亂之謀論語曰愛之欲其生惡之欲其死既欲其生又欲其死惑也此之謂也○注引論語殊不切故死而操金椎以葬。曰。下見六王五伯。將敲其頭矣。辨若此。不如無辨。敲音殼擊也辨說六王五伯之闕而欲見敲其頭辨如此不若無辨也○敲舊本作斀注音殼作音斀又一本作音毃竝譌段云說文毃擊頭也口卓切錢詹事云斀不成字當爲㱿之譌說文㱿从上擊下也孫氏說同盧案廣韻㱿毃竝苦角切是其音正同也今俱改正楚有直躬者。其父竊羊。而謁之上。謁告也上君也語曰葉公告孔子曰吾黨有直躬者其父攘羊而子證之此之謂也上執而將誅之。直躬者請代之。將誅矣。告吏曰。父竊羊而謁之。不亦信乎。父誅而代之。不亦孝乎。信且孝而誅之。國將有不誅者乎。言淫刑以逞誰能免之故曰國將有不誅者乎荊王聞之。乃不誅也。孔子聞之曰。異哉直躬之爲信也。一父而載取名焉。故直躬之信。不若無信。父爲子隱子爲父隱直在其中矣信而證父故曰不若無信也 齊之好勇者。其一人居東郭。其一人居西郭。卒然相遇於塗。曰。姑相飲乎。觴數行。觴爵也 曰。姑求肉乎。一人曰。子肉也。我肉也。尙胡革求肉而爲。革更也 於是具染而已。染豉醬也 因抽刀而相啖。至死而止。勇若此。不若無勇。傳曰酒以成禮弗繼以淫勇而相噉無禮之甚故曰不若無勇○注任甚 紂之同母三人。其長曰微子啓。其次曰中衍。其次曰受德。受德乃紂也。甚少矣。少小也 紂母之生微子啓與中衍也。尙爲妾。已而爲妻而生紂。紂之父紂之母欲置微子啓以爲太子。太史據法而爭之曰。有妻之子。而不可置妾之子。紂故爲後。置立也 用法若此。不若無法。太子所以繼世樹德化下也法當以法紂爲淫虐以亂天下故曰不若無法也○注法當以法句有脫誤其意蓋謂立長建善不當徒法也

當務

五曰。智所以相過。以其長見與短見也。長遠也短近也 今之於古也。猶古之於後世也。今之於後世。亦猶今之於古也。故審知今則可知古。知古則可知後。古昔也後來也 古今前後一也。故聖人上知千歲。下知千歲也。荆文王曰。莧譆數犯我以義。違我以禮。文王武王之子也犯我使從義也違我使入禮也○莧譆說苑君道篇作筦饒新序一作筦蘇 與處則不安。曠之而不穀得焉。與之居不安之也曠寀之使我從義入禮則不穀得不危亡焉○安曠猶久也 不以吾身爵之。後世有聖人。將以非不穀。非猶罪也 於是爵之五大夫。爵莧譆爲五大夫也 申侯伯善持養吾意。吾所欲則先我爲之。意志

也先意承志傳所謂從而不違也與處則安。曠之而不穀喪焉。與處則安者臧武仲曰季孫之愛我疾疹也孟孫之惡我藥石也美疹不如惡石也故曰而不穀喪焉也○注疾疹左傳作疾疢不以吾身遠之。後世有聖人。將以非不穀。於是送而行之。魯僖七年傳曰初申侯之出也有寵於楚文王文王將死與之璧使行曰惟我知汝汝專利而不厭予取予求不汝疵瑕也後之人將求多於汝汝必不免我死汝速行毋適小國將不汝容焉此之謂也申侯伯如鄭。阿鄭君之心。先為其所欲。阿從也三年而知鄭國之政也。知猶為也五月而鄭人殺之。是後世之聖人使文王為善於上世也。上猶前也晉平公鑄為大鐘。使工聽之。皆以為調矣。平公悼公之子調和也師曠曰。不調。請更鑄之。平公曰。工皆以為調矣。師曠曰。後世有知音者。將知鐘之不調也。臣竊為君恥之。至於師涓而果知鐘之不調也。是師曠欲善調鐘。以為後世之知音者也。呂太公望封於齊。太公望炎帝之後四岳佐禹治水有功錫姓為姜氏曰有呂故曰呂望遭紂之亂聞西伯善養老者遂奔於周釣於渭濱文王出田而見之曰吾望公之久矣乃載與俱歸號為太公望使為太師文王薨佐武王伐紂成王封之於齊故傳曰齊大岳之胤○注吾望公之久矣史記齊世家作吾太公望子久矣宋書符瑞志太公望本名呂尚文王至磻谿之水尚釣于涯王下趨拜曰望公七年乃今見光景於斯尚立變名荅曰望釣得玉璜云云蓋本尚書緯帝命驗之文梁仲子云注蓋引左氏莊廿二年傳姜太嶽之後也而偶涉隱十一年之文周公旦封於魯。周公旦文王之子武王之弟也武王崩成王幼少代攝政七年致太平成王封之於魯也二君者甚相善也。相謂曰。何以治國。太公望曰。尊賢上功。周公旦曰。親親上恩。太公望曰。魯自此削矣。親親上恩恩多則威武不行威武不行故削弱也周公旦曰。魯雖削。有齊者亦必非呂氏也。其後齊日以大。至於霸。二十四世而田成子有齊國。尊賢敬德故能霸也上功則臣權重故能奪君國也田成子恆殺簡公適二十四世也魯公以削。至於覲存。覲裁也三十四世而亡。自魯公伯禽至頃公雖為楚考烈王所滅適三十四世也吳起治西河之外。王錯譖之於魏武侯。吳起衛人為魏將善用兵故能治西河之外謂北邊也武侯文侯之子武侯使人召之。吳起至於岸門。岸門邑名○案史記魏世家正義引括地志云岸門在許州長社縣西北十八里 止車而望西河。○後觀表篇止車而下有休字 泣數行而下。其僕謂吳起曰。竊觀公之意。視釋天下若釋躧。釋棄 今去西河而泣何也。吳起抿泣而應之曰。子不識。識知也○抿與抆同觀表篇作雪注拭也 君知我而使我畢能西河。可以王。能力也盡力爲之可以致君於王也 今君聽讒人之議。讒人王錯也 而不知我西河之爲秦取不久矣。魏從此削矣。秦將取之不復久也魏失西河故從此削弱也 吳起果去魏入楚。有閒。西河畢入秦。秦日益大。畢盡也 此吳起之所先見而泣也。魏公叔座疾。惠王往問之。惠王武侯之子○座舊作痤與魏策同據御覽四百四十四又六百三十二兩引皆作座與史記商君傳合今從之 曰。公叔之病甚矣。○舊本作公叔之疾嗟疾甚矣案御覽兩引皆作公叔之病甚矣今據改正 將柰社稷何。公叔對曰。臣之御庶子鞅。願王以國聽之也。御庶子爵也鞅衞之公孫也故曰公孫鞅或曰衞鞅言其智計足以相社稷能使用而從也 爲不能聽。○爲御覽作若 勿使出境。言不能用鞅者必殺之無令他國得用之也故曰勿使出境 王不應。出而謂左右曰。豈不悲哉。出王視公叔疾而出也 以公叔之賢。而今謂寡人必以國聽鞅。悖也夫。公叔死。公孫鞅西游秦。秦孝公聽之。秦果用彊。魏果用弱。非公叔座之悖也。魏王則悖也。夫悖者之患。固以不悖爲悖。悖者不自知爲悖故謂不悖者爲悖

長見

呂氏春秋卷第十二

季冬紀第十二　士節　介立　誠廉　不侵　序意

一曰。季冬之月。日在婺女。季冬夏之十二月婺女北方宿越之分野是月日躔此宿也〇此書婺舊竝從務案說文從敄今竝改正昏婁中。旦氐中。婁西方宿魯之分野氐東方宿韓之分野是月昏旦時皆中於南方〇案淮南天文訓氐屬宋其日壬癸。其帝顓頊。其神玄冥。其蟲介。其音羽。律中大呂。大呂陰律也竹管音與大呂和也萬物萌生動於黃泉未能達見呂旅也所以旅陰即陽助其成功故曰大呂也〇注所以旅陰即陽舊本旅下有去字衍今刪去其數六。其味鹹。其臭朽。其祀行。祭先腎。鴈北鄉。鵲始巢。鴈在彭蠡之澤是月皆北鄉將來至北漠也鵲陽鳥順陽而動是月始爲巢也雉雊雞乳。詩云雉之朝雊尚求其雌乳卵也〇舊本作乳雉雊誤今案注當與月令文同今改正天子居玄堂右个。玄堂北向堂右个東頭室也乘玄駱。駕鐵驪。載玄旂。衣黑衣。服玄玉。食黍與彘。其器宏以弇。命有司大儺旁磔。出土牛。以送寒氣。大儺逐盡陰氣爲陽導也今人臘歲前一日擊鼓驅疫謂之逐除是也周禮方相氏掌蒙熊皮黃金四目玄衣朱裳執戈揚楯率百隸而時儺以索室驅疫鬼此之謂也旁磔犬羊於四方以攘其畢冬之氣也出土牛令之鄉縣得立春節出勸耕土牛於東門外是也〇注其畢冬之氣也其字衍又令之鄉縣疑是今之郡縣案續漢禮儀志亦於季冬出土牛此云立春節誤又異也征鳥厲疾。乃畢行山川之祀及帝之大臣天地之神祇。征猶飛也厲高也言是月羣鳥飛行高且疾也帝之大臣功施於民若禹稷之屬也天曰神地曰祇是月歲終報功載祀典諸神畢祀之也〇月令無行字地字是月也。命漁師始漁。天子親往。漁讀如論語之語是月也將捕魚故命其長也天子自行觀之乃嘗魚。先薦寢廟。冰方盛。水澤復。復亦盛也復或作複凍重絫也〇月令作水澤腹堅舊本於此下又有一堅字乃後人以月令之文益之今刪去命取冰。冰已入。入淩室也詩云二之日鑿冰沖沖三之日納于淩陰此之謂也令告民出五種。出之於窌簡擇之也命司農計耦耕事。計會也耦合也〇月令作命農無司字修耒耜。具田器。命樂師大合吹而罷。周禮籥章仲春晝擊土鼓吹邠以逆暑仲秋夜逆寒亦如之舉春秋省文也則冬夏可知 乃命四監收秩薪柴以供寢廟及百祀之薪燎。四監者周制天子畿方千里之內分爲百縣縣有四郡郡有一大夫監之故命四監使收掌薪柴也燎者積聚柴薪置壁與牲於上而燎之升其煙氣故曰以供寢廟及百祀之薪燎也○寢廟月令作郊廟案注所云燔柴之禮是郊也下文寢廟始注云祖廟則此處正文亦必本與月令同 是月也日窮于次。月窮于紀。星迴于天。次宿也是月日周於牽牛故曰日窮于次也月過日相合爲紀月終紀光盡而復生曰朔故曰月窮于紀日有常行行於中道五星隨之故曰星迴于天也一說十二次窮於牽牛故曰窮于次也紀道也月窮于故宿故曰窮于紀星迴于天謂二十八宿更見于南方是月迴于牽牛故曰星迴于天也 數將幾終。歲將更始。夏以十三月爲正夏數得天言天時者皆從夏正也故於是月十二月之數近終歲將更始於正月也 專於農民。無有所使。農事將起獨於農民無所役使也 天子乃與卿大夫飭國典。論時令。以待來歲之宜。飭讀曰勑勑正國法論時令所宜者而行之○月令與公卿大夫共飭國典多公字共字 乃命太史次諸侯之列。賦之犧牲。次列也諸侯異姓者太史乃次其列位國之大小賦斂其犧牲也 以供皇天上帝社稷之享。皇天上帝五帝也社后土之神謂句龍也稷田官之神謂列山氏子柱與周棄也享祀也 乃命同姓之國。供寢廟之芻豢。寢廟祖廟也親同姓故使供之也牛羊曰芻犬豕曰豢 令宰歷卿大夫至于庶民土田之數。而賦之犧牲。以供山林名川之祀。宰歷於周禮爲太宰掌建邦之六典八法以御其衆故命之也○令月令作命正義云宰小宰鄭注云歷猶次也此注以宰歷連文似誤或歷字衍掌字舊本脫今補 凡在天下九州之民者。無不咸獻其力。咸皆也獻致也 以供皇天上帝社稷寢廟山林名川之祀。行之是令。此謂一終。三旬二日。行之是令行是之令也終一歲十二月終也三旬二日者十日一旬也二十日爲二旬後一旬在新月故曰三旬二日 季冬行秋令。則白露蚤降。介蟲爲妖。四鄰入保。金氣白故白露蚤降介甲之蟲爲妖災也金爲兵革故四境之民入城郭以自保守也○四鄰月令作四鄙 行春令。則胎夭多傷。國多固疾。命之曰逆。季冬大寒而行春溫仁之令氣不和調故胎養夭傷國多逆氣之由故命曰逆 行夏令。則水潦敗國。時雪不降。冰凍消釋。火氣炎陽又多淋雨故水潦敗國也時雪當降而不降冰凍不當消釋而消釋火氣溫于時之徵也

季冬紀

二曰：士之爲人，當理不避其難，理義也殺身成義何難之避也臨患忘利，道而用之遺生行義，惟義所在不必生也故曰遺生也視死如歸。易也有如此者，國君不得而友，天子不得而臣。以其義高任大一國之君不能得友天子不能得臣也堯不能屈許由周不能移伯夷漢高不能致四皓此之類也大者定天下，其次定一國，必由如此人者也。定天下舜禹周棄是也定一國蘧伯玉段干木是也故人主之欲大立功名者，不可不務求此人也。務勉也賢主勞於求人，而佚於治事。得賢而任之故佚於治事也齊有北郭騷者，結罘罔，捆蒲葦，織萉屨，○舊本作纍屨校云一作葩屨今據尊師篇定作萉屨以養其母，猶不足。猶尚也踵門見晏子曰：「願乞所以養母。」晏子之僕謂晏子曰：「此齊國之賢者也。其義不臣乎天子，不友乎諸侯，於利不苟取，於害不苟免。於不義之利不苟且而取也當義能死故不苟免今乞所以養母，是說夫子之義也，必與之。」晏子使人分倉粟分府金而遺之。○次分字衍說苑復恩篇無辭金而受粟。有閒，晏子見疑於齊君，有閒無幾閒也出奔，過北郭騷之門而辭。辭者別也北郭騷沐浴而出，見晏子曰：「夫子將焉適？」適之也晏子曰：「見疑於齊君，將出奔。」奔走也北郭子曰：「夫子勉之矣。」晏子上車太息而歎曰：「嬰之亡豈不宜哉？亦不知士甚矣。」晏子行。行去也北郭子召其友而告之曰：「說晏子之義，而嘗乞所以養母焉。○嘗舊本作當訛今從說苑改正焉彼作者吾聞之曰：養及親者，身伉其難。伉當今晏子見疑，吾將以身死白之。」白明也著衣冠，令其友操劍奉笥而從，造於君庭，求復者曰：「晏子，天下之賢者也，去則齊國必侵矣。必見國之侵也。不若先死。請以頭託白晏子也。因謂其友曰。盛吾頭於笥中。奉以託。退而自刎也。其友因奉以託。其友謂觀者曰。北郭子爲國故死。吾將爲北郭子死也。又退而自刎。齊君聞之大駭。乘馹而自追晏子。及之國郊。馹傳車也郊境也○馹各本多作驛李本作馹案文十六年左氏傳楚子乘馹杜注馹傳車也與此合今從之 請而反之。晏子不得已而反。聞北郭騷之以死白己也。曰。嬰之亡豈不宜哉。亦愈不知士甚矣。晏子自謂施北郭騷不得其人爲不知士也又不知北郭騷能爲其殺身以明己故曰嬰之亡豈不宜哉亦愈不知士甚矣自責深也○舊本正文嬰之亡上有晏字衍今據注刪去

士節

三曰。以貴富有人易。以貧賤有人難。今晉文公出亡。文公名重耳晉獻公之太子申生異母弟也遭驪姬之亂太子申生見殺重耳避難奔翟十二年自翟經於諸國也 周流天下。窮矣賤矣。○舊校云窮一作貧 而介子推不去。有以有之也。反國有萬乘。而介子推去之。無以有之也。能其難。能以貧賤有人也 不能其易。不能以富貴有人也 此文公之所以不王也。力能霸德不能王也 晉文公反國。○舊校云一作反入 介子推不肯受賞。自爲賦詩曰。有龍于飛。周徧天下。五蛇從之。爲之丞輔。丞佐也輔相也龍君也以喻文公五蛇以喻趙衰狐偃賈佗魏犨介子推也 龍反其鄉。得其處所。四蛇從之。得其露雨。露雨膏澤 一蛇羞之。橋死於中野。懸書公門而伏於山下。○案傳載介子推之言曰身將隱焉用文安有自爲詩而懸於公門之事說苑復恩篇以爲從者憐之乃懸書宮門說尚可通歌辭與此及史記晉世家新序節士篇所載各不同梁仲子云橋死疑是槁死御覽九百二十九無橋字 文公聞之曰。譆。此必介子推也。避舍變服。令士庶人曰。有能得介子推者。爵上卿。田百萬。百萬畝也 或遇之山中。負釜蓋簦。○舊本簦譌從艸又

注音登二字亦與高注不似問焉。曰。請問介子推安在。應之曰。夫介子推苟不欲見而欲隱。吾獨焉知之。遂背而行。終身不見。人心之不同，豈不甚哉。今世之逐利者。早朝晏退。焦脣乾嗌。日夜思之。猶未之能得。今得之而務疾逃之。介子推之離俗遠矣。東方有士焉。曰爰旌目。○梁仲子云列子說符篇亦作爰旌目後漢書張衡傳作旌瞀注云一作爰精目幷引列子亦作精目又新序節士篇作族日訛將有適也。而餓於道。狐父之盜曰丘。見而下壺餐以餔之。爰旌目三餔之而後能視。曰。子何爲者也。曰。我狐父之人丘也。爰旌目曰。譆。汝非盜邪。胡爲而食我。吾義不食子之食也。兩手據地而吐之。不出。喀喀然。遂伏地而死。昔者齊餓黔敖爲食於路有人戢其屨瞢瞢而來黔敖呼之曰嗟來食揚其目而應之曰吾惟不食嗟來之食以至於此黔敖隨而謝之遂去不食而死君子以爲其嗟也可去其謝也可食一介相似旌目其類也○瞢瞢而來禮記檀弓下作貿貿然來鄭人之下𨞓也。𨞓邑名也義則未聞○吳志伊字彙補云𨞓音未聞一本作鄸梁仲子云說文婚籀文作𤕣略相似古音附錄以華旁作者云古昏字未詳盧云韓哀侯滅鄭而徙都之改號曰鄭此昏疑卽漢志陳留郡之東昏縣正鄭地鄭人下昏或卽說韓滅鄭一事觀下云韓荆趙更可見鄭人之卽韓矣莊蹻之暴郢也。莊蹻楚成王之大盜郢楚都○梁伯子云商子弱民篇荀子議兵篇韓詩外傳四補史記禮書竝有莊蹻起而楚分之語皆不言在楚何時韓非喻老篇載楚莊王欲伐越杜子說曰莊蹻爲盜於境內以爲在莊王時而高氏以爲楚成王時則又在前未知何據若史漢則以蹻爲莊王苗裔在楚威王之世而杜氏通典邊防三馬氏通考南蠻二辨其誤以范史謂在頃襄王時爲定獨困學紀聞考史據韓非漢書以將軍莊蹻與盜名氏相同是二人此未敢信盧云案後漢書西南夷傳楚頃襄王時遣將軍莊豪伐夜郎因留王滇池杜氏言卽莊蹻華陽國志南中志云楚威王遣將軍莊蹻伐夜郎剋之會秦奪楚黔中地無路得反遂留王滇池此本非楚之境內地今此言暴郢韓非言爲盜於境內荀子言莊蹻起楚分爲三四皆與言將軍事不合荀子以唐蔑之死與蹻竝言案秦殺唐昧昧卽蔑在楚懷王二十八年則蹻當威懷時亦可見此注或本作威因形近而誤成未可知也秦人之圍長平也。秦使白起圍趙括軍於長平阬其四十萬衆韓荆趙此三國者之將帥貴人皆多驕矣。其士卒衆庶皆多壯矣。○盧云壯傷也因相暴以相殺。脆弱者拜請以避死。避猶免也其卒遞而相食。不辨其義。冀幸以得活。如爰旌目已食而不死矣。惡其義而不肎不死。今此相爲謀。豈不遠哉。

介立〇一作立意

四日。石可破也。而不可奪堅。丹可磨也。而不可奪赤。（性堅）（〇舊校云磨一作靡注亦同今案不見所爲注豈脫漏歟）堅與赤。性之有也。（〇各本多脫也字唯朱本有）性也者。所受於天也。非擇取而爲之也。豪士之自好者。其不可漫以汚也。亦猶此也。（倍百人爲豪〇舊校云豪士一作人豪）昔周之將興也。有士二人。處於孤竹。曰伯夷叔齊。（孤竹國在遼西殷諸侯國也）二人相謂曰。吾聞西方有偏伯焉。似將有道者。今吾奚爲處乎此哉。二子西行如周。至於岐陽。則文王已歿矣。武王卽位。觀周德。則王使叔旦就膠鬲於次四內。（四內地名）而與之盟曰。加富三等。就官一列。爲三書同辭。血之以牲。埋一於四內。皆以一歸。又使保召公就微子開於共頭之下。（共頭水名〇案共頭卽共首山名在漢之河內共縣）而與之盟曰。世爲長侯。守殷常祀。相奉桑林。宜私孟諸。（相猶使也使奉桑林之樂孟諸澤名也爲私邑也）爲三書同辭。血之以牲。埋一於共頭之下。皆以一歸。伯夷叔齊聞之。相視而笑曰。譆。異乎哉。此非吾所謂道也。昔者神農氏之有天下也。時祀盡敬。而不祈福也。（時四時祈求也）其於人也。忠信盡治。而無求焉。（無所求於民也）樂正與爲正。樂治與爲治。不以人之壞自成也。（〇壞宋邦乂本作壞壞亦傷也）不以人之庳自高也。今周見殷之僻亂也。而遽爲之正與治。（遽疾也）

上謀而行貨，阻丘而保威也。行貨謂與膠鬲盟加富三等也。阻依，保持。○阻丘疑是阻兵，杜注左傳阻恃也，保亦當訓恃。割牲而盟以爲信，因四內與共頭以明行，揚夢以說衆。宣揚武王威殷之夢以喜衆民。○案事見周書程寤篇，今已亡，御覽五百三十三載其略云：文王去商在程，正月既生魄，太姒夢見商之庭產棘，小子發取周庭之梓樹于闕間，化爲松柏棫柞。寤驚，以告文王。文王曰召發于明堂，拜吉夢，受商之大命于皇天上帝。此其事也。殺伐以要利，以此紹殷，是以亂易暴也。紹，續。吾聞古之士，遭乎治世不避其任，任，職也，力所能。遭乎亂世不爲苟在。今天下闇，周德衰矣。與其並乎周以漫吾身也，漫，汙。不若避之以潔吾行。二子北行，至首陽之下而餓焉。人之情莫不有重，莫不有輕。莫不有重於天下也，莫不有輕義重身也。有所重則欲全之，有所輕則以養所重。養所重不汙於武王，爲以全其忠也。○注忠疑當作重。伯夷、叔齊此二士者，皆出身棄生以立其意，輕重先定也。伯夷、叔齊讓國而去，輕身重名，故曰輕重先定。

誠廉

五曰：天下輕於身，而士以身爲人。輕於身，重於義也。以身爲人者，爲人殺身。以身爲人者，如此其重也。淮南記曰：左手據天下之圖，右手刎其喉，愚夫不爲也。今以義爲人殺身，故曰如此其重也。而人不知以奚道相得。奚，何也。不知以何道得人，乃令之爲己死也。賢主必自知士，故士盡力竭智，直言交爭，而不辭其患。士爲知己者死，故盡方竭智，何患之辭也。豫讓、公孫宏是矣。○避改秦也。當是時也，智伯、孟嘗君知之矣。智伯知豫讓，故爲之報讎。言士爲知己者死也。孟嘗君知公孫宏，故爲之不受折於秦也。世之人主，得地百里則喜，四境皆賀；舉國皆賀，國中喜可知也。得士則不喜，不知相賀，不遏乎輕重也。不但不知相賀也，乃不知賢也，故曰不遏乎輕重也。湯、武，千乘也，而士皆歸之。湯，殷受命之王，名天乙，商主癸之子也。武王，周文王之子，名發。桀、紂，天子也，而士皆去之。桀，夏失天下之王，帝皋之孫，帝發之子。紂，殷失天下之王，文丁之孫，帝乙之子也。○注文丁舊本作太丁，訛，今據竹書紀年改。

正

孔墨布衣之士也。孔子墨翟 萬乘之主千乘之君不能與之爭士也。萬乘天子也千乘諸侯也士不歸之而歸孔墨故曰不能與之爭士也 自此觀之。尊貴富大不足以來士矣。來猶致也 必自知之然後可。可者可致也 豫讓之友謂豫讓曰。子之行何其惑也。子嘗事范氏中行氏。諸侯盡滅之。而子不爲報。至於智氏。而子必爲之報。何故。豫讓曰。我將告子其故。告語也故事也 范氏中行氏。我寒而不我衣。我饑而不我食。而時使我與千人共其養。是衆人畜我也。夫衆人畜我者。我亦衆人事之。至於智氏則不然。出則乘我以車。入則足我以養。衆人廣朝。而必加禮於吾所。句 是國士畜我也。○是舊本多作讀則當以所謂連讀今從李本作是義長 夫國士畜我者。我亦國士事之。豫讓國士也。而猶以人之於己也爲念。於猶厚也 又況於中人乎。孟嘗君爲從。關東曰從 公孫宏謂孟嘗君曰。君不若使人西觀秦王。意者秦王帝王之主也。君恐不得爲臣。何暇從以難之。言不能成從以難秦也 意者秦王不肖主也。君從以難之未晚也。晚後 孟嘗君曰。善。願因請公往矣。往行 公孫宏敬諾。以車十乘之秦。秦昭王聞之。而欲醜之以辭以觀公孫宏。昭王秦惠王之子武王之弟也醜或作恥恥辱也觀公孫宏云何也 公孫宏見昭王。昭王曰。薛之地小大幾何。公孫宏對曰。百里。昭王笑曰。寡人之國地數千里。猶未敢以有難也。今孟嘗君之地方百里。而因欲以難寡人。猶可乎。公孫宏對曰。孟嘗君好士。大王不好士。昭王曰。孟嘗君之好士何如。公孫宏對曰。義不臣乎天子。

不友乎諸侯。得意則不慚爲人君。不得意則不肯爲人臣。○舊本慚上脫不字又肯訛作肻案戰國齊策云得志不慚爲人主不得志不肻爲人臣今據補正 如此者二人。有此者二人也 能治可爲管商之師。管仲商鞅 說義聽行。其能致主霸王。○策作能致其主霸王句順 如此者五人。有此者五人也 萬乘之嚴主辱其使者。退而自刎也。必以其血汙其衣。有如臣者七人。臣公孫宏自謂也故言有如臣者七人也○七人策作十人注殊贅 昭王笑而謝焉。曰。客胡爲若此。寡人善孟嘗君。欲客之必謹諭寡人之意也。諭明 公孫宏敬諾。公孫宏可謂不侵矣。昭王大王也。○策作大國也 孟嘗君千乘也。立千乘之義而不可凌。凌侮 可謂士矣。孔子曰使於四方不辱君命可謂士矣此之謂也○策作可謂足使矣

不侵

維秦八年。歲在涒灘。八年秦始皇即位八年也歲在申名涒灘涒大也灘脩也萬物皆大脩其情性也涒灘誇人短舌不能言爲涒灘也○案令謂始皇即位之年歲在乙卯錢氏塘以超辰之法推之知在癸丑再加七年是庚申是年又當超辰則爲辛酉而此猶云涒灘者失數超辰之歲耳超辰亦謂之跳辰周禮馮相保章注疏中詳言之自東漢以後不明此理故武帝太初元年班固謂之丙子者後人卻謂之丁丑矣 秋甲子朔。朔之日。良人請問十二紀。良人君子也 文信侯曰。呂不韋封洛陽號文信侯 嘗得學黃帝之所以誨顓頊矣。爰有大圜在上。大矩在下。圜天也矩方地也 汝能法之。爲民父母。蓋聞古之清世。清平 是法天地。凡十二紀者。所以紀治亂存亡也。所以知壽夭吉凶也。上揆之天。下驗之地。中審之人。若此。則是非可不可無所遁矣。天曰順。順維生。地曰固。固維寧。人曰信。信維聽。三者咸當。無爲而行。行也者行其理也。行數循其理。平其私。夫私視使目盲。私聽使耳聾。私

慮使心狂。三者皆私設精。則智無由公。公正也 智不公。則福日衰。災日隆。隆盛 以日倪而西望知之。日中而盛，昳而衰，人之盛衰於此，西望日暮也，故曰倪而西望之也。○倪與睨同。李本作兒，注跌與昳同。周禮大司徒曰「東則景夕多風」，鄭司農云「景夕謂日昳景乃中」。史記天官書曰昳，漢書天文志作日跌。謝云：此句文與上不屬，又下一段亦不當在此篇。 趙襄子游於囿中。至於梁。馬郤不肯進。青荓爲參乘。○舊校云：一作青蓱。案李善注文選陳琳荅東阿王牋引作青蓱，梁仲子云：漢書人表作青荓子，水經汾水注作青荓，今新刻亦改作青荓矣。 襄子曰。進視梁下。類有人。類象也 青荓進視梁下。豫讓郤寢。佯爲死人。叱青荓曰。去。長者吾且有事。言將殺襄子。○選注無吾字。是長者，讓自謂也。 青荓曰。少而與子友。子且爲大事。○選注作子今日爲大事。 而我言之。是失相與友之道。子將賊吾君。而我不言之。是失爲人臣之道。如我者。惟死爲可。適可得死也 乃退而自殺。青荓非樂死也。重失人臣之節。惡廢交友之道也。青荓豫讓可謂之友也。

序意○舊云一作廉孝。案廉孝二字與此無涉，必尚有脫文。

呂氏春秋卷第十三

有始覽第一　應同　去尤　聽言　謹聽　務本　諭大

一曰。天地有始。天微以成。地塞以形。始初也天陽也虛而能施故微以生萬物地陰也實而能受故塞以成形兆也 天地合和、生之大經也。經猶道也 以寒暑日月晝夜知之。知猶別也○舊本以塞下衍以字今去之 以殊形殊能異宜說之。形能各有所施故說譯之也 夫物合而成。離而生。知合知成。知離知生。則天地平矣。合和也平成也 平也者。皆當察其情處其形。○舊校云一作平也者皆反其情變其形也 天有九野。地有九州。上有九山。山有九塞。澤有九藪。險阻曰塞有水曰澤無水曰藪 風有八等。水有六川。○淮南地形訓作水有六品後六川作六水 何謂九野。中央曰鈞天。其星角亢氐。鈞平也爲四方主故曰鈞天角亢氐東方宿韓鄭分野 東方曰蒼天。其星房心尾。東方二月建卯木之中也木色青故曰蒼天房心尾東方宿房心宋分野尾箕燕分野 東北曰變天。其星箕斗牽牛。東北水之季陰氣所盡陽氣所始萬物向生故曰變天斗牛北方宿尾箕一名析木之律燕之分野斗牛吳越分野 北方曰玄天。其星婺女虛危營室。北方十一月建子水之中也水色黑故曰玄天也婺女亦越之分野虛危齊分野營室衞分野 西北曰幽天。其星東壁奎婁。西北金之季也將即太陰故曰幽天東壁北方宿一名豕韋衞之分野奎婁西方宿一名降婁魯之分野 西方曰顥天。其星胃昴畢。西方八月建酉金之中也金色白故曰顥天昴畢西方宿一名大梁趙之分野○注昴畢上當有胃魯之分野五字 西南曰朱天。其星觜嶲參東井。西南火之季也爲少陽故曰朱天觜嶲參西方宿一名實沈晉之分野東井南方宿一名鶉首秦之分野 南方曰炎天。其星輿鬼柳七星。南方五月建午火之中也火曰炎上故曰炎天輿鬼南方宿秦之分野柳七星南方宿一名鶉火周之分野 東南曰陽天。其星張翼軫。東南木之季也將即太陽純乾用事故曰陽天張翼軫南方宿張周之分野翼軫一名鶉尾楚之分野○注張翼軫南方宿舊脫軫字又南訛作北今改正 何謂九州。河漢之閒爲豫州。周也。（河在北漢在南故曰之閒）兩河之閒爲冀州。晉也。（東至淸河西至西河）河濟之閒爲兗州。衞也。（河出其北濟經其南）東方爲青州。齊也。泗上爲徐州。魯也。（泗水名也）東南爲揚州。越也。南方爲荆州。楚也。西方爲雍州。秦也。北方爲幽州。燕也。何謂九山。會稽。太山。（會稽山在今會稽郡太山在今太山郡是爲東嶽也）王屋。首山。太華。（王屋在河東垣縣東北濟水所出也首山在蒲阪之南河曲之中伯夷所隱太華在弘農華陰縣是爲西嶽也）岐山。太行。羊腸。孟門。（岐山在右扶風美陽縣西北周家所邑太行在河內野王縣北羊腸其山盤紆譬如羊腸在太原晉陽縣北○注末七字舊本缺據李善注文選魏武帝苦寒行所引補又誘注淮南地形訓云孟門太行之限也此不注疑文脫）何謂九塞。大汾。冥阨。荆阮。方城。（大汾處未聞冥阨荆阮方城皆在楚魯定四年吳伐楚楚左司馬請塞直轅冥阨以擊吳人者也○大汾淮南作太汾注云在晉此何以云未聞冥阨淮南作澠阨彼注云今宏農澠池是也皆與此不同豈彼乃許愼注歟又塞字舊本脫今案傳文增）殽。井陘。令疵。句注。居庸。（殽在弘農澠池縣西井陘在常山井陘縣通太原關令疵處則未聞句注在鴈門居庸在上谷沮陽之東通軍都關也○淮南殽下有阪字令疵舊本訛作疵處據注是令疵淮南注云令疵在遼西則即是令支乃齊桓所制者又軍都關舊訛作居都關淮南注作運都關錢云運乃軍之訛軍都亦上谷縣在居庸之東今皆改正）何謂九藪。（藪澤也有水曰澤無水曰藪）吳之具區。（具區在吳越之閒○淮南吳作越）楚之雲夢。（雲夢在南郡華容）秦之陽華。（陽華在鳳翔或曰在華陰西○爾雅作陽陓淮南作陽紆注云陽紆在馮翊池陽一名具圃）晉之大陸。（魏獻子所畋猶楚之華容也○注畋舊訛作居據左氏定元年傳改正）梁之圃田。（圃田在今河南中牟○梁淮南作鄭）宋之孟諸。（孟諸在梁國睢陽之東南○淮南注作東北郭注爾雅亦同此訛）齊之海隅。（隅猶崖也）趙之鉅鹿。（廣阿澤也○郭璞注爾雅晉有大陸云今鉅鹿北廣阿澤是也爾雅本無趙之鉅鹿而有魯之大野周之焦護爲十藪）燕之大昭。（大昭今太原郡是也○大昭淮南作昭余爾雅作昭余祁）何謂八風。東北曰炎風。（炎風艮氣所生一曰融風）東方曰滔風。（震氣所生一曰明庶風○淮南作條風）東南曰熏風。（巽氣所生一曰淸明風○舊校云熏風或作景風案淮南作景風）南方曰巨風。（離氣所生一曰凱風詩曰凱風自南○孫云李善注文選木元虛海賦王子淵洞簫賦潘安仁河陽縣作詩引俱作凱風）西南曰淒風。（坤氣所生一曰涼風○淮南作涼風）西方曰飂風。（兌氣所生一曰閶闔風）西北曰厲風。（乾氣所生一曰不周風○淮南作麗風）北方曰寒風。坎氣所生曰廣莫風何謂六川。河水。赤水。遼水。黑水。江水。淮水。河水出其東北陬赤水出其東南陬遼水出砥石山自塞北東流直至遼東之西南入海黑水出崑崙西北陬江水出岷山在蜀西徼外淮水出桐柏山在南陽平氏縣也○注自塞北東流水經注北作外又下作直遼東無至字凡四海之內。東西二萬八千里。南北二萬六千里。子午爲經卯酉爲緯四海之內緯長經短水道八千里。受水者亦八千里。通谷六。名川六百。陸注三千。○淮南注作徑小水萬數。陸無水水處內乃注之也凡四極之內。東西五億有九萬七千里。南北亦五億有九萬七千里。海東西長南北短極內等極星與天俱游。而天極不移。極星辰星也語曰譬如北辰居其所而衆星拱之故曰不移冬至日行遠道。周行四極。命曰玄明。遠道外道也故曰周行四極玄明大明也夏至日行近道。乃參于上。近道內道也乃參倍于上當樞之下。無晝夜。下日高也當極之下分明不寘曜統一也故曰無晝夜○注下日疑是夏日不寘疑是不冥白民之南。建木之下。日中無影。呼而無響。白民之國在海外極內建木在廣都南方衆帝所從上下也復在白民之南建木狀如牛引之有皮黃葉若羅也日正中將下日直人下皆無影大相叫呼又無音響人聲故謂蓋天地中也○注引舊作豕字訛案海內南經云有木其狀如牛引之有皮若纓黃蛇其葉如羅其實如欒其木若蓲其名曰建木在窫窳西蓋天地之中也。天地萬物。一人之身也。此之謂大同。以一人身喻天地萬物易曰近取諸身遠取諸物故曰大同也衆耳目鼻口也。衆五穀寒暑也。此之謂衆異。則萬物備也。天斟萬物。○舊校云斟一作堪注亦同案堪或是斟字會集也感也聖人覽焉。以觀其類。天斟萬物聖人總覽以知人也解在乎天地之所以形。天地之初始成形也雷電之所以生。震氣爲雷激氣爲電始生時也陰陽材物之精。陰陽皆由天地陰陽例萬物也人民禽獸之所安平。人民禽獸動作萬物皆由天地陰陽以生各得其所樂故曰之所安平也

有始覽

二曰。凡帝王者之將興也。天必先見祥乎下民。祥徵應也黃帝之時。天先見大螾

大螻。螻螻蛄螾蚯蚓皆土物〇注螻螻蛄舊本作蛄螻今補正 黃帝曰。土氣勝。土氣勝。故其色尙黃。其事則土。則法也法土色尙黃 及禹之時。天先見草木秋冬不殺。禹曰。木氣勝。木氣勝。故其色尙青。其事則木。法木色青 及湯之時。天先見金刃生於水。湯曰。金氣勝。金氣勝。故其色尙白。其事則金。法金色白 及文王之時。天先見火。赤烏銜丹書集于周社。文王曰。火氣勝。火氣勝。故其色尙赤。其事則火。法火色赤 代火者必將水。天且先見水氣勝。水氣勝。故其色尙黑。其事則水。法水色黑 水氣至而不知。數備將徙于土。〇舊校云徙一作見 天爲者時而不助。農於下。助猶成也 類固相召。氣同則合。聲比則應。應和 鼓宮而宮動。鼓角而角動。鼓擊也擊大宮而小宮應擊大角而小角和言類相感也 平地注水。水流溼。均薪施火。火就燥。水流溼者先濡火就燥者先然 山雲草莽。水雲魚鱗。〇舊本誤作角鬭吳志伊字彙補載之徐仲山謂魚鱗之訛今案唐宋人類部所引皆作魚鱗淮南覽冥訓亦同今改正 旱雲煙火。雨雲水波。無不皆類其所生以示人。〇御覽八皆作比 故以龍致雨。以形逐影。師之所處。必生棘楚。軍師訓罰以殺伐爲首棘楚以戮人喜生戰地故生其處也〇案老子曰師之所處荆棘生焉此偏不爲孝文王諱何也注亦不明訓罰疑討罰戮人舊作戰人訛今改正 禍福之所自來。衆人以爲命。安知其所。自從也凡人以爲天命不知其所由也 夫覆巢毀卵。則鳳凰不至。〇案覆巢舊誤倒今乙正 刳獸食胎。則麒麟不來。乾澤涸漁。則龜龍不往。〇疑當作不住此有韻 物之從同。不可爲記。子不遮乎親。臣不遮乎君。遮後遏也 君同則來。異則去。故君雖尊。以白爲黑。臣不能聽。聽從 父雖親。以黑爲白。子不能從。黃帝曰。芒芒昧昧。〇舊本皆不重案文子符言上仁篇淮南繆稱泰族訓及御覽七十七引皆重此注亦然今據改正 因天之威。〇舊校云一作道 與元同氣。芒芒昧昧廣大之貌天之威無不徹也非同氣不協 故曰。同氣賢於同義。同義賢於同力。同力賢於同居。同居賢於同名。帝者同氣。同元氣也 王者同義。同仁義也 霸者同力。同武力也○文子淮南竝作同功 勤者同居。則薄矣。同居於世 亡者同名。則觕矣。同名不仁不義粗惡也 其智彌觕者。其所同彌觕。其智彌精者。其所同彌精。精微妙也 故凡用意不可不精。夫精。五帝三王之所以成也。成齊類同皆有合。故堯爲善而衆善至。桀爲非而衆非來。○舊校云一本作桀爲惡而衆惡來 商箴云。天降災布祥。竝有其職。職主也 以言禍福人或召之也。召致也 故國亂非獨亂也。又必召寇。獨亂未必亡也。召寇則無以存矣。存在也 凡兵之用也。用於利。用於義。攻亂則脆。脆則攻者利。攻亂則義。義則攻者榮。榮且利。中主猶且爲之。況於賢主乎。故割地寶器卑辭屈服。不足以止攻。惟治爲足。足止人攻 治則爲利者不攻矣。爲名者不伐矣。凡人之攻伐也。非爲利則因爲名也。名實不得。國雖彊大者。曷爲攻矣。解在乎史墨來而輟不襲衞。趙簡子可謂知動靜矣。○事見召類篇史墨作史默

應同○舊作名類乃召類之訛然與卷二十目複舊校云一名應同今卽以應同題篇

三曰。世之聽者多有所尤。多有所尤。則聽必悖矣。所以尤者多故。句 其要必因人所喜。與因人所惡。東面望者不見西牆。南鄉視者不覩北方。意有所在也。人有亡鈇者。意其鄰之子。視其行步。竊鈇也。顏色。竊鈇也。言語。竊

鈇也。動作態度。無爲而不竊鈇也。抇其谷而得其鈇。○抇舊譌作相今從列子說符篇改正 他日復見其鄰之子。動作態度。無似竊鈇者。其鄰之子非變也。己則變矣。變也者。無他。有所尤也。邾之故法。爲甲裳以帛。以帛綴甲 公息忌○舊校云一作忘 謂邾君曰。不若以組。凡甲之所以爲固者。以滿竅也。今竅滿矣。而任力者半耳。且組則不然。竅滿則盡任力矣。邾君以爲然。曰。將何所以得組也。公息忌對曰。上用之則民爲之矣。邾君曰。善。下令令官爲甲必以組。公息忌知說之行也。因令其家皆爲組。人有傷之者曰。公息忌之所以欲用組者。其家多爲組也。邾君不說。於是復下令。令官爲甲無以組。以用 此邾君之有所尤也。爲甲以組而便。公息忌雖多爲組。何傷也。以組不便。公息忌雖無組。○孫云御覽三百五十六作雖無爲組 亦何益也。爲組與不爲組。不足以累公息忌之說。用組之心。不可不察也。

魯有惡者。惡醜 其父出而見商咄。反而告其鄰曰。商咄不若吾子矣。且其子至惡也。商咄至美也。彼以至美不如至惡。尤乎愛也。故知美之惡。知惡之美。然後能知美惡矣。莊子曰。以瓦投者翔。以鉤投者戰。以黃金投者殆。○莊子達生篇以瓦注者巧以鉤注者憚以黃金注者殙列子黃帝篇注並作摳殙作惛文義各小異此投字無攷淮南說林訓又作鉒 其祥一也。而有所殆者。必外有所重者也。外有所重者。泄蓋內掘。○淮南作是故所重者在外則內爲之掘注云掘律氣不安詳列子作凡重外者拙內語更簡而明 魯人可謂外有重矣。解在乎齊人之欲得金也。及秦墨者之相妒也。皆有所乎尤也。○兩事皆見去宥篇 老聃則得之矣。若植木而立乎獨。必不合於俗。則何可擴矣。

去尤

四曰。聽言不可不察。不察則善不善不分。善不善不分。亂莫大焉。三代分善不善。故王。今天下彌衰。聖王之道廢絕。○舊校云聖王一作聖人 世主多盛其歡樂。○舊校云歡一作觀 大其鐘鼓。侈其臺榭苑囿。以奪人財。輕用民死。以行其忿。老弱凍餒。夭瘠壯狡。汔盡窮屈。○狡與佼同說見仲夏紀 加以死虜。攻無辠之國以索地。誅不辜之民以求利。而欲宗廟之安也。社稷之不危也。不亦難乎。今人曰。某氏多貨。其室培溼。守狗死。其勢可穴也。則必非之矣。曰。某國饑。其城郭庳。其守具寡。可襲而篡之。則不非之。乃不知類矣。○與墨子非攻篇意同 周書曰。往者不可及。來者不可待。賢明其世。謂之天子。故當今之世。有能分善不善者。其王不難矣。善不善本於義。不於愛。愛利之爲道大矣。夫流於海者。行之旬月。見似人者而喜矣。及其朞年也。見其所嘗見物於中國者而喜矣。夫去人滋久。而思人滋深歟。亂世之民。其去聖王亦久矣。其願見之。日夜無閒。故賢王秀士之欲憂黔首者。不可不務也。務勉也 功先名。事先功。言先事。不知事。惡能聽言。不知情。惡能當言。安能使其言當合於事乎 其與人穀言也。其有辯乎。其無辯乎。穀言善言辯別也 造父始習於大豆。蠭門始習於甘蠅。習學也大豆甘蠅蓋御射人姓名○梁仲子云列子湯問篇造父之師曰泰豆氏此大豆當讀泰案蠭門卽逢蒙荀子王霸篇史記龜策傳皆同漢書人表作逢門子莊子作逢蒙法言學行篇作逢蒙音薄紅切鹽鐵論能言篇作逢須唯今本孟子乃作逢蒙 御大豆射甘蠅。而不徙。人以爲性者也。專學不徙以得傑術 不徙之所以致遠追急也。所以除害禁暴也。專學大豆甘蠅之法而不徙之故御射術御可以致遠追急射而發中可以除害禁暴也 凡人亦必有所習其心。然後能聽說。不習其心。習之於學問。不學而能聽說者。古今無有也。解在乎白圭之非惠子也。白圭周人也惠子惠施仕魏○見不屈篇 公孫龍之說燕昭王以偃兵及應空洛之遇也。○說偃兵見應言篇梁仲子云空洛之遇事見後淫辭篇作空雄地名豈亦空雒之誤歟 孔穿之議公孫龍。翟翦之難惠子之法。此四士者之議皆多故矣。不可不獨論。公孫龍孔穿翟翦皆辯人○二事亦見淫辭篇

聽言

五曰。昔者禹一沐而三捉髮。一食而三起。○梁仲子云淮南氾論訓作一饋而十起 以禮有道之士。通乎己之不足也。欲以聞知所不知也故曰通乎己之不足 通乎己之不足。則不與物爭矣。情欲之物不爭 愉易平靜以待之。使夫自得之。○舊校云得一作以 因然而然之。使夫自言之。○舊校云言一作寧 亡國之主反此。乃自賢而少人。少人。則說者持容而不極。極至 聽者自多而不得。自多自賢也 雖有天下。何益焉。是乃冥之昭。亂之定。毀之成。危之寧。以冥爲明以亂爲定以毀爲成以危爲寧也 故殷周以亡。比干以死。誖而不足以舉。殷周以亂而亡比干以忠而死不當亂而亂不可爲忠而忠故悖不可勝舉 故人主之性。○舊校云一作任 莫過乎所疑。而過於其所不疑。所疑者不敢行故不過也其所不疑者不可而行之故以爲過 不過乎所不知。而過於其所以知。所不知者不敢施故不爲所以知者不可施而必爲故曰過於其所以知 故雖不疑。雖已知。必察

之以法。揆之以量。驗之以數。其所不疑其所已知俗主所專用而賢主能以法制行之以度量揆之以數術驗之 若此。則是非無所失。而舉措無所過矣。其慎所不疑審所已知故不失過也 夫堯惡得賢天下而試舜。舜惡得賢天下而試禹。惡安試用也何以得賢於天下能用舜禹 斷之於耳而已矣。耳之可以斷也。反性命之情也。反本 今夫惑者。非知反性命之情。惑眩惑也 其次非知觀於五帝三王之所以成也。成成其治 則奚自知其世之不可也。奚自知其身之不逮也。奚何也逮及也 太上知之。其次知其不知。生自知其上也其次知其不知也 不知則問。不能則學。周箴曰。夫自念斯學。德未暮。暮晚 學賢問。三代之所以昌也。學賢知昌盛 不知而自以爲知。百禍之宗也。宗本也論語曰不知爲不知夫不知者而自以爲知則反於道百禍歸之故曰百禍之宗也 名不徒立。功不自成。國不虛存。必有賢者。惟賢者然後立名成功而存其國也傳曰不有君子其能國乎此之謂也 賢者之道。牟而難知。妙而難見。牟猶大也賢者之道磔落不凡惟義所在非不肯所及故難知也其仁愛物本於中心精妙幽微亦非不肯所及故難見也 故見賢者而不聳。則不惕於心。不惕於心。則知之不深。不深知賢者師法之也 不深知賢者之所言。不祥莫大焉。祥善也 主賢世治。則賢者在上。位在上○自主賢世治已下又見後觀世篇 主不肖世亂。則賢者在下。今周室既滅。而天子已絕。周厲王無道流于彘而滅無天子十一年故曰已絕○秦昭王五十二年西周亡十年而始皇帝繼爲王又二十六年始爲皇帝所云天子已絕者在始皇未爲皇帝之時注非是 亂莫大於無天子。○亂字舊本脫在上注內今據觀世篇改正 無天子。則彊者勝弱。衆者暴寡。以兵相殘。不得休息。○舊校云休一作暫 今之世當之矣。當其時也 故當今之世。求有道之士。則於四海之內。山谷之中。僻遠幽閒之所。所處也 若此。則幸於得之矣。得之。則何欲而不得。何爲而不成。得賢則欲而得爲而成也太公釣於滋泉。遭紂之世也。故文王得之而王。〇梁仲子云水經渭水上注引作太公釣茲泉孫云御覽七十又八百三十四並作茲泉舊本句末王字脫亦從御覽補文王千乘也。紂天子也。天子失之而千乘得之。知之與不知也。文王知太公賢是以得之紂不知賢是以失之故曰知與不知也諸衆齊民。不待知而使。不待禮而令。齊民凡民非一故言諸衆〇舊校云令一作合案觀世篇亦作令注令猶使也若夫有道之士。必禮必知。然後其智能可盡。可盡得而用也解在乎勝書之說周公。可謂能聽矣。齊桓公之見小臣稷。魏文侯之見田子方也。皆可謂能禮士矣。能禮士故曰得士商紂不能禮士故失太公以滅亡也〇案勝書說周公見精諭篇齊桓魏文二事皆見下賢篇此田子方乃段干木之譌

謹聽

六曰。嘗試觀上古記。三王之佐。其名無不榮者。其實無不安者。功大也。上古記上世古書也名者爵位名也實者功實也詩云。有晻淒淒。興雲祁祁。雨我公田。遂及我私。詩小雅大田之三章也晻陰雨也陰陽和時雨祁祁然不暴疾也古者井田十一而稅公田在中私田在外民有禮讓之心故願先公田而及私也〇案顏氏家訓書證篇辨興雲當作興雨以班孟堅靈臺詩祁祁甘雨爲證錢詹事曉徵作漢書攷異據韓奕篇祁祁如雲謂經師傳授有異非轉寫有訛又段明府若膺云古人言雨止言降雨下雨無有言興雨者興雲祁祁雨我公田猶白華詩之英英白雲露彼菅茅語意正相似案錢段二說極是然觀注意亦似本作興雨三王之佐。皆能以公及其私矣。俗主之佐。其欲名實也與三王之佐同。而其名無不辱者。其實無不危者。無公故也。〇無公後務大篇作無功公亦功也古通用皆患其身不貴於國也。而不患其主之不貴於天下也。皆患其家之不富也。而不患其國之不大也。此所以欲榮而愈辱。欲安而益危。〇舊校云益一作愈安危榮辱之本在於主。主之本在於宗廟。宗廟之本在於民。民之治亂在於有司。有司於周禮爲太宰掌建國之大典以佐王治

邦國以治官府以紀萬民此之謂也 易曰。復自道。何其咎。吉。 乾下巽上小畜初九復自道何其咎吉乾爲天天道轉運爲乾初得其位旣天行周匝復始故曰復自道也復自進退又何咎乎動而無咎故吉也 以言本無異則動卒有喜。 乾動反其本終復始無有異故卒有喜也 今處官則荒亂。臨財則貪得。 欲多○臨財各本作臨射今從劉本 列近則持諫。 列位也持諫不公正 將衆則罷怯。 罷勞也怯無勇 以此厚望於主。豈不難哉。 厚多 今有人於此。修身會計則可恥。 ○舊校云可一作不 臨財物資盡則爲己。 盡猶略也無不充假以爲己有 若此而富者。非盜則無所取。 詩云不稼不穡胡取禾三百億兮不狩不獵胡瞻爾庭有縣特兮故曰非盜則無所取 故榮富非自至也。緣功伐也。今功伐甚薄。而所望厚。誣也。 以薄獲厚爲誣也 無功伐而求榮富。詐也。 以虛取之爲詐 詐誣之道。君子不由。 由用也 人之議多曰。上用我則國必無患。 有人於此言用我者則國無患而使用之未必然也使無患莫若自修其身之賢也 用己者未必是也。而莫若其身自賢。而己猶有患。用己於國。惡得無患乎。 猶向惡安 己所制也。釋其所制而奪乎其所不制。誖。 言身者己所自制也釋己而不修故曰奪乎所不制乃誖謬之道也 未得治國治官可也。 官小政也推此言之若此人者未任爲大臣但可小政也 若夫內事親。外交友。必可得也。苟事親未孝。交友未篤。是所未得。惡能善之矣。故論人無以其所未得。而用其所已得。可以知其所未得矣。 以其孝得於親則知必忠於君也以其所行能高仁義知必輕身故可以知其未得也 古之事君者。必先服能然後任。 服其能堪任也 必反情然後受。 反情常內省也受受祿也 主雖過與。臣不徒取。 過多 大雅曰。上帝臨汝。無貳爾心。以言忠臣之行也。 大雅大明之七章也言天臨命武王伐紂必克之不敢有疑心喻君命臣齊一專心輸力不敢惑忠臣之行也 解在鄭君之問被瞻之義也。 見務大論被瞻知齊國衰亂桓公之薨蟲流出戶蓋不聽管仲臨終之言因諷鄭君○案務大論鄭君問被瞻義不死君不亡君殊不如注所言 薄疑應衛嗣君以無重稅。此二士者

皆近知本矣。嗣君平侯之子也秦貶稱君薄疑勸嗣君以王者富民故曰無重稅也〇薄疑事見審應覽

務本

七曰。昔舜欲旗古今而不成。旗履也〇旗當與綦同乃極盡之義舊校云旗一作稘一作揭梁仲子云觀注訓履則作稘爲是稘即冒也 既足以成帝矣。禹欲帝而不成。既足以正殊俗矣。殊俗異方之俗也 湯欲繼禹而不成。既足以服四荒矣。四表之荒服也 武王欲及湯而不成。既足以王道矣。五伯欲繼三王而不成。既足以爲諸侯長矣。孔丘墨翟欲行大道於世而不成。既足以成顯名矣。名聖賢之名 夫大義之不成。既有成矣已。〇二字當衍其一 夏書曰。天子之德。廣運乃神。乃武乃文。逸書也 故務在事。事在大。事爲地大則有常祥不庭歧母羣抵天翟不周。〇此雖山名然不應獨當祥不庭羣抵歧毋天翟皆獸名也不周舉當亦與上文爲一類 山大則有虎豹熊螇蛆。皆獸名不周山在翟〇螇蛆未詳所出或是猨狙亦可也 水大則有蛟龍黿鼉鱣鮪。魚二千斤爲蛟龍可作羹傳曰楚人獻黿於鄭靈公不與公子宋黿羹公子怒染指於鼎嘗之而出鼉魚皮可作鼓詩云鼉鼓鼘鼘鱣鮪皆大魚長丈餘詩云鱣鮪發發 商書曰。五世之廟可以觀怪。逸書喻山大水大生大物廟者鬼神之所在五世久遠故於其所觀魅物之怪異也 萬夫之長可以生謀。長大也大故可以成奇謀也 空中之無澤陂也。井中之無大魚也。淮南記曰鑯房不能容鵠卵此之謂也 新林之無長木也。言未久也 凡謀物之成也必由廣大衆多長久。信也。季子曰。〇後務大篇作孔子曰梁仲子云案孔叢子論勢篇子順引先人有言云云則作孔子爲是 燕雀爭善處於一室之下。子母相哺也。姁姁焉相樂也。〇姁姁後作區區孔叢作煦煦 自以爲安矣。竈突決則火上焚棟。燕雀顏色不變。是何也。乃不知禍之將及己也。爲人臣免於燕雀之智者寡矣。夫爲人

臣者。進其爵祿富貴。父子兄弟相與比周於一國。姁姁焉相樂也。以危其社稷。〇後句上有而字此脫其爲竈突近也。而終不知也。其與燕雀之智不異矣。故曰。天下大亂。無有安國。一國盡亂。無有安家。一家皆亂。無有安身。此之謂也。故小之定也必恃大。大之安也必恃小。小大貴賤。交相爲恃。〇後作贊然後皆得其樂。定賤小在於貴大。淮南記曰牛馬之氣烝生蟣蝨蟣蝨氣烝不能生牛馬小不能生大故曰定賤小在於貴大解在乎薄疑說衞嗣君以王術。見務大論杜赫說周昭文君以安天下。杜赫周人杜伯之後昭文君周末世分東西之後君號也說見務大論及匡章之難惠子以王齊王也。匡章乃孟軻所謂通國稱不孝者能王齊王亦大也〇此見愛類篇

諭大

呂氏春秋卷第十四

孝行覽第二　本味　首時　義賞　長攻　慎人　遇合　必己

一曰。凡爲天下。治國家。必務本而後末。詹何曰身治而國不治者未之有也故曰必務本 所謂本者。非耕耘種植之謂。務其人也。務猶求也 務其人。非貧而富之寡而衆之。衆多也 務其本也。務本莫貴於孝。孝爲行之本也行於孝者故聖人貴之 人主孝。則名章榮。下服聽。天下譽。譽樂也孔子曰昔者明王之以孝治天下也不敢遺小國之臣而況於公侯伯子男乎故得萬國之懽心 人臣孝。則事君忠。處官廉。臨難死。孝於親故能忠於君孝經曰以孝事君則忠此之謂也處官廉孝經曰修身慎行恐辱先也此之謂也臨難死君父之難視死如歸義重身輕也 士民孝。則耕芸疾。守戰固。不罷北。耕芸疾用天之道分地之利衣食足知榮辱故守則堅戰必克無退走者○孫云御覽七十七罷作敗 夫孝。三皇五帝之本務。而萬事之紀也。三皇伏羲神農女媧也五帝軒轅帝顓頊帝嚳高辛帝堯陶唐帝舜有虞也紀猶貫因也○案初學記十七引紀上有綱字注女媧當在神農前所紀五帝文有訛脫當云黃帝軒轅帝顓頊高陽方與下相配貫因劉本無因字 夫執一術。而百善至百邪去天下從者。其惟孝也。一術孝術 故論人必先以所親。而後及所疏。先本後末先近後遠 必先以所重。而後及所輕。所重謂其親所輕謂他人 今有人於此。行於親重。而不簡慢於輕疏。則是篤謹孝道。有人行孝敬於其親以及人之親故不敢簡慢於輕疏者是厚慎孝道之謂也 先王之所以治天下也。先王以孝治天下 故愛其親。不敢惡人。敬其親。不敢慢人。愛敬盡於事親。光耀加於百姓。加施也 究於四海。究極也 此天子之孝也。曾子曰。身者父母之遺體也。行父母之遺體。敢不敬乎。敬畏慎 居處不莊。非孝也。莊敬 事君不忠。非孝也。

忠正也莅官不敬。非孝也。莅臨也朋友不篤。非孝也。篤信也戰陳無勇。非孝也。揚子曰孟軻勇於義而立義揚名於後世孝之終也五行不遂。災及乎親。敢不敬乎。遂成商書曰。刑三百。罪莫重於不孝。商湯所制法也曾子曰。先王之所以治天下者五。貴德。貴貴。貴老。敬長。慈幼。此五者。先王之所以定天下也。定安也所謂貴德。爲其近於聖也。○案禮記祭義聖作道所謂貴貴。爲其近於君也。所謂貴老。爲其近於親也。所謂敬長。爲其近於兄也。所謂慈幼。爲其近於弟也。曾子曰。父母生之。子弗敢殺。父母置之。子弗敢廢。置立父母全之。子弗敢闕。闕猶毀故舟而不游。道而不徑。能全支體。以守宗廟。可謂孝矣。濟水載舟不游涉行道不從邪徑爲免役溺畏險之害故曰能全支體以守宗廟○注免字舊本作逸訛今改正養有五道。修宮室。安牀笫。節飲食。養體之道也。節飲食肉雖多不使勝食氣修宮室不上漏下溼故曰養體之道也樹五色。施五采。列文章。養目之道也。列別也青與赤謂之文赤與白謂之章以極目觀故曰養目之道也正六律。龢五聲。雜八音。六律黃鐘太蔟姑洗蕤賓夷則無射五聲宮商角徵羽養耳之道也。八音八卦之音雜會之以聽耳故曰養耳之道熟五穀。烹六畜。龢煎調。養口之道也。熟五穀烹芻豢龢快口腹故曰養口之道龢顏色。說言語。敬進退。養志之道也。龢顏色以說父母之志意故曰養志之道此五者代進而厚用之。可謂善養矣。代更更次用之以便親性可謂爲善養親也樂正子春下堂而傷足。瘳而數月不出。○舊校云一作三月下同案祭義亦作數月猶有憂色。門人問之曰。夫子下堂而傷足。瘳而數月不出。猶有憂色。敢問其故。故事也樂正子春曰。善乎而問之。而汝也吾聞之曾子。曾子聞之仲尼。父母全而生之。子全而歸之。不虧其身。不損其形。可謂孝矣。君子無行咫步而忘之。余忘孝道。是以憂。故曰。身者非其私有也。私猶獨嚴親之遺躬也。躬體民之本教曰孝。本始其行孝曰養。養可能也。敬爲難。敬行之難敬可能也。安爲難。安寧其親難安可能也。卒爲難。卒終父母既沒。敬行其身。無遺父母惡名。可謂能終矣。仁者。仁此者也。○此皆祭義之文舊本獨少此一句脫耳今補之禮者。履此者也。履行義者。宜此者也。信者。信此者也。彊者。彊此者也。樂自順此生也。○舊校云順一作愼刑自逆此作也。能順行無遺父母惡名故榮生也逆之則刑辟作也

孝行覽

二曰。求之其本。經旬必得。求之其末。勞而無功。雖久無所得功名之立。由事之本也。得賢之化也。得賢人與之共治以立其功名故曰得賢之化也非賢。其孰知乎事化。○事化承上文之言舊校云化一作民本又作名皆訛故曰。其本在得賢。有侁氏女子采桑。得嬰兒于空桑之中。侁讀曰莘獻之其君。其君令焞人養之。焞猶庖也察其所以然。察省曰。其母居伊水之上。孕。任身爲孕夢有神告之曰。臼出水而東走。毋顧。明日視臼出水。告其鄰。東走十里。而顧其邑盡爲水。身因化爲空桑。伊尹母化作空桑故命之曰伊尹。○以其生於伊水故名之伊尹非有訛也而黃氏東發所見本作故命之曰空桑以爲地名且爲之辨曰此書第五紀云顓頊生自若水實處空桑則前乎伊尹之未生已有空桑之地矣盧云案黃氏所据本非也同一因地命名不若伊尹之確張湛注列子黃帝篇伊尹生於空桑引傳記與今本同尤爲明證此伊尹生空桑之故也。○舊校云生一作出長而賢。湯聞伊尹。使人請之有侁氏。有侁氏不可。伊尹亦欲歸湯。湯於是請取婦爲婚。有侁氏喜。以伊尹媵女。○舊本作以伊尹爲媵送女段

云說文倂字下引呂不韋曰有侁氏以伊尹倂女倂送也則爲送二字明是後人所增入媵已是送無煩重桑言之今删正 故賢主之求有道之士。無不以也。以用也○以也舊作在以孫云御覽四百二作無不以也又此下舊本有一爲字衍竝依御覽删正 有道之士求賢主。無不行也。爲媵言必行 相得然後樂。賢主得賢臣賢臣得賢主故曰相得然後樂也 不謀而親。不約而信。相爲殫智竭力。犯危行苦。殫竭皆盡也危難也勤苦也 志懽樂之。此功名所以大成也。固不獨。固必也 士有孤而自恃。人主有奮而好獨者。則名號必廢熄。熄滅也 社稷必危殆。故黃帝立四面。堯舜得伯陽續耳。然後成。黃帝使人四面出求賢人得之立以爲佐故曰立四面也伯陽續耳皆賢人堯用之以成功也○續耳尸子韓非子作續牙漢書人表作續身皆隸轉失之 凡賢人之德。有以知之也。知其賢乃得而用之○舊校云之德一作道德 伯牙鼓琴。鍾子期聽之。方鼓琴而志在太山。鍾子期曰。善哉乎鼓琴。巍巍乎若太山。少選之閒。而志在流水。少選須臾之閒也志在流水進而不解也 鍾子期又曰。善哉乎鼓琴。湯湯乎若流水。鍾子期死。伯牙破琴絕絃。終身不復鼓琴。以爲世無足復爲鼓琴者。伯姓牙名或作雅鍾氏期名子皆通稱悉楚人也少善聽音故曰爲世無足爲鼓琴也 非獨琴若此也。賢者亦然。世無賢者亦無所從受禮義法則與共治國也 雖有賢者。而無禮以接之。賢奚由盡忠。猶御之不善。驥不自千里也。言不肯者無禮以接賢者賢者何用盡其忠乎若不知御者御驥驥亦不爲之從千里也 湯得伊尹。祓之於廟。○風俗通祀典引此句下有爇以萑葦四字續漢書禮儀志中注亦同今本脫去耳 爝以爟火。釁以犧猳。周禮司爟掌行火之政令火者所以祓除其不祥置火於桔皋燭以照之釁以牲血塗之曰釁爟讀曰權衡之權 明日設朝而見之。說湯以至味。爲湯說美味 湯曰。可對而爲乎。○對字訛當作得御覽八百四十九作可得爲之乎 對曰。君之國小。不足以具之。爲天子然後可具。夫三羣之蟲。三羣謂水居肉玃草食者也 水居者腥。肉玃者臊。草食者羶。水居者川禽魚鼈之屬故其臭腥也肉玃者攫擊肉而食之謂鷹鵰之屬故其臭臊也草食者食草木謂麞鹿之屬故其臭羶也臭惡猶美。皆有所以。臭惡猶美若蜀人之作羊腊以臭爲美各有所用也凡味之本。水最爲始。五味三材。五行之數水第一故曰水最爲始五味鹹苦酸辛甘三才水木火九沸九變。火爲之紀。紀猶節也品味待火然後成故曰火爲之節○舊本正文作火之爲紀今從御覽乙正與注合時疾時徐。滅腥去臊除羶。必以其勝。無失其理。用火熟食或熾或微治除臊腥勝去其臭故曰必以其勝也齊和之變得其中適故曰無失其理也調和之事。必以甘酸苦辛鹹。先後多少。其齊甚微。皆有自起。齊和分也自從也鼎中之變。精妙微纖。口弗能言。志不能喻。鼎中品味分齊纖微故曰不能言也志意揆度不能諭說若射御之微。陰陽之化。四時之數。射者望毫毛之近而中藝於遠也御者執轡於手調馬口之和而致萬里故曰若射御之微也陰陽之化而成萬物也四時之數春生夏長秋收冬藏物有異功也○注馬口似當作馬足故久而不弊。熟而不爛。弊敗也爛失飪也論語云失飪不食甘而不噥。○噥乃噮字之誤後審時篇得時之黍食之不噮而香玉篇於縣切又酉陽雜俎亦云酒食甘而不噮亦是噮字鹹而不減。辛而不烈。澹而不薄。肥而不𦢊。言皆得其中適○𦢊字書無攷案今人言味過厚而難入口者有虛侯虛交二音豈本此歟酸而不酷。○案玉篇引伊尹曰酸而不嚛酉陽雜俎本此歟

肉之美者。猩猩之脣。獾獾之炙。猩猩獸名也人面狗軀而長尾獾獾鳥名其形未聞○舊校云獾一作獲今案南山經云青邱之山有鳥焉其狀如鳩其音若呵名曰灌灌注或作濩濩則此獾當作灌獲亦當作濩若獾從豸則是獸名今注云鳥名則當如山海經所說也雋觾之翠。雋觾鳥名也翠厥也形則未聞也○觾乃燕字之訛初學記與文選七命注皆作燕選注雋作嶲則子規也禮記內則有舒鴈翠舒鳧翠注尾肉也皆不可食者今閩廣人以此爲美翠亦作臎廣雅臎髁臀也說文作臀臀骨也訓皆相合玉篇臎鳥尾上肉也述蕩之掔。述蕩獸名掔讀如棬椀之椀掔者踏也形則未聞○初學記引作迷蕩旄象之約。旄旄牛也在西方象象獸也在南方約飾也以旄牛之尾象獸之齒以飾物也一曰約美也旄象之肉美貴異味也○案此論味之美者何忽及於飾乎辭楚招魂土伯九約王逸注約屈也九屈難解屈必是屈之訛玉篇云短尾也今時牛尾鹿尾皆爲珍品但象尾不可知耳說文無屈有屈云無尾也疑無字亦誤衍流沙之西。丹山之南。有鳳之丸。丸古卵字也流沙沙自流行故曰流沙在燉煌西八百里丹山在南方丹澤之山也二處之表有鳳皇之卵沃民所食。食鳳卵也沃之國在西方○見大荒西經魚之美者。洞庭之鱄。東海之鮞。洞庭江水所經之澤名也鱄鮞魚名也一云魚子也醴水之魚名

曰朱鼈。六足。有珠百碧。灃水在蒼梧環九疑之山其魚六足有珠如蛟皮也〇東山經注引灃水之魚名曰朱鼈六足有珠梁仲子云此注不解百碧疑當從下文作若碧蓋青色珠也雚水之魚。名曰鰩。其狀若鯉而有翼。雚水在西極若如也翼羽翼也〇西山經泰品之山觀水出焉是多文鰩魚形狀與此同常從西海夜飛游於東海。鰩從西海至東海乘雲氣而飛菜之美者。崑崙之蘋。崑崙山名在西北其高九萬八千里蘋大蘋水藻也〇郭璞以蘋即西山經之蕡草其狀如葵其味如蔥食之可以已勞壽木之華。壽木崑崙山上木也華實也食其實者不死故曰壽木指姑之東。〇舊校云指一作枯案齊民要術十引作括姑則枯亦括之訛中容之國。有赤木玄木之葉焉。指姑乃姑餘山名也在東南方淮南記曰軼鶤雞於姑餘是也赤木玄木其葉皆可食食之而仙也〇注鶤雞舊訛作鶗雞今據淮南覽冥訓改正餘瞀之南。〇舊校云瞀一作督南極之崖。〇舊校云一作旁有菜其名曰嘉樹。其色若碧。餘瞀南方山名也有嘉美之菜故曰嘉樹食之而靈若碧青色〇注靈字舊作虛今據齊民要術十改正陽華之芸。陽華乃華陽山名也芸芳菜也在吳越之閒雲夢之芹。雲夢楚澤芹生水涯〇孫云說文艸部𧄍字云菜之美者雲夢之𧄍徐鍇云此呂氏春秋伊尹對湯之辭其爲狀未聞盧云案說文有菦字云菜類蒿周禮有菦菹又有芹字云楚葵也俱巨巾切又出𧄍字驅喜切今案𧄍亦是芹凡眞文韻中字俱與支微齊相通不勝枚舉但以從斤者言之如沂圻旂祈頎蘄等字皆可見祭法相近於坎壇讀爲禳祈左氏傳公子欣時公羊傳作喜時謚法治典不殺曰祈祈亦作震則可知𧄍之即爲芹無疑矣具區之菁。具區澤名吳越之閒菁菜名浸淵之草。名曰土英。浸淵深淵也處則未聞英言其美善土英華也和之美者。陽樸之薑。招搖之桂。陽樸地名在蜀郡招搖山名在桂陽禮記曰草木之滋薑桂之謂也故曰和之美越駱之菌。鱣鮪之醢。越駱國名菌竹筍也鱣鮪大魚也以爲醢醬無骨曰醢有骨曰臡大夏之鹽。宰揭之露。其色如玉。大夏澤名或曰山名在西北鹽形鹽宰揭山名處則未聞〇梁仲子云初學記引作揭雩之露其色紫御覽十二同長澤之卵。長澤大澤在西方大鳥之卵卵大如甕也飯之美者。玄山之禾。不周之粟。飯食也玄山處則未聞不周山名在西北方崑崙之西北陽山之穄。南海之秬。山南曰陽崑崙之南故曰陽山南海南方之海穄關西謂之穈冀州謂之𪎭秬黑黍也〇孫云案說文禾部秏字注伊尹曰飯之美者玄山之禾南海之秏注穈舊訛糜又𪎭舊訛堅今皆改正水之美者。三危之露。三危西極山名崑崙之井。井泉沮江之丘。名曰搖水。沮澌如江旁之泉水曰山之水。高泉之山。其上有涌泉焉。冀州之原。皆西方之山泉也冀州在中央水泉東流經於冀州故曰之原原本也○曰山當是白山高泉中山經作高前 果之美者。沙棠之實。沙棠木名也崑崙山有之○見西山經 常山之北。投淵之上。有百果焉。羣帝所食。有嘏曰果無嘏曰蓏羣帝衆帝先升遐者 箕山之東。青鳥之所。有甘櫨焉。箕山許由所隱也在潁川陽城之西青鳥崑崙山之東二處皆有甘櫨之果○史記司馬相如傳索隱引應劭曰伊尹書云箕山之東青鳥之所有盧橘夏熟此或誤記說文櫨字下引作青鳧師古漢書注訛作青馬海外北經注引作有甘柤焉柤音柤棃之柤又不同 江浦之橘。雲夢之柚。浦濱也橘所生也生江北則爲枳雲夢楚澤出柚 漢上石耳。所以致之。漢水名出於嶓冢東注於江石耳菜名也所以致之致備味也 馬之美者。青龍之匹。遺風之乘。匹乘皆馬名周禮七尺以上爲龍行迅謂之遺風 非先爲天子。不可得而具。天子不可彊爲。必先知道。言當順天命而受之不可以彊取也道謂仁義天下之道 道者止彼在己。彼謂他也 己成而天子成。己成仁義之道而成爲天子孟子曰得乎丘民爲天子 天子成則至味具。天下貢珍故至味具 故審近所以知遠也。成己所以成人也。聖王之道要矣。豈越越多業哉。要約也越越輕易之貌業事也聖王得仁義約要之道以化天下天下化之豈必越越然輕易多爲民之事也

本味

三曰。聖人之於事。似緩而急。似緩謂無爲也急謂成功也 似遲而速。以待時。謂若武王會於孟津八百諸侯皆曰紂可伐矣武王曰汝未知天命也還歸二年似遲也甲子之日尅紂於牧野故曰待時 王季歷困而死。文王苦之。王季歷文王之父也勤勞國事以至薨殁故文王哀思苦痛也 有不忘羑里之醜。時未可也。紂爲無道拘文王於羑里不忘其醜恥也所以不伐紂者天時之未可也 武王事之。夙夜不懈。亦不忘王門之辱。武王繼位雖臣事紂不忘文王爲紂所拘於羑里之辱文王得歸乃築靈臺作王門相女童擊鐘鼓示不與紂異同也武王以此爲恥而不忘也○王門即玉門古以中畫近上爲王字王三畫正均即玉字淮南道應訓注云以玉飾門也注擊字舊本缺據淮南注補又下脫異字亦案文義補 立十二年。而成甲子之事。立爲天子也甲子之日尅紂於牧野故曰成甲子之事也 時固不易得。固常也 太公望東夷之上也。太公望河內人也於周豐鎬爲東故曰東夷之士○史記太公望東海上

人也此云河內不知何本 欲定一世而無其主。主謂賢君 聞文王賢。文謚也經天緯地曰文 故釣於渭以觀之。渭水名近豐鎬文王所邑也觀視文王之德能有天下也 伍子胥欲見吳王而不得。吳王王僚也王子光之庶長子○此注誤舛顯然劉本注本改子光二字爲夷昧似順而實非也梁伯子云史記以吳王僚爲夷昧之子光爲諸樊之子漢書人表亦以僚爲夷昧子而公羊襄廿九年傳謂僚者長庶左傳昭廿七年正義據世本以僚爲壽夢庶子夷昧庶兄而光爲夷昧子先儒皆從史記不從世本乃高氏於當染簡選察微三篇注云夷昧子光於忠廉篇云光庶父僚皆依世本爲說此處若依劉注改本是又依史記爲說且誤解公羊長庶一語以爲夷昧之庶子而不自知其矛盾矣盧云案此注但當改庶長子爲庶父便與前後注合且下文王子光卽於此注內帶見亦是今去子光而改夷昧尙賸一王字未去所改未爲得也 客有言之於王子光者。見之。而惡其貌。不聽其說而辭之。光惡子胥之顏貌不受其言辭謝之也 客請之王子光。王子光曰。其貌適吾所甚惡也。請問也惡憎也 客以聞伍子胥。伍子胥曰。此易故也。故事 願令王子居於堂上。重帷而見其衣若手。請因說之。王子許。言於重帷中見衣若手者爲說霸國之說也許諾 伍子胥說之半。王子光舉帷搏其手而與之坐。搏執子胥之手與之俱坐德其說 說畢。王子光大說。子胥說霸術畢子光大說其將必用之也 伍子胥以爲有吳國者必王子光也。退而耕于野。七年。王子光代吳王僚爲王。任子胥。子胥乃修法制。下賢良。選練士。習戰鬬。六年。然後大勝楚于柏舉。柏舉楚南鄙邑 九戰九勝。追北千里。北走也 昭王出奔隨。遂有郢。郢楚都傳云五戰及郢 親射王宮。鞭荊平之墳三百。平王恭王之子棄疾也後改名熊居聽費無忌之讒殺伍子胥父兄故子胥射其宮鞭其墳也 鄉之耕非忘其父之讎也。待時也。鄉曩者始之與時耕於吳境待天時須楚之罪熟也 墨者有田鳩。欲見秦惠王。田鳩齊人學墨子術惠王孝公之子駟也 留秦三年。而弗得見。客有言之於楚王者。往見楚王。楚王說之。與將軍之節以如秦。如之也 至因見惠王。告人曰。之秦之道乃之楚乎。固有近之而遠。

遠之而近者。（留秦三年不得見惠王近之而遠也從楚來至而得見遠之而近也）時亦然。有湯武之賢而無桀紂之時不成。（不成其王）有桀紂之時而無湯武之賢亦不成。聖人之見時。若步之與影不可離。（步行日中影乃逐之不可得遠之也人從得時如影之隨人亦不可離之也）故有道之士未遇時。隱匿分竄。勤以待時。（分大竄藏勤勞○注大字疑火之訛卽別字）時至。有從布衣而爲天子者。（舜是也）有從千乘而得天下者。（湯武是也）有從卑賤而佐三王者。（太公望伊尹傳說是也）有從匹夫而報萬乘者。（豫讓是也趙襄子兼士拓境有兵車萬乘豫讓爲智伯報之襄子高其義而不殺豫讓卒不止終得斬襄子衣然後就死也）故聖人之所貴唯時也。水凍方固。（固堅也）后稷不種。后稷之種必待春。故人雖智而不遇時。無功。（五穀非春不生智者之功非時不成）方葉之茂美。終日采之而不知。（不知其葉之盡也）秋霜既下。衆林皆羸。（羸葉盡也）事之難易不在小大。務在知時。（聖人時行則行時止則止與萬物終始也）鄭子陽之難。猘狗潰之。（潰亂也子陽鄭相或曰鄭君好行嚴猛人家有猘狗者誅之人畏誅國人皆逐猘狗也）齊高國之難。失牛潰之。衆因之以殺子陽高國。（衆因之以殺二子逐失牛之亂如逐猘狗之亂也故禍同）當其時。狗牛猶可以爲人唱。而況乎以人爲唱乎。飢馬盈廄嗼然。（嗼然無聲）未見芻也。飢狗盈窖。（○御覽八百九十六作宮字）嗼然。未見骨也。見骨與芻動不可禁。（動猶爭也）亂世之民嗼然。未見賢者也。見賢人。則往不可止。往者非其形。心之謂乎。齊以東帝困於天下。而魯取徐州。（齊湣王僭號於東民不順之故困於天下是以魯國略取徐州也）邯鄲以壽陵困於萬民。而衞取繭氏。（壽陵魏邑趙兼有之萬民不附是以衞人取其繭氏之邑也）以魯衞之細。而皆得志於大國。遇其時也。（細小也遇大國之民皆欲之則取之也）故賢主秀士之欲憂黔首者。亂世當之矣。（當亂世憂而濟之者）天不再與。

時不久畱。能不兩工。事在當之。天不再與一姓不再與時不久畱日中則昃者也

首時〇一作胥時

四日。春氣至則草木產。秋氣至則草木落。產與落或使之。非自然也。故使之者至。物無不為。使之者不至。物無可為。未春無可為生未秋無可為落古之人審其所以使。故物莫不為用。使之者以其時生則生時落則落故曰莫不為用賞罰之柄。此上之所以使也。其所以加者義。則忠信親愛之道彰。彰明也久彰而愈長。民之安之若性。此之謂教成。教成。則雖有厚賞嚴威弗能禁。言德教一成雖復賞罰之使為不忠不信人人自為忠信若性自然不可禁止也故善教者不以賞罰而教成。教成而賞罰弗能禁。用賞罰不當亦然。言民為不忠不信亦不能禁姦偽賊亂貪戾之道興。興作也久興而不息。民之讎之若性。讎用也戎夷胡貉巴越之民。是以雖有厚賞嚴罰弗能禁。禁止也郢人之以兩版垣也。吳起變之而見惡。郢楚都也楚人以兩版築垣吳起衞人也楚以為將變其兩版教之用四楚俗習久見怨也公羊傳曰文公逆祀去者三人定公順祀叛者五人此之謂久習也賞罰易而民安樂。易其邪而施其正民去邪從正故安樂也氐羌之民。其虜也。氐與羌二種夷民言氐羌之民為寇賊為人執虜也不憂其係纍。而憂其死不焚也。焚燒也皆成乎邪也。不得天之正氣故賞罰之所加。不可不慎。且成而賊民。賞罰正而民正賞罰不正而民邪故曰且成而賊民是以君人慎之也昔晉文公將與楚人戰於城濮。城濮楚北境之地名召咎犯而問曰。楚衆我寡。柰何而可。咎犯狐偃也字子犯文公之舅也因曰咎犯〇古咎與舅同咎犯對曰。臣聞繁禮之君不足於文。繁戰之君不足於詐。足猶厭也詐者謂詭變而用奇也〇舊校云一本作以力戰之君不足於力以詐戰之君不足於詐君亦詐之而已。文

公以咎犯言告雍季。雍季曰。竭澤而漁。豈不獲得。而明年無魚。焚藪而田。豈不獲得。而明年無獸。言盡其類 詐僞之道。雖今偷可。後將無復。不可復行 非長術也。文公用咎犯之言。言謀也 而敗楚人於城濮。敗破也 反而爲賞。雍季在上。上首也 左右諫曰。城濮之功。咎犯之謀也。君用其言。而賞後其身。或者不可乎。文公曰。雍季之言。百世之利也。咎犯之言。一時之務也。務猶事 焉有以一時之務先百世之利者乎。孔子聞之曰。臨難用詐。足以卻敵。反而尊賢。足以報德。文公雖不終始。足以霸矣。賞重則民移之。民移之則成焉。移猶歸 成乎詐。其成毀。雖成必毀 其勝敗。雖勝後必毀敗 天下勝者衆矣。而霸者乃五。乃猶裁也 文公處其一。知勝之所成也。居五霸之一 勝而不知勝之所成。與無勝同。同等也 秦勝於戎而敗乎殽。秦繆公破西戎而霸使孟明白乙丙西乞術將師束襲鄭鄭人知之還晉襄公禦之殽大破之獲其三帥 楚勝於諸夏而敗乎柏舉。莊王服鄭勝晉於邲故曰勝乎諸夏也及昭王南與吳人戰吳破之柏舉此皆不知勝之所成也故曰與無勝同 武王得之矣。得猶知 故一勝而王天下。一勝勝紂 衆詐盈國。不可以爲安。患非獨外也。亦從內發之也 趙襄子出圍。賞有功者五人。高赦爲首。智伯求地於襄子襄子不與智伯率韓魏之君圍趙襄子於晉陽三月張孟談私與韓魏構謀韓魏反智伯軍使趙襄子殺之故曰出圍○韓非難一淮南氾論人閒訓說苑復恩篇古今人表高赦竝作高赫史記趙世家作高共徐廣曰一作赫 張孟談曰。晉陽之中。赦無大功。賞而爲首何也。襄子曰。寡人之國危社稷殆。身在憂約之中。與寡人交而不失君臣之禮者。惟赦。惟獨 吾是以先之。仲尼聞之曰。襄子可謂善賞矣。賞一人。而天下之爲人臣莫敢失禮。一人謂高赦○王伯厚云趙襄子事在孔子後孔鮒已辯其安爲六軍則不可易。易輕北取代。東迫齊。令張孟談踰城潛行。與魏桓韓康期而擊智伯。斷其頭以爲觴。觴酒器也○孫云案此可證飲器之爲酒器遂定三家。韓魏趙也豈非用賞罰當邪。當正也

義賞

五曰。凡治亂存亡。安危彊弱。必有其遇。然後可成。各一則不設。遇猶遭也各有一亂不能相治傳曰以亂平亂何治之有故不設攻戰相攻伐也故桀紂雖不肖。其亡。遇湯武也。遇湯武。天也。非桀紂之不肖也。湯武雖賢。其王。遇桀紂也。遇桀紂。天也。非湯武之賢也。若桀紂不遇湯武。未必亡也。桀紂不亡。雖不肖。辱未至於此。至於此滅亡也若使湯武不遇桀紂。未必王也。湯武不王。雖賢。顯未至於此。顯此天下故人主有大功。不聞不肖。功名辯也亡國之主不聞賢。亂以辯也譬之若良農。辯土地之宜。謹耕耨之事。未必收也。然而收者必此人也。收由耕耨始也故曰必此人也始在於遇時雨。遇時雨。天地也。非良農所能爲也。越國大饑。穀不熟王恐。召范蠡而謀。范蠡曰。王何患焉。○說苑權謀篇四水進諫語與下文略同今之饑。此越之福。而吳之禍也。夫吳國甚富。而財有餘。其王年少。智寡才輕。好須臾之名。不思後患。其王吳王夫差也○正文其王舊本脫其字今據注增王若重幣卑辭。以請糴於吳。則食可得也。王越王句踐也食得。其卒越必有吳。而王何患焉。得其糴終必得其國王何憂焉越王曰。善。乃使人請食於吳。吳王將與之。伍子胥進諫曰。不可與也。夫吳之與越。接土

鄰境道易人通。○說苑無人字 仇讎敵戰之國也。非吳喪越。越必喪吳。若燕秦齊晉。山處陸居。豈能踰五湖九江越十七阨以有吳哉。踰度也越歷也謂彼險難也○九江說苑作三江 故曰。非吳喪越。越必喪吳。今將輸之粟。與之食。是長吾讎而養吾仇也。○御覽八百四十養作豢 財匱而民恐。○說苑恐作怨 悔無及也。不若勿與而攻之。固其數也。數術 此昔吾先王之所以霸。且夫饑代事也。先王謂闔閭也代更也 猶淵之與阪。誰國無有。吳王曰。不然。吳王夫差 吾聞之。義兵不攻服。仁者食饑餓。今服而攻之。非義兵也。饑而不食。非仁體也。不仁不義。雖得十越。吾不爲也。遂與之食。不出三年。而吳亦饑。使人請食於越。越王弗與。乃攻之。夫差爲禽。夫差吳王也禽爲越所獲 楚王欲取息與蔡。楚王文王也息蔡二國名 乃先佯善蔡侯。而與之謀曰。吾欲得息柰何。蔡侯曰。息夫人吾妻之姨也。蔡侯昭侯也妻之女弟爲姨傳曰吾姨也此之謂也○案此乃蔡哀侯也注誤又女弟當作女兄弟 吾請爲饗息侯與其妻者。而與王俱。因而襲之。○舊校云而一作以 楚王曰。諾。於是與蔡侯以饗禮入於息。因與俱。遂取息。旋舍於蔡。又取蔡。不勞師徒而得之曰取傳曰易也 趙簡子病。召太子而告之曰。我死已葬。服衰而上夏屋之山以望。趙簡子晉大夫趙景子成之子鞅也太子趙無恤襄子也服衰謂朞年勿復三年也夏屋山代之南山也觀望欲令取代也 太子敬諾。簡子死。已葬。服衰。召大臣而告之曰。願登夏屋以望。大臣皆諫曰。登夏屋以望。是游也。服衰以游。不可。襄子曰。此先君之命也。寡人弗敢廢。羣臣敬諾。襄子上於夏屋以望代俗。俗土也 其樂甚美。於是襄子曰。先君必以此教之也。及歸。○舊校云一作反歸慮所以取代。乃先善之代君好色。請以其弟姊妻之。○案弟姊二字不當連文據趙世家襄子之姊前爲代王夫人是弟字衍代君許諾。弟姊已往。所以善代者乃萬故。善好也襄子所好於代者非一事故言萬故也馬郡宜馬。代君以善馬奉襄子。傳曰冀州之北上馬之所生也故謂代爲馬郡也言代君以馬奉襄子也○傳無州字襄子謁於代君。而請觴之馬郡。盡。謁告也觴饗也襄子告代君而請飲之酒醉而殺之盡取其國也故曰馬郡盡也○馬郡盡似當在上節之下言善馬俱盡也注欠順先令舞者置兵其羽中數百人。羽舞者所執持也置兵其中不欲代君覺之也先具大金斗。代君至酒酣。金斗酒斗也金重大作之可以殺人酣飲酒合樂之時反斗而擊之。一成腦塗地。一成一下也首碎故腦塗地也舞者操兵以鬭。盡殺其從者。因以代君之車迎其妻。其妻遙聞之狀。○疑之字衍磨笄以自刺。故趙氏至今有刺笄之證。○舊校云一作山與反斗之號。此三君者。其有所自而得之。不備遵理。三君越王句踐楚文王趙襄子也自從也遵循也理道也然而後世稱之有功故也。有功於此。而無其失。雖王可也。此三君有功名假令無其闕失雖爲王可也

長攻

六曰。功名大立。天也。爲是故因不愼其人。不可。推之於天不復愼其爲人修仁義故曰不可也夫舜遇堯。天也。舜耕於歷山。陶於河濱。釣於雷澤。陶作瓦器天下說之。秀士從之。人也。夫禹遇舜。天也。禹周於天下。以求賢者。事利黔首。事治也黔首民也水潦川澤之湛滯壅塞可通者。禹盡爲之。人也。夫湯遇桀。武遇紂。天也。湯武修身。積善爲義。以憂苦於民。人也。苦勞也舜之耕漁。其賢不肖與爲天子同。同辭也○注辭疑等之誤其未遇時

也。以其徒屬堀地財。取水利。地財五穀水利灌溉○以與同堀當作掘編蒲葦。結罘網。手足胼胝不居，居止然後免於凍餒之患。患難也其遇時也。登爲天子。賢士歸之。萬民譽之。丈夫女子。振振殷殷。無不戴說。振振殷殷衆友之盛○孫云振振王元長曲水詩序殷殷均乎姚澤李善注先引此作陳陳殷殷無不戴說高誘曰殷盛也後又引此作輒輒敐敐莫不戴說高誘曰敐敐動而喜貌也殷殷或爲敐敐故兩引之輒知葉切敐仕勤切案此所引蓋呂覽別本又廣韻一先有轃字在田字紐下引天子轃轃敐敐莫不載悅注喜悅之貌又十九臻有敐字引呂氏春秋注云敐敐動而喜貌輒轃敐殷皆與呂氏今本不同而又互異說文欠部𣢏云指而笑也然則从攴从殳皆非舜自爲詩曰。普天之下。莫非王土。率土之濱。莫非王臣。所以見盡有之也。○王伯厚云疑與咸丘蒙同一說而託之於舜盡有之。賢非加也。加益也盡無之。賢非損也。損減時使然也。百里奚之未遇時也。亡虢而虜晉。虢當爲虞百里奚虞臣也傳曰伐虞獲其大夫井伯以媵秦繆姬孟子曰百里奚虞人也晉人以垂棘之璧假道於虞以伐虢宮之奇諫之百里奚知虞公之不可諫也而去之秦此云亡虢誤矣揚子雲恨不及其時車載其金飯牛於秦。傳鬻以五羊之皮。公孫枝得而說之。公孫枝秦大夫子桑獻諸繆公。三日。請屬事焉。獻進也請以大夫職事屬付百里奚也繆公曰。買之五羊之皮而屬事焉。無乃天下笑乎。公孫枝對曰。信賢而任之。君之明也。讓賢而下之。臣之忠也。下避也君爲明君。臣爲忠臣。彼信賢。境內將服。敵國且畏。夫誰暇笑哉。繆公遂用之。謀無不當。舉必有功。○御覽四百二此下有號曰五羖大夫六字非加賢也。使百里奚雖賢。無得繆公。必無此名矣。今焉知世之無百里奚哉。故人主之欲求士者。不可不務博也。孔子窮於陳蔡之閒。七日不嘗食。藜羹不糝。宰予備矣。備當作憊憊極也論語曰衛靈公問陳於孔子對曰俎豆之事則嘗聞之矣軍旅之事未之學也明日遂行在陳絕糧從者病莫能與此之謂也故曰宰予憊矣孔子弦歌於室。顏回擇菜於外。子路與子貢相與而言曰。夫子逐於魯。削迹於衞。伐樹於宋。○舊校云伐一作拔案風俗通窮通篇作拔 窮於陳蔡。殺夫子者無罪。藉夫子者不禁。藉猶辱也○案藉陵藉也 夫子弦歌鼓舞。未嘗絕音。蓋君子之無所醜也若此乎。醜猶恥也 顏回無以對。入以告孔子。孔子憱然推琴。喟然而歎曰。由與賜小人也。召。吾語之。子路與子貢入。子貢曰。○莊子讓王篇及風俗通俱作子路曰 如此者可謂窮矣。孔子曰。是何言也。君子達於道之謂達。窮於道之謂窮。論語曰君子亦有窮乎子曰君子固窮小人窮斯濫矣 今丘也拘仁義之道。○拘莊子風俗通竝作抱 以遭亂世之患。其所也。何窮之謂。言不窮於道也 故內省而不疚於道。臨難而不失其德。大寒既至。霜雪既降。吾是以知松柏之茂也。衆木遇霜雪皆凋喻小人遭亂世無以自免松柏喻君子而能茂盛也論語曰歲寒然後知松柏之後凋此之謂也 昔桓公得之莒。文公得之曹。越王得之會稽。齊桓公遭無知之亂出奔莒晉文公遇麗姬之讒出禍曹越王句踐與吳戰而敗棲於會稽之山卒皆享國克復其恥爲霸君故曰得之 陳蔡之阨。於丘其幸乎。孔子烈然返瑟而弦。返更也更取瑟而弦歌○烈然返瑟莊子作削然反琴 子路抗然執干而舞。干楯也○抗然莊子作扢然 子貢曰。吾不知天之高也。不知地之下也。高下喻廣大也言不能知孔子聖德之如天地 古之得道者。窮亦樂。樂其道也 達亦樂。樂兼善天下也 所樂非窮達也。言樂道也 道得於此。則窮達一也。此近喻身也言得道之人不爲窮極不爲達顯故一之也 爲寒暑風雨之序矣。寒暑陰陽也陰陽和風雨序也聖人法天地順陰陽故能不爲窮達變其節也 故許由虞乎潁陽。虞樂也潁水之北曰陽輕天下而不屈於堯養志於箕山山在潁水之北故曰樂乎潁陽也 而共伯得乎共首。共國伯爵也棄其國隱於共首山而得其志也不知出何書也○梁伯子云共伯值厲王之難攝政十四年乃率諸侯會二相而立宣王共伯歸共國得乎共首所謂逍遙得志乎共山之首云爾安得有棄國隱山之事開春論注又以共伯爲夏時諸侯大誤盧云案誘時竹書紀年猶未出故云不知出何書而所言皆謬也

愼人（○一作順人）

七日。凡遇合也時。（○句下當疊一時字）不合。必待合而後行。故比翼之鳥死乎木。比目之魚死乎海。孔子周流海內。再干世主。如齊至衞。所見八十餘君。委質爲弟子者三千人。達徒七十人。七十人者。萬乘之主得一人用。可爲師。不爲無人。以此游。僅至於魯司寇。（僅猶裁也孔子有聖德不見大用裁至於司寇也）此天子之所以時絕也。諸侯之所以大亂也。（言不知聖人不能用之所以絕所以亂也）亂則愚者之多幸也。幸則必不勝其任矣。（多幸愛不肖之人而寵用之故不勝其任）任久不勝。則幸反爲禍。其幸大者其禍亦大。非禍獨及己也。故君子不處幸。不爲苟。（處居也不爲苟易徼於俗取容說也）必審諸己然後任。任然後動。（任則處德動則量力）凡能聽說者。必達乎論議者也。世主之能識論議者寡。所遇惡得不苟。（惡安也）凡能聽音者。必達於五聲。（達通也）人之能知五聲者寡。所善惡得不苟。（○舊校云善一作喜）客有以吹籟見越王者。羽角宮徵商不繆。（籟二孔籥也不繆五聲無失）越王不善。爲野音。而反善之。（野鄙也）說之道亦有如此者也。（說賢人而不用言不肖而歸之故曰亦有如此者也）人有爲人妻者。人告其父母曰。嫁不必生也。（不必生謂終死）衣器之物可外藏之。以備不生。其父母以爲然。於是令其女常外藏。（藏私財於外也）姑妐知之。曰。爲我婦而有外心。（○釋名俗或謂舅曰章又曰妐舊校云外心一作異心）不可畜。因出之。（以爲盜竊犯七出故出之也）婦之父母以謂爲己說者以爲忠。終身善之。亦不知所以然矣。（不知其女之所以見出由此也）宗廟之滅。天下之失。亦由此矣。（亦由此不理者故宗廟滅）

歿以失其天下也 故曰遇合也無常。說適然也。若人之於色也。無不知說美者。而美者未必遇也。故嫫母執乎黃帝。黃帝說之 黃帝曰。厲女德而弗忘。與女正而弗衰。雖惡奚傷。惡醜也奚何也言勱厲女以婦德而不忘失付與女以內正而不衰疏故曰雖醜何傷明說惡也〇厲舊作屬案屬與下付與意複觀注以勱爲訓則當作厲字因形近而訛今并注俱改正 若人之於滋味。無不說甘脆。而甘脆未必受也。文王嗜昌蒲菹。昌木之菹 孔子聞而服之。縮頞而食之。三年。然後勝之。勝服 人有大臭者。其親戚兄弟妻妾知識無能與居者。自苦而居海上。苦傷也 海上人有說其臭者。晝夜隨之而弗能去。去離也 說亦有若此者。陳有惡人焉。曰敦洽讎麋。椎顙廣顏。色如漆赭。〇麋舊作糜案李善注左太沖魏都賦劉孝標辯命論竝作麋御覽三百八十二同初學記作眉與麋同今定作麋椎舊本作雄校云一作推案魏都賦注作椎今從之廣韻作狹額廣額顏色如漆今漆赭舊本作浹赭校云一作涑赭浹或涹字之誤涹即漆字辯命論注作漆赭今從之初學記作色如漆無赭字 垂眼臨鼻。〇舊校云眼一作髮 長肘而盭。盭胝也〇盭即戾字不當訓胝案選注引正文作盭股今脫股字誤爲胝入注中而又誤增二字也 陳侯見而甚說之。〇選注引高誘曰醜而有德也今本缺下注醜惡無德正相反 外使治其國。內使制其身。制陳侯身 楚合諸侯。陳侯病不能往。使敦洽讎麋往謝焉。楚王怪其名而先見之。〇舊校云怪一作知 客有進狀。有惡其名言有惡狀。楚王怒。合大夫而告之。合會 曰。陳侯不知其不可使。是不知也。不知無所知也 知而使之。是侮也。侮慢 侮且不智。不可不攻也。興師伐陳。三月然後喪。喪滅之也 惡足以駭人。言足以喪國。讎麋貌惡足以驚人其言足以亡國也 而友之足於陳侯而無上也。至於亡而友不衰。友愛敦洽讎麋無有出上者也楚怒而伐之以至於滅而愛之不衰廢也 夫不宜遇而遇者則必廢。若敦洽讎麋醜惡無德不宜見遇而反見遇如此者不必久故曰必廢也 宜遇而不遇者。此國之所以亂。世之所以衰也。賢者至道宜一遇明世佐時理物不遇之故國不治所以亂也世不知賢不肖所以衰也 天下之民。其苦愁勞務從此生。從此宜遇而不遇也 凡舉人之本。太上以志。其次以事。其次以功。舉用也志德也 三者弗能。國必殘亡。羣孽大至。身必死殃。年得至七十九十猶尙幸。所遇不當而無此三者身必死殃也得至七十九十者乃大幸耳 賢聖之後。反而孽民。是以賊其身。〇舊校云賊一作殘 豈能獨哉。陳舜之苗胤也故曰賢聖之後也孽病也所遇不當爲楚所滅以殘其身也幷病其民故曰豈能獨哉

遇合

八日。外物不可必。故龍逢誅。比干戮。龍逢諫桀而桀殺之比干紂之諸父也諫紂紂剖其心視之故曰戮〇此處龍逢各本皆不作逢仍之 箕子狂。惡來死。箕子紂之庶父也見紂之亂而佯狂也惡來飛廉之子紂諛臣也武王殺之 桀紂亡。殺忠臣故滅亡 人主莫不欲其臣之忠。而忠未必信。故伍員流乎江。伍子胥諫吳王夫差不欲與越盟夫差未信之不從其言以鴟夷置子胥而投之江也 萇宏死。藏其血三年而爲碧。萇宏周敬王大夫號知天道欲城成周支天之所壞故衛奚知其不得沒也及范吉射荀寅叛其君萇宏與知之周劉氏范氏世爲婚姻萇宏事劉文公故周人與范氏晉人讒周周爲之殺萇宏不當其罪故血三年而爲碧也〇衛奚左傳作衛徯 親莫不欲其子之孝。而孝未必愛。故孝己疑。曾子悲。孝己殷王高宗子也曾參以其至孝見疑於其父故爲之傷悲也〇注以字舊脫今補 莊子行於山中。〇舊校云行一作過 見木甚美長大。枝葉盛茂。莊子名周宋之蒙人也輕天下細萬物其術尙虛無著書五十二篇名之曰莊子〇五十二篇本漢志今本十卷三十三篇 伐木者止其旁而弗取。問其故。曰。無所可用。莊子曰。此以不材得終其天年矣。出於山。及邑。舍故人之家。舍止也故人知舊也 故人喜。具酒肉。令豎子爲殺鴈饗之。豎子請曰。其一鴈能鳴。一鴈不能鳴。請奚殺。主人之公曰。殺其不能鳴者。明日。弟子問於莊子

曰。昔者山中之木。以不材得終天年。主人之鴈。以不材死。○舊校云一作以不能鳴死先生
將何以處。莊子笑曰。周將處於材不材之間。材不材之間。似之而非也。故
未免乎累。若夫道德則不然。無訝無訾。○莊子山木篇作無譽無疵一龍一蛇。與時俱化。而
無肎專爲。專一一上一下。以禾爲量。禾三變故以爲法也一曰禾中和○注禾三變謂始於粟生於苗成於穗也見淮南子繆稱訓高誘注舊本三上有兩字
衍今删去而浮游乎萬物之祖。祖始物物而不物於物。則胡可得而累。物物而不物言制作喻天地不在萬物中
故曰不物若制禮者不制於禮也不以物自累之也此神農黃帝之所法。法則也神農少典之子赤帝也居三皇之中農殖嘉穀而化之號曰神農黃帝軒轅氏也得道而仙言二
帝以此爲法則者也若夫萬物之情。人倫之傳則不然。傳猶轉成則毀。大則衰。廉則剉。廉利也剉缺傷
尊則虧。直則骫。尊高也傳曰高位疾顛故曰則虧骫曲也直不可久故曰直則骫詩云草木死無不萎此之謂也○此約小雅谷風之詩無草不死無木不萎二語而失之合則
離。愛則隳。隳廢也多智則謀。不肖則欺。多智則人謀料之不肖則人欺詐之胡可得而必。牛缺居上地。
大儒也。下之邯鄲。遇盜於耦沙之中。牛姓也缺其名秦人也秦在西方故稱下之邯鄲淤沙爲耦蓋地名也盜求其橐中
之載。則與之。求其車馬。則與之。求其衣被。則與之。牛缺出而去。○列子說符作步而去盜
相謂曰。此天下之顯人也。今辱之如此。此必愬我於萬乘之主。劫奪其財不以禮爲辱愬告也
萬乘之主必以國誅我。我必不生。不若相與追而殺之。以滅其迹。迹蹤也於是
相與趨之。趨逐行三十里。及而殺之。此以知故也。盜知牛缺爲賢人故○盧云知與不知注皆不得本意當云牛缺使盜知其爲賢人
故也下注當云孟賁不使船人知其爲勇士故也此則與上文一意相承所謂如此如彼皆不可必也孟賁過於河。先其五。○章懷注後漢書鄭太傳引孟賁過河先於其伍去
伍字作五船人怒。而以楫虓其頭。先其伍超越次弟也虓暴辱顧不知其孟賁也。中河。孟賁瞋目而

視船人。髮植目裂鬢指。植豎指直○御覽三百六十六鬢作鬚 舟中之人盡揚播入於河。揚動也播散也入猶投也 使船人知其孟賁。弗敢直視。直正 涉無先者。無敢先孟賁也 又況於辱之乎。此以不知故也。船人不知孟賁爲勇士故也 知與不知皆不足恃。其惟和調近之。猶未可必。近之近無愁難猶未可必也 蓋有不辨和調者。則和調有不免也。○盧云此二句頗似注中語誤入正文若直接上注猶未可必之下正相脗合注末一也字當爲衍文 宋桓司馬有寶珠。抵罪出亡。桓司馬桓魋抵當也 王使人問珠之所在。曰投之池中。春秋魯哀十四年傳曰宋桓魋之有寵欲害公公知之攻桓魋魋出奔衛公則宋景公也春秋時宋未僭稱王也此云王使人問珠復妄言者也 於是竭池而求之。無得。魚死焉。此言禍福之相及也。紂爲不善於商。而禍充天地。充猶大 和調何益。和調善之者也紂不能行之故曰何益也○盧云此注又錯說本意謂當紂之時善人亦不得免焉如魚之安處於池而適遭求珠之害故曰和調何益終篇皆言處世之難必耳高氏意常歆羨秦市之金豈亦知己之亦多誤乎 張毅好恭。門閭帷薄。○舊校云帷一作帳 聚居衆無不趨。過之必趨 輿隸姻媾小童無不敬。以定其身。定安也 不終其壽。內熱而死。幽通記曰張毅修襮而內偪此之謂也 單豹好術。離俗棄塵。○舊校云一作棄世謂不羣也 不食穀實。不衣芮溫。不食穀實行氣道引也芮絮也 身處山林巖堀。以全其生。不盡其年。而虎食之。幽通記曰單豹治裏而外凋此之謂也○舊本作治吏不外調訛今據班孟堅賦改正 孔子行道而息。○李善注文選陸士衡演連珠東野有不釋之辯引此作孔子行於東野 馬逸。食人之稼。野人取其馬。子貢請往說之。畢辭。野人不聽。有鄙人始事孔子者。曰請往說之。因謂野人曰。子不耕於東海。吾不耕於西海也。○選注引作子耕東海至於西海與淮南人閒訓同 吾馬何得不食子之禾。其野人大說。相謂曰。說亦皆如此其辯也。獨如嚮之人。獨猶孰也嚮之人謂子貢也 解馬而與之。說如此其無方也。而猶行。方術 外物豈可必哉。君子之自行也。敬人而不必見敬。愛人而不必見愛。敬愛人者己也。見敬愛者人也。君子必在己者。不必在人者也。必在己。無不遇矣。

必己○一作本知一作不遇

呂氏春秋卷第十五

慎大覽第三　權勳　下賢　報更　順說　不廣　貴因
察今

一曰。賢主愈大愈懼。愈彊愈恐。愈益凡大者小鄰國也。彊者勝其敵也。夫大者侵削鄰國使弱小也彊者彊以克故能勝其敵也勝其敵則多怨。小鄰國則多患。多患多怨。國雖彊大。惡得不懼。惡得不恐。惡安也故賢主於安思危。安不忘危於達思窮。顯不忘約於得思喪。喪亡也有得有失故思之周書曰。若臨深淵。若履薄冰。以言慎事也。周書周文公所作也若臨深淵恐隕墜也如履薄冰恐陷沒也故曰以言慎事桀爲無道。暴戾頑貪。心不則德義之經爲頑求無厭足爲貪天下顫恐而患之。顫驚也患憂也言者不同。紛紛分分。其情難得。紛紛殽亂也分分恐恨也其情難得知也干辛任威。淩轢諸侯。以及兆民。干辛桀之諛臣也專桀無道之威以致滅亡賢良鬱怨。殺彼龍逢。以服羣凶。衆庶泯泯。皆有遠志。龍逢忠而桀殺之故衆庶泯泯然亂有遠志離散也莫敢直言。其生若驚。驚亂貌民不敢保其生也○舊校云驚或作夢大臣同患。弗周而畔。患憂也心懼盡見誅故同憂也不周於義而將背畔也桀愈自賢。矜過善非。其所行者非而反善也○舊校云矜一作紿主道重塞。國人大崩。崩壞散湯乃惕懼。憂天下之不寧。欲令伊尹往視曠夏。恐其不信。湯由親自射伊尹。恐夏不信伊尹故由揚言而親自射伊尹示伊尹有罪而亡令夏信之也○梁伯子云曠空也或云是獷之訛言其猛不可附也古猛切盧云曠夏似言閒夏湯令伊尹爲閒於夏而恐其不信故親射之諸子書有言尹與末喜比而亡夏者此出戰國荒唐之言觀此下云若告我曠夏盡如志又云往視曠夏聽於末嬉云云亦即此意是明明以伊尹爲閒諜也伊尹奔夏三年。反報于亳。亳湯都曰。桀迷惑於末嬉。好彼琬琰。琬當作婉婉順阿意之人或作琬琰美玉也○觀注意則高所見本或有脫琰字者案竹書紀年注云后桀十四年命扁伐岷山岷山女於桀二人曰琬曰琰后愛之無子斲其名於苕華之玉苕是琬華是琰而棄其元妃於洛曰妹喜以與伊尹交遂以亡夏今本紀年末有訛字此參用馬驌所引文據此則琬琰不但爲二玉名也不恤其衆。衆志不堪。上下相疾。民心積怨。皆曰。上天弗恤。夏命其卒。卒卒盡也湯謂伊尹曰。若告我曠夏盡如詩。詩志也湯與伊尹盟。以示必滅夏。伊尹又復往視曠夏。聽於末嬉。末嬉言曰。今昔天子夢西方有日。東方有日。兩日相與鬭。西方日勝。東方日不勝。伊尹以告湯。商涸旱。涸枯也湯猶發師。以信伊尹之盟。故令師從東方出於國。西以進。未接刃而桀走。逐之至大沙。身體離散。爲天下戮。不可正諫。雖後悔之。將可柰何。湯立爲天子。夏民大說。如得慈親。朝不易位。農不去疇。疇畝也商不變肆。安其所也親郼如夏。郼讀如衣今兗州人謂殷氏皆曰衣言桀民親殷如夏氏也○書武成殪戎殷禮記中庸作壹戎衣二字聲本相近此之謂至公。此之謂至安。此之謂至信。盡行伊尹之盟。不避旱殃。祖伊尹世世享商。祖用伊尹之賢世世享商享之盡商世也武王勝殷。入殷。未下轝。命封黃帝之後於鑄。鑄國名○樂記云封帝堯之後於祝鑄與祝聲相近此云封黃帝之後殆誤也梁仲子云淮南俶眞訓冶工之鑄器注云鑄讀如唾祝之祝祝不讀如字周禮瘍醫注云祝讀如注病之注則知鑄祝同一音也封帝堯之後於黎。○御覽二百一作犂案樂記云封黃帝之後於薊黎與薊聲亦相近此皆互易封帝舜之後於陳。下轝。命封夏后之後於杞。立成湯之後於宋。以奉桑林。桑山之林湯所禱也故使奉之武王乃恐懼。太息流涕。命周公旦進殷之遺老。而問殷之亡故。又問衆之所說。民之所欲。殷之遺老對曰。欲復盤庚之政。盤庚太甲後十七世祖丁之子殷之中興王也故欲復行其政也○注十七世當作十五世武王於是復盤庚之政。（不違民欲）發巨橋之粟。（巨橋紂倉名）賦鹿臺之錢。以示民無私。（鹿臺紂錢府賦布也私愛也）出拘救罪。分財棄責。以振窮困。（分財分有與無也棄責責己不責彼也振救也矜寡孤獨曰窮無衣食曰困○救罪疑是赦罪謝云棄責即左傳所云已責責古債字注非也）封比干之墓。（以其忠諫而見殺故封崇其墓以章賢也）靖箕子之宮。（以箕子避亂佯狂而奔故清淨其宮以異之也○靖似當作倩七性切）表商容之閭。（商容殷之賢人老子師也故表異其閭里）士過者趨。車過者下。（過商容之里者趨車載者下也）三日之內。與謀之士封爲諸侯。（與謀委質於武王之士封以爲諸侯也）諸大夫賞以書社。（大夫與謀爲國以書社賞之二十五家爲社也）庶士施政去賦。（施之於政事去其繇賦也）然後濟於河。（○舊本濟於倒從繹史乙轉究疑於字乃衍文）西歸報於廟。（還濟孟津河西歸於豐鎬報功於文王廟傳曰振旅凱入飲至策勳此之謂也）乃稅馬於華山。稅牛於桃林。（稅釋也華山在華陰南西嶽也桃林秦晉之塞也蓋在華陰西長城是也）馬弗復乘。牛弗復服。（○舊本作牛弗服今亦從繹史增復字）釁鼓旗甲兵。（殺牲祭以血塗之曰釁鼓以進衆旗軍械也熊虎爲旗甲鎧兵戈戟箭矢也）藏之府庫。終身不復用。此武王之德也。故周明堂外戶不閉。示天下不藏也。唯不藏也。可以守至藏。（至德之藏）武王勝殷。得二虜而問焉。曰。若國有妖乎。（若汝妖怪）一虜對曰。吾國有妖。晝見星而天雨血。此吾國之妖也。一虜對曰。此則妖也。雖然。非其大者也。吾國之妖甚大者。（○新序雜事二甚作其）子不聽父。弟不聽兄。君令不行。此妖之大者也。武王避席再拜之。此非貴虜也。貴其言也。故易曰。愬愬履虎尾。終吉。（愬愬懼也居之以禮行之以恭恐懼戒愼如履虎尾終必吉也喻二虜見於武王有履虎尾之危以言所知武王拜之是終吉也○舊校云愬一作鬩字讀如虩謝云引易以戒人君豈爲二虜哉注非是）

趙襄子攻翟。勝老人中人。使使者來謁之。（襄子趙簡子之子無恤也使辛穆子伐翟勝之下老人中人城使使者來謁襄子謁告也今盧奴西山中有老人中人城也○案晉語九列子說符及御覽三百二十一皆作左人中人淮南道應訓作尤人終人）襄子方食摶飯。有憂色。左右曰。一朝而雨城下。此人之所以喜也。○列子無以字今君有憂色何。襄子曰。江河之大也大長不過三日。三日則消也飄風暴雨日中不須臾。易曰日中則仄故曰日中不須臾○舊校云飄風一作焱風案日中不須臾謂一日之中不過頃刻即過耳即指風雨言注非是然如列子說符篇飄風暴雨下有不終朝三字則日中句當如注所云耳今趙氏之德行無所於積。言無積德積行一朝而雨城下。亡其及我乎。傳曰知懼如此斯不亡矣孔子聞之曰。趙氏其昌乎。昌盛也○案孔子卒時簡子尚在此與義賞篇同誤夫憂所以爲昌也。而喜所以爲亡也。勝非其難者也。持之其難者也。持猶守賢主以此持勝。故其福及後世。齊荆吳越皆嘗勝矣。而卒取亡。卒終也○舊校云取一作敗不達乎持勝也。唯有道之主能持勝。孔子之勁。舉國門之關。而不肎以力聞。勁彊也孔子以一手捉城門關顯而舉之不肎以有力聞於天下○此殆即孔子之父事也左氏襄十年傳偪陽人啓門諸侯之士門焉縣門發郰人紇抉之以出門者非孔子也注顯疑本是翹字墨子爲守攻。公輸般服。而不肎以兵加。公輸般在楚楚王使設雲梯爲攻宋之具墨子聞而往說之楚王曰公輸般天下之巧工也寡人使攻宋之城何爲不得墨子曰使公輸般攻宋之城臣請爲宋守之備公輸般九攻之墨子九卻之又令公輸般守備墨子九下之不肎以善用兵見知於天下也墨子名翟魯人也著書七十篇以墨道聞也○案墨子書本七十一篇今缺者十六篇注未聞也舊作聞之誤善持勝者以術彊弱。言能以術彊其弱也○舊校云一本作善持勝者不以彊弱案列子作以強爲弱

愼大覽

二曰。利不可兩。忠不可兼。兼並也不去小利。則大利不得。不去小忠。則大忠不至。至猶成也故小利。大利之殘也。殘害也小忠。大忠之賊也。聖人去小取大。昔荆龔王與晉厲公戰於鄢陵。荆師敗。龔王傷。晉大夫呂錡射龔王中其目故曰傷臨戰。司馬子反渴而求飲。豎陽穀操黍酒而進之。酒器受三升曰黍○梁伯子云內外傳韓子十過飾邪二篇漢書人表並是穀陽而史記晉楚世家淮南人閒訓說苑敬慎篇與此並倒

作陽穀案黍酒是釀黍所成者說文醴黍酒也注非十過篇作觴酒飾邪篇作卮酒 子反叱曰。訾。○諱非作嘻 退。酒也。豎陽穀對曰。非酒
也。子反曰。亟退。卻也。○說苑作酒也是 豎陽穀又曰。非酒也。子反受而飲之。子反之
為人也嗜酒。甘而不能絕於口。以醉。絕止也 戰既罷。龔王欲復戰而謀。○飾邪篇作而謀事
使召司馬子反。子反辭以心疾。龔王駕而往視之。入幄中。幄帳也 聞酒臭。而還
曰。今日之戰。不穀親傷。所恃者司馬也。而司馬又若此。是忘荊國之社稷。
而不恤吾衆也。不穀無與復戰矣。於是罷師去之。斬司馬子反以為戮。故
豎陽穀之進酒也。非以醉子反也。○十過篇作不以讎子反也飾邪篇作非以端惡子反也說苑作非以妬子反也皆較醉字勝 其心以
忠也。忠愛也 而適足以殺之。故曰。小忠大忠之賊也。昔者晉獻公使荀息假道
於虞以伐虢。荀息曰。請以垂棘之璧與屈產之乘。以賂虞公。而求假道焉。
必可得也。垂棘美璧所出之地因以為名也屈產之乘屈邑所生四馬曰乘今河東北屈駿馬者是也 獻公曰。夫垂棘之璧。吾先君之
寶也。屈產之乘。寡人之駿也。若受吾幣而不吾假道。將奈何。荀息曰。不然。
彼若不吾假道。必不吾受也。○舊校云一作必不敢受也 若受我而假我道。是猶取之內府
而藏之外府也。猶取之內皁而著之外皁也。皁櫪也 君奚患焉。患猶難也 獻公許之。
乃使荀息以屈產之乘為庭實。為虞庭中之實 而加以垂棘之璧。以假道於虞而伐
虢。虞公濫於寶與馬。而欲許之。濫貪 宮之奇諫曰。不可許也。虞之與虢也。若
車之有輔也。車依輔。輔亦依車。虞虢之勢是也。車牙也輔頰也車輔相依憑得以近喻也 先人有言曰。

脣竭而齒寒。（竭亡也○梁仲子云案左傳脣亡齒寒之語戰國齊趙策俱引之而韓策作脣揭齒寒注揭猶反也揭字似竭亡字莊子胠篋篇作脣竭此與淮南說林訓亦竝作竭疑皆因揭而誤也）夫虢之不亡也恃虞。虞之不亡也亦恃虢也。若假之道。則虢朝亡。而虞夕從之矣。柰何其假之道也。虞公弗聽而假之道。荀息伐虢克之。還反伐虞。又克之。荀息操璧牽馬而報。（報白也）獻公喜曰。璧則猶是也。馬齒亦薄長矣。故曰。小利大利之殘也。（殘害也）中山之國有厹繇者。智伯欲攻之而無道也。（厹繇國之近晉者也或作仇酋智伯晉大夫智襄子瑤也○厹舊本作夙何屺瞻云當作厹梁仲子云韓非說林下作仇由戰國西周策作厹由史記樗里子傳作仇猶索隱云高誘注國策以仇猶爲厹由說文繫傳口部厹云呂氏春秋有厹猶與智伯欲伐者也）爲鑄大鐘。方車二軌以遺之。厹繇之君將斬岸堙谿以迎鐘。赤章蔓枝諫曰。詩云。唯則定國。（○左氏僖四年傳公孫支對秦穆公曰臣聞之唯則定國下兩引詩則知此語是逸詩也）我胡以得是於智伯。（赤章蔓枝厹繇之臣也○我胡下舊有則字因上文而衍今刪去）夫智伯之爲人也貪而無信。必欲攻我而無道也。故爲大鐘方車二軌以遺君。君因斬岸堙谿以迎鐘。師必隨之。弗聽。有頃諫之。君曰。大國爲懽。而子逆之。不祥。子釋之。（釋置）赤章蔓枝曰。爲人臣不忠貞。罪也。忠貞不用。遠身可也。斷轂而行。（山中道狹故斷車轂而行去）至衞七日。而厹繇亡。（智伯滅之○韓非作至於齊七月而仇由亡矣）欲鐘之心勝也。欲鐘之心勝。則安厹繇之說塞矣。（塞不行也）凡聽說所勝。不可不審也。故太上先勝。（先猶上也）昌國君將五國之兵以攻齊。（昌國君樂毅也爲燕昭王將伐齊五國謂燕秦韓魏趙也○梁伯子云時攻齊者尚有楚高氏因本文五國故不數楚然非也）齊使觸子將。以迎天下之兵於濟上。（濟水也）齊王欲戰。使人赴觸子恥而訾之曰。不戰必劌若類。掘若壟。（劌滅也若汝也壟冢也言不堪敵而戰克破燕軍必剗滅汝種類乎掘汝先人之冢也 觸子苦之。苦病 欲齊軍之敗。於是以天下兵戰。戰合。擊金而却之。○舊校云卻一作退 卒北。北走也 天下兵乘之。乘猶勝也○案乘猶陵也 觸子因以一乘去。莫知其所。不聞其聲。○舊校云一作問 達子又帥其餘卒 達子齊人也帥將也 以軍於秦周。無以賞。使人請金於齊王。軍屯也秦周齊城門名也請金將以賞有功也 齊王怒曰。若殘豎子之類。殘餘也豎子謂達子也 惡能給若金。惡安也給與也 與燕人戰。大敗。達子死。齊王走莒。走奔也莒邑也 燕人逐北入國。相與爭金於美唐甚多。美唐金藏所在 此貪於小利以失大利者也。小利金也大利國也言湣王貪金不給達子以失國乃大惑者也

權勳

三曰。有道之士固驕人主。人主之不肖者亦驕有道之士。日以相驕。奚時相得。若儒墨之議與齊荊之服矣。賢主則不然。士雖驕之。而己愈禮之。士安得不歸之。士所歸。天下從之帝。句 帝也者天下之適也。適主也 王也者天下之往也。得道之人。貴爲天子而不驕倨。倨傲也 富有天下而不騁夸。夸詫而自大也 卑爲布衣而不瘁攝。瘁病也攝猶屈也 貧無衣食而不憂懾。懾懼也 豤乎其誠自有也。自有有道○豤即懇字舊本作狠訛今改正 覺乎其不疑有以也。詩云何其久也必有以也 桀乎其必不渝移也。桀特也渝變也移易也 循乎其與陰陽化也。悤悤乎其心之堅固也。悤悤明貌 空空乎其不爲巧故也。空空慤也巧故僞詐 迷乎其志氣之遠也。志在江海之上 昏乎其深而不測也。測盡也言深不可盡○正文也字舊脫案當有孫云李善注文選曹子建雜詩引風乎其高無極也疑此處脫文 確乎其節之不庳也。就就乎 就就讀如由與之與○注由與即猶豫案爾雅釋獸釋文猶羊周羊救二反字林弋又反此就字讀

從之也 其不肎自是。鵠乎其羞用智慮也。鵠讀如浩浩昊天之浩大也 假乎其輕俗誹譽也。皆謂體道之人也 以天爲法。以德爲行。以道爲宗。宗本也 與物變化而無所終窮。窮極也 精充天地而不竭。充實竭盡 神覆宇宙而無望。四方上下曰宇以屋喻天地也往古來今曰宙言其神而包覆之無望無界畔也 莫知其始。莫知其終。莫知其門。莫知其端。莫知其源。道不可得知也 其大無外。其小無內。此之謂至貴。道在大能大故無復有外在小能小故無復有內道所貴之也 士有若此者。五帝弗得而友。三王弗得而師。去其帝王之色。則近可得之矣。去猶除也除其尊寵盈滿之色則近得師友矣○舊校云可一作於 堯不以帝見善綣。北面而問焉。善綣有道之士也堯不敢以自尊北面而問焉○善綣莊子作善卷 堯天子也。善綣布衣也。何故禮之若此其甚也。善綣得道之士也。得道之人。不可驕也。人輕道重也 堯論其德行達智而弗若。若如也 故北面而問焉。此之謂至公。非至公。其孰能禮賢。孰誰也 周公旦文王之子也。武王之弟也。成王之叔父也。所朝於窮巷之中甕牖之下者七十人。甕牖以破甕蔽牖言貧陋也 文王造之而未遂。造始也遂成也 武王遂之而未成。周公旦抱少主而成之。抱奉 故曰成王不唯以身下士邪。齊桓公見小臣稷。一日三至弗得見。稷不見之也 從者曰。萬乘之主見布衣之士。一日三至而弗得見。亦可以止矣。止休也 桓公曰。不然。士驁祿爵者。固輕其主。驁亦輕也 其主驁霸王者。亦輕其士。縱夫子驁祿爵。吾庸敢驁霸王乎。庸用也 遂見之不可止。○新序雜事五作五往而後得見韓非難一作於是五往乃得見之 世多舉桓公之內行。內行雖不修。霸亦可矣。霸功大亦可以滅內行之闕也 誠行之此論而內行修。王猶少。（猶尚也）子産相鄭。（鄭大夫子國之子公孫僑也○左傳作僑）往見壺丘子林。與其弟子坐必以年。是倚其相於門也。（年齒也子産壺丘子弟子坐以齒長少相亞不以尊位而上之倚置其相之寵於壺丘之門外不以加於坐也故曰倚其相於門也）夫相萬乘之國。而能遺之。（遺猶舍也鄭國北迫晉南近楚爵則伯也賦千乘耳而云萬乘復安言也○注遺猶舍也舊作全也訛今改正）謀志論行。而以心與人相索。（索盡也孔子曰子産有君子之道四焉其行己也恭其事上也敬其養民也惠其使民也義推其志行以忠心與人相極盡知其情實一曰索法與人爲法則）其唯子産乎。（唯獨也）故相鄭十八年。刑三人殺二人。桃李之垂於行者莫之援也。（援攀也）錐刀之遺於道者莫之舉也。（舉猶取也）魏文侯見段干木。立倦而不敢息。（倦罷也）反見翟黄。踞於堂而與之言。（反從干木所還也）翟黄不説。（以文侯敬干木而慢己也）文侯曰。段干木官之則不肎。祿之則不受。今女欲官則相位。欲祿則上卿。既受吾實。（實猶爵祿也）又責吾禮。無乃難乎。故賢主之畜人也。不肎受實者其禮之。（禮敬也）禮士莫高乎節欲。欲節則令行矣。文侯可謂好禮士矣。好禮士。故南勝荆於連隄。東勝齊於長城。虜齊侯獻諸天子。天子賞文侯以上聞。（文侯畢公高之後與周同姓魏桓子之孫始立爲侯文諡也○梁伯子云國策史記皆不見文侯勝荆齊之事上聞舊本作上卿訛案史漢樊噲傳上聞爵如淳注引此語作上聞張晏曰得徑上聞也晉灼曰名通於天子也今史記多訛爲上閒唯索隱本是上聞又引此作上閒云閒音中閒恐訛也）

下賢

四曰。國雖小。其食足以食天下之賢者。其車足以乘天下之賢者。其財足以禮天下之賢者。與天下之賢者爲徒。（徒黨也）此文王之所以王也。（詩云濟濟多士文王以寧此之謂也）今雖未能王。其以爲安也不亦易乎。（立王功大保安其國差小故曰不亦易）此趙宣孟之所以免也。宣孟晉卿趙盾也履行仁義束脯以食翳桑之餓人以免靈公伏甲之難周昭文君之所以顯也。昭文君周後所分立東周君也賓禮張儀欲與分國張儀重之於秦秦尊奉之故曰所以顯也○注重之舊作勝之訛今案下文改正孟嘗君之所以卻荆兵也。孟嘗君齊公子田嬰之子田文也下士禮賢養客三千人行仁義而彊故荆兵卻偃不敢攻之也古之大立功名與安國免身者。其道無他。其必此之由也。古立功名安國免身無咎殃者皆以此仁義之道也堪士不可以驕恣屈也。堪樂也樂士當以禮卑謙若魏公子之虛己故不可以驕恣屈而有之也○孫云堪士疑是湛士舊校云屈一作有昔趙宣孟將上之絳。見骫桑之下○後漢書趙壹傳注云骫古委字淮南人閒訓作委桑左傳作翳桑有餓人臥不能起者。宣孟止車。爲之下食。蠲而餔之。再咽而後能視。宣孟問之曰。女何爲而餓若是。對曰。臣宦於絳。歸而糧絕。羞行乞而憎自取。故至於此。羞於行乞自憎至此也○注謬憎自取言憎惡徑自取之亦不肖也宣孟與脯二朐。○舊本作一朐案北堂書鈔百四十五初學記二十六及趙壹傳注俱是二朐今據改正拜受而弗敢食也。問其故。對曰。臣有老母。將以遺之。○御覽八百三十六將作請持二字初學記後漢書注將亦作持宣孟曰。斯食之。吾更與女。斯猶盡也○詩大雅皇矣篇王赫斯怒鄭箋云斯盡也釋文鄭讀斯爲賜乃復賜之脯二束。與錢百。而遂去之。處二年。晉靈公欲殺宣孟。伏士於房中以待之。因發酒於宣孟。發猶致也宣孟知之。中飲而出。靈公令房中之士疾追而殺之。一人追疾。先及宣孟之面。曰。嘻。君轝。轝車也教宣孟使就車也吾請爲君反死。反還也宣孟曰。而名爲誰。而汝也反走對曰。何以名爲。臣骫桑下之餓人也。還鬬而死。○梁伯子云桑下餓人是靈輒鬬死者是提彌明此誤合二人爲一史記晉世家亦同此誤索隱言之矣水經注四亦誤宣孟遂活。此書之所謂德幾無小者也。○案墨子明鬼篇禽艾之道之曰得璣無小滅宗無大翟氏灝讀逸周書世俘解有禽艾侯之語當即此禽艾但二語尙未見所出此德幾無小猶所謂惠不期多寡期於當阨云耳未知禽艾之言意相同否得與德古字通用宣孟德一士。猶活其身。而況德萬人乎。故詩曰。赳赳武夫。公侯干城。（此周南之風兔罝之首章也言其賢可爲公侯扞難其城藩也以喻骩桑下之人扞趙盾之難也）濟濟多士。文王以寧。（此大雅文王之三章也文王以多士而造周趙盾以桑下之人去患也○注首九字舊本多缺依朱本補又造周二字亦脫今案文義補）人主胡可以不務哀士。（哀愛也）士其難知。唯博之爲可。（博廣也）博則無所遁矣。（遁失也）張儀魏氏餘子也。（大夫庶子爲餘受氏爲張）將西遊於秦。過東周。客有語之於昭文君者曰。魏氏人張儀。材士也。（○孫云文選袁陽源詩荆魏多壯士李善注引此作壯士御覽四百七十五同）將西遊於秦。願君之禮貌之也。昭文君見而謂之曰。聞客之秦。寡人之國小。不足以留客。雖游。然豈必遇哉。客或不遇。（○舊校云或一作甞甞猶歎也）請爲寡人而一歸也。國雖小。請與客共之。張儀還走。北面再拜。（拜昭文君之言也）張儀行。（行去也）昭文君送而資之。至於秦。留有閒。惠王說而相之。（惠王孝公之子始稱王也說張儀而相之）張儀所德於天下者無若昭文君。（德猶恩也）周千乘也。重過萬乘也。（張儀重之）令秦惠王師之。（師昭文君）逢澤之會。魏王嘗爲御。韓王爲右。（秦會諸侯於逢澤魏王爲昭文君御韓王爲之右也）名號至今不忘。此張儀之力也。孟嘗君前在於薛。荆人攻之。淳于髡爲齊使於荆。還反過於薛。孟嘗君令人禮貌而親郊送之。（○齊策禮貌作體貌）謂淳于髡曰。荆人攻薛。夫子弗爲憂。文無以復侍矣。（文孟嘗名也侍侍見也○侍舊作待訛今從齊策改注同）淳于髡曰。敬聞命矣。至於齊。畢報。（反命畢也）王曰。何見於荆。對曰。荆甚固。（固護以侵兼人）而薛亦不量其力。王曰。何謂也。對曰。薛不量其力。而爲先王立清廟。荆固而攻薛。薛清廟必危。（○衍下薛字齊策作荆固而攻之清廟必危）故曰。薛不量其力。而荆亦甚固。齊王知顏色。（齊王宣王）

也。威王之子知猶發也○齊策作和其顏色 曰。嘻。先君之廟在焉。疾舉兵救之。由是薛遂全。顛蹷之請。坐拜之謁。○坐拜策作望拜 雖得則薄矣。薄輕少也○得舊訛作薄今從策改正 故善說者陳其勢。言其方。見人之急也。若自在危厄之中。○危厄策作隘窘 豈用彊力哉。彊力則鄙矣。說之不聽也。任不獨在所說。亦在說者。

報更

五曰。善說者若巧士。因人之力以自爲力。因其來而與來。因其往而與往。不設形象。與猶助也 與生與長。而言之與響。與盛與衰。以之所歸。歸終也 力雖多。材雖勁。勁彊也 以制其命。順風而呼。聲不加疾也。加益也 際高而望。目不加明也。所因便也。惠盎見宋康王。康王蹀足謦欬。○舊本訛作惠盎見宋康成公而謂足聲速今據列子黃帝篇淮南道應訓及李善注文選謝惠連詠牛女詩所引改正 疾言曰。寡人之所說者勇有力也。不說爲仁義者。惠盎者宋人惠施族也康王宋昭公曾孫辟公之子名偃立十一年僭號稱王四十五年大爲不道故曰宋子不足仁義者也齊湣王伐滅之○正文也不說二字舊本作而無今從列子淮南改梁伯子云注名偃當是偃字之訛四十五年與禁塞篇注四十七年又異其實六十一年也 客將何以教寡人。惠盎對曰。臣有道於此。有道於此勇有力者也 使人雖勇刺之不入。雖有力擊之弗中。大王獨無意邪。不可入不可中如此者大王獨無意欲之邪 王曰。善。此寡人所欲聞也。惠盎曰。夫刺之不入。擊之不中。此猶辱也。臣有道於此。使人雖有勇弗敢刺。雖有力不敢擊。大王獨無意邪。王曰。善。此寡人之所欲知也。惠盎曰。夫不敢刺不敢擊。非無其志也。臣有道於此。使人本無其志也。本無有擊刺之志也 大王獨無意邪。王曰。善。此寡人之所願也。惠盎曰。夫無其志也。未有愛利之心也。臣有道於此。使天下丈夫女子莫不驩然皆欲愛利之。此其賢於勇有力也。（言以仁義之德使民皆欲愛利之也故賢於勇有力）居四累之上。大王獨無意邪。（四累謂卿大夫士及民四等也君處四分之上故曰四累之上喻尊高也臨下以德則下愛利之矣大王意獨無欲之邪〇四累即指上所言層累而上凡四等注非是而張湛注列子亦與之同）王曰。此寡人之所欲得。（欲得人愛利也〇正文句末列子淮南皆有也字）惠盎對曰。孔墨是也。（言當爲孔丘墨翟之德則得所欲也故曰是也當法則之也）孔丘墨翟無地爲君。（以德見尊）無官爲長。（以道見敬）天下丈夫女子莫不延頸舉踵而願安利之。（延頸引領也舉踵企望之也願其尊高安而是利也）今大王萬乘之主也。誠有其志。（有孔墨之志）則四境之內皆得其利。其賢於孔墨也遠矣。（得賢名過於孔墨遠猶多也）宋王無以應。（應荅也）惠盎趨而出。宋王謂左右曰。辨矣客之以說服寡人也。宋王俗主也。而心猶可服。因矣。（因猶便也）因則貧賤可以勝富貴矣。小弱可以制彊大矣。（惠盎是也）田贊衣補衣而見荊王。（田贊齊人也補衣弊衣也）荊王曰。先生之衣何其惡也。田贊對曰。衣又有惡於此者也。荊王曰。可得而聞乎。對曰。甲惡於此。（甲鎧也此惡衣也）王曰。何謂也。對曰。冬日則寒。夏日則暑。衣無惡乎甲者。贊也貧。故衣惡也。（〇御覽三百五十六引疊一貧字）今大王萬乘之主也。富貴無敵。而好衣民以甲。臣弗得也。（得猶取也）意者爲其義邪。甲之事兵之事也。刈人之頸。刳人之腹。隳人之城郭。刑人之父子也。（隳壞也刑殺也）其名又甚不榮。（兵殺人以逆名不得爲榮）意者爲其實邪。苟慮害人。人亦必慮害之。（不得財寶也爲財利廣出苟謀害人人亦必謀害之傳曰晉侯誣人人亦誣之其此之謂也）苟慮危人。人亦必慮危之。其實人則甚不安之。其爲事如此甚不得安也○舊校云人則一作久則 二者臣爲大王無取焉。二者害與危臣爲大王計無取此二者也 荆王無以應。說雖未大行。田贊可謂能立其方矣。方道也 若夫偃息之義。則未之識也。段干木偃息以安魏田贊辯說以服荆比之偃息故曰未知誰賢之也 管子得於魯。魯束縛而檻之。使役人載而送之齊。其謳歌而引。役人皆謳歌而輓其車以送之也○意林作皆謳歌而引車御覽五百七十一同 管子恐魯之止而殺己也。欲速至齊。因謂役人曰。我爲汝唱。汝爲我和。其所唱適宜走。役人不倦。而取道甚速。管子可謂能因矣。因役人用勢欲走而爲唱歌歡之令走也○注歡之疑當作勸之 役人得其所欲。己亦得其所欲。以此術也。以用此術道也 是用萬乘之國其霸猶少。桓公則難與往也。往王也言其難與致於王也

順說

六曰。智者之舉事必因時。時不可必成。必成猶必得也 其人事則不廣。廣博也 成亦可。不成亦可。以其所能託其所不能。若舟之與車。舟不能陸車不能浮然更相載故曰以其所能託其所不能也 北方有獸。名曰蹶。○說苑復恩篇作蟨爾雅注同淮南道應訓作蹷 鼠前而兔後。趨則跲。走則顛。常爲蛩蛩距虛取甘草以與之。○爾雅作邛邛岠虛說苑作巨虛淮南作駏驉 蹶有患害也。蛩蛩距虛必負而走。此以其所能託其所不能。託寄也 鮑叔管仲召忽三人相善。欲相與定齊國。以公子糾爲必立。召忽曰。吾三人者於齊國也。譬之若鼎之有足。去一焉則不成。且小白則必不立矣。小白齊桓公名 不若三人佐公子糾也。管仲曰。不可。夫國人惡公子

糾之母以及公子糾。公子小白無母。而國人憐之。事未可知。不若令一人事公子小白。夫有齊國必此二公子也。二公子齊僖公之子襄公之弟也 故令鮑叔傅公子小白。管子召忽居公子糾所。公子糾外物則固難必。物事也糾在外不可謂必得主故曰固難必 雖然管子之慮近之矣。慮謀也 若是而猶不全也。其天邪。人事則盡之矣。齊攻廩丘。趙使孔青將死士而救之。與齊人戰。大敗之。齊將死。得車二千。得尸三萬。以爲二京。古者軍伐克敵於其所獲尸合土葬之以爲京觀故孔青欲以齊尸爲二京也 甯越謂孔青曰。惜矣。不如歸尸以內攻之。甯越趙之中牟人也言不如歸尸於齊齊人必怨其將使葬送以盡其財是所以內攻之也○梁仲子云孔叢論勢篇以歸尸爲子順語餘亦小同大異 越聞之。古善戰者莎隨賁服。莎隨猶相守不進不卻賁置也服退也 卻舍延尸。軍行三十里爲一舍卻舍以緩其尸使齊人得收之 彼得尸而財費乏。○七字舊本訛在上句中又乏作之今依孫校改正 車甲盡於戰。府庫盡於葬。此之謂內攻之。齊人戰敗盡其車甲府庫財所藏也葬死者以盡之令其貧窮且相怨此所謂內攻之術也 孔青曰。敵齊不尸則如何。言與齊爲敵不收其尸爲京則如何○注謬甚敵齊指齊人爲敵人也我緩之使得收而彼不收將如之何下文甚明何以妄說 甯越曰。戰而不勝。其罪一。與人出而不與人入。其罪二。與之尸而弗取。其罪三。民以此三者怨上。○舊校云怨一作罪 上無以使下。下無以事上。是之謂重攻之。甯越可謂知用文武矣。用武則以力勝。用文則以德勝。文武盡勝。何敵之不服。能盡服之 晉文公欲合諸侯。咎犯曰。不可。天下未知君之義也。公曰。何若。咎犯曰。天子避叔帶之難。出居于鄭。君奚不納之。以定大義。且以樹譽。樹立也 文公曰。吾其能乎。咎犯曰。事若能成。繼文之業。定武之功。闢土安疆。於此乎在矣。事若不成。補周室之闕。勤天子之難。勤憂也成教垂名。於此乎在矣。成仁義之敎勤天子之名以示諸侯於此在矣君其勿疑。文公聽之。遂與草中之戎〇舊校云與一作興驪土之翟。定天子于成周。天子周襄王也避母弟叔帶之難出奔在鄭晉文納之於成周故曰定也成周今雒陽也於是天子賜之南陽之地。襄王賜之南陽之地在河之北晉之山南故言南陽今河內陽樊溫之屬是也遂霸諸侯。舉事義且利。以立大功。文公可謂智矣。此咎犯之謀也。出亡十七年。反國四年而霸。其聽皆如咎犯者邪。管子鮑叔佐齊桓公舉事。舉猶用也齊之東鄙人有常致苦者。管子死。豎刁易牙用國之人常致不苦。不知致苦卒爲齊國良工。澤及子孫。知大禮。知大禮。雖不知國可也。禮國之本君子務本本立而道生故曰不知國可也

不廣

七曰。三代所寶莫如因。因則無敵。禹通三江五湖。決伊闕。溝迴陸。注之東海。因水之力也。迴通也舜一徙成邑。再徙成都。三徙成國。周禮四井爲邑邑方二里也四縣爲都都方二十二里也邑有封都有成然則邑小都大傳曰都城過百雉國之害也成國成千乘之國也而堯授之禪位。因人之心也。授之禪位與之天下也人皆喜之故曰因人之心也湯武以千乘制夏商。因民之欲也。傳曰衆曹所好鮮其不濟湯武是也衆曹所惡鮮其不敗桀紂是也故曰因民之欲也〇案周語下泠州鳩對周景王曰民所曹好鮮其不濟也其所曹惡鮮其不廢也如秦者立而至。有車也。立猶行也車行陸而至也〇古者車皆立乘故云立與下坐字對文注非也適越者坐而至。有舟也。適之也秦越遠塗也。竫立安坐而至者。因其械也。竫正也械器也武王使人候殷。候視也反報岐周曰。殷其亂矣。武王曰。其亂焉至。對曰。讒慝勝良。讒邪也慝惡也

而皆進用之忠良黜遠之故曰勝良也武王曰。尚未也。又復往。反報曰。其亂加矣。武王曰。焉至。對曰。賢者出走矣。謂箕子奔朝鮮武王曰。尚未也。又往。反報曰。其亂甚矣。武王曰。焉至。對曰。百姓不敢誹怨矣。言百姓畏紂無道刑戮之誅皆閉口無誹怨之言武王曰。嘻。遽告太公。遽疾太公對曰。讒慝勝良。命曰戮。戮暴也賢者出走。命曰崩。崩壞也百姓不敢誹怨。命曰刑勝。傳曰厲王虐國人謗王王使衞巫監謗者得而殺之乃不敢言而道路以目刑辟勝也其亂至矣。不可以駕矣。駕加也故選車三百。虎賁三千。朝要甲子之期。而紂爲禽。朝早朝也與諸侯要期甲子之日也則武王固知其無與爲敵也。因其所用。何敵之有矣。武王至鮪水。殷使膠鬲候周師。武王見之。膠鬲曰。西伯將何之。無欺我也。武王曰。不子欺。將之殷也。膠鬲曰。朅至。朅何也言以何日來至殷也武王曰。將以甲子至殷郊。子以是報矣。報白也膠鬲行。天雨。日夜不休。行猶還也不休止降雨天地和同也武王所以克紂也武王疾行不輟。輟止也軍師皆諫曰。卒病。請休之。休息也武王曰。吾已令膠鬲以甲子之期報其主矣。今甲子不至。是令膠鬲不信也。膠鬲不信也。其主必殺之。吾疾行。以救膠鬲之死也。武王果以甲子至殷郊。殷已先陳矣。至殷。因戰大克之。此武王之義也。人爲人之所欲。己爲人之所惡。先陳何益。人謂武王也人之所欲天必從之順天誅也己謂紂也人之所惡天必壞之所壞不可支故曰先陳何益適令武王不耕而穫。不耕而穫不戰而克也故孫子曰不戰而屈人之兵善之善者也此之謂也武王入殷。聞殷有長者。武王往見之。而問殷之所以亡。殷長者對曰。王欲知之。則請以日中爲期。武王與周公旦明日早要期。則弗得也。武王怪之。周公曰。吾已知之矣。此君子也。取不能其主。有以其惡告王。不忍爲也。若夫期而不當。言而不信。此殷之所以亡也。已以此告王矣。夫審天者察列星而知四時。因也。〇舊校云一本此句下有動作因日光而治萬事因也十一字案此淺陋必非本文 推歷者視月行而知晦朔。因也。禹之裸國。裸入衣出。〇舊校云一本作入衣出否。 因也。墨子見荆王。錦衣吹笙。因也。墨子好儉非樂錦與笙非其所服也而爲之因荆王之所欲也 孔子道彌子瑕見釐夫人。因也。彌子瑕衞靈公之幸臣也孔子因之欲見靈公夫人南子論語云子見南子子路不悅夫子矢之曰予所不者天厭之天厭之是也此釐夫人未之聞或云爲謚謚法小心畏忌曰釐若南子淫佚與宋朝通太子蒯聵造宋野野人歌之曰既定爾婁豬盍歸我艾豭推此言之不得謚爲釐明矣〇梁仲子云淮南泰族訓云孔子欲行王道東西南北七十說而無所偶故因衞夫人彌子瑕而欲通其道語義政合此似有脫誤然此皆戰國時人所爲也注過宋野舊作于野訛今依左傳改正 湯武遭亂世。臨苦民。揚其義。成其功。因也。故因則功。專則拙。因則成故曰功專則敗故曰拙 因者無敵。因民之欲道以義故無與之敵者湯武是也〇注道舊作遵上文道彌子瑕舊校云道一作遵案皆訛今改作道 國雖大。民雖衆。何益。民雖衆多不能使之不亡故曰何益桀紂是也

貴因

八曰。上胡不法先王之法。非不賢也。爲其不可得而法。胡何也 先王之法。經乎上世而來者也。人或益之。人或損之。胡可得而法。雖人弗損益。猶若不可得而法。東夏之命。古今之法。言異而典殊。東夏東方也命令也〇舊校云言一作世 故古之命多不通乎今之言者。今之法多不合乎古之法者。〇舊校云合一作同 殊俗之民有似於此。其所爲欲同。其所爲異。〇舊本異上亦有欲字係誤衍李本無今從之 口惽之命不愉。若舟車衣冠滋味聲

色之不同。人以自是。反以相誹。天下之學者多辯。言利辭倒。不求其實。務以相毁。以勝爲故。故事也 先王之法。胡可得而法。雖可得。猶若不可法。凡先王之法。有要於時也。時不與法俱至。法雖今而至。猶若不可法。故擇先王之成法。而法其所以爲法。○舊校云擇一作釋 先王之所以爲法者何也。先王之所以爲法者人也。而己亦人也。故察己則可以知人。察今則可以知古。古今一也。人與我同耳。有道之士。貴以近知遠。以今知古。以益所見知所不見。○案意林無益字 故審堂下之陰。陰日夕晷也○注夕晷疑晷之誤孫云李善注陸士衡演連珠引高誘曰陰晷影之候也 而知日月之行。陰陽之變。見瓶水之冰。而知天下之寒。魚鼈之藏也。嘗一脟肉。而知一鑊之味。一鼎之調。調和也○一脟舊本作一脬訛盧云脟與臠同舊本訛其下而日抄引作肘又脫其上今案史記司馬相如傳載有子虛賦有脟割輪焠之語集解引郭璞曰脟音臠李善注文選亦同又漢書相如傳師古曰脟與臠同今定爲脟字意林及北堂書鈔百四十五御覽八百六十三皆作一臠他書亦皆作一臠知一脟之即爲一臠者少矣 荊人欲襲宋。使人先表澭水。○舊校云澭一作灉 灉水暴益。暴卒益長 荊人弗知。循表而夜涉。溺死者千有餘人。軍驚而壞都舍。嚮其先表之時可導也。導涉也嚮其施表時水可涉也 今水已變而益多矣。荊人尚猶循表而導之。此其所以敗也。今世之主法先王之法也。有似於此。似此表澭水而不知其長益也 其時已與先王之法虧矣。虧毁也 而曰此先王之法也。而法之以爲治。豈不悲哉。故治國無法則亂。守法而弗變則悖。悖亂不可以持國。世易時移。變法宜矣。譬之若良醫。病萬變。藥亦萬變。病變而藥不變。嚮之壽民。今爲殤子矣。

彊壽也未成人天折曰殤子也故凡舉事必循法以動。動作也變法者因時而化。若此論則無過務矣。務猶事也夫不敢議法者。衆庶也。以死守者。有司也。〇守下亦當有法字因時變法者。賢主也。是故有天下七十一聖。其法皆不同。非務相反也。時勢異也。故曰。良劍期乎斷。不期乎鏌鋣。鏌鋣良劍也取其能斷無取於名也故曰不期乎鏌鋣良馬期乎千里。不期乎驥驁。驁千里馬名也王者乘之遊驁因曰驥驁也夫成功名者。此先王之千里也。楚人有涉江者。涉渡也其劍自舟中墜於水。遽契其舟。曰。是吾劍之所從墜。遽疾也疾刻舟識之於此下墜劍者也〇舊校云契一作刻舟止。從其所契者入水求之。舟已行矣。而劍不行。求劍若此。不亦惑乎。以此故法爲其國。與此同。爲治也與此契舟求劍者同也時已徙矣。而法不徙。以此爲治。豈不難哉。有過於江上者。見人方引嬰兒而欲投之江中。嬰兒啼。人問其故。曰。此其父善游。其父雖善游。其子豈遽善游哉。此任物。亦必悖矣。任用也荆國之爲政有似於此。似此悖也

察今

呂氏春秋卷第十六

先識覽第四　觀世　知接　悔過　樂成　察微　去宥　正名

一曰。凡國之亡也。有道者必先去。古今一也。傳曰君子見幾而作不俟終日故必先去也孔子曰賢者避世其次避地其次避人其次避言故曰古今一也○案子華子神氣篇吾聞之太上違世其次違地其次違人與此避人正相合 地從於城，城不下地不遷 城從於民。民不潰城不壞 民從於賢。亶父處邠狄人攻之杖策而去邑乎岐周邠人襁負而隨之故曰民從賢也○所謂天下之父歸之其子焉往是也下文終古向摯屠黍諸人亦是說在下之賢人注句未切 故賢主得賢者而民得。民得而城得。城得而地得。夫地得。豈必足行其地人說其民哉。得其要而已矣。孝經曰非家至而日見之也以德化耳故曰得其要而已矣 夏太史令終古出其圖法。執而泣之。夏桀迷惑。暴亂愈甚。太史令終古乃出奔如商。湯喜而告諸侯曰。夏王無道。暴虐百姓。窮其父兄。恥其功臣。輕其賢良。棄義聽讒。衆庶咸怨。守法之臣。自歸于商。知桀之必亡也 殷内史向摯見紂之愈亂迷惑也。於是載其圖法。出亡之周。武王大說。以告諸侯曰。商王大亂。沈于酒德。辟遠箕子。爰近姑與息。箕子忠臣而疏遠之姑息之臣而與近之○案尸子曰棄黎老之言用姑息之語注云姑婦也息小兒也與此意同 妲己爲政。賞罰無方。方道 不用法式。殺三不辜。剖比干之心折材士之股刳孕婦而觀其胞○注股舊本作肝誤今據古樂篇注改正 民大不服。守法之臣。出奔周國。周國在豐鎬也 晉太史屠黍見晉之亂也。見晉公之驕而無德義也。以其圖法歸周。屠黍晉出公之太史也出公頃公之孫定公之子也史記曰智伯攻出公出公奔齊而道死焉○屠黍說苑權謀篇作屠餘 周威公見而問焉。曰。天下之國孰先亡。周敬王後五世考烈王封其弟於河南爲威公威公桓公之孫也○謝云敬王五傳爲考王人表作考哲此誤考烈西周威公爲桓公之子非孫也 對曰。晉先亡。威公問其故。對曰。臣比在晉也。不敢直言。示晉公以天妖。日月星辰之行多以不當。曰。是何能爲。不敢直言其亂也但語以日月星辰之行多不當其宿度也而云是無能爲也○說苑作多不當曰是何能然 又示以人事多不義。百姓皆鬱怨。曰。是何能傷。又示以鄰國不服賢良不舉。曰。是何能害。如是。是不知所以亡也。故臣曰晉先亡也。居三年。晉果亡。屠黍居周三年也 威公又見屠黍而問焉。曰。孰次之。對曰。中山次之。威公問其故。對曰。天生民而令有別。有別人之義也。所異於禽獸麋鹿也。君臣上下之所以立也。中山之俗。以晝爲夜。以夜繼日。男女切倚。固無休息。切磨倚近也無休息夜淫不足續以晝日○切倚淮南齊俗訓作切踦注踦足也說苑同 康樂歌謠好悲。康樂也安淫酒之樂樂極則繼之以悲也○康樂上說苑有淫昏二字 其主弗知惡。此亡國之風也。風化也 臣故曰中山次之。居二年。中山果亡。威公又見屠黍而問焉。曰。孰次之。屠黍不對。威公固問焉。對曰。君次之。威公乃懼。求國之長者。得義蒔田邑而禮之。二人賢者也○義蒔說苑作鑄疇 得史驎趙駢以爲諫臣。二人直人○說苑作史理趙異 去苛令三十九物。物事 以告屠黍。對曰。其尚終君之身乎。其尚尚也○舊本君下衍子字今從黃氏日抄所引去之說苑亦無 曰。○說苑無 臣聞之國之與也。天遺之賢人與極言之士。極盡 國之亡也。天遺之亂人與善諛之士。諛諂也○次瓚字舊校云一作子 威公薨。肂九月不得葬。周乃分爲二。下棺置地中謂之肂 故有道者之言也不可不重也。周鼎著饕餮。有首無身。食人未咽。害及其身。以言報更也。○廣雅釋言云更僕也爲不善亦然。白圭之中山。中山之王欲留之。白圭固辭。乘輿而去。又之齊。白圭周人齊王欲留之仕。又辭而去。人問其故。曰。之二國者皆將亡。所學有五盡。何謂五盡。曰。莫之必。則信盡矣。○說苑作莫之必忠則言盡矣下譽字愛字上皆有必字莫之譽。則名盡矣。莫之愛。則親盡矣。行者無糧。居者無食。則財盡矣。不能用人。又不能自用。則功盡矣。國有此五者。無幸必亡。中山齊皆當此。當此五盡○無幸舊本作無辜譌今從本生篇改正說苑亦作毋幸若使中山之王與齊王聞五盡而更之。則必不亡矣。更猶革也其患不聞。雖聞之。又不信。然則人主之務。在乎善聽而已矣。夫五割而與趙。悉起而距軍乎濟上。未有益也。中山五割地與趙趙卒亡之齊悉起軍以距燕人於濟上燕卒破之不能自存故曰未有益也是棄其所以存。而造其所以亡也。保地養民所以存也棄而不修割地與趙弃民於燕不能自衛而衆破亡故曰造其所以亡也

先識覽

二曰。天下雖有有道之士。國猶少。千里而有一士。比肩也。累世而有一聖人。繼踵也。士與聖人之所自來若此其難也。而治必待之。治奚由至。淮南記曰欲治之君不世出可與治之臣不萬一以不萬一待不世出何由遇哉故曰治奚由至雖幸而有。未必知也。未必知其爲賢也不知。則與無賢同。不知其賢而不用之故不治則與無賢同此治世之所以短。而亂世之所以長也。短少長多也故王者不四。霸者不六。亡國相望。囚主相及。言不絕也得士則無此之患。無亡囚之患也此周之所封四百餘。封建○此疑比服國八百餘。今無存者矣。雖存。皆嘗亡矣。賢主知其若此也。故曰

愼一日。以終其世。沒世爲世○疑是沒身爲世賢主時以其亡其亡爲憂也譬之若登山。登山者處已高矣。左右視。尙巍巍焉山在其上。賢者之所與處有似於此。身已賢矣。行已高矣。左右視。尙盡賢於己。故周公旦曰。不如吾者吾不與處。累我者也。○不如吾者舊本作吾不如者誤今從意林改正大戴曾子制言中盧注亦作不如我者與我齊者吾不與處。無益我者也。齊等也等則不能勝己故曰無益我者也惟賢者必與賢於己者處。賢者之可得與處也。禮之也。主賢世治。則賢者在上。上上位也主不肖世亂。則賢者在下。今周室既滅。天子既廢。○天子舊本作天下訛此段與前謹聽篇同彼云而天子已絕亂莫大於無天子。無天子則彊者勝弱。衆者暴寡。以兵相剗。剗滅不得休息而佞進。佞諂者進而升用也今之世當之矣。今謂衰周無天子之世故曰當之故欲求有道之士。則於江海之上。山谷之中。僻遠幽閒之所。若此。則幸於得之矣。太公釣於滋泉。○說見謹聽篇盧云說文茲黑也引春秋傳曰何故使吾水滋今左傳作茲則茲乃本字後人加以水旁實則一字耳遭紂之世也。故文王得之。文王千乘也。紂天子也。天子失之。而千乘得之。知之與不知也。紂不知太公賢故失之也諸衆齊民。不待知而使。不待禮而令。令亦使也若夫有道之士。必禮必知。然後其智能可盡也。可盡得而用也

晏子之晉。見反裘負芻息於塗者。以爲君子也。晏子齊大夫晏平仲也使人問焉。曰曷爲而至此。對曰。齊人累之。名爲越石父。累之累然有罪○累新序節士篇作纍即史記所云在縲紲中也晏子曰。譆。遽解左驂以贖之。載而與歸。至舍。弗辭而入。越石父怒。請絕。晏子使人應之曰。嬰未嘗得交也。○舊校云交一作友今免子於患。吾於子猶未邪。○舊本下復有二也字古也字亦與邪通後人注邪字於

舜以代音而傳寫遂誤入正文今去也晉邪蓋以便讀者使不致惑耳越石父曰。吾聞君子屈乎不己知者。而伸乎己知者。吾是以請絕也。〇案史記晏子傳載石父之言云方吾在縲紲中彼不知我也夫子既已感寤而贖我是知己知己而無禮固不如在縲紲之中如此則所以絕之意方明晏子乃出見之曰。嚮也見客之容而已。今也見客之志。〇晏子雜上篇作意新序同嬰聞察實者不留聲。實功實也言欲察人之功實不復留意考其名聲也觀行者不譏辭。欲觀人之至行不譏刺之以辭嬰可以辭而無棄乎。辭謝也謝不敬而可以弗棄也越石父曰。夫子禮之。敢不敬從。晏子遂以爲客。客敬俗人有功則德。德則驕。今晏子功免人於阨矣。而反屈下之。其去俗亦遠矣。此令功之道也。〇晏子新序令功俱作全功子列子窮。容貌有饑色。子列子禦寇體道人也蓋書八篇在莊子前莊子稱之也客有言之於鄭子陽者。子陽鄭相也一曰鄭君曰。列禦寇蓋有道之士也。〇舊本列禦寇上衍一子字案列子說符莊子讓王俱無子字新序作子列子圄寇居君之國而窮。君無乃爲不好士乎。鄭子陽令官遺之粟數十秉。子列子出見使者。再拜而辭。使者去。子列子入。其妻望而拊心曰。聞爲有道者妻子。皆得逸樂。今妻子有饑色矣。君過而遺先生食。先生又弗受也。豈非命也哉。子列子笑而謂之曰。〇舊校云笑一作歎君非自知我也。以人之言而遺我粟也。至已而罪我也。有罪且以人言。〇有下罪字衍有與又同莊子作至其罪我也又且以人之言列子同此吾所以不受也。其卒民果作難。殺子陽。子陽嚴猛刑無所赦家人有折弓者畏誅因國人逐猘狗之亂而殺子陽也受人之養而不死其難。則不義。死其難。則死無道也。死無道。逆也。子列子除不義去逆也。豈不遠哉。且方有饑寒之患矣。而猶不苟取。先見其化也。先見其化而已動。遠

乎性命之情也。孔子曰貧觀其所取此之謂也○遠疑達字之誤

觀世

三曰。人之目以照見之也。以瞑則與不見同。同一目也○謂目本非有異 其所以爲照所以爲瞑異。謂見與不見故曰異 瞑士未嘗照。故未嘗見。瞑者目無由接也。接見 無由接而言見。詭。詭讀誣妄之誣億不詳審也○舊本詭作詭段云當作譀說文譀夢言也從言亡聲正如亡無荒幠通用故可讀誣又惠氏於左氏襄廿九年傳祇見疏也亦謂當爲詭 智亦然。其所以接智所以接不智同。一同智也○亦當作同一智也 其所能接所不能接異。異謂能與不能 智者其所能接遠也。智者達於明見未萌之前故曰接遠 愚者其所能接近也。愚者蔽於明禍至而不知故曰接近 所能接近。而告之以遠化。奚由相得。無由相得。說者雖工。不能喻矣。雖子貢辯敏無由何如故曰弗能喻 戎人見暴布者而問之曰。何以爲之莽莽也。爲作也莽莽長大貌也 指麻而示之。怒曰。孰之壞壞也可以爲之莽莽也。壞壞猶養治之莽莽均長貌○注不明壞壞紛錯之貌史記貨殖傳天下壞壞皆爲利往此指麻之未治者戎人見其紛亂難理言孰有如此而可以成長大之縕乎疑人之欺己也 故亡國非無智士也。非無賢者也。謂雖有賢智之士不能爲昏主謀以在將亡之國也 其主無由接故也。無由接之患。自以爲智。○舊校云爲智一作長智 智必不接。今不接而自以爲智。悖。悖惑 若此則國無以存矣。主無以安矣。智無以接。○李本作由接 而自知弗智。則不聞亡國。不聞危君。言人君自知不智則求賢而任之故不聞亡國危君也桀紂所以國亡身滅不自知不智故也 管仲有疾。桓公往問之曰。仲父之疾病矣。病困也 將何以教寡人。管仲曰。齊鄙人有諺曰。居者無載。行者無埋。謂臣居職有謀計皆當宣之於君無有載藏之於心也行謂即世也亦當輸寫所知使君行之無有懷藏埋之地中 今臣將有遠行。胡可以問。言不足問 桓公

曰。願仲父之無讓也。管仲對曰。願君之遠易牙豎刀常之巫衛公子啓方。遠猶疏也無令相近○豎刀舊本作豎刁字俗刀亦有貂音 公曰。易牙烹其子以慊寡人。慊快 猶尚可疑邪。管仲對曰。人之情非不愛其子也。其子之忍。又將何有於君。子所愛也而忍殺之何能有愛於君 公又曰。豎刀自宮以近寡人。宮割陰爲奄人 猶尚可疑邪。管仲對曰。人之情非不愛其身也。其身之忍。又將何有於君。公又曰。常之巫審於死生。能去苛病。苛鬼病魂下人病也 猶尚可疑邪。管仲對曰。死生命也。苛病失也。精神失其守魍魎鬼物乘以下人故曰失○孫云御覽四百四十六作苛病本也觀下文守其本之言似本字是 君不任其命。守其本。而恃常之巫。彼將以此無不爲也。爲妖惑也 公又曰。衛公子啓方事寡人十五年矣。其父死而不敢歸哭。猶尚可疑邪。管仲對曰。人之情非不愛其父也。其父之忍。又將何有於君。公曰。諾。管仲死。盡逐之。食不甘。宮不治。苛病起。朝不肅。居三年。公曰。仲父不亦過乎。孰謂仲父盡之乎。誰謂仲父言盡可用乎 於是皆復召而反。明年。公有病。常之巫從中出曰。公將以某日薨。易牙豎刀常之巫相與作亂。塞宮門。築高牆。不通人。矯以公令。矯公命爲不通人之命○注矯公二字當在令命之下蓋先以命釋令也 有一婦人踰垣入。至公所。公曰。我欲食。婦人曰。吾無所得。公又曰。我欲飲。婦人曰。吾無所得。言無從得飲食與公 公曰。何故。對曰。常之巫從中出曰。公將以某日薨。○此十三字疑衍文 易牙豎刀常之巫相與作亂。塞宮門。築高牆。不通人。故無所得。無使得飲食也 衛公子啓方以書社四十下衛。下降也社二十五家也四十社凡千家以隰歸于衛公慨焉歎涕出。曰。嗟乎。聖人之所見豈不遠哉。若死者有知。我將何面目以見仲父乎。蒙衣袂而絕乎壽宮。蒙冒也袂衣袖也以衣覆面而絕壽宮寢堂也蟲流出於戶。上蓋以楊門之扇。楊門門名扇屛也邪臣爭權莫能舉喪事六十日而殯蟲流出戶不欲人見故掩以楊門之扇也三月不葬。○史記齊世家正義引作二月不殯此不卒聽管仲之言也。○舊校云言一作敗桓公非輕難而惡管子也。經易無由接見也。○疑見字衍無由接。固卻其忠信。接知也卻不用○案固與故通用劉本作見字屬上句非而愛其所尊貴也。愛其所尊所貴謂豎刀易牙常之巫衛公子啓方之屬也

知接

四曰。穴深尋。則人之臂必不能極矣。八尺曰尋○極意林作及是何也。不至故也。智亦有所不至。所不至。說者雖辯。爲道雖精。不能見矣。精微妙也故箕子窮于商。爲紂所困范蠡流乎江。佐越王句踐滅吳雪會稽之恥功成而還輕舟浮于江而去也○孫云離謂篇云范蠡子胥以此流意少伯乘扁舟出入三江五湖不知所終傳聞異辭遂有流江之說歟盧云案賈誼書耳痺篇建寧本作范蠡負室而歸五湖潭本作負石而蹈五湖潭本與流江之說頗相似疑當時相傳有此言也昔秦繆公興師以襲鄭。不鳴鐘鼓密聲曰襲蹇叔諫曰。不可。臣聞之。襲國邑。以車不過百里。以人不過三十里。軍行三十里一舍皆以其氣之趫與力之盛至。是以犯敵能滅。去之能速。趫壯也故進能滅敵去之能疾也今行數千里。又絕諸侯之地。以襲國。臣不知其可也。絕過也過諸侯之土地遠行襲國必不能以克故曰不知其可也君其重圖之。重深○戒其勿輕易也繆公不聽也。蹇叔送師於門外。而哭曰。師乎。見其出。而不見其入也。蹇叔有子。曰申與視。申白乙丙也視孟明視也皆蹇叔子也○案左氏蹇叔之子與師則必非三帥明矣史記秦本紀云百里傒子孟明視蹇叔子西乞術白乙丙孫云均屬傳訛與師偕行。蹇叔謂其子曰。晉若遏師。必於殽。殽澠池縣西崤塞是也女死不於南方之

岸。必於北方之岸。爲吾尸女之易。識之易也繆公聞之。使人讓蹇叔曰。寡人與師。未知何如。今哭而送之。是哭吾師也。蹇叔對曰。臣不敢哭師也。臣老矣。有子二人。皆與師行。比其反也。非彼死則臣必死矣。是故哭。彼謂其子師行過周。周今河南城所謂王城也公羊傳曰王城者西周襄王時也王孫滿要門而窺之。王孫滿周大夫要徼也曰。嗚呼。是師必有疵。疵病若無疵。吾不復言道矣。夫秦非他。周室之建國也。周家所封立也過天子之城。宜橐甲束兵。○梁仲子云左傳僖卅三年正義引作橐甲束兵左右皆下。以爲天子禮。今袀服回建。左不軾。而右之。袀同也兵服上下無別故曰袀服回建者兵車四乘也左君位也君不載而車右之不軾○袀服即左傳之均服舊本作初服訛回建注所釋殊不明此似言車上所建者考工記有六建謂五兵與人也君不載以下字亦多訛竊疑右之超乘者五百乘本連下爲句高氏誤分之時秦伯不自行亦不當言左君位也蓋將在左御居中御主車可不下今左弁不軾右既下復超乘以上與左氏傳微異超乘者五百乘。○左傳作三百乘力則多矣。然而寡禮。安得無疵。超乘巨踊車上也不下車爲天子禮故曰力多而寡禮○注巨踊之巨當從左傳距躍曲踊之距車中如何跳踊左傳所載左右免冑而下爲是蓋既下而即躍以上車示其有勇師過周而東。鄭賈人弦高奚施○淮南人閒訓作蹇他將西市於周。道遇秦師。曰。嘻。師所從來者遠矣。此必襲鄭。遽使奚施歸告。乃矯鄭伯之命以勞之。擅稱君命曰矯曰。寡君固聞大國之將至久矣。大國不至。寡君與士卒竊爲大國憂。日無所與焉。惟恐士卒罷弊與糗糧匱乏。何其久也。使人臣犒勞以璧。膳以十二牛。秦三帥對曰。寡君之無使也。使其三臣丙也術也視也。於東邊候暗之道。候視也暗晉國也○案李善注文選謝靈運述祖德詩引此作使臣無人字舊本暗訛作晉注亦訛今從善注改正而删去舊校一作暗注亦同六字過。是以迷惑陷入大國之地。○舊校云陷入一作以及不敢固辭。再拜稽首受之。

三帥乃懼而謀曰。我行數千里。數絕諸侯之地。以襲人。未至而人已先知之矣。此其備必已盛矣。（盛彊）還師去之。當是時也。晉文公適薨。未葬。先軫言於襄公（襄公文公之子驩）曰。秦師不可不擊也。臣請擊之。襄公曰。先君薨。尸在堂。見秦師利而因擊之。無乃非爲人子之道歟。先軫曰。不弔吾喪。不憂吾哀。是死吾君而弱其孤也。若是而擊。可大彊。（彊爾也○舊本注又有一作若是而弗擊不可大彊十一字乃校者之辭）臣請擊之。襄公不得已而許之。先軫遏秦師於殽而擊之。大敗之。獲其三帥以歸。繆公聞之。素服廟臨。（哭也）以說於衆曰。天不爲秦國。使寡人不用蹇叔之諫。以至於此患。此繆公非欲敗於殽也。智不至也。（言但慮襲鄭之利不知將有殽之敗也故曰智不至也）智不至則不信。（蹇叔哭其子云晉人禦師必於殽繆公不信○正文舊本作智至不塞語當承上文今增正）言之不信。師之不反也從此生。（蹇叔言信不可不信也師之不反敗殽也穀梁傳曰匹馬隻輪無反者從蹇叔言信生也○首句舊多作而言不可不信今從朱本改注末句說當云從不信蹇叔言生也）故不至之爲害大矣。（師敗帥執故害大也）

悔過

五曰。大智不形。大器晚成。大音希聲。禹之決江水也。民聚瓦礫。事已成。功已立。爲萬世利。禹之所見者遠也。而民莫之知。故民不可與慮化舉始。（始首也）而可以樂成功。孔子始用於魯。魯人鷖誦之曰。麛裘而韠。投之無戾。韠而麛裘。投之無郵。（孔子衣麛裘投棄也郵字與尤同言投棄孔子無罪尤也○鷖蓋魯人名孔叢子作誦御覽同韠字舊訛案當作韠與芾韍紱字同孔叢子陳士義篇正作芾）用

三年。男子行乎塗右。女子行乎塗左。財物之遺者民莫之舉。舉取也大智之用
固難踰也。踰逾也○盧云踰當本是喻字言大智之用固不能使人易曉也注就訛文爲釋非是子產始治鄭。使田有封洫。都鄙有
服。封界洫瀆也服法服也君子小人各有制民相與誦之曰。我有田疇。而子產賦之。我有衣冠。而子產
貯之。○左氏襄卅年傳貯作褚同盧云案周禮廛人注褚藏釋文云本或作貯或作褚梁仲子云一切經音義四分律第四十一引傳亦作貯孰殺子產。吾其與之。與猶
助也左傳曰鄭子產作丘賦國人謗之此之謂也後三年。民又誦之曰。我有田疇。而子產殖之。殖長也我有子
弟。而子產誨之。誨教也子產若死。其使誰嗣之。嗣續也使鄭簡魯哀當民之誹訾
也。而因弗遂用。則國必無功矣。言二國人民誹訾仲尼子產之時二君因不復用則二國亦無用賢聖之功子產孔子必無
能矣。若二人不見用則必無所能爲也非徒不能也。雖罪施於民可也。言非但不能有爲也雖施二人罪罰於民意亦可○注施舊作此訛案王
肅注家語正論解施生施猶行也行生者之罪也杜預注昭十四年左氏傳亦云施行罪也今改正今世皆稱簡公哀公爲賢。稱子產孔子
爲能。此二君者。達乎任人也。任用也舟車之始見也。三世然後安之。安習也夫開
善豈易哉。開通也故聽無事治。事治之立也。人主賢也。聽無事謂民謗子產孔子無用之爲事也乃賢主所以爲事也謗之
無治也又賢主能聽之故曰聽無事治事治之立也魏攻中山。樂羊將。樂羊爲將以伐中山已得中山。還反報文侯。報白也有
貴功之色。○舊校云貴一作賁盧云疑是負功文侯知之。命主書曰。羣臣賓客所獻書者操以進
之。主書舉兩篋以進。○秦策作謗書一篋令將軍視之。書盡難攻中山之事也。難說將軍還
走北面再拜曰。中山之舉。非臣之力。君之功也。當此時也。論士殆之日幾
矣。論士議士也殆危幾近中山之不取也。奚宜二篋哉。一寸而亡矣。中山之不取謂樂羊不敢取以爲己功一方寸之書則亡矣何

乃二德也文侯賢主也。而猶若此。又況於中主邪。中主之患。不能勿爲。而不可與莫爲。夫唯賢主能無爲耳中庸之主不能無爲故不可與爲無爲也凡舉無易之事。○舊校云易一作爲氣志視聽動作無非是者。人臣且孰敢以非是邪疑爲哉。皆壹於爲。則無敗事矣。此湯武之所以大立功於夏商。成湯得夏武王得商故曰立功也而句踐之所以能報其讎也。越王句踐破吳於五湖故曰能報其讎也以小弱皆壹於爲。而猶若此。又況於以彊大乎。湯武以百里越王臣事吳王夫差爲之前馬故稱小弱魏襄王與羣臣飲。酒酣。王爲羣臣祝。令羣臣皆得志。魏襄王孟子所見梁惠王之子也祝願也史起興而對曰。羣臣或賢或不肖。賢者得志則可。不肖者得志則不可。賢者得志則忠故曰可也不肖得志則驕驕則亂故白不可公孫丑曰伊尹放太甲于桐宮太甲賢又反之賢者之爲人臣其君不賢則可放歟孟子曰有伊尹之志則可無伊尹之志則簒也王曰。皆如西門豹之爲人臣也。史起對曰。魏氏之行田也以百畝。鄴獨二百畝。是田惡也。漳水在其旁。而西門豹勿知用。是其愚也。知而弗言。是不忠也。愚與不忠。不可效也。○梁伯子云史記河渠書西門豹引漳水溉鄴後漢書安帝紀初元二年修西門豹所分漳水爲支渠以溉田水經濁漳水注亦云豹引漳以溉鄴呂氏所言不足據漢書溝洫志乃誤仍之左太沖魏都賦云西門溉其前史起灌其後斯得其實魏王無以應之。明日召史起而問焉。曰。漳水猶可以灌鄴田乎。史起對曰。可。王曰。子何不爲寡人爲之。史起曰。臣恐王之不能爲也。王曰。子誠能爲寡人爲之。寡人盡聽子矣。聽從也史起敬諾。言之於王曰。臣爲之。民必大怨臣。大者死。其次乃藉臣。臣雖死藉。願王之使他人遂之也。遂成也王曰。諾。使之爲鄴令。史起因往爲之。鄴民大怨。欲藉史起。史起不敢出而避之。王乃使他人遂爲之。水已行。民大得其利。相與歌之曰。鄴有聖令。時爲史公。決漳水。灌鄴旁。終古斥鹵。生之稻粱。〇案漢書溝洫志民歌之曰鄴有賢令兮爲史公決漳水兮灌鄴旁千古舄鹵兮生稻粱數字不同 使民知可與不可。則無所用矣。〇案無所用下似脫一賢字 賢主忠臣不能導愚教陋。則名不冠後。實不及世矣。史起非不知化也。以忠於主也。魏襄王可謂能決善矣。誠能決善。衆雖讙譁。而弗爲變。功之難立也。其必由哅哅邪。國之殘亡亦猶此也。〇猶與由同 故哅哅之中。不可不味也。中主以之哅哅也止善。賢主以之哅哅也立功。按魏王世家文侯生武侯武侯生惠王惠王生襄王西門豹文侯用爲鄴令史起亞之不得爲四世之君臣也又孟子見梁襄王出語人曰望之而不似人君就之而不見所畏焉何能決善哉此言復謬也〇注魏世家王字衍以一見定其終身不能從善此言亦過梁仲子云左氏傳襄廿五年正義引此書云魏文侯時史起爲鄴令引漳水以灌田與今本異

樂成

六曰。使治亂存亡若高山之與深谿。有水曰澗無水曰谿 若白堊之與黑漆。則無所用智。雖愚猶可矣。且治亂存亡則不然。如可知。如可不知。如可見。如可不見。〇孫疑兩可不文例據李善注文選東方曼倩非有先生論作不可爲是 故智士賢者相與積心愁慮以求之。積累其仁心思慮其善政以求致治也 猶尚有管叔蔡叔之事與東夷八國不聽之謀。成王幼少周公攝政勤心國家以致太平管叔周公弟也蔡叔周公兄也流言作亂東夷八國附從二叔不聽王命周公居攝三年伐奄八國之中最大著在尚書餘七國小又先服故不載於經也〇梁伯子以諸書皆言管蔡是周公弟唯孟荀及史記以管叔爲周公兄此又言蔡叔爲周公兄益不可信全謝山以皐鼬之會將長蔡於衞不聞長蔡於魯安得如此注所言乎 故治亂存亡。其始若秋毫。喻微細也 察其秋毫。則大物不過矣。過失也 魯國之法。魯人爲人臣妾於諸侯。有能贖之者。取其金於府。子

貢贖魯人於諸侯。來而讓不取其金。孔子曰。賜失之矣。自今以往。魯人不贖人矣。取其金。則無損於行。言無所損於德行也不取其金。則不復贖人矣。淮南記曰子貢讓而止善此之謂也○止舊本誤作亡義今據淮南齊俗訓本文改正子路拯溺者。其人拜之以牛。子路受之。孔子曰。魯人必拯溺者矣。淮南記曰子路受而勸德此之謂也孔子見之以細。觀化遠也。見其始知其終故曰觀化遠也楚之邊邑曰卑梁。○梁伯子云卑梁是吳邊邑史記十二侯表及楚世家伍子胥傳皆同楚邊邑乃鍾離也此與吳世家所載皆誤其處女與吳之邊邑處女桑於境上。戲而傷卑梁之處女。卑梁人操其傷子以讓吳人。吳人應之不恭。怒殺而去之。吳人往報之。盡屠其家。卑梁公怒。公卑梁大夫也楚僭稱王守邑大夫皆稱公若周之單襄公成肅公劉文公也曰。吳人焉敢攻吾邑。舉兵反攻之。反更也老弱盡殺之矣。吳王夷昧聞之怒。使人舉兵侵楚之邊邑。克夷而後去之。夷平吳楚以此大隆。隆當作格格鬬也吳公子光又率師與楚人戰於雞父。公子光夷昧之子也大敗楚人。獲其帥潘子臣小帷子陳夏齧。潘子臣小帷子楚二大夫也雞父之戰胡沈陳蔡皆佐楚戰故吳獲之夏姓齧名陳大夫○案雞父之戰獲陳夏齧在魯昭卅三年吳太子終纍敗楚舟師獲潘子臣小帷子在定六年此誤合為一釋文云帷本又作帷羣經音辨云小帷子楚人也音誰又反伐郢。又復也郢楚國都也得荊平王之夫人以歸。○盧云案左氏昭卅三年傳云楚太子建之母在鄖召吳人而啓之冬十月甲申吳大子諸樊入郢取楚夫人與其寶器以歸與雞父之戰同一年事實為雞父之戰。凡持國。太上知始。其次知終。其次知中。三者不能。國必危。身必窮。言楚不知始與終又不知中故國危身窮也孝經曰。高而不危。所以長守貴也。滿而不溢。所以長守富也。富貴不離其身。然後能保其社稷而和其民人。楚不能之也。○黃東發云觀此所引然則孝經固古書也

鄭公子歸生率師伐宋。魯宣二年傳曰鄭公子歸生受

命于楚伐宋言受命於楚與晉爭盟也宋華元率師應之大棘應禦也大棘宋邑今陳留襄邑南大棘是也羊斟御。明日將戰。華元殺羊饗士。羊斟不與焉。與及也明日戰。怒謂華元曰。昨日之事子爲制。昨日之事殺羊事也今日之事我爲制。今日之事御事也○陳氏樹華春秋內傳攷正云左傳子爲政我爲政此或因始皇名改但他卷不盡然遂驅入於鄭師。宋師敗績。華元虜。爲鄭虜夫弩機差以米則不發。戰大機也。饗士而忘其御也。將以此敗而爲虜。豈不宜哉。傳曰羊斟非人也以其私憾敗國殄民刑孰大焉此之謂也故凡戰必悉熟偏備。知彼知己。然後可也。古之良將人饋之單醪輸之於川與士卒從下流飲之示不自獨享其味也華元羊肉不及羊斟而身見虜故曰凡戰必悉熟偏備知彼知己○注單醪亦作簞醪李善注文選張景陽七命引黃石公記曰昔良將之用兵也人有饋一簞之醪投河令衆迎流而飲之夫一簞之醪不味一河而三軍思爲致死者以滋味及之也或以爲楚莊王事獨享宋邦乂本作獨周形近而訛今改正

魯季氏與郈氏鬭雞。郈氏介其雞。介甲也作小鎧著雞頭也○案淮南人閒訓注云介以芥菜塗其雞翅也與此互異季氏爲之金距。以利鐵作鍛距沓其距上季氏之雞不勝。季平子怒。因歸郈氏之宮而益其宅。平子名意如悼子紇之子也侵郈氏宮以益己宅○淮南歸作侵又下句作而築之宅郈昭伯怒。傷之於昭公。郈氏魯孝公子惠伯華之後也以字爲氏因曰郈氏昭謚也傷猶譖也○梁仲子云惠伯華禮記檀弓上注作惠伯鞏正義引世本作革字形並相近以字爲氏當作以邑爲氏孝公八世孫成叔爲郈大夫因以爲氏曰。禘於襄公之廟也。舞者二人而已。其餘盡舞於季氏。禘大祭也襄公昭公之父也禮天子八佾諸侯六佾六佾者四十八人於襄公廟二人餘在季氏季氏僭也○二人左傳淮南並同吳斗南兩漢刊誤補遺曰人當作八舞必以八人成列故鄭人賂晉以女樂二八若四人尚不成樂況二人乎盧云案秦遺戎王女樂亦是二八齊遺魯女樂八十人御覽引家語作二八知此二人斷然字誤魯自隱公初用六羽當有六八季氏大夫本有四八今又取公之四佾以往故公止有二八譏高氏注亦本不誤乃鈔寫之失也季氏之無道無上久矣。弗誅。必危社稷。公怒不審。審詳也乃使郈昭伯將師徒以攻季氏。遂入其宮。仲孫氏叔孫氏相與謀曰。無季氏。則吾族也死亡無日矣。遂起甲以往。陷西北隅以入之。三

家爲一。郈昭伯不勝而死。昭公懼。遂出奔齊。卒於乾侯。乾侯晉邑魯昭聽傷。而不辯其義。辯別義宜懼以魯國不勝季氏。而不知仲叔氏之恐而與季氏同患也。是不達乎人心也。不達乎人心。位雖尊。何益於安也。以魯國恐不勝一季氏。況於三季同惡。同惡昭公固相助。權物若此其過也。非獨仲叔氏也。魯國皆恐。魯國皆恐。則是與一國爲敵也。其得至乾侯而卒猶遠。不菀國內乃至乾侯故以爲遠也

察微

七曰。東方之墨者謝子。將西見秦惠王。謝子關東人也學墨子之道惠王秦孝公之子駟也○說苑雜言篇作祁射子古謝射通惠王問秦之墨者唐姑果。唐姑果恐王之親謝子賢於己也。○說苑唐姑無果字舊校云親一作視對曰。謝子東方之辯士也。其爲人甚險。將奮於說以取少主也。奮彊也少主惠王也王因藏怒以待之。謝子至說王。王弗聽。謝子不說。遂辭而行。行去也凡聽言以求善也。所言苟善。雖奮於取少主。何損。所言不善。雖不奮於取少主。何益。不以善爲之慤。而徒以取少主爲之悖。慤誠也惠王失所以爲聽矣。用志若是。見客雖勞。耳目雖弊。猶不得所謂也。此史定所以得行其邪也。史定秦史此史定所以得飾鬼以人。罪殺不辜。羣臣擾亂。國幾大危也。人之老也。形益衰。衰肌膚消也而智益盛。老者見事多所聞廣故智益盛今惠王之老也。形與智皆衰邪。皆俱也荆威王學書於沈尹華。昭釐惡之。威王好制。威王楚懷王之父也制術數也有中謝佐制者。爲昭釐謂威王曰。國人皆

曰王乃沈尹華之弟子也。中謝官名也佐王制法制也○梁仲子云楚官有中射士見韓非十過篇此作中謝亦通用盧云史記張儀傳後陳軫舉中謝對楚王云云索隱云中謝蓋謂侍御之官則知楚之官實有中謝與此正同 王不說。因疏沈尹華。中謝細人也。細小人也 一言而令威王不聞先王之術。文學之士不得進。令昭釐得行其私。故細人之言不可不察也。且數怒人主以爲姦人除路。姦路以除。而惡壅卻。豈不難哉。除猶開通也故曰而惡壅卻豈不難也 夫激矢則遠。激水則旱。○案淮南兵略訓鶡冠子世兵篇俱作水激則悍矢激則遠史記賈誼傳索隱引此正作旱以言水激則去疾不能浸潤也與兩家作悍不同但近所行陸佃注鶡冠子本亦作旱小司馬又云說文旱與悍同音則亦可通用也 激主則悖。悖則無君子矣。夫不可激者。其唯先有度。度法也 鄰父有與人鄰者。有枯梧樹。其鄰之父言梧樹之不善也。鄰人遽伐之。鄰父因請而以爲薪。其人不說曰。鄰者若此其險也。豈可爲之鄰哉。此有所宥也。宥利也又云爲也○注頗難通疑宥與囿同謂有所拘礙而識不廣也以下文觀之猶言蔽耳 夫請以爲薪與弗請。此不可以疑枯梧樹之善與不善也。齊人有欲得金者。清旦被衣冠往鬻金者之所。見人操金。攫而奪之。吏搏而束縛之。問曰。人皆在焉。子攫人之金何故。對吏曰。殊不見人。徒見金耳。此眞大有所宥也。夫人有所宥者。固以晝爲昏。以白爲黑。以堯爲桀。宥之爲敗亦大矣。亡國之主其皆甚有所宥邪。故凡人必別宥然後知。句 別宥則能全其天矣。天身也○則能舊本作別能今案文義改

去宥

八曰。名正則治。名喪則亂。使名喪者淫說也。說淫則可不可而然不然。是

不是而非不非。（不可者而可之也不然者而然之也不是者而是之也不非者而非之也故曰淫說也）故君子之說也，足以言賢者之實不肖者之充而已矣。（充亦實也）足以喻治之所悖亂之所由起而已矣。（喻明悖惑○盧云左氏莊十一年傳云禹湯罪己其興也悖焉杜注云悖盛貌釋文云悖一作勃此當以治之所悖爲句不當訓盛疑是惑字之訛）足以知物之情人之所獲以生而已矣。凡亂者刑名不當也。人主雖不肖，猶若用賢，猶若聽善，猶若爲可者。其患在乎所謂賢從不肖也，（從使人從不肖自謂賢）所爲善而從邪辟，（使人從邪辟自謂善故曰其患也）所謂可從悖逆也。（可者乃從悖逆之道也）是刑名異充而聲實異謂也。夫賢不肖善邪辟可悖逆。（不肖者賢之邪辟者善之悖逆者可之也）國不亂身不危奚待也。（言亂亡立至無所復待也）齊湣王是以知說士而不知所謂士也。（湣王齊田常之孫田和立爲宣王湣王宣王之子也言知當敬義士不能知其所行徒謂之士也○梁仲子云前樂成篇義士作議士）故尹文問其故。（問所以爲士之故也）而王無以應。此公玉丹之所以見信而卓齒之所以見任也。任卓齒而信公玉丹，豈非以自讎邪。（公玉丹齊臣卓齒楚人亦爲湣王臣其斃由在此二人非欲以自斃也然二人卒斃之湣王無道齒殺之而擢其筋懸之於東廟終日以自斃者也○梁仲子云卓齒齊策作淖齒顏師古注人表淖音女教反字或作卓梁伯子云潛夫論作踔齒史記田單傳徐廣作悼齒注東廟後行論篇注亦同國策作廟梁）尹文見齊王。（尹文齊人作名書一篇在公孫龍前公孫龍稱之）齊王謂尹文曰：寡人甚好士。尹文曰：願聞何謂士。王未有以應。尹文曰：今有人於此，事親則孝，事君則忠，交友則信，居鄉則悌。有此四行者，可謂士乎。齊王曰：此眞所謂士已。（○舊校云已一作矣）尹文曰：王得若人，肯以爲臣乎。（○舊校云肯一作用）王曰：所願而不能得也。尹文曰：使若人於廟朝中，（○舊校云廟一作廣）深見侮而不鬭，王將以爲臣乎。王曰：否。大夫見侮而不鬭，則是辱也。○大夫疑衍大字辱則寡人弗以爲臣矣。尹文曰。雖見侮而不鬭。未失其四行也。未失其四行者。是未失其所以爲士一矣。未失其所以爲士一。而王以爲臣。失其所以爲士一。而王不以爲臣。則鄉之所謂士者乃士乎。王無以應。尹文曰。今有人於此。將治其國。民有非則非之。民無非則非之。民有罪則罰之。民無罪則罰之。而惡民之難治。可乎。王曰。不可。尹文曰。竊觀下吏之治齊也。方若此也。王曰。使寡人治信若是。則民雖不治。寡人弗怨也。雖不可治言不怨也意者未至然乎。王言意以爲未至如是○此注各本脫李本有尹文曰。言之不敢無說。請言其說。王之令曰。殺人者死。傷人者刑。民有畏王之令。深見侮而不敢鬭者。是全王之令也。○李本無之字而王曰見侮而不敢鬭。是辱也。夫謂之辱者。非此之謂也。以爲臣不以爲臣者。罪之也。此無罪而王罰之也。齊王無以應。論皆若此。故國殘身危。走而之穀。穀齊邑也如衞。如之也齊湣王周室之孟侯也。孟長也太公之所以老也。桓公嘗以此霸矣。管仲之辯名實審也。桓公以繼絕存亡率義以霸管子輔而成之不以土地之大也今此湣王繼纂國之胄借號不義之人無管子之輔假有之又不能用喻以桓公山頭井底不得方之者也

正名

呂氏春秋卷第十七

審分覽第五　君守　任數　勿躬　知度　愼勢　不二　執一

一曰。凡人主必審分。然後治可以至。〔主謂君也分謂仁義禮律殺生與奪之分也至者至於治也〕姦僞邪辟之塗可以息。〔息滅也〕惡氣苛疾無自至。〔自從也君德合則祥瑞應故苛疾無從來至也〕夫治身與治國。一理之術也。〔身治則國治故曰一理之術也〕今以衆地者公作則遲。有所匿其力也。〔作爲也遲徐也遲用其力而不勤也〕分地則速。無所匿遲也。〔分地獨也速疾也穫稼穡則入己分而有之各自欲得疾成無藏匿無舒遲也〕主亦有地。臣主同地。則臣有所匿其邪矣。〔邪私也不欲君知故蔽之也〕主無所避其累矣。〔累猶負也謂主不以正臨之令臣自欲容私故君無所避其負也〕凡爲善難。任善易。奚以知之。人與驥俱走。則人不勝驥矣。居於車上而任驥。則驥不勝人矣。人主好治人官之事。則是與驥俱走也。〔言君好爲人臣之官事是謂與驥俱走無以勝之也○舊校云人官一作人臣〕必多所不及矣。〔言力不贍也好自治人臣之所官事亦如之〕夫人主亦有車。居無去車。〔去猶釋也去讀去就之去○案居字舊在車字上係誤倒居字當屬下句今乙正〕則衆善皆盡力竭能矣。諂諛詖賊巧佞之人無所竄其姦矣。〔竄猶容也〕堅窮廉直〔堅剛也〕忠敦之士畢競勸騁騖矣。〔畢盡〕人主之車所以乘物也。察乘物之理。則四極可有。〔察明也有之易也〕不知乘物而自怙恃。奪其智能。多其教詔。而好自以。〔詔亦教以用也〕若此。則百官恫擾。〔恫動擾亂○恫玉篇作挏〕少長相越。萬邪並起。權威分移。〔政在家門〕不可以卒。不可以教。此亡國之風也。〔風化〕王良之所以使馬者。約審之以控其轡。而四馬莫敢不盡力。王良晉大夫郵無正郵良也以善御之功死託精於星天文王良策駟是也○郵無正見國語即左傳之郵無恤舊本郵作孫意即孫陽有道之主其所以使羣臣者亦有轡。其轡何如。正名審分是治之轡已。故按其實而審其名。以求其情。聽其言而察其類。無使放悖。放縱也悖亂也夫名多不當其實。而事多不當其用者。故人主不可以不審名分也。不審名分。是惡壅而愈塞也。名虛實爵號之名也分殺生與奪之分也傳曰唯器與名不可以假人君之所慎也故曰不可不審愈益也不審之而欲治猶惡壅而居下也故曰惡壅而愈塞也壅塞之任不在臣下。在於人主。君明則臣忠臣忠則政無壅塞故曰在於人主堯舜之臣不獨義。湯禹之臣不獨忠。得其數也。御之得其術桀紂之臣不獨鄙。幽厲之臣不獨辟。失其理也。厲王周宣王之父幽王周宣王之子言先幽厲倒文耳殺戮不辜曰厲壅過不達曰幽皆惡謚也○壅過逸周書獨斷蘇明允竝作壅遏今有人於此。求牛則名馬。求馬則名牛。所求必不得矣。失其名故不得也而因用威怒。有司必誹怨矣。牛馬必擾亂矣。百官衆有司也。萬物○舊校云一作邦羣牛馬也。不正其名。不分其職。而數用刑罰。亂莫大焉。夫說以智通。而實以過悗。以用○舊校云過一作遇又本悗作悅今案遇悅皆非也悗音瞞又音懣玉篇惑也莊子大宗師釋文廢忘也譽以高賢。而充以卑下。充實贊以潔白。而隨以汙德。以汙穢之德隨潔白之蹤里諺所謂牛頭而賣馬脯此理之謂也任以公法。而處以貪枉。與上賣馬脯義同用以勇敢。而堙以罷怯。將行罷怯以充勇敢之用故詩翁之似藁本蛇牀之類蘼蕪碧慮之亂美玉非猗頓不能別也闇主之於名實亦不能知也是以趙高壅蔽二世以鹿爲馬此之類也○蘼蕪博物志作蘼蕪此五者。皆以牛爲馬。以馬爲牛。名不正也。故名不正。則人主憂勞勤苦。而官職煩亂悖逆矣。國之亡也。名之傷也。從此生矣。白之顧益黑。顧反求之愈不得者。其此義邪。此牛名馬之類也故至治之務。在於正名。名正。則人主不憂勞矣。不憂勞。則不傷其耳目之主。主性也○案注似主本是生字 問而不詔。詔教也好問而行之不自專獨爲教詔 知而不爲。雖知之不與爲名其功也 和而不矜。和則成矣不自矜伐 成而不處。處居也老子曰功成而弗居此之謂也 止者不行。行者不止。因刑而任之。不制於物。無肎爲使。止者不行謂土也行者不止謂水也因形而任之不令土行不令水止也不制於物者不爲物所制物不能制之也若此人者王公不能屈何肎爲人之使令者乎 清靜以公。公正 神通乎六合。德耀乎海外。六合四方上下也海外四海之外 意觀乎無窮。譽流乎無止。流行 此之謂定性於大湫。性命也大湫猶大資 命之曰無有。無有無形也道無形無形言得道也 故得道忘人。乃大得人也。夫其非道也。得道澹然無所思慮故忘人也而人慕之此乃所以大得人也夫其非道也亦在其人也不能使人人得之也故曰夫其非道也○舊本作夫非其道也注同今案下數句皆其字在非字上今亦依例乙轉 知德忘知。乃大得知也。夫其非德也。自知有德忘人知之而人仰之此乃所以大得知也夫其非德也亦在其人也不能使人人知之也故曰夫其非德也 至知不幾。靜乃明幾也。夫其不明也。幾近也至有德雖萬里人猶知之故曰不幾也靜安也安處其德乃所以使人明之也望遠若近故曰靜乃明幾也夫其不明也亦在其人也明不能使人人見之故曰夫其不明也○盧云此所言幾即今人所謂機警也此與聖人言不逆詐不億不信先覺乃賢意相似注似非也 大明不小事。假乃理事也。夫其不假也。大明者垂拱無爲而化流行不治小事也假攝若周公魯隱攝理成致之也夫其不假也亦在其人也久假不歸惡乃知非故曰夫其不假也○舊本正文夫其不能下缺也字今依注補 莫人不能。全乃備能也。夫其不全也。假攝者務濟國事專濟歸之故曰莫人不能全乃備能也夫其不全也亦在其人也周公有流言之謗魯隱有鍾巫之難故曰夫其不全也推其本情但管蔡傾邪不達聖人之旨也其大乎子翬有欲太宰之志於是生之也○注其大乎三字衍仍當有一公字又生之疑是生心 是故於全乎去能。於假乎去事。於知乎去幾。所知者妙矣。妙微也 若此。則能順其天。意氣得游乎寂寞之宇矣。形性得安乎自然之所矣。全乎萬物而不宰。宰主 澤被天下而莫知其所自始。自從始首 雖不備五者。其好之者是也。人於此五者雖不能備有但能好慕

則幾矣

審分覽

二曰。得道者必靜。靜者無知。知乃無知。可以言君道也。故曰。中欲不出謂之扃。外欲不入謂之閉。○二語見文子上仁篇淮南主術訓 既扃而又閉。天之用密。有準不以平。有繩不以正。準法正直○準說文本作準从水隼聲而諸子書多省作准五經文字云字林作准今姑仍舊本 天之大靜。既靜而又寧。可以爲天下正。寧安正主 身以盛心。心以盛智。智乎深藏而實。莫得窺乎。窺見 鴻範曰。惟天陰騭下民。陰之者所以發之也。陰陽升降也言天覆生下民王者助天舉發明之以仁義也 故曰。不出於戶而知天下。不窺於牖而知天道。因人之知以知之○故曰者本老子德經之言下二語亦是 其出彌遠者其知彌少。不知人而恃己明不能察偶遠故彌少也 故博聞之人。彊識之士闕矣。闕短 事耳目深思慮之務敗矣。敗傷 堅白之察。無厚之辯外矣。外棄所以爲也 不出者所以出之也。不爲者所以爲之也。不出戶庭而知天下與出無異故曰所以出之不爲而有所成與爲無異故曰所以爲之 此之謂以陽召陽。以陰召陰。召致也 東海之極。水至而反。反還 夏熱之下。化而爲寒。寒暑更也 故曰天無形而萬物以成。天無所制而物自成 至精無象而萬物以化。說與昊天同 大聖無事而千官盡能。官得其人人任其職故盡能也 此乃謂不教之教。無言之詔。故有以知君之狂也。以其言之當也。君在言臣不敢諫之而自以其言爲當也是以知其言之狂 有以知君之惑也。以其言之得也。狂言而自得所以知其惑也 君也者。以無當爲當。以無得爲得者也。當與得不在於君。而在於臣。待臣臣正 故善爲君者無識。其次無事。

有識則有不備矣。（物不可悉識備識其物則爲不備也○注則爲朱本作則反有）有事則有不恢矣。（恢亦備也）不備不恢此官之所以疑。而邪之所從來也。今之爲車者。數官然後成。（輪輿轅軸各自有材故曰數官然後成）夫國豈特爲車哉。（特但）衆智衆能之所持也。不可以一物一方安車也。（方道也）夫一能應萬。無方而出之務者。（一者道也）唯有道者能之。魯鄙人遺宋元王閉。（鄙人小人也閉結不解者也）元王號令於國。有巧者皆來解閉。人莫之能解。兒說之弟子請往解之。（○韓非外儲說左上云兒說宋人善辯者也淮南人閒訓注云宋大夫）乃能解其一。不能解其一。且曰。非可解而我不能解也。固不可解也。問之魯鄙人。鄙人曰。然。固不可解也。我爲之而知其不可解也。今不爲而知其不可解也。是巧於我。故如兒說之弟子者。以不解解之也。（言此不可以解也乃能解）鄭大師文終日鼓瑟而興。再拜其瑟前曰。我效於子。效於不窮也。故若大師文者。以其獸者先之所以中之也。（徵射其獸走與矢會故中之也）故思慮自心傷也。（思慮勞精神而亂於心故自傷也）智差自亡也。（差過也用智過差極其情欲以自消亡也）奮能自殃。（奮彊也夏桀彊其能以肆無道自取破滅之殃）其有處自狂也。故至神逍遙倏忽。而不見其容。至聖變習移俗。而莫知其所從。離世別羣。而無不同。（同和）君民孤寡。而不可障壅。（孤寡人君之謙稱也能自卑謙名譽者不可防障）此則姦邪之情得。（得猶知也）而險陂讒慝諂諛巧佞之人無由入。（無從自入而見用也）凡姦邪險陂之人必有因也。何因哉。因主之爲。（因猶順也）人主好以己爲。（己所好情所欲則爲也）則守職者舍職而阿主之爲矣。（阿從）阿主之爲有過。則主無以責之。則人主日侵。而人臣日得。得其阿主之志也 是宜動者靜。宜靜者動也。尊之爲卑。卑之爲尊。從此生矣。此國之所以衰。而敵之所以攻之者也。奚仲作車。奚仲黃帝之後任姓也傳曰爲夏車正封于薛 蒼頡作書。蒼頡生而知書寫倣鳥跡以造文章 后稷作稼。后稷官也烈山氏子曰柱能植百穀蔬菜以爲稷○案柱在舜臣之稷之前又下云非至道者故不斆弃而以柱當之 皋陶作刑。虞書曰皋陶蠻夷猾夏寇賊姦宄女作士師五刑有服 昆吾作陶。昆吾顓頊之後吳回之孫陸終之子己姓也爲夏伯制作陶冶埏埴爲器○舊本注吳回下衍黎字今删 夏鯀作城。鯀禹父也築作城郭 此六人者所作當矣。當合也合其宜 然而非主道者。○舊校云主一作至 故曰。作者憂。因者平。惟彼君道。得命之情。故任天下而不彊。此之謂全人。全人全德之人無虧闕也

君守

三曰。凡官者以治爲任。以亂爲罪。今亂而無責。則亂愈長矣。長大 人主以好暴示能。以能暴示衆○舊校云暴一作爲今案爲字是也注暴示乃表暴之意若作能爲威嚴解正文與注竝窒礙 以好唱自奮。奮彊 人臣以不爭持位。孝經云臣不可以不爭於君此不爭持位非忠臣也 以聽從取容。阿意曲從以自容 是君代有司爲有司也。有司大臣也大臣臣君進思盡忠退思補過此聽從取容無有正君者君當自正耳是爲代有司爲有司 是臣得後隨以進其業。後隨隨後也其業不爭取容定業也 君臣不定。君不君臣不臣故不定也 耳雖聞。不可以聽。不可以聽五音 目雖見。不可以視。不可以視五色 心雖知。不可以舉。不可舉取 勢使之也。言其人不忠不正苟取容說志意傾邪故曰勢使之也 凡耳之聞也藉於靜。藉假也靜無聲乃有所聞故藉於靜 目之見也藉於昭。昭明也非明目無所見故藉明以見物 心之知也藉於理。去物斷義非理不決故藉於理以決物 君臣易操。則上之三官者廢矣。三官耳目心不得其正故曰廢 亡國之主。其耳非不可以聞也。其目非不可以見也。其心非不可以知也。君臣亂擾。上下不分。別雖聞曷聞。雖見曷見。雖

知曷知。雖知就利避害不知仁義與就利避害之本也去其本而求之於末故曰雖知曷知其聞見之義亦然 驕騁而因耳矣。此愚者之所不至也。驕騁田獵也田獵禽獸亡國之主所樂及脩其本者弗爲也故曰愚者之所不至也 不至則不知。不知則不信。言不知其君不信脩仁義無欲爲可以致治安國之本 無骨者不可令知冰。亡國之主不知去貪戀施仁惠若無骨之蟲春生秋死不知冬寒之有冰雪 有士之君能察此言也。則災無由至矣。且夫耳目知巧固不足恃。惟脩其數行其理爲可。理道 韓昭釐侯視所以祠廟之牲。其豕小。昭釐諡也晉宣子起之後也起生貞子居平陽生康子與趙襄子共滅智伯而分其地生武子都宜陽生景侯處徙陽翟釐侯景侯子也〇梁伯子云史記韓世家貞子生簡子簡子生莊子莊子生康子徐廣謂史記多無簡子莊子人表亦全然雖簡子見左傳及史晉趙世家惟莊子無攷今史記據世本譌似未見此也昭釐侯史作昭侯乃懿侯子非景侯子也 昭釐侯令官更之。以豕小使官更易大者 官以是豕來也。昭釐侯曰。是非嚮者之豕邪。官無以對。命吏罪之。從者曰。君王何以知之。君曰。吾以其耳也。言識其耳 申不害聞之。申不害鄭之京人昭釐侯之相 曰。何以知其聾。以其耳之聰也。〇聰舊本作聦訛今案下文改聰與聾韻協 何以知其盲。以其目之明也。何以知其狂。以其言之當也。故曰。去聽無以聞則聰。去視無以見則明。去智無以知則公。去三者不任則治。三者任則亂。任用也 以此言耳目心智之不足恃也。耳目心智其所以知識甚闕。闕短 其所以聞見甚淺。以淺闕博居天下。安殊俗。治萬民。其說固不行。博曠固必 十里之間。而耳不能聞。帷牆之外。而目不能見。三畝之宮。而心不能知。其以東至開梧。東極之國〇其以意林作而欲 南撫多顯。南極之國〇顯意林作鶴 西服壽靡。西極之國靡亦作麻〇大荒西經作南服壽麻南字訛注引亦作麻 北懷儋耳。北極之國〇大荒西經作闒耳 若之何哉。〇意林作何以得哉 故君人者不可不察此言也。治亂安危存亡。其道固無二也。故至智棄智。至仁忘仁。至德不德。無言無思。靜以待時。時至而應。心暇者勝。凡應之理。清淨公素。而正始卒焉。此治紀。無唱有和。無先有隨。古之王者其所爲少。其所因多。因者君術也。爲者臣道也。爲則擾矣。因則靜矣。因冬爲寒。因夏爲暑。君奚事哉。故曰。君道無知無爲。而賢於有知有爲。則得之矣。[賢愈得知] 有司請事於齊桓公。桓公曰。以告仲父。有司又請。公曰。告仲父。若是三。習者曰。一則仲父。二則仲父。易哉爲君。[習近習所親臣也] 桓公曰。吾未得仲父則難。已得仲父之後。曷爲其不易也。桓公得管子。事猶大易。又況於得道術乎。孔子窮乎陳蔡之閒。藜羹不斟。七日不嘗粒。[無藜羹可斟無粒可食故曰不斟不嘗○斟乃糂之訛說文糂以米和羹也前愼人篇作不糝] 晝寢。顏回索米。得而爨之。幾熟。孔子望見顏回攫其甑中而食之。選間食熟。[選間須臾] 謁孔子而進食。孔子佯爲不見之。孔子起曰。今者夢見先君。食潔而後饋。[○孫云御覽八百三十八後作欲李善注文選陸士衡君子行作食潔故饋] 顏回對曰。不可。嚮者煤炱入甑中。棄食不祥。回攫而飲之。[煤炱煙塵也入猶墮也○煤炱舊本訛作煤室孫云選注作炱煤梁仲子云盧玉川詩當天一搭如煤炱政用此室與炱形近致訛今定作煤炱舊本注煙塵下多之煤二字乃衍文又墮作墜今皆依選注刪正] 孔子歎曰。所信者目也。而目猶不可信。所恃者心也。而心猶不足恃。[目見安不可信心度安不足恃] 弟子記之。知人固不易矣。[記識] 故知非難也。孔子之所以知人難也。

任數

四曰。人之意苟善。雖不知。可以爲長。長上 故李子曰。非狗不得免。免化而狗。
則不爲免。人君而好爲人官。有似於此。作君而好治人官職似兔化而爲狗也 其臣蔽之。人時禁之。
人時有止之者 君自蔽。則莫之敢禁。夫自爲人官。自蔽之精者也。精甚 被篲日用。而不
藏於篋。被篲賤物也日用掃除故不藏於篋喻人君好治人臣之職與被篲何異 故用則衰。動則暗。作則倦。君用思臣識則志衰也舉動作臣安社稷利民
之事未必能獨當是自見蒙闇也代臣作趨走力役之事則心倦 衰暗倦三者。非君道也。大橈作甲子。黔如作虜首。○舊
校云虜一作慮案虜與慮皆不可解世本云隸首作數或是此誤亦疑虜首當是蔀首 容成作厤。羲和作占日。尙儀作占月。○尙儀卽常儀古讀
儀爲何後世從有嫦娥之鄙言 后益作占歲。胡曹作衣。夷羿作弓。祝融作市。儀狄作酒。高元作
室。虞姁作舟。伯益作井。赤冀作臼。乘雅作駕。○舊校云雅一作持案荀子解蔽篇云乘杜作乘馬楊倞注云呂氏春秋作一駕一字或
衍文疑舊校持字乃杜字之誤杜卽相土也 寒哀作御。○寒哀卽世本之韓哀古寒韓通哀舊本作衰誤孫云蜀志郤正傳注引作韓哀 王冰作服牛。史皇
作圖。巫彭作醫。巫咸作筮。蓍筮 此二十官者。聖人之所以治天下也。聖王不
能二十官之事。然而使二十官盡其巧。畢其能。聖王在上故也。聖王在上官使人人任其事也
故盡畢其巧能也 聖王之所不能也。所以能之也。用其人得其任故所以能 所不知也。所以知之也。老子
曰不知乃知之此之謂 養其神。脩其德。而化矣。無所思慮勞神是養神也無狀而能化化育萬物謂也○謂疑衍否或上當有之字 豈必勞形愁
弊耳目哉。是故聖王之德。融乎若日之始出。極燭六合。極北極天太陰也日能燭之○日舊訛月注同趙云極燭
猶言徧燭注非 而無所窮屈。昭乎若日之光。變化萬物。而無所不行。神合乎太一。生
無所屈。而意不可障。大徧也神與徧合生道乃無詘厭志意徧達不可障塞 精通乎鬼神。深微玄妙。而莫見其

形。今日南面。百邪自正。而天下皆反其情。南面當陽而治謂之天子也反本○朱本注末有也字黔首畢樂其志。安育其性。而莫爲不成。莫無故善爲君者。矜服性命之情。而百官已治矣。黔首已親矣。名號已章矣。章明也管子復於桓公復白曰。墾田大邑。○新序大作捬韓詩外傳作墾田仞邑辟土藝粟。盡地力之利。臣不若甯遬。請置以爲大田。甯遬甯戚○占戚遬同音遬卽速登降辭讓。進退閑習。臣不若隰朋。請置以爲大行。大行官名也周禮大行人掌大賓客之禮以親諸侯蚤入晏出。犯君顏色。進諫必忠。不辟死亡。不重富貴。臣不若東郭牙。請置以爲大諫臣。楚有箴尹之官亦諫臣○外傳新序皆無大字御覽二百七十三無臣字梁仲子云管子小匡篇作鮑叔牙爲大諫平原廣城。○城疑域新序作圍車不結軌。士不旋踵。結交也車兩輪閒曰軌鼓之。三軍之士視死如歸。臣不若王子城父。○新序作成甫外傳亦作成請置以爲大司馬。司馬主武之官也周禮大司馬之職掌建國之九法以佐王平邦國也決獄折中。不殺不辜。不誣無罪。臣不若弦章。○管子作賓須無王厚齋云案說苑弦章在景公時當以管子爲正梁仲子云小匡篇作子旗爲大理子旗蓋弦章之字孫云韓非外儲說左下作弦商新序四作弦寧請置以爲大理。大理治獄官君若欲治國彊兵。則五子者足矣。君欲霸王。則夷吾在此。桓公曰善。令五子皆任其事。以受令於管子。受管子之令十年。九合諸侯。一匡天下。皆夷吾與五子之能也。管子人臣也。不任己之不能。○黃氏日抄引作不任己之能而以盡五子之能。況於人主乎。人主知能不能之可以君民也。則幽詭愚險之言無不職矣。百官有司之事畢力竭智矣。五帝三王之君民也。下固不過畢力竭智也。夫君人而知無恃其能勇力誠信。則近之矣。凡君也者。處平靜。任德化。

以聽其要。若此則形性彌羸。而耳目愈精。百官慎職而莫敢愉綖。愉解綖緩○舊校云慎一作順人事其事。以充其名。上事治也名實相保。之謂知道。

勿躬

五曰。明君者。非徧見萬物也。明於人主之所執也。有術之主者。非一自行之也。知百官之要也。知百官之要。故事省而國治也。明於人主之所執。故權專而姦止。姦止則說者不來而情諭矣。情者不飾飾虛而事實見矣。此謂之至治。至治之世。其民不好空言虛辭。不好淫學流說。不學正道爲淫學邪說謂之流說賢不肖各反其質。反本質正行其情不雕其素。素樸也本性純樸不雕飾之以爲華藻也○行其情舊作其行情孫云李善注文選齊竟陵王行狀引作行其情今依乙正蒙厚純樸。以事其上。若此則工拙愚智勇懼可得以故易官。易官則各當其任矣。故有職者安其職不聽其議。有亂衆干度之議者不聽之無職者責其實以驗其辭。驗功○案功字必誤疑當爲効又疑是劾此二者審則無用之言不入於朝矣。君服性命之情。去愛惡之心。愛惡好憎用虛無爲本。虛無無所愛惡也無所愛惡則公正治之本也以聽有用之言謂之朝。有用之言謂忠正有益於國者凡朝也者。相與召理義也。召致相與植法則也。植立上服性命之情。則理義之士至矣。法則之用植矣。枉辟邪撓之人退矣。撓曲貪得僞詐之曹遠矣。曹衆故治天下之要存乎除姦。除姦之要存乎治官。治官之要存乎治道。治道之要存乎知性命。知性命則不珍難得之物不爲無益之事唯道是從利民而已故子華子曰。厚而不博。敬守一事。子華子體道人

也一事正事 正性是喜。羣衆不周。而務成一能。一能專一之能言公正 盡能旣成。四夷乃平。平和 唯彼天符。不周而周。忠信爲周 此神農之所以長。而堯舜之所以章也。長猶盛也章著明也以用也 人主自智而愚人。自巧而拙人。自智謂人愚自巧謂人拙詩云惟彼不順自獨俾臧自有肺腸俾民卒狂愚拙者此之謂也○注此字疑衍 若此。則愚拙者請矣。君自謂智而巧故愚拙者從之請也 巧智者詔矣。詔教 詔多。則請者愈多矣。聽益亂 請者愈多。且無不請也。主雖巧智。未無不知也。未能盡無所不知也 以未無不知應無不請。其道固窮。固必 爲人主而數窮於其下。將何以君人乎。窮而不知其窮。其患又將反以自多。反更多大 是之謂重塞之主。無存國矣。故有道之主因而不爲。因循舊法不改爲 責而不詔。責臣成功不妄以偏見教詔 去想去意。靜虛以待。不伐之言。不奪之事。督名審實。官復自司。以不知爲道。以奈何爲寶。道尚不知不知乃知也以不知爲貴因循長養不戾自然之性故以不可柰何爲寶也○自有道之主以下亦見淮南主術訓一二文異不復別出此爲寶舊校云一作實則正與淮南合觀此注意似亦當作實爲是 堯曰若何而爲及日月之所燭。燭照 舜曰若何而服四荒之外。荒裔遠也 禹曰若何而治青北化九陽奇怪之所際。皆四夷之遠國際至也 趙襄子之時。以任登爲中牟令。○韓非外儲說左上任登作王登 上計。言於襄子曰。中牟有士曰膽胥己。請見之。○韓非作中章胥已是二人下云一日而見二中大夫 襄子見而以爲中大夫。以用也 相國曰。意者君耳而未之目邪。爲中大夫若此其易也。○易舊作見訛今案文義改正 非晉國之故。故法 襄子曰。吾舉登也。已耳而目之矣。登所舉。吾又耳而目之。謂耳任登之名目任登之實登之所舉豈復假耳目哉○舊本吾又耳而目之下亦有矣字今從韓非去之 是耳目人終無已也。遂不復問而以爲中大夫。襄子何爲。任人則賢者畢力。（畢盡也）人主之患。必在任人而不能用之。用之而與不知者議之也。絕江者託於船。致遠者託於驥。霸王者託於賢。伊尹呂尙管夷吾百里奚。此霸王者之船驥也。釋父兄與子弟。非疏之也。（言其父兄子弟不肖不能爲霸王之船驥故釋之非苟遠也）任庖人釣者與仇人僕虜。非阿之也。持社稷立功名之道不得不然也。（庖人卽伊尹釣者卽呂尙仇人卽管夷吾僕虜卽百里奚之輩非阿之取其可以爲社稷功名之道）猶大匠之爲宮室也。量小大而知材木矣。訾功丈而知人數矣。（訾相也相功力丈尺而知用人數多少也○說苑尊賢篇作比功校而知人數矣）故小臣呂尙聽。而天下知殷周之王也。（殷之盡周之與○此注誤小戶湯之師也謂伊尹見尊師篇）管夷吾百里奚聽。（○舊校云一作任案說苑作任）而天下知齊秦之霸也。豈特驥遠哉。（○當作豈特船驥哉說苑作豈特船乘哉）夫成王霸者固有人。亡國者亦有人。桀用羊辛。（○說見當染篇）紂用惡來。宋用唐鞅。（○從說苑作唐鞅亦見當染篇舊本作駃唐誤）齊用蘇秦。而天下知其亡。（○舊本無知字又其字譌作甚今亦從說苑改正）非其人而欲有功。譬之若夏至之日而欲夜之長也。（○若說苑作甚）射魚指天而欲發之當也。（當中）舜禹猶若困。而況俗主乎。（○若說苑作亦）

知度

六曰。失之乎數。求之乎信。疑。（失誠信之數欲人信之故疑）失之乎勢。求之乎國。危。（失居上之勢以恃有國故危也）吞舟之魚。陸處則不勝螻蟻。（螻蟻食也）權鈞則不能相使。勢等則不能相并。治亂齊則不能相正。故小大輕重少多治亂不可不察。（察知也）此禍福之門也。凡冠帶之國。舟車之所通。通達 不用象譯狄鞮。方三千里。周禮象胥掌蠻夷閩越戎狄之國使傳通其言也東方曰羈南方曰象西方曰狄鞮北方曰譯國語所謂曰羈南三千里內被服五常華夏之盛明胡不用象譯狄鞮也○注象胥下舊本衍古字今刪閩越周禮作閩貉王制東方曰寄此作羈未詳何出國語所謂曰羈南七字疑衍文胡字亦疑衍
古之王者擇天下之中而立國。國千里之畿 擇國之中而立宮。擇宮之中而立廟。
天下之地。方千里以為國。所以極治任也。非不能大也。其大不若小。其多不若少。在德不在人傳曰楚子觀兵于周疆問鼎之大小輕重焉王孫滿對曰在德不在鼎德之休明雖小重其姦回昏亂雖大輕是也故曰其大不若小其多不若少○注舊本作在德之休明雖大輕文有脫漏今依傳補十二字 衆封建。非以私賢也。所以便勢全威。衆多 所以博義。義博利則無敵。無敵者安。故觀於上世。其封建衆者其福長。○孫云李善注文選陸士衡五等論引作所以博利博義也利博義博則無敵也
其名彰。神農十七世有天下。與天下同之也。神農炎帝也農植嘉穀化養兆民天下號之曰神農 王者之封建也。彌近彌大。彌遠彌小。近國大遠國小彊幹弱枝 海上有十里之諸侯。海上四海之上言遠也十里小國 以大使小。以重使輕。以衆使寡。此王者之所以家以完也。家室也王者以天下為家故所以天下為國 故曰。以滕費則勞。以鄒魯則逸。滕費小故勞也鄒魯大故逸也 以宋鄭則猶倍日而馳也。倍日而馳以行其威易也 以齊楚則舉而加綱旃而已矣。齊楚最大舉綱紀加之於小國無大勢故曰而已矣 所用彌大。所欲彌易。用大使小欲盡濟故曰彌易 湯其無郼。郼岐湯武之本國假令無之賢雖十倍不能以成功業○郼說見慎大篇 武其無岐。賢雖十全不能成功。湯武之賢。而猶藉知乎勢。又況不及湯武者乎。故以大畜小吉。以小畜大滅。滅亡也 以重使輕從。從順 以輕使重凶。凶逆也 自此觀之。夫欲定一世安黔首之命。功名著乎槃盂。銘篆著乎壺鑑。其勢不厭尊。其實不厭多。多實尊勢。賢士制

之以遇亂世。王猶尚少。以尊勢賢士之佐遇亂世而王尙爲少 天下之民窮矣苦矣。民之窮苦彌甚。王者之彌易。苦紂之民紂之亂與武王陳其牧野倒矢而射橫戈而戰武王由是彌易 凡王也者窮苦之救也。水用舟。陸用車。塗用輴。沙用鳩。山用樏。○案文子自然篇水用舟沙用肆泥用輴山用樏釋音云肆乃爲切推版具又淮南齊俗訓譬若舟車輴肆窮廬葉林宗本作肆俗本作鳩至脩務訓葉本亦作鳩矣 因其勢也者令行。○案因其勢也下似當云因其勢者其令行補四字語氣方完 位尊者其敎受。受因 威立者其姦止。此畜人之道也。故以萬乘令乎千乘易。以千乘令乎一家易。以一家令乎一人易。嘗識及此。雖堯舜不能。不能以行其化○嘗識及此疑是嘗試反此 諸侯不欲臣於人而不得已。其勢不便。則奚以易臣。奚何也 權輕重。審大小。多建封。所以便其勢也。王也者勢也。王也者勢無敵也。勢有敵。則王者廢矣。有知小之愈於大。少之賢於多者。則知無敵矣。知無敵。則似類嫌疑之道遠矣。故先王之法。立天子。不使諸侯疑焉。立諸侯。不使大夫疑焉。立適子。不使庶孽疑焉。尊卑皆有別 疑生爭。爭生亂。是故諸侯失位。則天下亂。大夫無等。則朝廷亂。妻妾不分。則家室亂。適孽無別。則宗族亂。愼子曰。今一兔走。百人逐之。愼子名到作法書四十二篇在申不害韓非前申韓稱之也○注舊本作四十一篇今據漢書藝文志改 非一兔足爲百人分也。由未定。未定者人欲望之也 由未定。堯且屈力。而況衆人乎。屈竭也 積兔滿市。行者不顧。顧視 非不欲兔也。分已定矣。分已定。人雖鄙不爭。故治天下及國。在乎定分而已矣。分土畫界各守其封故定分也○注定分似當作分定 莊王圍宋九月。莊王楚穆王子共王父也圍宋在魯宣十五年○春秋圍宋在宣十四年之秋踰年而始與平故高注每云十五年 康王圍宋五月。康王楚共王審之子莊王之孫也宋君病不以告故不書於經聲王圍宋十月。聲王楚惠王熊章之孫簡王之子在春秋後楚三圍宋矣。而不能亡。非不可亡也。以宋攻楚。奚時止矣。宋無德楚亦無德故曰以宋攻楚也凡功之立也。賢不肖彊弱治亂異也。齊簡公有臣曰諸御鞅。諫於簡公曰。陳成常與宰予。之二臣者。甚相憎也。簡公悼公陽生之子壬也陳成常陳乞之子恆也宰予字子我○注壬舊本作王子訛今改正闞止字子我諸子多誤以爲宰予臣恐其相攻也。相攻唯固。則危上矣。願君之去一人也。相憎不可並也故願去一也簡公曰。非而細人所能識也。○舊校云而一作汝識一作議居無幾何。陳成常果攻宰予於庭。卽簡公於廟。○說苑正諫篇作賊簡公於朝簡公喟焉太息曰。余不能用鞅之言。以至此患也。失其數。無其勢。雖悔無聽鞅也。與無悔同。悔恨是不知恃可恃而恃不恃也。周鼎著象。爲其理之通也。理通君道也。○周鼎著象詳見先識覽

愼勢

七曰。聽羣衆人議以治國。國危無日矣。聽從也聽從衆人之議人心不同如其面焉故國不能安寧也詩曰如彼築室于道謀是用不潰于成此之謂也何以知其然也。老耽貴柔。孔子貴仁。墨翟貴廉。關尹貴淸。關尹關正也名喜作道書九篇能相風角知將有神人而老子到喜說之請著上至經五千言而從之遊也○老耽困學紀聞十引仍作老聃子列子貴虛。體道人也壺子弟子陳駢貴齊。陳駢齊人也作道書二十五篇貴齊齊死生等古今也○注舊本作一十五篇今據漢書藝文志改陽生貴己。輕天下而貴己孟子曰陽子拔體一毛以利天下弗爲也○李善注文選謝靈運述祖德詩引作楊朱陽楊古多通用孫臏貴勢。孫臏楚人爲齊臣作謀八十九篇權之勢也○梁伯子云史漢皆以孫臏爲齊人此獨以爲楚人當別有據王廖貴先。兒良貴後。王廖謀兵事貴先建策也兒良作兵謀貴後此十人者。皆天下之豪士也。○舊本無此十一字孫云李善注文選賈誼過秦論陸士衡豪士賦序皆有今據補盧云此下疑所

眡尙多引此十人必不如是而止應有斷制語後安死篇故反以相非一段頗似此處文又此下段亦必別有發端語而今無從考補矣有金鼓所以一耳。金鐘也擊金則退擊鼓則進必同法令所以一心也。智者不得巧。愚者不得拙。所以一衆也。勇者不得先。懼者不得後。所以一力也。故一則治。異則亂。一則安。異則危。夫能齊萬不同。愚智工拙皆盡力竭能。如出乎一穴者。〇舊校云穴一作空案空與孔同其唯聖人矣乎。無術之智。不教之能。而恃彊速貫習。不足以成也。

不二

八曰天地陰陽不革而成。萬物不同。革改也不同區以別也目不失其明。而見白黑之殊。耳不失其聽。而聞清濁之聲。清商濁宮王者執一。而爲萬物正。一者平正者主軍必有將。所以一之也。將主國必有君。所以一之也。天下必有天子。所以一之也。天子必執一。所以摶之也。〇摶與專同說見前舊作搏訛一則治。兩則亂。今御驪馬者。使四人人操一策。則不可以出於門閭者。不一也。驪馬騈馬也在中曰服在邊曰騑策鑾策也御四馬者六轡乃四人持故曰不一楚王問爲國於詹子。詹何隱者詹子對曰。何聞爲身。不聞爲國。身治國亂未之有也故曰爲身〇爲訓治也意林兩爲字即改作治詹子豈以國可無爲哉。以爲爲國之本在於爲身。身爲而家爲。家爲而國爲。國爲而天下爲。故曰以身爲家。以家爲國。以國爲天下。爲治此四者異位同本。故聖人之事。廣之則極宇宙窮日月。窮亦極也約之則無出乎身者也。慈親不能傳於子。忠臣不能入於君。唯有其材者爲近之。近猶知也田駢以道術說齊。齊王應之曰。寡人所有者齊國也。願聞齊國之政。田駢對曰。臣之言。無政而可以得政。譬之若林木。無材而可以得材。材從林生 願王之自取齊國之政也。駢猶淺言之也。博言之。豈獨齊國之政哉。變化應求。而皆有章。因性任物。而莫不宜當。當合 彭祖以壽。三代以昌。彭祖殷賢大夫治性壽益七百論語曰竊比於我老彭此之謂也三代夏殷周以治性而昌盛 五帝以昭。神農以鴻。五帝黃帝軒轅顓頊高陽帝嚳高辛帝堯陶唐帝舜有虞神農炎帝三皇之一也皆以治世體道昭明鴻盛也 吳起謂商文曰。事君果有命矣夫。吳起衞人爲楚將又相魏爲西河太守商文蓋魏臣也○梁仲子云商文史記吳起傳作田文與孟嘗君同姓名 商文曰。何謂也。吳起曰。治四境之內。成訓教。變習俗。使君臣有義。父子有序。子與我孰賢。商文曰。吾不若子。若如也 曰。今日置質爲臣。其主安重。置猶委也 今日釋璽辭官。其主安輕。子與我孰賢。商文曰。吾不若子。子謂吳起○此可不注又不應在次見下得無後人所爲乎 曰。士馬成列。馬與人敵。人在馬前。援桴一鼓。使三軍之士樂死若生。子與我孰賢。商文曰。吾不若子。吳起曰。三者子言不吾若也。位則在吾上。命也夫事君。言事君由天命 商文曰。善。子問我。我亦問子。世變主少。羣臣相疑。黔首不定。○孫云御覽四百四十六此下有當此之壯四字 屬之子乎。屬之我乎。吳起默然不對。少選曰。與子。少選須臾也與猶歸 商文曰。是吾所以加於子之上已。吳起見其所以長。而不見其所以短。知其所以賢。而不知其所以不肖。故勝於西河。而困於王錯。王錯譖之於武侯故曰困於王錯 傾造大難。身不得死焉。大難車裂之難○盧云起後在楚事悼王王死貴人相與射起起伏王尸而死見史記本傳此書後貴卒篇亦同至戰國秦策韓非難言問田兩篇史記蔡澤傳皆言起支解此亦可信既攢射矣何必不斷割唯此注言車裂則非是夫吳勝於齊。吳王夫差破齊於艾陵而不勝於越。越王句踐破吳王夫差於五湖齊勝於宋。齊宣王伐宋而勝○案史表滅宋者齊湣王也而不勝於燕。燕昭使樂毅伐齊下其城七十二也故凡能全國完身者。其唯知長短贏絀之化邪。

執一

呂氏春秋卷第十八

審應覽第六　重言　精諭　離謂　淫辭　不屈　應言　具備

一曰。人主出聲應容。不可不審。凡主有識。言不欲先。淮南記曰先唱者窮之路後動者達之原也故言勤欲後人唱我和。人先我隨。以其出爲之入。以其言爲之名。取其實以責其名。實德行之實也名德行之名也蓋虛名可以僞致顯實難以詐成故以其實考責其名也○注蓋虛名可以僞致舊本多作虛稱不可以爲致今從劉本改正則說者不敢妄言。其爲名實不相當也而人主之所執其要矣。要約也孔思請行。魯君曰。天下主亦猶寡人也。將焉之。孔思子思伯魚之子也行去之他也孔思對曰。蓋聞君子猶鳥也。駭則舉。魯君曰。主不肖。而皆以然也。違不肖過不肖。而自以爲能論天下之主乎。凡鳥之舉也。去駭從不駭。駭擾也去駭從不駭。未可知也。去駭從駭。則鳥曷爲舉矣。孔思之對魯君也亦過矣。魏惠王使人謂韓昭侯曰。夫鄭乃韓氏亡之也。願君之封其後也。惠王魏武侯子也孟子所見梁惠王也韓哀侯滅鄭初兼其國昭侯哀侯之孫也故適使封鄭之後此所謂存亡繼絕之義。君若封之。則大名。昭侯患之。公子食我曰。臣請往對之。公子食我至於魏。見魏王曰。大國命弊邑封鄭之後。弊邑不敢當也。弊邑爲大國所患。昔出公之後聲氏爲晉公拘於銅鞮。大國弗憐也。而使弊邑存亡繼絕。弊邑不敢當也。大國謂魏國也言韓當爲大國所憂出公聲氏韓之先君也會爲晉公所執於銅鞮魏國不救故曰大國不憐也欲使韓封鄭之後故曰弊邑不敢當也魏王慙曰。固非寡人之志也。客

請勿復言。言封鄭非寡人意也故令客勿復言也是舉不義以行不義也。魏王雖無以應。韓之爲不
義愈益厚也。厚多也公子食我之辯適足以飾非遂過。飾好其非遂成其過魏昭王問於田
詘曰。寡人之在東宮之時。昭王哀王之子也東宮世子也詩云東宮之妹邢侯之姨○注舊本作昭王襄王之子譌據魏世家改正聞先生之議
曰爲聖易。有諸乎。有是言不○注末舊衍可字今刪田詘對曰。臣之所舉也。言有是言昭王曰。然則先
生聖于。于乎也○盧云古于乎通列子黃帝篇今汝之鄙至此乎殷敬順釋文云本又作于田詘對曰。未有功而知其聖也是堯
之知舜也。待其功而後知其舜也。是市人之知聖也。今詘未有功。而王問
詘曰若聖乎。敢問王亦其堯邪。昭王無以應。田詘之對昭王。固非曰我知
聖也耳。問曰先生其聖乎。己因以知聖對昭王。己謂田詘昭王有非其有。田詘不
察。察知也趙惠王謂公孫龍曰。寡人事偃兵十餘年矣。而不成。兵不可偃乎。惠王
趙襄子後七世武靈王之子吳娃所生事治偃止也○注吳娃舊本作吳姬訛今改正公孫龍對曰。偃兵之意。兼愛天下之心也。兼
愛天下。不可以虛名爲也。必有其實。虛空實誠今藺離石入秦。二縣叛趙自入於秦也今屬西河而王
縞素布總。縞素布總喪國之服○舊本布作出校云一作布今案出明是訛字故竟定作布東攻齊得城。而王加膳置酒。得國之樂也言
王不兼愛也秦得地而王布總。秦得藺離石也齊亡地而王加膳。置酒而爲歡所非兼愛之心也。○所非疑
是此非此偃兵之所以不成也。今有人於此。無禮慢易而求敬。阿黨不公而求
令。煩號數變而求靜。暴戾貪得而求定。雖黃帝猶若困。困不能諧衛嗣君欲重稅
以聚粟。民弗安。以告薄疑曰。民甚愚矣。嗣君蒯聵後八世平侯之子也秦貶其號爲君薄疑其臣也故以重稅告之謂民爲愚○注舊本後下衍

一也字今删以瞯瞍後爲君者謂之則八世以序次言之實六世也　夫聚粟也將以爲民也。其自藏之與在於上奚擇。言民自藏粟於家與藏之於官何擇擇失也○注失也似當作異也見下注　薄疑曰。不然。其在於民。而君弗知。知猶得也　其不如在上也。爲官言不如其在上上謂官　其在於上。而民弗知。其不如在民也。爲民言不如在於民　凡聽必反諸己。審則令無不聽矣。聽從　國久則固。固則難亡。今虞夏殷周無存者。皆不知反諸己也。公子沓相周。申向說之而戰。申向周人申不害之族也爲公子沓相說見公子而戰戰懼也　公子沓訾之曰。申子說我而戰。爲吾相也夫。訾毁也說我我說之也而戰懼毁之言不任爲吾相也夫不滿之辭○此兩節注皆非是公子沓爲周之相非申向相公子沓也毁其說我而戰懼將以我爲相尊嚴之故而然歟如是與下文皆脗合今注乃言公子沓以申向不任爲吾相大謬　申向曰。向則不肖。雖然。公子年二十而相。見老者而使之戰。請問孰病哉。孰誰也　公子沓無以應。應荅也　戰者不習也。不慣習見尊者故懼而戰　使人戰者嚴駔也。嚴尊駔驕○案駔與怚姐同　意者恭節而人猶戰。任不在貴者矣。故人雖時有自失者。猶無以易恭節。自失不足以難。以嚴駔則可。言以嚴駔者失則可也

審應覽

二曰。人主之言不可不愼。高宗天子也。卽位諒闇。三年不言。高宗殷王盤庚之弟小乙之子也德義高美殷人尊之故曰高宗諒闇三年不言在小乙之喪也論語曰高宗諒闇三年不言何謂也孔子曰古之人皆然君薨百官總己聽於冢宰三年此之謂也　卿大夫恐懼患之。患憂　高宗乃言曰。以余一人正四方。余唯恐言之不類也。茲故不言。類善茲此　古之天子其重言如此。故言無遺者。遺失也　成王與唐叔虞燕居。援梧葉以爲珪。而授

唐叔虞曰。余以此封女。 剪桐葉以爲珪冒以授叔虞周禮侯執信圭七寸故曰余以此封女 叔虞喜以告周公。周公以請曰。天子其封虞邪。成王曰。余一人與虞戲也。 戲不誠也○說苑君道篇無人字是 周公對曰。臣聞之。天子無戲言。天子言則史書之。工誦之。士稱之。於是遂封叔虞于晉。 叔虞成王之母弟也傳曰當武王邑姜方娠太叔夢天帝謂己曰余命而子曰虞將與之唐及生有文在其手曰虞遂以命之及成王滅唐而封太叔爲晉侯此之謂也 周公旦可謂善說矣。一稱而令成王益重言。明愛弟之義。有輔王室之固。 輔正 荆莊王立三年。不聽而好讔。 莊王楚穆王商臣之子旅也讔謬言○案讔廋辭也史記滑稽傳作喜隱 成公賈入諫。 ○孫云史記楚世家作五舉新序雜事二作士慶滑稽傳又以爲淳于髡說齊威王 王曰。不穀禁諫者。今子諫何故。 禁止也 對曰。臣非敢諫也、願與君王讔也。 王曰。胡不設不穀矣。 設施也何不施讔言於不穀也 對曰。有鳥止於南方之阜。三年不動不飛不鳴。是何鳥也。王射之。 使王射不動不鳴何意也 曰。有鳥止於南方之阜。其三年不動。將以定志意也。其不飛。將以長羽翼也。其不鳴。將以覽民則也。 覽觀 是鳥雖無飛、飛將沖天。雖無鳴。鳴將駭人。 沖至也駭驚也 賈出矣。不穀知之矣。明日朝。所進者五人。所退者十人。羣臣大說。荆國之衆相賀也。故詩曰。何其久也。必有以也。何其處也。必有與也。其莊王之謂邪。成公賈之讔也。賢於太宰嚭之說也。太宰嚭之說。聽乎夫差。而吳國爲墟。 嚭晉柏州犂之子州犂奔楚嚭自楚之吳以爲太宰 成公賈之讔。喻乎荆王。而荆國以霸。 莊王霸 齊桓公與管仲謀伐莒。謀未發而聞於國。 發行聞知 桓公怪之曰。與仲父謀伐莒。謀未發而聞於國。其故何也。管仲曰。國必有聖人也。桓公曰。譆。日之役者有執蹠𤸫而上視者。蹠踦○𤸫字無攷注以踦訓蹠亦難曉說苑權謀篇作執柘仲梁仲子云墨子備穴篇云用跖若松爲穴戶惡不知何物字與柘相似 意者其是邪。乃令復役。無得相代。少頃。東郭牙至。○說苑作東郭垂 管仲曰。此必是已。乃令賓者延之而上。分級而立。延引級階陛 管子曰。子邪言伐莒者。對曰。然。子謂東郭牙牙曰然也○管子亦當作管仲子邪言伐莒者文似倒而實順注牙字舊本不重今案文義補之 管仲曰。我不言伐莒。子何故言伐莒。對曰。臣聞君子善謀。小人善意。臣竊意之也。管仲曰。我不言伐莒。子何以意之。對曰。臣聞君子有三色。顯然喜樂者。鐘鼓之色也。湫然清靜者。衰絰之色也。艴然充盈手足矜者。兵革之色也。矜嚴也○顯然喜樂意林作歡然喜樂舊本呂氏作歡樂又清靜意林作清淨本亦多同唯李本作靜又艴作怫說苑字句亦間不同今不悉記 日者臣望君之在臺上也。艴然充盈手足矜者。此兵革之色也。君呿而不唫。呿開唫閉○唫本或作唫說苑作吁而不吟 所言者莒也。君舉臂而指。所當者莒也。臣竊以慮諸侯之不服者。其惟莒乎。臣故言之。凡耳之聞以聲也。今不聞其聲而以其容與臂。是東郭牙不以耳聽而聞也。桓公管仲雖善匿。弗能隱矣。匿藏隱蔽 故聖人聽於無聲。視於無形。詹何田子方老耽是也。詹何體道人也田子方學於子貢尙賢仁而貴禮義魏文侯友之老耽學於無爲而貴道德周史伯陽也三川竭知周將亡孔子師之也

重言

三曰。聖人相諭不待言。有先言言者也。海上之人有好蜻者。○列子黃帝篇作有好漚鳥者下並同 每居海上。○孫云李善注文選江文通擬阮步兵詩作每朝居海上御覽九百五十同 從蜻游。蜻之至者百數而不止。前後

左右盡蜻也。（蜻蜻與小蟲細腰四翅一名白宿）終日玩之而不去（玩弄）其父告之曰。聞蜻皆從女居。（居所○注頗僻似不若訓處或本作古処字而傳寫訛所）取而來。吾將玩之。明日之海上。而蜻無至者矣。（○孫云選注沈休文詠湖中鳳詩作翠蜻翎而不下）勝書說周公旦曰。（○韓詩外傳四但作客說苑指武篇作王滿生）廷小人衆。徐言則不聞。疾言則人知之。徐言乎。疾言乎。周公旦曰。徐言。勝書曰。有事於此。而精言之而不明。勿言之而不成。精言乎。勿言乎。（精微勿無）周公旦曰。勿言。故勝書能以不言說。而周公旦能以不言聽。此之謂不言之聽。不言之謀。不聞之事。殷雖惡周。不能疵矣。（疵病○外傳說苑皆作詠管蔡事）口唔不言。以精相告。紂雖多心。弗能知矣。（紂多惡周之心不能知周必病○注必病下似當有一己字）目視於無形。耳聽於無聲。商聞雖衆。弗能窺矣。（窺猶見）同惡同好。志皆有欲。雖爲天子。弗能離矣。孔子見溫伯雪子。不言而出。（伯雪子得道人）子貢曰。夫子之欲見溫伯雪子好矣。（○孫云莊子田子方篇子貢作子路好矣作久矣）今也見之而不言。其故何也。孔子曰。若夫人者。目擊而道存矣。不可以容聲矣。（○舊校云擊一作解）故未見其人而知其志。見其人而心與志皆見。天符同也。（符道也同合也）聖人之相知。豈待言哉。白公問於孔子曰。人可與微言乎。孔子不應。（白公楚平王之孫太子建之子勝也白楚縣也楚僭稱王守縣大夫皆稱公太子建爲費無極所譖出奔鄭與晉通謀欲反鄭於晉鄭人殺之勝與庶父令尹子西司馬子期伐鄭報父之仇許而未行晉人伐鄭子西子期率師救鄭勝怒曰鄭人在此讎不遠矣欲殺子西子期故問微言微言陰謀密事也孔子知之故不應之○注勝與庶父當作勝請庶父）白公曰。若以石投水奚若。（喻微言若石沈沒水中人不知）孔子曰。沒人能取之。（沒行水中之人能取之）白公曰。若以水投水奚若。孔子曰。淄澠之合者。易牙嘗而知之。

淄澠齊之兩水名也易牙齊桓公識味臣也能別淄澠之味也白公曰。然則人不可與微言乎。孔子曰。胡爲不可。唯知言之謂者爲可耳。知言言仁言義言忠信仁義大行於民民欣而戴之則可用也白公弗得也。弗得不得知言之言知謂則不以言矣。不欲白公以微言言言者謂之屬也。謂不仁不義之言求魚者濡。爭獸者趨。〇列子說符篇作爭魚者濡逐獸者趨文子微明篇亦同非樂之也。故至言去言。去不仁不義之言至爲無爲。至德之人爲乃無爲無爲因天無爲天無爲而萬物成乃有爲也故至德之人能體之也淺智者之所爭則末矣。此白公之所以死於法室。末小也白公不能蹈無爲遂行其志殺子西子期而有荆國葉公子高率方城外衆攻白公九日而殺之法室法室司寇也一曰浴室澡浴之室也〇列子及淮南道應訓俱作浴室

齊桓公合諸侯。合會也衞人後至。公朝而與管仲謀伐衞。退朝而入。衞姬望見君。下堂再拜。請衞君之罪。公曰。吾於衞無故。子曷爲請。對曰。妾望君之入也。足高氣彊。有伐國之志也。見妾而有動色。伐衞也。明日君朝。揖管仲而進之。管仲曰。君舍衞乎。公曰。仲父安識之。管仲曰。君之揖朝也恭。而言也徐。見臣而有慙色。臣是以知之。君曰。善。仲父治外。夫人治內。寡人知終不爲諸侯笑矣。桓公之所以匿者不言也。今管子乃以容貌音聲。夫人乃以行步氣志。桓公雖不言。若暗夜而燭燎也。

晉襄公使人於周曰。弊邑寡君寢疾。卜以守龜。曰三塗爲祟。弊邑寡君使下臣願藉途而祈福焉。三塗之山陸渾之南故假道於周也襄公文公之子驩也按春秋經襄公以魯僖三十三年即位至魯文公六年卒無卜三塗爲祟之言也魯昭十七年傳曰晉侯使屠蒯如周請事於洛與三塗萇弘謂劉子客容猛非祭也其伐戎乎陸渾睦於楚必是故也君其備之乃儆戎備九月丁卯晉荀吳帥師涉自棘津使祭史先用牲于洛陸渾人不知師從之庚午遂滅陸渾數之以其貳於楚也計襄公卒至此乃九十六年歷世七失按傳晉頃公也此云襄公復安言也〇注引傳多訛今悉據傳文改正唯非祭也作非祥也誤涉昭十五年傳非祭祥也之文天子

許之。（天子周景王）朝禮使者。事畢。客出。萇弘謂劉康公曰。夫祈福於三塗。而受禮於天子。此彔嘉之事也。而客武色。殆有他事。願公備之也。（晉襄公周襄王時也萇弘乃景王敬王之大夫春秋之末也以世推之當爲晉頃公其不得爲襄公明矣）劉康公乃儆戎車卒士以待之。晉果使祭事先。因令楊子將卒十二萬而隨之。涉於棘津。襲聊阮梁蠻氏。滅三國焉。此形名不相當。聖人之所察也。萇弘則審矣。故言不足以斷小事。唯知言之謂者可爲。

精諭

四曰。言者以諭意也。言意相離。凶也。亂國之俗。甚多流言。而不顧其實。務以相毀。務以相譽。毀譽成黨。（○舊校云毀譽一作巧辭）衆口熏天。（熏感動也）賢不肖不分。以此治國。賢主猶惑之也。（分別惑疑）又況乎不肖者乎。惑者之患。不自以爲惑。故惑。（句）惑之中有曉焉。冥冥之中有昭焉。（○昭字當重）亡國之主。不自以爲惑。故與桀紂幽厲皆也。然有亡者國。（句）無二道矣。鄭國多相縣以書者。子產令無縣書。鄧析致之。子產令無致書。鄧析倚之。令無窮。則鄧析應之亦無窮矣。是可不可無辨也。（辨別）可不可無辨。而以賞罰。其罰愈疾。其亂愈疾。此爲國之禁也。（爲治）（禁法）故辨而不當理則僞。（僞巧也）知而不當理則詐。詐僞之民。先王之所誅也。理也者。是非之宗也。（宗本也）洧水甚大。鄭之富人有溺者。人得其死者。（○死與尸同史記秦本紀晉楚流死河二萬人漢書酷吏傳安所求子死桓東少年場此書則皆當扶傷與死亦是憂林作有人得富者尸）富人請贖之。其人求金甚多。以告鄧析。○意林作富人當以告鄧析 鄧析曰。安之。人必莫之賣矣。○意林作必無買此者 得死者患之。以告鄧析。鄧析又荅之曰。安之。此必無所更買矣。○意林作必無人更買義必無不贖下五字疑是注 夫傷忠臣者有以於此也。夫無功不得民。則以其無功不得民傷之。有功得民。則又以其有功得民傷之。此鄧析之巧辯所以車裂而死 人主之無度者。無以知此。豈不悲哉。比干萇弘以此死。以世詭辯反白爲黑而主不知故死 箕子商容以此窮。箕子紂之庶父也商容紂時賢人老子所從學者也以主不知故窮 周公召公以此疑。以管蔡流言故疑也論語曰雖有周親不如仁人此之謂也○此引論語不解所用意 范蠡子胥以此流。流放 死生存亡安危從此生矣。此巧辯無理若鄧析 子產治鄭。鄧析務難之。與民之有獄者約。大獄一衣。小獄襦袴。○舊校云一作䘹下同案玉篇䘹子禮切襌衣也 民之獻衣襦袴而學訟者。不可勝數。以非爲是。以是爲非。是非無度。而可與不可日變。○舊校云日一作因 所欲勝因勝。所欲罪因罪。鄭國大亂。民口讙譁。子產患之。於是殺鄧析而戮之。民心乃服。是非乃定。法律乃行。今世之人多欲治其國。而莫之誅鄧析之類。有如鄧析者無能誅○案列子力命篇亦云子產殺鄧析考左氏定九年傳鄭駟歂殺鄧析而用其竹刑駟歂乃代子太叔爲政者則鄧析子產並不同時張湛注列子云子產卒後二十年而鄧析死也 此所以欲治而愈亂也。

齊有事人者。所事有難而弗死也。遇故人於塗。故人曰。固不死乎。對曰。然。凡事人。以爲利也。死不利。故不死。故人曰。子尙可以見人乎。對曰。子以死爲顧可以見人乎。顧反 是者數傳不死於其君長。大不義也。其辭猶不可服。辭之不足以斷事也明矣。夫辭者意之表也。鑒其表而棄其意。悖。悖惑 故古之人得其意則舍其言矣。聽言者。以言觀意也。聽言而意不可知。其與橋言無擇。橋戾也擇猶異齊人有淖于髡者。以從說魏王。魏王辯之。關東六國爲從也魏士以爲辯達約車十乘。將使之荊。辭而行。有以橫說魏王。魏王乃止其行。關西爲橫髡以合關東從爲未足復說欲連關西之橫王多其言故輟不使行之也○有以讀爲又以失從之意。又失橫之事。夫其多能。不若寡能。寡少其有辯。不若無辯。周鼎著倕而齕其指。先王有以見大巧之不可爲也。倕堯之巧工也以巧聞天下周家鑄鼎著倕於鼎使自齧其指明不當大巧爲也一說周鑄鼎象百物技巧絕殊假令倕見之則自銜齧其指不能復爲故言大巧之不可爲也○注前說是也淮南本經訓道應訓皆有此語

離謂

五曰。非辭無以相期。從辭則亂。亂辭之中又有辭焉。心之謂也。言不欺心。則近之矣。凡言者以諭心也。言心相離。而上無以參之。則下多所言非所行也。所行非所言也。言行相詭。不祥莫大焉。空雄之遇。秦趙相與約。空雄地名遇會也約盟也○空雄前聽言篇作空洛此疑本是空雒寫者誤耳約曰。自今以來。秦之所欲爲。趙助之。趙之所欲爲。秦助之。居無幾何。秦興兵攻魏。趙欲救之。秦王不說。使人讓趙王曰。約曰。秦之所欲爲。趙助之。趙之所欲爲。秦助之。今秦欲攻魏。而趙因欲救之。此非約也。趙王以告平原君。趙王趙惠王也平原君趙公子勝也平原君以告公孫龍。公孫龍曰。亦可以發使而讓秦王曰。趙欲救之。今秦王獨不助趙。此非約也。孔穿公孫龍相與論於平原君所。深而辯。至於藏三牙。公孫龍言藏之三牙甚辯。公孫龍孔穿皆

辯士也論相易奪也龍言藏之三牙辯說也若乘白馬禁不得度關因言馬白非白馬此之類也故曰甚辯也○謝云臧三耳見孔叢子公孫龍篇耳字篆文近牙故傳寫致誤是意臧我古字通用謂𦍩也此作藏尤誤盧云作三耳是也龍意兩耳形也又有一司𧃍者以君之故爲三耳但此下又言馬齒則此書似是作三牙又案新論言龍乘白馬無符傳關吏不聽出關此虛言難以奪實也今此注意又相反非也 孔穿不應。少選。辭而出。少選須臾 明日。孔穿朝。朝見也 平原君謂孔穿曰。昔者公孫龍之言甚辯。昔昨日也其辯謂藏三牙之說也 孔穿曰。然。幾能令藏三牙矣。雖然。難。言藏三牙之說近難成也 願得有問於君。謂藏三牙。甚難。而實非也。謂藏兩牙。甚易。而實是也。難易之說未聞 不知君將從易而是者乎。○舊者乎上有也字衍今刪去 將從難而非者乎。平原君不應。明日謂公孫龍曰。公無與孔穿辯。辯相易奪也○孔叢子有其人理勝於辭公辭勝於理二語亦當並引 荆柱國莊伯柱國官名若秦之有相國 令其父視曰。日在天。視其奚如。曰正圓。視其時。曰當今。令謁者駕。曰無馬。令涓人取冠。進上。問馬齒。圉人曰。齒十二與牙三十。馬上下齒十二牙上下十八合爲三十謂若公孫龍藏去其三牙多而偏不可均故難也藏去其二少而均故易○正文與注皆難曉 人有任臣不亡者。臣亡。莊伯決之。任者無罪。斷之便無罪析言破律之刑○注便似當作使 宋有澄子者。亡緇衣。求之塗。塗道也 見婦人衣緇衣。援而弗舍。欲取其衣。曰。今者我亡緇衣。婦人曰。公雖亡緇衣。此實吾所自爲也。澄子曰。子不如速與我衣。昔吾所亡者紡緇也。今子之衣禪緇也。以禪緇當紡緇。子豈不得哉。得猶便也澄子横認路婦緇衣計其禪與紡以爲便非其理也言宋亂無法也 宋王謂其相唐鞅曰。寡人所殺戮者衆矣。而羣臣愈不畏。其故何也。宋王康王也言何故不畏我 唐鞅對曰。王之所罪。盡不善者也。罪不善。善者故爲不畏。○楊倞注荀子解蔽篇引論衡作善者胡爲畏 王欲羣臣之畏也。不若無辨其善與不善而時罪之。若此。則羣臣畏矣。居無幾何。宋君殺唐鞅。唐鞅之對也不若無對。鞅令宋王善與不善皆罪之以立威王是以殺唐鞅故曰唐鞅之對不若無對惠子爲魏惠王爲法。爲法已成。以示諸民人。○舊校云一作良人民人皆善之。惠子惠施宋人也仕魏爲惠王相也孟子所見梁惠王也獻之惠王。惠王善之。以示翟翦。翟翦曰。善也。翟翦翟黃之後也惠王曰。可行邪。翟翦曰。不可。惠王曰。善而不可行何故。翟翦對曰。今舉大木者。前乎輿謣。後亦應之。此其於舉大木者善矣。輿謣或作邪謣前人倡後人和舉重勸力之歌聲也豈無鄭衞之音哉。然不若此其宜也。鄭衞之音皆新聲非雅樂凡人所說也不如呼輿謣宜於舉大木也夫國亦木之大者也。言惠子之法若鄭衞之音宜於衆人之耳於治國之法未可用也故曰善而不可行也

淫辭

六曰。察士以爲得道則未也。雖然。其應物也辭難窮矣。辭難窮。其爲禍福猶未可知。猶尚也察而以達理明義。則察爲福矣。察而以飾非惑愚。則察爲禍矣。惑誤古者之貴善御也。以逐暴禁邪也。魏惠王謂惠子曰。上世之有國必賢者也。今寡人實不若先生。願得傳國。傳授惠子辭。謝不受之王又固請曰。寡人莫有之國於此者也。而傳之賢者。民之貪爭之心止矣。欲先生之以此聽寡人也。聽從惠子曰。若王之言。則施不可而聽矣。王固萬乘之主也。以國與人猶尚可。今施布衣也。可以有萬乘之國而辭之。此其止貪爭之心愈甚也。惠王謂惠子曰。古之有國者必賢者也。夫受而賢者舜也。是欲惠子之爲

舜也。夫辭而賢者許由也。是惠子欲爲許由也。傳而賢者堯也。是惠王欲爲堯也。堯舜許由之作。非獨傳舜而由辭也。他行稱此。今無其他。而欲爲堯舜許由。故惠王布冠而拘于鄄。鄄邑名也自拘於鄄將服於齊也 齊威王幾弗受。威王田和之孫孟子所見宣王之父 幾危危不受魏惠王也 惠子易衣變冠。乘輿而走。幾不出乎魏境。言幾不免難於魏境內也 凡自行不可以幸爲必誠。言惠王幸享傳國之子惠子幸享以不受之名以爲必誠也 匡章謂惠子於魏王之前曰。蝗螟。農夫得而殺之。奚故。爲其害稼也。匡章孟子弟子也蝗螽也食心曰螟食葉曰螣今兗州謂蝗爲螣論王與惠子擅相禪受害於義者也○梁伯子云高氏注淮南氾論訓以陳仲子爲孟子弟子此以匡章爲孟子弟子均妄說也 今公行多者數百乘。步者數百人。少者數十乘。步者數十人。此無耕而食者。其害稼亦甚矣。甚於蝗螟 惠王曰。惠子施也難以辭與公相應。公謂匡章 雖然。請言其志。惠子曰。今之城者。或者操大築乎城上。或負畚而赴乎城下。或操表掇以善睎望。若施者。其操表掇者也。施惠子名也表掇儀度 使工女化而爲絲。不能治絲。使大匠化而爲木。不能治木。使聖人化而爲農夫。不能治農夫。施而治農夫者也。而能也 公何事比施於螣螟乎。惠子之治魏爲本。其治不治。當惠王之時。五十戰而二十敗。所殺者不可勝數。大將愛子有禽者也。言惠王用惠子之謀爲土地之故糜爛其民而戰之大敗又將復之恐不勝用乃驅其所愛子弟以殉之此謂以其所不愛及其所愛故曰大將愛子有禽者矣 大術之愚。爲天下笑。得舉其諱。天下人笑之得舉書其諱惡 乃請令周太史更著其名。言惠王比惠子於管夷吾欲更著其名名仲父之名也 圍邯鄲三年而弗能取。士民罷潞。潞羸也○潞與露同 國家空虛。府藏竭也 天下之兵四至。救邯鄲之

(兵從四方來至也)罪庶誹謗。(怨望多也)諸侯不譽。(皆道其惡也)謝於翟翦而更聽其謀。社稷乃存。(翟翦言惠子之法善而不可行又爲惠王說舉大木前呼輿謣後亦和之豈無鄭衞之音不若此其宜也嘗謝負於翟翦而從其謀社稷乃存也〇注嘗疑是當末也字舊作之譌今改正)名寶散出。土地四削。魏國從此衰矣。(名寶散出以賂鄰國也土地爲四方所侵削故曰魏國從此衰)仲父大名也。讓國大實也。說以不聽不信。聽而若此。不可謂工矣。不工而治。賊天下莫大焉。(賊害)幸而獨聽於魏也。(言惠子之言獨見聽用於魏者幸也)以賊天下爲實。以治之爲名。匡章之非不亦可乎。(匡章之非惠子不亦可也)白圭新與惠子相見也。惠子說之以彊。(以彊力也)白圭無以應。惠子出。白圭告人曰。人有新取婦者。婦至宜安矜煙視媚行。(媚行徐行)豎子操蕉火而鉅。新婦曰。蕉火大鉅。(〇蕉薪樵也)入於門。門中有歛陷。(歛讀曰脅〇歛從欠呼濫切疑即坎窞注不可曉舊校云陷一作焰梁仲子疑歛爲欲字之譌)新婦曰。塞之。將傷人之足。此非不便之家氏也。(家氏婦氏〇此與衞策滅竈徙臼之事相似)然而有大甚者。今惠子之遇我尚新。(遇見)其說我有大甚者。惠子聞之曰。不然。詩曰。愷悌君子。民之父母。愷者大也。悌者長也。君子之德長且大者。則爲民父母。父母之教子也。豈待久哉。何事比我於新婦乎。詩豈曰愷悌新婦哉。誹汙因汙。誹辟因辟。是誹者與所非同也。白圭曰。惠子之遇我尚新。其說我有大甚者。惠子聞而誹之。因自以爲爲之父母。其非有甚於白圭。亦有大甚者。

七日。白圭謂魏王曰。市丘之鼎以烹雞。多洎之則淡而不可食。（市丘魏邑也鼎大鼎不宜烹小也能知五味也肉汁曰洎淡者洎多無味故不可食之也〇梁仲子云市邱之爲魏邑無攷市疑是市讀若貝與市字異沛邱齊地見史記齊世家左氏莊八年傳作貝邱沛貝同音省文作市盧云昭廿年傳齊侯田于沛釋文沛音貝是則沛邱之卽貝邱信矣余案史記孟荀列傳索隱引呂氏春秋作臿牛之鼎不可以烹雞疑當以臿牛爲是臿牛之鼎大鼎也與喻意似更切又案蔡邕集載薦邊讓書引傳曰臿牛之鼎以烹雞多汁則澹而不可食少汁則燋而不熟其文與此正同市邱沛邱俱不聞以大鼎著名今欲言大鼎何必定取某地所出然蔡集舊本亦注云一曰市邱之鼎故幷載梁說以俟後來擇焉又注能知五味也上疑有脫文）少洎之則焦而不熟。（焦爍雞雞臑熟）然而視之蝺焉美。無所可用。（蝺讀齲齒之齲齲鼎好貌〇蝺字無攷疑是蝺與偶齲皆同）惠子之言有似於此。（似此鼎好而不可用）惠子聞之曰。不然。使三軍饑而居鼎旁。適爲之甑。則莫宜之此鼎矣。白圭聞之曰無所可用者。意者徒加其甑邪。白圭之論自悖。其少魏王大甚。以惠子之言蝺焉美無所可用。是魏王以言無所可用者爲仲父也。是以言無所用者爲美也。公孫龍說燕昭王以偃兵。（龍魏人也昭王燕王噲之子也偃止也）昭王曰。甚善。寡人願與客計之。公孫龍曰。竊意大王之弗爲也。王曰。何故。公孫龍曰。日者大王欲破齊。諸天下之士。其欲破齊者。大王盡養之。知齊之險阻要塞君臣之際者。大王盡養之。雖知而弗欲破者。大王猶若弗養。其卒果破齊以爲功。今大王曰我甚取偃兵。諸侯之士在大王之本朝者。盡善用兵者也。臣是以知大王之弗爲也。王無以應。司馬喜難墨者師於中山王前以非攻。（司馬喜趙之相國也）曰。先生之所術非攻夫。墨者師曰然。（然如是）曰。今王興兵而攻燕。先生將非王乎。墨者師對曰。然則相國是攻之乎。司馬喜曰然。墨者師曰。今趙興兵而攻中山。相國將是之乎。司馬喜無以應。路說謂周頗曰。公不愛趙。天下必從。周頗曰。固欲天下之從也。天下從則秦利也。路說應之曰。然則公欲秦之利夫。周頗曰。欲之。路說曰。公欲之則胡不爲從矣。魏令孟卬割絳𧴒安邑之地以與秦王。〇孟卬乃孟卯之誤淮南子注云孟卯齊人戰國策作芒卯案魏策芒卯謂秦王曰王有所欲於魏者長羊王屋洛林之地也王能使臣爲魏之司徒則臣能使魏獻之今此云割絳𧴒安邑之地𧴒疑即汾之異文字書不載梁仲子云安邑魏都也奈何割其國都以與人此殊不可信王喜。令起賈爲孟卬求司徒於魏王。〇起賈疑即須賈 魏王不說。應起賈曰。卬寡人之臣也。寡人寧以臧爲司徒。無用卬。臧亦魏臣 願大王之更以他人詔之也。詔告 起賈出遇孟卬於廷曰。公之事何如。起賈曰。公甚賤於公之主。公之主甚賤公 公之主曰。寧用臧爲司徒。無用公。公謂卬 孟卬入見謂魏王曰。秦客何言。王曰。求以女爲司徒。孟卬曰。王應之謂何。王曰。寧以臧。無用卬也。孟卬太息曰。宜矣王之制於秦也。王何疑秦之善臣也。以絳𧴒安邑令負牛書與秦。猶乃善牛也。言王使負牛持絳𧴒安邑之書致之於秦秦猶善牛〇負牛當亦是魏臣在孟卬之下者舊校云乃一作之 卬雖不肖。獨不如牛乎。且王令三將軍爲臣先。曰視卬如身。王身 是重臣也。令二輕臣也。二疑也臣見疑則不重矣 令臣責。令秦責臣 卬雖賢。固能乎。言不能也 居三日。魏王乃聽起賈。聽起賈言用卬爲司徒 凡人主之與其大官也。爲有益也。今割國之錙錘矣。而因得大官。割分也錙錘銖兩也謂分絳𧴒安邑而得大官大官司徒也 且何地以給之。給足 大官人臣之所欲也。孟卬令秦得其所欲。所欲田邑 秦亦令孟卬得其所欲。（所欲司徒）責以償矣。尚有何責。魏雖彊。猶不能責無責。又況於弱。魏王之令乎孟卯爲司徒。以棄其責。則拙也。秦王立帝。宜陽許綰誕魏王。（誕詐也許綰秦臣也秦實未爲帝也詐魏王言帝欲令魏王入朝也）魏王將入秦。魏敬謂王曰。（○魏敬魏策作周訢）以河內孰與梁重。王曰。梁重。又曰。梁孰與身重。王曰。身重。又曰。若使秦求河內。則王將與之乎。王曰。弗與也。魏敬曰。河內。三論之下也。（三論謂河內與梁及身也）身。三論之上也。秦索其下。而王弗聽。索其上。而王聽之。臣竊不取也。王曰。甚然。（甚善○舊本注二字在甚字之下譌今移正）乃輟行。（輟止不入秦○舊本輟上有輒字係誤衍今刪）秦雖大勝於長平。三年然後決。（秦將白起攻趙三年坑其卒四十萬衆於長平故曰大勝也）士民倦糧食。（○此二字下脫一字）當此時也。兩周全。其北存。魏舉陶削衞。地方六百。有之勢是。（有之勢是有是之勢）而入大蚤。（入秦大蚤）奚待於魏敬之說也。（言何必待魏敬之說乃不入秦耶）夫未可以入而入。其患有將可以入而不入。（○舊本作夫未可以入而入其患有將可以入而入其患有將可以入而不入衍正文九字又於兩將字下俱注將大二字殊謬其患有將可以入而不入本是一句有與又同誘豈不諳文義而以兩將字爲句乎今刪去）入與不入之時。不可不熟論也。（論辯也）

應言

八曰。今有羿蠭蒙繁弱於此。而無弦。則必不能中也。（羿夏之諸侯有窮之君也善射百發百中蠭蒙羿弟子也亦能百中繁弱良弓所出地也因以爲弓名○孫宣公音孟子逢蒙作逢蒙音蒲紅反似未攷乎此）中非獨弦也。而弦爲弓中之具也。夫立功名亦有具。不得其具。賢雖過湯武。則勞而無功矣。湯嘗約於郼薄矣。（薄或作亳）武王嘗窮於畢裎矣。（畢裎畢豐○裎與程同孫宣公孟子音義裎音程亦作程注畢裎畢豐蓋以豐即程也畢豐皆在咸陽案周書大匡解維周王宅程三年孔晁注云程地名在岐州左右）

(後以爲國初王季之子文王因焉而遷鎬豐乃徙豐爲是豐程不得爲一地雍錄云豐在鄠縣程在咸陽東北案孟子云文王卒於畢郢文王墓在今西安府咸寧縣畢程疑當即畢郢) 伊尹嘗居於庖廚矣。太公嘗隱於釣魚矣。賢非衰也。智非愚也。皆無其具也。故凡立功名。雖賢。必有其具。然後可成。宓子賤治亶父。恐魯君之聽讒人而令己不得行其術也。(子賤孔子弟子宓不齊○譏舊本作說訛今改正) 將辭而行。請近吏二人於魯君。(○家語屈節解吏作史下文邑吏吏皆外竝同) 與之俱至於亶父。邑吏皆朝。宓子賤令吏二人書。吏方將書。宓子賤從旁時掣搖其肘。吏書之不善。則宓子賤爲之怒。吏甚患之。辭而請歸。宓子賤曰。子之書甚不善。子勉歸矣。(勉猶趣也) 二吏歸報於君。(報魯君也) 曰。宓子不得爲書。君曰何故。吏對曰。宓子使臣書。而時掣搖臣之肘。書惡而有甚怒。吏皆笑宓子。(吏邑吏也) 此臣所以辭而去也。魯君太息而歎曰。宓子以此諫寡人之不肖也。寡人之亂子而令宓子不得行其術。必數有之矣。微二人。寡人幾過。遂發所愛 (發遣) 而令之亶父。告宓子曰。自今以來。亶父非寡人之有也。子之有也。有便於亶父者。子決爲之矣。五歲而言其要。(要約最簿書) 宓子敬諾。乃得行其術於亶父。三年。巫馬旗短褐衣弊裘而往觀化於亶父。見夜漁者。得則舍之。巫馬旗問焉。曰。漁爲得也。今子得而舍之何也。對曰。宓子不欲人之取小魚也。(古者魚不尺不升于俎宓子體聖人之化爲盡類也故不欲人取小魚) 所舍者小魚也。巫馬旗歸告孔子曰。宓子之德至矣。使民闇行 (闇夜) 若有嚴刑於旁。敢問宓子何以至於此。孔子曰。丘嘗與之言曰，誠乎此者刑乎彼，施至誠於近，以化之使刑行於遠。宓子必行此術於亶父也。夫宓子之得行此術也，魯君後得之也。魯君後得之者，宓子先有其備也。先有其備，豈遽必哉？此魯君之賢也。三月嬰兒，軒冕在前，弗知欲也，斧鉞在後，弗知惡也，慈母之愛諭焉，誠也。故誠有誠，乃合於精；精有精，乃通於天。乃通於天，水〇五字疑誤衍木石之性，皆可動也，又況於有血氣者乎？故凡說與治之務莫若誠。以誠說則信著之，以誠治則化行之。聽言哀者，不若見其哭也；聽言怒者，不若見其鬭也。說與治不誠，其動人心不神。動感神化，言不誠不能行其化也。

具備

呂氏春秋卷第十九

離俗覽第七　高義　上德　用民　適威　爲欲　貴信　舉難

一曰。世之所不足者理義也。人能蹈之者少故曰不足所有餘者妄苟也。妄作苟爲不尊理義君子少小人多故有餘也民之情貴所不足。賤所有餘。所不足者理與義也故貴之所有餘者妄與苟也故賤之故布衣人臣之行。潔白清廉中繩。愈窮愈榮。繩正也行如此者益窮困益有榮名雖死。天下愈高之。所不足也。高貴也所潔白中正若周時伯夷衞之弘演身雖死亡天下聞之而益貴然而以理義斲削。神農黃帝猶有可非。微獨舜湯。微亦非也舜有卑父之謗湯有放弒之事然以通義斲削神農黃帝之行猶有可苛者非獨舜與湯也言雖聖不能無闕況賢者乎○注卑父之謗見下舉難篇及淮南氾論訓飛兔要褭。古之駿馬也。材猶有短。飛兔要褭皆馬名也日行萬里馳若兔之飛因以爲名也材猶有短力有所不足褭字讀如曲撓之撓也故以繩墨取木。則宮室不成矣。正材難得故宮室不成也舜讓其友石戶之農。石戶之農曰。棬棬乎后之爲人也。○棬棬莊子讓王篇作捲捲釋文云音權郭音眷用力貌葆力之士也。以舜之德爲未至也。於是乎夫負妻戴攜子○戴舊本作妻訛今依莊子改正以入於海。去之終身不反。舜又讓其友北人無擇。北人無擇曰。異哉后之爲人也。居於甽畝之中。而游入於堯之門。不若是而已。已止也又欲以其辱行漫我。我羞之。漫汙也而自投於蒼領之淵。投猶沈也蒼領或作青令○莊子作清泠淮南齊俗訓亦同湯將伐桀。因卞隨而謀。卞隨辭曰。非吾事也。湯曰。孰可。卞隨曰。吾不知也。湯又因務光而謀。○莊子作瞀光荀子成相篇作牟光務光曰。非吾事也。湯曰。孰可。務光曰。吾不知也。湯曰。伊尹何如。務光曰。彊力忍詢。詢辱也○莊子詢作垢 吾不知其他也。湯遂與伊尹謀夏伐桀○莊子無夏字 克之。以讓卞隨。卞隨辭曰。后之伐桀也。謀乎我。必以我爲賊也。勝桀而讓我。必以我爲貪也。吾生乎亂世。而無道之人再來詢我。吾不忍數聞也。乃自投於潁水而死。以湯伐桀故爲之無道之人也以受湯之讓爲貪辱也不忍聞之故投水而死潁出於潁川陽城西山中也○梁仲子云水經潁水注引云卞隨恥受湯讓自投此水而死張顯逸民傳嵇叔夜高士傳竝言投狪水而死未知其孰是也案莊子作椆水釋文云本又作桐水司馬本作洞水 湯又讓於務光曰。智者謀之。武者遂之。遂成也○舊校云武一作賢 仁者居之。居處也 古之道也。吾子胡不位之。○莊子作立乎 請相吾子。胡何何不位天子之位也言己請爲吾子爲相○注下爲字疑衍 務光辭曰。廢上。非義也。上天子謂桀廢之非禮義也 殺民。非仁也。戰伐殺民非仁心 人犯其難。我享其利。非廉也。吾聞之。非其義不受其利。無道之世不踐其土。況於尊我乎。吾不忍久見也。乃負石而沈於募水。募水名也音千伯之伯○募無伯音疑蒘之訛莊子作廬水司馬本作盧水 故如石戶之農北人無擇卞隨務光者。其視天下。若六合之外。人之所不能察。察見也 其視貴富也。苟可得已。則必不之賴。不之賴不賴之也賴利也一曰善也 高節厲行。獨樂其意。而物莫之害。不欲於物故物無能害 不漫於利。不牽於埶。漫汙牽拘也 而羞居濁世。惟此四士者之節。四士謂石戶之農北人無擇卞隨務光羞居亂世皆遠引而去或自投而死此四人介之大者 若夫舜湯。則苞裹覆容。緣不得已而動。因時而爲。以愛利爲本。以萬民爲義。譬之若釣者。魚有小大。餌有宜適。羽有動靜。羽釣浮也 齊晉相與戰。平阿之餘子亡戟得矛。失戟得矛心不平平阿齊邑也餘子官氏也與晉人戰亡其所執戟而得晉人之矛也 卻而去。不自快。失戟得矛心不自安○舊校云卻一作退案御覽三百五十三作退而不自快謂路之人曰。亡戟得矛。可以歸乎。路之人曰。戟亦兵也。矛亦兵也。亡兵得兵。何爲不可以歸。去行。心猶不自快。遇高唐之孤叔無孫。當其馬前。曰。今者戰亡戟得矛。可以歸乎。〔高唐齊邑也孤孤特位尊叔姓無孫名守高唐之大夫也餘子當其馬前而問之〕叔無孫曰。矛非戟也。戟非矛也。亡戟得矛。豈亢責也哉。〔亢當也〕平阿之餘子曰。嘻。還反戰。趨尙及之。遂戰而死。叔無孫曰。吾聞之。君子濟人於患。必離其難。〔濟入也〕疾驅而從之。亦死而不反。〔反還也〕令此將衆。亦必不北矣。〔北走也〕令此處人主之旁。亦必死義矣。今死矣而無大功。其任小故也。任小者不知大也。今焉知天下之無平阿餘子與叔無孫也。故人主之欲得廉士者。不可不務求。齊莊公之時。〔莊公名光頃公之孫靈公之子景公之兄〕有士曰賓卑聚。夢有壯子。白縞之冠。丹績之䙱。〔䙱纓也○績疑纘〕東布之衣。新素履。墨劒室。從而叱之。唾其面。惕然而寤。徒夢也。〔寤覺徒但〕終夜坐不自快。明日。召其友而告之曰。吾少好勇。年六十而無所挫辱。今夜辱吾。將索其形。期得之則可。不得將死之。每朝與其友俱立乎衢。三日不得。卻而自歿。〔○舊校云卻一作退〕謂此當務則未也。雖然。其心之不辱也。有可以加乎。〔加上也〕

離俗覽

二曰。君子之自行也。〔○舊校云自一作爲〕動必緣義。行必誠義。〔所行誠義也〕俗雖謂之窮。通也。〔通達也〕行不誠義。動不緣義。俗雖謂之通。窮也。然則君子之窮通有異乎俗者也。故當功以受賞。當罪以受罰。賞不當。雖與之必辭。（辭不敢受也）罰誠當。雖赦之。
不外。（不敢遠也）度之於國。必利長久。長久之於主。必宜。內反於心。（○舊本反作及孫據李善注文選崔子玉座右
銘所引改）不慚。然後動。孔子見齊景公。（景公名杵臼莊公光之弟靈公環之子）景公致廩丘以爲養。孔子
辭不受。入謂弟子曰。吾聞君子當功以受祿。今說景公。景公未之行。而賜
之廩丘。其不知丘亦甚矣。令弟子趣駕。辭而行。（行去也）孔子布衣也。官在魯司
寇。（爲魯定公之司寇）萬乘難與比行。三王之佐不顯焉。取舍不苟也夫。（○舊校云一作不苟且也）子墨
子游公上過於越。（公上過子墨子弟子也○墨子魯問篇作公尙過）公上過語墨子之義。（義道）越王說之。謂公
上過曰。子之師苟肯至越。（苟誠也）請以故吳之地陰江之浦書社三百以封夫
子。（社二十五家也三百社七千五百家）公上過往復於子墨子。（復白也）子墨子曰。子之觀越王也能聽
吾言用吾道乎。公上過曰。殆未能也。（殆近也）墨子曰。不唯越王不知翟之意。雖
子亦不知翟之意。若越王聽吾言用吾道。翟度身而衣。量腹而食。比於賓
萌。未敢求仕。（賓客也萌民也）越王不聽吾言。不用吾道。雖全越以與我。吾無所用之。（無用越爲之也）
越王不聽吾言。不用吾道。而受其國。（○舊校云受一作愛）是以義翟也。義翟何必
越。雖於中國亦可。（○墨子作是我以義糶也鈞之糶亦於中國耳何必於越哉此兩翟字訛糶字無攺當是糶字之誤）凡人不可不熟論。秦
之野人以小利之故。弟兄相獄。親戚相忍。今可得其國。恐虧其義而辭之。
可謂能守行矣。其與秦之野人相去亦遠矣。荊人與吳人將戰。荊師寡。吳

師衆。荆將軍子囊曰：我與吳人戰，必敗。敗王師，辱王名，虧壤土，忠臣不忍爲也。不復於王而遁。（復，白也。遁，走也。）至於郊，使人復於王曰：臣請死。王曰：將軍之遁也，以其爲利也。今誠利，將軍何死？子囊曰：遁者無罪，則後世之爲王臣者，（○舊本缺臣字，今據說苑立節篇補。渚宮舊事作則後之爲將者。此處者將二字若乙轉，可不添臣字。）將皆依不利之名而效臣遁。若是，則荆國終爲天下撓。（撓，弱也。）遂伏劍而死。王曰：請成將軍之義。（○之字從渚宮舊事補。此脫在下句，下句可無之字。）乃爲之桐棺三寸，加斧鑕其上。（○梁仲子云：案此即左傳襄十四年楚子囊還自伐吳卒之事。檢傳上文言伐吳之役，爲吳所敗，未能全師而還。呂覽大與傳違。蓋子囊之死，猶當旋師之時，遂相傳異說。夫見可知難，軍之善政，子囊何至自討？王亦何至忍與子玉、子反同誅？殆不可信。）人主之患，存而不知所以存，亡而不知所以亡。此存亡之所以數至也。郼岐之廣也，（郼，湯所居也。岐，武王所居也。）萬國之順也，從此生矣。（順，從。○舊校云：生一作至。）荆之爲四十二世矣，嘗有乾谿、白公之亂矣，（靈王作乾谿之臺，百姓愁怨，公子棄疾弒之而立，是爲平王。白公勝，平王太子建之子也，出犇鄭，鄭人殺之。勝請令尹子西、司馬子旗伐鄭復讎，許而未行。晉人伐鄭，子西、子旗率師救鄭。勝怒，殺令尹子西、司馬子旗，故曰乾谿、白公之亂也。○注舊本殺之作殺報，訛，今改正，幷補勝請二字。）嘗有鄭襄州侯之避矣，（鄭襄州侯事晉而伐楚，楚人避之也。）而今猶爲萬乘之大國，其時有臣如子囊與？子囊之節，非獨厲一世之人臣也。（言子囊之忠，雖百世猶不可忘，故曰非獨厲一世之人臣。）荆昭王之時，有士焉，曰石渚。（○韓詩外傳二、新序節士篇、史記循吏傳皆作石奢。渚宮舊事與此同。）其爲人也，公直無私，王使爲政。（昭王，楚平王棄疾之子軫。）道有殺人者，（○道舊作廷，新序同，皆誤也。今從外傳、史記作道，方與下追之及反立於廷相合。）石渚追之，則其父也。還車而反，立於廷曰：殺人者，僕之父也。以父行法，不忍；（不忍行刑於父，孝也。）阿有罪，廢國法，不可。（阿，私也。）失法伏罪，人臣之義也。於是乎伏斧鑕，請死於王。（免父殺身忘孝之義王曰：「追而不及，豈必伏罪哉？子復事矣。」事，職事也。石渚辭曰：「不私其親，不可謂孝子；事君枉法，不可謂忠臣。君令赦之，○舊校云：「君令」一作「令吏」。梁渚宮舊事作「令吏捨之」。上之惠也；不敢廢法，臣之行也。」不去斧鑕，殁頭乎王廷。正法枉必死，父犯法而不忍，王赦之而不肎，石渚之爲人臣也，可謂忠且孝矣。

高義

三曰：爲天下及國，爲，治也。莫如以德，莫如行義。以德以義，不賞而民勸，勸，善也。不罰而邪止。此神農、黃帝之政也。以德以義，則四海之大，江河之水，不能亢矣；太華之高，西岳也。會稽之險，山名，在吳郡。不能障矣；障，防也。闔廬之教，孫吳之兵，不能當矣。孫吳，吳起、孫武也，吳王闔廬之將也。兵法五千言是也。故古之王者，德迴乎天地，迴，通也。澹乎四海，澹之也。○注疑未是。劉本作泊，也亦是。安改或是安也，與憺義同。東西南北，極日月之所燭，天覆地載，愛思不臧。臧，匿也。○思舊作惡，校云：「惡一作思」，今從舊校改。臧之訓匿，未知何出。虛素以公，素，質也。惡其質以奉公王之實也。○注惡疑當作虛，王疑當作正。小民皆之，皆，公己也。○己亦疑是正之誤。其之敵而不知其所以然，此之謂順天；教變容改俗，而莫得其所受之，得猶知也。此之謂順情。情，性也。順其天性也。故古之人，身隱而功著，形息而名彰，身没於前，名明於後世。說通而化奮，利行乎天下，利民之化行滿天下。而民不識。識，知也。堯時民不知堯德，以季世視之則覩也。豈必以嚴罰厚賞哉？嚴罰厚賞，此衰世之政也。三苗不服，三苗遠國，在豫章之彭蠡也。禹請攻之，舜曰：「以德可也。」行德三年，而三苗服。○孫云：李善注文選王元長曲水詩序「行德」作「修德」。孔子聞之曰：「通乎德之情，則孟門、太行不爲險矣。孟門太行之險也太行塞在河內野王之北上黨關也○注之險也疑是皆險地　故曰。德之速。疾乎以郵傳命。周明堂金在其後。有以見先德後武也。作樂金鑄在後故曰先德後武　舜其猶此乎。○舊校云此一作上　其臧武通於周矣。晉獻公爲麗姬遠太子。太子申生居曲沃。公子重耳居蒲。公子夷吾居屈。麗姬謂太子曰。往昔。君夢見姜氏。太子祠而膳于公。姜氏申生母也膳胙之也○注之字疑衍　麗姬易之。易猶毒也○梁仲子疑是易以毒也注本改作置也義不足　公將嘗膳。姬曰。所由遠。請使人嘗之。太子自曲沃歸膳故曰所由遠姬施酖于酒寘毒于肉故先使人嘗之　嘗人。人死。食狗。狗死。故誅太子。太子不肯自釋。釋理也　曰。君非麗姬。居不安。食不甘。遂以劍死。○案傳云縊于新城　公子夷吾自屈奔梁。公子重耳自蒲奔翟。去翟過衞。衞文公無禮焉。文公名燬宣公庶子頑烝宣姜而生之無禮不禮重耳也　過五鹿。如齊。齊桓公死。去齊之曹。曹共公視其駢脅。使袒而捕池魚。共公名襄昭公之子○此與淮南人閒訓同黃氏日抄云恐無此理　去曹過宋。宋襄公加禮焉。襄公名茲父桓公御說之子　之鄭。鄭文公不敬。文公名捷鄭厲公之子　被瞻諫曰。臣聞賢主不窮窮。今晉公子之從者皆賢者也。君不禮也。不如殺之。鄭君不聽。去鄭之荆。荆成王慢焉。慢易不敬也傳曰及楚楚子饗之曰公子若反晉國則何以報不穀對曰子女玉帛則君有之羽毛齒革則君地生焉其波及晉國者君之餘也其何以報君曰雖然則何以報我對曰若以君之靈得反晉國晉楚治兵遇于中原其避君三舍若不獲命其左執鞭弭右屬櫜鞬以與君周還子玉請殺之楚子曰晉公子廉而儉文而有禮其從者肅而寬忠而能力晉侯無親外內惡之吾聞姬姓唐叔之後其後衰者也其將由晉公子乎天將興之誰能廢之違天必有大咎乃送諸秦推此言之不得爲慢之也○注本左傳雖然下則字衍廉而儉傳作廣而儉無重耳二字　去荆之秦。秦繆公入之。入晉納也○注當云納之晉也　晉既定。興師攻鄭。求被瞻。被瞻謂鄭君曰。不若以臣與之。鄭君曰。此孤之過也。被瞻曰。殺臣以免國。臣願之。被瞻入晉軍。文公將烹之。被瞻據鑊而呼曰。三軍之士皆聽瞻也。自今以來。無有忠於其君。忠於其君者將烹。文公謝焉。罷師。歸之於鄭。且被瞻忠於其君。而君免於晉患也。行義於鄭。而見說於文公也。故義之爲利博矣。博大也

墨者鉅子孟勝善荊之陽城君。鉅子孟勝二人學墨道者也爲陽城君所善○莊子天下釋文引向秀云墨家號其道理成者爲鉅子若儒家之碩儒此注非下云我將屬鉅子於宋之田襄子亦以名歸之而使其弟子皆從之受學也 陽城君令守於國。毀璜以爲符。約曰。符合聽之。荊王薨。羣臣攻吳起兵於喪所。陽城君與焉。荊罪之。陽城君走。荊收其國。孟勝曰。受人之國。與之有符。今不見符。而力不能禁。不能死。不可。其弟子徐弱諫孟勝曰。死而有益陽城君。死之可矣。無益也。而絕墨者於世。不可。孟勝曰。不然。吾於陽城君也。非師則友也。非友則臣也。不死。自今以來。求嚴師必不於墨者矣。求賢友必不於墨者矣。求良臣必不於墨者矣。死之。所以行墨者之義。而繼其業者也。義道繼續也 我將屬鉅子於宋之田襄子。我謂孟勝也屬託也 田襄子賢者也。何患墨者之絕世也。田襄子亦墨者也 徐弱曰。若夫子之言。弱請先死以除路。還歿頭前於孟勝。因使二人傳鉅子於田襄子。二人孟勝之弟子也傳從也 孟勝死。弟子死之者百八十三人。以致令於田襄子。○句上當有二人二字以猶已也 欲反死孟勝於荊。田襄子止之曰。孟子已傳鉅子於我矣。不聽。○舊本作當聽非今改正 遂反死之。反死孟勝於荊 墨者以爲不聽鉅子不察。嚴罰厚賞。不足以致此。今世之言治。多以嚴罰

厚賞。此上世之若客也。○義未詳

上德

四曰。凡用民。太上以義。其次以賞罰。其義則不足死。賞罰則不足去就。若是而能用其民者。古今無有。民無常用也。無常不用也。唯得其道爲可。可用也闔廬之用兵也。不過三萬。闔廬吳王光也吳起之用兵也。不過五萬。吳起衞人爲楚將萬乘之國。其爲三萬五萬尚多。今外之則不可以拒敵。內之則不可以守國。其民非不可用也。不得所以用之也。不得所以用之。○孫云御覽二百七十一守國作守固兩用之下皆有術字然案下文似不當有國雖大。勢雖便。卒雖衆。何益。不知用之何益於不能以尅敵也不爲用也。自古以來有天下者多而多無遺民不爲之用故滅亡用民之論。不可不熟。劍不徒斷。車不自行。或使之也。夫種麥而得麥。種稷而得稷。人不怪也。用民亦有種。不審其種而祈民之用。惑莫大焉。祈求當禹之時。天下萬國。至於湯而三千餘國。今無存者矣。皆不能用其民也。民之不用。賞罰不充也。當賞不賞當罰不罰則民不懷不威故不爲之用也湯武因夏商之民也。得所以用之也。管商亦因齊秦之民也。得所以用之也。管管仲商商鞅民之用也有故。故事也得其故。民無所不用。用民有紀有綱。壹引其紀。萬目皆起。壹引其綱。萬目皆張。爲民紀綱者何也。欲也惡也。何欲何惡。欲榮利。惡辱害。辱害所以爲罰。充也。榮利所以爲賞。實也。賞罰皆有充實。則民無不用矣（無不可用也）闔廬試其民於五湖。劍皆加於肩。地流血幾不可止。（試用習肄之也）句踐試其民於寢宮。（○舊作寢官劉本作寢宮案劉讞新論閱武篇正作寢宮今從劉本）民爭入水火。（○韓非內儲說上越王將復吳而試其教燔臺而鼓之使民赴火者賞在火也臨江而鼓之使人赴水者賞在水也即此事）死者千餘矣。遽擊金而卻之。（卻猶止也○舊校云卻一作退案新論正作退）賞罰有充也。莫邪不爲勇者與懼者變。（莫邪良劍也不爲勇者利怯者鈍也）勇者以工。懼者以拙。能與不能也。夙沙之民。自攻其君而歸神農。（夙沙大庭氏之末世也其君無道故自攻之神農炎帝）密須之民。自縛其主而與文王。（詩云密人不共敢距大邦此之謂也）湯武非徒能用其民也。又能用非己之民。國雖小。卒雖少。功名猶可立。（立成也）古昔多由布衣定一世者矣。（總一人之身爲世）皆能用非其有也。用非其有之心。不可察之本。（本始也○似當云不可不察之本少一不字）三代之道無二。以信爲管。（管准法）宋人有取道者。其馬不進。倒而投之鸂水。（倒殺投棄之○梁仲子云水經淮水注引作投之雞水）又復取道。其馬不進。又倒而投之鸂水。如此三者。雖造父之所以威馬不過此矣。不得造父之道。而徒得其威。無益於御。（無益於不知御之道）人主之不肖者有似於此。不得其道。而徒多其威。威愈多。民愈不用。（民不爲之用）亡國之主。多以多威使其民矣。故威不可無有。而不足專恃。譬之若鹽之於味。凡鹽之用有所託也。不適則敗託而不可食。威亦然。必有所託然後可行。（行之也）惡乎託。託於愛利。愛利之心諭。威乃可行。威太甚。則愛利之心息。愛利之心息。而徒疾行威。身必咎矣。此殷夏之所以絕也。君利勢也。次官也。處次官。

執利勢。不可而不察於此。夫不禁而禁者。其唯深見此論邪。

用民

五曰。先王之使其民。若御良馬。輕任新節。（節節也○注疑節飾也或是節節其力也）欲走不得。故致千里。善用其民者亦然。民日夜祈用而不可得。（祈求也）若得爲上用。民之走之也若決積水於千仞之谿。（七尺曰仞）其誰能當之。周書曰。民善之則畜也。不善則讎也。（周書周公所作畜好）有讎而衆。不若無有。厲王天子也。（厲王名胡諡法殺戮不辜曰厲周夷王之子宣王之父）有讎而衆。故流于彘。禍及子孫。（流放也彘地名今河東永安是也）微召公虎而絕無後嗣。（微無也虎臣宣王詩云王命召虎式辟四方徹我疆土此之謂也○趙云此注大謬周本紀云厲王太子靜匿召公家國人圍之召公以己子代太子太子得免是爲宣王是也虎臣宣王似當作虎宣王臣）今世之人主多欲衆之。（○似當作多欲民衆）而不知善。此多其讎也。不善則不有。（不得有其位○注位當作衆下同）有必緣其心愛之謂也。（緣其仁心故曰心愛之謂也○似當作故曰愛之謂也）有其形。不可謂有之。（形體也不可謂有天下之位也）舜布衣而有天下。桀天子也而不得息。由此生矣。（息安也不得安其位由此多其讎生矣）有無之論。不可不熟。（熟猶知）湯武通於此論。故功名立。（立猶見也）古之君民者。仁義以治之。愛利以安之。忠信以導之。（導猶先也）務除其災。思致其福。故民之於上也。若璽之於塗也。抑之以方則方。抑之以圜則圜。若五種之於地也。必應其類。而蕃息於百倍。此五帝三王之所以無敵也。（無能敵之也）身已終矣。而後世化之如神。（從其化有如神也）其人事審也。（其所施行皆可爲人法式故曰審也）魏武侯之居中山也。（○韓詩外傳十新序雜事五俱作魏文侯）問於李克曰。吳之所以亡者何也。武侯文侯之子也樂羊伐中山得中山故武侯居之也　李克對曰。驟戰而驟勝。驟數也　武侯曰。驟戰而驟勝。國家之福也。其獨以亡何故。對曰。驟戰則民罷。驟勝則主驕。以驕主使罷民。然而國不亡者。天下少矣。驕則恣。恣則極物。極盡可欲之物　罷則怨。怨則極慮。極其巧欺不臣之慮　上下俱極。吳之亡猶晚。猶尚　此夫差之所以自殁於干隧也。爲越所破自剄於干隧

東野稷以御見莊公。進退中繩。○舊校云退一作卻下同　左右旋中規。東野姓稷其名　莊公曰。善。以爲造父不過也。過猶勝也　使之鉤百而少及焉。不達也　顏闔入見。見謁也　莊公曰。子遇東野稷乎。對曰。然。臣遇之。按魯世家莊公桓公之子同也顏闔在春秋後蓋魯穆公時人也在莊公後十二世矣若實莊公顏闔爲安矣若實顏闔莊公爲安矣由此觀之咸陽市門之金固得載而歸也○梁伯子云東野稷事此本於莊子達生篇釋文曰李云魯莊公或云顏闔不與魯莊公同時當是衛莊公余攷莊子人閒世言顏闔將傅衛靈公太子讓王言魯君致幣顏闔李云魯哀公亦見本書貴生篇又莊子列禦寇篇言魯哀公問顏闔則此爲衛莊公是也而荀子哀公篇韓詩外傳二新序雜事五家語顏回篇皆云魯定公問顏回東野之御蓋傳聞異辭耳高氏未加詳考誤以爲魯莊公呂子安說恩載咸陽市門之金而歸何其陋也又荀韓新序人表家語稷字竝作畢　其馬必敗。莊公曰。將何敗。少頃。東野之馬敗而至。莊公召顏闔而問之。曰。子何以知其敗也。顏闔對曰。夫進退中繩。左右旋中規。造父之御無以過焉。鄉臣遇之。猶求其馬。臣是以知其敗也。善當自求於心而反求於御馬速疾故知其敗也○此注非是猶求其馬即下所云極是也　故亂國之使其民。不論人之性。不反人之情。煩爲教而過不識。過責識知　數爲令而非不從。令不可從而非人不從之也　巨爲危而罪不敢。不敢登其危者而罪之也　重爲任而罰不勝。不能勝其所任者而罪之也　民進則欲其賞。退則畏其罪。知其能力之不足也。則以爲繼矣。以爲繼。知。○此二句疑當作則難以爲繼矣難以爲繼脫兩難字下知字衍　則上又從而罪之。罪之罪其

爲也是以罪召罪。召致也上下之相讎也由是起矣。故禮煩則不莊，業煩則無功，〇舊校云一作淮令苛則不聽，禁多則不行。設禁而不禁爲不行也桀紂之禁不可勝數，故民因〇舊校云一作用案當是困字而身爲戮，極也。不能用威適。適宜也子陽極也，好嚴有過，而折弓者恐必死，遂應猘狗而弒子陽，極也。子陽鄭君也一曰鄭相也好嚴猛於罪刑無所赦家人有折弓者恐誅因國人有逐猘狗之擾而殺子陽極於刑之故也周鼎有竊，〇舊校云一作窮曲狀甚長，上下皆曲，以見極之敗也。未聞

適威

大曰使民無欲，上雖賢猶不能用。民無欲不爲物動雖有賢君不能得用之也夫無欲者，其視爲天子也，與爲輿隸同；輿衆也其視有天下也，與無立錐之地同；同等也其視爲彭祖也，與爲殤子同。彭祖殷賢大夫也蓋壽七百餘歲九歲以下爲下殤七歲以下爲無服殤天子至貴也，天下至富也，彭祖至壽也，誠無欲，則是三者不足以勸。勸樂也輿隸至賤也，無立錐之地至貧也，殤子至夭也，誠無欲，則是三者不足以禁。會有一欲，則北至大夏，南至北戶，西至三危，東至扶木，不敢亂矣。亂猶難也〇錢詹事云扶木卽蟠木古音扶如酺聲轉爲蟠漢書天文志奢爲扶鄭氏云扶當爲蟠犯白刃，冒流矢，趣水火，〇舊校云趣一作赴不敢卻也。卻猶止也晨寤興，務耕疾庸，椇椇古耕字〇案上旣云務耕疾庸則椇必非耕字又似屬下句闕疑可也爲煩辱，不敢休矣。故人之欲多者，其可得用亦多；人之欲少者，其得用亦少；無欲者，不可得用也。人之欲雖多，而上無以令之，人雖得其欲，人猶不可用也。令人得欲之道，不可不審矣。善爲上者，能令人得欲無窮，

故人之可得用亦無窮也。蠻夷反舌殊俗異習之國。（反舌夷語與中國相反故曰反舌也）其衣服冠帶宮室居處舟車器械聲色滋味皆異。其爲欲使一也。（一同也）三王不能革。不能革而功成者。順其天也。（天身也）桀紂不能離。不能離而國亡者。逆其天也。逆而不知其逆也。湛於俗也。久湛而不去則若性。性異非性。不可不熟。不聞道者何以去非性哉。無以去非性。則欲未嘗正矣。欲不正。以治身則夭。以治國則亡。故古之聖王。審順其天而以行欲。則民無不令矣。功無不立矣。聖王執一。四夷皆至者。其此之謂也。執一者至貴也。至貴者無敵。聖王託於無敵。故民命敵焉。羣狗相與居。皆靜無爭。投以炙雞。則相與爭矣。（炙雞狗所欲之故鬬爭之○注兩之字皆衍）或折其骨。或絕其筋。爭術存也。爭術存因爭。不爭之術存因不爭。取爭之術而相與爭。萬國無一。凡治國令其民爭行義也。亂國令其民爭爲不義也。彊國令其民爭樂用也。弱國令其民爭競不用也。夫爭行義樂用。與爭爲不義競不用。此其爲禍福也。天不能覆。地不能載。（言其大也）晉文公伐原。（原晉邑文公復國原不從故伐之今河內軹縣北原城是也）與士期七日。七日而原不下。（下降○僖廿五年左氏傳淮南道應訓俱作三日韓非外儲說左上作十日新序雜事四作五日）命去之。謀士言曰。原將下矣。師吏請待之。公曰。信國之寶也。得原失寶。吾不爲也。遂去之。明年復伐之。（○與左傳韓非不合）與士期必得原然後反。原人聞之。乃下。衛人聞之。以文公之信爲至矣。乃歸文公。故曰。攻原得備者。此之謂也。文公非不欲得原也。以不信得原。不若勿得也。必誠信以得之。歸之者非獨備也。文公可謂知求欲矣。

爲欲

七曰。凡人主必信。信而又信。誰人不親。（誰猶何也）故周書曰。允哉允哉。以言非信則百事不滿也。（周書逸書也滿猶成）故信之爲功大矣。信立則虛言可以賞矣。虛言可以賞。則六合之內皆爲己府矣。信之所及盡制之矣。制之而不用。人之有也。（人之有他人之有也）制之而用之。己之有也。己有之。則天地之物畢爲用矣。（畢盡也）人主有見此論者。其王不久矣。人臣有知此論者。可以爲王者佐矣。天行不信。不能成歲。地行不信。草木不大。（不信氣節陰陽皆不交故不成歲也）春之德風。風不信其華不盛。華不盛則果實不生。（在木曰實在地曰蓏）夏之德暑。暑不信其土不肥。土不肥則長遂不精。（遂成也）秋之德雨。雨不信其穀不堅。穀不堅則五種不成。（堅好成孰也）冬之德寒。寒不信其地不剛。地不剛則凍閉不開。（不開氣不通也）天地之大。四時之化。而猶不能以不信成物。又況乎人事。（乎於也）君臣不信。則百姓誹謗。社稷不寧。處官不信。則少不畏長。貴賤相輕。賞罰不信。則民易犯法。不可使令。（易輕也）交友不信。則離散鬱怨。不能相親。（親比也）百工不信。則器械苦僞。丹漆染色不貞。（貞正也）夫可與爲始。可與爲終。可與尊通。可與卑窮者。其唯信乎。信而又信。重襲於身。乃遍於天。以此治人，則膏雨甘露降矣，寒暑四時當矣。當猶應也 齊桓公伐魯。魯人不敢輕戰，去魯國五十里而封之，魯請比關內侯以聽。○梁仲子云：關內侯秦爵也。劉昭注續漢書百官志引劉劭爵制曰：秦都山西，以關內爲王畿，故曰關內侯。然則齊安得有關內侯乎？管子大匡篇載此事云：魯不敢戰，去國五十里而爲之關，魯請比於關內，以從于齊。據此，疑侯字衍。盧云：案曹沬事出於戰國之人所撰造，事既不實，辭亦鄙誕不經，但以耳目所見施之上世，而不知其有不合也。 桓公許之。曹翽謂魯莊公曰：○曹翽，左傳作曹劌，公羊、國策、史記並作曹沬。 君寧死而又死乎，其寧生而又生乎？莊公曰：何謂也？曹翽曰：聽臣之言，國必廣大，身必安樂，是生而又生也。不聽臣之言，國必滅亡，身必危辱，是死而又死也。莊公曰：請從。於是明日將盟，莊公與曹翽皆懷劍至於壇上。莊公左搏桓公，右抽劍以自承，承，佐也。○梁仲子云：注非也。左氏昭廿一年傳子皮承宜僚以劍，哀十六年傳承之以劍，杜云：拔劍指其喉。蓋曹翽以劍自向，故下云戮於君前，即以頸血澈衣之意。 曰：魯國去境數百里，今去境五十里，亦無生矣。鈞其死也，戮於君前。鈞，等也。戮，亦死也。 管仲、鮑叔進，曹翽按劍當兩陛之間曰：且二君將改圖，毋或進者。莊公曰：封於汶則可，不則請死。管仲曰：以地衛君，非以君衛地，君其許之。乃遂封於汶南，與之盟。歸而欲勿予。管仲曰：不可。人特劫君而不盟，君不知，不可謂智。○御覽四百三十作「人將劫君而不知，不可謂智」，此「不盟君」三字譌。 臨難而不能勿聽，不可謂勇。許之而不予，不可謂信。不智不勇不信，有此三者，不可以立功名。予之，雖亡地，亦得信。以四百里之地見信於天下，君猶得也。莊公，仇也；曹翽，賊也。信於仇賊，又況於非仇賊者乎。公羊傳曰：莊公升壇，曹子手劍而從之，請復汶陽之田。管子曰：君許之。桓公曰：諾。曹子請盟，桓公下與之盟。要盟可犯，而桓公不欺；曹子可讎而桓公不怨桓公之信著乎天下自柯之盟始焉此之謂也 夫九合之而合。壹匡之而聽從。此生矣。管仲可謂能因物矣。以辱爲榮。以窮爲通。雖失乎前。可謂後得之矣。物固不可全也。

貴信

八曰。以全舉人固難。物之情也。物事事難全也 人傷堯以不慈之名。舜以卑父之號。禹以貪位之意。湯武以放弑之謀。五伯以侵奪之事。傷毀也 由此觀之。物豈可全哉。故君子責人則以人。○梁仲子云此即以衆人望人之意 自責則以義。責人以人則易足。易足則得人。自責以義則難爲非。難爲非則行飾。飾讀曰勑勑正也 故任天地而有餘。德饒也 不肖者則不然。責人則以義。自責則以人。責人以義則難瞻。難瞻則失親。難瞻則恐恐則離叛故失所親也○梁仲子云瞻疑當作贍 自責以人則易爲。易爲則行苟。苟且不從禮義也 故天下之大而不容也。身取危。國取亡焉。此桀紂幽厲之行也。尺之木必有節目。寸之玉必有瑕瓋。○管子水地篇云夫玉瑕適皆見精也注云瑕適玉病也今此加玉旁乃俗作字書不載 先王知物之不可全也。○不可全舊本全上衍一不字今刪 故擇務而貴取一也。一分 季孫氏刼公家。孔子欲諭術則見外。季孫氏武子季文子子也刼奪公家政事而自專之也孔子欲以道而見遠外○舊校云諭一作論案注誤當云桓子季平子子也末疑有文脫似當云孔子欲以道術諭之而慮見遠外也 於是受養而便說。孔子受其養而季氏便之○注非也受其養則不見遠外於以諭道術則便矣 魯國以訾。訾毀也毀孔子也 孔子曰。龍食乎清而游乎清。螭食乎清而游乎濁。魚食乎濁而游乎濁。螭龍之別也 今丘上不及龍。下不若魚。丘其螭邪。夫欲立功者。豈得中繩哉。救溺者濡。追逃者趨。趨走也 魏文侯弟曰季成。友曰翟璜。○亦作黃 文侯欲相之而未能決。以問季充。○乃李克也因形近而訛 季充對曰。君欲置相。置立 則問樂騰與王孫苟端孰賢。孰誰○新序四樂騰作樂商下同 文侯曰。善。以王孫苟端爲不肖。翟璜進之。以樂騰爲賢。季成進之。○爲不肖舊本作而不肖賢作貴今竝從新序改正 故相季成。凡聽於主。言人不可不愼。季成弟也。翟璜友也。而猶不能知。何由知樂騰與王孫苟端哉。疏賤者知。親習者不知。理無自然。自然而斷相過。季充之對文侯也亦過。過長也論語曰過猶不及言俱不得其適 雖皆過。譬之若金之與木。金雖柔。猶堅於木。孟嘗君問於白圭曰。魏文侯名過桓公。而功不及五伯。何也。孟嘗君齊公子田嬰之子田文也白圭周人問文侯功何以不及五伯也 白圭對曰。文侯師子夏。友田子方。敬段干木。此名之所以過桓公也。卜相曰成與璜孰可。此功之所以不及五伯也。卜擇也成季成璜翟璜也 相也者。百官之長也。擇者欲其博也。今擇而不去二人。與用其讎亦遠矣。且師友也者公可也。戚愛也者私安也。以私勝公。衰國之政也。然而名號顯榮者。三士羽翼之也。羽翼佐之○舊本脫翼字今據李善注文選王子淵四子講德論補新序四作三士翊之也注羽翼舊倒選注枚叔七發引作羽翼佐也 甯戚欲干齊桓公。窮困無以自進。於是爲商旅將任車以至齊。任亦將也○注非是與下辟任車不可通淮南道應訓注云任載也詩曰我任我輦此則是已 暮宿於郭門之外。桓公郊迎客。夜開門。辟任車。爝火甚盛。從者甚衆。甯戚飯牛居車下。望桓公而悲。擊牛角疾歌。歌碩鼠也其詩曰碩鼠碩鼠無食我黍三歲貫女莫我肎顧逝將去女適彼樂土樂土樂土爰得我所碩鼠碩鼠無食我麥三歲貫女莫我肎得逝將去女適彼樂國樂國樂國爰得我直碩鼠碩鼠無食我苗三歲貫女莫我肎逝逝將去女適彼樂郊樂郊樂郊誰之永號者是也○孫云後漢書馬融傳注引說苑曰寧戚飯牛於康衢擊車輻而歌碩鼠與此正合梁仲子云今說苑善說篇云寧戚飯牛康衢擊車輻而歌顧見桓公得之霸也以上下文義求之顧見當是碩鼠之訛盧云案史記鄒陽傳集解引應劭曰齊桓公夜出迎客而寧戚疾擊其牛角商歌曰南山矸白石爛生不遭堯與舜禪短布單衣適至骭從昏飯牛薄夜半長夜曼曼何時旦此歌出三齊記藝文類聚又載一篇云滄浪之水白石粲中有鯉魚長尺半𧝓布單衣裁至骭清朝飯牛至夜半黃犢上坂且休息吾將捨汝相齊國李善注文選成公子安嘯賦又載一篇云出東門兮厲石班上有松柏青且闌𧏿布衣兮緼縷時不遇兮堯舜主牛兮努力食細草大臣在爾側吾當與爾適楚國三歌眞贋雖不可知合之亦自成章法仁和陳鱣云疾商歌殆非一歌也今故具錄之以備參攷焉　桓公聞之。撫其僕之手曰。異哉。之歌者非常人也。○新序五之作此　命後車載之。桓公反至。從者以請。請所置　桓公賜之衣冠。將見之。寧戚見。說桓公以治境內。明日復見。說桓公以爲天下。爲治　桓公大說。將任之。任用也　羣臣爭之曰。客衞人也。衞之去齊不遠。君不若使人問之。而固賢者也。○而與如同　用之未晚也。桓公曰。不然。問之患其有小惡。以人之小惡。亡人之大美。此人主之所以失天下之士也已。凡聽必有以矣。今聽而不復問。合其所以也。且人固難全。權而用其長者。當舉也。○新序作當此舉也　桓公得之矣。

舉難

呂氏春秋卷第二十

恃君覽第八　長利　知分　召類　達鬱　行論　驕恣　觀表

一曰。凡人之性。爪牙不足以自守衞。衞扞也 肌膚不足以扞寒暑。扞禦也 筋骨不足以從利辟害。從隨也 勇敢不足以却猛禁悍。禁止也 然且猶裁萬物。制禽獸。服狡蟲。狡蟲蟲之狡害者 寒暑燥溼弗能害。古人知爲之備 不唯先有其備而以羣聚邪。羣之可聚也。相與利之也。利之出於羣也。君道立也。衆之所奉戴故道立 故君道立。則利出於羣。羣衆也 而人備可完矣。昔太古嘗無君矣。太古上古兩儀之始未有君臣之制 其民聚生羣處。知母不知父。無親戚兄弟夫妻男女之別。無上下長幼之道。無進退揖讓之禮。無衣服履帶宮室畜積之便。無器械舟車城郭險阻之備。此無君之患。上苟所無者無以化下故以無君爲患 故君臣之義。不可不明也。明知也 自上世以來。天下亡國多矣。而君道不廢者。天下之利也。君施慶賞威刑以正之故天下之利也 故廢其非君。而立其行君道者。行奉也 君道何如。利而物利章。熊虎爲旗章明識也 非濱之東。朝鮮樂浪之縣箕子所封濱於東海也○非疑當作北猶言北海之東也 夷穢之鄉。東方曰夷穢夷國名 大解陵魚。其鹿野搖山揚島。大人之居。多無君。東方之夷無有君長 揚漢之南。揚州漢水南 百越之際。越有百種 敝凱諸夫風餘靡之地。縛婁陽禺驩兜之國。多無君。皆南越之夷無君者 氐羌呼唐。離水之西。僰人野人。僰讀如匍匐之匐 篇笮之川。舟人送龍突人之鄉。多無君。西方之戎無君者先言氐羌後言突人自近及遠也 鴈門之北。鷹隼所鷙。須窺之國。饕餮窮奇之地。叔逆之所。儋耳之居。多無君。北方狄無君者也孔子曰夷狄之有君不如諸夏之亡故曰多無君也 此四方之無君者也。其民麋鹿禽獸。不知禮義無長幼之別如麋鹿禽獸也 少者使長。長者畏壯。有力者賢。賢豪者也 暴傲者尊。日夜相殘。無時休息。以盡其類。類種也 聖人深見此患也。故爲天下長慮。慮計也 莫如置天子也。置立也 爲一國長慮。莫如置君也。置君。非以阿君也。阿猶私爲也 置天子非以阿天子也。置官長。非以阿官長也。德衰世亂。然後天子利天下。幼奉長卑事尊彊不得陵弱衆不得暴寡以此利之○盧云注非是利天下言以天下爲己利也古之聖王有天下而不與後世則以天下爲己利故有興有廢而亂難時作如此方與下文意相承接 國君利國。官長利官。此國所以遞興遞廢也。亂難之所以時作也。不得常施時盜作耳 故忠臣廉士。內之則諫其君之過也。諫止也 外之則死人臣之義也。義重於身 豫讓欲殺趙襄子。欲爲智伯殺趙襄子也已說在上篇 滅鬚去眉。自刑以變其容。爲乞人而往乞於其妻之所。其妻曰。狀貌無似吾夫者。其音何類吾夫之甚也。又吞炭以變其音。其友謂之曰。子之所道甚難而無功。○所道猶言所由趙策無所字 謂子有志則然矣。謂子智則不然。以子之材而索事襄子。索求也 襄子必近子。子得近而行所欲。此甚易而功必成。豫讓笑而應之曰。是先知報後知也。爲故君賊新君矣。大亂君臣之義者無此。失吾所爲爲之矣。○趙策作是爲先知報後知爲故君賊新君大亂君臣之義者無此矣無失吾所爲爲之六字兩本皆可通無此猶言無如此與師道疑其有缺字非也 凡吾所爲爲此者。所以明君臣之義也。非從易也。柱厲叔事莒敖公。莒子國也敖公謚公君也○案此與列子說符篇同說苑立節篇作莒穆公有臣曰朱厲附自以爲不知。而去居於海上。柱厲叔自以不爲敖公之所知而遠去居於海上也夏日則食菱芡。菱芰也芡雞頭也一名鴈頭生水中冬日則食橡栗。橡阜斗也其狀似栗莒敖公有難。柱厲叔辭其友而往死之。往死敖公之難也其友曰。子自以爲不知故去。今又往死之。是知與不知無異別也。言故爲不見知於敖公而舍之去今復往死其難是與見知不見知無別異也柱厲叔曰。不然。自以爲不知故去。今死而弗往死。是果知我也。今不死其難是爲使敖公果知我爲不良臣也吾將死之以醜後世人主之不知其臣者也。醜愧也唯明君能知忠臣耳敖公弗及也死其難可以使後世不知良臣之君慙於不知人也所以激君人者之行。而厲人主之節也。激發也所以發起君人之行厲高也人君務在知人知人則哲所以厲人主之志節也○人主御覽六百二十一作人臣非是下云行激節厲忠臣幸於得察則節厲正指人主言行激節厲忠臣。幸於得察。察知也忠臣察。則君道固矣。臣見知則盡忠以衛上故君道安固不危殆也

恃君覽

二曰。天下之士也者。慮天下之長利。而固處之以身。若也利雖倍於今。而不便於後。弗爲也。爲施也安雖長久而以私其子孫。弗行也。私利也自此觀之陳無宇之可醜亦重矣。陳無宇齊大夫陳須無之子桓子也醜謂其貪也與鮑文子俱伐欒高氏戰于稷欒高氏敗又敗於莊國人追之又敗於鹿門欒施高彊出奔陳鮑分其室是其貪祿也其與伯成子高周公旦戎夷也。形雖同。取舍之殊豈不遠哉。伯成子高辭諸侯而耕周公旦股肱周室輔翼成王而致太平戎夷齊之仁人也陳無宇雖身形與之同然其行貪欲相去絕遠也堯治天下。伯成子高立爲諸侯。堯授舜。舜授禹。伯成子高辭諸侯而耕。禹往見之。則耕在野。禹趨就下風而問曰。

堯理天下。吾子立爲諸侯。今至於我而辭之。故何也。○莊子天地篇作其故何也伯成子高曰。當堯之時。未賞而民勸。未罰而民畏。民不知怨。不知說。愉愉其如赤子。今賞罰甚數。而民爭利。且不服。德自此衰。利自此作。作起也○莊子作刑自此立新序節士篇作刑自此繁後世之亂自此始。始首也夫子盍行乎。無慮吾農事。盍何不也行去也慮猶亂也○莊子作無落吾事慮落聲相近協而耰。遂不顧。協和悅也耰覆種也顧視也夫爲諸侯。名顯榮。實佚樂。繼嗣皆得其澤。伯成子高不待問而知之。然而辭爲諸侯者。以禁後世之亂也。以止後世爭榮之亂也辛寬見魯繆公曰。臣而今而後知吾先君周公之不若太公望封之知也。昔者太公望封於營丘之渚。海阻山高。險固之地也。○孫云李善注文選司馬相如子虛賦引辛寬曰太公望封於營邱渚海阻山無之字高字渚屬下讀是營邱恐不得言渚也梁仲子云賦云齊東陼鉅海注引此者渚當爲陼盧云案韋昭注越語云水邊曰陼此正言邊海耳山高疑本是一嵩字誤分爾雅山大而高嵩中嶽蓋依此名爾雅本非專爲中嶽作釋故齊亦可言嵩餘當從選注是故地日廣。子孫彌隆。廣大也隆盛也吾先君周公封於魯。無山林谿谷之險。諸侯四面以達。達通也是故地日削。子孫彌殺。削小也殺衰也辛寬出。南宮括入見。公曰。今者寬也非周公。其辭若是也。南宮括對曰。寬少者。弗識也。少小也不知也君獨不聞成王之定成周之說乎。其辭曰。惟余一人營居于成周。惟余一人有善。易得而見也。有不善。易得而誅也。言恃德不恃險也故曰善者得之。不善者失之。古之道也。得之者若湯武也失之者若桀紂故曰古之道也夫賢者豈欲其子孫之阻山林之險以長爲無道哉。小人哉寬也。今使燕爵爲鴻鵠鳳皇慮。則必不得矣。燕爵諭辛寬也言寬亦不能爲賢者慮也其所求者。瓦之閒隙屋之翳蔚也。燕爵志小而近也與一舉則有千里之志。德不盛。義不大。則不至其郊。爲聖德之君至其郊也愚庳之民。其爲賢者慮。亦猶此也。固妄誹訾。豈不悲哉。亦如燕爵爲鴻鵠鳳皇慮何時能得既不得又妄誹謗訾毁之故曰豈不悲哉痛傷之也戎夷違齊如魯。天大寒而後門。違去去齊至魯也後門日夕門已閉也與弟子一人宿於郭外。寒愈甚。謂其弟子曰。子與我衣。我活也。我與子衣。子活也。我國士也。爲天下惜死。惜愛也子不肖人也。不足愛也。愛亦惜也子與我子之衣。弟子曰。夫不肖人也。又惡能與國士之衣哉。惡安也不肖人亦自愛其死安能與國士之衣哉戎夷太息歎曰。嗟乎。道其不濟夫。死之道其不濟也解衣與弟子。夜半而死。弟子遂活。謂戎夷其能必定一世。則未之識。識知也若夫欲利人之心。不可以加矣。加上也達乎分仁愛之心識也。故能以必死見其義。誘以戎夷不義之義耳欲求弟子之衣以惜其死是不義也弟子拒之以不肖人惡能與國士之衣計不能兩生窮乃解衣是不義之義也淮南記曰楚有賣其母者而謂其買者曰此母老矣幸善食之不亦不義也○注末也字當與邪同猶言此豈可謂之義所引淮南記見說山訓

長利

三曰。達士者達乎死生之分。君子死義不求苟生不義而生弗爲也故曰達乎死生之分淮南記曰左手據天下之圖右手刎其喉愚夫弗爲生貴於天下也死君親之難者則當視死如歸蓋義重於身也此之謂達於死生之分者也達乎死生之分。則利害存亡弗能惑矣。不爲利存而遂苟生不爲害亡而辭死故曰利害存亡弗能惑移也故晏子與崔杼盟。而不變其義。崔子盟國人曰所不與崔慶者不得晏子仰天歎曰嬰所不惟忠於君利社稷者是與故曰不變其義○舊本注多訛今從許本參以左傳改正是與下左傳有有如上帝四字延陵季子。吳人願以爲王而不肯。季子吳壽夢子札也不肯爲王去之延陵不入吳國故曰延陵季子也○注子札舊本作孫子訛今改正孫叔敖三爲令尹而不喜。叔敖薳賈伯盈之子三去令尹而不憂。

令尹楚卿也論語曰令尹子文不云叔敖 皆有所達也。達於高位疾顯厚味腊毒者也 有所達。則物弗能惑。惑動也 荊有次非
者。得寶劍于干遂。干遂吳邑○次非漢書宣帝紀注如淳引作兹非後漢書馬融蔡邕等傳注及北堂書鈔百三十七竝引作佽飛李善注文選郭景純江賦作佽非唯楊倞注荀子勸學篇所引同干遂如淳作干將楊倞作于越 還反涉江。涉度也 至於中流。有兩蛟夾繞其船。魚滿二千斤爲蛟○淮南注作二千五百斤
次非謂舟人曰。子嘗見兩蛟繞船能兩活者乎。船人曰。未之見也。次非攘
臂袪衣。拔寶劍曰。此江中之腐肉朽骨也。棄劍以全己。余奚愛焉。於是赴
江刺蛟。赴入也 殺之而復上船。舟中之人皆得活。荊王聞之。仕之執圭。周禮侯執信圭楚以次非勇武而侯之 孔子聞之曰。夫善哉。不以腐肉朽骨而棄劍者。其次非之謂乎。禹
南省方。濟乎江。黃龍負舟。舟中之人五色無主。禹仰視天而歎曰。吾受命
於天。竭力以養人。生性也。死命也。余何憂於龍焉。憂懼也 龍俛耳低尾而逝。逝去也 則禹達乎死生之分利害之經也。經道 凡人物者。陰陽之化也。陰陽者造乎
天而成者也。天固有衰嗛廢伏。有盛盈坌息。○坌梁仲子疑坌案賈誼書坌冒楚棘一作坌 人亦有困窮
屈匱。有充實達遂。達遍遂成 此皆天之容物理也。而不得不然之數也。古聖人不
以感私傷神。感念私邪傷神性也 俞然而以待耳。俞安 晏子與崔杼盟。其辭曰。不與崔氏而
與公孫氏者。受其不祥。公孫氏齊羣公子之子故曰公孫氏公黨也不與崔杼同者也故曰不祥也 晏子俛而飲血。仰而呼
天曰。不與公孫氏而與崔氏者。受此不祥。反其盟也 崔杼不說。直兵造胷。句兵鉤
頸。直矛也句戟也 謂晏子曰。子變子言。變更 則齊國吾與子共之。子不變子言。則今是

已。已竟也言今竟子○注竟舊本作競誤杼欲置晏子於死則是終竟之今俗閒惡詈人語尚有相似者晏子曰。崔子。子獨不爲夫詩乎。詩曰。莫莫葛藟。延于條枚。凱弟君子。求福不回。詩大雅旱麓之卒章莫莫葛藟之貌延蔓于條枚之上得其性也樂易之君子求福不以邪僻順於天性以正直受大福○延于條枚此韓詩見外傳二後漢書黃琬傳注同豈弟作凱弟禮記表記同注旱麓李本作干麓嬰且可以回而求福乎。子惟之矣。惟宜也○梁仲子云當訓爲思崔杼曰。此賢者。不可殺也。罷兵而去。晏子援綏而乘。○援舊多作授注本作受案意林作援今從之其僕將馳。晏子撫其僕之手。○撫舊本作無艮說案晏子雜上及韓詩外傳二俱作撫新序義勇篇作拊俱無艮字今據刪正曰。安之。毋失節。疾不必生。徐不必死。鹿生於山。而命懸於廚。今嬰之命有所懸矣。晏子可謂知命矣。命也者。不知所以然而然者也。人事智巧以舉錯者不得與焉。故命也者。就之未得。去之未失。蹈義就死未必死也故曰就之未得苟從不義以去死求生未必生故曰去之未失也國士知其若此也。故以義爲之決而安處之。處居也白圭問於鄒公子夏后啓曰。夏后啟鄒公子之名踐繩之節。四上之志。三晉之事。此天下之豪英。踐繩之節正直也四上謂君也卿大夫士與君爲四四者之中君處其上故曰四上之志晉之三卿韓魏趙氏皆以豪英之才專制晉國三分之爲諸侯卒皆稱王故曰三晉之事此天下之豪英萬人爲英百人爲豪以處於晉。而迭聞晉事。未嘗聞踐繩之節四上之志。處居居於晉數聞三晉之事○舊校云迭一作亟今案注作亟爲是願得而聞之。願聞踐繩之節四上之志也夏后啓曰。鄙人也。焉足以問。言不足問白圭曰。願公子之毋讓也。夏后啓曰。以爲可爲故爲之。爲之。天下弗能禁矣。禁止也以爲不可爲故釋之。釋之。天下弗能使矣。釋舍白圭曰。利弗能使乎。威弗能禁乎。夏后啓曰。生不足以使之。則利曷足以使之矣。生重利輕言今必生猶不可使也但以所利諭之何足以使之死不足以禁之。則害曷足以禁之矣。死重害輕也言爲義者雖死爲之故曰不足以禁之死且猶弗禁何況害也何足以禁之也 白圭無以應。夏后啓辭而出。出去 凡使賢不肖異。使賢以義使不肖以利故曰異也 使不肖以賞罰。言賞必生罰必死不肖者喜生惡死則可使矣 使賢以義。賢者不畏義死不浮不義生唯義之所在死生一也 故賢主之使其下也。必義審賞罰。然後賢不肖盡爲用矣。盡可得使爲己用也

知分

四曰。類同相召。召致也 氣同則合。合會也 聲比則應。應和也 故鼓宮而宮應。鼓大宮小宮應 鼓角而角動。擊大角小角動 以龍致雨。以形逐影。龍水物也故致雨影出於形形行日中則影隨之故曰以形逐影 禍福之所自來。衆人以爲命焉。不知其所由。故國亂非獨亂。有必召寇。召致○有讀曰又 獨亂未必亡也。召寇則無以存矣。凡兵之用也。用於利。用於義。傳曰利義之和也 攻亂則服。服則攻者利。得其利 攻亂則義。義則攻者榮。得榮名也 榮且利。中主猶且爲之。有況於賢主乎。○有讀曰又 故割地寶器戈劍卑辭屈服。不足以止攻。唯治爲足。足以止人攻 治。則爲利者不攻矣。爲利動者不來攻己 爲名者不伐矣。爲武移者不來伐己 凡人之攻伐也。非爲利則固爲名也。名實不得。國雖彊大。則無爲攻矣。無名實之國雖彊大則無爲往攻之矣傳曰取亂侮亡此是也 兵所自來者久矣。堯戰於丹水之浦。以服南蠻。丹水在南陽浦岸也一曰崖也○梁仲子云水經丹水注引作堯有丹水之戰以服南蠻 舜卻苗民。更易其俗。苗民有苗也卻猶止更改 禹攻曹魏屈鶩有扈。以行其教。春秋傳曰啟伐有扈言屈鶩不知出何書也○案路史國名紀夏后攻曹魏屈鶩呂覽云啓潛夫論曹姜姓詹伯曰祖自夏以稷魏駘爲吾西土盟會圖云嬴姓隰之吉鄉北有古屈城北屈也舊本禹攻曹魏下有小注攻伐二字此殊可省且其離句亦非也 三王

以上。固皆用兵也。亂則用，治則止。治而攻之，不祥莫大焉，亂而弗討，害民莫長焉。此治亂之化也，（化變也）文武之所由起也。文者愛之徵也，武者惡之表也。愛惡循義，文武有常，聖人之元也。（元寶）譬之若寒暑之序，時至而事生之。聖人不能爲時，而能以事適時。事適於時者其功大。（事之適得其時則無不成故功大）士尹池爲荊使於宋，司城子罕觴之。（司城司空卿官宋武公名司空故改爲司城觴爵飲尹池酒也○士尹池御覽四百十九引作工尹他新序刺奢篇與此同）南家之牆犨於前而不直，（犨猶出曲出子罕堂前也）西家之潦徑其宮而不止。（西家地高潦東流經子罕之宮而不禁○徑新序御覽作經舊校云一作注孫云李善注文選張景陽雜詩引作注於庭下而不止）士尹池問其故。（問不直牆不止潦之故）司馬子罕曰：「南家工人也，爲鞔者也。（鞔履也作履之工也一曰鞔靷也作車靷之工也○者也舊本作百也訛今改正說文云鞔履空也徐曰履靸）吾將徙之，其父曰：『吾恃爲鞔以食三世矣。（作鞔以共食）今徙之，是宋國之求鞔者不知吾處也，吾將不食。（鞔不售無以自食）願相國之憂吾不食也。』爲是故吾弗徙也。西家高，吾宮庳，潦之經吾宮也利，故弗禁也。」士尹池歸荊，荊王適興兵而攻宋，士尹池諫於荊王曰：「宋不可攻也。其主賢，（主君）其相仁。（相子罕）賢者能得民，（得民歡心）仁者能用人。（人爲之用也）荊國攻之，其無功而爲天下笑乎！」故釋宋而攻鄭。孔子聞之曰：「夫脩之於廟堂之上，而折衝乎千里之外者，其司城子罕之謂乎。」（衝車所以衝突敵之軍能陷破之也有道之國不可攻伐使欲攻己者折還其衝車於千里之外不敢來也）宋在三大萬乘之閒，（南有楚北有晉東有齊故曰三大萬乘之閒也）子罕之時，無所相侵，邊境四益，（四境不侵削則爲益）相平公、元公、景公以終其身，其唯仁且節與。（節儉也）

故仁節之爲功大矣。按春秋子罕殺宋昭公不但相三君以終身○梁伯子云春秋時子罕是樂喜乃宋賢臣奈何以爲殺君乎戰國時宋亦有昭公其時亦有子罕逐君擅政如韓非子韓詩外傳淮南說苑諸書所說耳故明堂茅茨蒿柱。土階三等。以見節儉。等級也茅可覆屋蒿非柱任也雖云儉節實所未聞○案大戴盛德篇云周時德澤洽和蒿茂大以爲宮柱名蒿宮也趙簡子將襲衞。使史默往睹之。睹視○御覽四百二引作瞶之注瞶視也音貴案睹見也疑非視義期以一月。六月而後反。反還也趙簡子曰。何其久也。史默曰。謀利而得害。猶弗察也。察知今蘧伯玉爲相。史鰌佐焉。伯玉衞大夫蘧莊子無咎之子瑗謚曰成子史鰌亦衞之大夫字子魚論語云直哉史魚孔子爲客。子貢使令於君前甚聽。君從其言易曰。渙其羣元吉。渙者賢也。羣者衆也。元者吉之始也。渙其羣元吉者。其佐多賢也。謂孔子子貢之客也與公子札適衞說蘧瑗史鰌公子荆公叔發公子輩曰衞多君子未有患也故曰其佐多賢也○案左傳蘧瑗下有史狗陸德明作史朝此公子輩疑是鼂之訛即朝也但公子朝通於宣姜懼而作亂不得爲賢梁伯子云或是公孫朝趙簡子按兵而不動。凡謀者疑也。疑則從義斷事。從義斷事則謀不虧。謀不虧則名實從之。既有美名又有其實故曰名實從之賢主之舉也。豈必旗僨將斃而乃知勝敗哉。察其理而得失榮辱定矣。故三代之所貴無若賢也。若如也

召類

五曰。凡人三百六十節。九竅。五藏。六府。肌膚欲其比也。比猶致也○謂緻密血脈欲其通也。通利筋骨欲其固也。固堅心志欲其和也。和調也精氣欲其行也。精氣以行血脈榮衞三百六十節故曰欲其行也若此則病無所居。而惡無由生矣。病之畱。惡之生也。精氣鬱也。鬱滯不通也故水鬱則爲污。水淺不流污也樹鬱則爲蠹。蠹蝎木中之蟲也草鬱則爲蕢。蕢穢○梁仲子云續漢書郡國志三注引爾雅木立死曰蕢又引此

草鬱卽爲蓄疑蕢本是蓄字卽蓄也因形近而訛國亦有鬱。生德不通。〇生德疑主德民欲不達。此國之鬱也。國鬱處久。則百惡並起。而萬災叢至矣。叢聚也上下之相忍也。由此出矣。出生也故聖王之貴豪士與忠臣也。爲其敢直言而決鬱塞也。周厲王虐民。國人皆謗。謗怨召公以告。曰。民不堪命矣。王使衛巫監謗者。召公周大夫召公奭也監視〇召公奭未必至厲王時尙在據韋昭注周語以爲召康公之後穆公虎也得則殺之。國莫敢言。道路以目。以目相視而已不敢失言王喜。以告召公曰。吾能弭謗矣。弭止也召公曰。是障之也。非弭之也。障防防民之口。甚於防川。川壅而潰。敗人必多。夫民猶是也。是故治川者決之使導。治民者宣之使言。是故天子聽政。使公卿列士正諫。好學博聞獻詩。矇箴師誦。目不見曰矇師瞽師詩云矇叟奏功〇周語云使公卿至於列士獻詩瞽獻曲史獻書師箴瞍賦矇誦百工諫注引詩與今毛詩異案詩釋文云瞍依字作叟又案史記屈原傳集解亦引作奏功庶人傳語。庶人無官者不得見王故傳語因人以通近臣盡規。規諫親戚補察。而後王斟酌焉。斟酌取其善而行是以下無遺善。善皆達王所上無過舉。過失今王塞下之口。而遂上之過。恐爲社稷憂。王弗聽也。三年。國人流王于彘。流放也彘河東永安是也此鬱之敗也。鬱者不陽也。周鼎著鼠。令馬履之。爲其不陽也。不陽者。亡國之俗也。管仲觴桓公。日暮矣。桓公樂之而徵燭。觴饗也徵求也〇日暮舊作曰暮訛今改正管仲曰。臣卜其晝。未卜其夜。君可以出矣。出罷公不說。曰。仲父年老矣。寡人與仲父爲樂。將幾之。〇疑是幾何請夜之。以夜繼晝管仲曰。君過矣。夫厚於味者薄於德。沈於樂者反於憂。壯而怠則失時。怠懈老而解則無名。無善終之名〇注舊本作之始訛臣乃今將爲君勉之。勉勵勵君使不沈於夜樂若何其沈於酒也。管仲可謂能立行矣。凡行之墮也於樂。墮壞酣樂今樂而益飭。飭正也行之壞也於貴。貴則驕今主欲留而不許。伸志行理。貴樂弗爲變。以事其主。此桓公之所以霸也。管仲不與桓公燭不留桓公夜樂所以能致桓公於霸也〇梁伯子云管子中匡篇所載略同又說苑反質篇以爲景公晏子事恐皆由左傳而附會耳

列精子高聽行乎齊湣王。列精子高六國時賢人也聽行其德行見敬於齊王也湣王宣王之子善衣東布衣。白縞冠。顙推之履。特會朝雨。袪步堂下。謂其侍者曰。我何若。顙推之履弊履也袪步舉衣而步也列精子高自謂其從者曰我好醜如何也〇鄭注禮記深衣曰善衣朝祭之服也然則顙推之履必非弊履可知列精子高方且自矜其容以問侍者惡有著弊履者乎高不能注不若闕諸侍者曰。公姣且麗。姣麗皆好貌也〇孫云李善注文選陸士衡日出東南隅行高臺多妖麗引此姣作妖列精子高因步而窺於井。粲然惡丈夫之狀也。臨井自照見不好故曰惡丈夫之狀也喟然歎曰。侍者爲吾聽行於齊王也。夫何阿哉。阿曲媚也列精子高言侍者以我爲齊王所聽而敬謂我美麗不言惡故曰阿我也〇注以我舊本缺以字今補又況於所聽行乎萬乘之主。人之阿之亦甚矣。萬乘之主謂齊王從者且猶阿我而云美且麗也人之阿齊王齊王實不良而言其良甚於己侍者之言也〇此又影合鄰忌修事而無所鏡其殘。亡無日矣。言齊王無所用自見其殘暴也亡無期日矣孰當可而鏡。孰能鏡照其唯士乎。獨士履禮蹈正不阿於俗而能鏡之也人皆知說鏡之明己也。而惡士之明己也。鏡明見人之醜而人不椎鏡破之而抆以糸錫摩以白旃是說鏡之明己也士有明己者陳己之短欲令改之以除其病而不德之反欲殺之是惡士之明己也〇注醜舊作首又改作長皆訛今案文義改正鏡之明己也功細。細小士之明己也功大。正己之服而以匡君致治安定社稷故功之大也得其細。失其大。不知類耳。類事趙簡子曰。厥也愛我。鐸也不愛我。厥趙厥趙簡子家臣也鐸尹鐸亦家臣也傳曰季孫之愛我疾疹也孟孫之惡我藥石也美疹不如惡石此之謂也〇梁仲子云說苑臣術篇作尹綽赦厥此注云趙厥未知所本又疹左傳作疢厥之諫我也。必於無人之所。所處也鐸之諫我也。喜質我於人中。質正必使我醜。醜惡〇案

醜當訓恥尹鐸對曰。厥也愛君之醜也。愛惜而不愛君之過也。過明也〇案過當訓失鐸也愛君之過也。而不愛君之醜也。臣嘗聞相人於師。敦顏而土色者忍醜。敦厚也土色黃色也土爲四時五行之主多所戴受故能辱忍醜也謂簡子之色也〇注戴受疑是載受別本受作愛今從許本作受不賓君於人中。恐君之不變也。變改此簡子之賢也。人主賢。則人臣之言刻。刻盡簡子不賢。鐸也卒不居趙地。居處有況乎在簡子之側哉。側猶在左右也

達鬱

六曰。人主之行與布衣異。布衣匹夫勢不便。時不利。事讎以求存。讎周也〇舊校云存一作全執民之命。執民之命重任也。不得以快志爲故。故事也故布衣行此指於國。不容鄉曲。指猶志布衣之人行此志於國不能自容於鄉曲堯以天下讓舜。讓猶予也鮌爲諸侯。怒於堯曰。得天之道者爲帝。得帝之道者爲三公。今我得地之道。而不以我爲三公。以堯爲失論。論猶理也欲得三公。怒甚猛獸。欲以爲亂比獸之角。能以爲城。以爲城池之固舉其尾。能以爲旌。以爲旌旗之表也召之不來。仿佯於野。以患帝舜。於是殛之於羽山。副之以吳刀。羽山東極之山也書云鮌乃殛死先殛後死也〇副當讀如爲天子削瓜者副之之副梁仲子云海內經郭注引啓筮副作剖禹不敢怨。而反事之。官爲司空。禹鮌子也不敢怨舜而還事舜治水土者也〇案注者字衍以通水潦。顏色黎黑。步不相過。竅氣不通。以中帝心。中猶得昔者紂爲無道。殺梅伯而醢之。殺鬼侯而脯之。以禮諸侯於廟。肉醬爲醢肉熟爲脯梅伯鬼侯皆紂之諸侯也梅伯說鬼侯之女美令紂取之紂聽妲己之譖日以爲不好故醢梅伯脯鬼侯以其脯燕諸侯於廟中〇注日字疑是因文王流涕而咨之。咨嗟

數辭紂恐其畔。欲殺文王而滅周。文王曰。父雖無道。子敢不事父乎。君雖不惠。臣敢不事君乎。孰王而可畔也。紂乃赦之。天下聞之。以文王爲畏上而哀下也。詩曰。惟此文王。小心翼翼。昭事上帝。聿懷多福。詩大雅大明之三章言文王小心翼翼然敬愼明於事上不敢攜貳所以得衆福也齊攻宋。燕王使張魁將燕兵以從焉。齊王殺之。燕王聞之。泣數行而下。召有司而告之曰。余興事而齊殺我使。請令舉兵以攻齊也。○請令疑當作請今使受命矣。凡繇進見爭之曰。賢王故願爲臣。今王非賢主也。願辭不爲臣。去辭也昭王曰。是何也。對曰。松下亂。先君以不安棄羣臣也。王苦痛之。而事齊者。力不足也。昭王燕王子噲之子先君謂子噲也松下地名也齊伐燕子噲與松下戰爲齊所獲故曰棄羣臣也王苦傷之而奉事齊者蓋力不足以伐齊今魁死而王攻齊。是視魁而賢於先君。王曰。諾。從凡繇諫也請王止兵。請王出令止兵也王曰。然則若何。凡繇對曰。請王縞素辟舍於郊。遣使於齊。客而謝焉。曰。此盡寡人之罪也。大王賢主也。豈盡殺諸侯之使者哉。然而燕之使者獨死。此弊邑之擇人不謹也。願得變更請罪。更改更也使者行至齊。行還也齊王方大飲。左右官實御者甚衆。因令使者進報。使其使者進報燕使之至也使者報言燕王之甚恐懼而請罪也。畢。又復之。以矜左右官實。說燕王謂伏罪訖又復使說之以自矜大於左右官實官長也使聞知也因乃發小使以反。令燕王復舍。小使微者也反燕王使復舍也此濟上之所以敗。此齊所以爲燕軍所敗於濟上也齊國以虛也。七十城微田單固幾不反。虛弱也燕昭王使樂毅伐齊得七十餘城事未訖使騎劫代之田單率卽墨市民擊騎劫軍盡破之悉反其城故曰無田單幾不反矣○不反舊作不及注末作幾不及免矣兩及

（字皆當作反又免字衍今幷刪正）湣王以大齊驕而殘。田單以卽墨城而立功。（湣王驕暴淖齒殺之擢其筋懸之東廟故曰而殘也田單以卽墨市民大破燕軍故曰而立功也）詩曰。將欲毀之。必重累之。將欲踣之。必高舉之。其此之謂乎。（詩逸詩也）累矣而不毀。舉矣而不踣。（累之重乃易毀也踣破也舉之高乃易破也以喻湣王驕亂甚乃易破也燕軍攻高亦易破使田單序其名也〇據注踣當讀剖與舉爲韻序其名序字必譌疑是成其名）其唯有道者乎。（有道者能滿而不溢高而不危故曰其唯有道者乎也）楚莊王使文無畏於齊。過於宋。不先假道。（莊王楚穆王商臣之子恭王之父也無畏申周楚大夫也使如齊不假道於宋也〇申周卽申舟古字通）還反。華元言於宋昭公曰。往不假道。來不假道。是以宋爲野鄙也。（昭公宋成公王臣之子杵臼往來不假道欲以宋爲鄙邑）楚之會田也。故鞭君之僕於孟諸。（言往日與楚會田於孟諸無畏撻宋公之僕）請誅之。乃殺文無畏於揚梁之隄。（〇梁仲子云案揚梁宋地見左氏襄十二年傳又水經注渙水又東逕揚亭北卽春秋揚梁也近水故有隄防楊揚古通用隄李本作暖）莊王方削袂。聞之曰。嘻。（嘻怒貌也〇孔太史廣森經學卮言曰削裁也投袂投其所削之袂也左氏宣十四年傳文未備杜氏遂以投爲振壹若拂袖之義誤已）投袂而起。履及諸庭。（傳曰履及於經皇也）劍及諸門。（傳曰劍及寢門）車及之蒲疏之市。（〇蒲疏左傳作蒲胥二字通）遂舍於郊。（邑外曰郊）興師圍宋。九月。（圍宋在魯宣公十四年）宋人易子而食之。析骨而爨之。宋公肉袒執犧。（犧牲也）委服告病。（病困）曰。大國若宥圖之。唯命是聽。莊王曰。情矣宋公之言也。（〇舊校云情一作殆）乃爲卻四十里。（〇左傳作三十里）而舍於盧門之闔。（盧門宋城門闔扉也）所以爲成而歸也。（成平）凡事之本在人主。（〇舊此下有之患二字乃下因文而衍今刪）人主之患。在先事而簡人。簡人則事窮矣。今人臣死而不當。親帥士民以討其故。（討伐也）可謂不簡人矣。宋公服以病告。而還師。（還反也）可謂不窮矣。夫舍諸侯於漢陽（水北曰陽〇舍疑合字誤）而飲至者。其以義進退邪。（叛而討之以義進也服而舍之以義退也）

彊不足以成此也。傳曰彊而不義其斃必速唯義以濟故曰彊不足以成也〇注斃舊作弊今據昭元年左氏傳改正

行論

七曰。亡國之主必自驕。必自智。必輕物。自謂有過人之智故曰輕物 自驕則簡士。簡傲也 自智則專獨。不咨忠臣 輕物則無備。傳曰無備而官辦者猶拾瀋也此之謂也〇舊本無辦者二字今從哀三年左傳文補又瀋傳作藩 無備召禍。專獨位危。簡士壅塞。士不盡規故壅塞無聞知 欲無壅塞必禮士。欲位無危必得衆。欲無召禍必完備。三者人君之大經也。經道也 晉厲公侈淫。好聽讒人。欲盡去其大臣而立其左右。胥童謂厲公曰。必先殺三郤。三郤錡犨至也 族大多怨。去大族不偪。不偪迫公室 公曰諾。乃使長魚矯殺郤犨郤錡郤至于朝。而陳其尸。於是厲公遊于匠麗氏。欒書中行偃劫而幽之。欒書武子也中行偃荀偃伯游獻子也幽囚也〇偃字伯游 諸侯莫之救。百姓莫之哀。言厲公之惡 三月而殺之。人主之患。患在知能害人。而不知害人之不當。而反自及也。不當謂害賢近不肖自及死於匠麗氏 是何也。智短也。智短則不知化。不知化者舉自危。危殆 魏武侯謀事而當。攘臂疾言於庭曰。大夫之慮莫如寡人矣。武侯文侯之子也疾言於庭伐智自大也 立有閒。再三言。言自多也 李悝趨進曰。〇荀子堯問篇新序雜事一李悝皆作吳起 昔者楚莊王謀事而當。有大功。退朝而有憂色。左右曰。王有大功。退朝而有憂色。敢問其說。王曰。仲虺有言。不穀說之。仲虺湯左相也不穀自謂也 曰。諸侯之德。能自爲取師者王。能自取友者存。其所擇而莫如己者亡。擇取也孔子曰無友不如己者過則勿憚改故曰取無如己者亡〇困學紀聞二引此取友上亦有爲字 今以不穀之不肖

也。羣臣之謀又莫吾及也。我其亡乎。今以不穀之名不肯羣臣之謀又無如吾無能相臣以濟道故曰我其亡乎○注名字似衍 曰。此霸王之所憂也。而君獨伐之。其可乎。霸王唯此之憂憂不得友而自存也而獨自務伐言不可 武侯曰。善。人主之患也。不在於自少。而在於自多。自多則辭受。辭受當受言而不受 辭受則原竭。不受謀臣之言而自謀之 則謀慮之言竭盡也○盧云原水之原也川仰浦而後大君受言而後聖原其可竭乎 李悝可謂能諫其君矣。壹稱而令武侯益知君人之道。齊宣王爲大室。○大舊作太今從新序刺奢篇校改 大益百畝。○益新序作蓋下同御覽一百七十四同 堂上三百戶。以齊之大。具之三年而未能成。宣王齊威王之子孟子所見易釁鐘之牛者也成立也 羣臣莫敢諫王。莫無 春居問於宣王曰。○春居新序作香居 荆王釋先王之禮樂而樂爲輕。語曰君子不重則不威而反自樂何以爲賢也○注反自 舊本倒今乙正 敢問荆國爲有主乎。王曰。爲無主。爲無賢主 賢臣以千數而莫敢諫。敢問荆國爲有臣乎。王曰。爲無臣。爲無賢臣 今王爲大室。其大益百畝。堂上三百戶。以齊國之大。具之三年而弗能成。羣臣莫敢諫。敢問王爲有臣乎。王曰。爲無臣。○臣字舊本缺從新序補 春居曰。臣請辟矣。趨而出。出去也 王曰。春子。春子反。何諫寡人之晚也。寡人請今止之。遽召掌書曰。書之。○掌新序作向向主也 寡人不肖而好爲大室。春子止寡人。箴諫不可不熟。莫敢諫。若非弗欲也。春居之所以欲之與人同。其所以入之與人異。宣王微春居。幾爲天下笑矣。微無幾近 由是論之。失國之主多如宣王。然患在乎無春居。故忠臣之諫者亦從入之。不可不慎。此得失之本也。本原也 趙簡子沈鸞徼於河。○說苑君道篇作欒激水經河水四注同 曰。吾嘗好聲色矣。而鸞徼致之。吾嘗好宮室臺榭矣。而鸞徼爲之。吾嘗好良馬善御矣。而鸞徼來之。○說苑來作求今吾好士六年矣。而鸞徼未嘗進一人也。是長吾過而絀善也。所得者皆過所不進者乃善故曰長吾過而絀善也○說苑作而黜吾善也故若簡子者。能厚以理督責於其臣矣。○厚舊本作後今從水經注四引改正以理督責於其臣。則人主可與爲善而不可與爲非。可與爲直而不可與爲枉。此三代之盛教。

驕恣

八曰。凡論人心觀事傳。不可不熟。不可不深。天爲高矣。而日月星辰雲氣雨露未嘗休也。休止也○休也舊本作休矣今從意林作也地爲大矣。而水泉草木毛羽裸鱗未嘗息也。毛蟲虎狼之屬也羽蟲鳳皇鵷鶵鸑鷟之屬也裸蟲麒麟麋鹿上全之屬也蹄角裸見皆爲裸蟲鱗蟲蛇鱗之屬凡居於天地之閒六合之內者。其務爲相安利也。夫爲相害危者。不可勝數。人事皆然。事隨心。心隨欲。欲無度者。其心無度。心無度者。則其所爲不可知矣。人之心隱匿難見。淵深難測。測猶知也故聖人於事志焉。聖人之所以過人以先知。先知必審徵表。徵應表異一曰奇表無徵表而欲先知。堯舜與衆人同等。聖人以徵表爲異也徵雖易。表雖難。聖人則不可以飄矣。飄疾也必翔而後集故不可以疾也衆人則無道至焉。徵無表以道以至先也無道至。則以爲神以爲幸。無表之道能過絕於人以先知者則以爲有神有幸非神非幸。其數不得不然。言非有神非有幸者必須表故曰其數不得不然郈成子吳起近之矣。○舊校云近一作有郈成子爲魯聘於晉。過衞。郈成子魯大夫也郈敬子國之子郈青孫也適晉道經衞○梁仲子云外傳魯語上注國作同右宰穀臣止而觴之。陳樂而不樂。酒酣而送之以璧。右宰穀臣衞大夫也以璧送郈成子○李善注文選劉孝標廣絕交論穀臣作穀臣顧反。過而弗辭。反還也自晉還過衞不辭右宰穀臣其僕曰。嚮者右宰穀臣之觴吾子。吾子也甚歡。嚮曩也甚厚也今侯渫過而弗辭。侯何也重過爲渫過何爲不辭右宰郈成子曰。夫止而觴我。與我歡也。陳樂而不樂。告我憂也。酒酣而送我以璧。○舊本作送之我以璧孔叢子陳士義篇及廣絕交論注皆無之字今據刪寄之我也。若由是觀之。衞其有亂乎。倍衞三十里。○孔叢選注倍皆作背聞甯喜之難作。右宰穀臣死之。甯喜衞大夫甯惠子殖之子悼子也惠子與孫林父共逐獻公出之惠子疾臨終謂悼子曰吾得罪於君名載諸侯之策君入則掩之若能掩之則吾子也悼子許諾魯襄二十六年殺衞侯剽而納獻公故曰甯喜之難作也還車而臨。三舉而歸。臨哭也右宰息如是者三故曰三舉○注右宰息三字有訛脫疑當作右宰一哭一息至。使人迎其妻子。隔宅而異之。○孔叢異作居分祿而食之。其子長而反其璧。返還也孔子聞之曰。夫智可以微謀。仁可以託財者。○孔叢作仁可與託孤廉可與寄財者其郈成子之謂乎。郈成子之觀右宰穀臣也。深矣妙矣。不觀其事而觀其志。可謂能觀人矣。

吳起治西河之外。吳起衞人仕於魏文侯爲治西河○注舊本作魏侯今補文字王錯譖之於魏武侯。武侯使人召之。吳起至於岸門。止車而休。望西河泣數行而下。其僕謂之曰。竊觀公之志。視舍天下若舍屣。屣弊履○前長見篇已載此事兩舍字皆作釋今去西河而泣何也。吳起雪泣而應之。雪拭也曰子弗識也。君誠知我而使我畢能。畢盡秦必可亡而西河可以王。可以立王政也今君聽讒人之議而不知我。西河之爲秦也不久矣。言西河畔魏入於秦也魏國從此削矣。削弱也吳起果去魏入荆。而西河畢入秦。魏日以削。秦日益大。此吳起之所以先見而泣也。古之善相馬者。寒風是相口齒。〇寒風淮南齊俗訓作韓風又是字朱本作氏案寒韓是氏古皆通用 麻朝相頰。子女厲相目。衞忌相髭。許鄙相䐑。䐑後竅也䐑字讀如窮穹之穹〇䐑乃尻之俗體玉篇苦刀切此音讀未詳 投伐褐相胷脅。管青相膹肳。〇李善注文選張景陽七命作臂吻御覽八百九十六同 陳悲相股脚。秦牙相前。贊君相後。〇贊御覽作貢 凡此十人者。皆天下之良工也。若趙之王良。秦之伯樂。九方堙。尤盡其妙矣。〇以上十七字舊本無據七命注補孫云又見七發及薦禰衡表與吳季重書注無九方堙 其所以相者不同。以見馬之一徵也。徵驗也 而知節之高卑足之滑易材之堅脆能之長短。非獨相馬然也。人亦有徵。事與國皆有徵。聖人上知千歲。下知千歲。非意之也。蓋有自云也。綠國幡薄從此生矣。幡亦薄也鍛作鐵物言薄令薄也〇語未詳當出緯書注亦欠明言薄或是言幡梁仲子云淮南俶眞訓有洛出丹書河出綠圖語

觀表

呂氏春秋卷第二十一

開春論第一　察賢　期賢　審爲　愛類　貴卒

一日。開春始雷。則蟄蟲動矣。動蘇也 時雨降。則草木育矣。育長也 飲食居處適。則九竅百節千脈皆通利矣。通利不壅閉無疾病矣 王者厚其德。積衆善。而鳳皇聖人皆來至矣。雄曰鳳雌曰皇三代來至門庭周室至於山澤詩云鳳皇鳴矣于彼高岡此之謂也聖人皆來至謂堯得夔龍稷契舜得益湯得伊尹武丁得傅說之屬是也 共伯和修其行。好賢仁。而海內皆以來爲稽矣。共國伯爵夏時諸侯也以好賢仁而人歸之皆以來附爲稽遲也○案竹書紀年厲王十二年奔彘十三年共伯和攝行天子事至二十六年宣王立共伯和遂歸國誘時竹書未出故說此多訛 周厲之難。天子曠絕。難厲王流于彘也周無天子十一年故曰曠絕也 而天下皆來謂矣。謂天子也 以此言物之相應也。故曰。行也成也。善說者亦然。言盡理而得失利害定矣。豈爲一人言哉。善說者大言天下之事得其分理愛之不助憎之不枉故曰豈爲一人言哉 魏惠王死。葬有日矣。天大雨雪。至於牛目。羣臣多諫於太子者曰。雪甚如此而行葬。民必甚疾之。○戰國魏策作甚病之 官費又恐不給。給足也 請弛期更日。更改也 太子曰。爲人子者。以民勞與官費用之故。而不行先王之葬。不義也。子勿復言。羣臣皆莫敢諫。而以告犀首。犀首魏人公孫衍也佩五國相印能合從連橫號爲犀首 犀首曰。吾未有以言之。未猶無也 是其唯惠公乎。請告惠公。言唯惠公能諫之也惠公惠王相惠施也 惠公曰。諾。駕而見太子曰。葬有日矣。太子曰。然。惠公曰。昔王季歷葬於渦山之尾。欒水齧其墓。○梁仲子云魏策作楚山之尾論衡死僞篇作滑山之尾初學記十四引作猲水之尾欒從水舊本訛從木吳師道國策注姚宏云欒音鸞說文云漏流也一日潰也見棺之前和。棺題曰和○題舊本作頭據李善注文選謝靈運祭古冢文所引改說文云題額也文王曰。譆。先君必欲一見羣臣百姓也。天故使欒水見之。見猶出也○天國策論衡皆作夫又欒水初學記引作明水國策注同於是出而爲之張朝。百姓皆見之。三日而後更葬。此文王之義也。今葬有日矣。而雪甚及牛目。難以行。太子爲及日之故得無嫌於欲亟葬乎。願太子易日。先王必欲少留而撫社稷安黔首也。故使雨雪甚。○國策無甚字因弛期而更爲日。此文王之義也。若此而不爲意者。羞法文王也。太子曰。甚善。敬弛期。更擇葬日。惠子不徒行說也。又令魏太子未葬其先君而因有說文王之義。○因有當作有因與又同國策作又因說文王之義以示天下。豈小功也哉。韓氏城新城。期十五日而成。韓氏本都弘農宜陽其後都潁川陽翟新城今河南新城是也故戎蠻子之國也段喬爲司空。有一縣後二日。段喬執其吏而囚之。囚者之子走告封人子高曰。唯先生能活臣父之死。子高賢者也封人田大夫職在封疆故謂之封人周禮亦有封人之官傳曰潁考叔爲潁谷封人也願委之先生。封人子高曰諾。乃見段喬。自扶而上城。封人子高左右望曰。美哉城乎。一大功矣。子必有厚賞矣。自古及今。功若此其大也。而能無有罪戮者。未嘗有也。封人子高出。出去也段喬使人夜解其吏之束縛也而出之。故曰。封人子高爲之言也。而匿己之爲而爲也。段喬聽而行之也。匿己之行而行也。說之行若此其精也。封人子高可謂善說矣。叔嚮之弟羊舌虎善欒盈。欒盈晉大夫欒書之孫欒黶之子懷子也欒盈有罪於晉。晉誅羊舌虎。叔嚮爲之奴而朡。奴戮也律坐父兄沒入爲奴周禮曰其奴男子入于罪隸此之謂也朡繫也○案字書無朡字疑是朡縮朒之意也祁奚曰。吾聞小人得位。不爭不祥。當諫君退之故不爭不祥也君子在憂。不救不祥。憂阨也當諫君免之故不救不祥也乃往見范宣子而說也。祁奚高梁伯之子祁黃羊也爲范宣子說叔嚮也范宣子范文子之子丐也○丐乃匄之或體曰。聞善爲國者。賞不過而刑不慢。賞過則懼及淫人。刑慢則懼及君子。與其不幸而過。寧過而賞淫人。毋過而刑君子。故堯之刑也。殛鯀於虞而用禹。殛誅也於舜用禹禹鯀之子也周之刑也。戮管蔡而相周公。管叔周公弟蔡叔其兄也二人流言欲亂周室而戮之周公相成王而尹天下也○注以蔡叔爲周公兄誤說已見察微篇不慢刑也。宣子乃命吏出叔嚮。救人之患者。行危苦不避煩辱。猶不能免。今祁奚論先王之德。而叔嚮得免焉。學豈可以已哉。類多若此。

開春論

二曰。今有良醫於此。治十人而起九人。所以求之萬也。以術之良故人多求之也故賢者之致功名也比乎良醫。而君人者不知疾求。豈不過哉。人皆知求良醫以治病人君不知求賢臣以治國故曰豈不過哉今夫塞者。○塞舊本作寒趙云當作塞今從之塞亦作簺先代切說文云行棊相塞也勇力時日卜筮禱祠無事焉。善者必勝。立功名亦然。要在得賢。要約也魏文侯師卜子夏。友田子方。禮段干木。禮式其閭也國治身逸。逸不勞也天下之賢主豈必苦形愁慮哉。執其要而已矣。要謂師賢友明敬有德而已也雪霜雨露時。則萬物育矣。育成也人民修矣。疾病妖厲去矣。妖怪厲惡去猶除也故曰堯之容若委衣裘。以言少事也。宓子賤治單父。子賤孔子弟子宓不齊也○孫云李善注文選潘正叔贈河陽詩宓作虙今案虙字是虙義字作此彈鳴琴。身不下堂。而單父治。巫馬期以星出。以星入。日夜不居。以身親之。而單父亦治。巫馬期問其故於宓子。宓子曰。我之謂任人。子之謂任力。任力者故勞。任人者故逸。○說苑政理篇兩故字作固古通用宓子則君子矣。逸四肢。全耳目。平心氣。而百官以治義矣。任其數而已矣。數術也巫馬期則不然。弊生事精。○說苑作弊性事情勞手足。煩教詔。雖治猶未至也。

察賢

三曰。今夫爚蟬者。務在乎明其火。振其樹而已。火不明。雖振其樹何益。雖振樹蟬飛去不能得之故曰何益也明火不獨在乎火。在於闇。闇冥無所見火乃光耳故曰在於闇也當今之時。世闇甚矣。人主有能明其德者。天下之士。其歸之也。若蟬之走明火也。走趨也○孫云李善注文選干令升晉紀總論引作赴明火御覽九百五十二亦同凡國不徒安。名不徒顯。必得賢士。傳曰不有君子其能國乎故曰必得賢士趙簡子晝居。喟然太息曰。異哉。吾欲伐衞十年矣。而衞不伐。不伐不果伐也侍者曰。以趙之大而伐衞之細。君若不欲則可也。君若欲之。請令伐之。○令疑今簡子曰。不如而言也。而抄衞有士十人於吾所。於猶在也吾乃且伐之。十人者其言不義也。而我伐之。是我為不義也。故簡子之時。衞以十人者按趙之兵。按止也歿簡子之身。衞可謂知用人矣。游十士而國家得安。簡子可謂好從諫矣。聽十士而無侵小奪弱之名。魏文侯過段干木之閭而軾之。閭里也周禮二十五家為閭軾伏軾也禮國君軾馬尾兵車不軾尙威武也其僕曰。

君胡爲軾。曰。此非段干木之閭歟。段干木蓋賢者也。吾安敢不軾。且吾聞段干木未嘗肎以己易寡人也。（謂以己之德易寡人之處不肎也）吾安敢驕之。（驕慢之也）段干木光乎德。寡人光乎地。（○孫云李善注左太沖魏都賦地作勢）段干木富乎義。寡人富乎財。其僕曰。然則君何不相之。（何不以段干木爲輔相也）於是君請相之。段干木不肎受。則君乃致祿百萬。而時往館之。（時往詣其館也）於是國人皆喜。相與誦之曰。吾君好正。段干木之敬。吾君好忠。段干木之隆。（隆高也）居無幾何。秦興兵欲攻魏。司馬唐諫秦君曰。（○古今人表有司馬庾與魏文侯相接淮南正作庾注云秦大夫或作唐○選注兵乎二字倒）秦君以爲然。乃按兵輟不敢攻之。（輟止也○敢字疑衍）魏文侯可謂善用兵矣。嘗聞君子之用兵。莫見其形。其功已成。其此之謂也。野人之用兵也。鼓聲則似雷。號呼則動地。塵氣充天。流矢如雨。扶傷輿死。（○死與尸同）履腸涉血。無罪之民其死者量於澤矣。（量猶滿也）而國之存亡主之死生猶不可知也。其離仁義亦遠矣。

期賢

四曰。身者所爲也。天下者所以爲也。審所以爲。而輕重得矣。（身所重天下所輕也得猶知也）今有人於此。斷首以易冠。殺身以易衣。世必惑之。（惑怪也）是何也。冠所以飾首也。衣所以飾身也。殺所飾要所以飾。則不知所爲矣。（爲謂相爲之爲○注謂疑讀）世之走利有似於此。危身傷生刈頸斷頭以徇利。則亦不知所爲也。太王亶父居邠狄人攻之。太王亶父公祖之子王季之父文王之祖號曰古公詩曰古公亶父來朝走馬率西水滸至于岐下避狄難也狄人獫狁今之匈奴也○注公祖史記本紀作公叔祖類索隱引皇甫謐云公祖一名組紺諸盩字叔類號曰太公也舊本脫詩曰古公四字今補事以皮帛而不受。事以珠玉而不肎。○莊子讓王篇皮帛句下有事之以犬馬而不受一句此肎字亦作受淮南道應訓云事之以皮帛珠玉而弗受則犬馬句可不增詩大雅緜正義云毛傳言不得免焉書傳略說云免與之不止呂氏春秋云不受據此則此肎字定誤狄人之所求者地也。○淮南句上有曰字此亦可不增太王亶父曰。與人之兄居。而殺其弟。與人之父處而殺其子。吾不忍爲也。言忍爭土地與狄人戰鬪殺人之子弟也皆勉處矣。爲吾臣與狄人臣。奚以異。勉務處居也教邠人務安居爲臣等耳故曰奚以異○案莊子云子皆勉居矣則此疑亦當有子字且吾聞之。不以所以養害所養。杖策而去。所以養者土地也所養者謂民人也策箠也民相連而從之。遂成國於岐山之下。連結也民相與結擔隨之衆多復成爲國也岐山在右扶風美陽之北其下有周地周家因之以爲天下號也太王亶父可謂能尊生矣。尊重也能尊生。雖貴富不以養傷身。雖貧賤不以利累形。今受其先人之爵祿。則必重失之。生之所自來者久矣。而輕失之。豈不惑哉。言今人重失其先人之爵祿爭土地而失其生命故曰豈不惑哉韓魏相與爭侵地。子華子見昭釐侯。昭釐侯有憂色。子華子體道人也昭釐復謚也韓武子五世之孫哀侯之子也○昭釐已說見任數篇此五世當作六世哀侯當作懿侯也子華子曰。今使天下書銘於君之前。書之曰。左手攫之則右手廢。右手攫之則左手廢。然而攫之必有天下。君將攫之乎。亡其不與。○音否歟昭釐侯曰。寡人不攫也。子華子曰。甚善。自是觀之。兩臂重於天下也。身又重於兩臂。韓之輕於天下遠。今之所爭者其輕於韓又遠。遠猶多也君固愁身傷生以憂之。戚不得也。 戚近也○舊本戚作臧案臧不當訓近莊子讓王篇作戚此應不異 昭釐侯曰。善教寡人者衆矣。未嘗得聞此言也。子華子可謂知輕重矣。知輕重故論不過。 過失也 中山公子牟謂詹子曰。身在江海之上。心居乎魏闕之下。奈何。 子牟魏公子也作書四篇魏伐得中山以邑子牟因曰中山公子牟也詹子古得道者也身在江海之上言志放也魏闕心下巨闕也心下巨闕言神內守也一說魏闕象魏也懸教象之法浹日而收之魏魏高大故曰魏闕言身雖在江海之上心存王室故在天子門闕之下也○案後一說得本意 詹子曰。重生。重生則輕利。 言不以利傷生也 中山公子牟曰。雖知之。猶不能自勝也。 言人雖知重生當輕利猶不能自勝其情欲也 詹子曰。不能自勝則縱之。神無惡乎。 言人不能自勝其情欲則放之放之神無所憎惡言當寧神以保性也○縱之下當再疊縱之二字文子下德篇淮南道應訓俱疊作從之從之又下不縱作不從又惡乎淮南作怨乎文子作則神無所害也 不能自勝而強不縱者。此之謂重傷。重傷之人無壽類矣。 言人不能自勝其情欲而不放之則重傷其神也神傷則夭殞札瘥故曰無壽類也重讀重復之重○案此重不當讀平聲當從莊子釋文音直用反

審爲

五曰。仁於他物。不仁於人。不得爲仁。不仁於他物。獨仁於人。猶若爲仁。仁也者。仁乎其類者也。故仁人之於民也。可以便之。無不行也。 便利也行爲也 神農之教曰。 神農炎帝也 士有當年而不耕者。則天下或受其饑矣。 當其丁壯之年故不耕植則穀不豐故有受其饑者也 女有當年而不績者。則天下或受其寒矣。 詩云不績其麻市也婆娑衣服不供有受其寒者○舊本作不績其麻布也誤案當全引詩文今補正 故身親耕。妻親織。 身神農之身也 所以見致民利也。賢人之不遠海內之路。而時往來乎王公之朝。非以要利也。 要徼也 以民爲務故也。 以利民爲務 人主有能以民爲務者。則天下歸之矣。王也者。非必堅甲利兵選卒練士也。非必隳人之城郭

殺人之士民也。上世之王者衆矣。而事皆不同。其當世之急憂民之利除民之害同。同等也　公輸般爲高雲梯。欲以攻宋。公輸魯般之號也在楚爲楚王設攻宋之具也　墨子聞之。自魯往。裂裳裹足。日夜不休。十日十夜而至於郢。郢楚都也　見荆王曰。臣北方之鄙人也。鄙小也　聞大王將攻宋。信有之乎。王曰然。墨子曰。必得宋。乃攻之乎。亡其不得宋且不義。猶攻之乎。猶尚也　王曰。必不得宋。○舊校云必一作既　且有不義。則曷爲攻之。墨子曰。甚善。臣以宋必不可得。臣以爲攻宋必不可得也　王曰。公輸般天下之巧工也。已爲攻宋之械矣。械器也　墨子曰。請令公輸般試攻之。臣請試守之。於是公輸般設攻宋之械。墨子設守宋之備。公輸般九攻之。○舊本此句無公輸般三字今據御覽三百二十所引補　墨子九却之不能入。入猶下也　故荆輟不攻宋。墨子能以術禦荆免宋之難者。此之謂也。聖王通士。不出於利民者無有。言皆欲利民也　昔上古龍門未開。呂梁未發。龍門河之阨在左馮翊夏陽之北呂梁在彭城呂縣大石在水中禹決而通之號曰呂梁發通也　河出孟門。大溢逆流。昔龍門呂梁未通河水稸積其深乃出於孟門山之上大溢逆流無有涯畔也　無有丘陵沃衍平原高阜。盡皆滅之。滅沒也　名曰鴻水。鴻大也　禹於是疏河決江。爲彭蠡之障。彭蠡澤在豫章障防也○黄氏日抄云此於地里不合盧云此爲彭蠡之障不必承上爲文且亦不必連下乾東土也　乾東土。所活者千八百國。乾燥也禹致羣臣於會稽執玉帛者萬國此曰千八百者但謂被水災之國耳言使民得居燥土不溺死故曰活之也　此禹之功也。功治水之功也　勤勞爲民。無苦乎禹者矣。事功曰勞其治水鑿龍門辟伊闕決江疏河其勤苦無如禹者也　匡章謂惠子曰。公之學去尊。今又王齊王。何其到也。去尊棄尊位也今王事齊王居其尊位謂惠子言行何其到逆相違背也○古倒字皆作到　惠子曰。今有人於此。欲必擊其愛子之頭。石可以代之。（愛子所愛之子也。舍愛子頭而擊石也。故曰石可以代子也）匡章曰。公取之代乎。其不與。（言公取石以代子頭乎。其不與邪）施取代之子頭所重也。石所輕也。擊其所輕以免其所重。豈不可哉。（言其可也○施惠子名。此段乃惠子語）匡章曰。齊王之所以用兵而不休。攻擊人而不止者。其故何也。（爲何等故也）惠子曰。大者可以王。其次可以霸也。今可以王齊王。而壽黔首之命。免民之死。是以石代愛子頭也。何爲不爲。（言何爲不用兵也）民寒則欲火。暑則欲冰。燥則欲溼。溼則欲燥。寒暑燥溼相反。其於利民一也。利民豈一道哉。當其時而已矣。（冬寒欲溫。夏暑欲涼。故曰當其時而已矣）

愛類

六曰。力貴突。智貴卒。（○音倉卒之卒）得之同則遬爲上。勝之同則溼爲下。（溼猶遲久之也。○案荀子修身篇卑溼重遲作濕字爲是。音他合切）所爲貴驥者。爲其一日千里也。（貴其疾也）旬日取之。與駑駘同。（十日爲旬。駑駘十日亦至千里。故曰與駑駘同也）所爲貴鏃矢者。爲其應聲而至。（鏃矢輕利也。小曰鏃矢。大曰篇矢）終日而至。則與無至同。（射三百步。終一日乃至。是爲與無所至同也○舊校云無至一作無矢）吳起謂荊王曰。荊所有餘者地也。所不足者民也。今君王以所不足益所有餘。臣不得而爲也。（臣無所得爲君計耳）於是令貴人往實廣虛之地。皆甚苦之。（貴人貴臣也。皆不欲往實廣虛之地。苦病之也）荊王死。貴人皆來。尸在堂上。貴人相與射吳起。吳起號呼曰。吾示子吾用兵也。拔矢而走。伏尸插矢而疾言曰。羣臣亂王。吳起死矣。（吳起拔人所射之矢以插王尸。因言曰羣臣謂王爲亂而射王尸。欲令羣臣被誅以自爲報也）且荊國之法。麗兵於王尸者。盡加重罪。逮三族。吳起之智可謂捷矣。捷疾也言發謀以報其讎之速疾也 齊襄公卽位。憎公孫無知。收其祿。齊襄公莊公購之孫僖公祿父之子諸兒也公孫無知僖公之弟夷仲年之子故曰孫於襄公爲從弟 無知不說。殺襄公。公子糾走魯。公子小白奔莒。既而國殺無知。未有君。公孫無知自立爲君故國人殺之未有其君也 公子糾與公子小白皆歸。俱至。爭先入公家。公家公之朝也 管仲扞弓射公子小白。中鉤。鉤帶鉤也 鮑叔御公子小白僵。御猶使也僵猶偃也 管子以爲小白死。告公子糾曰。安之。公子小白已死矣。鮑叔因疾驅先入。故公子小白得以爲君。鮑叔之智應射而令公子小白僵也。其智若鏃矢也。鏃矢言其捷疾也 周武君使人刺伶悝於東周。伶悝僵。周武君西周之君伶悝東周之臣也僵斃也○案此僵與上小白佯死之僵一也上訓偃此不當又訓斃似當刪去 令其子速哭曰。以誰刺我父也。刺者聞以爲死也。刺者聞伶悝已死因報西周武君曰伶悝已死矣 周以爲不信。因厚罪之。罪所使刺伶悝者也

趙氏攻中山。中山之人多力者曰吾丘鴪。○吾邱卽虞邱漢書吾邱壽王說苑作虞邱鴪當卽歍之或體集韻音戎用切從宂得聲未必然也孫云御覽三百十三又三百五十六竝作鳩 衣鐵甲操鐵杖以戰。而所擊無不碎。所衝無不陷。以車投車。以人投人也。幾至將所而後死。將趙氏之將也近至其將所然後死言吾丘鴪力有餘也

貴卒

呂氏春秋卷第二十二

愼行論第二　無義　疑似　壹行　求人　察傳

一曰。行不可不孰。不孰。如赴深谿。雖悔無及。孰猶思也有水曰澗無水曰谿不可不思行仁如入深谿不可使谿而平也雖悔行不純敗陷入刑辟無所復及也君子計行慮義。慮度也度義而後行之也小人計行其利。乃不利。傳曰蘊利生孼故曰乃不利也有知不利之利者。則可與言理矣。理道也荊平王有臣曰費無忌。○宋邦乂本從左傳作極各本俱作忌與史記吳越春秋同害太子建。欲去之。平王楚恭王之子棄疾也王爲建取妻於秦而美。美好也無忌勸王奪。奪取也王已奪之。而疏太子。疏遠也無忌說王曰。晉之霸也。近於諸夏。而荊僻也。僻遠也故不能與爭。爭霸也不若大城城父而置太子焉。以求北方。城父楚北境之邑今屬沛國北方宋鄭魯衛也王收南方。是得天下也。南方謂吳越也王說。使太子居于城父。居一年。乃惡之曰。建與連尹將以方城外反。連尹伍奢子胥之父也方城楚之阨塞也反叛也王曰。已爲我子矣。又尚奚求。子太子也對曰。以妻事怨。且自以爲猶宋也。猶如也○左傳作猶宋鄭也齊晉又輔之。輔助也將以害荊。其事已集矣。集合也王信之。使執連尹。執囚也太子建出犇。出犇鄭也左尹郄宛國人說之。無忌又欲殺之。謂令尹子常曰。郄宛欲飲令尹酒。子常名囊瓦令尹子囊之孫郄尹光唐之子也宛字也○注光唐無攷高或據世本爲說宛字子惡注也字譌又謂郄宛曰。令尹欲飲酒於子之家。郄宛曰。我賤人也。不足以辱令尹。令尹必來辱。辱屈辱也我且何以給待之。無忌曰。令尹好甲兵。甲鎧也兵戟也子出而寘之門。寘置也令尹至。必觀之。已因以爲酬。酬報也詩云獻酬交錯此之謂也○案古者燕飲於酬之時皆有物以致勸侑之意故曰因以爲酬注報也舊訛作執也今據詩彤弓傳改正及饗日。惟門左右而寘甲兵焉。○左氏昭廿七年傳作帷諸門左梁仲子云帷帷形聲俱相近古多通借左氏定大年釋文小帷子本又作帷莊子漁父釋文緇帷本或作惟無忌因謂令尹曰。吾幾禍令尹。鄢宛將殺令尹。甲在門矣。令尹使人視之。信。信有甲也遂攻鄢宛殺之。國人大怨。動作者莫不非令尹。動作者非咎也○動作者左傳作進胙者沈尹戌謂令尹曰。夫無忌荆之讒人也。沈尹戌莊王之孫沈諸梁葉公子高之父也○戌左傳作戌莊王之曾孫也亡夫太子建。○夫衍字案昭廿七年左氏傳作喪太子建殺連尹奢。屏王之耳目。屏蔽也令尹又用之殺衆不辜。以興大謗。患幾及令尹。幾近也令尹子常曰。是吾罪也。敢不良圖。乃殺費無忌。盡滅其族。以說其國。動而不論其義。知害人而不知人害己也。以滅其族。費無忌之謂乎。以讒邪害人人以公正害之故族滅也崔杼與慶封謀殺齊莊公。莊公死。更立景公。崔杼相之。莊公名光靈公之子也景公名杵臼莊公之弟也慶封又欲殺崔杼而代之相。於是㧊崔杼之子。令之爭後。崔杼之子相與私鬨。鬨鬭也鬨讀近鴻緩氣言之○㧊與椓同左氏哀十七年傳太子又使椓之舊訓訴於此不切義當與嗾同今人言挑撥意頗近之鬨舊本門內作卷字書無此字廣韻一送鬨字下云兵鬭也又下降切俗作閧集韻類篇皆同韻會鬨依說文从門謂廣韻今與門戶字同之說爲非今鬨字亦從之崔杼往見慶封而告之。慶封謂崔杼曰。且留。吾將與甲以殺之。因令盧滿嫳與甲以誅之。○盧滿嫳左傳作盧蒲嫳蒲滿二字形近古書多互出嫳舊本作婺訛今改正盡殺崔杼之妻子及枝屬。燒其室屋。報崔杼曰。吾已誅之矣。崔杼歸無歸。因而自絞也。絞經也慶封相景公。景公苦之。慶封出獵。景公與陳無宇公孫竈公孫蠆誅封。無宇陳須無之子桓子也公孫竈惠公之孫公子欒堅之子子雅也蕾惠公之孫公子高祈之子子尾也與共誅慶封也○壆子欒名祈子高名舊本子雅作子射訛今改正慶封以其屬鬭。不勝。走如魯。齊人以爲讓。責讓魯爲其受慶封又去魯而如吳。吳王予之朱方。朱方吳邑以封慶封也○吳字當重荊靈王聞之。率諸侯以攻吳圍朱方。拔之。靈王恭王庶子圍也覆取之曰拔得慶封。負之斧質以徇於諸侯軍。因令其呼之曰。毋或如齊慶封。弒其君而弱其孤。以亡其大夫。乃殺之。亡其大夫謂崔杼強而死○以亡左氏昭四年傳作以盟黃帝之貴而死。黃帝得道仙而可貴然終歸於死堯舜之賢而死。孟賁之勇而死。人固皆死。若慶封者可謂重死矣。○死而又死謂之重死身爲僇。支屬不可以見。行忮之故也。忮惡也凡亂人之動也。其始相助。後必相惡。爲義者則不然。始而相與。久而相信。卒而相親。後世以爲法程。程度也

愼行論

二曰。先王之於論也極之矣。極盡也故義者百事之始也。始首也萬利之本也。本原也傳曰利義之和也故曰利之本也中智之所不及也。不能及知之也不及則不知。不知趨利。○似當作不知則趨利脫一則字趨利固不可必也。公孫鞅鄭平續經公孫竭是已。公孫鞅商鞅也鄭平秦臣也續經趙人也公孫竭亦秦之臣也並下自解以義動。則無曠事矣。曠廢也人臣與人臣謀爲姦。猶或與之。又況乎人主與其臣謀爲義。其孰不與者。非獨其臣也。天下皆且與之。公孫鞅之於秦。非父兄也。非有故也。以能用也。欲堙之責。非攻無以。堙塞也鞅欲報塞相秦之責非攻伐無以塞責於是爲秦將而攻魏。魏使公子卬將而當之。當應也公孫鞅之居魏也。固善公子卬。使人謂

公子卬曰。凡所爲游而欲貴者。以公子之故也。今秦令鞅將。魏令公子當之。豈且忍相與戰哉。公子言之公子之主。鞅請亦言之主。而皆罷軍。於是將歸矣。使人謂公子曰。歸未有時相見。（言歸相見無有時也）願與公子坐而相去別也。公子曰諾。魏吏爭之曰不可。公子不聽。遂相與坐。公孫鞅因伏卒與車騎以取公子卬。秦孝公薨。惠王立。以此疑公孫鞅之行。欲加罪焉。公孫鞅以其私屬與母歸魏。襄庇不受。曰以君之反公子卬也。吾無道知君。故士自行不可不審也。（惠王殺鞅車裂之何得以其私族與母歸魏而不見受乎公子卬家何以不取而殺之鞅執公子卬有罪於魏推此言之復歸魏安矣戰國策曰鞅欲歸魏秦人曰商君之法急不得出也惠王得而車裂之襄庇魏人也○襄庇即穰庇竹書紀年梁惠成王二十八年穰庇帥師及鄭孔夜戰于梁赫本或作疵者訛）鄭平於秦王臣也。其於應侯交也。欺交反主。爲利故也。方其爲秦將也。天下所貴之無不以者。重也。重以得之。輕必失之。去秦將入趙魏。天下所賤之無不以也。所可羞無不以也。行方可賤可羞而無秦將之重。不窮奚待。（待特也）趙急求李欬李言。續經與之俱如衞抵公孫與。公孫與見而與入。（抵主也入猶納也○案史記張耳傳去抵父客索隱云抵歸也此訓最愜廣雅則云至也）續經因告衞吏使捕之。（捕李欬也）續經以仕趙五大夫。（五大夫爵也）人莫與同朝。（賤續經之行也）子孫不可以交友。（人不交友之也）公孫竭與陰君之事。而反告之樗里相國。（樗里疾也）以仕秦五大夫。功非不大也。然而不得入三都。（三都趙衞魏也）又況乎無此其功而有行乎。（無有交友受寄託之功而有其相輸告之行也○正文其字疑當在有字下）

無義

三日。使人大迷惑者。必物之相似也。玉人之所患。患石之似玉者。相劍者之所患。患劍之似吳干者。〔吳干吳之干將者也〕賢主之所患。患人之博聞辯言而似通者。〔通達也〕亡國之主似智。亡國之臣似忠。相似之物。此愚者之所大惑。而聖人之所加慮也。〔慮則知之也〕故墨子見歧道而哭之。〔爲其可以南可以北言乖別也〕周宅酆鎬。近戎人。與諸侯約。爲高葆。禱於王路。〇御覽三百三十八葆作堡無下四字 置鼓其上。遠近相聞。即戎寇至。傳鼓相告。諸侯之兵皆至救天子。戎寇當至。〇當至別本作嘗至今從元本御覽三百九十一作戎嘗寇周 幽王擊鼓。諸侯之兵皆至。褒姒大說喜之。〇御覽作大說而笑 幽王欲褒姒之笑也。因數擊鼓。諸侯之兵數至而無寇。至於後戎寇眞至。幽王擊鼓。諸侯兵不至。幽王之身乃死於麗山之下。爲天下笑。〇舊本無幽王擊鼓諸侯兵不至九字之身倒作身之今竝從御覽補正 此夫以無寇失眞寇者也。賢者有小惡以致大惡。〔惡積足以滅身故曰以致大惡〕褒姒之敗。乃令幽王好小說以致大滅。〔詩云赫赫宗周褒姒滅之也〕故形骸相離。三公九卿出走。此褒姒之所用死。而平王所以東徙也。〔平王幽王之太子宜臼也東徙於洛邑今河南縣也〕秦襄晉文之所以勞王勞而賜地也。〔秦襄公秦仲之孫莊公之子也幽王爲犬戎所敗平王東徙襄公將兵救周有功受周故地酆鎬列爲諸侯晉文侯仇穆侯之子也傳曰平王東遷晉鄭焉依此之謂也〇焉依舊誤倒今從左氏隱六年傳乙正〕梁北有黎丘部。有奇鬼焉。〇孫云章懷注後漢書張衡傳部引作鄉 喜効人之子姪昆弟之狀。〇孫云李善注文選張平子思元賦喜引作善寀子姪之稱始見於此 邑丈人有之市而醉歸者。黎丘之鬼効其子之狀。扶而道苦之。丈人歸。酒醒。而誚其子（誚讓）曰。吾爲汝父也。豈謂不慈哉。（〇御覽八百八十二謂作爲）我醉。汝道苦我。何故。其子泣而觸地曰。孽矣。無此事也。昔也往責於東邑人。可問也。其父信之。曰。譆。是必夫奇鬼也。我固嘗聞之矣。明日。端復飲於市。欲遇而刺殺之。明旦之市而醉。其眞子恐其父之不能反也。（反還也）遂逝迎之。（逝往也）丈人望其眞子。（〇選注作丈人望見之）拔劍而刺之。丈人智惑於似其子者。而殺其眞子。（〇其眞子舊本作於眞子今從選注改正）夫惑於似士者。而失於眞士。此黎丘丈人之智也。疑似之迹。不可不察。察之必於其人也。舜爲御。堯爲左。禹爲右。入於澤。而問牧童。入於水。而問漁師。奚故也。其知之審也。夫孿子之相似者。其母常識之。知之審也。

疑似

四曰。先王所惡。無惡於不可知。不可知。則君臣父子兄弟朋友夫妻之際敗矣。十際皆敗。亂莫大焉。凡人倫以十際爲安者也。釋十際。則與麋鹿虎狼無以異。多勇者則爲制耳矣。不可知。則知無安君無樂親矣。無樂兄無親友無尊夫矣。強大未必王也。而王必強大。王者之所藉以成也。何藉其威與其利。非強大則其威不威。其利不利。其威不威則不足以禁也。（禁止也）其利不利則不足以勸也。（勸進也）故賢主必使其威利無敵。故以禁則必止。以勸則必爲。爲治也威利敵而憂苦民。行可知者。王威利無敵。而以行不知者亡。無仁義之行見知故亡也小弱而不可知。則強大疑之矣。小而不小弱而不弱故強國大國疑之也人之情不能愛其所疑。小弱而大不愛。則無以存。小國弱國而爲強大者不爲大國所愛則無以自存故不可知之道。王者行之廢。廢壞也強大行之危。危傾隕也小弱行之滅。滅破亡也今行者見大樹。必解衣縣冠倚劍而寢其下。大樹非人之情親知交也。而安之若此者。信也。大樹不欺詐人故信之陵上巨木。人以爲期。易知故也。巨木人所同見也期會其下蔭休之也故曰易知故也又況於士乎。士義可知故也。則期爲必矣。聚人復期會於其所而咨諏之又況彊大之國。彊大之國誠可知。則其王不難矣。孟子曰以齊王猶反手也故曰不難矣人之所乘船者。爲其能浮而不能沈也。世之所以賢君子者。爲其能行義而不能行邪辟也。孔子卜得賁。孔子曰不吉。賁色不純也詩云鶉之賁賁○案詩作奔奔賁與奔古通用左傳僖五年襄廿七年禮記表記皆作賁賁子貢曰。夫賁亦好矣。何謂不吉乎。孔子曰。夫白而白。黑而黑。夫賁又何好乎。故賢者所惡於物。無惡於無處。惡物之無目惡其無處可名之也夫天下之所以惡。莫惡於不可知也。夫不可知。盜不與期。賊不與謀。盜賊大姦也。而猶所得匹偶。○所得二字疑倒又況於欲成大功乎。夫欲成大功。令天下皆輕勸而助之。勸進也必之士可知。

壹行

五日。身定國安天下治。必賢人。身者國之本也詹子曰未聞身亂而國治者也故曰身定國安而治須賢人也古之有天下也

者七十一聖。觀於春秋。自魯隱公以至哀公十有二世。其所以得之所以
失之。其術一也。得賢人。國無不安。名無不榮。失賢人。國無不危。名無不辱。
先王之索賢人無不以也。以用也 極卑極賤。極遠極勞。虞用宮之奇。吳用伍子
胥之言。此二國者。雖至於今存可也。則是國可壽也。有能益人之壽者。則
人莫不願之。今壽國有道。而君人者而不求。過矣。堯傳天下於舜。禮之諸
侯。妻以二女。臣以十子。身請北面朝之。至卑也。舜布衣也故曰至卑 伊尹庖廚之臣也。
傅說殷之胥靡也。胥靡刑罪之名也 皆上相天子。至賤也。禹東至榑木之地。日出九
津青羌之野。榑木大木也津崖也淮南子曰日出陽谷青羌東方之野也○榑木即扶木爲欲篇東至扶木 攢樹之所。㨖天之山。山高至天也○㨖音民攏也疑亦與㨖同音義 鳥谷青丘之鄉。黑齒之國。東方其人齒黑因曰黑齒之國也 南至交阯。孫樸續樠之國。丹
粟漆樹沸水漂漂九陽之山。南方積陽陽數極於九故曰九陽之山也 羽人裸民之處。不死之鄉。羽人鳥喙背上有羽翼裸民不衣衣裳也鄉亦國也 西至三危之國。巫山之下。飲露吸氣之民。積金之山。飲露吸氣養形人也西方剛氣所在故曰積金之山也 其肱一臂三面之鄉。北至人正之國。夏海之窮。衡山之上。今正北極之國也夏海大冥也北方純陰故曰大冥之中處衡山者北極之山也○其肱疑即海外西經之奇肱所謂一臂三目者是也注首今正與正文人正不知孰是又之中處疑是之窮處或三字是衍文 犬戎之
國。夸父之野。禺彊之所。積水積石之山。不有懈墮。犬戎西戎之別也夸父獸名也禺彊天神也之所處也積水謂海也積石山名也經營行之不懈墮休息也○郭璞注海外北經云夸父者蓋神人之名也經云北方禺彊人面鳥身珥兩青蛇踐兩赤蛇 憂其黔首。顏色黎黑。竅藏不
通。病罷也 步不相過。也以求賢人。欲盡地利。至勞也。地利嘉穀也至大也事功曰勞 得陶化益真窺橫

革之交。五人佐禹。〇王厚齋云荀子成相曰禹得益皋陶橫革直成爲輔此陶即皋陶也化益即伯益也眞窺即直成也眞與直字相類橫革名同唯之交未詳盧云案窺或本是窺字與成音近 故功績銘乎金石。金鐘鼎也石豐碑也 著於盤盂。盤盂之器皆銘其功 昔者堯朝許由於沛澤之中。日十日出。而焦火不息。不亦勞乎。〇梁仲子云莊子逍遙遊焦火作爝火釋文云本亦作燋音爵此焦下巳從火則不必更加火旁 夫子爲天子。而天下已定矣。夫子謂許由也 請屬天下於夫子。許由辭曰。爲天下之不治與。而既已治矣。自爲與。啁噍巢於林。不過一枝。自爲爲己也與即也啁噍小鳥也巢族也偃息也啁音超〇啁噍莊子作鷦鷯注與即也疑誤兩與字皆語辭又偃息也衍啁音超亦非高注 偃鼠飲於河。不過滿腹。歸已。君乎。滿腹不求餘也歸終也 惡用天下。惡安也 遂之箕山之下。潁水之陽。耕而食。箕山在潁川陽城之西水北曰陽也 終身無經天下之色。經橫理也 故賢主之於賢者也。物莫之妨。不以物故妨害賢也 戚愛習故。戚親也 不以害之。故賢者聚焉。賢者所聚。天地不壞。鬼神不害。人事不謀。人不以姦邪謀之也 此五常之本事也。皋子衆疑取國。召南宮虔孔伯產而衆口止。皋子賢者也其取國告虔產口乃止虔產其徒之賢者也其事不與許由相連也皋子衆疑許由欲取國也〇此注上下異說其取國上當有衆疑二字末云皋子衆疑許由欲取國也或當有一云二字以衆爲皋子之名然於衆口止仍難強通 晉人欲攻鄭。令叔嚮聘焉。視其有人與無人。視其有無賢人也 子產爲之詩曰。子惠思我。蹇裳涉洧。子不我思。豈無他士。叔嚮歸曰。鄭有人。子產在焉。不可攻也。秦荊近。其詩有異心。不可攻也。鄭近秦與荊也其詩云子不我思豈無他人將事秦荊故曰有異心不可攻也 晉人乃輟攻鄭。輟止也 孔子曰。詩云。無競惟人。子產一稱而鄭國免。詩大雅抑之二章也無競惟人四方其訓之無競競也國之強惟在得人故曰鄭國免其難也

求人

六曰。夫得言不可以不察。數傳而白爲黑。黑爲白。故狗似玃。玃似母猴。母猴似人。人之與狗則遠矣。玃猳玃獸名也此愚者之所以大過也。聞而審則爲福矣。聞而不審。不若無聞矣。齊桓公聞管子於鮑叔。楚莊聞孫叔敖於沈尹筮。審之也。故國霸諸侯也。鮑叔牙說管仲於桓公沈尹筮說叔敖於莊王察其賢明審也吳王聞越王句踐於太宰嚭。智伯聞趙襄子於張武。不審也。故國亡身死也。太宰嚭吳王夫差臣也張武智伯臣也不審句踐襄子之智能故越攻吳吳王夫差死於干遂智伯圍趙襄子於晉陽襄子與韓魏通謀殺智伯於高粱之東故曰國亡身死也凡聞言必熟論。其於人必驗之以理。驗效也理道理也魯哀公問於孔子曰。樂正夔一足。信乎。孔子曰。昔者舜欲以樂傳教於天下。乃令重黎舉夔於草莽之中而進之。舜以爲樂正。樂官之正也夔於是正六律。和五聲。以通八風。而天下大服。六律六氣之律陽爲律陰爲呂合十二也五聲五行之聲宮商角徵羽也八風八卦之風也通和陰陽故天下大服也〇和五聲風俗通正失篇引作和均五聲李善注文選馬季長長笛賦亦有均字重黎又欲益求人。益求如夔者也舜曰。夫樂天地之精也。得失之節也。故唯聖人爲能和。樂之本也。夔能和之以平天下。和調也若夔者一而足矣。故曰夔一足。非一足也。宋之丁氏。家無井而出漑汲。常一人居外。及其家穿井。告人曰。吾穿井得一人。有聞而傳之者曰。丁氏穿井得一人。國人道之。聞之於宋君。宋君令人問之於丁氏。丁氏對曰。得一人之使。非得一人於井中也。求能之若此。〇孫疑是求聞若此不若無聞也。無聞則不安言也子夏之晉。過衞。子夏孔子弟子卜商也有讀史記者曰。晉師三豕涉河。〇意林作渡河子夏曰。非也。是己亥也。夫己與三相近。豕與亥相似。○案己古文作王亥古文作豕至於晉而問之則曰。晉師己亥涉河也。辭多類非而是。多類是而非。是非之經。不可不分。經理也分明也此聖人之所慎也。然則何以慎。緣物之情及人之情以爲所聞。則得之矣。物之所不得然者推之以人情則夔不得一足穿地作井不得一人明矣故曰以爲所聞得之矣

察傳

呂氏春秋卷第二十三

貴直論第三　直諫　知化　過理　壅塞　原亂

一曰。賢主所貴莫如士。所以貴士。爲其直言也。言直則枉者見矣。（觀玉之白則漆之黑也故枉者見矣）人主之患。欲聞枉而惡直言。是障其源而欲其水也。（障塞也○孫云御覽四百二十八作是障水源而欲其流也）水奚自至。（奚何也自從也）是賤其所欲而貴其所惡也。所欲奚自來。（所欲欲聞己枉也貴其所惡惡聞直言則己枉何從來至淮南子曰塞其耳而欲聞五音掩其目而欲誓青黃不可得也此之謂也）

能意見齊宣王。宣王曰。寡人聞子好直。有之乎。（能姓也意名也齊士也宣王威王之子也）對曰。意惡能直。意聞好直之士。家不處亂國。身不見汙君。身今得見王。而家宅乎齊。意惡能直。（宅居也惡安也）宣王怒曰。野士也。（言鄙野之士也）將罪之。能意曰。臣少而好事。長而行之。王胡不能與野士乎。將以彰其所好耶。（與猶用也彰明也上有明君下乃有直臣王胡爲不能用意之好直也）王乃舍之。（舍不誅也）能意者。使謹乎論於主之側。亦必不阿主。（阿曲也）不阿主之所得。豈少哉。此賢主之所求。而不肖主之所惡也。（惡疾也）

狐援說齊湣王曰。殷之鼎陳於周之廷。（狐援齊臣也湣王齊宣王之子也殷紂滅亡鼎遷於周故陳其庭也○狐援齊策作狐咺古今人表作狐爰）其社蓋於周之屏。（屏障也言周存殷社而屋其上屏之以爲戒也）其干戚之音在人之游。（干楯戚斧舞者所執以舞也游樂也）亡國之音不得至於廟。亡國之社不得見於天。亡國之器陳於廷。所以爲戒。（戒懼滅亡）王必勉之。其無使齊之大呂陳之廷。（大呂齊之鐘律也陳列也）無使太公之社蓋之屛。太公田常之孫田和也始代呂氏爲齊侯田氏宗之號爲太公 無使齊音充人之游。齊王不受。狐援湣王不受狐援之言 出而哭國三日。狐援哭也○案合兩注觀之正文本無狐援二字三日困學紀聞考史引作五日或筆誤 其辭曰。先出也出去也 衣絺紵。後出也滿囹圄。吾今見民之洋洋然東走而不知所處。齊王問吏曰。哭國之法若何。吏曰斮。斮斬 王曰。行法。吏陳斧質於東閭。不欲殺之而欲去之。狐援聞而蹶往過之。蹶顚蹶走往也過猶見也 吏曰。哭國之法斮。先生之老歟昏歟。昏亂也 狐援曰。曷爲昏哉。於是乃言曰。有人自南方來。鮒入而鯢居。鮒小魚鯢大魚魚之賊也啖食小魚而鯢居人國喻爲人害 使人之朝爲草而國爲墟。墟丘墟也 殷有比干。吳有子胥。齊有狐援。已不用若言。若言猶直言也 又斮之東閭。每斮者以吾參夫二子者乎。每猶當也斮狐援者比比干子胥而三之也故曰以參夫二子者 狐援非樂斮也。國已亂矣。上已悖矣。哀社稷與民人。故出若言。出若言非平論也。將以救敗也。固嫌於危。固必也嫌猶近也 此觸子之所以去之也。達子之所以死之也。樂毅爲燕昭王將伐齊齊使觸子應之齊湣王不禮觸子觸子欲齊軍敗觸子乘車而去故曰所以去之達子代觸子將又爲燕敗故曰達子之所以死也○事見權勳篇 趙簡子攻衞。附郭。自將兵。及戰。且遠立。附郭近郭也遠立立於矢石所不及也 又居於犀蔽屛櫓之下。○孫云御覽三百五十一作屛蔽犀櫓又三百十三亦作犀櫓說文繫傳广部屛字引趙簡子立於屛蔽之下蓋今本犀與屛互易也 鼓之而士不起。簡子投桴而歎曰。投棄也 嗚呼。士之遬弊一若此乎。遬猶化也一猶皆也言士之變化弊惡皆如此乎 行人燭過免胄橫戈而進曰。亦有君不能耳。士何弊之有。○舊本脫士字今從御覽補與下文合 簡子艴然作色曰。寡人之無使。而身自將是衆也。○而舊訛徙今從御覽改正 子親謂寡人之無能。有說則可。無說則死。對曰。昔吾先君獻公卽位五年。兼國十九。〇韓非難二作幷國十七 用此士也。惠公卽位二年。淫色暴慢。身好玉女。玉女美女也 秦人襲我。遜去絳七十。〇韓非作秦人來侵去絳十七里 用此士也。隕於韓爲秦所獲也 文公卽位二年。厎之以勇。故三年而士盡果敢。城濮之戰。五敗荆人。圍衞。取曹。拔石社。〇梁仲子云淮南齊俗訓殷人之禮其社用石詳陳氏禮書九十二 定天子之位。天子周襄王也避子帶之亂出居于鄭文公納之故曰定天子之位也 成尊名於天下。尊名霸諸侯之名也 用此士也。亦有君不能取。〇韓非作耳御覽二百十三同 士何弊之有。簡子乃去犀蔽屏櫓。而立於矢石之所及。矢箭石砮也及至也 一鼓而士畢乘之。畢盡也乘陵也〇陵舊訛後今案文義改 簡子曰。與吾得革車千乘也。不如聞行人燭過之一言。行人燭過可謂能諫其君矣。戰鬬之上。枹鼓方用。賞不加厚。罰不加重。一言而士皆樂爲其上死。燭過之諫簡子能行

貴直論

二曰。言極則怒。極盡也人能受逆耳之盡言者少故怒之 怒則說者危。非賢者孰肯犯危。而非賢者也將以要利矣。要求也 要利之人。犯危何益。故不肖主無賢者。無賢則不聞極言。不聞極言。則姦人比周。百邪悉起。起興也 若此則無以存矣。凡國之存也。主之安也。必有以也。詩云何其久也必有以也此之謂也 不知所以。雖存必亡。雖安必危。書曰於安思危此之謂也〇於安思危周書程典解文劉本作居安思危出左氏襄十一年傳魏絳亦引書以告晉悼公者 所以不可不論也。論猶知也 齊桓公管仲鮑叔甯戚相與飲酒。酣。酣樂也 桓公謂鮑叔曰。何不起爲壽。鮑叔奉杯而進曰。使公毋忘

出奔在於莒也。桓公遭公孫無知殺襄公之亂也出奔莒毋忘之者欲令其在上不驕也使管仲毋忘束縛而在於魯也。不死公子糾之難出犇於魯魯人束縛之以歸於齊使甯戚毋忘其飯牛而居於車下。甯戚衞人也爲商旅宿於齊郭門之外桓公夜出郊迎客甯戚於其車下飯牛疾商歌桓公知其賢舉以爲大夫也桓公避席再拜曰。寡人與大夫能皆毋忘夫子之言。則齊國之社稷幸於不殆矣。避席下席也殆危也當此時也。桓公可與言極言矣。可與言極言。故可與爲霸。荊文王得茹黃之狗宛路之矰。文王荊武王之子矰弋射短矢〇說苑正諫篇茹黃作如黃宛路作箘簬御覽二百六亦作如黃以畋於雲夢。畋獵也雲夢楚澤在南郡華容也三月不反。得丹之姬。〇說苑丹作舟淫朞年不聽朝。淫惑也朝正也〇注似以政訓朝不當作正葆申曰。先王卜以臣爲葆吉。葆太葆官也申名也〇說苑葆具作保淮南說山訓作鮑申非今王得茹黃之狗宛路之矰。畋三月不反。得丹之姬。淫朞年不聽朝。王之罪當笞。王曰。不穀免衣繈緥而齒於諸侯。繈縷格繩緥小兒被也齒列也〇舊本縷譌樓被譌補案明理篇注云繈縷格上繩也此少一上字縷字被字據改正願請變更而無笞。葆申曰。臣承先王之令。不敢廢也。王不受笞。是廢先王之令也。臣寧抵罪於王。毋抵罪於先王。王曰。敬諾。引席。王伏。〇說苑作乃席王王伏葆申束細荊五十。〇說苑荊作箣跪而加之于背。如此者再。謂王起矣。王曰。有笞之名一也。遂致之。遂痛致之申曰。臣聞君子恥之。小人痛之。恥之不變。痛之何益。葆申趣出。〇說苑作趨出自流於淵。請死罪。文王曰。此不穀之過也。葆申何罪。王乃變更。召葆申。殺茹黃之狗。析宛路之矰。〇說苑析作折當從之放丹之姬。後荊國兼國三十九。〇說苑作兼國三十令荊國廣大至於此者。葆申之力也。極言之功也。

直諫

三曰。夫以身事人者。以死也。未死而言死。不論。詐言己死不可爲人論說○此注未明事人以死謂扞敵禦難而致死死有益於人國也未得死所而徒以言死其言又不用是不論也下知之指君言下文甚明注皆非以雖知之。與勿知同。詩云旣明且哲以保其身傳曰生好物也死惡物也好物樂也惡物哀也雖知以死事人是爲樂可哀也故與勿知同勿無也凡智之貴也。貴知化也。人主之惑者則不然。不然不知化也未至則不知。化已至。雖知之。與勿知一貫也。事有可以過者。有不可以過者。而身死國亡。則胡可以過。此賢主之所重。惑主之所輕也。所輕國惡得不危。身惡得不困。危困之道。身死國亡。在於不先知化也。吳王夫差是也。夫差吳王闔廬光之子也夫差不知勝越而爲越所滅也子胥非不先知化也。諫而不聽。故吳爲丘墟。禍及闔廬。越王句踐報吳滅其社稷故爲丘墟也宗廟破滅不得血食故曰禍及闔廬也吳王夫差將伐齊。子胥曰。不可。夫齊之與吳也。習俗不同。言語不通。我得其地不能處。處居也得其民不得使。使役也夫吳之與越也。接土鄰境。壤交通屬。屬連也習俗同。言語通。我得其地能處之。得其民能使之。越於我亦然。夫吳越之勢不兩立。越之於吳也。譬若心腹之疾也。雖無作。其傷深而在內也。夫齊之於吳也。疥癬之病也。不苦其已也。且其無傷也。今釋越而伐齊。譬之猶懼虎而刺猏。獸三歲曰猏也雖勝之。其後患無央。虎之患未能央○央亦訓盡後患不必指虎言太宰嚭曰。不可。君王之令所以不行於上國者。齊晉也。君王若伐齊而勝之。徙其兵以臨晉。晉必聽命矣。是君王一舉而服兩國也。君王之令必行於上國。上國中國也 夫差以爲然。不聽子胥之言。而用太宰嚭之謀。子胥曰。天將亡吳矣。則使君王戰而勝。天將不亡吳矣。則使君王戰而不勝。夫差不聽。子胥兩祛高蹶而出於廷。兩手舉衣而行蹶蹈也傳曰魯人之臯使我高蹈瞋怒貌此之謂也○此與舉趾高正相似哀廿一年傳注高蹈遠行也無瞋怒意 曰。嗟乎。吳朝必生荆棘矣。嗟歎辭也子胥謂太宰嚭勸王伐齊國必破亡故朝生荆棘也 夫差興師伐齊。戰於艾陵。艾陵齊地也 大敗齊師。反而誅子胥。子胥將死。曰。與吾安得一目以視越人之入吳也。乃自殺。夫差乃取其身而流之江。傳曰子胥自殺吳王盛之鴟夷投之江故曰流 抉其目。著之東門。曰。女胡視越人之入我也。居數年。越報吳。殘其國。絕其世。滅其社稷。夷其宗廟。夷平也 夫差身爲擒。爲越所擒也 夫差將死。曰。死者如有知也。吾何面以見子胥於地下。乃爲幎以冒而死。冒覆面也慙見於子胥也○以冒而死舊本作以冒面死案注云冒覆面也則正文不當有面字今改正 夫患未至。則不可告也。患既至。雖知之無及矣。故夫差之知慙於子胥也。不若勿知。

知化

四曰。亡國之主一貫。一道也貫同也其所以亡之道同同於不仁且不知足也 天時雖異。其事雖殊。所以亡同者。樂不適也。樂不適則不可以存。糟丘酒池。肉圃爲格。格以銅爲之布火其下以人置上人爛墮火而死笑之以爲樂故謂之樂不適也○炮格各書俱訛作炮烙得此可以正之 雕柱而桔諸侯。不適也。雕畫高柱施桔槔於其端舉諸侯而上下之故曰不適 刑鬼侯之女而取其環。聽妲己之譖殺鬼侯之女以爲脯而取其所服之環也○環舊本作瓌訛今改正 截涉者脛而視其髓。以其涉水能寒也故視其

（醢欲知其與人有異不也○注能寒能讀曰耐）殺梅伯而遺文王其醢。不適也。（梅伯紂之諸侯也說鬼侯之女美好紂受妲己之譖以爲不好故殺梅伯以爲醢醢肉醬也以遺文王故曰不適也）文王貌受。以告諸侯。（貌受心不受也故曰告諸侯也）作爲琁室。築爲頃宮。（琁室以琁玉文飾其室也頃宮築作宮牆滿一頃田中言博大也○書傳多云桀作璇室紂作傾宮今擧屬之紂以言其土木之侈固不必細爲分別也梁仲子云淮南本經訓注琁或作旋言室施機關可轉旋也頃宮此注作如字讀它書俱作傾字）剖孕婦而觀其化。（化育也視其胞褭○注舊本作胞裹裹當作褭亦疑是裹字）殺比干而視其心。不適也。（比干紂之諸父也數諫紂之非紂不能聽故視其心欲知其何以不與人同也）孔子聞之曰。其竅通。則比干不死矣。（聖人心達性通紂性不仁心不通安於爲惡殺比干故孔子言其一竅通則比干不見殺也）夏商之所以亡也。（桀殺關龍逢紂殺比干故曰此夏商之所以亡也）晉靈公無道。從上彈人。而觀其避丸也。（靈公襄公之子文公之孫也從高臺上引彈觀其走而避丸以爲樂也）使宰人臑熊蹯。不熟。（○左氏宣二年傳作宰夫胹熊蹯不熟）殺之。令婦人載而過朝以示威。不適也。趙盾驟諫而不聽。公惡之。乃使沮麛。（盾趙成子之子宣子也○左傳使鉏麑賊之今此賊之二字亦當有或下文見之字譌而又譌入下文耳）沮麛見之。不忍賊。（賊殺也）曰。不忘恭敬。民之主也。賊民之主不忠。（大夫稱主因曰民之主也）棄君之命不信。（違命不信）一於此。不若死。（不忠不信若行之必有其一也○正文一上左傳有有字）乃觸廷槐而死。（觸畜也○畜疑撞字之譌）齊湣王亡居衞。（湣王宣王之子）謂公王丹曰。我何如主也。（公王丹湣王臣也○公王丹即公玉丹古玉字作王三畫勻）王丹對曰。王賢主也。臣聞古人有辭天下而無恨色者。臣聞其聲。（聲名也）於王而見其實。（所行之實）王名稱東帝。實辨天下。（辨治也）去國居衞。容貌充滿。顏色發揚。（光明也）無重國之意。（言輕之也）王曰。甚善。丹知寡人。寡人自去國居衞也。帶益三副矣。（副或作倍度湣王之亡國宜也但緬無憂恥辱喜於公王丹巧佞之言因云丹知寡人也帶益三倍苟活者肥令腹大耳）宋王築爲蘖帝。鴟夷血高懸之。射著甲冑從下。血墜流地。（宋王康王也蘖當作巘帝當作臺蘖與巘其音同帝與臺字相似因作蘖帝耳詩云庶姜巘巘高長貌也言康王築爲臺革囊之大者爲鴟夷盛血於臺上高懸之以象天著甲胄自下射之血流墮地與之名言中天神下其血也○注貌舊本作類訛與之名言四字劉本作謂之二字左右皆賀曰。王之賢過湯武矣。湯武勝人。今王勝天。賢不可以加矣。加上也宋王大說。飲酒。室中有呼萬歲者。堂上盡應。堂上已應。堂下盡應。門外庭中聞之。莫敢不應。不適也。不僭不濫動中禮義之謂適今此畏無道不敢不應耳故曰不適也

過理

五日。亡國之主不可以直言。不可以直言。則過無道聞。不可以直言諫正也則其過成以無道遍聞人皆聞之○過無道聞言過無路以聞於主也注非是而善無自至矣。無自至則壅。自從也傳曰善進善不善蔑由至矣不善進不善善亦蔑由至矣故曰壅○注傳曰下文有脫今據論人篇注增補

秦繆公時戎彊大。秦繆公遺之女樂二八與良宰焉。戎主大喜。以其故數飲食。日夜不休。左右有言秦寇之至者。因扜弓而射之。寇兵也扜引也○扜舊訛作扞注同案大荒南經有人方扜弓射黃蛇名曰蜮人郭璞注扜挽也音紆今據改正扜亦音烏秦寇果至。戎主醉而臥於樽下。卒生縛而擒之。未擒則不可知。不知將見擒也已擒則又不知。醉不自知也○舊校云一本作既擒則無及矣李本矣作也雖善說者。猶若此何哉。言說無如之何

齊攻宋。齊湣王攻宋滅之也宋王使人候齊寇之所至。候視也使者還曰。齊寇近矣。國人恐矣。左右皆謂宋王曰。此所謂肉自生蟲者也。○生舊本作至訛今改正以宋之強。齊兵之弱。惡能如此。言宋彊盛齊兵之弱安能來至此也宋王因怒而詘殺之。詘枉也無罪而殺之曰枉又使人往視齊寇。使者報如前。宋王又怒詘殺之。如此者三。其後又使人往視。齊寇近矣。國人恐矣。使者遇其兄曰。國危甚矣。若將安適。適之也其弟曰。爲

王視齊寇。○爲王舊本作爲兄訛今改正不意其近而國人恐如此也。今又私患。鄉之先視齊寇者皆以寇之近也報而死。今也報其情死。以齊寇至之情實告宋王必誅死也不報其情又恐死。不以寇至之情報而設備齊寇至殺人是又恐死將若何。其兄曰。如報其情。有且先夫死者死。先夫亡者亡。○有讀與又同於是報於王曰。殊不知齊寇之所在。國人甚安。王大喜。左右皆曰。鄉之死者宜矣。王多賜之金。寇至。王自投車上。馳而走。此人得以富於他國。夫登山而視牛若羊。視羊若豚。牛之性不若羊。羊之性不若豚。性猶體也若猶如也所自視之勢過也。而因怒於牛羊之小也。此狂夫之大者。狂而以行賞罰。此戴氏之所以絕也。戴氏子罕戴公子孫也別爲樂氏傳曰宋之樂其與宋升降乎宋國衰子罕後子孫亦衰賞罰失中故曰此戴氏之所以絕也○舊校云戴氏一本作故世

齊王欲以淯于髡傳太子。髡辭曰。臣不肖。不足以當此大任也。王不若擇國之長者而使之。齊王曰。子無辭也。寡人豈責子之令太子必如寡人也哉。寡人固生而有之也。子爲寡人令太子如堯乎。其如舜也。凡說之行也道。句不智聽智。從自非受是也。○道謂有道也自字疑衍今自以賢過於堯舜。○舊校云過一作遠彼且胡可以開說哉。說必不入。不聞存君。不納忠言之說鮮不危亡故曰不聞存君也

齊宣王好射。好喜也說人之謂己能用彊弓也。示有力也○用舊作則孫據御覽三百四十七改正其嘗所用不過三石。以示左右。左右皆試引之。中關而止。關謂關弓弦正半而止也皆曰。此不下九石。非王其孰能用是。言九石之弓獨王用之耳宣王之情。情實也所用不過三石。而終身自以爲用九石。豈不悲哉。

傷其自輕而不知其實〇注自輕疑用輕之誤非直士其孰能不阿主。世之直士其寡不勝衆數也。數道數也故亂國之主。患存乎用三石爲九石也。力不足而自以爲有餘也其功德其治理皆亦如之也

壅塞

六曰。亂必有弟。弟次也〇弟本一作第今從汪本乃古第字大亂五。小亂三。訂亂三。大亂五謂晉國廢長立少立而復殺之也小亂三謂殺里克之黨也訂亂三謂於朝欒盈以兵晝入于絳也〇訂字或音喧聲也或云與訂同義皆不當注亦不明了此似皆指驪姬之亂安得忽及欒盈又於朝上似尚有缺文竊疑訂或是討字之訛惠公殺里克文公殺呂郤是討亂三也故詩曰。毋過亂門。所以遠之也。逸詩也〇案左氏昭十九年傳子產引作諺慮福未及慮禍之。所以皃之也。〇皃疑免字之誤武王以武得之。以文持之。倒戈弛弓。示天下不用兵。所以守之也。晉獻公立驪姬以爲夫人。以奚齊爲太子。里克率國人以攻殺之。殺奚齊也荀息立其弟公子卓已葬。里克又率國人攻殺之。復殺公子卓也於是晉無君。公子夷吾重賂秦以地而求入。地河外之城五求入爲晉君也秦繆公率師以納之。晉人立以爲君。是爲惠公。惠公既定於晉。背秦德而不予地。傳曰入而背秦賂此之謂也秦繆公率師攻晉。晉惠公逆之。與秦人戰於韓原。晉師大敗。秦獲惠公以歸。囚之於靈臺。十月乃與晉成。成平也歸惠公而質太子圉。太子圉逃歸也。惠公死。圉立爲君。是爲懷公。秦繆公怒其逃歸也。起奉公子重耳以攻懷公。殺之於高梁。高梁晉地而立重耳。是爲文公。文公施舍。振廢滯。匡乏困。救災患。禁淫慝。薄賦斂。宥罪戾。宥寬也節器用。用民以時。敗荆人于城濮。荆人成王定襄王。周襄王辟子帶之難出居于鄭文公納之故曰定也釋

宋出穀戍。楚子圍宋又使申公叔侯守齊之穀邑晉文伐曹衛將平之楚愛曹衛與晉俱成解宋之圍召穀戍而去之也外內皆服。外諸侯內卿大夫也皆服文公之德也而後晉亂止。故獻公聽驪姬近梁五優施。殺太子申生。而大難隨之者五。三君死。一君虜。三君死申生奚齊公子卓也一君虜惠公爲秦所執四之靈臺也○謝云三君死謂奚齊卓子懷公往誤大臣卿士之死者以百數。離咎二十年。自上世以來。亂未嘗一。而亂人之患也。皆曰一而已。此事慮不同情也。事慮不同情者。心異也。故凡作亂之人。禍希不及身。希鮮也

原亂

呂氏春秋卷第二十四

不苟論第四　贊能　自知　當賞　博志　貴當

一曰。賢者之事也。雖貴不苟爲。（雖欲尊貴不苟爲也不如禮曰苟爲也）雖聽不自阿。（雖言見聽當以忠正不自阿媚以取容也）必中理然後動。（非理不移也）必當義然後舉。（非義不行也）此忠臣之行也。賢主之所說。（說猶敬也）而不肖主之所不說。（○舊作而不肖主雖不肖其說乃因下文而訛今改正）非惡其聲也。人主雖不肖。（句）其說忠臣之聲與賢主同。（同等也）行其實則與賢主有異。（賢主能用忠臣之言不肖主能刑殺之故曰有異也）異故其功名禍福亦異。（賢主受大福不肖主獲大禍故曰亦異也）異故子胥見說於闔閭而惡乎夫差。（夫差惡子胥也）比干生而惡於商。（商紂惡之也）死而見說乎周。（周武王說其忠也）武王至殷郊。係墮。（○韓非外儲說左下云文王伐崇至鳳黃虛韤繫解因自結一事而傳者異）五人御於前。莫肎之爲。（○疑是爲之係倒二字脫一字）曰吾所以事君者非係也。武王左釋白羽。右釋黃鉞。勉而自爲係。孔子聞之曰。此五人者之所以爲王者佐也。不肖主之所弗安也。故天子有不勝細民者。天下有不勝千乘者。（天下海內也千乘一國也）秦繆公見戎由余。說而欲留之。由余不肎。繆公以告蹇叔。蹇叔曰。君以告內史廖。內史廖對曰。戎人不達於五音與五味。君不若遺之。繆公以女樂二八人（○人字疑衍）與良宰遺之。（宰謂膳宰）戎王喜。迷惑大亂。飲酒晝夜不休。由余驟諫而不聽。因怒而歸繆公也。蹇叔非不能爲內史廖之所爲也。其義不行也。繆公能令人臣時立其正義。故雪殽之恥而西至河雍也。雪除也 秦繆公相百里奚。以百里奚爲相也 晉使叔虎。○梁仲子云叔虎即下文郤子虎晉大夫郤芮之父郤豹也見韋昭晉語注 齊使東郭蹇如秦。公孫枝請見之。公孫枝秦大夫子桑也 公曰請見客子之事歟。對曰非也。相國使子乎。相國百里奚也 對曰不也。公曰然則子事非子之事也。事見客事也○上子字疑衍 秦國僻陋戎夷。事服其任。人事其事。猶懼爲諸侯笑。今子爲非子之事。退將論而罪。而伸也 公孫枝出自敷於百里氏。百里奚請之。公曰此所聞於相國歟。枝無罪。奚請。有罪奚請焉。奚何也 百里奚歸辭公孫枝。公孫枝徙自敷於街。百里奚令吏行其罪。定分官。此古人之所以爲法也。今繆公鄉之矣。其霸西戎豈不宜哉。晉文公將伐鄴。趙衰言所以勝鄴之術。文公用之。果勝。還將行賞。衰曰君將賞其本乎。賞其末乎。賞其末則騎乘者存。賞其本則臣聞之郤子虎。文公召郤子虎曰衰言所以勝鄴。鄴既勝。將賞之。曰蓋聞之於子虎。請賞子虎。○新序四御覽六百三十三皆無兩虎字是 子虎曰言之易行之難。臣言之者也。公曰子無辭。郤子虎不敢固辭。乃受矣。凡行賞。欲其博也。博則多助。今虎非親言者也。而賞猶及之。此疏遠者之所以盡能竭智者也。晉文公亡久矣。歸而因大亂之餘。猶能以霸。其由此歟。亡久謂避驪姬之亂在狄十二年歷行諸侯五年凡十七年歸晉國因大亂之後能建霸功皆由用此術也

不苟論

二曰。賢者善人以人。中人以人以事。賢者以人以人之德也中人任人以人之力也不肖者以財。不肖者任人以人之財賄也傳曰政以賄成此之謂也得十良馬。不若得一伯樂。伯樂善得馬得伯樂則得良馬不但十也故曰不若得一伯樂也得十良劍。不若得一歐冶。歐冶善爲劍工也義與伯樂同得地千里。不若得一聖人。義與歐冶同〇孫云初學記十七賢類引作不如得一賢士意林及御覽四百二皆作賢人御覽八百九十六作聖人當由後來傳本誤也舜得臯陶而舜受之。受用也〇注受字舊本作授今案受之卽書所謂俾予從欲以治也不當訓用舜未授臯陶以天下亦不當作授湯得伊尹而有夏民。有夏桀之民也王天下也文王得呂望而服殷商。殷紂之衆服從文王之德也夫得聖人。豈有里數哉。言得其用多不可數也故曰豈有里數哉管子束縛在魯。爲魯所束縛也桓公欲相鮑叔。欲以鮑叔爲齊相也鮑叔曰。吾君欲霸王。則管夷吾在彼。彼魯也臣弗若也。桓公曰。夷吾寡人之賊也。射我者也。不可。傳曰乾時之役申孫之矢射于桓公中鉤故曰不可鮑叔曰。夷吾爲其君射人者也。其君公子糾也君若得而臣之。則彼亦將爲君射人。桓公不聽。不從鮑叔之言強相鮑叔。固辭讓而相。固必也〇鮑叔當重而相二字衍文桓公果聽之。於是乎使人告魯曰。管夷吾寡人之讎也。願得之而親加手焉。言欲得管仲親手自殺之以爲辭也魯君許諾。乃使吏鞹其拳。鞹革也以革囊其手也膠其目。盛之以鴟夷。置之車中。至齊境。境界也桓公使人以朝車迎之。祓以爟火。釁以犧猳焉。火所以祓除不祥也周禮司爟掌行火之政令故以爟火祓之也殺牲以血塗之爲釁小事不用大牲故以猳豚也傳曰鄭伯使卒出猳行出犬雞此之謂也爟讀如權衡〇權衡舊本誤作爟字今依本味篇注改正生與之如國。如至也命有司除廟筵几而薦之。薦進也曰。自孤之聞夷吾之言也。目益明。耳益聰。孤弗敢專。敢以告于先君。告白也因顧而命管子曰。夷吾佐予。予我也管仲還走。再拜稽首。受令而出。出於廟也管子治齊國。舉事有功。桓公必先賞鮑叔。曰。使齊國得管子者鮑叔也。桓公可謂知行賞矣。凡行賞。欲其本也。本則過無由生矣。過失也 孫叔敖沈尹莖〇當作莖下同 相與友。叔敖遊於郢。三年。聲問不知。〇舊校云問一作晦 修行不聞。郢楚都也 沈尹莖謂孫叔敖曰。說義以聽。方術信行。能令人主上至於王。下至於霸。我不若子也。耦世接俗。說義調均。以適主心。子不若我也。子何以不歸耕乎。吾將爲子游。欲令孫叔敖隱也〇游謂游揚也 沈尹莖遊於郢。五年。荆王欲以爲令尹。沈尹莖辭曰。期思之鄙人有孫叔敖者。聖人也。〇梁仲子云左傳文十年杜注楚期思邑今弋陽期思縣楊倞注荀子非相篇云郢人郊野之人也 王必用之臣不若也。荆王於是使人以王輿迎叔敖以爲令尹。十二年而莊王霸。此沈尹莖之力也。功無大乎進賢。

贊能

三曰。欲知平直。則必準繩。準平繩直也〇李本準皆作准 欲知方圓。則必規矩。規圓矩方也 人主欲自知。則必直士。唯直士能正言也 故天子立輔弼。設師保。所以舉過也。舉猶正也 夫人故不能自知。人主猶其。〇孫云御覽七十七作夫人固不能自知人主獨甚此猶其二字譌 存亡安危勿求於外。言皆在己也 務在自知。堯有欲諫之鼓。欲諫者擊其鼓也〇淮南主術訓作堯置敢諫之鼓 舜有誹謗之木。書其過失以表木也〇注以字淮南注作於 湯有司過之士。司主也主正也正與過鬪也 武王有戒慎之鞀。欲戒者搖其鞀鼓之 猶恐不能自知。猶尚恐己不能自知其過失也 今賢非堯舜湯武也。而有掩蔽之道。奚繇自知哉。荆成齊莊。不自知而殺。

荆成王爲公子商臣所殺齊莊公爲崔杼所殺皆不自知之咎也　吳王智伯。不自知而亡。吳王夫差也智伯晉卿智襄子也夫差爲越所破死于干隧智伯爲趙襄子所破死于高粱之東故曰而亡也　宋中山。不自知而滅。宋康王無道爲齊所滅中山亂男女之別爲魏所滅也　晉惠公趙括。不自知而虜。惠公爲秦所虜趙括以軍降秦坑其兵四十萬於長平也　鑽荼龐涓太子申。不自知而死。鑽荼龐涓魏惠王之將申魏惠王之太子也與龐涓東伐齊戰於馬陵齊人盡殺之故惠王謂孟子曰晉國天下莫強焉叟之所知也及寡人身東敗於齊長子死此之謂也　敗莫大於不自知。莫無也　范氏之亡也。范氏晉卿范武子之後也謂範子率師逐范吉射也一曰智伯伐范氏而滅之故曰亡也　百姓有得鍾者。欲負而走。則鍾大不可負。以椎毀之。鍾況然有音。○李善注文選任彥昇百辟勸進牋況然作怳然淮南說山訓作鎗然有聲　恐人聞之而奪己也。遽揜其耳。遽疾也　惡人聞之可也。惡己自聞之。悖矣。爲人主而惡聞其過。非猶此也。此自揜其耳也○案非猶此也也與邪通用選注作亦猶此也則如字　惡人聞其過。尚猶可。魏文侯燕飲。皆令諸大夫論己。○李善注文選孔文舉薦禰衡表引作問諸大夫寡人何如主也　或言君之智也。○孫云御覽六百二十二作或言君仁或言君義或言君智疑此有脫文　至於任座。任座曰。君不肖君也。得中山。不以封君之弟。而以封君之子。是以知君之不肖也。文侯不說。知於顏色。知猶見也　任座趨而出。次及翟黃。翟黃曰。君賢君也。臣聞其主賢者。其臣之言直。今者任座之言直。是以知君之賢也。文侯喜曰。可反歟。歟邪也謂任座可反邪　翟黃對曰。奚爲不可。臣聞忠臣畢其忠。畢盡也　而不敢遠其死。座殆尚在於門。殆猶必也　翟黃往視之。任座在於門。以君令召之。任座入。文侯下階而迎之。終座以爲上客。客敬也　文侯微翟黃。則幾失忠臣矣。微無也幾近也　上順乎主心以顯賢者。其唯翟黃乎。○新序一前作翟黃語後作任座語與此互異

自知

四曰。民無道知天。民以四時寒暑日月星辰之行知天。以用也 四時寒暑日月星辰之行當。則諸生有血氣之類皆爲得其處而安其產。產生也○日抄作皆得其處無爲字 人臣亦無道知主。主君也 人臣以賞罰爵祿之所加知主。加施也 主之賞罰爵祿之所加者宜。宜猶當也 則親疏遠近賢不肖皆盡其力而以爲用矣。爲君用也 晉文公反國。賞從亡者。而陶狐不與。賞不及之也○梁仲子云陶狐史記晉世家作壺叔外傳三說苑復恩篇作陶叔狐 左右曰。君反國家。爵祿三出。而陶狐不與。敢問其說。欲知之也 文公曰。輔我以義。導我以禮者。吾以爲上賞。教我以善。彊我以賢者。吾以爲次賞。拂吾所欲。數舉吾過者。吾以爲末賞。三者。所以賞有功之臣也。若賞唐國之勞徒。則陶狐將爲首矣。唐國晉國也勤勞之徒則陶狐也故不與三賞中也○注故字舊作欲訛今改正 周內史興聞之曰。晉公其霸乎。內史興周大夫也奉使來賜文公命聞之 昔者聖王先德而後力。晉公其當之矣。當先德而後力也 秦小主夫人用奄變。羣賢不說自匿。百姓鬱怨非上。小主秦君也秦厲公曾孫惠公之子也夫人用奄變爲惑亂也○以史記秦本紀攷之小主即出子也 公子連亡在魏。聞之。欲入。因羣臣與民。從鄭所之塞。公子連一名元秦厲公曾孫靈公之子也於小主爲從父昆弟也○公子連即獻公於小主爲從祖昆弟索隱云名師隰殆據世本 右主然守塞弗入。右主然秦守塞吏也弗內公子連也 曰。臣有義不兩主。公子勉去矣。內公子連則兩主矣勸之使疾去 公子連去入翟。從焉氏塞。塞在安定將之北翟○注將翟二字疑衍 菌改入之。菌改亦守塞吏也入之內公子連也 夫人聞之大駭。小主夫人也駭驚也 令吏與卒。奉命曰。寇在邊。卒與吏其始發也。發行也 皆曰往擊寇中道因變曰非擊寇也迎主君也主君謂公子連公子連因與卒俱來至雍圍夫人夫人自殺雍秦都也公子連立是爲獻公怨右主然而將重罪之怨其不入己也德菌改而欲厚賞之德其入己也監突爭之曰不可監突秦大夫也秦公子之在外者衆衆多也若此則人臣爭入亡公子矣此不便主如此則諸臣爭內亡公子亡公子得入則爭爲君故於主不便也獻公以爲然故復右主然之罪復反也反其罪不復罪也而賜菌改官大夫官大夫秦爵也賜守塞者人米二十石獻公可謂能用賞罰矣凡賞非以愛之也罰非以惡之也用觀歸也所歸善雖惡之賞所歸不善雖愛之罰傳曰善有章雖賤賞也惡有釁雖貴罰也此之謂也此先王之所以治亂安危也亂者能治之也危者能安之也

當賞

五曰先王有大務去其害之者故所欲以必得所惡以必除此功名之所以立也立成也俗主則不然有大務而不能去其害之者此所以無能成也夫去害務與不能去害務此賢不肖之所以分也分別也使獐疾走馬弗及至已而得者其時顧也反顧稽其行故見得也驥一日千里車輕也以重載則不能數里任重也任載也賢者之舉事也不聞無功言有功也然而名不大立利不及世者愚不肖爲之任也愚不肖人爲之任政事故使其君賢名不立福利不及後世子孫也冬與夏不能兩刑傳曰火中而寒暑退故曰不能兩刑○案刑猶成也草與稼不能兩成新穀熟而陳穀虧凡有角者無上齒果實繁者木必庳有覈曰果物莫

能兩大故戴角者無上齒果實繁者木爲之庳小也○大戴禮易本命篇戴角者無上齒又戰國秦策引詩曰木實繁者披其枝亦是此義梁仲子云齒庳爲韻 用智褊者無遂功。天之數也。遂成也 故天子不處全。不處極。不處盈。全則必缺。極則必反。盈則必虧。先王知物之不可兩大。故擇務當而處之。孔墨寗越。皆布衣之士也。慮於天下。以爲無若先王之術者。孔子墨翟也寗越中牟人也知道術之士也 故日夜學之。有便於學者。無不爲也。有不便於學者。無肎爲也。蓋聞孔丘墨翟晝日諷誦習業。夜親見文王周公旦而問焉。夜則夢見文王周公而問其道也論語曰吾衰久矣吾不復夢見周公○案吾衰久矣句是朱子以前讀法宋本句讀亦如此 用志如此其精也。精微密也 何事而不達。何爲而不成。故曰。精而熟之。鬼將告之。非鬼告之也。精而熟之也。史曰日精所學致無鬼神故曰有鬼告之也 今有寶劒良馬於此。玩之不厭。視之無倦。寶行良道一。而弗復欲身之安也名之章也。不亦難乎。寗越。中牟之鄙人也。苦耕稼之勞。謂其友曰。何爲而可以免此苦也。其友曰。莫如學。學三十歲。則可以達矣。寗越曰。請以十五歲。○五字舊本脫據李善注文選韋宏嗣博弈論補御覽六百十一同 人將休。吾將不敢休。人將臥。吾將不敢臥。○案吾下兩將字皆疑衍 十五歲而周威公師之。威公西周君也師之者以寗越爲師也 矢之速也。而不過二里。止也。步之遲也。而百舍。不止也。今以寗越之材。而久不止。其爲諸侯師。豈不宜哉。養由基尹儒。皆文藝之人也。○尹儒一作尹需文藝本或作六藝今從李本與下篇合 荊廷嘗有神白猨。荊之善射者莫之能中。荊王請養由基射之。養由基矯弓操矢而往。未之射。而括中之矣。發之。則猨應矢而下。則養由基有先中中之者矣。幽通記曰養流睇而猨號此之謂也〇注流字舊作由基二字訛今改正尹儒學御三年。而不得焉。苦痛之。痛悼也夜夢受秋駕於其師。明日往朝其師。〇師字當重望而謂之曰。吾非愛道也。恐子之未可與也。今日將教子以秋駕。秋駕御法也尹儒反走。北面再拜曰。今昔臣夢受之。先爲其師言所夢。所夢固秋駕已。上二士者。可謂能學矣。可謂無害之矣。此其所以觀後世已。二士甯越尹儒也觀示也

博志

六曰。名號大顯。不可彊求。必繇其道。繇用也治物者不於物。於人。治人者不於事。於君。治飭也君侯也治君者不於君。於天子。治天子者不於天子。於欲。欲貪欲也不貪欲則天子安樂也治欲者不於欲。於性。性者萬物之本也。不可長。不可短。因其固然而然之。此天地之數也。窺赤肉而烏鵲聚。狸處堂而衆鼠散。窺見也散走也衰絰陳而民知喪。竽瑟陳而民知樂。湯武修其行而天下從。修其仁義之行故天下順從之也桀紂慢其行而天下畔。慢易也豈待其言哉。君子審在己者而已矣。荆有善相人者。所言無遺策。遺猶失也聞於國。國人聞之也莊王見而問焉。對曰。臣非能相人也。能觀人之友也。觀布衣也。其友皆孝悌純謹畏令。如此者。其家必日益。益富也身必日榮矣。所謂吉人也。觀事君者也。其友皆誠信有行好善。如此者。事君日益。官職日進。此所謂吉臣也。吉善也觀人主也。其朝臣多賢。左右多忠。主有失。皆交爭証

與士之學者。不可不博。聽博則達義學博則達道也 尹鐸爲晉陽。下有請於趙簡子。尹鐸者趙簡子家臣也晉陽簡子邑爲治也 簡子曰。往而夷夫壘。我將往。往而見壘。是見中行寅與范吉射也。夷平也中行文子與范昭子專晉君權伐趙簡子圍之晉陽所作壘壁培堙也簡子不欲見之故使尹鐸平除之也○晉語九壘下有培字觀此注似亦本有培字又是字下舊本脫見字據晉語補 鐸往而增之。增益其壘壁令高大也 簡子上之晉陽。望見壘而怒曰。譆。鐸也欺我。於是乃舍於郊。將使人誅鐸也。孫明進諫曰。以臣私之。鐸可賞也。孫明簡子臣孫無政郵良也私惟也○晉語郵無正字伯樂左傳郵無恤亦名郵良卽王良也此云孫明當卽孫陽注云孫無政亦見前 鐸之言固曰。見樂則淫侈。見憂則諍治。此人之道也。今君見壘念憂患。而況羣臣與民乎。夫便國而利於主。雖兼於罪。鐸爲之。○舊注云兼或作謙疑亦校者之辭謙字無義或當爲嫌 夫順令以取容者。衆能之。而況鐸歟。容說也況鐸爲賢人也 君其圖之。圖議之也 簡子曰。微子之言。寡人幾過。過失也 於是乃以免難之賞賞尹鐸。人主太上喜怒必循理。太上上德之君 其次不循理。必數更。雖未至大賢。猶足以蓋濁世矣。更革也變革不循危亡之迹雖未至大賢尙足以蓋濁世專欲之人也 簡子當此。簡子之行與此相值也 世主之患。恥不知而矜自用。好愎過而惡聽諫。鄙恥於不知而矜大於自用愎過惡諫固敗是求世主之大病也○注舊本缺求字案固敗是求見左傳邊鄭語此用其成文今補 以至於危。恥無大乎危者。危敗則滅亡恥但顛辱耳故無大於危者也

似順論

二曰。知不知上矣。過者之患。不知而自以爲知。物多類然而不然。故亡國僇民無已。夫草有莘有藟。○御覽九百九十四莘作華日抄作莘 獨食之則殺人。合而食之則益壽

合藥而服愈人病故曰益人壽也萬堇不殺。○堇烏頭也毒藥能殺人萬堇則不能殺未詳漆淖水淖。○水下舊無淖字今案文義補合兩淖則爲蹇。蹇彊也言水漆相得則彊而堅也溼之則爲乾。乾燥也金柔錫柔。合兩柔則爲剛。燔之則爲淖。火爍金流故爲淖也或溼而乾。或燔而淖。類固不必可推知也。漆得溼而乾燥金遇燔而流淖皆非其類也故曰不必可推知也小方大方之類也。小馬大馬之類也。小智非大智之類也。大智知人所不知見一隅則以三隅反小智聞十裁通其一故不可以爲類也魯人有公孫綽者。告人曰。我能起死人。淮南記曰王孫綽○見淮南覽冥訓彼注云蓋周人一曰衞人王孫賈之後也人問其故。對曰。我固能治偏枯。○舊校云治一作爲爲亦治也今吾倍所以爲偏枯之藥。則可以起死人矣。物固有可以爲小不可以爲大。可以爲半不可以爲全者也。半謂偏枯全謂死人也○梁仲子云小大半全乃槪論物情注太泥用李善注王文憲集序引作紉黃白雜。則堅且牣。良劒也。難者曰。白所以爲不牣也。黃所以爲不堅也。黃白雜。則不堅且不牣也。又柔則錈。○字書無此字當與卷同堅則折。劒折且錈。焉得爲利劒。劒之情未革。而或以爲良或以爲惡。說使之也。故有以聰明聽說。則妄說者止。無以聰明聽說。則堯桀無別矣。無聽明以聽說不能知賢不肖故堯桀無有所別也此忠臣之所患也。患憂也賢者之所以廢也。不見別白黑故廢棄也義。小爲之則小有福。大爲之則大有福。於禍則不然。小有之不若其亡也。禍雖微小積小成大以危身亡國故曰小有之不若無也射招者欲其中小也。射獸者欲其中大也。物固不必。安可推也。招埻藝也中小謂剖微不失毫分射之工也射獸欲其中大者得肉多故以中爲工也射則同也中之小大異故曰物固不必安可推也高陽應將爲室。家匠對曰。未可也。木尚生。加塗其上。

必將撓。高陽宋邑因以爲氏應名也或作高魋宋大夫也家匠家臣也撓弱曲也故曰未可也○梁仲子云淮南人閒訓作高陽魋廣韻陽字下引呂氏有辯士高陽魋此注內脫一陽字 以生爲室。今雖善。後將必敗。家臣所謂直於辭而合事實者也 高陽應曰。緣子之言。則室不敗也。木益枯則勁。勁彊也 塗益乾則輕。以益勁任益輕。則不敗。此倪於辭而後必敗其言不合事實者也○倪當是勉強之義 匠人無辭而對。受令而爲之。害之始成也善。其後果敗。高陽應好小察。而不通乎大理也。驥驁綠耳背日而西走。至乎夕。則日在其前矣。日東行天西旋日行遲天旋疾及夕日入於虞淵之北驥不能及故日在前矣○注說迂曲 目固有不見也。智固有不知也。數固有不及也。不知其說所以然而然。聖人因而興制。不事心焉。

別類

三曰。賢主有度而聽。故不過。度法也 有度而以聽。則不可欺矣。欺誤也 不可惶矣。不可恐矣。不可喜矣。以凡人之知。不昏乎其所已知。而昏乎其所未知。昏闇也 則人之易欺矣。可惶矣。可恐矣。可喜矣。知之不審也。客有問季子曰。奚以知舜之能也。季子戶季子堯時諸侯也 季子曰。堯固已治天下矣。舜言治天下。而合己之符。己堯也 是以知其能也。若雖知之。奚道知其不爲私。私邪也○此二句客又問也 季子曰。諸能治天下者。固必通乎性命之情者。當無私矣。夏不衣裘。非愛裘也。暖有餘也。冬不用翣。翣扇也○翣與箑同 非愛翣也。凊有餘也。凊寒 聖人之不爲私也。非愛費也。節乎己也。○費舊本誤作貴孫云重己篇云非好儉而惡費也節乎性也與此正相同御覽四百二十九亦作費今改正 節己。雖貪汙之心猶若止。又況乎聖人。許由非彊也。有所乎徧也。[徧於無爲也] 有所徧。則貪汙之利外矣。[外棄也] 孔墨之弟子徒屬充滿天下。皆以仁義之術教導於天下。然而無所行。教者術猶不能行。又況乎所教。[所教謂孔墨弟子之弟子也] 是何也。仁義之術外也。夫以外勝內。匹夫徒步不能行。又況乎人主。[人主謂俗主又不能行也] 唯徧乎性命之情。而仁義之術自行矣。先王不能盡知。執一而萬物治。[不能盡知萬物也執守一道而萬物治理矣] 使人不能執一者。物感之也。[感惑也] 故曰徧意之悖。解心之繆。去德之累。徧道之塞。[悖繆累塞四者所以爲人病也唯執一者能解去道之塞不壅閉也] 貴富顯嚴名利六者。悖意者也。[此六者人情所欲也孔子曰富與貴人之所欲也不以其道得之不居故曰悖意悖亂也〇案古讀皆以不以其道爲句此注亦當爾論語不處此作不居論衡問孔刺孟兩篇並同] 容動色理氣意六者。繆心者也。[此六者不節所以惑人心者也] 惡欲喜怒哀樂六者。累德者也。[此六者不節所以爲德累者也] 智能去就取舍六者。塞道者也。[此六者宜適難中所以窒塞道使不通者也] 此四六者。不蕩乎胷中則正。[蕩動也此四六者皆得其適不傾邪蕩動於胷臆之中則正矣詩云靜恭爾位正直是與此之謂也] 正則靜。靜則清明。清明則虛。虛則無爲而無不爲也。[虛者道也道尚空虛無爲而無不爲人能行之亦無不爲也]

有度

四曰。先王用非其有。如己有之。[〇孫云御覽六百二十作如己之有案下文皆作如己有之御覽非也] 通乎君道者也。[桀紂有天下非湯武之有也而湯武有之此之類也故曰通乎君道者也] 夫君也者。處虛素服而無智。故能使衆智也。智反無能。故能使衆能也。能執無爲。故能使衆爲也。無智無能無爲。此君之所執也。[君執一以爲化之也〇注之字疑衍] 人主之所惑者則不然。以其智彊智。以其能彊能。以其爲彊爲。此處人臣之職也。處人臣之職。而欲無壅塞。雖舜不能爲。若此者雖舜之聖不能無壅塞況惑主乎武王之佐五人。五人者周公旦召公奭太公望畢公高蘇公忿生也武王之於五人者之事。無能也。然而世皆曰。取天下者武王也。故武王取非其有如己有之。通乎君道也。通乎君道。則能令智者謀矣。能令勇者怒矣。能令辯者語矣。夫馬者伯樂相之。造父御之。伯樂善相馬秦繆公臣也造父嬴姓飛廉之子善御周穆王臣也賢主乘之。一日千里。無御相之勞而有其功。則知所乘矣。功千里之功也故曰知乘也今召客者。酒酣召請也飲酒合樂爲酣歌舞。鼓瑟吹竽。明日。不拜樂己者拜謝也樂己者謂倡優也而拜主人。主人使之也。先王之立功名有似於此。有似於主人使之者也使衆能與衆賢。功名大立於世。不予佐之者而予其主。其主使之也。○其主二字舊本不重今據困學記聞十所引補譬之若爲宮室。必任巧匠。奚故。奚何故也曰。匠不巧則宮室不善。夫國重物也。其不善也。豈特宮室哉。特猶直也巧匠爲宮室。爲圓必以規。爲方必以矩。爲平直必以准繩。功已就。就成也○李本作准別本作準不知規矩繩墨而賞匠巧。匠之宮室已成。○困學紀聞賞匠巧下有也字又有巧字盧云案也字當有下匠之二字係衍文當刪不知巧匠而皆曰善此某君某王之宮室也。此不可不察也。察猶知也人主之不通主道者則不然。自爲人則不能。○自爲人疑是自爲之任賢者則惡之。與不肖者議之。此功名之所以傷。傷敗也國家之所以危。危亡也棗棘之有。裘狐之有也。食棘之棗。衣狐之皮。先王固用非其有而己有之。湯武一日而盡有夏商之民。盡有夏商之地。盡有夏商之

財。以其民安。而天下莫敢之危。○敢之二字似當乙轉 以其地封。而天下莫敢不說。以其
財賞。而天下皆競。競進也 無費乎郭與岐周。而天下稱大仁稱大義。通乎用非
其有。通達也 白公勝得荆國。殺令尹子西司馬子期而得荆國也 不能以其府庫分人。七日。石乞曰。患
至矣。石乞白公臣也 不能分人則焚之。毋令人以害我。白公又不能。不能焚之也 九日。葉公
入。乃發太府之貨予衆。葉公楚葉縣大夫沈諸梁子高也 出高庫之兵以賦民。賦予也 因攻之。十有
九日。而白公死。國非其有也。而欲有之。可謂至貪矣。不能爲人。又不能自
爲。可謂至愚矣。譬白公之嗇。若梟之愛其子也。梟愛養其子子長而食其母也白公愛荆國之財而殺其身也 衛靈
公天寒鑿池。靈公襄公之子 宛春諫曰。天寒起役。恐傷民。傷病也 公曰。天寒乎。宛春曰。公
衣狐裘。坐熊席。陬隅有竈。○新序刺奢篇陬隅作隩隅 是以不寒。今民衣弊不補。履決不組。
○新序作苴 君則不寒矣。民則寒矣。公曰。善。令罷役。左右以諫曰。君鑿池不知天
之寒也。而春也知之。以春之知之也而令罷之。福將歸於春也。○新序福作德御覽三十四同
而怨將歸於君。公曰。不然。夫春也魯國之匹夫也。而我舉之。舉用也 夫民未有
見焉。未見其德 今將令民以此見之。曰春也有善於寡人有也。○日新序作且 春之善非寡
人之善歟。靈公之論宛春。可謂知君道矣。君者固無任。而以職受任。工拙
下也。賞罰法也。君奚事哉。若是。則受賞者無德。而抵誅者無怨矣。人自反
而已。此治之至也。抵當也

分職

五曰。凡為治必先定分。君臣父子夫婦。君臣父子夫婦六者當位。則下不踰節。而上不苟為矣。少不悍辟。而長不簡慢矣。悍兇也辟邪也簡惰也慢易也 金木異任。水火殊事。陰陽不同。其為民利一也。六者皆所以為民用故曰為民利一也 故異所以安同也。同所以危異也。言同異更相成 同異之分。貴賤之別。長少之義。此先王之所慎。而治亂之紀也。聖人以治亂人以亂在所以由之也 今夫射者儀豪而失牆。儀望也睎望毫毛之微而不視堵牆之大故能中也 畫者儀髮而易貌。畫者睎毫髮寫人貌儀之於象不失其形故曰易貌也 言審本也。射必能中畫必象人故曰審本 本不審。雖堯舜不能以治。本身審正也身不正而欲治者堯舜且猶不能況凡人乎 故凡亂也者。必始乎近而後及遠。必始乎本而後及末。近喻小遠喻大也為亂之君先小後大也本謂身末謂國也詹何曰未聞身亂而國治也故曰始乎本而後及末 治亦然。未聞身治而國亂也故曰亦然 故百里奚處乎虞而虞亡。處乎秦而秦霸。虞公貪璧馬之賂不從其言為晉所滅故亡也秦繆公用其謀而兼西戎故霸也 向摯處乎商而商滅。處乎周而周王。向摯紂之太史令也紂不從其言而犇周朞年而紂滅周武王用其謀而王天下也 百里奚之處乎虞。智非愚也。向摯之處乎商。典非惡也。無其本也。本謂虞商之君身不治自取滅亡也 其處於秦也。智非加益也。其處於周也。典非加善也。有其本也。有其本言秦周之君身正而治也 其本也者。定分之謂也。言其為君治理分定不悖惑也 齊令章子將而與韓魏攻荊。荊令唐蔑將而應之。應擊也○唐蔑楚世家作唐昧應之舊作拒之注拒一作應梁仲子云水經泚水注引作荊使唐蔑應之則應字正是本文今改正 軍相當六月而不戰。齊令周最趣章子急戰。其辭甚刻。趣督也刻亦急也 章子對周最曰。殺之免之。殘其家。王能得此於臣。不可以戰而戰。可以戰而不戰。王不能得此於臣。與荆人夾泚水而軍。○泚舊作沘梁仲子云舊本水經泚水何氏焯改作泚水注引此文新校本從漢地理志改作比水引此作夾比而軍 章子令人視水可絕者。荆人射之。水不可得近。近猶迫也 有芻水旁者。告齊候者。候視也 曰。水淺深易知。荆人所盛守。盡其淺者也。所簡守。皆其深者也。候者載芻者與見章子。章子甚喜。因練卒以夜奄荆人之所盛守。果殺唐蔑。章子可謂知將分矣。韓昭釐侯出弋。靷偏緩。弋繳也論語曰弋不射宿 昭釐侯居車上。謂其僕靷不偏緩乎。其僕曰然。至舍。昭釐侯射鳥。其右攝其一靷適之。適猶等也 昭釐侯已射。駕而歸。上車。選閒 選閒猶選頃也 曰。鄉者靷偏緩。今適何也。其右從後對曰。今者臣適之。昭釐侯至詰車令。詰讓也 各避舍。○句上似當有與右二字 故擅爲妄意之道雖當。賢主不由也。由用也 今有人於此。擅矯行則免國家。利輕重則若衡石。爲方圜則若規矩。此則工矣巧矣。而不足法。巧而不足法者以其不循規矩故也 法也者。衆之所同也。賢不肖之所以其力也。○其力疑當作共力 謀出乎不可用。○舊校云一作行 事出乎不可同。此爲先王之所舍也。舍而不爲也

處方

六曰。上尊下卑。卑則不得以小觀上。觀視也上君也 尊則恣。恣則輕小物。小物凡小事也 輕小物則上無道知下。下無道知上。上下不相知。則上非下。下怨上矣。人臣之情不能爲所怨。不能爲之竭力盡節也 人主之情不能愛所非。方非罪之何能愛也 此上下大相失道

也。故賢主謹小物以論好惡。好善也惡惡也巨防容螻，而漂邑殺人。巨大防隄也如隄有孔穴容螻蛄則潰漏竅決至於漂沒閭邑殺人民也突泄一熛，而焚宮燒積。竈突煙熛出則火盛炎上燒人之宮室積委也○突亦作埃廣雅竈窻謂之埃或謂突當作宊案說文宊深也一日竈突然則宊特竈突之一名說文亦但云一日竈突不云竈埃何得以突爲宊之誤故今仍作突字又熛舊本訛作煙今從日抄改正將失一令，而軍破身死。教令不當爲失失令不從士無先登之心而懷奔北之志故軍破敗將見禽獲而身死也主過一言，而國殘名辱，爲後世笑。主過一言猶將失一令故國殘亡惡名著聞以自仔辱乃爲後世之人所非笑也衞獻公戒孫林父、甯殖食。林父孫文子也甯殖惠子也鴻集于囿，虞人以告。畜禽獸大日苑小日囿虞人主囿之官也以告以鴻告也公如囿射鴻。二子待君，日晏，公不來至。晏暮也來不釋皮冠而見二子。二子不說，逐獻公，立公子黚。傳日衞人立公孫剽孫林父甯殖相之此云立公子黚復誤矣案衞世家公子黚乃靈公之子太子蒯聵之弟也是爲悼公於獻公爲曾孫也焉得立之乎衞莊公立，欲逐石圃。莊公靈公之子蒯聵也石圃衞卿石惡之子也蒯聵在外圃不欲納之故立而逐之也登臺以望，見戎州而問之曰：「是何爲者也？」侍者曰：「戎州也。」戎州戎之邑也莊公曰：「我姬姓也，戎人安敢居國？」使奪之宅，殘其州。晉人適攻衞，戎州人因與石圃殺莊公，立公子起。公子起衞靈公子莊公之弟也此小物不審也。審愼也人之情不蹷於山，蹷躓頓頓也而蹷於垤。垤螘封也螘封卑小人輕之故躓蹷也齊桓公即位三年，三言而天下稱賢，羣臣皆說。去肉食之獸，去食粟之鳥，去絲罝之網。是三言也吳起治西河，欲諭其信於民，吳起衞人也爲魏武侯西河守諭明也夜日置表於南門之外，置立也表柱也令於邑中曰：「明日有人能僨南門之外表者，仕長大夫。」僨僵也長大夫上大夫也○能字舊本缺孫據紀聞十補御覽四百三十同明日日晏矣，莫有僨表者。莫無也民相謂曰：「此必不信。」不信其有賞也有一人曰：「試往僨表，不得賞而已，何傷？」言不敢必得其賞也○而已紀聞作則已言縱不得賞非有害也往不得解往僨表。來謁吳起。謁告也吳起自見而出。仕之長大夫。夜日又復立表。又令於邑中如前。邑人守門爭表。表加植。不得所賞。如前與前令同也邑人貪賞爭往僨表表深植而不能僨不得其所賞也自是之後。民信吳起之賞罰。吳起賞罰不欺民民信之也賞罰信乎民。何事而不成。豈獨兵乎。言非獨信用兵以成功也大信用賞罰以成事故使秦人不敢東向犯盜西河也○舊校云豈獨兵乎一作非獨兵也案注大劉本作亦

愼小

呂氏春秋卷第二十六

士容論第六　務大　上農　任地　辯土　審時

一曰。士不偏不黨。柔而堅。虛而實。而能也 其狀朖然不儇。若失其一。一謂道也能柔堅虛實之士其狀貌朖然舒大不儇給巧佞爲之畏失其道也 傲小物而志屬於大。傲輕也輕略叢脞瑣蕞之事而志屬連於有大成功也 似無勇而未可恐。未可恐以非義之事也 狠執固横敢而不可辱害。狠貪獸也所搏執堅固横猶勇敢之士若此者不可辱亦不可害也○注猶疑衍 臨患涉難。而處義不越。越失也 南面稱寡而不以侈大。南面君位也孤寡謙稱也士之如此者使即南面之君位亦處義而已不以奢侈廣大也○注位字闕今案文義補 今日君民而欲服海外。節物甚高而細利弗賴。海外四海之外而欲服之化廣大也節物事也行事甚高細小之利不恃賴之也 耳目遺俗而可與定世。耳目視聽禮義是則故能遺棄流俗可與大定於一世也 富貴弗就而貧賤弗揭。輕富貴甘貧賤○揭去也宋玉九辯云車既駕兮揭而歸 德行尊理而羞用巧衞。尊重道理而行羞以巧媚自榮衞也○注榮疑營 寬裕不訾而中心甚厲。不訾毀敗人也甚厲至高遠也 難動以物。而必不妄折。不爲物動唯義所在不妄屈折也 此國士之容也。容猶法也 齊有善相狗者。其鄰假以買取鼠之狗。假猶請也請善相狗者買取鼠之狗也○舊校云一本作其鄰借之買鼠狗借猶請也今案御覽九百五作其鄰藉之買鼠狗則當作藉字 朞年乃得之。曰是良狗也。其鄰畜之數年。而不取鼠。以告相者。相者曰。此良狗也。其志在獐麋豕鹿。不在鼠。欲其取鼠也則桎之。其鄰桎其後足。桎械也著足曰桎著手曰梏 狗乃取鼠。○舊校云一本作狗則取鼠矣 夫驥驁之氣。鴻鵠之志。有諭乎人心者。誠也。人亦然。誠有之則神應乎人矣。言豈足以諭之哉。此謂不言之言也。（不言之言以道化也）客有見田駢者。（田駢齊人也作道書二十五篇）被服中法。進退中度。趨翔閑雅。辭令遜敏。（遜順也敏材也）田駢聽之畢而辭之。（辭遣也）客出。田駢送之以目。（以目送而視之也）弟子謂田駢曰。客士歟。田駢曰。殆乎非士也。（殆近也）今者客所弇斂。士所術施也。士所弇斂。客所術施也。（○舊校云術皆當作述今案古亦通用）客殆乎非士也。故火燭一隅。則室偏無光。（燭照也偏半也）骨節蚤成。空竅哭歷。身必不長。（長大也）衆無謀方。乞謹視見多故不良。（良善也）志必不公。（公正也）不能立功。（立成也）好得惡予。國雖大不爲王。（好得厚斂也惡予悋嗇也多藏厚亡故必不爲王）禍災日至。故君子之容。純乎其若鍾山之玉。桔乎其若陵上之木。（純美也鍾山之玉燔以爐炭三日三夜色澤不變陵上之木鴻且大皆天性也君子天性純敏故以此爲喻也）涫涫乎慎謹畏化。而不肎自足。（化教也常畏而奉之不肎自足其智思以事必問詳而後行之也）乾乾乎取舍不悅。而心甚素樸。（乾乾進不倦也取舍不悅常敬慎也心甚素樸精潔專一情不散欲也）唐尚敵年爲史。（史國史也）其故人謂唐尚願之。（故人者唐尚知舊也以唐尚明習天文宿度審咎徵之應故爲願之也）以謂唐尚。唐尚曰。吾非不得爲史也。羞而不爲也。其故人不信也。（不信其羞爲史）及魏圍邯鄲。唐尚說惠王而解之圍。以與伯陽。（惠王魏文侯之孫武侯之子孟子所見梁惠王也解邯鄲圍也以與伯陽以伯陽邑資之也）其故人乃信其羞爲史也。居有閒。其故人爲其兄請。（請於唐尚欲仕其兄）唐尚曰。衞君死。吾將汝兄以代之。其故人反興再拜而信之。夫可信而不信。不可信而信。此愚者之患也。（可信謂唐尚羞爲史不可信謂唐尚欲以其兄代衞君衞君不可得也而信爲可得故曰不可信而信也患者猶病也）知人情不能自遺。以此爲君。雖有天下。何益。（不能自遺亡其貪欲之情必危亡也故曰雖有天下何益）故敗莫大於愚。愚之患在必自用。自用。則戇陋之人從而賀之。有國若此。不若無有。古之與賢從此生矣。古人傳位于賢以子不肖不可予也 非惡其子孫也。非徼而矜其名也。反其實也。徼求也矜大也以國予賢則與子孫不肖予其國必滅亡故曰反其實也

士容論

二曰。嘗試觀於上志。上志古記也 三王之佐。其名無不榮者。榮顯也 其實無不安者。功大故也。實猶終也 俗主之佐。其欲名實也與三王之佐同。同等也 其名無不辱者。其實無不危者。無功故也。無大功故也 皆患其身不貴於其國也。而不患其主之不貴於天下也。此所以欲榮而逾辱也。逾益也 欲安而逾危也。孔子曰。燕爵爭善處於一屋之下。母子相哺也。區區焉相樂也。區區得志貌也〇區區當作嘔嘔下同前論大篇作姁姁 自以爲安矣。竈突決。上棟焚。燕爵顏色不變。是何也。不知禍之將及之也。不亦愚乎。〇及之當作及己 爲人臣而免於燕爵之智者寡矣。夫爲人臣者。進其爵祿富貴。父子兄弟相與比周於一國。區區焉相樂也。而以危其社稷。其爲竈突近矣。而終不知也。其與燕爵之智不異。故曰。天下大亂。無有安國。一國盡亂。無有安家。一家盡亂。無有安身。此之謂也。故細之安。細小也 必待大。大之安必待小。言相須也〇兩待字前論大篇俱作恃下贊字亦作恃 細大賤貴。交相爲贊。交更也贊助也 然後皆得其所樂。樂願也 薄疑說衞嗣君以王術。嗣君衞平侯之子也秦貶其號曰君 嗣君應之曰。所有者千乘也。願以受教。

衛君國之賦兵車千乘耳王者萬乘故願以受教也○案淮南道應訓所有上有予字此注非是願以受教者願以千乘之國受教也薄疑之對以千鈞諭王術一斤喻治國言王術可爲於治國乎何有注皆不得本意

薄疑對曰。烏獲奉千鈞。又况一斤。千鈞三萬斤也喻衞君之賢爲王術若烏獲之力以舉一斤言其易也○淮南奉作舉 杜赫以安天下說周昭文君。杜赫周人杜伯之後也周昭文君周分爲二東周之君也 昭文君謂杜赫曰。願學所以安周。以用也

杜赫對曰。臣之所言者不可。則不能安周矣。臣之所言者可。則周自安矣。所言安行仁與義也此所謂以弗安而安者也。當昭文君時人不安行仁義而仁義不行也然仁義必安之本也故曰以弗安而安者也 鄭君問於被瞻曰。聞先生之義不死君不亡君。信有之乎。鄭君穆公也被瞻事鄭文公故穆公即位問瞻所行之義信不乎 被瞻對曰。有之。夫言不聽道不行。則固不事君也。若言聽道行。又何死亡哉。言從賢臣之言不死亡也 故被瞻之不死亡也。賢乎其死亡者也。使君無道臣不能正乃死亡耳被瞻言聽道行不死不亡故曰賢乎死亡者也昔有舜欲服海外而不成。既足以成帝矣。禹欲帝而不成。既足以王海內矣。湯武欲繼禹而不成。既足以王通達矣。五伯欲繼湯武而不成。既足以爲諸侯長矣。孔墨欲行大道於世而不成。既足以成顯榮矣。夫大義之不成。既有成已。故務事大。

務大

三曰。古先聖王之所以導其民者。先務於農民。農非徒爲地利也。貴其志也。民農則樸。樸則易用。易用則邊境安。主位尊。尊重也○次易用舊本脫用字據御覽七十七補亢倉子農道篇作易用則邊境安安則主位尊又多安則二字 民農則重。重則少私義。○重亢倉子作童亦如大戴之王言篇與家語童重互異也 少私義則公法

立。力專一。民農則其產復。○御覽復作厚亢倉子作複下竝同其產復則重徙。重徙則死其處處居而
無二慮。民舍本而事末則不令。令善不令則不可以守。不可以戰。戰攻民舍本而
事末則其產約。其產約則輕遷徙。輕遷徙則國家有患。皆有遠志。無有居
心。居安也民舍本而事末則好智。好智則多詐。多詐則巧法令。巧讀如巧智之巧○亢倉子有巧法令則四字
在下句首以是爲非。以非爲是。后稷曰。所以務耕織者。以爲本教也。是故天子親
率諸侯耕帝籍田。大夫士皆有功業。傳曰王耕一發班三之庶人終于千畝故曰皆有功業也○皆有功業亢倉子作第有功級注一發周語作一
墢此作發譌韋昭注一墢一耜之發也玩注意似亢倉子本是是故當時之務。農不見于國。當啟蟄耕農之務農民不見于國都也孟春紀曰王布農事命田舍東郊
故農民不得見于國也以教民尊地產也。地產嘉穀也后妃率九嬪蠶於郊。桑於公田。是以春秋
冬夏皆有麻枲絲繭之功。以力婦教也。力任其力効其功也○亢倉子作勸人力婦教也是故丈夫不織
而衣。婦人不耕而食。男女貿功以長生。貿易也○以長生亢倉子作貿相爲業此聖人之制也。制法也
故敬時愛日。非老不休。休止也非疾不息。非死不舍。舍置也上田夫食九人。下田
夫食五人。可以益。不可以損。損減也一人治之。十人食之。六畜皆在其中矣。此
大任地之道也。故當時之務。不興土功。不作師徒。庶人不冠弁。弁鹿皮冠詩云冠弁如星○冠
弁不見詩攷恐是字誤娶妻嫁女享祀不酒醴聚衆。禮取婦之家三日不舉樂嫁女之家三日不絕燭故不以酒醴聚衆也農不上聞。
不敢私籍於庸。爲害於時也。然後制野禁。苟非同姓。苟誠也農不出御。御妻也女
不外嫁。以安農也。異姓之女不出闔邑而嫁也野禁有五。地未辟易。不操麻不出糞。出猶捐也齒年

未長。不敢爲園囿。量力不足。不敢渠地而耕。（渠，擴也。）農不敢行。（守其疆畝也。）賈不敢爲異事。（異猶他也。）爲害於時也。然後制四時之禁。山不敢伐材下木。（伐，斫也。）澤人不敢灰僇。（燒灰不以時多僇。）繯網罝罦不敢出於門。罛罟不敢入於淵。（罝，獸罟也。詩云「肅肅兔罝」。罛，魚罟也。詩云「施罛濊濊，鱣鮪發發」。）澤非舟虞不敢緣名。爲害其時也。（舟虞，主舟官。）若民不力田。墨乃家畜。國家難治。三疑乃極。（○義未詳。）是謂背本反則。（則，法也。）失毀其國。凡民自七尺以上。屬諸三官。（三官，農工賈也。）農攻粟。工攻器。賈攻貨。（攻，治也。）時事不共。是謂大凶。奪之以土功。是謂稽不絕憂。唯必喪其粃。奪之以水事。是謂籥喪以繼樂。（繼，續也。）四鄰來虛。奪之以兵事。是謂厲禍。（厲，虐也。）因胥歲不舉銍艾。數奪民時。大饑乃來。野有寢耒。或談或歌。旦則有昏。喪粟甚多。皆知其末。莫知其本眞。（不敏也。○三字疑亦正文。）

上農

四曰。后稷曰。子能以窐爲突乎。（窐容汙下也，突理出豐高也。）子能藏其惡而揖之以陰乎。（陰猶潤澤也。）子能使吾士靖而甽浴士乎。（士當作土。○古士土兩字亦通用。）子能使保溼安地而處乎。子能使雚夷毋淫乎。（淫，延生也。）子能使子之野盡爲泠風乎。（泠風，和風，所以成穀也。）子能使藁數節而莖堅乎。子能使穗大而堅均乎。（詩云「實發實秀，實堅實好」，此之謂也。）子能使粟圓而薄糠乎。子能使米多沃而食之彊乎。無之若何。凡耕之大方。力者欲柔。柔者欲力。息者欲勞。勞者欲息。棘者欲肥。肥者欲棘。（棘，羸瘠也。詩云「棘人之欒欒」，言羸瘠也。土亦有瘠土。）急者欲緩。緩者欲急。急者謂彊壚剛土也故欲緩緩者謂沙墳弱土也故欲急和二者之中乃能殖穀 溼者欲燥。燥者欲溼。溼謂下溼近汙泉故欲燥燥謂高明暵乾故欲溼不燥不溼取其中適乃成黍稷也 上田棄畝。下田棄甽。五耕五耨。必審以盡。其深殖之度。陰土必得。大草不生。草穢也 又無螟蜮。蜮或作螣食心曰螟食葉曰蜮兗州謂蜮爲螣音相近也○惠氏棟云蜮當爲蜮 今兹美禾。來兹美麥。兹年也 是以六尺之耜。所以成畝也。其博八寸。所以成甽也。耜六尺其刃廣八寸古者以耜耕廣六尺爲畝三尺爲甽遼西之人謂之畓也○周禮廣尺深尺曰甽此云三尺黃東發謂於正文不合其言曰耜者今之犂廣六尺旋轉以耕土其塊彼此相向亦廣六尺而成一隴此之謂畝而百步爲畝總畝之四圍總名其博八寸所以成甽者犂頭之刃逐塊隨刃而起其長竟畝其起而空之處與刃同其闊此之謂甽案此所云則與周禮相近畓字書無攷 耨柄尺。此其度也。度制也 其耨六寸。所以間稼也。耨所以耘苗也刃廣六寸所以入苗間也 地可使肥。又可使棘。人肥必以澤。地耕熟則肥肥即得穀多不則瘠瘠則得穀少故曰可使棘也人肥則顏色潤澤 使苗堅而地隙。人耨必以旱。使地肥而土緩。緩柔也 草諯大月。大月孟冬月也 冬至後五旬七日。菖始生。菖菖蒲水草也冬至後五十七日而挺生 菖者百草之先生者也。於是始耕。傳曰土發而耕此之謂也 孟夏之昔。殺三葉而穫大麥。昔終也三葉薺亭歷菥蓂也是月之季枯死大麥熟而可穫大麥旋麥也○初學記二十七引呂氏孟夏之山百穀三葉而穫大麥 日至。苦菜死而資生。菜名也○資疑即蒺藜也 而樹麻與菽。樹種也菽豆也 此告民地寶盡死。凡草生藏。日中出。豨首生而麥無葉。凡草庶草也日中春分也衆草生而出也豨首草名也至其生時麥無葉皆成熟也 而從事於蓄藏。藏之於倉也 此告民究也。究畢也刈麥畢也 五時見生而樹生。見死而穫死。五時五行生殺之時也見生謂春夏種稼而生也見死謂秋冬穫刈收死者也 天下時。地生財。不與民謀。天降四時地出稼穡自然之道也故曰不與民謀 有年瘞土。無年瘞土。祭土曰瘞年穀也有穀祭土報其功也無穀祭土禳其神也○禳舊作讓訛趙改正 無失民時。無使之治下知貧富。利器皆時至而作。渴時而止。利用之器有其時而爲之無其時而止之 是以老弱之力可盡起。○元

倉子作可使盡起 其用日半。其功可使倍。一辟日倍○注一辟疑是一倍 不知事者。時未至而逆之時既往而慕之。慕思也 當時而薄之。薄輕也言不重時也薄或作怠 使其民而郄之。郄逆之也 民既郄。乃以良時慕。此從事之下也。操事則苦。不知高下。民乃逾處。種稑禾不爲稑。種重禾不爲重。晚種早熟爲稑早種晚熟爲重詩云黍稷重稑稙稺菽麥此之謂也 是以粟少而失功。不當其時故粟少也食之少氣力故曰少而失功也

任地

五曰。凡耕之道。必始於壚。壚埴壚地也 爲其寡澤而後枯。言土燥墝也○注燥墝下疑當有一均字 必厚其靹。厚猝也○靹音義缺 爲其唯厚而及䬇者。䬇或作選 莛之堅者耕之澤。○梁仲子云䬇疑卽餂字集韻飽或從缶莛音義並缺 其靹而後之。上田則被其處。下田則盡其汙。無與三盜任地。夫四序參發。大甽小畝。爲青魚胠。苗若直獵。地竊之也。既種而無行。耕而不長。則苗相竊也。弗除則蕪。蕪穢也 除之則虛。虛動稼根 則草竊之也。故去此三盜者。而後粟可多也。所謂今之耕也營而無獲者。獲或作穫 其蚤者先時。晚者不及時。寒暑不節。稼乃多菑實。其爲晦也。高而危則澤奪。陂則埒。見風則僠。僠仆也 高培則拔。培田側也 寒則雕。雕不實也 熱則脩。脩長也 一時而五六死。故不能爲來。來至成也 不俱生而俱死。虛稼先死。虛根不實 衆盜乃竊。望之似有餘。就之則虛。虛不穎不粟詩云實穎實粟有邰家室也 農夫知其田之易也。易治也易讀知易綱之易也○注易綱梁仲子疑是易疇 不知其稼之疏而不適也。疏希也不中適也 知其田之際也。不知其稼居地之虛也。虛亦希也 不除則蕪。除之則虛。此事之傷也。傷敗也 故晦欲

廣以平。甽欲小以深。○孫云李善注文選王元長策秀才文清明泠風引此深作清今案深字是亢倉子作畎欲深以端 下得陰。陰溼也 上得陽。陽日也 然後咸生。咸皆也 稼欲生於塵而殖於堅者。殖長也 愼其種。勿使數。亦無使疏。於其施土。無使不足。土壤也 亦無使有餘。餘猶多也 熟有耰也。耰覆種也 必務其培。其耰也植。植者其生也必先。先猶遼也 其施土也均。均者其生也必堅。堅好也 是以畮廣以平則不喪本。本根也 莖生於地者。五分之以地。分別也 莖生有行故遬長。弱不相害故遬大。遬疾也 衡行必得。縱行必術。正其行。通其風。行行列也 夬心中央。帥爲泠風。夬決也心於苗中央帥率也蕭泠風以搖長之也夬或作使○選注引作夬必中央師爲泠風又引注云必於苗中央師師然蕭泠風以搖長也 苗其弱也欲孤。弱小也苗始生小時欲得其孤特疏數適中則茂好也 其長也欲相與居。言相依植不偃仆○舊本無其字又注作相依助不偃仆皆訛脫今據齊民要術所引補正亢倉子亦有其字要術居作俱今案亢倉子作居與此同 其熟也欲相扶。扶相扶持不可傷折也○齊民要術作相扶持不傷折此亦衍二字 是故三以爲族。乃多粟。族聚也○亢倉子作稼乃多穀 凡禾之患。不俱生而俱死。是以先生者美米。後生者爲粃。粃不成粟也 是故其耨也。長其兄而去其弟。養大殺小 樹肥無使扶疏。樹墝不欲專生而族居。專獨也 肥而扶疏則多粃。根扇迫也 墝而專居則多死。專獨不能自蔭潤其根故多枯死也 不知稼者。其耨也。去其兄而養其弟。殺其大者養其小者也 不收其粟而收其粃。上下不安。則禾多死。○舊本粃作粗下不字脫竝依亢倉子補正 厚土則蘖不通。壤深不能自達故多蘖死也 薄土則蕃轓而不發。壚埴冥色。剛土柔種。免耕殺匿。使農事得。

辯土

六曰。凡農之道。厚之爲寶。斬木不時不折。折猶堅也必穗稼就而不穫。穫得也必遇
天菑。菑害也夫稼爲之者人也。爲治也生之者地也。養之者天也。是以人稼之容
足。耨之容耨。據之容手。謂根苗疎數之閒也○亢倉子作耨之容耰耘之容手此之謂耕道。是以得時之禾。長
秱長穗。大本而莖殺。殺或作小本根也莖稍小鼠尾桑條穀也疏穖而穗大。穖禾穗果蠃也其粟圓而薄糠。圓豐滿也
薄糠言米大也其米多沃而食之彊。彊有勢力也如此者不風。風落也先時者莖葉帶芒以短衡。
穗鉅而芳奪。秮米而不香。奪或作奮字後時者莖葉帶芒而末衡。○舊校云末一作小案亢倉子作小莖
穗閱而青零。青零未熟而先落○閱亢倉子作銳多粃而不滿。滿成也得時之黍。芒莖而徼下。穗芒以
長。○亢倉穗下有不字摶米而薄糠。舂之易而食之不噯而香。香美也噯讀如餲厭之餲如此者不飴。○御覽八
百四十二作餲竊疑上注讀如餲厭之餲當在此句下據御覽噯音北縣切決不當讀餲也先時者大本而華。莖殺而不遂。遂長也葉藁短
穗○藁御覽作高後時者小莖而麻長。短穗而厚糠。小米鉗而不香。小米故厚糠也○米鉗御覽作米令注云令新
也得時之稻。大本而莖葆。長秱疏穖。穗如馬尾。大粒無芒。摶米而薄糠。舂
之易而食之香。如此者不益。益息也○舊校云益一作蒜案御覽八百三十九作蒜注益息也義亦難曉先時者本大而莖
葉格對。對等也短秱短穗。多粃厚糠。薄米多芒。後時者纖莖而不滋。厚糠多粃。
庭辟米不得恃。辟小也恃或作待○御覽無庭字字書無攷下作辟米不大注止辟小二字正文得恃及注恃或作待皆無定熟卬天而死。得時
之麻。必芒以長。疏節而色陽。小本而莖堅。厚枲以均。後熟多榮。日夜分復
生。如此者不蝗。蝗蟲不食麻節也得時之菽。長莖而短足。其莢二七以爲族。多枝數

節。競葉蕃實。二七十四實也○英舊訛作莢今從初學記御覽改下訛作英亦併改大莢則圓。小莢則搏以芳。稱之重。食之息以香。如此者不蟲。蟲不齧其莢芒也先時者必長以蔓。浮葉疏節。小莢不實。後時者短莖疏節。本虛不實。得時之麥。稈長而頸黑。二七以爲行而服。薄糕而赤色。稱之重。食之致香以息。使人肌肌或作肥澤且有力。如此者不蚼蛆。先時者暑雨未至。至或作上胕動蚼蛆而多疾。胕動病心胕讀如疛○洪氏亮吉漢魏音引此注云胕讀如疛案胕如疛音同知胕胕本一字也今本疛作痛誤從舊本改正亢倉胕動作胕腫其次羊以節。後時者弱苗而穗蒼狼。○案蒼狼青色也在竹曰蒼筤在天曰倉浪在水曰滄浪字異而義皆同薄色而美芒。是故得時之稼興。興昌也失時之稼約。約青病也莖相若。稱之得時者重。粟之多量粟相若。而舂之得時者多米。量米相若而食之。○舊校云一作以爲食得時者忍饑。忍猶能也能耐也是故得時之稼。其臭香。其味甘。其氣章。氣力也章盛也百日食之。百日食之者食之百日也耳目聰明。心意叡智。叡明也四衞變彊。四衞四枝也殉氣不入。身無苛殃。苛病殃咎黃帝曰四時之不正也。正五穀而已矣。五穀正時食之無病故曰正五穀而已

審時

呂氏春秋附攷

序說

呂氏春秋序意維秦八年。歲在涒灘。高誘注秦始皇卽位八年 秋甲子朔。朔之日。良人請問十二紀。文信侯曰。嘗得學黃帝之所以誨顓頊矣。爰有大圜在上。大矩在下。汝能法之。爲民父母。蓋聞古之清世。是法天地。凡十二紀者。所以紀治亂存亡也。所以知壽夭吉凶也。上揆之天。下驗之地。中審之人。若此則是非可不可無所遁矣。天曰順。順維生。地曰固。固維寧。人曰信。信維聽。三者咸當。無爲而行。行也者。行其理也。行數循其理。平其私。夫私視使目盲。私聽使耳聾。私慮使心狂。三者皆私設精。疑情 則智無由公。智不公則福日衰災日隆。以日倪而西望知之。此呂氏十二紀原序且其言近道故以爲冠冕

史記呂不韋列傳。呂不韋者。陽翟大賈人也。太子政立爲王。尊呂不韋爲相國。號稱仲父。當是時。魏有信陵君。楚有春申君。趙有平原君。齊有孟嘗君。皆下士喜賓客以相傾。呂不韋以秦之彊。羞不如。亦招致士厚遇之。至食客三千人。是時諸侯多辯士。如荀卿之徒。著書布天下。呂不韋乃使其

客。人人著所聞。集論以為八覽六論十二紀。二十餘萬言。以為備天地萬物古今之事。號曰呂氏春秋。布咸陽市門。懸千金其上。延諸侯游士賓客。有能增損一字者予千金。案不韋著書之由惟此最詳且確太史公曰孔子之所謂聞者其呂子乎真能灼見不韋本意後之言呂氏春秋者多失之

十二諸侯年表。呂不韋者。秦莊襄王相。亦上觀尚古。刪拾春秋。集六國時事。以為八覽六論十二紀。為呂氏春秋。

太史公自序。不韋遷蜀。世傳呂覽。正義曰即呂氏春秋

漢書司馬遷傳。不韋遷蜀。世傳呂覽。蘇林曰呂氏春秋篇名八覽六論

鄭康成曰。月令本呂氏春秋十二月紀之首章也。以禮家好事抄合之。後人因題之名曰禮記。三禮目錄

又曰。呂氏說月令而謂之春秋。事類相近焉。禮運注

蔡邕曰。周書七十一篇。而月令第五十三。秦相呂不韋著書。取月令為紀號。淮南王安亦取以為第四篇。改名曰時則。故偏見之徒。或云月令呂不韋作。或云淮南。皆非也。蔡中郎集

司馬貞曰。八覽者。有始孝行慎大先識審分審應離俗時本書作特君也。六

論者。開春。愼行。貴直。不苟。以（本書作似）順。士容也。十二紀者。記十二月也。其書有孟春等紀二十餘萬言二十餘卷也。（史記索隱○案漢志及隋唐志皆二十六此及子鈔與書錄解題俱作二十誤也）

唐馬總曰。呂不韋。始皇時相國。乃集儒士爲十二紀八覽六論。縣於咸陽市。有能增損一字。與千金無敢易者。（意林）

宋黃震曰。呂氏春秋者。秦相呂不韋恥以貴顯而不及荀卿子之徒著書布天下。使其賓客共著八覽六論十二紀。竊名春秋。高誘爲之訓解。淳熙五年冬。尚書韓彥直爲之序。謂士之傳於天下後世者。非徒以其書。夫子之聖。則書宜傳。孟子之亞聖。則書宜傳。過是而以書傳者。老聃以虛無傳。莊周以假寓傳。屈原以騷傳。荀卿以刑名傳。（此句似有訛脫或是荀卿以性惡傳韓非以刑名傳）司馬遷以史傳。揚雄以法言傳。班孟堅以續史遷傳。然槩之孔孟。宜無傳。而皆得竝傳者。其人足與也。呂氏春秋言天地萬物之故。其書最爲近古。今獨無傳焉。豈不以呂不韋而因廢其書邪。愈久無傳。恐天下無有識此書者。於是序而傳之。栝蒼蔡伯尹又跋其書之後曰。漢與高堂生后倉二戴之徒。取此書之十二紀爲月令。河閒獻王與其客。取其大樂適音爲樂記。司馬遷多取其說爲世家律歷書。孝武藏書。以預九家之學。劉向集書。以繫七略

之數。今其書不得與諸子爭衡者。徒以不韋病也。然不知不韋固無與焉者也。黃氏日抄

宋高似孫曰。淮南王尚奇謀。募奇士。廬館一開。天下雋絕馳騁之流。無不雷奮雲集。蜂議橫起。瓌詭作新。可謂一時傑出之作矣。及觀呂氏春秋。則淮南王書殆出於此者乎。不韋相秦。蓋始皇之政也。始皇不好士。不韋則徠英茂。聚畯豪。簪履充庭。至以千計。始皇甚惡書也。不韋乃極簡冊。攻筆墨。采精錄異。成一家言。吁。不韋何爲若此者也。不亦異乎。春秋之言曰。十里之閒。耳不能聞。帷牆之外。目不能見。三畝之閒。心不能知。而欲東至開晤。南撫多鷃。西服壽靡。北懷儋耳。何以得哉。語見任數篇開晤作開梧多鷃作多顯意林所載作開悟多鷃也此所以譏始皇也。始皇顧不察哉。不韋以此書暴之咸陽門曰。有能損益一字者。與千金。人卒無一敢易者。是亦愚黔之甚矣。秦之士其賤若此。可不哀哉。雖然。是不特人可愚也。雖始皇亦爲之愚矣。異時亡秦者。又皆屠沽負販不一知書之人。嗚呼。子略

宋馬端臨曰。呂氏春秋。暴咸陽門。有能增損一字者予千金。時人無增損者。高誘以爲非不能也。畏其勢耳。昔張侯論爲世所貴。崔浩五經注學者

尚之。二人之勢。猶能使其書傳如此。況不韋權位之盛。學者安能悟其意而有所更易乎。誘之言是也。然十二紀者。本周公書。後寘於禮記。善矣。而目之爲呂令者。誤也。文獻通考

宋王應麟曰。書目。是書凡百六十篇。以月紀爲首。故以春秋名書。十二紀篇首與月令同。玉海

元陳澔曰。呂不韋相秦十餘年。此時已有必得天下之勢。故大集羣儒。損益先王之禮。而作此書。名曰春秋。將欲爲一代興王之典禮也。故其閒亦多有未見與禮經合者。其後徙死。始皇幷天下。李斯作相。盡廢先王之制。而呂氏春秋亦無用矣。然其書也。亦當時儒生學士有志者所爲。猶能仿佛古制。故記禮者有取焉。禮記集說

明方孝孺曰。呂氏春秋十二紀。八覽。六論。凡百六十篇。呂不韋爲秦相時使其賓客所著者也。太史公以爲不韋徙蜀。乃作呂覽。夫不韋以見疑去國。歲餘卽飲酖死。何有賓客。何暇著書哉。史又稱不韋書成。懸之咸陽市。置千金其上。有易一字者輒與之。不韋已徙蜀。安得懸書於咸陽。由此而言。必爲相時所著。太史公之言誤也。本傳不誤 不韋以大賈乘勢市奇貨。致富貴。而行不謹。其功業無足道者。特以賓客之書。顯其名於後世。況乎人君任

賢以致治者乎。然其書誠有足取者。其節喪安死篇譏厚葬之弊。其勿躬篇言人君之要在任人。用民篇言刑罰不如德禮。達鬱分職篇皆盡君人之道。切中始皇之病。其後秦卒以是數者僨敗亡國。非知幾之士。豈足以爲之哉。第其時去聖人稍遠。論德皆本黃老書。出於諸人之所傳聞。事多舛謬。如以桑穀共生爲成湯。以魯莊與顏闔論馬。與齊桓伐魯魯請比關內侯。皆非實事。而其時竟無敢易一字者。豈畏不韋勢而然耶。然予獨有感焉。世之謂嚴酷者必曰秦法。而爲相者。乃廣致賓客以著書。書皆詆訾時君爲俗主。至數秦先王之過無所憚。若是者。皆後世之所甚諱。而秦不以罪。嗚呼。然則秦法猶寬也。

盧文弨曰。玉海云。書目是書凡百六十篇。今書篇數與書目同。然序意舊不入數。則尚少一篇。此書分篇極爲整齊。十二紀紀各五篇。六論論各六篇。八覽覽當各八篇。今第一覽止七篇。正少一。考序意本明十二紀之義。乃末忽載豫讓一事。與序意不類。且舊校云一作廉孝。與此篇更無涉。即豫讓亦難專有其名。（黃氏震云十二紀終而綴之以序意主豫讓云則在宋時本已如此然以爲主豫讓者其說亦誤也）因疑序意之後半篇俄空焉。別有所謂廉孝者。其前半篇亦簡脫。後人遂強相附合。并序意爲一篇。以補總數之缺。然序意篇首無六曰二字。後人於目中專輒加之。

以求合其數而不知其迹有難掩也。今故略爲分別。正以明不敢妄作之意云耳。

卷帙

漢書藝文志。雜家。呂氏春秋二十六篇。秦相呂不韋輯智略士作。

梁庾仲容子鈔。呂氏春秋三十六卷。子略

隋書經籍志。雜部。呂氏春秋二十六卷。秦相呂不韋撰。高誘注。

馬總意林。呂氏春秋二十六卷。

舊唐書經籍志。雜家。呂氏春秋二十六卷。呂不韋撰。

新唐書藝文志。雜家。呂氏春秋二十六卷。呂不韋撰。高誘注。

文獻通考。經籍。雜家。呂氏春秋二十卷。此脫六字

通志藝文略。雜家。呂氏春秋二十六卷。秦相呂不韋撰。高誘注。

郡齋讀書志。雜家類。呂氏春秋二十六卷。右秦相呂不韋撰。後漢高誘注。

直齋書錄解題。雜家類。呂氏春秋三十六卷。秦相呂不韋撰。後漢高誘注。此與子鈔卷數皆誤

宋史藝文志。雜家類。呂不韋呂氏春秋二十六卷。高誘注。

舊跋

右呂氏春秋總二十六卷凡百六十篇餘杭鏤本亡三十篇而脫句漏字合三萬餘言此本傳之丐東牟王氏今四明使君元豐初奉詔修書於資善堂取大清樓所藏本校定元祐壬申余臥疾京師喜得此書每藥艾之間手校之自秋涉冬朱黃始就即爲一客挾之而去後三年見歸而頗有欲得色余亦心許之得官江夏因募筆工錄之竟以手校本寄欲得者云

鏡湖遺老記